経営組織認識論考
―組織認識論の世界―

髙橋量一 著

文眞堂

はじめに

　本書で扱っているのは，組織認識および組織知に関する，代表的な理論とそれらの実践的応用事例，さらには最先端の研究内容である。

　組織の営みには大きく分けて，行為，意思決定，認識の3つの局面がある。経営組織論ではこれまで主に，組織における行為，意思決定といった局面に焦点が当てられてきたが，情報技術やグローバル化の急激な進展によって，世界が密接に結びつき，組織を取り巻く環境が激変し続けている現代においては，組織がいかに状況を適切に認識するか，組織的にいかに「知」を獲得するか，さらには新たな「知」をいかに創造するかといったことが，組織の生存にとって極めて重要な課題となりつつある。

　こうした時代背景を受けて，組織認識論（複雑な組織現象を，組織の認識，組織におけるセンスメーキング，あるいは組織知という観点から説明しようとする一連の試み）が，1970年代後半から主にアメリカを中心として急速に勃興してきた。

　欧米で活発な議論が展開されてきたにもかかわらず，わが国では未だ馴染みの少ない組織認識論について，網羅的かつ体系的な解説書を，できる限り早く用意しようという企画が，今から6年ほど前に持ち上がった。企業経営に対する時代的要請が，過去の延長線上に滑らかに描き出される，行為（生産，カイゼンなど）や意思決定（戦略・計画など）よりも，新たな社会的意味を生み出す，組織的アイディアやイノベーションの創出へと大きく軸足を移しつつあったためである。欧米では，組織認識および組織知に関する研究が進み，それらに基づいて活発な企業活動が展開されてきた。それらの成果を，一日も早くわが国に紹介する必要があると考え，『組織認識論の世界』シリーズとして時を待たずに出版する運びとなった。シリーズは3巻にわたり，2010年にⅠ巻を，2012年にⅡ巻を，2015年にⅢ巻を出版した。本書はこのシリーズ3巻を全1

巻として再構成したものである。

　本書は，各章単独でも十分ご理解いただけるよう配慮してある。従って，ご自身が興味を抱かれた章から読み始めることも可能である。もし，手早く組織認識論の全体的なイメージを掴みたければ，まず第5章のケース・スタディを通読されることをお勧めする。

　本書は大きく分けて3つの編から成り立っている。第1章から第4章までの代表的基礎理論編，第5章から第11章までの実践的応用展開編，第12章から第16章までの最新研究編である。

　本書各章の内容を簡単に説明しておこう。

　第1章「組織認識論前史」では，経営組織論を彩った諸理論を概観しながら，組織認識論が誕生するに至るまでの道程を振り返る。ここでは，経営組織論で示されてきた代表的な組織像を把握するとともに，それらに内在していたいくつかの問題点にも触れる。

　続く第2章「Weick理論」では，Weickの組織観を明らかにしながら，Weickが提示した組織の意味形成モデル─ESRモデル─を詳細に検討する。この章の目的は，第1章で示された組織像とWeickが描き出した組織像の違いを明確にしながら，Weick理論が行為や意思決定というレベルでは記述し難かった組織の一面を描出できるものであることを押さえつつ，その限界にもはっきりと論及することにある。

　第3章「解釈主義とESRモデル─Weick理論の歴史的理解─」では，代表的な解釈主義的諸研究をレビューしつつ，ESRモデルがそれらの貴重な遺産の上に構築されている点を明らかにする。第3章を通して，ESRモデルが示唆している豊かな意味世界をより深く味わえるようになるだろう。

　第4章「組織認識─集主観性─の実相」では，集主観性を重視しながら間主観性の活性化を促すというアンビバレントなWeick（1997,2001）の主張に対して，集主観性をコアと周縁，質的情報と量的情報の二つの軸で類型化するという試みを通して，その一見矛盾しているかのように受け止められかねない論旨の核心をより明確にすべく試みている。

　第5章「事例研究　伊藤忠の挑戦」は，第4章までに紹介した理論に基づく

ケース・スタディである。第5章では，第4章までのやや抽象的で分かりにくい理論的説明を，具体的事例に沿って語り直すことで，より明快にご理解していただけるよう心掛けた。時間のない方，取り急ぎ，組織認識論の概要を理解したい方は，繰り返しになるが，第5章を通読されることをお勧めしたい。

第6章「センスメーキングパラダイムのリーダーシップ論」では，リーダーシップに関する先行研究を整理した後，Thayer（1988）による「リーダーとは世界に"顔"をあてがう」（p.250）存在であるという魅力的な定義から説き起こして，これまでのリーダーシップ論とは一線を画する組織認識論に基づいたリーダーシップ像が提示される。

続く第7章「ミネベア・高橋高見のリーダーシップ」は第6章のケース・スタディである。ミネベア元会長・高橋高見のリーダーシップ行動を組織認識論の視点から再構築している。マスコミなどでは，その苛烈な一面のみが強調されることの多かった高橋高見のリーダーシップも，組織認識論というまったく新しい視点から眺めるならば，極めて理論的に整合性のある繊細で緻密な彼独自の計算に基づいていたことを窺い知ることができる筈である。経営者や管理者など，実務家の方々には特に読んでいただきたい章である。

第8章「HRO理論」では，タイトな環境下で活動しているにも拘らず事故発生件数を標準以下に抑え，事故が発生してもほとんど機能停止に陥らないHRO（High Reliability Organization；高信頼性組織）に関する先行研究に基づいて，ミシガン大学のK. E. ワイクとK. M. サトクリフが提唱した，HROに特徴的な5つのプロセスを，第2章から第4章で紹介した諸理論の知見と連関させながら捉え直し，それらの理論的本質を明らかにすべく試みる。

第9章「JFEスチール・東日本製鉄所の挑戦」，第10章「柏崎刈羽原発直下型地震」，第11章「食の安全をどう守るか」は，第8章のケース・スタディである。第9章では，不祥事からの起死回生をかけたJFEスチール社・東日本製鉄所の極めて挑戦的な試みを，第8章で展開した議論に基づいて読み解いている。

第10章では，世界初の原発直下型地震に襲われた柏崎刈羽原子力発電所の動きを，地震発生直後から，安全が回復されるまでの20時間余りにわたり詳細に紹介しながら，わが国の原子力発電所全体のリスクマネジメント上の問題

点（報告しない文化，予測至上主義など）を，第8章の議論に基づいて明らかにすると共に，それらに対する具体的提言（「マニュアル化の呪縛から逃れよ」，「許される行為と許されざる行為を明らかにせよ」，「絶対安全神話を捨てよ」など）を提示している。本章をお読みいただく前に，一言だけ申し上げさせていただきたい。本章の初出は2008年3月（亜細亜大学『経営論集』第43巻第2号）である。その後，2011年3月11日，東日本大震災に伴い福島第一原子力発電所で未曾有の大事故が起こってしまった。同事故を受けて，本稿の内容に手を入れるか否かさんざん悩んだ。本章で指摘していたことがあまりに悲惨な現実となって目の前に現れてしまったためである。しかし，あえて加筆・修正等はしないことにした。このままで提示させていただいたほうが，組織認識論の実践性の高さを示す例証になると考えたためである。読者の方々にはこの点を何卒お含みおきいただきたい。

　第11章では，2008年1月に発生した中国製冷凍ギョーザ事件の実態調査を通して，輸入食糧の安全確保について具体的な提言を提示している。本章では，輸入後，すなわち国内流通段階で危険を排除するのが最も現実的で効果的であるとの発想に立ち，冷凍ギョーザ事件から明らかになった輸入食糧流通の問題点（見逃され続けた危機の予兆，有症事例発生から1ヶ月余りを要した回収など）を指摘した上で，具体的提言（「独立した安全部門の設置」，「国家レベルの安全部門の設置」，「報告を促す文化の構築（免責基準の明示）」など）を，アメリカにおける先駆的取り組みを紹介しつつ提示している。

　第12章では，Krogh & Roos（1995）により提示された理論を詳細に検討している。Krogh & Roos（1995）は，オートポイエーシス，スケーリング，言語ゲーム，フラクタルなどの諸概念を，組織認識研究に導入し，従前の研究とは一線を画する斬新で魅力的な組織認識論を展開した。ところが，Krogh & Roos理論は，極めて難解であることが災いしたためであろうか，わが国における組織認識研究ではこれまでほとんど光が当てられてこなかった。ここでは，本書で扱ってきたWeick理論などの諸理論とKrogh & Roos理論を連関させて論じ直すことで，Krogh & Roos理論の歴史的意義を明確にした上で，それが第3章で扱った機能主義と解釈主義の相克を乗り越えるべく意図されていたことを明らかにしている。

第13章では，ホスピタリティおよびホスピタリティ・マネジメントを，組織認識論の視点から再構築し，それらの概念にまったく新しい意味とコンテキストを与えるべく試みている。ホスピタリティ研究の分野では，ホスピタリティ活動について，社会的構築物という（たとえば，歴史的，文化的，人類学的な）視点からの研究はこれまでほとんどなされていないと言ってよい（Lashley, 2000）。ところが，人びとのセンスメーキングが源流となって立ち上がる"ホスピタリティ"という分野は，組織認識論の研究成果をもっとも有効に活用できる分野の一つである。

第14章では，組織の適応理論を詳細に検討している。これまでの組織認識研究は，主に欧米を中心として展開されてきたが，組織の適応理論は遠田（2002）によって日本で始めて提示された，組織認識に関する一般理論である。従って，組織の適応理論は，「英語」ではなく，われわれに馴染みやすい「和語」で理論構築がなされている。組織の適応理論では，ESRモデル発表後（1979年以降）に展開されたさまざまなセンスメーキング理論を，体系的に組織認識形成モデルの中に取り込み，そうすることによって，第2章で示したESRモデルの限界を乗り越えるべく試みられている。この点を明らかにした上で，さらに第14章では，組織の適応理論を中心に，これまでのセンスメーキング諸理論のレンズを通して，経営戦略論を再検討するべく試みている。

第15章では，福島第一原発事故を事例研究している。これまで，わが国原子力発電所に潜む危険について，たびたび語る機会を得てきた。2000年3月に法政大学の遠田雄志教授と共著で著した「東海村臨界事故－その組織認識論的考察－」（法政大学産業情報センター紀要『グノーシス 第9巻』所収）を皮切りに，さまざまな講演会，学会，研究会などで原発事故の可能性について指摘してきた。本章は，これまで行ってきた原子力発電所に関する組織認識論的考察の集大成である。

第16章では，「組織認識論の未来」と題して，組織認識論研究の方向性を示すべく試みた。そのために，リーバス・イノベーション，BOPビジネス，オープン・イノベーション，日本エレクトロニクス産業の不振，製品アーキテクチャ論など，極めて現代的な諸相を，組織認識論の言葉で再検討し，組織認識論の応用可能性，発展可能性の高さを示している。かつて意思決定論が，経

営学の共通言語であったように，組織認識論は新たな経営学のフロンティアを切り開く共通言語足りうるものであることを，本章を通して感得していただける筈である。

　Weick（1995）は「デカルト的不安にとらわれるな（Beware of Cartesian anxiety）」（Weick, 1995：訳, 51頁）[1] と述べて，組織論研究が哲学的議論に傾倒する危険について警告を発している。本書でも「"認識"についての哲学的な議論はできる限り避けて通りたい」と考えていることを，最初に明らかにしておきたい。哲学的命題について，深く考察することに意味がないなどと言っているのではない。しかし，哲学の世界で明々白々な命題であっても，その是非を門外漢が論じるのは容易なことではない。実学としての一面を持つ組織認識論が，哲学的命題の是非を徹底的に論じるような方向へ進むのであれば，それは組織認識論にとって不毛の荒野を進むがごとき無意味な展開となるであろう。本書ではWeick（1995）の警句を素直に聞き入れたいと考えている。

　最後に，わが国では未だ馴染みの少ない「組織認識論」の体系的解説書を用意するという極めて冒険的な試みを快くお引き受けくださった文眞堂の前野隆氏に心から感謝の意を表したい。

平成28年元旦
髙橋　量一

1　以下,「Weick, 1979：訳,」を「We79,」,「Weick, 1995：訳,」を「We95,」と略記する。

目　次

はじめに …………………………………………………………………… i

第1章　組織認識論前史 ………………………………………………… 1
組織とは何か……………………………………………………………… 1
経営組織論の黎明………………………………………………………… 3
Barnard 理論 …………………………………………………………… 5
意思決定論の登場………………………………………………………… 8
システムとしての組織 ―組織観の変遷― ………………………… 12
コンティンジェンシー理論および情報処理モデルの限界………… 16
組織認識論の歴史的位置づけ………………………………………… 20

第2章　Weick 理論 …………………………………………………… 23
Weick の組織観 ………………………………………………………… 24
不確実性と多義性……………………………………………………… 27
ESR モデル　Ⅰ ―生態学的変化とイナクトメント― …………… 30
ESR モデル　Ⅱ ―保持と淘汰について― ………………………… 40
安定性と柔軟性，適応性と適応可能性について…………………… 50
今後の研究に向けて…………………………………………………… 57

第3章　解釈主義と ESR モデル
　　　　 ―Weick 理論の歴史的理解― ………………………………… 63
機能主義から解釈主義へ……………………………………………… 63
解釈主義的意味形成のモデル………………………………………… 67

再びESRモデルを考える……………………………………………77
　機能と解釈の相克を越えて…………………………………………81

第4章　組織認識―集主観性―の実相……………………………84

　行為の調整……………………………………………………………85
　集主観性の階層化……………………………………………………87
　メディアリッチネスとコミュニケーション・コスト……………92
　集主観性の類型化……………………………………………………94
　IT化偏重と経営哲学の危機………………………………………100

第5章　事例研究　伊藤忠の挑戦…………………………………104

　伊藤忠の改革………………………………………………………105
　NHKスペシャル『直接対話が巨大商社を変える』……………108
　組織認識論的考察…………………………………………………112
　　(1)　eメールによる直接対話…………………………………112
　　(2)　休日対話集会………………………………………………116
　　(3)　レスポンスレパートリー…………………………………118
　　(4)　チームワーク………………………………………………120
　新しい日本的経営モデルへ………………………………………124

第6章　センスメーキングパラダイムのリーダーシップ論………127

　リーダーシップに関する先行研究………………………………128
　機能主義的立場のリーダーシップ論の展開……………………129
　緩やかな変化の兆し………………………………………………133
　シンボリック・マネジャー………………………………………135
　Deal & Kennedy（1982）による説明の限界……………………137
　センスメーキングパラダイムのリーダーシップ………………142
　リーダーシップの定義……………………………………………144
　安定性と柔軟性，適応性と適応可能性の狭間で………………146
　影響力の源泉としてのショックとリーダーの多様性…………150

フォロワーシップ主導のイナクトメント，淘汰過程の変容…………151
　　　影響力の源泉としてのショックとリーダーの言語的思考の
　　　多様性について……………………………………………………154
　　　本章のまとめ………………………………………………………159

第7章　ミネベア・高橋高見のリーダーシップ……………………162

　　　慶応応援団が野球場の雰囲気を変えた
　　　　　─イナクトメントへの相反する影響力の行使，行為を引き出す
　　　　　　リーダーシップ─……………………………………………164
　　　近江絹糸の労働争議
　　　　　─イナクトメント，淘汰への影響，習慣のなれあいから
　　　　　　立ち上がる間主観のイノベーション─……………………172
　　　積極的な設備投資
　　　　　─多様性のもう一つの形としての豊かな感性，意識的情報処理
　　　　　　の立ち上げ─………………………………………………179
　　　急激なM&Aと海外展開
　　　　　─破壊されかけた安定性を回復する"経験の共有"による
　　　　　　集主観のコントロールの復権─……………………………184
　　　ハーバード・ビジネス・スクールでの講演
　　　　　─回顧的意味形成，メンバーの多様性がもたらす組織の多様性，
　　　　　　第3次コントロール─……………………………………193

第8章　HRO理論 ……………………………………………………202

　　　HRO理論 ……………………………………………………………203
　　　予兆認識プロセス……………………………………………………208
　　　　（1）失敗から学ぶ………………………………………………209
　　　　（2）単純化を許さない…………………………………………213
　　　　（3）オペレーションを重視する………………………………217
　　　事後対応プロセス……………………………………………………220
　　　　（1）復旧能力を高める…………………………………………220

(2) 専門知識を尊重する……………………………………………225

第9章　JFEスチール・東日本製鉄所の挑戦……………………231

　組織が膿んでいく………………………………………………………232
　失敗をバネにして………………………………………………………234
　JFEスチール組織改革の成功要件……………………………………239

第10章　柏崎刈羽原発直下型地震………………………………244

　世界初の原発直下型地震………………………………………………244
　リスクマネジメント上の致命的問題…………………………………250
　(1) 第1の致命的問題　報告しない文化……………………………250
　(2) 第2の致命的問題　予測至上主義………………………………253
　原子力発電所への提言…………………………………………………256
　(1) マニュアル化の呪縛から逃れる…………………………………256
　(2) 許される行為と許されざる行為を明らかにせよ………………259
　(3) 絶対安全神話を捨てよ……………………………………………264
　今回の事例を振り返って………………………………………………266

第11章　食の安全をどう守るか…………………………………269

　冷凍ギョーザ中毒事件…………………………………………………270
　問題の所在………………………………………………………………276
　(1) 見逃され続けた危機の予兆………………………………………277
　(2) 有症事例発生から1カ月余りを要した遅すぎた回収…………281
　(3) 注意喚起，公表の遅れ……………………………………………284
　流通段階での食の安全確保に向けた提言……………………………286
　(1) 流通企業の中に独立した安全部門を設置せよ…………………287
　(2) 国家レベルで安全部門を設置せよ………………………………291
　(3) 報告を促す安全文化を築け（免責基準を示せ）………………295
　今後の取り組みについて一言…………………………………………299

第 12 章　Krogh & Roos 理論 …………303

オートポイエーシス・システムとしての組織知 …………304
スケーリング理論と言語ゲーム …………312
解釈主義的研究との比較 …………322
現象学的社会学・エスノメソドロジー・シンボリック相互作用論
　から …………323
Weick 理論との比較検討 …………330
組織認識論のさらなる発展のために
　―機能主義と解釈主義の相克を越えて― …………337

第 13 章　ホスピタリティ・マネジメント論 …………346

ホスピタリティとは何か …………346
ホスピタリティの源泉 …………352
ホスピタリティ・マネジメントの必要条件 …………360

第 14 章　組織の適応理論と経営戦略 …………372

組織の適応理論 …………373
共有された意味世界 …………374
組織の永続条件 …………379
モデルの展開 …………380
閾値の明示化―鎮制装置― …………384
4 つの型 …………388
ESR モデルを越えて …………391
経営戦略論について …………393
イナクトされた"環境" …………394
「環境―組織系の盛衰」と製品ライフ・サイクル …………402
戦略的意思決定について …………405
「積極性水準」と 2 つのハードル …………411
企業家行動と競争行動の並存 …………416

戦略の計画性について ……………………………………………418

第 15 章　福島第一原発事故……………………………………………433
　　　事故の経緯 ……………………………………………………435
　　　現場の英断と問題点 …………………………………………453
　　　報告しなかった現場 …………………………………………460
　　　機能しなかった官僚システム ………………………………462
　　　「虜」だった保安院と東電本店の"迷走" …………………469
　　　高まる不信感 …………………………………………………472
　　　構造的に構築されてしまった相互不信 ……………………477
　　　深層に横たわる認識構造 ……………………………………484

第 16 章　組織認識論の未来……………………………………………490
　　　GE モデルとリバース・イノベーション …………………491
　　　BOP ビジネスとオープン・イノベーション ………………498
　　　不振が続く日本製造業――ものづくりと価値づくり―― ……502
　　　製品アーキテクチャ論 ………………………………………505
　　　イナクトメント――知の獲得と意味創造―― ……………513
　　　認識構造のフラクタル性――新しい組織観―― …………521

おわりに …………………………………………………………………528

参考文献 …………………………………………………………………530
人名索引 …………………………………………………………………544
事項索引 …………………………………………………………………550

第1章
組織認識論前史

　組織認識論は経営組織論の先端的一分野を形成している。本章では，組織認識論が誕生するまでに，経営組織論の歴史を彩ってきた諸理論を概観しながら，それら先行研究がもたらしてくれた貴重な研究成果を簡単に整理すると同時に，それらに内在していた問題点も指摘していくことにしよう。

組織とは何か

　われわれは日頃，ほとんど意識せずに多くの組織と関わっている。朝起きて，蛍光灯のスイッチを入れ，テレビを観ながら朝食をとり，電車に乗り，職場で働き，昼休みには近くのファミレスでランチを食べる。蛍光灯やテレビは家電メーカーという組織によって生産され，それらを動かしている電気は電力会社という組織が供給している。電車は鉄道会社という組織によって運行され，ランチを楽しむファミレスもまた組織である。
　では，そうしたあらゆる組織に共通して存在している，最も根源的かつ不可欠な要素は一体何なのだろうか。テレビ局にはスタジオや放送機器が不可欠だろうし，鉄道会社は駅舎や電車がなければ成り立たない。しかし，そのような建物や機材はあらゆる組織に共通して不可欠の存在ではない。そうした建物や機材が存在しない時代にも，組織は存在していたのである。
　古来，あらゆる組織には，人びとが介在している。人がいなければ，そもそも組織など生まれようもない。では，人こそが最も根源的な要素なのであろうか。もちろん，そのように答えても間違いではない。しかし，"人"が組織を構成していると考えると不都合も生じる。例えば，「私はA商事に勤めていま

す」と言うとき，彼あるいは彼女（仮にKと呼ぼう）は同時に，Bという草野球チームのメンバーであったり，夜にはC大学の学生であったりする。すなわち，KはそのすべてをA商事に供しているわけではない。もし，「"人"によって組織が構成されている」と考えれば，ある時空間に存在する組織を構成している人びとの数は，その空間内に存在する人びとの実数を遥かに上回る結果になるだろう。このような不都合を避けるためには，A商事あるいは，B草野球チーム，C大学などの組織は何によって構成されていると考えるべきであろうか。

　答えは"行為"である。KがA商事に供している"労働"と称される"行為"，Bという草野球チームのために成している"プレー"すなわち"行為"，C大学での"学び"という"行為"，こうしたKによる一連の行為こそがそれぞれの組織を構成していると考えれば，上で挙げたような不都合は生じない。Westley（1990）はこの点を強調して，「行為が現実化されない限り，組織など存在しないし，また存在しようもない」（Westley, 1990, p.339）と主張している。組織は，人びとの織り成す"行為"の所産なのである。

　では，人びとが行為しさえすれば，それは直ちに組織の成立を意味するのであろうか。そうではないだろう。それぞれが成した行為がまったくバラバラで，何ら調整されていなければ，組織とは言い難い。組織とは，日曜日の行楽地や繁華街のようにただ単に人が集まって，個々人が勝手気ままに行為しているだけの状態ではない。"組織"という言葉は，そこで織り成される人びとの行為が調整されている状態を指して用いられる言葉なのである。例えば，家電メーカーという組織は，そこで働く人びとがテレビを"生産する"，"運ぶ"，"売る"といった行為を提供すると共に，それらの行為が互いに調整されているがゆえに存在していると言ってよい。

　すなわち，組織とは，調整された行為の複合的・連鎖的集合体として捉えられるべきものなのである[1]。組織認識論を世界に先駆けて発信したアメリカの社会心理学者 Karl. E. Weick（1979）が「"組織"という一つの名詞があるの

1　行為の複合的・連鎖的集合体を活動という。従って組織の実体とは組織的活動に他ならない。

で，それに対応する何らかの実在——すなわち，独立した固有で不変なそして他の物と主語・述語の関係になりうる物——を想定してしまう。われわれが避けたいのは，組織をこのように独立した力とか機関として扱うことである」(We 79, 45頁)と述べ，組織を，あたかも手で触れることが可能なように物象化して捉えるのは間違っているばかりか危険でもあると主張しているのは，その実体が生まれたと同時に消え去り行く運命にある行為の複合的・連鎖的集合体に他ならないためである。Weick が "組織 (organization)" ではなく "組織化 (organizing)" という表現を好んで用いるのは，組織が常に人びとによって供された行為によって形成され続けている点を強調したいがゆえである[2]。行為が提供されなくなれば，いかに堅牢に見えようと "組織" は忽ち雲散霧消してしまう。

これまで見てきたように，組織が成立し続けるためには，組織に供されるべき行為が現実化されただけでは不十分である。それらの行為が調整されていなければ組織的活動とは呼べない。では，それらはいかにして調整されるようになるのか。

経営組織論の黎明

組織を考える際に，もっとも根源的な上の問い（行為の調整はいかにしてもたらされるか）に対峙する姿勢の変遷こそが，経営組織論の歴史そのものであったと言っても過言ではない。

経営組織論がアメリカで呱々の声をあげた当初，そこで最初に取り上げられたのは，どのようにすれば効率的に行為を確保することができるか，確保された "個々の行為" をどのようにして調整すれば，全体としての効率性（具体的には生産性）を高めることができるのか，という問題であった。この時代，工場における生産性の向上がもっとも注目されたのは，物余りと言われる現代と

---

[2] ここではあえて触れないが，Weick の "組織化" という言葉には，後で紹介する別の含意も込められている。この点については第2章以降で詳しく説明する。

は比較にならないほど，あらゆる製品の生産量は遥かに乏しく，兎にも角にも生産量を増大させれば，出来上がった製品は黙っていても飛ぶように売れていくという時代背景があった。

20世紀初頭，アメリカの機械技師F. W. Taylorは，後に「科学的管理法」と称されるようになる一連の管理法を提唱した。そこでは，労働者が供する"作業"としての行為（一連の行為は「課業（task）」と呼ばれた）に対して，動作研究や時間研究を通して，唯一最善の作業方法を提示し，これに個々の行為を従わしめることによって，全体の効率性，生産性を確保すべく試みられた。差別的出来高給制は，行為の提供を促すと共に，提供された行為を完全に規格化されたものへと変貌させるのに有効であると考えられた。すなわち，成行的ではない「科学的」な賃金体系により，より効率的に行為を引き出すと共に，「科学的」に求められた唯一最善の作業方法の採用によって，具体的な個々の"行為そのもの"の調整を通して，全体的な行為の調整の実現（生産性の向上）が図られたのである。

Taylorが鉄鋼メーカーで科学的管理法を実践しつつあったのと同じ時期に，シカゴの食肉加工工場の流れ作業にヒントを得たH. Fordが，自動車のベルトコンベア式大量生産システムを具体化させ始めていた。Ford生産システムでは，同期化，専門工作機械の導入などが一層推し進められ，徹頭徹尾マニュアル化された部品としての行為と適切なマシンの組み合わせを通して，生産性の著しい向上がもたらされた。とは言え，Ford生産システムも，組織における行為の調整という側面から考えれば，科学的管理法同様に，"行為そのもの"に焦点を合わせていたと考えてよい。

同じ頃，ヨーロッパでは，鉱山会社の経営者であったH. Fayolが「管理の一般原則論」[3]を提唱していた。Fayolによれば，工業会社の活動は，(1)技術活動，(2)商業活動，(3)財務活動，(4)保全活動，(5)会計活動，(6)管理活動に分類される。このうち，もっとも重要なのが管理活動であり，それは，予測し，計画し，組織を作り，司令を下し，整合を図り，統制を行うことであるとされた。組織を作り，統制を行うに際しては，あらゆる活動の統一と調和を図

---

3 管理過程論とも呼ばれる。Fayolは14の一般原則を提示したが，それらを固定的で不変なものとは考えてはいなかった。

るために「万事が既定の規則と出された司令に合致して行われる」ことが必要であると考えられた。Fayolは，TaylorやFordよりも，マネジメント全体を俯瞰した幅広い理論を提示すると共に，後の経営組織論にとって重要な礎石となる諸概念を提示したが，全体的な行為の調整という側面からは，規則と司令に基づく個々の"行為"の細々とした調整，すなわち"行為そのもの"の調整に力点を置いていたと言ってよい。

ハーバード大学のE. MayoやF. Roethlisbergerらによって，ウェスタン・エレクトリック社のホーソン工場における大実験の結果に基づき提唱された人間関係論，人間関係論を引き継ぎ展開された行動科学（例えば，ミシガン大学のLikertによるシステム4理論や，McGregorによるX理論・Y理論，Blake & Mouton によるマネジリアル・グリッド理論など，一連のモチベーションおよびリーダーシップに関する研究）においても，効率性や生産性との関係で焦点を当てられたのは，あくまでも個々の"行為"であり，個々の"行為そのもの"のより効率的産出，およびそれらをより効率的となるよう調整することに主眼が置かれた。ただし，人間関係論や行動科学で描き出された人間モデルが，経済人モデルではなく社会人モデルと言われている点，すなわち，行為が，科学的管理法やFord生産システムが最重視した経済的な要因（例えば賃金）のみならず，社会的な要因（例えば対人関係）からも産出されることが明らかにされた点は，組織認識論を考える上で見落とされるべきではない。

Barnard理論

人間関係論および行動科学に基づく研究が盛んに行われていた時代に，ニュージャージー・ベル電話会社の社長を長年にわたって勤めたC. I. Barnardによって，後世の経営組織論研究に甚大な影響を与える統合理論が提示された。Barnardが自らの豊富な実務経験と数多くの文献渉猟から得た知識を融合させて提示したこの理論は，後に組織均衡論と呼ばれるようになる。その中で，Barnardが成した組織認識論へのもっとも大きな貢献の一つは，調整された行為，あるいは行為の複合的・連鎖的集合体としての活動

(Barnardは"協働"と呼ぶ)が単なる"行為そのもの"に対する調整を乗り越えて実現する様子を示したことにある。以下ではBarnardの主張を簡単に振り返りながら，Barnardが行為の調整をいかに考えていたのかを明らかにしていこう。

Barnard (1938) によれば，「相互に意思を伝達できる人々がおり」(Barnard, 1938：訳，85頁)[4]，「それらの人々が行為を貢献しようとする意欲をもって」(Ba, 85頁)，「共通目的の達成をめざすときに」(Ba, 85頁) 組織は成立する。Barnard (1938) において，貢献意欲とは「克己，人格的行動の自由の放棄，人格的行為の非人格化を意味する」(Ba, 87頁) ものであり，「現代社会における多数の人々はつねにマイナスの側」(Ba, 88頁) にいて「自己保存や自己満足というような利己的動機は支配的な力をもっているから……これらの動機を満足させうるときにのみ，もしそれができなければ，こんどはこれらの動機を変更しうるときにのみ」(Ba, 145頁) 成立しうるものである。従って，「あらゆる組織において（個人的動機を満足しうるような，あるいは個人的動機の変更を促すような）適当な誘因[5]を提供するということが……（管理にとって）最も強調されなければならない任務となる」(Ba, 145-146頁，括弧内は引用者)。すなわち，組織が個人的行為者に提供する誘因が，各人が組織に提供する貢献以上であると各個人が主観的に受け止めた場合に，はじめて貢献意欲が生ずる（組織に対して行為が提供されるようになる）というのである。もちろん，目的においても，組織の共通目的と，個人的動機の充足とは明らかに峻別されなければならず (Ba, 91-92頁)，個人的動機を越えて共通目的を個人的行為者に容認せしめ，行為の継続的提供を確保することこそが，管理における最も基本的な第1の機能と考えられた。

組織は上記3要素[6]によって成立するが，それが存続するためには組織システムの内的均衡と外的均衡が共に維持されなければならない。内的および外的

---

4 以下，「Barnard, 1938：訳」を「Ba」と略記する。
5 誘因については「他の機会」との比較もされている。すなわち，「当該組織の誘因≧貢献≧他の機会の誘因」(飯野, 1979, 58頁) のときに貢献意欲が確保されうる。また，誘因には物質的誘因のみならず，地位ややすらぎなどの非物質的なものも含まれる (Ba, 148-155頁)。
6 伝達，貢献意欲，共通目的。

均衡は 3 要素間相互の適切な結びつきに基づいた,「有効性」と「能率」により維持される。有効性とは「その目的を遂行する能力」(Ba, 95 頁) であり,永続する組織は目的を変更したり,新しい目的を繰り返し採用しながら (Ba, 95-96 頁),適切に目的を達成し続けなければならない。一方の能率とは,「産業界で普通に使われている特定の限られた意味ではなく」(Ba, 96 頁),「協働体系に必要な個人的貢献の確保に関する能率」(Ba, 96 頁) である。すなわち,「組織の能率とは,その体系の均衡を維持するに足るだけの有効な誘因を提供する能力である」(Ba, 97 頁)。組織の存続条件を,均衡を維持するに足る誘因の提供能力と捉えたことから,Barnard の理論は上で述べたように組織均衡論と呼ばれている。

　組織を上のように捉えた上で,Barnard (1938) は行為の調整という組織におけるもっとも根源的な問題に対して,コミュニケーションによって構成員の貢献意欲を維持し「協働体系の運営に内在的で最も困難な問題,すなわち下層の人々に一般目的,いいかえれば重要決定を教えこんでつねに結束をたもち,究極の細部決定をその線にそわしめる」(Ba, 243 頁) ことによって,組織を「上下一貫して調整」(Ba, 243 頁) することが可能になると論じる。ここで,「究極の細部決定をその線にそわしめる」という Barnard の言葉から,"行為そのもの" ではなく,何らかの "決定" を調整することによって最終的な行為が調整されると Barnard が考えていたことを理解できる。この「個々の行為者の "決定" に影響を及ぼし,"決定" を通して "行為" を調整すること」こそ,管理における最も基本的な第 2 の機能である。

　さらに,管理においては,内的均衡,外的均衡を達成するために,芸術的感覚をもって部分と全体をバランスさせ,調整のとれた全体的調和を実現する必要が求められた。このような芸術的感覚が管理においては極めて重要であり,この部分と全体のバランス (調和) を達成することこそ,管理の最も基本的な第 3 の機能であると Barnard 理論では考えられた。Barnard (1938) は,「上層部にとっては,とかく遊離しがちな『末端』貢献者の具体的情況ならびに特殊決定をつねに理解している必要」(Ba, 243 頁) があると主張しているが,長らく経営トップを勤めた Barnard (1938) の視点は常に上層から下層を眺め

る位置にあったことは否めない。すなわち，部分と全体を統合的に理解し，全体的調和を実現するという芸術的な仕事は上層部にのみ求められ，組織における行為の調整は，下層部が，上層部でなされた決定を上意下達的に受容することによって実現されると，Barnard 理論では考えられていたのである。

意思決定論の登場

　H. A. Simon は Barnard（1938）理論を踏襲しつつも[7]，そこに"意思決定"というよりアカデミックに洗練された概念を導入し，精緻でエレガントな体系的組織像を描き出した。Simon は，コンピューターをアナロジーとした認知科学の基礎を築くなど，経営組織論以外のさまざまな学問分野でも大いに活躍し，後にノーベル賞を受賞した。

　Simon（1957）によれば，「『決定する』という仕事は，『行為する』という仕事とまったく同様に管理組織全体のどこにでも存在」（Simon, 1957：訳，3 頁）[8]しており，「両者は不則不離のもの」（Si, 3 頁）である。「すべての行動には，行為者にとって，および彼からの影響やオーソリティーの行使を受ける人たち

---

[7] Simon 理論が Barnard 理論を踏襲していることは以下の記述から明らかである。「これら組織の参加者は，だれでもこの組織活動に参加する個人的動機を，各々もっている。その動機を単純化し，経済理論の観点を援用するならば，企業家は利益（すなわち支出をこえる収入の超過分）を求め，従業員は賃金を求め，そして顧客は（ある価格で）欲する製品と貨幣を交換する。企業家は，従業員と雇用契約を結ぶことによって，従業員の時間を自由にする権利をうる。企業家は，顧客と販売契約を結ぶことによって，賃金を支払う資金を獲得する。もし，この 2 つの契約が，十分に有利なものであるならば，企業家は利益を上げ，そして，われわれの目的にとって，おそらく重要なことであるのだが，その組織は存続する。もしも，これらの契約が十分に有利なものでないならば，企業家は，他人を彼と共同活動させるための誘因をもちつづけなくなり，組織に対しての努力を続けるための彼自身の誘因すらも，失ってしまうだろう。どちらのばあいにも，活動のある水準で均衡が達せられないかぎり，組織は消滅する。もちろん，実際の組織においては，企業家は，前述の純粋の経済的動機のほかに，名声，好意，忠誠心などの多くの誘因によっている……企業家の目的は，組織の存続に密接に関係している。しかるに従業員の目的は，このどちらにも直接には関係しないが，彼の受容の範囲の存在によって，組織の構成に組み込まれているのである」（Simon, 1957：訳：20-22 頁）。

[8] 以下，「Simon, 1957：訳」を「Si」と略記する。

にとって，物理的に可能なすべての行為から特定の行為を意識的または無意識的に選択することが含まれて」(Si, 5頁)いる。意識的にせよ無意識的にせよ，決定が行為より以前になされなければならないことを考えれば，意思決定は組織現象を記述する上で極めて本質的な概念となる。

Simon (1957) はさらに，意思決定にはそれに先立つ「『事実的』と『価値的』と呼ばれる二種類の要素」(Si, 57頁) からなる意思決定前提 (decision premise) が必要であると主張する。価値前提とは，価値観や信条，信念さらには欲求に基づく前提であり，事実前提とは価値の実現する手段的知識に関わる前提である。

Simon (1957) では，管理とは「(1) 組織にとって有利な決定をするような態度，習慣，心的状態を現業員自身につくらせること，(2) 組織のなかのどこかよそで決められた決定を，現業員に課すこと」(Si, 14頁) であり，そのためにオーソリティー，組織への忠誠心，能率の基準，助言と情報，訓練などの影響力を行使して，「組織のヒェラルヒーのより高い階層」(Si, 14頁) で行われた決定に下位階層を従わせるべく下位階層の意思決定前提に影響を及ぼすことである。同時に，Simon (1957) によれば，組織における意思決定は目的－手段同様の階層性を有しているから，上位階層の意思決定によって下位階層の目的達成のための事実的前提に基づく手段的選択はその範囲が限定されることになり，その決定の合理性は高まることになる。

このように考えた上で，Simon (1957) は，次のように述べて，事実前提のみを「科学的」考察の対象とすることを宣言する。

> 管理の過程についての命題は，事実的な意味において，それが真実であるか虚偽であるかを断定できないかぎり，科学的とはなりえない。逆にいえば，もし管理の過程に関する命題について真実か否かを断定することができれば，そのばあい，その命題は科学的である。　　　　　　　　　　(Si, 323-324頁)

ここにわれわれは，管理の科学という点についていままでに到達した結論を，総括してもよいであろう。第一に，管理科学は他の科学と同様に，純粋に事実的

な叙述にのみ関係するものである。科学全体のなかには，倫理的な主張がはいる余地はない。倫理的な叙述があるばあいには，必ずそれは，事実的な部分と倫理的な部分の二つに分離されうる。そして科学と関係があるとすれば，それは事実的な部分のみなのである。　　　　　　　　　　　　　　　　　　　　（Si, 328 頁）

　Simon（1957）は，「ほとんどの倫理的命題は事実的命題と混合している」（Si, 62 頁）が，これを明確に区分し，事実的な命題にのみ目を向けるときにのみ，管理科学は科学足りえると主張しているのである。言い換えるならば，価値前提に関わる目的が所与である場合において，取るべき手段の決定について考察する場合に，科学的なアプローチが可能になると言っているのである。

　Simon によれば，「組織の諸目的を遂行する実際の物理的な仕事は，管理階層の最下層にいる人々によって行われることは明らかである」（Simon, 4 頁）が，それゆえに「彼らの行動が調整された有効なパターンとなるように，彼らに対して影響を与えることのできる監督者層」（Si, 5 頁）が必要である。換言するならば，管理者による影響の行使を行為者が受け入れることによって，はじめて行為は調整される。言うまでもなく，管理者が行使する影響とは行為者の意思決定前提に対する影響である。

　稲垣（2002）が指摘しているように，「Barnard は，管理活動について全体と部分の効果的なバランス形成の重要性を説いたが，Simon が管理活動の重要課題として強調している階層的な意思決定の網（plexus）の形成とそこでの階層間関係の整合性の確保の根底にあるのは，全体と部分のバランス感覚よりもはるかに秩序維持志向の強い全体優位の発想」（稲垣, 2002, 138 頁）であると言えるだろう。Simon（1957）の言う「目的志向性によって，行動のパターンに統一がもたらされる」（Si, 7 頁）というのは，上位レベルが下位レベルを規定する目的志向性なのである。

　さらに Simon（1957）の「相対的な最終目的が達成されるまで，このように目標の連鎖が続くのである。決定が，この最終目標の選択につながっているかぎり，これらの決定を『価値判断』と呼び，決定がかかる目標の実行を意味

する限り，それらを『事実判断』と呼ぶ」(Si, 7 頁) という記述とこれまで論じてきた内容を重ね合わせるならば，最終目標の決定は最上位階層でのみなされることになり，そこに下位階層が入る余地はないようにも考えられる。すなわち，Simon (1957) においては Barnard (1938) 以上に「秩序維持志向の強い全体優位」(稲垣, 2002, 138 頁) 性が感じられ，下位階層における豊かな発意が組織を変貌させる可能性が考慮されていない。

　三戸 (2002) も以下のように述べて Barnard (1938) 理論よりも Simon (1957) 理論の方がより全体優位の発想に立っていると論じている。

　　バーナードが「上位者がオーソリティをもっている」という上位権限説をひっくり返して，下位者の受容に源泉をもとめる権限受容説をたてたのに対して，サイモンはバーナード理論を利用しながらも，またもや通説の上位権限説を唱えているのである。
　　では，下位者が上位者の命令を，自分の選択に反するにもかかわらず，いやいやながらも受け容れるのは，何によるのか。彼は「雇傭主の制裁」sanctions of employer にもとめている。いやでもきかせるのは賞罰である。賞的要因は喜んで命令を受容させるものであり，罰的要因はいやいやながら命令を聞かせるものである。賃金をカットするとか，配転，降格，降職，解雇等々である。すなわち，制裁 sanction こそオーソリティの中核的概念だと，サイモンは把えているわけである。
　　　　　　　　　　　　　　　　　　　　　　　　　　　（三戸, 2002, 311 頁）

　Simon (1957) の理論は一般に意思決定論として知られているが，彼は「分析の基本単位を意思決定前提とすることで，理論構築のなかに組織メンバーによる認知ないし認識という要素」(稲垣, 2002, 134 頁) を持ち込んでいる。こうした Simon (1957) の発想が，後に展開される組織認識論の重要な礎石となっている点を見逃すべきではないが，そこでは同時に Barnard 以上に上位優位の発想が見受けられ，下位階層の認識がより上位レベルの認識－Simon (1957) の言葉に従うならば意思決定前提－に影響を与える様を見て取ることはできない。この問題に対する組織認識論からの答えは次章以降で提示する。

システムとしての組織―組織観の変遷―

　Barnard, Simon らの研究で特筆すべきは，組織をシステムとして捉えたことにある。システム（「体系」とも邦訳される）とは，個々の要素には還元できない全体としてのまとまりを指して用いられる言葉である。システムは，下位システム（サブ・システム）からなり，下位システムから，より上位のシステムに移行するとき，そこにはより上位のシステムに特有な（下位のシステムには見られない）創発特性が現れる。と同時に，より上位のシステムは下位システムの特性を内包する。これをシステムの内包性という。例えば，動物体は心臓や肺などの器官（下位システム）から構成されるが，それら諸器官はさらに下位システムである細胞により構成される。細胞により構成された心臓には，細胞そのものには見られなかった脈動するという特性が備わり，肺には酸素を吸収し，二酸化炭素を排出するという特性が備わる。それらは，細胞により構成されるがゆえに細胞の特性を内包せざるを得ない。

　組織は，行為のシステムである。さらには，上で見たように意思決定が行為に先立ちながらも，それが行為と不即不離の関係にあるならば，組織は意思決定のシステムであるとも言える。組織における行為，あるいは意思決定の調整（あるいは Barnard のいう「調和」）によりもたらされるものは，個々の行為，意思決定を越えて全体としてもたらされる徹底的な分業によるより効率的な生産活動（例えば Taylor）であり，より合理的な（組織的）意思決定（例えば Simon）である。ここでは，組織をいかなるシステムとみなすかという視点から，さまざまな組織観を概観してみよう。

　Boulding（1956, 1968）[9] は，主にシステムの複雑性が低いと考えられるも

9　Boulding（1956, 1968）によれば，組織はそのシステムの複雑性により 9 つの階層に分けられる。フレーム・ワークス，クロック・ワークス，コントロール・システム，オープン・システム，成長システム，内部イメージ・システム，シンボル処理システム，多頭システム，複雑性を特定できないシステム，の 9 階層である。後に詳しく紹介する Weick の組織観は，多頭システムに属す

のから高いと考えられるものへと並べることで，組織観（システム観）を9つの発展段階に分けて記述している。ここでは，高橋 & 山口他（1998）がBoulding（1956, 1968）の研究を踏まえつつ分類した組織観を眺めていくことにしたい。Bouldingによる分類は，組織観の分類としてはもっとも代表的なものではあるが，高橋 & 山口他による分類のほうが，Boulding（1956, 1968）と比べて簡潔で要点を把握しやすく，かつBoulding（1956, 1968）以降に登場した組織観をも包含しつつ説明しているためである。

　高橋 & 山口他（1998）は，組織観を6つに分類整理している。合理性モデル，ヒューマン・リソース・モデル，ソシオ・テクニカル・モデル，ポリティカル・モデル，シンボリック・モデル，エコロジー・モデルである。ここではこれらのうちから，合理性モデル，ヒューマン・リソース・モデル，ソシオ・テクニカル・モデルに注目し，それらから組織認識論へと続く一連の流れを俯瞰すると共に，最後にWeick理論を含む組織認識論が属すると考えられるシンボリック・モデルに関する高橋 & 山口他（1998）の考え方を簡単に紹介しておきたい。ここで高橋 & 山口他（1998）の提示したモデルのうちから，これら4つを切り出したのは他の2つがやや独立的なモデルであると考えられるからである。

　合理性モデルは，経営組織論史上初期の頃に扱われた組織モデルである。そこでは，「公式の役割や公式関係が重要視」（高橋 & 山口他, 1998, 58頁）[10]され，「組織を目的達成のための合理的手段」（TY, 58頁）として捉えていた。このモデルは上で挙げたF. W. TaylorやH. Fayolらに代表される組織原則を論じた流れと，M. Weberらを中心とした公式組織としての官僚制研究との流れに分けられる。「しかし，いずれにしてもこれらの研究においては，組織はあくまで静態的な存在である」（TY, 58頁）とみなされていた。これらに対して，上で紹介したH. A. Simonらによって展開された意思決定論では，ある環境の中での意思決定という観点から，静態的なモデルにおける環境から隔絶

　　る。多頭システムは，「社会組織であり，価値システム，宗教，道徳，芸術，音楽，共有されたシンボル，共有された文化を創造し，歴史，未来をも創造する」（高橋 & 山口他, 1998, 53頁）と考えられている。詳しくは，Boulding（1956）およびBoulding（1968）を参照されたい。
10　以下，「高橋 & 山口他, 1998」を「TY」と略記する。

された「限界を克服しようと『制約された合理性 (bounded rationality)』[11]の概念からオープン・システムとしての組織の合理性モデルが展開された」(TY, 59頁)。このような流れの中で、「組織は合理的意思決定を行うため、いかに不確実性を回避し、削減するか、そして組織の合理性を達成するため、いかに制約要因、コンティンジェンー要因を扱えばよいか」(TY, 59頁) といった問いが立てられた。これはその後のコンティンジェンシー理論の展開を予感させるものであった。

合理モデルが描き出した"組織"は、合理的に意思決定を下す、あたかもコンピューターのような組織像であった。そこでは、さまざまな不確実に溢れた状況下で、組織がいかに合理的に、もっと言えば、いかなる計算に従って適切な判断を下すべきかが重要な議論のテーマとなった。合理モデルは、意思決定においてばかりではなく、環境をいかに捉えるか（環境認識）という面でも、コンピューター・メタフォリカルな認知主義に立脚していた。この点については第12章で詳しく論じることになる。

合理性モデルと並行して、ヒューマン・リソース・モデルが、人間関係論や行動科学の発展に伴って登場した。すでに論じたように、そこでは、A. H. Maslow や C. Argyris らの人間仮説が採用され、人間を経済人としてではなく、社会人として捉えるべく試みられた。このモデルは主に近代モチベーション理論と同時に論じられる傾向があった。すなわち、このアプローチで繰り返し強調され続けたのは「経営者の職務は労働者を操作することではなく、むしろ労働者が組織目標を達成するのと同時に個人目標をも達成できる環境を作り上げることである」(TY, 60頁) というものであった。

ソシオ・テクニカル・モデルは、ロンドンの Tavistock Institute of Human Relations の研究者らによって定式化された。このモデルは、人間関係に重点をおいて展開されたヒューマン・リソース・アプローチに加えて、人

---

[11] 遠田 (1998a) は、Simon (1945) の "bounded rationality" について、興味深い解釈を述べている。「サイモンにあっては、管理とは現業員の意思決定の自律権を陰に陽に制限することである。ちなみにそれがサイモンの本来いわんとする "制限された合理性 (bounded rationality)" の意味であって、いわゆる『個人は "制限された合理性" しかなく、組織によってそれが克服される』との俗説は面白味にも欠けているし誤ってもいるのではないか」(遠田, 1998a, 7頁)。遠田 (1998a) との主張は、上で述べた稲垣、三戸らの主張とも通底している。

間以外の技術や装置などをも包含した組織モデルを目指したと言える。すなわち，ソシオ・テクニカル・モデルにおいては，組織を「社会システム（social system：課業を遂行する人間間の関係）と技術システム（technological system：課業を遂行するのに用いる道具や知識などの非人間的部分）から構成されるソシオ・テクニカル・システム」（TY, 61頁）として捉えた上で，「たとえば手工業から機械工業へというように生産技術が変化した場合，その技術に適応した一定の組織変化をともなうことにより組織は効率化し，構成員の欲求も満たされる」（TY, 62頁）といった主張がなされた。こうした考え方は，やがて理想的な組織は，組織がおかれた環境によって異なるという有名なコンティンジェンシー理論へと発展し大きく開花することになった[12]。

　最後にシンボリック・モデルであるが，このモデルは組織認識論をはじめ，組織文化論などが属すると考えられるモデルである。ここでは，「他のアプローチが前提としている合理性の仮説を捨て，シアターもしくはカーニバルとしての組織を考える。組織は目標，政策という側面より，共有された価値，文化として把握され，規則，政策，管理階層よりは儀式，セレモニー，物語，英雄，そして神話によって推進される」（TY, 63頁）と考えられた。シンボリック・アプローチは，「伝統的な合理性の概念とは明らかに異なる世界をイメージすること」（TY, 64頁）を要求しており，「組織を合理性の観点から理解する人にとって，シンボリックな枠組みは無理にこじつけられた奇想天外に思えるかもしれない」（TY, 64頁）などとも言われてきた。このアプローチには，「(1)ある出来事についてもっとも重要なことは，何が起こったかではなく，起こったことの意味である。(2)出来事の本質は，起こったことによって決まるのではなく，起こったことを人間がいかに解釈するかの方法によって決まる。(3)組織に起こる多くのもっとも重要な出来事やそのプロセスは，本質的には曖昧であり，不確実である。つまり，起こったこと，そしてなぜそれが起こったか，さらにつぎに何が起きるかを知ることは困難であり，不可能である」（TY, 64頁）などといったことを前提としている特徴がある。シンボリック・モデルについてここではこれ以上詳しくは述べない。次章以降で，このアプ

12　コンティンジェンシー理論およびそれに続いて展開された情報処理モデルにおける研究上の問題点については後述する。

ローチを代表する Weick 理論について詳述するからである。ここでは，高橋 & 山口他（1998）の説明からシンボリック・モデルについて大掴みに把握しておけば十分である。

コンティンジェンシー理論および情報処理モデルの限界

ここでは続けて，コンティンジェンシー理論について，代表的研究者である Lawrence & Lorsch（1967）を取り上げてその限界について少しばかり考えてみよう。Lawrence & Lorsch（1967）は，組織と技術的「環境」について，プラスチック産業と容器産業を例に挙げながら以下のように述べている。

> プラスチック産業のような，相対的に多様でダイナミックな分野では，組織の有効性を高めるために高度の分化と高度の統合が必要になる。容器産業のような，相対的に安定的で多様性の少ない環境下にある組織では，その有効性を高めるために分化の度合いは相対的に小さくする必要があるが，統合はやはり高度に達成する必要がある。　　　　　　　（Lawrence & Lorsch, 1967：訳, 127頁）

では，彼等の考える「ダイナミック」であったり「安定的で多様性の少ない環境」とはいかにしてそのように定義された「環境」なのであろうか？ Lawrence & Lorsch（1967）は以下のように述べている。

> われわれは，研究調査に先立って，こういう産業環境が，その企業組織にどういう条件を要求しているのかを知る必要があった。これを知るため，われわれは6つの対象組織それぞれの上級経営幹部に面接し，また，この人たちがその産業環境の諸特徴をどう見ているかをアンケートで調べた。
> 　　　　　　　（Lawrence & Lorsch, 1967：訳, 28-29頁）

アンケートというアプローチ方法からも明らかなように，Lawrence & Lorsch が「環境」と捉えているのは，組織構成員のセンスメーキングによっ

て構築された「環境」(「どう見ているか」) であり，それは彼らがインプリシットに前提としている「客観的環境」ではない。この点について，稲垣 (2002) は，「Lawrence & Lorsch の研究における組織の環境とは組織メンバーが認識あるいは解釈した環境であり，組織メンバーの存在から独立した『客観的』なものではないのである。Lawrence & Lorsch は，このことの意味を追求することがなかった」(稲垣，2002, 158-159 頁) と指摘した上で，以下のように述べている。

　　コンティンジェンシー理論が一般理論を否定し，特定の状況ごとの適合関係の解明を志向することで理論的抽象性を排除し，一般理論よりも現実ないし「事実」に近づいたかに見えるとき，そこでこの理論が向かい合う「事実」とは，人間による注目，解釈，あるいは意味形成によって創出された事実である可能性が浮き彫りにされてくるのである。　　　　　　　　　　(稲垣，2002, 160-161 頁)

さらに稲垣 (2002) は，コンティンジェンシー理論と管理過程論を対比しつつ，以下のように述べている。

　　コンティンジェンシー理論は管理過程論に対して，その管理原則に代表される一般性を否定しながらも，その成果を相対化しつつ枠組に取り込もうとし，一方，管理過程論もその枠組を拡張してコンティンジェンシー理論を取り込むことで，統合的理論として存続を図ろうとした。お互いに相手を取り込もうとする奇妙な競合関係にある 2 つの理論の枠組みをともに超えるレベルでの理論構築の展開が開かれなければならないとすれば，それは，管理過程論に欠けていた「意味形成の過程」と Lawrence & Lorsch が追求することをしなかった人間の注目，解釈，あるいは意味形成により創出される現実についての考察とを理論構築の視野に入れたものとなるはずである。　　　　　　　　(稲垣，2002, 161-162 頁)

稲垣 (2002) が指摘した「意味形成の過程」(稲垣，2002, 162 頁) および「人間の注目，解釈，あるいは意味形成により創出される現実についての考察」(稲垣，2002, 161 頁) とを理論構築の中心に据えたものこそ，組織認識論なのである。組織認識論が，稲垣 (2002) の予期に十分応え得るものであること

は，次章以降をお読みいただければお分かりいただける筈である。

　続いて岸（1990），加護野（1988）らの主張に従い，コンティンジェンシー理論，情報処理モデルから組織認識論への流れを概観しておこう。
　先に述べたように，組織の環境適応に関しては，環境によらずにどのような時代でもどのような場所でも普遍的に有効である組織の法則を確立しようとしていた伝統的組織論に対して，1960年代初頭に，理想的な組織は，組織がおかれた環境によって異なるというコンティンジェンシー理論が現れた。上で取り上げた Lawrence & Lorsch（1967）の他に，「機械的な管理システム（mechanic system of management）」と「有機的な管理システム（organic system of management）」という主張で知られる Burns & Stalker（1961）[13]，大量生産と個別装置生産における有効な管理法の違いを示した Woodward（1965）[14] などが代表的研究者である。
　コンティンジェンシー理論は，理論としての説明原理抜きで，コンテキスト要因と組織特性との適合関係を表わすことにはしる傾向があった。そこで，これらの研究に説明原理を確立するという必要に応えるべく，Barnard, Simon らにより展開された近代的組織論の成果を踏まえた情報処理モデルが登場した（岸, 1990）。情報処理モデルの基本的命題とは，組織の情報処理負荷と情報処理能力との適合関係によって組織の有効性が決定されるというものである。組織を不確実性を減少させるシステムとして捉えた Thompson（1967）[15]，Thompson（1967）の理論を精緻化し，不確実性の多寡がルーティン化の度合いを決め，ルーティン化が進むほど組織は官僚化されるとして，それを技術と結び付けて論じた Perrow（1970）[16]，「組織内の関係部門の活動を調整してゆくために必要な情報量と，実際に組織がすでに入手している情報量の差」[17]（Galbraith, 1973：訳, 180頁）を不確実性とし，その多寡が組織階層間を流れ

13　詳しくは，Burns & Stalker（1961）を参照されたい。
14　詳しくは，Woodward（1965）を参照されたい。
15　詳しくは，Thompson（1967）を参照されたい。
16　詳しくは，Perrow（1970）を参照されたい。
17　詳しくは，Galbraith（1973）を参照されたい。

る情報量の差となり，これに対処するため，階層下部に決定権が委譲されたりすることで，組織構造は多様化するとしたGalbraith（1973）などが代表的論者であった。

　岸（1990）は，情報処理モデルにおいては，意思決定プロセスの認識段階を明確に意識したものは非常に少なく，情報について，情報処理モデルの多くは，一義的な意味をもつものとして捉えてきたと指摘し，組織認識論との関係から意思決定者の意思決定プロセスにおける認識段階の重要性を強調している。客観的な"環境"が同一であったとしても，その中からどのような手掛かりを抽出し，それらをどのように意味づけるかによって，意思決定者の主観的な環境認識は大きく異なる。情報処理モデルでは，情報量の不足による不確実性に焦点が当てられてきたため，情報の曖昧さ・多義性[18]という情報の質的側面に関しては問題とされてこなかった観があることは否めない。しかし，実際に取り扱われる情報の多くは多義的であることを考えれば，情報の質的側面がより強調されるべきであると岸（1990）は強調している（岸, 1990）。Weick（1979）によれば組織とは多義性が削減され意味が共有される過程としての組織化（organizing）のことであるが[19]，岸（1990）はこうした組織認識論の視点を包含することで，情報処理モデルの精緻化に方向性をもたせ，それを再展開できる可能性を示唆している。

　加護野（1988）は，「情報処理モデルの概念装置では，組織における認識過程の複雑さを十分に捉えることができない」（加護野, 1988, 55頁）と述べ，「情報処理モデルが，人間や組織を」（加護野, 1988, 57頁），「あたかもコンピューターのように」（加護野, 1988, 57頁）捉えてきたが，「きわめて曖昧な状況で複雑な仕事を行っている現代の組織では」（加護野, 1988, 55頁），大量の不定型な情報から情報の「取捨選択」，「意味の読み取り」という面が極めて重要だと述べ，情報処理モデルの限界を克服するには「人間と組織についての新しいモデル，新しいイメージをもとにした理論が必要」で，「それは，組織認識論ともいうべき新しい組織論である」（加護野, 1988, 59頁）と主張してい

18　不確実と多義については後に詳述する。
19　組織化については上でも少しばかり触れたが，多義性との関係について詳しくは第2章を参照されたい。

る。次章以降で紹介する組織認識論は，岸（1990）や加護野（1988）の要請にも十分応え得るものである。

組織認識論の歴史的位置づけ

　組織の営みには，行為，意思決定，認識の3つの局面がある。環境をいかに認識すべきか，その認識の上に立っていかに意思決定すべきか，その意思決定の上に立っていかに行為すべきか。いずれも大切であることは言うまでもない。

　例えば，太平洋戦争時の日本海軍のように，日本海海戦の大勝利によってもたらされた時代遅れの認識（大艦巨砲主義）に基づけば，建造すべきは飛行機よりも大和，武蔵のような巨大戦艦という意思決定が行われ，当時最高水準と謳われた技術を用いて素晴らしい軍艦を建造した（行為）としても，到底勝利は望めない。では，環境を適切に認識してさえいれば良いのかというとそうとばかりは言えない。いかに適切な認識を形成できたとしても，意思決定段階で誤った決定がなされたり，行為そのものが拙いものであっては元も子もない。

　本章の始めで述べたように，経営組織論は当初，組織における"行為"という局面に注目して展開された。具体的には生産，輸送など，企業活動に伴って生じる個々の行為の最適化を目指したのである。兎にも角にも，効率的に原材料を工場に持ち込んで，効率的に製品を作り，それを効率的に運ぶにはどうすればよいかといった観点から議論が展開された。この時代には，組織はクローズド・システムであるとみなされ，環境条件に関わらず唯一最善の組織が存在するとも考えられてきた。

　大量生産体制が確立され，物不足から物余りへと時代が移り変わるに連れて，「生産」に軸足を置いた"行為"の時代から，"行為"に先立ち「販売」に軸足を置いた"意思決定"の時代へと経営組織論は突入していったのである。ただ効率的に作るだけではダメで，いかなる製品を作るべきか，いかなるタイミングでそれらを市場に持ち込むべきか，他者との競争にいかに打ち勝つか，といった観点（意思決定）が重要性を増した。意思決定論の登場にはこうした

時代背景があった。もちろん，そうなると組織は最早クローズド・システムであり得ない。環境条件が異なれば優れた組織のあり方も異なるし，いつまでも同じことをしていては，激しい競争の中で組織が生き残り続けるのは難しい。第二次世界大戦中に開発されたオペレーションズ・リサーチなど科学的意思決定技術の著しい進歩とも相まって，戦後，意思決定論は経営組織論の中心的テーマであり続けてきた。コンピューターという，夢のような思考マシンが現実化したこともあって，意思決定論ではコンピューター・メタフォリカルな科学的・合理的思考が重要視された。意思決定論は，経営戦略論など経営組織論以外の分野，さらには経営学を越えた領域へも多大な影響を及ぼしつつ，エレガントに精緻化されていった。

　1980年代を過ぎた頃から，情報技術の著しい進歩やグローバル化の進展などによって，企業を取り巻く経営環境が瞬時に激変するようになると，"意思決定"そのものよりも，それに先立つ環境認識（いかに環境を適切に捉えるか）が重きを増した。意思決定論は幾分なりとも「信頼できる過去のデータ」や「見通しのきく未来」といったこと（過去のデータをうまく利用し，さまざまな選択肢の中から，最も素晴らしい一手を，合理的，科学的に選ぶ（最も望ましいと思われる結果をもたらすと思われる選択肢を，合理的に選ぶ）ことが可能であるという考え）を前提としている。すなわち，意思決定論の特徴は，組織をオープン・システムとして捉えただけに止まらず，本章で見てきたように，オープンかつ合理的システムであると捉えたことにある。

　しかし，"認識"というレベルにまで遡って，組織について考察するようになると，最早組織は合理的存在などではあり得ない。認識を考えるには，人びとの織り成す意味付与（センスギビング）あるいは意味形成（センスメーキング）というプロセスを避けて通ることはできない。「客観的」事実や，「客観的」結果は影を潜め，そうした事柄に人びとがいかなる意味を付与したのか，いかなる意味を形成したのかが重要になる。人びとの認識は，コンピューターのように外的環境を単純に表象したものではない。こうしたコンピューター・メタフォリカルな認知主義に関わる諸問題については第12章で詳しく検討することになるが，本章で触れたように，意思決定論やコンティンジェンシー理論が自明のものと考えてきた「客観的な所与」という前提を乗り越えて展開さ

れたのが次章以降で紹介する組織認識論なのである。

　Scott（1987）は組織観を，クローズドとオープンの軸と，ラショナル（rational）とナチュラル（natural）の2軸4次元に分類し，人間関係論や行動科学的アプローチで採用された組織観をクローズドでナチュラルの次元に分類している。本章で少しばかり触れたように，そこで提示されていたのは社会的な人間モデルであり，経済合理的にのみ動機づけられる人間モデルではない。Scott（1987）はさらに，新たな時代に展開されるべき組織論をオープンかつナチュラルな次元に位置づけているが，組織認識論は，Scott（1987）の期待にも十分応え得ると考えられる。

第 2 章
Weick 理論

　本章では，組織認識論の代表格と言えるアメリカの社会心理学者 Karl E.Weick が提示した理論を眺めていこう。

　Weick が 1967 年に著した，*The Social Psychology of Organizing* の中で展開した理論は，Weick 自身が「組織の認識論を展開する端緒にでもなれば」(We79, 304 頁) と述べているように，組織の認識という新たな観点から複雑な組織現象を語る地平を切り開いたエポックメーキングなものであった。その後，*The Sosial Psychology of Organizing* は，1979 年に質的にも量的にも大幅に手が加えられた改訂版が出版された。

　その中で Weick は，組織認識形成プロセスを"多義性"削減プロセスとして捉えた ESR モデル（または"組織化の進化論モデル"ともいう。本書では ESR モデルという呼称で統一する）を提示した。ESR モデルは世界中の多くの研究者達を刺激し，同モデルに基づいた組織理論研究が盛んに行われてきた（例えば本書でも後で取り上げる Smircich & Stubbart (1985)，Daft & Lengel (1986)，遠田 (2002) など）。

　1995 年，Weick は 2 冊目の単行本 *Sensemaking in Organizations* を世に問うた。そこでは，1979 年版の内容を整合的に取り込みつつ，それ以後の組織認識あるいは組織におけるセンスメーキング研究の成果を存分に取り入れた詳細な議論が試みられている。

　しかしながら，1995 年版では ESR モデルに伴って登場したいくつかの重要な概念（例えば"イナクトメント"）は継続的に用いられているものの，ESR モデルについて直接触れた記述はほとんど見られない。

　また，ESR モデルについては 1979 年以降に行われたさまざまな研究成果を踏まえた上で，①センスメーキングの契機が十分に説明できない（遠田, 2002），

② Weick が求めている保持からのイナクトメント，淘汰プロセスへのアンビバレントなフィードバックは現実的ではない（髙橋, 2001），③ 保持内容の変容メカニズムが明らかにされていない（遠田, 2002）などの問題が指摘されてきた。

ここでは，Weick の組織観を，第1章で紹介した Barnard（1938），Simon（1957）などの組織観と対比しながら分かりやすく説明するとともに，ESR モデルを 1995 年版で語られたセンスメーキング理論と連関させて論じ，さらには ESR モデルに突き付けられているいくつかの問題を発展的に解決するために，それらの議論を礎に ESR モデルを発展的に精緻化する道筋を探ってみたい。

Weick の組織観

最初に Weick の組織観を概観しておこう。

第1章で触れたように，Weick（1979）は「『組織が行為する』と言うとき，"組織"という一つの名詞があるので，それに対応する何らかの実在—すなわち，独立した固有で不変なそして他の物と主語・述語の関係になりうる物—を想定してしまう。われわれが避けたいのは，組織をこのように独立した力とか機関として扱うことである」（We79, p.45）と述べていた。ここから，Weick の視座が，組織を「2人以上の人々の意識的に調整された活動や諸力の一体系」（Ba, 84 頁）とした有名な Barnard（1938）の視座とは大きく異なっていることが分かる。第1章で述べたように，組織をどのように捉えるかは現実化された行為がいかにして調整されるのかという組織に関する根源的問題に対する視座の相違が大きく影響してくることになる。

Weick（1995）は「組織とはルーティンを相互に結びつける集主観性，解釈を互いに強化する間主観性，そしてこれら2種類の形態の間を行き来する運動，を継続的コミュニケーションという手段によって結びつける社会構造である」（We95, 225 頁）と主張する。

先を急ぐ前に，上の Weick の定義に含まれるいくつかの用語について説明

しておきたい。Weick は上の組織観への着想を N. Wiley（1988）から得ている。Wiley は主観性を内主観性（intrasubjectivity），間主観性（intersubjectivity），集主観性（genericsubjectivity），超主観性（supersubjectivity）の 4 つのレベルに分けて分析を試みた。彼によれば，内主観性とは個人という分析レベルでの主観性である。続く間主観性および集主観性については次のように説明される。「間主観性はコミュニケーションし合う 2 人以上の自我の交換と綜合によって創発する。相互作用（ないしは"相互作用的表象"）が Durkheim の言う社会構造ないし集合意識へと綜合されるのは，この後，さらにもう一度の創発性が生み出されるときなのである」（Wiley, 1988, p.258）。「そこでは，具体的な人間，つまり主体はもはや存在しない。相互作用のレベルを越えると自我は背後に退く」（*ibid*, p.258）。すなわち，個人的な思考や感情などが 2 人以上の人びととのコミュニケーションによって綜合されることによって，内主観性から間主観性への移行が生じる。相互作用によって生じた間主観性が，相互作用よりもさらに一段高いレベルである社会構造のレベルに綜合（さらに創発）されると集主観性への移行が生じる。Wiley の最後の分析レベルである超主観性については，「シンボリックなリアリティーのレベルであって，主体なき文化の体系と見なされるような資本主義とか数学がその例」（We95, 98 頁）であると説明される。

　Weick は組織におけるセンスメーキングの特徴として「人的互換性を確保するために，集主観性が常に働いていること」（We95, 225 頁）を挙げている。Weick によれば，組織と烏合の衆との分水嶺は，「組織においては互換可能な人びとの貢献によってパターンが持続される」（We79, 46 頁）よう集主観性のコントロールが働いていることにある。人的互換性については後で改めて触れるが，こうした Weick の言説から，彼が行為の調整を集主観性のコントロールに求めていることが分かる。Weick が組織認識論の開祖と考えられているのは，こうした主張から分かるように，行為や意思決定というレベルを越えて，明示的に組織認識（集主観性）を行為の調整源泉として取り上げたことによる。
　組織認識論で描出される組織像をより理解していただくために，組織認識論

の世界で代表的な組織の定義を2つばかり紹介しておこう。第1章で挙げた，現実化された行為を組織の実体として捉えていた Westley (1990) は，「組織とはすべて相互連結ルーティンの連鎖，つまり同じ時間，同じ場所で，同じ活動を中心に，同じ人たちを接触させる習慣化された行為パターンなのである」(Westley, 1990, p.339) と述べて，行為の調整を相互連結ルーティンの連鎖（習慣化された行為パターン）に求めている。Weick の主張にある通り，行為パターンは組織の人的互換性を裏付けている。組織構成員が同じ時間に同じ場所で同じ活動を繰り返すならば，かなりの共通した経験ゆえに集主観性のコントロールがさらに機能するようになるだろう。Smircich & Stubbart (1985) は，組織とは「自分自身や他者の行為について互いに強化し合う解釈をするよう働きかける確信，価値観，仮定を多く共有している人びとの集合」(Smircich & Stubbart, 1985, p.727) と定義している。Weick 理論に基づいてこの定義を読み解くならば，彼らが言う共有された確信，価値観，仮定こそが集主観性の実体ということになるだろう。

　こうした組織観は第1章で紹介した，Barnard や Simon の組織観とは明らかに異なる。Barnard や Simon では上意下達的な調整（Barnard の権限受容と Simon の上位権限には隔たりがあるにしても）によって組織的活動が担保されると考えられていた。しかし，そうした考えに立てば，下位階層の発意が組織認識を変容させる様を論じることはできない。対して，Weick (1995) は組織を「継続的コミュニケーションという手段によって結び付ける社会構造である」(We95, 225 頁) と述べた上で，「コミュニケーション活動こそ組織」(We95, 102 頁) の本質であり[1]，「間主観性の交換と解釈，および集主観性の共有された理解が発現し維持されるのは，まさに継続的なコミュニケーションがあればこそなのである」(We95, 102 頁) と主張する。Weick は，コミュニケーションを通じた間主観性のイノベーションが組織認識—Simon (1957) の言葉に従うなら意思決定前提，ただしそれは個々の前提というレベルを越えた集合的前提である—を変容させると考えている訳であり，こうした考えは明

1　Barnard 理論，Simon 理論においてもコミュニケーションは組織的活動にとって必要不可欠なものである。しかしながら，彼らがコミュニケーションに求めている意義は，組織認識論で求められている意義とは大きく異なる。この点については，本章の最後で詳しく検討する。

らかに Simon（1957）と異なる。間主観性のイノベーションに参加するのは，階層上位者よりもむしろ階層下位者であろう。否，Weick 理論に基づくならば，いずれが間主観性のイノベーションを活性化させるかに関わりなく，組織認識形成のダイナミズムを記述することが可能となる。

　Barnard（1938）や Simon（1957）が，上位階層が下位階層の認識を規定する点に偏重して管理組織を捉えようとしたのに対して，Weick は，組織のどこかでなされた間主観性によるイノベーションが活性化することで集主観性が変化し，変化した集主観性により新たなるコントロールがはじまり，やがてはその集主観性も間主観性のイノベーションによって変化を余儀なくされるというダイナミックなセンスメーキングが展開される場として組織を捉えようとしているのである。

不確実性と多義性

　続いてより深く Weick の組織観を理解する上で欠かせない多義という言葉に関して不確実との比較を含めて論じておきたい。
　多義とは，「ただ一つの分類には収まらず，常に，2つ以上の何物かや意味の指標として分類され」（We79, 224 頁），「決定不能で，謎めいていて，アンビバレントで，疑わしいもので，多様な意味を有している」（We79, 224 頁）ことを言う。
　もう一方の不確実について，Burns & Stalker（1961）は「一般に未来に関して，そして特殊には，可能なあらゆる一連の行動に続いて生じうる結果に関して，選択に迫られている人の無知のことをいう」（Burns & Stalker, 1961, p.112）と説明している。Stinchcombe（1990）は「不確実性は，行為者が行きつつあるに違いない方向を示している最初の情報によって削減され，それによって世界の未来は明らかになってゆく」（Stinchcombe, 1990, p.2）と述べている。すなわち，不確実とは「現在の行為の先を推量できなかったり，その結果を予測できない」（We95, 133 頁）状態であり，不確実性を削減するためには「慎重なスキャンニングと発見が必要」（We95, 128 頁）であると考えられ

る。

　両者の違いを分かりやすく説明するために簡単な例を挙げてみよう。山で道に迷い，右に行けばよいのか，左に行けばよいのか分からないとき，そこでいくら悩んでも仕方ないだろう。この問題を解決するためには地図がなければならない。逆に言えば，地図という情報さえあれば解決する。では，「人を殺してでも金儲けをするのか」という問題に直面した場合，何か情報があれば解決するだろうか。通常，そうした問題を解く便利な地図などはなく，その問題を解く術は十分に議論を重ねて見出していく他にない。前者が不確実性によりもたらされる問題，後者が多義性によるそれである。

　不確実性と多義性の違いを明瞭にする上で，R. L. Daft や R. H. Lengel, G. P. Huber などらによるメディアリッチネス論の研究は大いに役立つ。ここでは，メディアリッチネスという概念についてごく簡単に紹介してから議論を先に進めたい。意思疎通を図ろうと言うとき，e メールでは伝えづらかったことが，電話でなら伝わったとか，電話ではどうもあやふやだったが会って話した途端に話が通じたなどということは，誰しもしばしば経験することであろう。この場合，e メールよりも電話のほうが，電話よりも直接会って話すほうがメディアリッチネスのディグリーは高い。メディアリッチネス[2]とは「コミュニケーションの当事者間でひとつの共通の理解に収束するために，互いの理解を変更し，異なった概念の準拠枠を克服し，あいまいな事柄を明確にする，メディアの能力・属性である。具体的には，① 迅速なフィードバックの入手可能性，② 多様な手掛かりを運ぶ能力，③ 言語の多様性，④ 個人的焦点という4つの包括概念として把握される」（遠山・村田・岸，2003, 221頁）と定義される。語弊を恐れずに分かりやすく言ってしまえば，メディアリッチネスとは使用するメディアによって用いることができるコミュニケーションの質的豊かさの差を表す概念である。

　Huber & Daft（1987）によれば，「多義的な事態に直面すると，管理者たちは互いに認知を共有するために言語を使用し，議論や分類，試行錯誤，探り合いなどを通して次第に意味を定めたり創り出したりする」（Huber & Daft,

---

[2] メディアリッチネスについて詳しくは，Daft & Lengel（1986, pp.554-571）あるいは，遠山・村田・岸（2003）の219頁から226頁を参照されたい。

1987, p.151）ことでそれに対処していたそうである。こうした研究に基づいて，メディアリッチネス論では，多義性に対処するために，組織では「単に大量のデータを供給するのではなく，ディベートや明確化，イナクトメント[3]を可能にしてくれる仕組みが必要である」（Daft & Lengel, 1986, p.559）と強調される。

Weick は，多義性による問題を混乱，不確実性によるそれを無知と呼び，「無知を除去するにはより多くの情報が必要」（We95, 134 頁）であるが，「混乱を除去するには，それとは別種の情報，つまり，多様な手掛りが得られる対面的相互作用において構築される情報が必要である」（We95, 134 頁）と述べている。Weick によれば，多義性を削減するためにはメディアリッチネスのディグリーが高い「会議や直接対話といったリッチで人間的なメディア」（We95, 134 頁）が，不確実性を削減するためにはメディアリッチネスのディグリーが低い「公式情報システムやスペシャル・レポートといった没人間的なメディア」（We95, 134 頁）がより優れている。しかし，現実にはまったく逆のメディアが用いられたがために，問題をこじらせてしまったり，新たな問題を引き起こすといった事態が見受けられる（We95, 135 頁）と Weick は指摘している。こうした Weick の主張が先に述べたメディアリッチネス論の先行研究で主張されてきた内容と通底していることはいうまでもない。

ところで，今後の研究に資するために一つ付け加えておけば下の"あいまい"に関する記述から明らかなように Weick が"あいまい"というとき，文字通り pun のような状態だけではなく明確性が欠如した（a lack of clarity）状態をも含んでいる点には留意すべきである[4]。

> あいまい性という言葉は 2 つ以上の解釈の存在を意味するが，それとはまったく異なるもの，つまり明確性の欠如をも意味しうるので，このすぐ後に見るように，その点があいまい性を不確実性と似通ったものにさせているのである。あい

---

[3] イナクトメントについては後に詳述する。ここでは「情報の囲い込み」と考えておけばよい。
[4] 1979 年版では，あいまい性は多義性と同一であるとされていた。1995 年版ではあいまい性に明確性の欠如までも含むとされている。この点に関しては，明確性が欠如しているような状態はあいまい性にも不確実性にも属するグレーゾーンであると理解したい。"あいまい性"という言葉もあいまいなものなのだ。この点については今後さらに研究を進めて明らかにすべきであると考えている。

まい性という言葉のあいまい性は，それがまったく別の対処法を暗示するので，やっかいの種だ。つまり，あいまい性が，多様な意味ゆえの混乱として理解される場合には社会的な構築と発明が必要となり，情報の不足ゆえの無知として理解される場合には，慎重なスキャンニングと発見が必要になる。　（We95, 128 頁）

多義性の削減は相互連結行動（interlocked behavior）が単位となって組み立てられたプロセスで行われると Weick は主張している。Weick (1979) は，Raven & Eachus (1963) による水準器実験[5]を例示しつつ，「組織化の分析単位はこの依存的反応パターンで，それは，行為者 A の行為が行為者 B の特定の反応を引き起こし（ここまでは相互作用），B のそれが次に A の反応を喚起（ここで連鎖は完結し，それを相互二重作用という）」(We79, 87 頁）し，こうした相互二重作用がサイクルとなったものを相互連結行動と呼ぶと説明した上で，組織構造と「相互連結行動の概念とはイコールに考え」(We79, 116 頁) るべきであり，「ある組織がどのように行動しどのように見えるかということを規定する構造は，相互連結行動の規則的パターンによって確立される構造と同じである」(We79, 116 頁) と述べる。すなわち，Weick (1979) によれば，組織とは持続的な相互連結行動のパターンによって構成された，常時的に多義性を削減する組織化の過程である。こうした考え方は，「組織とはすべて相互連結ルーティンの連鎖，つまり同じ時間，同じ場所で，同じ活動を中心に，同じ人たちを接触させる習慣化された行為パターンなのである」(Westley, 1990, p.339) という上で挙げた Westley の見方とも一致している。

ESR モデル　I ―生態学的変化とイナクトメント―

これまで眺めてきたように，Weick は，組織という抽象的概念を，あたかも手で触れることが可能なように物象化して捉えることを危険であるとし，組織は常に経験の流れの中にあって，その中で出会うさまざまに多義的な出来事

---

[5] 3 人が三角のテーブルに座り，自分の目の前の水準器が水平になるようにそれぞれのコーナーの高さを変えるというもの。詳しくは，Raven, B. H., & Eachus, H. T (1963) を参照されたい。

に対して人びとがコミュニケーションを通じて，一定の答や意味を引き出しそれを共有するプロセスとして捉えるべきものであると主張していた。すなわち，われわれが通常あまり意識せずに組織と呼んでいるものは，Weickによれば多義性が削減され意味が共有される過程としての組織化（organizing）のことであると言ってよい。

Weick（1979）は，上で述べた常時的に多義性を削減し続ける組織化のプロセスをESRモデルとして提示している。これまでESRモデルは，1995年版でWeickが主張しているセンスメーキング[6]論と連関させて論じられてこなかった観がある。以後，両者を有機的に連結すべく試みながらESRモデルの理解を試みたい。

上で述べたように多義性を削減するのが組織化の過程であるとすると，逆に「多義的な情報は組織化の引き金となる」（We79, 18頁）とも言える。Weick（1995）は幼児虐待症候群（The Battered Child Syndorome, 以下BCSと略記する）の例をあげて1995年版で，多義性削減の過程をセンスメーキングプロセスとして説明している。BCSは，1946年に放射線医John Caffeyの論文で報告されたが，それが不慮の事故だったと偽る両親から受けた暴行によるもの[7]と認知され，そのような両親が刑罰の対象とされるまでにかなり長い年月を要した。幼児に現れた突然の理由不明な外傷は多義的である。多義的な外傷がどのようなプロセスを辿ってBCSと意味づけられていったのか。Weick（1995）は次のように述べている。

　まず第一に，進行中の事象の流れの中に誰かが何かに気づく。その何かとは，驚きという形であれ，辻褄の合わない手掛りの集合であれ，どこかシックリとこない何ものかである。第二に，その辻褄の合わない手掛りは，誰かがすでに過ぎ去った経験を振り返って見るときに光が当てられる。見るという行為は回顧的な

---

[6] センスメーキングについてはさまざまな研究者により定義がなされてきた。例えばWaterman（1990）はそれを「未知の構造化（structure the unknown）」（p.41）と呼び，Huber & Daft（1987）は「知覚可能で（sensable），有意味な（sensable）事象の構築」（p.154）であると述べた。Weick（1995）によれば，「センスメーキングとは，何ものかをフレームの中に置くこと，納得，驚きの物語化，意味の構築，共通理解のために相互作用すること，あるいはパターン化といったようなこと」（Weick, 1995, p.4：訳, p.8）である。

[7] 詳しくは，Westrum, R.（1982）を参照されたい。

ものなのだ。第三に，もっともらしい推測（たとえば，両親が外傷を放って置いたからだ）が，その妙な手掛りを説明するために仕立てられる。第四に，推測を下した人はしかるべきジャーナルに論文という形でその推測を公表し，それが他者にとって医療という世界の環境の一部となる。彼ないし彼女が，（初めから"外在的に"存在していたのではなく）今気づくべくそこに存在する対象を創造するのである。第五に，その推測は広範囲な注目をすぐには引かない。というのはWestrumが言うように，その観察は小児科医でなく幼児の両親と日ごろ社会的接触を持たない放射線医師によって最初にもたらされたからである。そのような接触いかんが，問題の構築や知覚にとって重要である。そして第六に，この例は，アイデンティティと世評の受け止め方が色濃く出ているので，センスメーキング的なのである。Westrumが指摘するように，隠れた事象に関する周縁的な社会的知識は，広がるにしてもきわめて遅い。そうした事象を報告することに関する障碍があるからだ。専門家は，もしそのような現象が実際に生じたとしたら自分たちこそそれを知りえたハズで，その確率も高いと思い込んでいる。Westrumはこれを"中心性の誤謬"と呼んでいる。　　　　　　　　　　　　　（We95, 2-3頁）

以下，上のBCSの事例をESRモデルで捉え直してみよう。

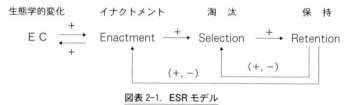

図表2-1. ESRモデル

出所：Weick（1979）の訳書（1997），172頁の図5.1に基づいて作成。

　上図のようにESRモデルは生態学的変化，イナクトメント，淘汰，保持から成る。それぞれのプロセスの頭文字をとってESRモデルと呼ばれてきた。
　ESRモデルでは，組織化のプロセスが自然淘汰のプロセスに準えて記述されている。自然淘汰にはないイナクトメントという言葉に関して，最初に述べた方がいいだろう。「組織化にとってのイナクトメントは，自然淘汰における変異にあたる。では変異と言わずになぜあえてイナクトメントと言うかと言えば，組織メンバーが（自らをやがて拘束する）環境を創造する上で果たしてい

る（とわれわれが思っている）積極的な役割をイナクトメントという言葉がとらえているからである」(We79, 169頁)。後に保持に関する部分で述べるように，イナクトされた環境と言うとき，それはむしろ組織化のインプットであるというよりもアウトプットであることが強調されている。

「生態学的変化はイナクトしうる環境（enactable environment）すなわち意味形成（sensemaking）の素材を提供する」(We79, 169頁)。先のBCSの例で言うなら，原因不明の幼児の外傷である。ただし，組織化においては常に組織の外にある生態学的変化のみが素材ではない。「生態学的変化は通常そうした素材の真正の源といってよいが，それ以前のイナクトされた環境（enacted environment）という形での過去の経験がそれだけで意味形成の相当の材料を提供していることがよくある。組織化過程のこの部分をあえて生態学的変化と称するのは，人は通常スムースに運んでいる事柄には気づかないものであるという事実を強調するためである。注意が呼び起こされるのは変化が生じた時なのである」(We79, 169頁)。ここで"気づき"という重要なセンスメーキング研究の素材が提示されているが，この点については本章後半および第3章で詳細に検討する。

組織は外部からの情報が遮断されても存続しうる（あるいは特定の場合には外部からの情報が遮断された方が良いと思われるようなこともある）。組織は必ずしも環境に対してオープンではない。イナクトされた環境が意味形成の素材を提供し続ける限りにおいては，組織は環境に対してかなり長期間にわたってクローズでもありうる。「組織化のフォルムは伝統的なシステム像を含んではいるが，メインはオープン・システムのフォルムではない。この微妙な点を注意しないと，組織化モデルは容易に誤解されてしまう。このフォルムは，生態学的変化の役割および外生因子が生態学的変化に影響を及ぼすという事実ゆえに，オープン・システムモデルに近い。しかし，生態学的変化が組織に直接作用するのはただ1ヶ所であって，それは組織のイナクトメントにである。もし組織が淘汰および保持の両過程で保持を信頼するなら，組織は事実上生態学的変化から自らを長期にわたって隔離しうるのである。われわれの記述する組織は相当の自閉症なのだ。組織とは長期自足できるものであるが，オープン・システムモデルは組織がどのようにして自己充足を予想以上に持続しうるかを

解明すべく理論的努力を払ってこなかった。組織化モデルは，組織がクローズド・システムでありえかつそのように行為している，といっている」(We79, 310頁)。

「イナクトメントは生態学的変化と密接な関係がある。経験の流れの中に違いが生じると，行為者はより深い注意を払うべく変化を隔離するような行為をする。囲い込み（bracketing）のこの行為はイナクトメントの一形態である」(We79, 169頁)。囲い込みによるイナクトメントは，BCSの例では，進行中の流れの中で誰かが何かに気づく部分に対応していると考えてよいだろう。

さらに，「行為者が生態学的変化を生むような何事かを行い，それが彼の次に行うことへの制約を変え，そしてそれがさらなる生態学的変化を生み……といったとき，イナクトメントの他の形態が生ずる。私が机の上の文具をいくつか動かす，とそのため私は書く場所を変えねばならなくなり，机の上の文具をまた変え，私の書く場所もまた変わり，という具合だ」(We79, 169頁)。BCSでは，第4番目のプロセス，推測を下した人がしかるべきジャーナルに論文という形でその推測を公表し，それが他者にとっての（勿論発表者本人にとっても）医療という世界の環境の一部となっている部分がこれに当たる。

人あるいは組織がイナクトメントの過程で働きかける外的環境は，それらとは全く中立的に存在するとは考えづらい。人や組織も環境の一部であり，彼らが行為し，またそのように行為する中で，自分達の直面する制約や機会となる素材を生み出している。この点は，以下の事例からさらによく分かる。

> 二人の警察官がパトロール・カーに乗って巡回中，ある10代の若者が通りすがるパトカーに向かって中指を突き立てた。警察官はその少年を無視することも，車を止めることも，あるいはもっともありうるのだが，そのしぐさを返すこともできる。
> (We95, 41頁)

> 1987年にペルシャ湾で，合衆国はクウェートの船にアメリカ国旗を立て，その船を「ガソリンの王子」と呼び，船の周囲を合衆国の戦艦で取り囲んだ。
> (We95, 42頁)

警官が若者にどのような反応をしようと,自らが直面する環境をそれなりに創り出している。アメリカ政府は,自らが対処しなければならない挑戦を創り出した。忙しい教員は,少しでも楽になろうと考えて電子メールを学生の質問受付に利用する。いちいち会って答えていては時間がいくらあっても足りないからだ。ところが,電子メールの利用が教員をさらに忙しくさせる。自宅に帰ってメールボックスを開けてうんざりしながらも,学生からの質問に答え続ける。そうするとさらに時間に余裕のある多くの学生たちから,毎日山のようにメールが届き,それらに丹念に答えているうちに,さらに「いい先生だ」との評判が上がって,頻繁にメールを送ってくる学生が現れる。中には人生相談まで含まれるようになり,研究時間は果てしなく失われていく。

　これらのケースにおいて,先の当事者たちから独立し,かつその外部に存在するような,特異で単一の,固定された何らかの環境が存在するわけではない。そうではなく,それぞれのケースにおいて,人びとはまさに彼ら自身,環境の一部なのである。彼らは行為し,そして行為する中で,自分たちの直面する制約や機会となる素材を創り出している。受動的人間の面前にそのような環境を置く,そんなことを人間以外になしえる"もの"があるだろうか。その"もの"は,能動的な人間でしかありえない。組織にいる人たちはあまりにこの事実を忘れてしまっている。"その環境(the environment)"という言葉が中立的な響きを持つので,彼らはこの響きの犠牲になっている。
(We95, 42頁)

1979年版では,イナクトメントの現実的行為に基づく環境創造性に焦点が当てられていたが,1995年版でWeickが述べている以下の知見を応用するならば,それを未だ行われていない行為にまで拡大して考える道が開けるだろう。

　これらの結果は,どれも創造にはいたらないが,意味を生み出しうる。行為は表出されるだけでなく,抑制されたり,放棄されたり,チェックされたり,方向替えされたりもするのだから,行為は世界の中に目に見える結果を生み出さずとも,意味に影響を及ぼす。想像の中で構築され,自分だけにしかわからないような省略された行為でも有意味にされうる。したがって,行為を,刺激への単なる

反応や，観察可能な行動，あるいは目標達成行動と同一視しないように注意すべきだというのが第一の注意点である。もし同一視すると，行為が意味を創り出す微妙な様を見逃してしまうからだ。絶対実行されない行為，実行されるのが遅すぎた行為，手を引くのが早すぎた行為，あるいは時機が良くなかった行為などが，無意味なことはめったになく，むしろ，その意味がわかり過ぎるくらいのことが多いようだ。　　　　　　　　　　　　　　　　　　　　　　　（We95, 50-51 頁）

　行為が世界の中に目に見える結果を生み出さないとしても，それは意味に影響を及ぼす。実際にも，Weick の指摘するように，絶対に実行されない行為などは無意味どころか，意味が分かりすぎている場合が多いだろう。例えば，H. Garfinkel（1963）のデパート実験[8]である。何人かの学生にデパートに買い物に行かせ，そこで値切るように指示する。デパートは正札から鐚一文値引かないと思っていた学生達は，実際に値切って見るとかなり値引きしてもらえることに驚く。野茂の大リーグ挑戦などもそうだ。大リーグはレベルが高く，日本人では到底及ばないという"常識"[9]はそれまでは有意味だった。今後の議論においては，イナクトメントが，単なる想像であるにしろ，これらのような言ってみれば未来完了形の行為も含んでいることには留意すべきである。

　ところで，上で Weick は"変化"について，「経験の流れの中に違いが生じると，行為者はより深い注意を払うべく変化を隔離するような行為をする」と述べるに止めているが，遠田（2002）は，「何がきっかけとなって変化やパズルの意味の探索が始められるのかについての記述が不完全である」（遠田，2002）と批判し，次のように述べている。

　　しかし，変化が必ずしも変化として知覚され組織に問題として提起されるとは限らない。変化が"変化"の看板を立てて登場するわけではない。この点は，たとえ"ケイタイ"や"マスコミ報道"によって増幅された生態学的変化にあっても同じである。何が変化の気づきあるいは組織化の契機となるのか？　　（遠田, 2002）

---

[8]　詳しくは，Garfinkel, H.（1963）を参照されたい。
[9]　ここで常識とは，「虚実に関する同意いわゆる合意された妥当性（consensual validation）」（We79, 5 頁）のことで，「共通の感覚器官とかなりの共通の対人経験ゆえに客観的だと人びとが同意する事柄」（R. L. Munroe, 1955, p.356）のことを言う。

以下，遠田（2002）の批判に建設的に答えながら今後の研究の方向性を探るべく，1979年版でWeickが触れていなかった組織化の契機，すなわちセンスメーキングの契機について考察してみたい。

Schroeder, Van de Ven, Scudder & Polley（1989）は人が不満足に達する閾値という概念でセンスメーキングの契機について論考している。Schroeder等（1989）は，「新会社を立ち上げるために今の堅実な職から離れざるをえないときや，虫害を解決するために小麦の交配種を開発するとき，ライバル商品がより進んだ研究段階に達したことを知らされたとき，海軍のシステム産業に主要な新製品を売り込み損なったとき，リスクの高いジョイント・ベンチャーを提案するとき，州の財政危機に対する行政の方針転換に直面するとき」（Schroeder等, pp.124-125）などに人がどのようにセンスメーキングするかについて研究し「注意を払うように促し新奇な行為を開始させる行為閾（action thresholds）の刺激となった何らかのショックの存在」（Schroeder等, p.123）がセンスメーキングの契機になると主張している。

彼らが提示する不満足の閾値という概念は面白い。具体的にもさまざまな事例が彼らの主張を裏付けているように思われる。ここで一つ科学史上のエポックメーキングな事例を取り上げて考えてみよう[10]。ニュートン力学で計算すると明らかにおかしな動きをしている惑星があったとする。その場合，われわれはニュートン力学を間違っているとして否定するだろうか。そうではなく，むしろその惑星の軌道を狂わせている新星が存在するに違いないと考え，ニュートン力学によって計算された暗黒の中に新星を発見しようと全力を傾けるだろう。世界中の天文家達による探索の結果，予め想定された空間にそれらしい新星が発見され，その重量がニュートン力学によってはじき出される。こうして，ニュートン力学は疑われるどころか，ますます強固に信頼されていくことになる。しかし，やがてニュートン力学では説明できないような現象（例えば，超低温域における液体金属の運動など）が報告され始める。それらには単独でイノベーションに結びつくほどの力はないかもしれない。しかし，そうした矛盾の累積がある閾（threshold）に達すると，人びとはショックを受け，

---

[10] より詳しくは，村上陽一郎（1974）を参照されたい。佐々木力（1985）も，科学における基本原理が，それ自体として成立する理念であることをうまく説明している。

不満足を解消するために行為し始める。その後，古典力学の限界を越えるべく量子力学などの新しい力学体系が模索され始めたことが，この場合における不満足を解消すべく導出された行為と見なされるだろう。

Mandler（1984）は認知的変化のきっかけについて以下のように述べている。

> 第一に，"予期"せざる事象――それは環境についてのこれまで継続してきた解釈に合致しない事象――であり，第二に，"予期した"事象が生じないことである……どちらの場合も，それまで継続していた認知的活動が中断される。
> （Mandler, 1984, p.188）

Louis & Sutton（1991）は，センスメーキングのきっかけについて意識的情報処理の立ち上げと絡めて以下のように説明する。

> これらの観察を分析すると，行為者が意識的に取り組むようになる3種類の状況が　明らかになる。第一に，人が状況を非日常的ないしは新奇なものとして経験するとき――つまり，"通常から抜きん出て"いたり"ユニークで"あること，あるいは"見慣れない"ないしは"これまで知られていない"ことを体験するとき――に意識的モードへの切換えがなされる。第二に食い違い――すなわち，"行為がなにもかもうまくいかないとき"，"予期せざる失敗"や"分裂（disruption）"，"やっかいな状況"が発生するとき，予測と現実との間に重大な差異が存在するときに，切換えがなされる。第三の条件は，意識的注意のレベルを高めよという内的ないし外的要請に応じたいわば人為が主導（deliberate initiative）するときである。つまり，人が"考えるよう求められたり"，"公然と質問されたり"するときに切換えが行われるのである。　（Louis & Sutton, 1991, p.60）

Drucker（1985）は，「イノベーションとは，意識的かつ組織的に変化を探すことである。それらの変化が提供する経済的，社会的イノベーションの機会を体系的に分析することである」（Drucker, 1985：訳, 51頁）と述べた後，イノベーションのためには7つの機会がある（前掲訳書, 52頁）と主張し，その第一に「予期せぬ成功と失敗の利用」（前掲訳書, 54頁）を挙げている。

Drucker (1985) によれば，予期せぬ失敗にくらべて「予期せぬ成功はほとんど無視される。困ったことには，その存在を認めることさえ拒否される傾向がある」(前掲訳書, 54頁)。

　マネジメントにとって，予期せぬ成功を認めるのは容易ではない。勇気がいる。具体的な方針も必要である。さらには，現実を直視する姿勢と，「間違っていた」と率直に認めるだけの謙虚さもなければならない。人間は誰しも，長く続いてきたものこそ正常であり，永久に続くべきものであると考える。マネジメントにとっても予期せぬ成功を認めることは難しい。自然の法則のように受け入れてきたことに反するものは，すべて不健全，不健康，異常なものとして拒否してしまう。
　　　　　　　　　　　　　　　　　　　　　　　(Drucker, 1985：訳, 56頁)

　太平洋戦争において，日本海軍は開戦劈頭航空兵力をもって米海軍最大の拠点，ハワイ真珠湾を奇襲し，赫々たる戦果を挙げたが，この予期せぬ成功は，日本海軍部内では完全に無視された観がある。彼らは予期せぬ成功を新たな状況認識へと結び付けなかったのである。一方，緒戦で主力艦隊に壊滅的打撃を被った米海軍は，この予期せぬ失敗が契機となって，以後，航空主導の戦力整備に総力を挙げていくことになる。Drucker (1985) は「予期せぬ成功とは異なり，予期せぬ失敗は，取り上げることを拒否されたり，気づかれずにいるということはない」(Drucker, 1985：訳, 69頁) が，「予期せぬ成功ほどイノベーションの機会となるものはない」(前掲訳書, 54頁) ゆえに意識的に予期せぬ成功に注意すべきであると強調している。日本海軍は予期せぬ成功を活かせなかったのである。
　センスメーキングの契機に関係した先行研究は枚挙の暇もないほど多数存在する。他にも先に挙げたメディアリッチネス論で知られる Huber & Daft (1987) は，センスメーキングの契機として複雑性の増大などを挙げている。ここで触れたのはそれらのほんの一部ではあるが，それでもこれらの研究成果から今後の研究への重要な示唆を得ることができるだろう。
　Mandler (1984) や Louis & Sutton (1991)，Drucker (1985) などの主張と，先に述べた Schroeder & Van de Ven & Scudder & Polley (1989) の，

センスメーキングが開始されるには「注意を払うように促し新奇な行為を開始させる行為閾（action thresholds）の刺激となった何らかのショックが存在」(Schroeder, Van de Ven, Scudder & Polley, 1989, p.123) する必要があるという言葉を重ね合わせて考えて欲しい。

センスメーキングが開始されるには，予期せざる事象の発生や予期した事象が生じないことによる認知的中断（Mandler, 1984），「人が状況を非日常的ないしは新奇なものとして経験するとき」などに起こる意識的モードへの切換え（Louis & Sutton, 1991），予期せぬ成功を認めること（Drucker, 1985）などによってもたらされた「行為閾（action thresholds）の刺激となった何らかのショック」(Schroeder, Van de Ven, Scudder, and Polley, 1989) が「長期にわたる活動の所産」（We95, 115 頁）として伴う必要があるということである。

Weick 自身は1995年版で，センスメーキングのきっかけを行為の中断とそれによってもたらされたショックである（We95, 113-142 頁）と主張し，詳細に検討しているが，Weick（1995）の論旨もこれまでに鳥瞰してきた先行研究と整合的であるといってよい。

こうした契機に関するさまざまな議論を取り込むことで，ESR モデルをより発展的に精緻化するパースペクティブが広がるのではないだろうか。例えば，生態学的変化からイナクトメントへの流れの間に，何らかの契機に関わる変数を差し挟むのである。その変数に上のアイディアを反映させるならば，さまざまなセンスメーキング論で触れられてきた"閾値"という概念と"ショック"という概念を組み込む必要があるだろう。

ESR モデル II —保持と淘汰について—

続けて，保持および淘汰について眺めていこう。

「保持は，合点のいく意味形成すなわちわれわれがイナクトされた環境と呼ぶ産物の比較的ストレートな貯蔵である。イナクトされた環境は，それまで多義的だったディスプレーをメリハリのある因果の形に要約したものである。それは，かくかくの多義性が一体何であるのかについてそれなりの説明である」

(We79, 171頁)。BCSの事例では，親が子供を虐待する訳がないという，それまで当たり前のことと信じられていた保持内容がBCSの社会的認知の妨げとなった。あるいは，子供の外傷のことならば専門家である小児科医の方が放射線医よりもずっとよく知っている筈であり，その専門家が知らないのだからそれは生じてはいない（生じてはならない）というWestrum（1982）が"中心性の誤謬（the fallacy of cetrality）"と呼んだものが保持されている内容（小児科医の方がずっと詳しい筈だ）と保持内容がイナクトメントおよびこの後で述べる淘汰プロセスに及ぼす影響（生じてはならない）になろう。

Westrum（1982）は"中心性の誤謬"について次のように述べている。

> この誤謬は，それに取り憑かれている人の探求心を妨げるばかりでなく，そうした人の心の中に問題への敵対的スタンスを創り出してしまうので，マイナス効果が一層大きくなる。小児科医が両親に起因する精神的外傷（トラウマ）と診断することに抵抗したのは，両親というものの危険性に関する彼らの評価がきわめて間違っている可能性があることを彼らが信じられなかったことにもよろう。
> (Westrum, 1982, p.393)

この話から，保持内容がイナクトメントさらには淘汰プロセスに影響を及ぼしている様子を具体的に見ることができる。保持からイナクトメント，あるいは淘汰プロセスへのフィードバックループ（影響過程）が保持を支持するループであるか，それとも保持を否定するループであるかによって，組織はまったく違った状況を描き出すことになる。

上で挙げたDrucker（1985）は予期せぬ成功をイノベーションの機会にできない理由として「人間は誰しも，長く続いてきたものこそ正常であり，永久に続くべきものであると考える」（Drucker, 1985：訳, 56頁）と述べているが，この言葉からも保持内容がイナクトメントに及ぼす影響を感得することができる。Drucker（1985）が警句を発する前提としている状況も，Westrum（1982）の挙げた事例も共に現在の保持内容を支持するフィードバックループがイナクトメント，淘汰プロセスに影響を及ぼしている状態である。

ところで上で触れたように，Weickは保持されている内容をさす語として，

イナクトされた環境と因果マップという言葉を使い分けている。イナクトされた環境という用語は、「有意味な環境は組織化のアウトプットであってインプットではないことを強調するとき」(We79, 171頁)，すなわち組織による環境創造性をとりわけ強調する場合に用いられている。断片的記憶を因果の線で結び、それらを連関させて示したものが因果マップである。

　因果マップは，相互に因果的に関係づけられたさまざまな概念や変数などの断片によって作り上げられたマップであり，人びとはそれを通して多義的な現象を眺めることによって，目前の多義的な現象の中に潜むさまざまな要素を因果的に関係づけ，意味を付与し，現在生じていることに対する共通理解に達することができる。保持とは言い換えるなら組織の記憶と言ってもよいだろう。しかし、それは単なる断片的な記憶ではない。上で述べたように、個々の要素は因果の線で結ばれ、有意味な世界を形作っている。

　「また保持ステップは（とくにイナクトメント・ステップとは反対に）組織の安定源であり、アイデンティティや"その国のかたち"がよりどころにしているところである」(遠田, 1998a, 69頁)。「保持システムの内容とくにくり返される因果マップが組織内の主要な安定源である」(We79, 306頁)。これらの保持に関する記述を読めば、1995年版で集主観性として論じられているものは、1979年版で保持内容として論じられているものと同一であると考えてもよいだろう。

　ところで、Weickは1979年版で保持内容の変容について、deBono (1969) のゼリーモデルを提示し数ページにわたって説明しているが、遠田 (2002) は「Weickはデボノ (de Bono) の"ゼリーモデル"を用いて保持の特質を論じているが、それはあくまで個人の記憶をシミュレートしたものに過ぎない（詳しくは、Weick, K.E., 1979, pp.208-15〔同訳書, 1997, 270-279ページ〕を参照されたい）。組織の記憶について組織特有のメカニズムがあるのではないか？」(遠田, 2002) と批判している。

　遠田 (2002) の批判を待つまでもなく、ESRモデルでは、保持内容の変容についてほとんど説明することができないことは明らかであろう。ESRモデルでは、保持内容の変容は、わずかに淘汰プロセスから流れ込む解釈の残滓をもって考察する以外に方法がない。以下で淘汰プロセスについて眺めていく

が，1979年版で論じられている保持内容の変容に関する記述は，deBono (1969) のゼリーモデル[11]以外にはほとんど以下で取り上げた内容でしかない。

「淘汰は，イナクトされた多義的なディスプレーに多義性を削減しようとしてさまざまな構造をあてがうことである。このあてがわれる構造はしばしば相互に結びつけられた変数を含んだ因果マップの形をとるのだが，それらは過去の経験から構成される。過去においてその効果が認められているマップを目前のパズルのようなディスプレーに当てはめると，何が今生じているかについての妥当な解釈が得られることもあるし事柄をいっそう混乱させてしまうこともある」（We79, 170頁）。遠田（1998b）は，社会におけるジャーナリストやトリックスターがイナクトメントの任を専らとしてると述べてから，淘汰とは「評論家なる人たちが鎬を削る場である」としている。「淘汰は，前のステップで提示された多義的な問題やパズルに対して，コミュニケーション活動を展開し全員一致や多数決あるいはボスや権威機関の一声などによって一つの解釈を淘汰・選択するステップである」（遠田, 1998b）。

淘汰プロセスであてがわれるのは，過去に形成された因果マップである。それを今進行中の問題なりに当てはめて，それが妥当でないと考えられれば破棄されることもある。BCSの事例では，親が子供を虐待する訳がないという保持内容が，目前に現れた幼児の外傷を解釈するにあたって当初あてがわれた。突然幼児の体に現れる外傷例が多数報告される中で，徐々に従来の因果マップは破棄されていった。「淘汰過程は意思決定が宿るところであるが，組織化モデルにおける意思決定とは，世界についてのある解釈やその解釈から敷衍されるものを選択し，そうした要約を以後の活動に対する制約として用いるかどうかを決定することである点を銘記すべきである」（We79, 226頁）。

「組織化モデルによれば，組織メンバーは最初に言葉，行為あるいはハプニングといったもの—それらはみな多義的である—を生成し（かつ）あるいは囲い込む。これら多義的なインプットは，淘汰過程で変換されて，有意味なものになる。さまざまな相互連結サイクルからなる淘汰過程で，そうした多義性に

---

[11] deBono (1969) のゼリーモデルは個人の記憶を考えるに際して，優れたメタファーとなる。この点については第4章で改めて触れる。

あてがわれるいくつかの意味が淘汰される。試される多くの可能な意味が，使えないとか現在のデータと矛盾するという理由で，正にふるい落とされるという意味で，淘汰なのである。試されるあれこれの意味は，過去の経験（それは保持から淘汰への因果の矢印で示される）とイナクトメントそれ自身の暗示するパターン（それはイナクトメントから淘汰への因果の矢印で示されている）から生み出される」(We79, 226 頁)。

　上の淘汰プロセスに関する Weick の論述を読めば，間主観性のイノベーションが宿るのはまさに淘汰プロセスであることが理解できよう。先に述べたように，保持内容が集主観性であると考えるなら，保持内容を支持すべくイナクトメント，淘汰プロセスへフィードバックするループが集主観性のコントロールを示しており，集主観性に変容を迫る間主観性のイノベーションは淘汰プロセスにおいて生起し，淘汰プロセスから保持へと向かう流れの中に間主観性のイノベーションが存在することになる。

　ここで注意すべきは，淘汰プロセスから保持へと向かう流れがすべてイノベーティブではない点である。それらの中には保持内容をさらに強化する（集主観性を強化する）流れも含まれる。仮にそれが保持内容に対してネガティブであったとしても，それがイノベーティブであるためには，センスメーキングの契機に関する先の考察からも明らかなように，不満足を生じる閾値に達した何らかのショック―予期せぬ失敗にもたらされたものであれ，新奇な事象によってもたらされたものであれ―が伴わなければならないだろう。淘汰プロセスから保持内容への流入に，支持，否定の双方を含むことが ESR モデルを分かりづらくしているばかりではなく，上でも述べたように，ESR モデルでは，保持内容の変容やそのきっかけについて十分に説明することができない。

　もし保持内容の変容メカニズムを ESR モデルを発展させることで説明しようと試みるならば，ここでも先に論じた契機に関する議論を敷衍して，淘汰プロセスから保持への否定的流入が，通常は何らかの障碍によって阻止され，その障碍を克服するような閾値に達した契機が生じた場合にのみ保持が変容を迫られるというモデルとなるだろう。その障碍を乗り越えられない否定的流入は保持内容を変容させるには至らないと考えるのである。

　保持からのフィードバックが集主観性のコントロールを示していると考える

ならば，保持内容は組織が組織足りえるための源泉であり，それが常にかつ激しく変容していては組織は常時安定性を欠き，ルーティンや標準実施手続きによる便益を享受すること能わざる状況に陥るか，それが行き過ぎれば崩壊の危機に瀕するようになるだろう。保持内容の変容を一定限度に抑圧する何らかの障碍を想定することで，組織の安定性に関する説明原理を担保すべく試みるのである。ここで少しばかり触れた安定性（裏を返せば柔軟性）に関しては後でさらに詳しく検討する。

　議論を先に進める前に，Weick がいう淘汰の特質としてしばしば強調している回顧性について少しばかり触れておきたい。激しい議論が戦わされてきた目的の先行性に対する懐疑を理解するためには回顧性に関する理解が欠かせないからである。
　淘汰の回顧性については「時間に次のような 2 つの異なる形を考えてみれば，いっそう明確になるだろう」（We79, 250 頁）。2 つとは，純粋持続と離散的断片である。純粋持続は，Schutz（1967）によれば「生まれそして過ぎ去っていくことであって，それには何の輪郭も境界も分化もない」（Schutz, 1967, p.47）。「純粋持続は経験の流れの一つとして記述できる。経験が複数形でなく単数形であることに注意されたい。複数の経験について話すということは，不連続で別個の内容を暗示しているが，純粋持続はこうした区切としての特性をもっていない」（We79, 251 頁）。対して，われわれが日常的に思い浮かべる経験は，複数の断片化した連続である。われわれの日常的感覚との乖離を Weick（1995）は次のように述べる。

　　読者はこれに反論して，自分たちの経験はめったにこのような連続的な流れという性質を帯びることはないと言うかもしれない。つまり，われわれがよく知っているように，経験は複数の明確な事象の形で存在しているのだ，と。しかし，このような印象を持つのは，経験の流れのなかから外へ出てそれに注意を向けるからこそなのである。そして，その注意の対象となりうるのは，存在するもの，つまりすでに経過し終えたものだけである。　　　　　　　（We95, 33-34 頁）

Schutz（1967）は次のようにも述べている。

> 私が内省という行為によって私の現在の経験に注意を向けるとき，私はすでに純粋持続の流れのなかにはいない。私はもはやその流れのなかで生を送っているのではない。諸経験が感知され，識別され，浮き彫りにされ，お互いが分かたれる。そして，持続の流れのなかの諸相として構成されていた諸経験は，構成された諸経験としての注意対象となる……意味の研究にとって最も重要である注意という行いは，過ぎ去った経験，要するにすでに過去の経験を前提としているのである。　　　　　　　　　　　　　　　　　　　　　　（Schutz, 1967, p.51）

「実際，われわれが知っているような経験は，境界をなし，不連続性をもち，挿話的で，粒子のような性質をもっている。しかし，経験が区分されていると感ずるのは，経験の流れのなかから外へ出てそれに注意を向けるというやり方をしたときだけである」（We79, 251頁）。G. H. Mead（1956）も同様のことを述べている。

> われわれは絶えずし終わったものを意識しているのであって，決してしていることを意識するのではない。われわれは絶えず感覚過程だけを直接に意識するのであって，決して運動過程を意識するのではない。それゆえ，われわれは感覚過程を通じてしか運動過程を意識しておらず，運動過程は感覚過程の結果として生ずるものである。　　　　　　　　　　　　　　　　　　　　　（Mead, 1956, p.136）

これらは，意味とは断片的に見える経験と一体になって常に存在するものではなく，純粋持続の流れから一歩外に出て，過ぎ去った断片に注意を向けるときに与えられるものであることを示している。

Mintzberg（1989）によれば，戦略とは「未来への計画案であると同時に，過去からのパターン」（Mintzberg, 1989：訳, 41頁）であり，「計画的である必要はない――多かれ少なかれ自然に形を現すことがある」（前掲訳書, 45頁）ものであり，工芸制作に例えられるようなものである（前掲訳書, 37-64頁）。*Mintzberg on Management* の邦題は『人間感覚のマネジメント――行き過ぎた合理主義への抗議』であるが，邦題によく表現されているように，現在の企業

の行き過ぎた合理主義的あり方を批判し，非合理，直感などを重く見ている点で印象的である。この本の中で彼が主張している戦略概念，すなわち計画としてではなく，意思決定の流れの中で事後的に生じたものであるという考え方は，事実そのものが回顧的に有意味に作られるという Weick の主張とも通底している。

Weick（1995）は，H. Garfinkel の陪審における意思決定に関する研究[12]を引用して以下のように語っている。

> 私がどのようにしてセンスメーキングに関心を持ちはじめたのかという若干個人的な話をしよう。私がこの問題に惹かれたのは，私が 1960 年代初めに Harold Garfinkel と Harold Pepinsky と話をしたことに遡る。そのときの話題は，陪審における意思決定に関する Garfinkel の研究だった（後に公刊，Garfinkel, 1967, pp.104-115 ; Garfinkel の研究の最新情報は Maynard & Manzo, 1993 を参照のこと）。私が大変面白いと思ったことは，陪審員たちが被告の悪意やその程度をまず見定め，それから浴びせるべき非難を考え，最後に一つの量刑を選択しているようには見えないという Garfinkel の主張だった。そうではなくて，陪審員たちはまず量刑を決定し，それから激しい応酬の中からその量刑を正当化するような"事実"を決定するのである。陪審員は本質的に，意味的に一貫している一本の筋を創り出し，それからその筋があたかも現実に起こったことであるかのようにしたのである。「もし，解釈が具合のよい意味を生み出すなら，その解釈は起こったことなのだ」(Garfinkel, 1967, p.106)。事実とは，陪審員の評決を立証するために，回顧的に有意味に作られるものなのだ。　　　　　　　　　　　（We95, 13 頁）

意味は過去から引き出される。われわれは事実——あるいはわれわれが事実と見なす何物か——によって自分の行為を知り，理解するにすぎないのである。ならば，計画性の名の下に立ち上げられた戦略というものにそもそも意味があるのだろうか。もし意味があるとするならば，「将来に関する情報は不完全であり，現実を回顧的にとらえているため」(Scott 他, 1981 : 訳, 332 頁)，「過去に意味を与えることぐらいである。いいかえれば，計画化という行為は，価値あ

---

[12] H. Garfinkel が中心となって展開した一連の議論——エスノメソドロジー——については，次章で詳しく検討する。

る過去の行為に意味を与えるには役立つが，計画それ自体には意味を与えないのである」(Scott 等, 1981：訳, 332 頁)。もし意味を考えるのであれば，それはむしろ「シンボル，宣伝，ゲームそれに相互作用の口実」(We79, 14 頁) として考えた方がよいだろう。これらの戦略論が回顧性に着眼していることは興味深い。Mintzberg および Scott 等の戦略論については，ここではこれ以上立ち入らない。これらに関しては，第 14 章でさらに詳しく検討する。

　以下の Scott 等 (1981) の記述は，回顧性の本質を簡明に突いている。「トーマス (W. I. Thomas) は，その著作において『もし状況が現実として定義されるならば，その状況は事実である』と論じて，個人的視座の概念を提唱した。この基本的概念はミード (G. H. Mead)，オルポート (F. H. Allport)，スキナー (B. F. Skinner)，ベム (D. J. Bem)，ガーフィンケル (H. Garfinkel)，シャハター (S. Schachter)，シュッツ (A. Schutz)，およびウェイク (K. E. Weick) によって拡大されてきた」(Scott 等, 1981：訳, 1985, 329 頁)。「進行中の出来事はフローであって確定していないからである。かくして，現在の出来事は個別的な経験として現れないので，われわれはそれに気づかないのである。もし出来事のフローが個々の固まり (chunks) に分けられるとすれば，われわれは生じたことを事実として確認できる。われわれは経験を分類し，説明し，そして相互に関連づけることによってこのことを行なう。もし強化の歴史，知覚機構，および記憶装置が同じであるなら，われわれは共通の経験フローに対して同じ意味づけをすると期待されるかもしれない。しかしながら，これは正しくない。われわれは特性，能力，および過去の経験において相違し，それゆえ現実の解釈も異なるのである。ウェイクはこの議論を命名した行動規定化概念 (enactment concept) に従って発展させた」(Scott 等, 1981：訳, 329 頁)。

　回顧性について理解したところで，目的の先行性への懐疑について考えてみよう。

　Barnard (1938) 理論，Simon (1957) 理論に従うならば，目的の先行性こそが組織成立の必要条件となるが，Weick によれば，目的は先行すべき必要条件とはならない。それどころか逆に，人びとはまず手段において収斂する。

ESRモデル Ⅱ ―保持と淘汰について―　49

　次の点を銘記されたい。関心が最初に収斂するのは，他者が自分に利益を与えうると各人が予期しており，しかも，これがどのようにして達成されるのかについて各自が類似した考えをもっているからである。まず最初に，ある構造がいかに形成されうるのか（すなわち，手段）について共有の考えの収斂があり，次いで，人びとは一連の相互連結行動をくり返す―すなわち，集合構造を形成するのである……人びとは最初手段について収斂するのであって目的についてではない……これが Allport の集合構造の言わんとするポイントである。個々人は，それぞれある行為を遂行したいと欲し，それを実現するためには他者に何事かをやってもらう必要があるから，互いに集まるのである。人びとが集合的に行為するために，目標の一致は必要ではない。　　　　　　　　　　　(We79, 117 頁)

　Weick によれば手段において収斂した人びとの中で「相互連結行動に収斂すると，多様な目的から共通の目的への微妙なシフトが生ずる」(We79, 119 頁)。「つまり，メンバーの目的はそれぞれいぜんとして違うが，共有された目的が次第に支配的になる」(We79, 119-120 頁)。Weick の考えに従えば，例えば，インターネットを介して，人びとが当初手段的に結合し，その中から間主観的，集主観的コミュニケーションを通して，ある方向性が浮かび上がってくるという現代的様相を描出することが可能になる。
　Weick の目的ではなく手段的行為の先行性は，上で述べたセンスメーキングが回顧的プロセスであると言う考えから導出される。

　　これまでの話から，決定ということの新しい意味がおわかりいただけただろう。それによれば，決定者とは，ある意味を取り出し，その結果を直接導いたように見える歴史を回顧的に構築する人のことである。人は，そのときそうは思っていなかったとしても，自分がもともと決定的であったと考えるものだ。しかし，（回顧的ではなく）先見的意味では，決定性はふつう不可能であり，そのため管理者は偽善者のようにも見えてくる。先見的決定性は，予期せざる事象や最初の行為の予測できない結果によって徐々に軌道修正される。回顧的決定性は，そうした誤った始点や迷走の跡を消している。　　　　　　　　　　(We95, 243 頁)

　Weick が目的が先行することを必ずしも否定しているのでない点は留意さ

れたい。先に述べたようにWeickは目的に「シンボル,宣伝,ゲーム,それに相互作用の口実」(We79, 14頁)としての役割は認めているのである。ちなみに,Cohen & March (1974) は,*Leadership and Ambiguity* の中でアメリカの大学における学長のリーダーシップにおいても計画がシンボリックであることを提示している。彼らのいう「計画はシンボルとなる」(Cohen & March, 1974, p.114),「計画は宣伝になる」(*ibid*, p.115),「計画はゲームをもたらす」(*ibid*, p.115) といった言葉は印象的である。Cohen & March (1974) では目的の先行性に対する懐疑が具体的に示されていて興味深い。

　稲垣 (2002) は,「従来の理論に依拠しながら,行為は目的や意図を実現するための手段であり,行為の前に十分に思考すべきであると反論しただけでは,おそらく議論は平行線を辿り,揚句のはてにどちらの場合もありうるという凡庸な結論へと至る低いレベルの論争に終始することになるかもしれない」(稲垣, 2002, 199頁) と指摘しているが,ここでは目的および手段,それらの先行性に関しては,Weickが目的先行の必要性を認めていない点を確認するに止め,話を元に戻すことにしたい。ただし,これらの議論の根底には,センスメーキングの回顧性の是非に関わる議論が存在することを見逃すべきではない。

安定性と柔軟性,適応性と適応可能性について

　ここでは続けて,上で少しばかり触れた,ESRモデルで保持からイナクトメントと淘汰プロセスへのフィードバックループがプラスに作用する(保持内容を支持している)かマイナスに作用する(保持内容を否定している)かによって,組織認識の形成プロセスに4つの状態が存在する点を確認し,それぞれの状態を簡単に眺めた後,安定性と柔軟性,適応性と適応可能性という組織論永遠のテーマの一つについて考えていこう。

　4つの状態とはすなわち,

1,(＋,＋)の状態；保持からイナクトメント・淘汰プロセスへのフィードバックが両方ともプラス(支持)である状態,

2，(＋，－) の状態；保持からのフィードバックが，イナクトメントではプラス（支持），淘汰プロセスへはマイナス（否定）で作用する状態，
3，(－，＋) の状態；保持からのフィードバックが，イナクトメントではマイナス（否定），淘汰プロセスへはプラス（支持）で作用する状態，
4，(－，－) の状態；保持からイナクトメント・淘汰プロセスへのフィードバックが両方ともマイナス（否定）である状態，

である。

図表 2-2. ESR モデル（再掲）

第一の状態は，イナクトメント・淘汰プロセスの両方で保持されている内容が全面的に信頼されている状態である。どのような手掛りを抽出するのか，抽出された手掛りをどう意味づけるのかにおいて保持が全面的に信頼され，保持されている内容は強化の一途を辿ることになる。

Deal & Kennedy (1982) が「強い文化－持続的成功の推進力」(Deal & Kennedy, 1982：訳，2頁）と強調する「強い文化」が組織内に存在し，多くのメンバーがそれを支持している状態である。start-up あるいは early-stage の企業で，創業者が自らのビジョンを社内に徹底しようとし，メンバーの多くもそれを支持している時などがこの状態である。

第二の状態は，イナクトメントには制限が加えられていたり，現在のフレームを用いることが支持されているが，淘汰は自由，あるいは現状に疑いをもつことが評価されているような状態である。この状態にある組織では，メンバーは自分たちの集主観性と一致した都合のよい情報だけを見ている。また，行為においては厳格に組織内規範に従うことが要求されている。しかし，それらをどう解釈するかは各人の自由，あるいはむしろ現状に否定的考えをもつ者が重視される場合すらある。

歌舞伎や茶道の世界を思い浮かべると，おそらくこの状態に近いであろう。なぜなら，そうした世界では，「あらゆる種類のイメージや目的や確信が，伝統として伝えることができる。しかし，たった一つだけ伝えられないものがある。それは行為である。行為がなされた瞬間に，それは存在しなくな」（We95, 168 頁）り，伝統の妙味が，「行為がシンボルになるときのみ持続し伝達されるところに」（We95, 169 頁）あって，「すなわち，行為のイメージ，およびそれらのイメージが再びイナクトされるように求めたり促したりする確信だけが伝達可能」（We95, 168 頁）だからである。

第三の状態は，第二の状態とは反対に，イナクトメントには何ら制限が加えられないか，あるいはむしろ現状否定的な姿勢が評価されたりもしているが，淘汰プロセスでは現在のフレームを用いるよう求められている。情報，行為に対して自由あるいは現状否定的でありながら，考え方の統一性が重視されているような状態である。

「これを大規模なスケールで見事にやってのけているのが，中国の経済改革である。現代中国の常識あるいは伝統は社会主義思想である。しかし，1980 年代以降，"改革解放"のスローガンの下，大胆に市場経済を導入した。これは，常識を疑ったイナクトメントである。ならば，淘汰ステップにおいても社会主義を否定するような言説・解釈がまかり通っているかといえばそうでもない。いぜんとして，共産党の指導が徹底しているのである。このあいまいさは，社会主義市場経済という一見矛盾するネーミングに文字通り表されている」（遠田, 1998a）。

イナクトメントと淘汰において，アンビバレントなフィードバックがなされているという点では，（＋，－）と（－，＋）は同じである。しかし，（＋，－）においては，淘汰プロセスがイナクトメントからはプラス（すなわち保持からもプラス）の影響を受けているため，保持からのマイナスのフィードバックが幾分減殺されて緩やかになるのに比べて，（－，＋）では淘汰過程が常にイナクトメントからプラスの影響（すなわち，保持内容からはマイナスの影響）を受け続けているため，淘汰プロセスへの保持からのプラス作用が弱化する。結果，保持から淘汰プロセスへのフィードバックがわずかに弱まっただけで，次に述べる（－，－）へ移行しやすく，（＋，－）よりも不安定であると考えられ

る。

　第四の状態は，メンバーの多くが，イナクトメント，淘汰プロセスの双方で自由，あるいは現状否定的になっている状態である。この状態にある組織は，自らの過去を徹底的に否定しようとしているとも言えるだろう。

　(−，＋) から (−，−) へ意図に反して移行せざるをえなくなった一例として，M. Gorbachev によって始められたペレストロイカ（改革）をあげられよう。彼は最初にグラスノスチと言われた情報公開（Gorbachev からメンバーへの作用）を手掛けた。彼は，「わが国の歴史上，初めてとも言うべき，流血を回避した革命的変革の道はないものか，と」(Gorbachev, 1991：訳, 15 頁)「蓄積された矛盾が激しい爆発にいたることのないよう心を配」（前掲訳書, 14 頁）り，「連邦制度と単一の市場経済」（前掲訳書, 94 頁）という「改革を……合憲的（当時のソ連体制下において"合憲的"）に進行させよう」（前掲訳書, 14 頁, 括弧内は引用者）と望んでいた。彼がイナクトメントにおいて保持からのフィードバックがマイナス（グラスノスチ, 市場経済）になることを欲しつつも，淘汰プロセスにおいてはソ連体制が維持されるという緩やかな改革を望んでいたことが分かる。しかし，Gorbachev の思惑に反して，「ペレストロイカが促したともいえる民族自決主義の台頭や，勤労意欲を高めるための所得制改革に関する法律」（前掲訳書, 11 頁）を要求する声（メンバーの反作用）など，「何もかもがいちどきに押し寄せて」（前掲訳書, 11 頁）くる中で，彼は失脚した。

　環境が非常に安定しているなどの理由で，一度成功したフレームが続けて企業に成功をもたらす可能性が高い場合，保持されている常識やイナクトされた環境はただ確認・強化されるのみになりやすい。イナクトメントと淘汰の双方が安定し，企業内での業務活動もコミュニケーション活動もルーティン化していく。ルーティン化は経済的に高い効率をもたらし，さしたる環境変化が生じないのであれば，企業はますます成功を謳歌する。

　そうした中で，メンバーは皆，同じような物を見て同じように解釈し続ける。Campbell (1965) は次のように述べている。「いかなる組織でも習慣のなれ合い (habit meshing) という過程が生じるが，そこでは各人の習慣が他者の環境の一部となっている。罰が与えられる出会い (encounters) によっ

て習慣は消去される（extinguish）傾向があり……報酬が与えられる出会いによって両者の側で行動傾向（behavial tendencies）の強さが高められる。このようにいかなる社会的組織も，適応性が高められることとは無関係に，内部での具合の良さ（internal compatibility）の方向へと流れていく傾向がある」(Campbell, 1965, p.33)。同じものを見て，同じように語るメンバー同士は，コミュニケーション活動を通して常に高い報酬を与えられ続ける状態となり，「習慣のなれ合い」に陥る。「習慣のなれ合い」に陥ると，環境が変化しても何ら実質的な注意を払わず，「内的淘汰を満足させる行為は，万事うまくいっているとの錯覚を生む」(We79, 231頁)。このような状態に陥ると，もし仮に外的環境に生態学的変化があったとしても，それらをイナクトせず，それらを一過性のものとみなしたり例外とすることで見逃してしまうようになる。こうして，組織は外的環境にこれまで同様のシーンを見続ける。つまり，「イナクトされた環境という形での過去の経験がそれだけで意味形成の相当の材料を提供」(We79, 169頁) し続けると，先に述べたように，組織は外的環境の変化から「自らを長期にわたって隔離しうる」(We79, 310頁) ようになり，やがてはクローズド・システムとなる可能性が高まる。

　上で述べた安定性が保持からのプラスのフィードバック，すなわち集主観性のコントロールの産物であることは明白である。集主観のコントロールは，組織における安定性の源泉であり，上で述べたように，それは単なる"烏合の衆"と組織を明確に分かつメンバーの互換性をもたらす重要な作用である。それはルーティンを強化し，コミュニケーション・コストの劇的な削減を可能にする。「安定性は，一時的な変化を取り扱う経済的な手段を与える。というのは，世界には規則性というものが現にあり，組織に記憶と反復能力があればその規則性が活用できるからである。しかし，慢性的な安定性は逆機能的である。なぜならば，それがためにもっと経済的な方法があるのに見出されなくなるかもしれないし，新しい環境変化が気づかれなくなるかもしれない」(We79, 280頁) からである。

　行き過ぎた安定性が危険なように，過度の柔軟性もまた危険である。過度に柔軟で安定性を失った組織は無秩序になりやすい。組織がいったん無秩序になると，先ほどとは逆の悪循環が生じてしまう。上で挙げたM. Gorbachevに

よる改革を思い出して欲しい。「いかなる社会的単位も，自らの歴史，自ら何をやってきたのかそして何をくり返してきたのかによって自らを定義するもの」（We79, 280 頁）であるが，「完全な柔軟性は逆に，組織のアイデンティティや継続性を妨げてしまう」（We79, 280 頁）。「アイデンティティの確立と維持がセンスメーキングの中核的な前提」（We95, 26 頁）であることを考えれば，完全に柔軟な組織はセンスメーキング不能，すなわち制御不能となってしまう可能性も高くなる。行き過ぎた安定性によって，組織が環境から孤立する危険がある一方，逆に過度の柔軟性がもたらす制御不能の危険も同様に見逃してはならない。

　安定性と柔軟性，適応性と適応可能性の両立は組織論にとって永遠に解決できぬとも思われる重要なテーマの一つであるが，Weick（1979）はシステム理論に基づいてこのテーマをさらに考察している。

　Weick（1979）は，Maruyama（1963）らのシステム理論に基づいて，ループ中の－（マイナス）符号が「偶数ならば，そのループは逸脱－増幅ループ」（We79, 93 頁）となると述べる。なぜならば，「ループ内のある変数の値が増大したとき何が生じるかを考えれば分かる。出発点となった変数の値が，サーキットを一巡した後さらに増加し，二巡三巡する毎に増加し続けるのが分かるだろう。偶数の－符号をもつ因果ループには，制御とかコントロールというものがない。つまり，ある変数が（上方であれ下方であれ）いずれかの方向にいったん動くと，その変数の同一方向への動きは，システムが壊れるか変質しない限り止まらない」（We79, 94 頁）からである。

　しかし一方で，逸脱－増幅ループが破壊的暴走をもたらすのみではなく，建設的成長の源泉ともなりうる点を見逃してはならない。すなわち，「現在の状況に見事に適応している組織」（We79, 176 頁）は，逸脱－増幅ループによってさらに環境適応性を強め，いっそうの成長を持続できる可能性が高い。それが継続することで，「適応が適応可能性を排除」（We79, 176 頁）する結果を招き，「その状況が変わったときには適応できな」（We79, 176 頁）くなってしまう可能性が拡大していると言えども，「見事な適応に陥らないようにする組織は，その時々の適応をよくする組織と競争するとき崩壊する」（We79, 176 頁）危険に瀕する。

これまで述べてきたように，Weick (1979) が提示した ESR モデルは，保持からイナクトメント，淘汰プロセスへのフィードバックループを (＋, －) あるいは (－, ＋) に，すなわち保持からのフィードバックをイナクトメント，淘汰プロセスに対してアンビバレントな状態に保つことで組織は適応可能性を高めることが可能になるということを示していた。

ところが，これは言うは易く行うは難きことではないだろうか？ 1979 年版を出版した当時，Weick 自身も，そうしたアンビバレントな状態を維持することの難しさを感じていたらしく，以下のような記述がある。

> 現在の状況に見事に適応している組織は，その状況が変わったときは適応できないだろう。しかし見事な適応に陥らないようにする組織は，その時々の適合をよくする組織と競争するとき崩壊するだろう。この緊張はすべての組織化にあるものであって，組織化の決定を由々しきものとする力学が生ずるのもこの緊張によるのである。 (We79, 176 頁)

Weick (1979) は，適応性か適応可能性かについて論じつつ「組織の主たる傾向は，大事な事象の単純化，均質化それに把持の簡略化」(We79, 335 頁) にある (すなわち安定性，適応性の強化) が，適応可能性を拡大するためには意図的に「複雑化」(We79, 335 頁) すべきであると主張し，「組織がしばらくの間，知っていることを全面的に疑いながら活動する」(We79, 335 頁) ことを勧めている。こうした記述から考えると，1979 年版執筆当時における Weick の考え方は，イナクトメントと淘汰プロセスに対して，保持からのフィードバックループを同時に逆転させながらアンビバレントな状態を維持するのではなく，保持からのフィードバックがイナクトメントと淘汰プロセスに対してどちらも＋な状態の合間に，時折どちらも－の状態を差し挟むことで適応性と適応可能性を両立させようとするものであったと考えるべきである。

Weick が ESR モデルを用いて，システム理論まで動員しながら提示した保持からイナクトメント，淘汰プロセスへのアンビバレントなフィードバックは，髙橋 (2001) で論じられているように現実的に考えても至難の技としかいいようがないように思える。そもそも安定性と柔軟性，適応性と適応可能性の

両立自体がアンビバレントな対応を求める本質を内在しているのである。その問いを解く鍵をアンビバレンスに求めたのでは解決への鍵を得たとは言い難い。

　ここでもこれまで何度も論じられてきた"閾値", "ショック"といったセンスメーキングの契機に関する議論を通して育まれてきた概念を導入することを提案したい。なぜならば, "閾値"という概念は, 変化を認めつつ安定性をも内包しているからである。上で Weick が 1979 年版執筆当時, インプリシットに示していた考え方, すなわち保持からのフィードバックをアンビバレントに保つのではなく, 時折双方とも逆転させてみるという手法, も"閾値"を越えた場合にのみフィードバックの逆転が生起すると考えれば, この概念を導入することでより明瞭な説明が可能となる。

今後の研究に向けて

　本章では ESR モデルを再検討しつつ, 同モデルに突き付けられてきたいくつかの疑問点について, ESR モデルを発展的に精緻化することでそれらを乗り越える道を模索してきた。

　本章でこれまで提示してきた主要な発展的精緻化の道は, センスメーキングの契機に関する多くの先行研究が示している"閾値", "ショック"という概念を ESR モデルに取り込むことであった。

　冒頭で提示した, ①センスメーキングの契機が十分に説明できない（遠田, 2002）, ② Weick が求めている保持からのイナクトメント, 淘汰プロセスへのアンビバレントなフィードバックは現実的ではない（髙橋, 2001）, ③保持内容の変容メカニズムが明らかにされていない（遠田, 2002）といった疑問のいずれを解消するためにも, Schroeder, Van de Ven, Scudder & Polley (1989) の, センスメーキングが開始されるには「注意を払うように促し新奇な行為を開始させる行為閾 (action thresholds) の刺激となった何らかのショックが存在」(Schroeder, Van de Ven, Scudder, and Polley, 1989, p.123) する必要があるという指摘は示唆に富んでいる。"閾値"という概念を

いかに明示的にモデルに組み込むかは，今後の重要な研究課題となるであろう。

もう一つ，ESR モデルの発展的精緻化にとって，遠田（2002）の以下の主張は傾聴に値する。

　ここで，互解が主として私的コミュニケーションを通して形成されるのに対して，常識が公的コミュニケーションなかんずく教育を通して伝えられるという点に注意して欲しい。常識は組織によって権威づけられているものなので，その継承のみならず精緻化も組織のあり方を反映した，例えば先生－生徒，上司－部下，先輩－後輩あるいは親－子といった社会的関係の中で教え育まれる。このように，常識は，説得とか納得というより，権威関係の中で「強制」されるものなので，教育されるものというよりむしろ「指導（instruction）される」ものと言ったほうがよいのかもしれない。

　それに対して，互解は組織の権威づける常識とは異なるいわば局所的な共有意味世界である。したがって，それは組織における社会的関係が薄い，例えば私的会話やミニコミを通して形成され広められる。　　　　　　　　　（遠田，2002）

遠田（2002）は，これまで何度も登場してきた集主観性，間主観性を分かりやすく和語で表現するならばそれぞれ"常識"，"互解"という語が適切であろうと述べた上で，それぞれに与るコミュニケーションを上のように二分化して考えているのである。

遠田（2002）は，互解の伝達が「私的なコミュニケーション」に拠り，常識の伝達が「公的コミュニケーション」に拠るとしているが，この点は Wiley（1988）と異なる。Wiley（1988）は間主観性の活性化が私的コミュニケーション・ルートに拠り，集主観性の強化が公的コミュニケーション・ルートに拠るとは限定してはいない[13]。

13　しかし，Wiley（1988）が「間主観性は，コミュニケーションし合う 2 人以上の自我の交換と綜合」（Wiley, 1988, p.258）を通して，すなわち「個人的な思考，感情，意図が会話の中に統合ないし綜合」（Weick, 1995, p.71：訳，p.97）すると論じていることや，そのコミュニケーションは規範が共有されるような相互作用ではない（Wiley, 1988, p.254）と論じていることを考えれば，Wiley（1988）も遠田（2002）が指摘していた私的コミュニケーションについてインプリシットに触れていたと考えてもよいのかもしれない。

コントラストを鮮やかにするために挙げれば，公的コミュニケーションと私的（非公式）コミュニケーションについて，Simon（1957）は以下のように論じている。

> 組織のなかにいかに入念なフォーマルなコミュニケーション体系があるとしても，それはつねにインフォーマルの経路によって補われる。このようなインフォーマルな経路を通じて情報，助言，および，場合によっては命令さえも流されることがある……早晩，現実の諸関係の体系は，おそらくフォーマルな組織体系に定められたものとは，大いに異なったものとなろう。
> 　インフォーマルなコミュニケーション体系は，組織のメンバーの社会的な諸関係をめぐってつくりあげられている。2人の個人的な友情は，たび重なる接触の機会を生み，また，「職場外で仕事の話をする」機会を多くする。それはまた，一方が他方のリーダーシップを受け入れることになれば，2人の間にオーソリティーの関係を生むことにもなる。　　　　　　　　　　　　　（Si, 208頁）

> 　インフォーマルなコミュニケーション体系は，組織のメンバーの個人的な計画を進めるのに用いられることがしばしばある。このことから，クリークという現象が発生する。クリークは，インフォーマルなコミュニケーションのネットワークをつくりあげ，これを組織内に権力を確保するための手段として用いるグループである。クリーク間の対抗意識は，おそらく社会関係に一般的な敵対意識を生み出すことになり，インフォーマルなコミュニケーション体系の目的をそこなうことになるであろう。　　　　　　　　　　　　　　　　　（Si, 209頁）

上から明らかなようにSimon（1957）はここでも秩序維持の発想に立っている。Simonはインフォーマルなコミュニケーション・ルートを認めながらも，それはあくまでフォーマルなコミュニケーション・ルートを補うためのものであり，「インフォーマルなコミュニケーション体系の目的をそこなう」と述べていることから分かるようにSimon（1957）にあっては，インフォーマルなコミュニケーションさえも，組織目的達成を支えるべきコミュニケーション・ルートであるべきなのである。Simon（1957）はさらに「うわさ話」（Si, 210頁）にまで組織目的にとって「建設的な役割」（Si, 210頁）を求めている。

「行為が目的に先行する」（We79, 25 頁）という Weick は，Simon のような立場はとらない。Weick は 1979 年版で，「組織がヨコに広がり，直接に監督が行われなくなるにつれて，非公式な接触がより多く開始され維持されるであろうこと，およびこれらの接触が作業に対していっそう実体的な影響をもつようになる」（We79, 24 頁）という言葉で間主観性の活性化を暗示しているが，1995 年版では Schall（1983）を引用しつつ以下のように明示的に述べている。

　彼（Schall, 1983－引用者注）は次のようにいう。すなわち，組織とは，

　その参加者間の継続的なコミュニケーション活動の交換と解釈を通してのみ，発現し維持されるものである……相互作用している参加者がコミュニケーションによって組織化するにつれ，彼らは，共通の利害を軸に共有された理解を発展させ，集合的"われわれ"意識……つまり，"われわれ"の共有した理解に適ったやり方で一緒に物事を行う一個の社会的単位としての意識を育んでいくのである。言い換えれば，組織化に固有のコミュニケーション・プロセスが組織文化を創り出すのであり，その文化はコミュニケーション活動を通して姿を現し……役割に規定されたり，目標やコンテキストに規定されるコミュニケーション制約―すなわち，ルール―によって特徴づけられる。　　　　　　　　　　　(p.560)

　上の引用文には，交換とか，継続的なコミュニケーション，相互作用している参加者といったフレーズから間主観性がほのめかされている。一方，共有された理解とか，共通の利害，集合的"われわれ"，組織文化，役割，そしてルールという形式のコミュニケーション制約といった言葉に見られるように，集主観性についても多くが語られている。　　　　　　　　　　　　　（Wei95, 101-102 頁）

Weick（1995）による組織の定義「ルーティンを相互に結びつける集主観性，解釈を相互に強化する間主観性，そしてこれら 2 種類の形態の間を行き来する運動，を継続的コミュニケーションという手段によって結びつける社会構造」（We95, 225 頁），および集主観はコントロールの，間主観はイノベーションの役割を果たすと考えられていたことを思い出して欲しい。集主観性のコン

トロールの担い手は，階層上位からの命令的コミュニケーションではない。それは共通理解，組織文化，集合的"われわれ"であり，それらはいずれも間主観性によって常に変容を迫られている。もちろん，共通理解，組織文化，集合的"われわれ"といったものにより影響力を行使できるのが階層上位である可能性は否定できないとしても，そうした場合も Weick 理論は包含して説明することができる。

　遠田（2002）が，常識が公的コミュニケーションを通して伝達され，互解が私的なコミュニケーションを通じて伝達されると言うとき，遠田（2002）は"私的"という言葉に，組織における役割，ルールといった，現在の集主観性による権威に裏付けられていないという意味を込めている。Simon（1957）のいうクリークは，その時点での組織目的に貢献しえない限り非建設的であるが，互解—私的コミュニケーションによって育まれる間主観性—は，「"われわれ"の共有した理解に適ったやり方で一緒に物事を行う一個の社会的単位としての意識」（Smircich & Stubbart, 1985, p.560）を育み（クリークを育む場合も含まれる），「役割に規定されたり，目標やコンテキストに規定されるコミュニケーション制約—すなわち，ルール—」（We95, 102 頁）へと発展する余地を残しているのである。すなわち，最初に厳然たる組織目的が存在するのではなく，たとえクリークであろうともその共有意味世界がイノベーティブな間主観性の域を越えて，組織全体の集主観性を代表するものであるといえるとき，すでにクリークは組織そのもの—たとえ，クリークそのものの維持・拡大がその目的であれ—といえるのである。間主観性のイノベーションによる組織認識の新陳代謝はこのようにして生起する。

　Simon（1957）においては，こうした組織階層において水平的なコミュニケーションが垂直的コミュニケーションとは違った組織認識（遠田（2002）の用語法に従えば"互解"）の形成を促す可能性，垂直的な命令的コミュニケーションと反するような組織認識が形成される可能性について十分な考察がなされているとは言い難い。

　上で Weick（1995）が Schall（1983）の主張を引用しつつ示していた，コミュニケーションプロセスを通じた組織認識変容のメカニズム（イノベーティブな間主観性の活性化による集主観性の変容メカニズム）を ESR モデルに取

り込む上で，遠田（2002）の二分法が大いに役に立ちそうである。

　保持を集主観性と捉え，淘汰プロセスから保持への流入に間主観性のイノベーションを見出すならば，あくまで試論ではあるが，淘汰プロセスにおける私的コミュニケーションの拡大を変数として，それがある閾値に達したときに，流入が支持から否定へと変容すると考えられるのではないだろうか？　すなわち，淘汰プロセスから保持への否定的流入は，公的コミュニケーション（保持からの支持的フィードバック）に抗して，より私的コミュニケーションが活性化されたときにのみ可能となると考えるのである。活性化が閾値に達しない場合，淘汰プロセスから保持への否定的流入はすべて拒否されてしまうとみなしてはどうだろうか？

　もし，ここで述べている試論を正当化しようとするならば，いったい何が閾値への障碍を構成しているのかを具体的に示す（閾値を明示化する）と共に，間主観性の活性化を私的コミュニケーションと連結させる何らかの具体的な関数を提示する必要があるだろう。もし，そうしたことが可能になるならば，Barnard 理論，Simon 理論が描く組織像とはまったく異なる組織像を，モデルとして提示する道が開けるかもしれない。

第 3 章

解釈主義と ESR モデル
―Weick 理論の歴史的理解―

　第 2 章では ESR モデルの内容と限界を詳細に検討した上で，その発展的精緻化の方向性を探った。本章では，代表的な解釈主義的諸研究と K.E.Weick (1979) が提示した ESR モデルを関連づけながら論じることによって，ESR モデルが解釈主義的諸研究の歴史的遺産の上に構築されたことを明らかにしつつ，ESR モデルの歴史的意義の再検討を試みたい。組織論の世界において，ESR モデルは歴史的には行為，意思決定に続く認識パラダイムの理論として高く評価されてきた[1]。しかし，そうした見方は，ESR モデルの一面を捉えているに過ぎない。過去の解釈主義的諸研究の流れの中で ESR モデルを捉えることで，このモデルが示唆している深く豊かな"意味世界"をさらに味わうことが可能になる筈である。

機能主義から解釈主義へ

　Burrell & Morgan (1979) は，「あらゆる組織の原理は何らかの科学哲学ならびに社会の理論を基礎にしている」(Burrell & Morgan, 1979：訳, 1 頁)[2] と述べ，社会科学全体をレギュレーションとラディカル・チェンジの次元及

1　例えば，高橋 & 山口他 (1998)，遠田 (2001)，稲垣 (2002)，髙橋 (2005) などを参照されたい。
2　同書の前半のみについては，参考文献で提示している鎌田伸一氏・金井一頼氏・野中郁次郎氏による共訳が存在する。本書では，翻訳の存在する前半箇所については翻訳版を参照しているが，存在していない後半箇所は本書独自の訳を付した。訳書からの引用については引用箇所に必ず（訳）の文字を挿入し，そうでない場合と区別できるようにした。

び，主観的と客観的の次元から4つのパラダイムに分けて捉えた。

レギュレーションとは，「本質的に人間事象における規制の必要性に関心を持つ」（Burrell & Morgan, 1979：訳, 22頁）立場で，「これが提起する基本的な問いの中心は，なぜ社会が一つの実在として維持されるのかを理解しようとするところにある」（Burrell & Morgan, 1979：訳, 22頁）。この立場は，「ホッブス主義者の『万人の万人に対する闘い』という光景が現実のものになることをおしとどめているような社会的諸力を理解することに関心があるのである」（Burrell & Morgan, 1979：訳, 22頁）。レギュレーションの立場からは，現状，社会秩序，一致，連帯などに主な関心が払われる。

ラディカル・チェンジはレギュレーションとは反対の立場で，「本質的に，人間の発展の可能性を制限し阻害するような諸構造から人間を解放することに関心を持つ」（Burrell & Morgan, 1979：訳, 22頁）立場である。「これが提起する基本的な問いの中心は，物質ならびに精神における人間性の剥奪である」（Burrell & Morgan, 1979：訳, 22頁）。ラディカル・チェンジの立場からは，矛盾，解放，剥奪などに主な関心が払われる。

Burrell & Morgan は，主観的かつレギュレーションの立場を解釈主義，客観的かつレギュレーションの立場を機能主義と呼んだ。彼らは，存在論，認識論，人間性，方法論の観点から主観主義と客観主義を峻別する。主観主義はそれぞれ唯名論，反実証主義，主意主義，個性記述的立場によって代表され，客観主義は実在論，実証主義，決定論，法則定立的立場によって代表される。客観主義者が社会的世界をわれわれの認識から独立した確固とした客観的実在物であるとみなすのに対し，主観主義者はそれを「唯名」すなわち何らかの表象によって構築された，われわれの認識に依拠した存在とみなす。客観主義者の研究スタンスが，客観的実在物である社会的世界における規則性や因果関係を突き止める方向（法則定立）に向けられるのに対して，主観主義者のスタンスは，われわれが付与している意味に注目し，社会的世界が個人的意味形成の枠組みの中で構築され，それが個人の枠を越えて共有される過程を個性記述的に描き出す方向に向けられている。もちろん，両者はいずれも極端な立場であって，例えば環境決定論と主意主義[3]の中間的立場での研究もあり得る。

機能主義者は，「対象の物事に対して客観主義者の視点からアプローチ」

(Burrell & Morgan, 1979：訳，32頁）しようとする。彼らは，「現実主義者，実証主義者，決定論者，かつ法則定立的な傾向をもった視点からアプローチ」(Burrell & Morgan, 1979：訳，32頁）しようと試み，「それは志向性においてきわめて実用的な展望であり，社会を理解することによって，利用しうるような知識を得ることに関心がある。それはしばしば問題志向的なアプローチであり，実際的な諸問題に対して実際的な解決策を用意することに関心がある」(Burrell & Morgan, 1979：訳，32頁）。

一方，解釈主義者は，「世界をあるがままに理解し，社会的世界の基本的性質を主観的経験のレベルで理解しようとする関心によって知られている。それは，行為に対する観察者ではなく参加者の準拠枠の範囲内で，個人的意識や主観性の領域における説明を探求しようとする」(Burrell & Morgan, 1979：訳，35頁）。

上のように分類した上で，Burrell & Morgan (1979) は組織理論の全体的潮流を機能主義から解釈主義への流れとして捉えている。第1章で紹介した高橋 & 山口他 (1998) による組織観の歴史的発展モデルを Burrell & Morgan の4つのパラダイム図にプロットしてみると，高橋 & 山口 (1998) のモデルも機能主義から解釈主義への流れと対応していることが分かる（図表3-1 参照）。

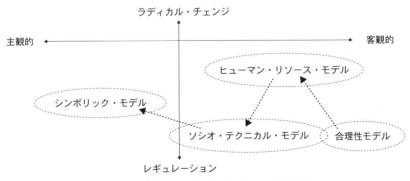

図表 3-1. 組織観の歴史的発展モデルのパラダイム

---

3 「人間は完全に自律的であり，自由意志を備えているとするのが主意主義である」(高橋, 1998, 16頁）。対して「人間の活動はそれが存在している状況や『環境』によって完全に決定されると考えるのが決定論者である」(高橋, 1998, 16頁）。社会科学の諸理論は，明示的であるにせよ暗示的であるにせよ「どちらかの立場に立つか，もしくは状況要因と自主的要因双方の影響を認める中間的立場に立つことになる」(高橋, 1998, 16頁）。

実証主義に主眼をおき多変量解析などを通して組織の分析を試みたコンティンジェンシー理論，またその理論的裏付けを形成した情報処理モデルから，主観性を重視し，個々の意味形成を重視する認識論的組織観への変遷も，機能主義から解釈主義への流れとして捉え直すことができよう。

高橋 & 山口他（1998）は，Burrell & Morgan の考えを受けて機能主義パラダイムの組織論を以下のように述べている。

> 組織論では常に機能性が，そして合理性が追求されてきた。この組織の機能的合理性の追求から，科学的管理法以来，「経験主義的」「論理実証主義的」な方法を取り入れることによって，組織現象を説明することのできる規則性の探求が，組織論においては専ら研究の主題であった……認識論的にいえば，「実証主義者」は構成要素間の規則性や因果関係を探求することによって，社会的世界に生起することを説明したり，予測したりしようとする特性をもっている。つまり，この考え方は本質的に「自然科学を支配している伝統的アプローチ」（Burrell & Morgan, 1979 : 5, 訳 8）に基礎をもっているのである。　　　　（TY, 21 頁）

そして，機能主義の限界について Silverman（1970）を引用しつつ以下のように指摘する。

> 機能主義的組織論に対する疑問は，行為の準拠枠の理論にみることができる。Silverman（1970, pp.126-127）は，以下のことを指摘している。
>
> 1，社会科学と自然科学とでは対象に関する全く異なった秩序をもっている。厳密性と懐疑的態度の原則は双方にあてはまるのであるが，これらの展望が同じであることは期待すべきではない。
> 2，社会学は，行動を観察するよりはむしろ行為を理解することに関心をもっている。行為は，社会的現実を定義づける意味から生ずる。
> 3，意味は，社会にとって人々に与えられる。共有された志向性は，制度化されるようになり，社会的事実として後の世代の人たちによって経験される。
> 4，社会が人間を規定すると同時に，人間もまた社会を定義する。意味についての特定の配慮は，日常の行為における継続的な再確認によってのみ維持される。

5，相互作用を通じて人間も社会的意味を修正し，変化させ，変換される。
6，こういうわけで人間の行為の説明を行うためには，関係者たちが自分たちの行為に寄与する意味を考慮に入れなければならないことになる。どのような方法で日常世界が社会的に構成されかつ，現実やルーティンとして知覚されるのかということが社会学的分析の重大な関心事となる。
7，実証主義的説明では，行為が，外的でしかも拘束的な社会的諸活力ないし非社会的諸力によって決定されると主張するのであるが，このような説明は受け入れがたい。 (TY, 22頁)

解釈主義的意味形成のモデル

　Silverman (1970) や高橋 & 山口他 (1998) が提示している「機能主義の限界」を乗り越えるべく多くの解釈主義的な研究が展開されてきた[4]。それらはさまざまな名前で呼ばれてきたが，そこに共通しているのは機能主義からの脱却であり，より解釈主義的視点を包含しようとする一貫した傾向であった。
　そうした立場を代表する一人で，解釈主義的研究の明星とも言えるのが，第2章でもたびたび登場した A. Schutz である。解釈主義を学問として（「理論的に」あるいは「科学的に」）成立させようとすれば，機能主義がわれわれの認識にまで遡って考察せずに直接的に理解しようとしている社会的世界を，われわれ個々人の意味形成，さらには個々人を越えて浮かび上がる集団的な意味形成というレベルで捉え直さなければならない。そのためには，他者の個人的で主観的な意味世界を理解[5]する「他者理解」への道が開かれねばならない。Schutz の「現象学的社会学」が取り組んだのはこの難題であった。
　Schutz (1970) は「われわれはどのようにして主観的意味構造についての客

4　後藤 (1991) が指摘しているように「戦後アメリカ社会学の巨星タルコット・パーソンズを中心とする構造機能主義，または，これにロバート・マートンやポール・ラザースフェルドら機能主義の社会学者を加えた広義の機能主義社会学は，シカゴ社会学の影響が衰えたのち，1950 年代以降のアメリカ社会学界を，ほとんど完全に支配した一大勢力」(後藤, 1991, 306 頁) であり，『『パーソニアンでなければ社会学者ではない』などと言われた」(後藤, 1991, 306 頁) りもした。現代においても機能主義的研究は社会科学の最強かつ最大の潮流であることに変わりはない。
5　「理解とは『人間的な事象に対する常識的知識の経験形式』である」(Schutz, 1970 : 訳, 370 頁)。

観的な概念や客観的に検証可能な理論を構築できるのだろうか」(Schutz, 1970：訳, 297 頁) と述べ, 1 次的な構成物, すなわち「行為に対する当の行為者の観点からの『理解』」(Schutz, 1970：訳, 296 頁) と, 2 次的な構成物, すなわち「社会的場面において常識的思考の内に形成された構成物の 2 次的な構成物」(Schutz, 1970：訳, 297 頁) としての他者理解を弁別し,「(1) 他者は行為者と同様の自己解釈構造を持つ, (2) 他者の意識の流れは行為者のそれと同時性を持つ」(坂下, 2002, 137 頁) という「他我の一般定立」[6] (Schutz, 1970：訳, 150 頁) が成り立つときのみ, 他者理解が可能になると主張している。

他我の一般定立が成立するなら, 自己の解釈図式 (経験のスキーム[7]) を参照しながら他者行為を理解[8]する (他者行為の意味を構成する) ことが叶う。すなわち, Schutz の現象学的社会学は,「観察者が 2 次的に構成する意味は, 行為者の思念された意味の再構成であるとは言え, 観察者自身の解釈図式に基づいて再構成される意味である」(坂下, 2002, 144 頁) という点で,「2 重の意味構成の学」(坂下, 2002, 144 頁) であるともいえる[9]。

6　Schutz (1970) 自身の言葉によれば「これは, 私のものではないこの〔他者の〕思考の流れは私自身の意識と同じ基本構造を示すということを意味している」(Schutz, 1970：訳, 152 頁)。「私が彼と一緒に年を経ているのを知っているように, 彼も私と一緒に年を経ていることについて純粋な経験をもっているということである」(Schutz, 1970：訳, 152 頁)。

7　Schutz (1932) は解釈図式を, 経験が沈殿し意味連関を構築した存在という意味で「経験のスキーム」とも呼んでいる (Schutz, 1932)。この点についてはさらに後述するが, 意味の「沈殿化」(「sedimentieren (ゼディメンティーレン)」は元来フッサールの用語法である) について詳しくは Schutz (1964)『現象学的社会学の応用』の第 10 章のⅢを参照されたい。

8　「理解とはあらゆるものの意味をとらえることを意味する」(Schutz, 1970：訳, 369 頁) ともいえる。「あらゆる理解は意味をもつものに (auf ein Sinnhaftes) 向けられており, 理解されるもののみが有意味 (sinnvoll) だからである……この意味では, 自己の主観的経験を解釈する志向的作用はすべて理解作用 (verstehende Akte) と呼ぶことができ, またそうした自己解釈の基礎にある意味把握の基層もすべて『理解』と呼ぶことができる」(Schutz, 1970：訳, 154 頁)。

9　この点に関して坂下 (2002) は, 佐藤 (1982), 新 & 中野 (1984) などに立脚しながら, Schutz の他者理解の理論は「厳密な意味での現象学的他者分析ではなく,『自然的態度の構成現象学による他者分析』である」(坂下, 2002, 137 頁) と述べている。Schutz は「厳密な意味での現象学的批判的分析を中途で放棄している。(中略) フッサールの意味における超越論的自我ではない。厳密に言えば, ウェーバー社会学に関する『現象学的』基礎づけ作業は, 未完」(坂下, 2002, 137 頁) であるとも指摘している。Schutz (1970) 自身はこの点について,「これ (筆者注：他我の一般定立) は, フッサールが『超越論的現象学』に対して『現象学的心理学』と呼んだものの一部である」(Schutz, 1970：訳, 153 頁) と主張している。本書は, Schutz の現象学的社会学自体を検討することを目的としていないため, この問題についてはこれ以上立ち入らない。

解釈主義的意味形成のモデル　69

他我の一般定立が成立するとき，自己の解釈図式を他者行為に敷衍してそれを理解することが可能になる。ならば，そもそもその解釈図式がいかにして構築されるかが問題となるだろう。Shutz は次のように述べている。

　あらゆる現象学的考察の基本的な出発点は，本質的に現在的な経験，すなわち直接的で生き生きした経験，つまりは自発的に流れている主観的な経験の流れである。各人はこの流れのなかで生きており，この流れは，意識の流れとして，過去の他の経験と自発的に結びつき，それらの記憶の痕跡などをともなっている。経験は反省作用によってはじめて主観的に有意味な経験となる。本質的に現在的な経験は，この反省作用による回顧によって意識的に把握され，認識的に構成されるのである。人間は生活の過程において経験の蓄積を作り上げる。人間はこの経験の蓄積によって，自己をとりまく状況を定義し，そのなかで行動することができる。　　　　　　　　　　　　　　　　　(Schutz, 1970：訳, 362-363 頁)

　私が内省という行為によって私の現在の経験に注意を向けるとき，私はすでに純粋持続の流れのなかにはいない。私はもはやその流れのなかで生を送っているのではない。諸経験が感知され，識別され，浮き彫りにされ，お互いが分かたれる。そして，持続の流れのなかの諸相として構成されていた諸経験は，構成された諸経験としての注意対象となる……意味の研究にとって最も重要である注意という行いは，過ぎ去った経験，要するにすでに過去の経験を前提としているのである。　　　　　　　　　　　　　　　　　　　　　　(Schutz, 1967, p.51)

すなわち，Schutz は内省的配意[10] をもって回顧的に過去を振り返って，その意味を再構成し（回顧的意味形成），本来離散的断片であるはずの個々の経験を総合的に意味を連関させて解釈図式（経験のスキーム；意味連関）を構築することによって，逆にそれら個々の意味が浮かび上がってくると主張しているのである。Schutz の言に従えば，未来を意味づけることができないと思われるが，Schutz はこれに対して，過去を意味づける場合は「理由動機（because motive）」(Schutz, 1970：訳, 97 頁) 的[11] に意味づけられ，未来は未来完了

10　あるいは反省的配意。
11　分かりやすく言えば，「なぜそんなことをしたんだ」と言われてもっともらしい理由を述べた経験は誰しもあるだろう。理由動機的意味とは「個人的状況に沈殿している彼の生活史による（それ

時制的に未来のある時点で振り返ったとして思い浮かべられるときに「目的動機 (in order to motive)」的[12] に意味づけられると答える。

Schutz が言うように理由動機的に離散的断片が意味づけられるのであり，離散的断片をどのように意味づけたかによって意味連関が変容し，さらには新たな経験（離散的断片）が蓄積され，それが意味連関を変容させるのであれば，個々の行為の意味はそれを解釈する時点によって異なることもありえる。

Schutz が展開した意味連関に関する議論を図示すれば以下のようになるだろう。

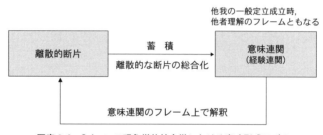

図表 3-2．Schutz の現象学的社会学における意味形成モデル

Schutz の業績で忘れてはならないものに，相互作用（あるいはコミュニケーション）に関する研究がある。Schutz（1970）は「他者が私と空間および時間を共有しているとき，私はこの他者を直接経験することができる」(Schutz, 1970：訳, 175 頁）と述べ，そうした状況を「社会的直接世界」(Schutz, 1932：訳, 224 頁）と呼んでいる。

「他者が私と空間を共有している」とは，他者が身体的に現前しており，私がそれに気づいているということ，さらに，私が彼をほかならぬ彼として，つまり特定の個人としてとらえ，彼の身体を彼の内的意識の表示があらわれる表現野とみなしていることを意味している[13]。また，「他者が私と時間を共有している」と

に「原因をもつ」）のである」(Schutz, 1970：訳, 97 頁）。
12 「未来完了時制で予期される」「想像による投企」(Schutz, 1970：訳, 98 頁）に基づく。「投企とはすべて，想像による未来の行動の予期」(Schutz, 1970：訳, 116 頁）であるが，単なる想像ではない。この点については後述する。

は，他者の経験と私の経験が並行して扱われており，私は生起しつつある彼の思考に目をやり，いつでもそれをとらえることができるということ，いいかえるなら，われわれが一緒に年を経ているということを意味している。(中略) こうした空間的および時間的直接性は対面状況の本質をなすものであり，あらゆる他者志向や他者作用，したがって対面状況においてみられるあらゆる志向や関係は，こうした直接性から特殊な色合いと様式をこうむる。

(Schutz, 1970：訳, 175-176 頁)

「内的意識の表示があらわれる表現野」(Schutz, 1970：訳, 175-176 頁)，すなわち「豊かな諸兆候の表現の場」(Schutz, 1932：訳, 224 頁) における表示あるいは諸兆候には，発話のみならず，「うなづき，指示，てまねき」などの「目的的動作」，「動作がもつ高低，広狭，遅速」などの「表現的動作」，「動物ダンスや豊穣ダンス」などの「模倣的動作」といった，声色や身振りや手振りなどのジェスチャーなども含まれている。と言うよりもむしろ，Schutz が強調したかったのは，他者理解における非言語的コミュニケーションの重要性であるといってよい。Schutz は，空間を共有していない社会的「同時世界」(Schutz, 1932：訳, 252 頁) では，「他我一般に関する経験に基づく間接的な推論」(Schutz, 1932：訳, 252 頁) をするほかはなく，直接世界と比べてその理解にははるかに困難が伴うと主張している。つまりは言語によって間接的に"知った"ことと，直接的に (空間的に) 他者と触れ合って"知った"ことではその理解に大きな差があると主張しているのである。こうした Schutz の主張は，第 2 章で紹介したメディアリッチネス論へと大きく発展していくことになる。

Schutz の現象学的社会学は，さまざまな点で後の解釈主義的研究の基盤を成すものであった。Schutz の流れを継承して，解釈主義的研究をさらに発展させたのが H. Garfinkel, H. Sacks, M. Pollner らを始めとするエスノメソドロジストによるエスノメソドロジー[14] (ethnomethodology) である。エス

---

13 Schutz (1932) では「汝の体をこの汝の豊かな諸兆候の表現の場として体験しているということを意味する」(Schutz, 1932：訳, 224 頁) とされている。
14 エスノメソドロジーで語られている言葉は「なんと奇妙な用語なのか。なんとわかりにくい言い回しをするのか」(好井, 1987) というのが実感である。本書では，エスノメソドロジーについて簡明に整理している坂下 (2002) に従ってエスノメソドロジストの考えを概観することにしたい。

ノメソドロジーという語は Garfinkel の造語である。Garfinkel（1968）は，エスノメソドロジーへの旅立ちを以下のように述べている。

　ちょうど2つの論文を書いている最中に，陪審員たちの審議過程を分析してみたら，という考えがうかんだ。ぼくは，陪審員たちがある一定の知識を用いているという事実に興味をもったんだ。その知識とは，社会のさまざまに組織された出来事がどううごいていくのかに関するもので，彼らはその知識を簡単に引き寄せ，しかも互いに対して要求しあう……同時にこういったすべての知識を用いて，陪審員たちは審議を遂行しており，しかもそのような知識は関係者全員によって，その審議の場面をつくる要素の一つとして扱われている……このようにして具体的材料を書き終えたとき，「エスノメソドロジー」という名称のもとになる概念を思いついた。　　　　　　　　　　　　　　　　（Garfinkel, 1968：訳, 12-14 頁）

「『エスノ』という言葉は，ある社会のメンバーが，彼の属する社会の常識的知識を，『あらゆること』についての常識的知識として，なんらかの仕方で利用することができるということを指す」（Garfinkel, 1968：訳, 14 頁）。メソドロジーは方法論あるいは方法の研究である。Garfinkel（1968）は先の陪審員達を観察した結果，「彼らは自分と同じ状況におかれた人たちなら，互いに何を知っているか，何を処理すべきかなどに関して，当然相手が知っているものとみなしている。問題なのは，そうした知識が利用できるということなんだ」（Garfinkel, 1968：訳, 15 頁）と語り，"人びとが個人的に意味づけ構成した社会的場面に従って，他者と適切に相互作用し，社会的場面を維持している方法の研究"[15] という意味でエスノメソドロジーという語を用いている。坂下（2002）はエスノメソドロジーについて「シュッツの『行為者による他者理解の理論』を，『人々による社会的場面の理解の理論』として展開し直したもの」（坂下, 2002, 149 頁）であると述べている[16]。

ありのままの日常的現実を受け止めようとするエスノメソドロジストの研究

15　あるいは「社会メンバーがもつ，日常的な出来事やメンバー自身の組織的な企図をめぐる知識の体系的研究」（前田・水川・岡田, 2007, 4 頁）。

16　坂下（2002）は，エスノメソドロジーも「シュッツの他者理解の理論と同様に厳密な意味での現象学的研究ではない」（坂下, 2002, 149 頁）と述べている。

方法はまさに解釈主義的―個性記述的―であった（例えば，上の陪審員に関する Garfinkel（1968），会話分析に先鞭をつけた Sacks（1979），精神病者を分析した M. Pollner（1975）や D. Smith（1978）など）。エスノメソドロジストは，「一連の身近な知識」（坂下, 2002, 148頁），「日常的思考法」（坂下, 2002, 148頁），「日常的リアリティ感（＝社会的構造感）」（坂下, 2002, 148頁）などに基づく，共有された「日常知」によって，人びとの社会的相互作用が可能になると考えた。人びとは，互いにかなりの程度共通した「類型性，予測性，対照性，因果連関性，『目的－手段』連関性，自然的必然性」[17]（坂下, 2002, 151-152頁）という特性をもった社会的構造感を共有している。と同時に，「原型遡及的な解釈方法」（坂下, 2002, 155頁）や「コンテキスト依存的な解釈方法」[18]（坂下, 2002, 155頁）に従う日常的思考法（あるいは「日常知の方法」）によって経験された断片（あるいは「身近な知識の諸断片」（坂下, 2002, 154頁））が整理統合され，解釈され，そうした流れが蓄積して社会的構造感が構築される。社会的構造感は逆に，経験された断片の取り込みや解釈に際して都度参照される。すなわち，現象学的社会学で「意味連関」と呼ばれていたスキームが，エスノメソドロジーでは「日常知の方法」（あるいは「日常的思考法」）および「社会的構造感」に分けて捉えられていることになる。

　これまでの議論に基づいてエスノメソドロジーが提示したモデルを図示すれば以下のようになるだろう。

17　類型化され，主観的に共通した予測性に基づき，それまでの出来事と対照でき，因果関係が存在し（「目的－手段」連関性も同様），さらにはそうしたことが疑いようのないほど自明のことである（自然的必然性）と思われている"社会的構造感"を共有している。

18　「日常活動のなかで，状況（文脈）から超越した"客観的"な記述や表現はありえない」（好井, 1998）。ならば，常に対象の意味は移ろい，われわれが肌で感じている"安定した現実"が妄想に成り果ててしまう。Garfinkel & Sacks（1969）は「どこで，誰が社会学的な推論を実践しようとも，そうした推論は，実際の談話の文脈依存的な諸特性を修復しようと努める。つまり，それは，日常的諸活動が合理的に（理屈にかなうように）説明できることを例証しよう，という関心のもとで，そうするのである。そして，日常的諸活動が可能になる方法を観察したり，そうした活動の状況ごとに規定されたり社会的に組織された特有なことやもの―もちろん，そのなかには自然言語自体がもつ諸特性も含まれるが―を報告することをとおして，推論の評価が保証されるためにも，そうした修復を行うのである」（Garfinkel & Sacks, 1969 : 訳, 303-304頁）と述べ，そうした修復によって"安定した現実"が可能になると考えている。ここで，修復とは日常的諸活動（上の例では"会話"）における「トラブル」（前田・水川・岡田, 2007, 140頁）を『修復（repair）』するための特別の実践」（前田・水川・岡田, 2007, 140頁）的行為の連鎖をいう。

74　第 3 章　解釈主義と ESR モデル—Weick 理論の歴史的理解—

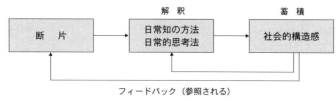

図表 3-3. エスノメソドロジーの意味形成モデル

　現象学的社会学とエスノメソドロジーが一つの歴史的潮流として捉えられるのに対して，H. Blumer によるシンボリック相互作用論は，「ジョージ・ハーバード・ミード，ジョン・デューイ，W.・I・トーマス，ロバート・E・パーク」(Blumer, 1969：訳, ⅲ 頁) などの流れを汲むもう一つの独立した機能主義に対抗する流れ[19] と見ることができる。だが，この 2 つの流れには驚くべきほど共通点が多い[20]。
　Blumer (1969) は次のように述べている。

　　シンボリック相互作用論は，つまるところ，3 つの明快な前提に立脚したものである。第一の前提は，人間は，ものごとが自分に対して持つ意味にのっとって，そのものごとに対して行為するというものである。ここでものごとは，人間が，自分の世界の中で気にとめるあらゆるものを含む。つまり，木や椅子といった物理的な対象，母親とか店員とかいった他者，友人とか敵といった他者のカテゴリー，学校や政府などの制度，個人の独立とか誠実さといった指導的理念，指令や要求などの他者の活動，日常生活の出来事などの状況，などを含んだものである。第二の前提は，このようなものごとの意味は，個人がその仲間と一緒に参加する社会的相互作用から導き出され，発生するということである。第三の前提は，このような意味は，個人が，自分の出会ったものごとに対処するなかで，その個

---

[19] もちろん，現象学的社会学やエスノメソドロジーが，G. H. Mead や J. Dewey など，いわゆるシカゴ学派の研究を無視していたなどとは言っていない。それらは互いに強く影響し合いながら発展してきた。

[20] 逆に両者の最大の違いはシンボリック相互作用論が，定性的調査方法（質的社会調査法。例えば，インタビュー法や生活史観察法），「感受」(Blumer, 1969：訳, 53, 192, 194, 214, 215, 243, 254 頁) 概念など具体的な研究の方法論の確立に努めている点であろう。「感受概念とはブルーマー自身の用語であって，実証主義者や機能主義者が用いる『操作概念』に対する対概念である」(坂下, 2002, 166 頁)。

人が用いる解釈の過程によってあつかわれたり，修正されたりするということである。
(Blumer, 1969：訳，2頁)

Blumer（1969）は「現代の社会科学や心理学の思考と実践のほぼすべてが，この明快な視点（注：「意味にのっとって，そのものごとに対して行為するということ」（Blumer, 1969：訳，3頁））を，無視するか過小評価している」（Blumer, 1969：訳，3頁）と述べ，「意味は所与のものとされ，このため，重要でないとして傍らにおしのけられている」（Blumer, 1969：訳，3頁）と嘆く。"意味"について，Blumer（1969）は自らの存在論的立場を明確に宣言している。

意味の起源にはふたつの伝統的な説明がある。そのひとつは，意味を，その意味を持つものごとに内在的なもので，そのものごとの客観的な構成の自然的な部分をなしているものとみなす……ここで必要とされることはといえば，ものごとの中にある意味を認識することだけである。この見解が「実在論」の立場を反映したものであることは，ただちに明らかだろう。—それは社会科学および心理学に広く採用され，そこに深く根ざした立場である。もう一つの伝統的な見解では，意味は，ある個人にとってものごとがその意味を持つような特定の個人によって，そのものごとに心理的に付加されたものとみなされる。この心理的な付加物は，その個人の心，精神，または心理的な構成の構成要素が表現されたものであるとされる……このような見解は，ある対象の知覚に入ってくる感覚を特定化しようとした，やや古臭い古典的な心理学研究にみられるものである。シンボリック相互作用論では，意味は，以上考察したふたつの支配的な見解とは違った源泉を持つものとみる……この立場では，意味は人々の相互作用の過程で生じたものと考える。ある個人にとって，ものごとの意味とは，そのものごとに関して，他者がその個人に対して行為する，その行為の様式の中から生じてくるものである。他者の行為が，その個人にとってのものごとを定義するように作用するのである。
(Blumer, 1969：訳，4-5頁)

上のBlumer（1969）の見解から分かるように，シンボリック相互作用論は実在論的立場—客観主義，機能主義[21]—を否定し，現象学的社会学やエスノ

---
21 Blumer（1969）は「機能主義やプラグマティズムの心理学を知っている者にはおなじみ」

メソドロジーが標榜してきた，ものごとの"機能"ではなく"意味"に重点を置く解釈主義と軌を一にしている。ここで Blumer（1969）のいう「定義」とは，他者との社会的「相互作用の過程で生じた」，一連の「行為の様式」に基づく，「個人が用いる解釈の過程によってあつかわれたり，修正されたりする」「定義」である。すなわち，Blumer（1969）が提示する「状況」の「定義」[22] とは，現象学的社会学における「意味連関」，エスノメソドロジーにおける「日常知の方法」および「社会的構造感」と同義であると考えてよい[23]。

　ただし，Blumer（1969）による「ここでものごとは，人間が，自分の世界の中で気にとめるあらゆるものを含む」（Blumer, 1969：訳，2 頁，強調ルビは引用者）という記述は重要である。Blumer（1969）がいう「解釈の過程には，ふたつの明確な段階がある」（Blumer, 1969：訳，6 頁）。すなわち，「意味が使用されたり改変されたりする」（Blumer, 1969：訳，6 頁）前に，「行為者は，それに対して自分が行為しているものごとを，自分に対して指示 indicate」（Blumer, 1969：訳，6 頁）しなければならない[24]。Blumer（1969）は，意味解釈に先立って行われる「対象の囲い込み」の重要性を明言しているのである。シンボリック相互作用論において強調されていた「指示」すなわち「囲い込み」という概念を取り込んだ意味形成モデルは図表 3-4 のようになろう。

　　（Blumer, 1969：訳，203 頁）の"認識"および"認識過程"に関する認識（「知覚に基づき認識が形成される」，あるいは「認識は知覚の単なる埋め合わせである」）を強固に否定している。
22　「行為者はものごと（＝対象）の意味を，状況の定義を参照しながら解釈する。その意味では，状況の定義は解釈図式であるとも言える」（坂下，2002, 159 頁）。
23　「相互作用しあっている人間は，相手が何をしているのか，またしようとしているのかということを考慮している」（Blumer, 1969：訳，9 頁），「『身振りの会話（conversation of gestures）』および『有意味シンボルの使用（use of significant symbols）』」（Blumer, 1969：訳，10 頁）などの「シンボリック相互作用とは，その行為の解釈を含んだものである」（Blumer, 1969：訳，10 頁），など両者の共通点には枚挙の暇がない。
24　坂下（2002）の言葉を借りれば「ものごとは行為者がそれを自己に提示することで，はじめて対象として意識され，意味の解釈過程に入っていくのである」（坂下，2002, 164 頁）。

図表 3-4. シンボリック相互作用論の意味形成モデル

再び ESR モデルを考える

第 2 章で紹介したように，ESR モデルは図表 2-1 のように提示される。

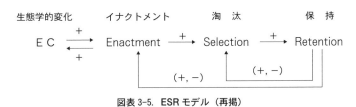

図表 3-5. ESR モデル（再掲）

図表 3-5 のように ESR モデルは，生態学的変化，イナクトメント，淘汰，保持の 4 つのプロセスから構成されている。

最初に淘汰プロセスについて眺めていこう。第 2 章で述べたように，淘汰プロセスは，過去の経験から形成された保持内容に基づく解釈プロセスである。ここで何が淘汰されるかと言えば「個人や行動の淘汰というよりも，解釈のスキーマ（枠組）や特定の解釈」（We79, 171 頁）が淘汰されるのである。

このプロセスは現象学的社会学では「意味連関」に含まれていたが，エスノメソドロジスト達によって「日常知の方法」あるいは「日常的思考法」という名前で独立的なプロセスとして取り上げられるに至った。いずれにせよ，保持からのフィードバック・ループがこのプロセスに影響を及ぼすという点は，4 つの意味形成モデルすべてに共通している。

続いて，保持について眺めていこう。第 2 章で述べたように，保持内容には

「イナクトされた環境」と「因果マップ」という2つの側面がある。因果マップとは「経験の流れのなかに繰り返し身を置いた人が推定する変数とそのつながりをまとめたもの」(We79, 182頁)であるが、それは倉庫のようなものではない。実際の倉庫はただ蓄積するだけであり、内容物は保管されたときと同じ姿で取り出されることが期待されている。「因果マップはそうではない」(We79, 275頁)と述べた後に、Weick (1979) は Miller & Buckhot (1973) から次の箇所を引用している。

　　通常、われわれは自分の経験をそのまま蓄えているわけではなく、それをしまい込む前に何か働きかけているのである。過去を生々しい詳細な写真のように再生するのは、最も効果的な想起方法ではない。想起は写真というよりも三段論法に近い：われわれは瞬間的なパノラマとして過去を再生するのは稀であって、通常はいくつかの段階を経て過去にいたるのである。その際、大人は通常言葉というシンボルを用いて記憶を組織し、自分が本当に望むものを取り出せるようにしておく。われわれは常に経験をシンボルに翻訳し、それを記憶に蓄え、そして経験そのものの代わりにシンボルを検索している。思い出すときがきたら、われわれは、呼び出されたシンボルから経験を再構成するのである。　　(Miller & Buckhot, 1973, pp.207-208)

「因果マップとは発見されるものというよりも発明されるもの」(We79, 192頁)であり、「それまでの多義的なディスプレーのラベルが貼られた部分間の共変動を要約している。このマップは Schutz のレシピに似ている。というのは、このマップによって、人はある状況の中で何が進行しているのかが解釈でき、そしてその人が同じ状況の中で自らを表出でき他の人に理解してもらえるからである」(We79, 172頁)。

　上で述べたようにエスノメソドロジスト達も「類型性、予測性、対照性、因果連関性、『目的－手段』連関性」に基づく「社会的構造感」について触れているが、エスノメソドロジストが提示する社会的構造感と、Weick (1979) が提示する因果マップはほぼ同義であると考えられる。

　ただし、Weick (1979) のいう「保持」は Schutz のいう意味連関やエスノメソドロジストが展開した社会的構造感などの概念と似ているが、そのもう一つの「イナクトされた環境」という側面から眺めれば、それは単なる「意味連

関」ではない。第2章で紹介したように，Weick（1979）は「有意味な環境は組織化のアウトプットであってインプットではないことを強調するとき，イナクトされた環境なる用語を」（We79, 171頁）意図的に用いている。この点は重要である。

また，イナクトメントとは Blumer（1969）がいう単なる「指示」ではない。Blumer（1969）の「指示」はイナクトメントの一側面「囲い込み」を表している。「囲い込み」プロセスに，ESRモデルでは保持からのフィードバック・ループが形成されているように，シンボリック相互作用論でも「状況の定義」から「指示」へのフィードバック・ループが提示されていたことはすでに見てきた通りである。Blumer（1969）はこの点を重視して「認識とは，知覚の単なる埋め合わせではない。それは知覚を形成するものなのである」（Blumer, 1969：訳, 203頁）[25] と語り，上で見てきたように「機能主義やプラグマティズムの心理学を知っている者にはおなじみ」（Blumer, 1969：訳, 203頁）の見方を否定し，認識が「新たなオリエンテーションと新たなアプローチとを可能とし，また知覚を変化させ，そして導くのである」（Blumer, 1969：訳, 203頁）と論じている。「囲い込み」プロセスにおける「気づき」というプロセスの強調はシンボリック相互作用論の大きな成果であったといってよい。

イナクトメントは単なる「囲い込み」ではなく，環境創造という側面を持つ。これは，Schutzのいう「表示」や「投企」概念とも明らかに異なる[26]。現象学的社会学やエスノメソドロジーは社会的行為の連鎖を裏打ちする「表示」

---

[25] Weick（1979）は次のように述べている。「人はよく言う。『見ることは信じることだ』と。この知恵はおそらく逆にするべきで，そうすれば人が実際に行っているものにより近づくだろう。それは『信ずることは見ることだ』というものである」（We79, 175頁）。Weickのこうした言説に触れれば，Blumer（1969）が考えた認識から知覚へのフィードバック（ESRモデルの言葉で言えば「保持」から「囲い込み」としてのイナクトメントへのフィードバック）がWeickの考えと通底していることは明らかであろう。

[26] Schutz（1970）は「投企とはすべて，想像による未来の行動の予期」（Schutz, 1970：訳, 116頁）であるが「単なる想像以上のもの」（Schutz, 1970：訳, 116頁）であると述べている。Schutz（1970）のいう投企とは，確かに「予期される実行の意図に動機づけられた想像」（Schutz, 1970：訳, 116頁）であるが，それはあくまでも「生活世界の現実の強いられた外枠のなかで投企された行為をわれわれが実際に実行できるということが，投企の本質的特徴」（Schutz, 1970：訳, 116頁）という意味においてであって，われわれが直面している現実そのものが自らによって創造されている，すなわち「組織を悩ますものの多くは，組織自らが創り出したもの」（We79, 8頁）という意味で用いられているわけではない。

について語っているが，その「表示」が「自らをやがて拘束する」環境を創造するという側面について十分に論じているとは言い難い。それらはあくまでも自己の意味世界の「表示」行為であって，それが積極的に環境を創造しているという側面を捉えているとは言い難いのである。シンボリック相互作用論やその延長線上に構築されたGoffman（1959）による「演技（perfomance）」，「印象操作（impression management）」[27]という他者に影響を及ぼすプロセスについても同様である。

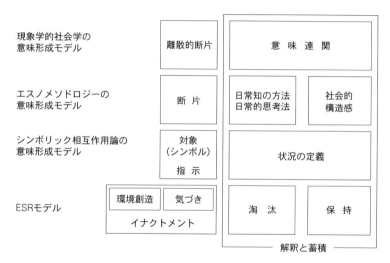

図表3-6. 4つの意味形成のモデル

これまでの議論を整理すると，図表3-6のようになる。現象学的社会学では

27　Goffman（1959）は「採用された視角は，劇場の演技という視角である。導出された諸原理は演出上の諸原理である。私は通常の作業状況内にある人が自己自身と他者に対する自己の挙動をどのように呈示するか，つまり他者が自己について抱く印象を自己がどのように方向づけ，統制するか，また自己が他者の前で自分の演技を続けている間に，しても良いことは何か，して悪いことは何か，を考察しようと思う」（Goffman, 1959：訳，iii頁）と述べている。坂下（2002）が述べているように「ゴフマンのドラマトゥルギー論はシンボリック相互作用論の理論上の新地平を切り開こうとする画期的な意図を持っていた」（坂下, 2002, 173頁）点を高く評価できるが，そこで扱われている行為はあくまで単なる「呈示」レベルの行為であって，Weick（1979）が提示した環境創造という概念を含む行為（イナクトメント）についてはまったく触れられていなかったと言っても間違いではないだろう。

他我の一般定立および意味連関が提示され，他者理解への道が示された。エスノメソドロジーでは，意味連関が，解釈と蓄積に分解され日常知の方法および社会的構造感とされた。シンボリック相互作用論では気づきのステップが明示された。そしてESRモデルによって，認識の環境創造性が明示されることになった。このように捉えると，ESRモデルが解釈主義的諸研究の歴史的遺産を取り込みながら，環境創造という独自性を組み入れることで生み出されたモデルであることが理解できる[28]。

機能と解釈の相克を越えて

　本章では，ESRモデルを解釈主義的諸研究の歴史的潮流の中で捉え直すべく試みてきた。A. Schutz，H. Garfinkel，H. Blumerらの知見に基づいて，ESRモデルを眺め直すならば，それが描き出す豊かな意味世界がより一層の広がりと深みをもって感じ取れた筈である。本章の冒頭で述べたように，ESRモデルは歴史的には行為，意思決定に続く認識パラダイムの理論として高く評価されてきた。しかし，そうした見方は，ESRモデルの一面を捉えているに過ぎない。「意思決定から認識へのパラダイム転換」という視座からのみESRモデルを捉えるならば，ESRモデルへと到るもう一つの歴史的潮流—解釈主義の大河—を見落とす危険すらある。そうなれば，ESRモデルを，「組織論研究史から隔絶して浮き上がった，ちょっと風変わりな理論」として捉えるという結果に繋がりかねない。そのような結末は，ESRモデルにとっても，そのように捉えた研究者にとっても不幸である。本章で指摘したESRモデルへと到る歴史的潮流については，Weick自身が明言していないだけに重要である。
　これまでの議論を通して，ESRモデルが，Burrell & Morgan（1979）の分類に従うならば，解釈主義に属することは明らかであろう。しかし，Burrell

---

[28] 「表示」や「投企」，「呈示」という概念を越えた「イナクトメント」という概念を用いたことによって，従前の組織論とは一線を画する議論を展開する道が開けた（例えば，遠田（2001, 2005），高橋（2007a, b）など）。組織論の世界でイナクトメントという概念がいかなる役割を果たしてきたかについて詳しくは，遠田（2001, 2005），稲垣（2002），高橋（2007a, b）などを参照されたい。

& Morgan (1979) は，多くの主観主義者（subjectivist）がアイディアの操作にあたって現実主義者（realist）的形式の存在論（ontology）が密かに (through the back door) 忍び寄っていると強く批判している（Burrell & Morgan, 1979, p.266）。Burrell & Morgan (1979) は，その具体例としてWeick 理論を取り上げながら，Weick (1979) の理論展開は存在論[29] 上ふらついて（ontological oscillation）おり認めがたいと述べる（Burrell & Morgan, 1979, p.266）。例えば，Weick が必要多様性の法則[30] という概念装置の説明にあたって，好んで用いる輪郭ゲージの例え[31] にしても，それは明らかに実在を認めた上での考え方であり現実主義者的である。人間の認識を扱うにあたって，「組織の生の一見堅固で具体的かつ実体的な面が実は主観的な構築物に依存している」（We95, p.46）と述べながら，主観的構築物から独立して存在する客体を想定するのは，Burrell & Morgan (1979) に言わせれば「存在論上ふらついている」（Burrell & Morgan, 1979, p.266）ということになろう。これに対して，Weick (1995) は 1995 年版で以下のように答えている。

---

29 本書では哲学的考察はしないと最初に断ってあるが，ここでは，Burrell & Morgan (1979) による存在論の考え方だけを簡単に示しておきたい。彼らは，存在論について唯名論と実在論を両極におき，それぞれを以下のように説明する（Burrell & Morgan, 1979：6-7 頁）。唯名論とは，「個人の認識の外側にある社会的世界は，現実を構築するのに用いる名辞，概念，ラベルから構成される以上の何物でもないという」（Burrell & Morgan, 1979：訳, 7 頁）考え方であり，一方の実在論は，「個人の認識の外側にある社会的世界は確固たるものであり，明確かつ比較的変わらない構造から成る実在の世界である」（Burrell & Morgan, 1979：訳, 7 頁）とする考え方であるとしている。

30 必要多様性の法則とは，「環境の多様性に抗してシステム自らを制御しようとすれば，システムはそれ以上の多様性を有さなければならない。一言で言えば，多様性を制しうるのは多様性のみである」（Buckley, 1968, p.495）ことを言う。「組織が，外の生態学的変化の多様性を精確に感知するために，組織内に十分な多様性を保つよう心がけなければならないのは，この必要多様性の理由からである」（We79, 244 頁）。

31 輪郭ゲージは，大工が複雑な形をした対象物の形状を写し取るための道具で，「長さ 6 インチで 180 本の針金でできて」（We79, 246 頁）いる。「これを堅い対象物に押しつけると，対象物の外形がゲージに残り，この跡形は対象物の写しとなっている」（Burrell & Morgan, 1979：訳, p.246）。Weick は，輪郭ゲージのメタファーは，「異質な，ルースに制約された相互連結サイクルが多数過程に組み立てられた方が多義性はうまく処理される」（We79, 248 頁）という点をうまく伝えていると述べている。

センスメーキングを研究する人は存在論上ふらつくものなのだ。なぜなら，格別存在論云々を考えたことのない日常生活を生きている人びとの行為を，センスメーキング研究者が理解しようとするとき，そのふらつきこそが理解を促してくれるからである……もし，人びとが多様なアイデンティティを持ち，多元的なリアリティーに対処しているのであれば，彼らが存在論的に純粋主義者であると予測すべき理由などあるだろうか。彼らが純粋主義者ならば，そのセンスメーキング能力は制限されてしまう。人びとは時によって，解釈主義者，機能主義者，ラディカル人間主義者，ラディカル構造主義者のように行為するという方が自然である。 (We95, 47頁)

本書では哲学的考察をできる限り避けたいと冒頭で述べた。実際に，こうした厳密な「存在論上のふらつき」の是非をここで議論しても不毛であろう。とはいえ，上の Weick（1995）の言明から考えられる一つの大きな方向性は，機能主義と解釈主義の二項対立を乗り越えた，新しくかつ壮大な組織理論展開に向けた流れである。本章では解釈主義的諸研究の流れの中で ESR モデルを捉え直すべく試みてきたが，N. K. Denzin が試みた機能主義と解釈主義を融合させた理論開発[32]などからも伺えるように，機能主義と解釈主義の相克を乗り越えて，組織における生をより生々しく，より奥深く説明できる理論が登場する可能性を感じ取ることができる。実際に両者がインテグレートした希有壮大な統合理論を最初に提示したのは Krogh & Roos（1995）であるが，それについては第 12 章で詳しく紹介する。

---

[32] 「デンジンはブルーマーの中核的な思想を取り入れながら，しかも彼の師であるクーン（M. H. Kuhn）の操作主義的，実証主義的思想を捨てることなく，両者の方法論上の統合を目指した。この統合は反実証主義・個性記述主義（ブルーマー）と実証主義・法則定立主義（クーン）の統合であったから少なからぬ問題点を孕むものではあった」（坂下，2002, 168頁）。詳しくは，坂下（2002）あるいは，Denzin 自身による Denzin（1970）などを参照されたい。

第4章
組織認識—集主観性—の実相

　Weick 理論を理解する上で最も大きな障碍の一つは，Weick（1995）が常に集主観性の変容を最小化すべく勧めているように見えながら，同時に間主観性の活性化をも求めている点である。本章でも改めて触れるように，Weick（1979, 1995）は，「間主観性が集主観性に移るときには，理解に必ず何らかの欠落が生じる。組織形態の機能とは，この欠落をなるべく最小限に抑え，なおかつ再交渉ができるようにすること」（We95, 103 頁）であると述べておきながら，同時に「現在の状況に見事に適合している組織は，その状況が変わったときは適応できない」（We79, 176 頁）がゆえに，組織が適応的であるためには「間主観性に潜在する創造性」（We95, 100 頁）を積極的に活用すべきであるとも主張しているのである。

　本章では，集主観性を重視しながら間主観性の活性化を促すというアンビバレントな Weick（1997, 2001）の主張[1]に対して，集主観性をコアと周縁，質的情報と量的情報の2つの軸で類型化するという試みを通して，その一見矛盾しているかのように受け止められかねない論旨の核心をより明確にすべく試みたい。そのために本章では，集主観性を，比較的長期あるいは不易であるべきフレームが蓄積されている領域と，一過性のそれが蓄積されている領域とに階層化し，更にメディアリッチネス論を応用し，それを質的，量的情報の軸で切り分け，最終的に4つの領域に類型化して捉えるべく試みる。この作業を通して，集主観性の具体的な実相が見えてくるに違いない。

1　第2章で紹介した ESR モデルの言葉で言えば，保持からのアンビバレントなフィードバック・ループ。

行為の調整

　第1章で述べたように，組織においていかにして行為が調整されるのかというのは，組織に関する最も根源的問題の一つである。Weick は以下のように段階を追って議論を展開しながら，行為の調整について自らの組織観に照らして解き明かしていく。「社会的形態があれば，初期の構築に携わらなかった人でも身につけることができ，ひいてはその発展に寄与できるような，生き生きとしてユニークな間主観的理解を生み出せる」（We95, 102-103 頁）。組織的といえる行為の重要なポイントは，構成員が入れ替わっても揺るぎ難い一貫性が維持されていることにある[2]。組織が個人を超越して一貫性を維持できるのは，「初期の構築に携わらなかった人でも身につけることができる」（We95, 102 頁）「間主観的理解」（We95, 103 頁）があるがゆえであり，間主観的理解に達する過程は，内主観的理解が会話などのコミュニケーションによって統合ないし綜合され，社会的リアリティーをもった相互で共有された意味世界が構築される過程である。

　「間主観性が集主観性に移るときには，理解に必ず何らかの欠落が生じる。組織形態の機能は，この欠落をなるべく最小限に抑え，なおかつ再交渉ができるようにすることによって欠落を管理することにある」（We95, 103 頁）。「その移行を管理するためには，間主観性に固有のイノベーションと，集主観性に固有のコントロールとを調整しようとするときに生じる緊張をうまく管理しなければならない。組織形態とは，動きの中で調整している橋渡し装置である」（We95, 103 頁）。この論述の前半部分のみを読むと，集主観性の変容を常に最小限に止めているのが管理の優れた組織であると受け止められかねない。しかし，後半部分，すなわち集主観性がコントロールに，間主観性がイノベーショ

---

[2] 人的互換性が組織と烏合の衆との分水嶺であるとする考え方については，第2章および髙橋（2005b）を参照されたい。組織が個人を超越して（個人より寿命が長く，個人の入退出によっても揺るぎ難いほどの）一貫性を維持している理由が多くの研究者によって提示されている。詳しくは，Warwick（1975），Smircich & Stubbart（1985）などを参照されたい。

ンにそれぞれ与っており，その間の緊張をうまく管理すべきであるとの主張に触れれば，Weick が集主観性の変容をただ単に妨げるべく求めているのではなく，集主観性のコントロールと間主観性のイノベーションの圧力を絶妙にバランスさせるべきであると考えていることが理解できる。これらの記述で，Weick が集主観性に大きく軸足を置いて主張しているように感じられるのは，Weick が「組織の目標とは，環境を安定させ，予測可能なものにするために再発的な事象を創り出し同定すること」(We95, 225 頁) と考えており，そういう目標を持つ「組織におけるセンスメーキングの特異な点は，前提コントロール[3]や人的互換性を確保するために，集主観性が常に働いていること」(We95, 225 頁) であり，集主観性の大幅な変容が組織の継続性に甚大な影響を及ぼすと考えているためであろう。この点は本章の核心に触れる部分でもあり，後に更なる考察を進めていく。

続いて Weick は，「調整は，二者間の相互行為を源とする相互連結ルーティンや習慣化された行為パターンのようなものによって達成され」(We95, 103 頁)，「最後に，組織という社会的形態は基本的に，継続的なコミュニケーション活動を通して発現し，維持されるパターン化された活動から構成されている。このコミュニケーション活動の中で，参加者たちは共通の利害を軸に同一の理解を発展させる」(We95, 103 頁) と主張している。

こうした Weick の考え方は，第 2 章で紹介した Westley (1990) の定義，すなわち「組織とはすべて相互連結ルーティンの連鎖，つまり同じ時間，同じ場所で，同じ活動を中心に，同じ人たちを接触させる習慣化された行為パターンなのである」(Westley, 1990, p.339) や，Smircich & Stubbart (1985) の組織とは「自分自身や他者の行為について互いに強化し合う解釈をするよう働きかける確信，価値観，仮定を多く共有している人びとの集合」(Smircich &

---

3 Perrow (1986) によれば，組織におけるコントロールには 3 種類ある。直接的な監視・監督による第 1 次コントロール，プログラムやルーティンによる第 2 次コントロール，仮定や価値観による第 3 次コントロールである。第 1 次コントロールは行為レベルのコントロールであり，第 2 次コントロールは意思決定レベルのコントロール，第 3 次コントロールは認識レベルのコントロールである。Simon (1957) のいう意思決定に先立つ諸前提という観点に立って，第 3 次コントロールは前提コントロールと呼ばれる場合もある。ワイクはこの前提コントロールを，イデオロギー，パラダイム，伝統，物語などと並べて代表的な有意味構造（センスメーキングに当たって依拠されるある種のフレーム (We95, 147 頁)）として論じている。

Stubbart, 1985, p.727) であるとの定義, あるいは Czarniawska-Joerges (1992) の「組織とは, 集合行為のネットであり, 世界および人間生活を形成すべく努力する中で企てられたものである。行為の内容は, 意味と物 (人為的産物) である」(Czarniawska-Joerges, 1992, p.32) などの主張とも通底している。これらはいずれもセンスメーキング[4]パラダイムの組織論[5]を代表するものであると言ってよい。

上の Weick の主張を読めば分かるように, 彼は行為の調整がコミュニケーションを通して構築された参加者達の共通理解によって達成されると考えている訳であり, それは Smircich & Stubbart (1985) がいうところの多くの人びとに共有された「確信, 価値観, 仮定」(Smircich & Stubbart, 1985, p.72) であり, それによってもたらされるのが Westley (1990) のいう「相互連結ルーティンの連鎖」(Westley, 1990, p.339), 「習慣化された行為パターン」(Westley, 1990, p.339) ということになろう。

集主観性の階層化

上で, Weick が「間主観性が集主観性に移るときには, 理解に必ず何らか

---

4 第2章で述べたように "センスメーキング" とは, 何かをフレームの中におくこと (Starbuck & Milliken, 1988, p.51), 未知の構造化 (Waterman, 1990, p.41), 情報探索と意味帰属と行為の相互作用 (Thomas, Clark & Gioia, 1993) などさまざまに定義されてきたが, "センスメーキング" という言葉には機能性, 合理性, 実証性などよりも主体が寄与する意味 (より主観的な構築物) に焦点を当てるという含意がある (第3章を参照されたい)。Weick は「センスメーキングとは実にうまいネーミングの概念である。というのは, 文字通りそれは意味 (sense) の形成 (making) を表現しているからだ。能動的な主体が, 有意味で (sensible), 知覚可能な (sensable) 事象を構築する」(We95, 5頁) と述べている。

5 Weick 自身は「センスメーキング・パラダイムに特有の組織理論といったものはない」(We95, 95頁) と語っているが, 「それでも, 組織とその環境の構築においてセンスメーキングが中心的であることを認めるような組織の論じ方は可能である」(We95, 95頁) と述べて, 代表的な組織理論 (例えば, Roethlisberger & Dickson (1939), Selznick (1949), Boulding (1956), March & Simon (1958) など55もの先行研究) をセンスメーキングの観点からレビューしている。Barnard (1938) もレビューされているが, 本書の第1章, 第2章で論じたような批判的見解は提示されず, Barnard (1938) から積極的にセンスメーキング理論の礎を見出そうと試みられている。詳しくは Weick (1995: 訳) の89頁から94頁を参照されたい。

の欠落が生じる。組織形態の機能は，この欠落をなるべく最小限に抑え，なおかつ再交渉ができるようにすることによって欠落を管理することにある」（We95, 103 頁）と論じると同時に，「その移行を管理するためには，間主観性に固有のイノベーションと，集主観性に固有のコントロールとを調整しようとするときに生じる緊張をうまく管理しなければならない」（We95, 103 頁）とも論じていると述べた。

「集主観性が常に働いていること」（We95, 225 頁）が組織におけるセンスメーキングの特異な点であり，それが「人びとが互換できるような管理構造を創り出し」（We95, 225 頁），それによって「人は綿密に調べなくとも，世界は意味をなし，物事がコントロールしうると思える」（We95, 225-226 頁）のであれば，集主観性こそが組織化の源泉であり，それが変容の脅威に晒されることは組織の組織足りえる所以である人的互換性を揺るがし，参加者が共有している意味世界が崩壊の危機に瀕することに繋がってしまうだろう。

しかし，一方で外的環境が変われば，組織は適応的であるために集主観性を変容させざるを得ず，それに失敗すれば内部のコントロールは極めて順調であっても，外的圧力によって組織そのものが崩壊せざるを得なくなる場合もある。「社会システムには 2 つの型の基準，すなわち，システムの内的機能に関連した基準とシステムの環境にかかわる外的な機能に関連した基準」（We79, 230 頁）とがあるが，環境が激変しつつあるにもかかわらず，内的基準のみが重視されているような組織，「何の問題もありません，わが社は極めて順調です！」，「重役会議で本日報告すべきは，わが社の裏庭で猫が喧嘩をしていたことくらいです」[6] などの報告ばかりが繰り返されているような組織は早晩生存の危機に直面せざるを得ないだろう。Starbuck（1976）が指摘しているように，いかに競争が激しい場合でも「環境の特性によって押しつけられる制約は，一般に，組織の特性を一義的に決定するほど強力ではない」（Starbuck, 1976, p.105）ものであり，組織は往々にして内的淘汰を満足させるだけですべてが順調であるかのような錯覚に陥りやすいものなのかもしれない。第 2 章で述べた Campbell（1965）のいう「習慣のなれ合い（habit meshing）」とい

---

[6] 経営コンサルタントから禅僧に転身した佐橋法龍氏の『禅入門』（1967, 三一書房）で倒産した東証二部上場企業 N 社で実際にあった話として紹介されている。

う語は，組織が陥りがちなこうした状況に対する警句でもある。

　これまでの議論を振り返って，集主観性は変容すべきであるというべきなのだろうか，それとも変容すべきではないというべきなのだろうか。第3章で述べたように，安定性と柔軟性の相克は組織論永遠のテーマではあるが，以後少々この点について考察を深めてみたい。

　この問いに答えるに当たっては，第2章で紹介したセンスメーキングの契機に関する議論が大いに役立つ。第2章では，人が不満足の閾値に達するとセンスメーキングが開始されると論考した Schroeder, Van de Ven, Scudder & Polley (1989)，予期せざる事象と生起と予期した事象が生起しない場合がセンスメーキングの引き金になると論じた Mandler (1984)，非日常・新奇なもの，食い違い，人為の主導がセンスメーキングの出発点であるとする Louis & Sutton (1991)，イノベーションの機会を予期せぬ失敗・成功と関連付けてセンスメーキングの契機を的確に把握することの難しさを提示した Drucker (1985) などを検討し，これらの議論に基づいて，頑健である集主観性が改めて疑われ，変化していくためには，予期せざる事象の発生や予期した事象が生じないことによる認知的中断 (Mandler, 1984, p.188)，人が状況を非日常的ないしは新奇なものとして経験するときなどに起こる意識的モードへの切換え (Louis & Sutton, 1991, p.60)，予期せぬ成功を認めること (Drucker, 1985：訳，54頁) などによってもたらされた「行為閾 (action thresholds) の刺激となった何らかのショック」(Schroeder, Van de Ven, Scudder, & Polley, 1989, p.123) が長期にわたる活動の所産として伴う必要があると述べた。また，保持からのフィードバックが集主観性のコントロールを示していると考えるならば，保持内容は組織が組織足りえるための源泉であり，それが常にかつ激しく変容していては組織は常時安定性を欠き，ルーティンや標準実施手続きによる便益を享受すること能わざる状況に陥るか，それが過ぎれば崩壊の危機に瀕するようになると指摘し，保持内容の変容を一定限度に抑圧する何らかの障碍を想定することで，組織の安定性に関する説明原理を担保するべきであるとも論じた。

　第2章のアイディアは，頑健でありながらも変化せざるを得ない集主観性の変容メカニズムを閾値という概念で説明することにあった。では，ショックが

ある閾値を越えた場合，集主観性（ESR モデルでは保持内容）はすべてが書き換えられてしまうのだろうか。そうではあるまい。組織がその一貫性を維持しながら，集主観性を変容させるプロセスを考えるということは，Fuentes (1990) のいう「この変わりゆく世界が決して無意味にならないように類似や統一といった精神の力を保持しつつ，世界の多様性や変異性をいかに受け入れるかという課題」(Fuentes, 1990, p.49) と密接に関わっている。Fuentes (1990) は，新しいものを取り込むということは「新しいもののために過去を犠牲にするという問題ではなく，われわれが創り出した価値を維持し，比較し，忘れないという問題で，そうすることによって現代の価値を失わずに過去の価値を現代的にするのである」(Fuentes, 1990, p.50) と述べている。

　Fuentes (1990) の主張は示唆に富んでいる。まず第一に，それは新しいものを取り込んだからといって，それ以前の認識フレーム[7]すべてが放棄されてしまうわけではなく，それらは姿を変えて現代的価値として生き続けているということを感得することができる。第二に，センスメーキングプロセスが Ring & Van de Ven (1989) のいうように「アイデンティティ感覚を持ちたいと願う個々人の欲求―つまり，自己概念の尊厳と一貫性を維持できるような状況への一般的な志向」(Ring & Van de Ven, 1989, p.180) と密接に結びついており，それが Weick の主張するように回顧的プロセスであるならば，放棄されるどころかその一部は価値の変容を伴わずに存在し続けると考えたほうが妥当であろう。もしすべてが放棄されてしまったならば，ある時点で過去を離散的断片として抽出しそれに意味を付与している自己と，それを現実に持続的流れの中で経験した自己との同一性が維持されえないことになる。アイデンティティがことごとく崩壊してしまっては（例えばすべての一貫性―記憶や感情，心情―まで失ってしまえば），それは物理的には同じ人間であっても最早同じ人間とは言い難い。こうした議論を組織に敷衍するならば，集主観性がまったく一変してしまった組織は，構成員が同じでも最早同じ組織とは言い難

---

[7] 「センスメーキングの実質に関する考察は，役割を構築したり対象を解釈するに当たって人は何に "依拠する" ものかについての何らかの考えを反映している。何かに依拠するということは，ある種のフレーム（たとえば，国の文化）の作用―その中で手掛りが気づかれ，抽出され，意味あるものとされる―を何ほどか前提にしている」(We95, 148 頁)。

いことになる。

　一貫性をもった自己同一性の維持と，集主観性の変容を同時に実現するためには，変容前の価値と実質的に同一の価値（Fuentes（1990）のいう現代的になった過去の価値）が，変容後の集主観性に存在していることが必要となる。こうした議論をある時点から組織の成立時にまで遡って帰納的に漸進させて行くならば，そこでは常に何らかの同一価値が保持され続けていることになる。

　長く続く同一価値もあるであろうし，短命に終わる同一価値もあるであろう。それがどの程度持続するのかは外的環境と条件適合的に決まるにせよ，Deal & Kennedy（1982）が提示したように，しばしば持続的に成功している企業の多くに，歴史的に強力な同一価値連鎖が存在している[8]ことは事実である。

　ここで比較的長期にわたって持続し，組織の一貫性，自己同一性を裏打ちしている組織構成員間で広く共有されている価値と，そうではないが広く共有されている価値とを区別して，前者を集主観性の不易なコアとして捉え，後者を集主観性の周縁として捉えるならば，集主観性はその内部においてもコアと周縁とに分けて考えることが可能となる。コアはFuentes（1990）のいう姿を変え現代的になっても持続している過去の価値の体系によって成り立ち，これが変容の脅威に晒されるならば，組織化の源泉が脅威に晒され，ひいては当該組織が当該組織である源―組織のアイデンティティ―が脅威に晒され，やがては組織が組織足りえる人的互換性すら確保できない状態に陥る可能性がある。Weickが集主観性に軸足を置いて「間主観性が集主観性に移るときには，理解に必ず何らかの欠落が生じる。組織形態の機能は，この欠落をなるべく最小限に抑え，なおかつ再交渉ができるようにすることによって欠落を管理することにある」（We95, 103頁）といった議論を展開したのも，このコアが破壊されぬよ

---

[8] Deal & Kennedy（1982）はIBM，NCR，ケロッグなどの持続的成功を謳歌している企業を取り上げて「強い文化の重要性」（Deal & Kennedy, 1982：訳，6頁）を指摘している。強い文化は，「組織の基本的な考えや信念で，企業文化の中核をなしている」（Deal & Kennedy, 1982：訳，19頁）価値理念に支えられていると彼らはいう。Deal & Kennedyによれば「理念の形成と強化は経営者に課された最大の任務」（Deal & Kennedy, 1982：訳，30頁）であり，持続的な「価値理念や信念」（Deal & Kennedy, 1982：訳，44頁）こそが持続的成功の鍵である。詳しくはDeal & Kennedy（1982）を参照されたい。

う警告を発しているのであると考えるとより正確に Weick の主張を理解することが可能になる。

もちろん，こうした二分法は議論の都合上のものであり，現実には相対的により不易であるべき価値と，より流行してよい価値とが黒白を明らかにできぬまま同心円をなして連続していると考えるべきであろう。

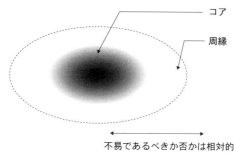

図表 4-1. 集主観性の階層

メディアリッチネスとコミュニケーション・コスト

人が直面する問題は，不確実か多義のいずれかである。第 2 章で述べたように，ある情報があれば解決できるような問題は不確実な問題である。例えば「コロンブスがアメリカ大陸を発見したのは何年か」との問いに，もし 1492 年（"意欲に燃えたコロンブス"と覚えたものだ）という年号を知らなかったら答えようがない。反面，誰かにこの年号さえ教えてもらえれば簡単に答えられるだろう。また答えは一義的に定まっていて，正否は誰の目にも明らかである。これが不確実な問題の一例である。情報だけでは解決できない，より複雑で高度な問題が多義に関わる問題である。例えば「君の彼女と僕の彼女はどちらが美人か」などという問いに対しては，両者を並べて眺めてみても答えはでない。答えは一義的に定まらず，正否が明らかではない。これが多義的な問題の一例である。もちろん，現実にはすべての問題を不確実と多義に二分するのは難しいだろう。現実的にはより不確実性の高い問題か，より多義性の高い問題

かを相対的に判断すべきである。

　第2章では，Weickがメディアリッチネス論の先行研究を踏まえつつ，多義性を削減するためにはメディアリッチネスのディグリーがより高い「会議や直接対話といったリッチで人間的なメディア」（We95, 134頁）が，不確実性を削減するためにはメディアリッチネスのディグリーがより低い「公式情報システムやスペシャル・レポートといった没人間的なメディア」（We95, 134頁）がそれぞれ優れていると主張していたことを紹介した。

　組織において最も注目すべきコストの一つがコミュニケーションに関わるコストであることには異論がないだろう。古来，組織はコミュニケーション・コストを最小化すべく，行為のルーティン化，意思決定のプログラム化に励んできた。メディアリッチネスのディグリーの低いメディアはコストも低い場合が多い。直接会って話すのは，両者が時間と空間を共有する最もコストの高いメディアであるが，eメールであればわざわざ会いに出向く必要もない。メディアリッチネスのディグリーが高いメディアばかりを用いようとする組織は，止め処ない残業と膨大な人件費に苦しむことになるであろう。

　第2章で紹介したWeickの主張で注目すべきは，単にコストだけの問題ではなく，メディアリッチネスのディグリーが高いメディアを用いて不確実な問題に対処しようとするとかえって混乱が増すばかりである（We95, 135頁）との指摘であった。逆の指摘もまたなされている。

　コミュニケーション・コストの最小化をもたらすルーティン化，プログラム化は安定性を増大させるが組織の柔軟性を奪ってしまう。外的環境に変化が少なく高い予測可能性を確保できる限りにおいてはルーティン化，プログラム化は組織の適応性を高める。しかし一方でそれが組織の適応可能性を排除していることを忘れるべきではない。外的環境に激しい変化が生起したならば，ルーティン化，プログラム化に過度に寄り掛かった組織は適応的でなくなる恐れがある。

　それに加え，用いるメディアがコストパフォーマンスに優れたメディアリッチネスのディグリーが低いメディアに偏重したならば，外的環境が激変する中で，組織は多義性に関わる複雑な情報をイナクトできず，従って淘汰することも叶わず，危険なクローズド・システムと化してしまう可能性もある。この点

に関しては，IT化のもたらした便利なツール（eメールや情報共有システムなど）と絡めて，後でささやかな警句を発することにしたい。

集主観性の類型化

上の議論を踏まえるならば，集主観性を不確実性に関わる情報が共有されている場合と，多義性に関わる情報が共有されている場合に類別して考える地平が開けるだろう。すなわち複雑でより価値的（質的）情報と，単純でより非価値的（量的）情報が共有されている領域とに類別化を試みるのである（以後，それぞれを質的情報，量的情報ということにする）（図表4-2参照）。

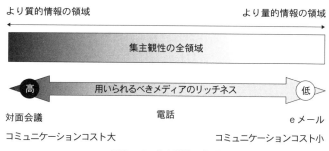

図表4-2. 集主観性の類別

これまでの議論を総合して，質的・量的，コア・周縁の2つの軸を用いることで集主観性で共有されている情報を4つに分類することができる（図表4-3参照）。

領域①はより量的でコアな領域である。単純（例えば数値情報など）であるが，比較的長期にわたって変化すべきではない，あるいは変化してはならない組織のアイデンティティに関わる情報が保持されている領域である。分かりやすく説明するために，日本という国家を組織として考えてみよう（Barnard (1968)が論じたように国家を組織として考える（Ba, 3-7頁）のは不当ではないだろう）。日本国の構成員であるならば誰しもが知っているべき量的かつコアな情報の一例として，地理や歴史の教科書で述べられている年号や人名，地

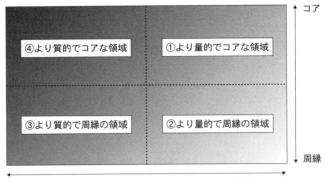

図表 4-3. 集主観性の 4 つの領域

名などを挙げることができるだろう。鎌倉に幕府が開かれたのは 1192 年（"いい国作ろう鎌倉に" と覚えたものだ）であること，日本の首都が東京であることや，宮城県の県庁所在地が仙台であること，信長，秀吉，家康などの歴史上の人物の名前などを挙げることができるだろう。たとえ単純な年号などの情報であっても歴史はその組織のアイデンティティを強固に裏打ちしている。「会社の歴史を知っている人は，会社の予言者（あるいは利得？）〔ここで Weick は prophet（予言者）と profit（利得）をかけている〕である。会社の歴史についてどうしようとしているかを知れば，そのシステムの運命がどうなるかをかなり正確に述べることができる」(We95, 319 頁)。歴史を無視することは自らのアイデンティティの拠り所を無視することになりかねない。

　領域②はより量的で周縁の領域である。この領域の情報はすべての構成員に広く共有されているものの，それらは一時的あるいは比較的短期間の共有でしかない。組織のアイデンティティを裏打ちするほどの情報ではなく単純であるが組織の構成員であるからには知っていて当然の情報が蓄えられている。日本国を例とするならば，某ラジオ局に買収合戦を仕掛けたのは IT 業界の若きリーダー H 氏である，隣国が通貨を〇％切り上げた，美空ひばり亡き後の紅白歌合戦の赤組トリは〇〇氏である，消費税は 8 ％である，などの情報である。余談になるが，第二次世界大戦末期のドイツ軍必死の反撃を描いた映画『バルジ大作戦』で，アメリカ兵に変装して米軍陣地に潜伏していた米語が堪

能なドイツ兵を見抜く際に,「テキサス州の州都はどこか?」などの質問を投げかけていたのを思い出す。テキサス州の州都はアメリカ人なら誰しも知っている筈の量的情報であり,上の領域 ① に属する情報になろう。アメリカ帰りのドイツ兵はテキサス州の州都くらいは知っているかもしれない。そこで次に投げかけられた問いは「昨年のワールドリーグ優勝チームは?」であった。この問いに即答できなかったドイツ兵は逮捕されてしまうのだが,まさに一時的かつ単純な量的情報ではあるがアメリカ人なら誰しも知っているべき情報(アメリカ人以外は知らない可能性が高い)で相手がアメリカ人であるか否かを判別したのである。こうした情報がこの領域 ② に蓄積されている。

　領域 ③ はより質的で周縁の情報である。上の領域 ② と違うのは,正否が明らかでなく,より複雑である点である。一過性であるのは領域 ② と同様である。例えば,流行のファッション,ライフスタイルなど,情報によってすべてが一義的に解決する訳ではないが,現代の日本人なら当然のこととして受け止めている事柄がこの領域に属している。たとえば若者の金髪・茶髪であるが,かつては金髪・茶髪は不良の象徴であり,極めてネガティブに受け止められていたように思う。それがいつの間にか,金髪・茶髪はお洒落なファッションとなり,今では金髪・茶髪だからといって直ちに不良であると決め付けるようなことはあるまい。いや,むしろ個人的にはいろいろな髪色が教室を彩っているのは熱帯雨林で鳥たちを相手に講義しているようで愉快ですらある。「間主観性に固有のイノベーションと,集主観性に固有のコントロールとを調整しようとするときに生じる緊張」(We95, 103 頁)が高まり,金髪・茶髪が当時の集主観性では極めてネガティブに受け止められたがゆえに,こうなるまでには侃々諤々の議論が噴出したと記憶している。「間主観性のイノベーションと集主観性のコントロールとの間で緊張が生じれば,往還運動とコミュニケーションが活発に」(We95, 225 頁)なるのである。

　最後に領域 ④ であるが,ここにはより質的でコアな情報が蓄積されている。組織の一貫性とアイデンティティを裏打ちし,比較的長期にわたって保持されている情報である。量的でないがゆえに単純な共有は難しいが,この領域は組織の最も重要なセンスメーキングフレームの供給源であり,短期間に有為転変すべきでない,あるいは不易であるべき情報が蓄積されている。例えば,侘

び，寂びなど長らくわが国に共有されてきた心情，散りゆく桜に心震える美的感覚などは，日本人ならば誰しもが保持している価値基準であろう。たとえば「人を殺してはいけない」などという価値観は不易であって然るべきと考えられるし，「弱いものいじめをしてはいけない」などというのも同様である。こうした情報の共有が揺らぐと，上で述べたように組織が組織足りえなくなる恐れがある。「なぜ人を殺してはいけないのか」などという議論が白昼真顔で展開されることにでもなれば，社会は安定性を欠き，最早社会として成り立たなくなる恐れがある。

上で述べてきた集主観性の4つの類型では変容にいたる閾値の高さは当然ながら領域ごとに異なるであろう。領域内でもよりコアに近づくほど閾値は高くなり，より周縁になるほど閾値は低くなるだろう。

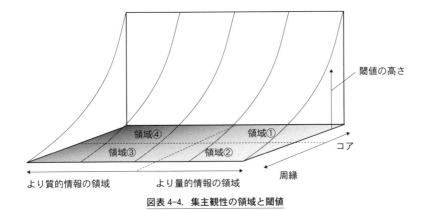

図表4-4. 集主観性の領域と閾値

周縁——一時的に共有されている情報の保持——を考えるということは裏を返せば，集主観性の一部（あるいは組織の記憶，ESRモデルの言葉でいえば保持内容といってもよいだろう）は時の経過とともに揮発してしまうことを仮定している。すなわち，閾値とはかかわりなく，もう一つの変数——時の経過——もネガティブにではあるが組織認識を変容させる重要な要因の一つなのである。

第2章では詳しく論じなかったが，Weickが組織の記憶構造として取り上げたアイディアはdeBono（1969）のゼリーモデルに基づく以下のようなものである。まず目前に山型のゼリーがあると想像して欲しい。①「もしスプーン

のお湯を一つの中心的くぼみにではなくゼリー表面のあちこちに垂らすと，最初のくぼみが（たとえそこにしずくが落ちなくても）次第に深くなってゆく」（We79, 272 頁）。②「まったく同一でなくとも，似通ったパターンが連続して与えられると，一つのパターンが強化されることを意味する」（We79, 273 頁）。③「古いパターンに密接に関連している新しいパターンを定着させることはほとんど不可能に近いことを意味している」（We79, 273 頁）。④ 次々にお湯を垂らすとそれらが鎖となって結合するが「結合したイメージの鎖はどれほど長くなろうとも，つねに最初のイメージへと戻ってくる」（We79, 273 頁）。deBono (1969) のゼリーモデルを用いて Weick が組織認識の変容プロセスを描こうと試みたことに対しては第 2 章で紹介したように多くの批判が寄せられている。確かに，ゼリーモデルは個人の記憶をシミュレートしたものである。しかしながら，このモデルは Weick がいうように組織認識について考察する際に貴重なメタファーとなりうる。

　まず第一に，ゼリーの山型の形状が変わっても，それは過去をすべて否定したのではないこと，すなわち，先に述べたように Fuentes (1990) の「新しいもののために過去を犠牲にするという問題ではなく，われわれが創り出した価値を維持し，比較し，忘れないという問題で，そうすることによって現代の価値を失わずに過去の価値を現代的にするのである」（Fuentes, 1990, p.50）という考え方を示すメタファーとして優れていること，第二に，用いられる頻度が（お湯のしずくがゼリーを溶かして流れていくとき，繰り返し用いられる道筋はより深くなり，さらに用いられるようになるだろう）記憶の鍵を握っているということ，第三に，断続的な少量の"しずく"ではなかなか新たな道筋は生まれないが，一時の大量な"しずく"の流入は道筋の大幅な変更を可能にするであろうことなどである。

　第一についてはすでに論じたので改めては触れない。第三のメタファーは閾値の存在を暗示している。これについても改めて触れる必要はないだろう。問題は第二のメタファーである。もしあらゆる記憶が時間とともに消滅してしまうのであれば，それが長く存在しうる理由はただ一つしかない。すなわち，消滅する以前に繰り返し用いられることである。これは用いられるたびにゼリーの谷が深くなっていくのに共通している。

時間に対するフレームの頑健性は，それが組織内で用いられる頻度，繰り返しなされる意思決定前提への組織的影響力の行使などに拠るのではないだろうか。例えば伝統的行為はいかにして伝承されるのであろうか。「あらゆる種類のイメージや目的や確信は，伝統として伝えることができる。しかしたった一つだけ伝えられないものがある。それは行為である。行為がなされた瞬間に，それは存在しなくなる」（We95, 168 頁）。その場で消えてしまう行為が消えずに伝承されるのは，それが一定の頻度で繰り返され，揮発する前に（行為の記憶が残っているうちに）次の行為を行う機会があるためではないだろうか。行為はイメージとして記憶に蓄えられるが，それが行為として再生される頻度が少なければ元の行為とはかけ離れたものに変化してしまうだろう。箸の使い方などは頻繁すぎるほど繰り返されているし，和服の着方も忘れられない程度に繰り返され続けている。行為がイメージとして蓄えられていても，それは行為としてある頻度で再生されない限り，組織内で保持され続けることはむずかしい。

　行為の伝承は，集主観性の変容を時間軸で考える際のメタファーとして優れている。というのも，行為は繰り返され続けるが，それは必ずしもそれ以前の行為と同じではないからである。流行歌手が毎日テレビで同じ曲を歌っているとしても，それは必ずしも昨日の曲と同じとはいえない。力量のある歌手は，歌いこむほどにより味わい深く歌うようになっていくだろう。聴衆を飽きさせないよう，時にはわざと抑揚を変えたりもするだろう。しかし，こうした変化はその歌手が意識していようといまいと避けては通れないことなのである。人間はカセットレコーダーではない。

　その歌はある頻度で人びとに歌われているうちは社会に根付いているように見えるだろう。しかし十年経ち，二十年経つうちにその歌を口ずさむものはいなくなり，やがてはそんな歌があったことすら忘れられてしまう。それでも時を越えて生き延びていく歌は，確実にある頻度で繰り返されている筈である。そして，それは気づけるか否か別として変化し続けている。

　頑健性と時間については，ここではこれ以上触れない。この問題については，第 13 章で具体的事例を挙げながら詳しく論じることになる。ここでは，① 何か新しい刺激がポジティブに保持内容を変容させる場合には閾値概念が，

② ネガティブに保持内容が揮発してしまう場合には時間概念が，それぞれ考察を進める上で有用であろうことだけを押さえておいていただければ十分である。

IT化偏重と経営哲学の危機

　最後に，これまでの議論をより理解するために，経営哲学およびIT化に対して応用展開してみよう。

　『経営哲学とは何か』の中で村田は，哲学の使命として「真・善・美に関する根源なるものの探求」（5頁），「究極的なる価値への探求」（5頁）を挙げた後，「経営哲学は，なによりもまず『経営』ということを徹底的に探求することでなければならない」（15頁）と述べている。また厚東は同書の中で「経営哲学とは，経営システムとその機能，これを支え機能させる基本的な価値，その存在それ自体を解明し，機能と価値の相互依存関係・対立関係＝トレードオフの関係の全体を扱う」（18頁）と述べている。村山は「経営哲学は，根源の思想（根っこの思想）である」（36頁）と述べている。いずれも深みのある含蓄に富んだ言葉である。

　一方で，小笠原（2005）が指摘しているように，"経営哲学"という概念は未だ一般化された定義が存在していないのが実情であろう[9]。ここで，これまで論じてきた集主観性の質的で不易なコアこそが，さまざまな定義をもって論じられてきた経営哲学の本質であると主張したい。それはまさしく「究極的なる価値」（村田, 2003, 5頁）であり，「経営システムとその機能，それを支え機能させる基本的な価値」（厚東, 2003, 5頁）であり，「根源の思想（根っこの思想）」（村山, 2003, 18頁）である。たとえば，「消費者に高品質の牛乳を提供する」でも良いし，「安全なカーライフの提供を通じて，豊かな明日を築く」でも良い。これらはいずれも組織内で共有されている究極的な価値，経営の意

---

[9]　小笠原は「経営を哲学することは，言うは易く為すはあたかも群盲象をなでるが如きものがある」（小笠原, 2005, 1頁）と述べ，「経営哲学の体系化」（小笠原, 2005, 1頁）こそ急務であると主張している。小笠原は，体系化にとって最大の障碍の一つは，経営哲学の一般化された定義がないことを指摘している（小笠原, 2005）。

味，根っこの思想であり，組織のアイデンティティの根幹に関わり，組織におけるセンスメーキングで最も重視されるべきフレームである。『経営哲学とは何か』の中で多くの論者が展開している経営哲学の重要性に関する議論は，先に触れた Weick の集主観性重視の見解と通底しているのである。

しかし一方，上で述べたように，集主観性は組織が環境に対して適応的であるためには変容し続けていかねばならない。と同時に，集主観性がすべて変容してしまえば，組織の構成員が同一であっても生み出す製品やサービスが同一のものであっても，あるいは，行為のマニュアル化や意思決定でそれまでと同様のプログラムが用いられているとしても，その組織はそれまでの組織と同じ組織とは言い難い。

繰り返しになるが，組織が一貫性を維持し，確固とした自己同一性を確立していくためには集主観性の不易なコアが不可欠である。先の〇〇自動車にとって，「安全なカーライフの提供を通じて，豊かな明日を築く」というのは，それこそが〇〇自動車の自他共に認める存在意義であり，「究極的なる価値」（村田, 2003, 5 頁）であり，「経営システムとその機能，それを支え機能させる基本的な価値」（厚東, 2003, 5 頁）であり，「根源の思想（根っこの思想）」（村山, 2003, 18 頁）である。すなわち「安全なカーライフの提供を通じて，豊かな明日を築く」は同社の経営哲学の根幹であり，〇〇自動車にとって不易であるべき価値であり，〇〇自動車におけるあらゆるセンスメーキングの根幹となるフレームである。これを放棄し欠陥車を堂々と売っているようでは，本社所在地，構成員や出資者が同一であっても，それはかつての〇〇自動車とは別の組織である。「安全なカーライフの提供を通じて，豊かな明日を築く」というのは，単純な量的情報ではない。それは価値を含む質的情報であり，上の議論に基づけば集主観性の領域 ④ に蓄積されているフレームである。経営哲学が集主観性の質的コア情報であるというのは，こうした考察からも頷けるであろう。

「安全なカーライフの提供を通じて，豊かな明日を築く」というのが単なる標語（すなわち，全構成員が知っているべきではあるが量的（非価値的）情報）として長く共有されてきたに過ぎないのであれば，領域 ① に属する情報といえるだろう。単なる掛け声や標語と経営哲学は違うのである。経営哲学は

質的(価値的)情報であり,長く共有されるべきコア情報なのである。

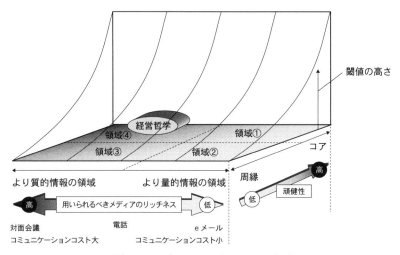

図表 4-5. メディアリッチネスと 4 つの領域

　ここでもう一度メディアリッチネスに関する議論を思い出して欲しい。より質的情報ではよりメディアリッチネスのディグリーが高いメディアが用いられるべきであり,逆用はさらなる混乱を招く恐れのあることを指摘してきた。

　IT 化によってもたらされたコミュニケーション・ツール(例えば e メールや情報共有システムなど)というのは,従前のメディアと比較すればメディアリッチネスのディグリーは極めて低いといわざるを得ない。対面会議であれば得られる筈の,声の抑揚や身振り手振り,顔つきなどの非言語的情報はすべてこそぎ落とされてしまっている。非言語的という観点からすれば,声の抑揚や息遣いが伝わる電話よりもディグリーは低い。更にそれらは,多くの場合,相手の反応を見て即応することができる対面会議などと比較すると即時性に乏しい。

　ただし,IT 化によってもたらされたコミュニケーション・ツールというのはコミュニケーション・コストの面で従前のメディアとは比較にならぬほど優れている。わざわざ会いに行く,電話をする,というのと比較すれば一目瞭然である。

こうした特性をもつ IT 化によってもたらされたコミュニケーション・ツールに組織内コミュニケーションが偏重した場合，最も恐るべきことは，組織内で質的情報が共有できなくなることである。共有できないだけではない。それらに対する誤解が満ち溢れてしまう場合すら考えられる。質的情報は「会議や直接対話といったリッチで人間的なメディア」(We95, 134 頁) を通して「主観的な諸々の意見を戦わせて絞り込む他」(We95, 134 頁) なく，「どんな客観的データ (たとえあったとしたらだが) が関連するのかさえ，誰もが漠然とした考えさえ持てない」(We95, 134 頁) からである。Weick が強調するように「混乱を低減するのにリッチ度が低過ぎる公式情報処理」(We95, 135 頁) を用いれば，問題を「長引かせ，さらに悪化させてしまう」(We95, 135 頁) ことを忘れてはならない。

集主観性のコアに蓄積されている量的情報に焦点を当てているのではない点には留意していただきたい。繰り返し述べてきたように，より質的で，組織全体に共有され，組織の一貫性を裏打ちしている価値観，信念，信条などの情報のほうが，組織の安定性にとってはより重要なのである。IT 化によってもたらされたコミュニケーション・ツールはそうした情報の共有には不向きであるばかりか毒にさえなりかねない恐れがある。

IT 化の進展に歩を合わせるかのように，近年企業不祥事が目立つようになってきた。先に挙げた○○自動車，○○乳業ばかりではない。旧国営○○旅客鉄道，大手商社○○物産などいくらでも例を挙げることができる。いずれもかつては国民から厚い信頼を寄せられていた企業ばかりである。行過ぎたコミュニケーションの IT 化が，彼らを変質させた一端を担っているように思えてならない。

IT 化によって便利になったとばかり喜んでいてはいけない。いかに優れた技術であっても諸刃の剣である可能性を忘れるべきではない。IT 化もまた然りである。組織のアイデンティティの源であり，組織の一貫性を裏打ちしている集主観性の質的でコアな領域を共有できない組織はやがて崩壊の危機に瀕する恐れがあることを忘れてはならない。

第 5 章

事例研究　伊藤忠の挑戦

　本章では，これまでの議論に基づいて事例研究を行う。

　本章の目的は，組織認識論の知見に基づいた事例研究そのものにあるが，併せて伊藤忠商事において丹羽宇一郎社長を中心に推し進められた経営改革の事例研究を通して，わが国企業が進むべき新しい経営モデルの一例を提示することにある。伊藤忠商事における改革が，IT時代における新しい日本的経営モデルとなりえる可能性を秘めていることは，本章をお読みいただければ十分にお分かりいただける筈である。

　本章の議論は，第4章までの議論に基づいて，組織の行為や意思決定というレベルを越えて組織の認識レベルにまで踏み込んで展開される。第1章で述べたように，組織の行為や意思決定のレベルにおける考察は，過去の成功事例に依拠可能な見通しの効く状況においてこそ有効なものである。急激に環境が変化し，混沌として先行きが読めず過去の成功を頼めぬ状況下では，混沌の中から組織がどのような物語を紡ぎ，どのような世界を描くのかが重要である。これすなわち認識の問題である。組織がいかなる認識をするかが組織の命運にとって極めて重要なのは明白である。伊藤忠における改革も，このレベルにまで踏み込んではじめてその精髄を解することができる。意思決定レベルの考察では触れ難く見えづらかったものが，認識レベルにまで踏み込むと浮き上がってくる。それら浮き上がったものをここで論じてみたい。

　本章で取り上げた伊藤忠商事の経営改革は，1999年度から2001年度にわたって断行された内容である。従って，本章で登場する人名，役職，企業名等は当時のものである点を断っておきたい。

伊藤忠の改革

　まず最初に，2000年当時の大手総合商社の概況を俯瞰した後，NHKスペシャル『直接対話が巨大商社を変える』(NHK，2001) の流れに沿って，伊藤忠商事における改革の事例を眺めていきたい。

　現在と同じように，当時も多くの日本企業が苦しい経営状況に直面しつつあったが，総合商社もその例外ではなかった。大手総合商社8社[1]の年間売上高の合計は1990年をピークに下降傾向が続いており，2001年3月期の合計年間売上高は70兆1,060億円で，1990年3月期の120兆7,758億円と比べるとおよそ4割も低い水準に止まった。

　総合商社各社は，「商社冬の時代」[2]（熊谷，2000，124頁）と言われる中で，「規制緩和とIT革命の逆風」[3]（西野，2001，頁）を受け「減収が続く中で，総花論に見直しを迫られていると指摘されていた。そうした中，各社とも不採算事業の縮小や社員削減，関連会社選別などのリストラを実施，スリム化」（キャリア・ディベロップメント・センター，2001，71頁）などを必死に進めた。一方で，高度成長経済から成熟経済へと移行する中で，総合商社は「量的拡大から質への転換」を迫られている（海道，2000，27頁）とも言われ，総合商社各社は相次いで大胆な経営改革を宣言し，新たな方向性を模索していた。そうした流れを裏付けるかのように，2001年5月17日に出揃った大手8社の

---

[1] 総合商社は，「日本で生まれた独自の企業形態」（日本貿易会HP）であり，「総合商社の『総合』とは，取扱分野が多方面におよぶ総合性と，多くの知恵の総合というふたつの意味」（前掲HP）がある。「これまで長い間，大手総合商社と称せられていたのは，三菱商事，三井物産，伊藤忠商事，丸紅，住友商事，日商岩井，トーメン，ニチメン，兼松の九社だったが，兼松が総合機能を失い，(2000年) 現在は『八大総合商社』になっている」（海道，2000，31頁，括弧内は引用者）。

[2] 商社を介さない，いわゆる中抜きが進み，さらに「原油などの市況価格が下落したことに加えて，バブル期に抱えた不良資産や，97年9月からのアジア通貨危機によって受けた損失の処理などで，財務体質が悪化」（熊谷，2000，124頁）したことからこのように言われた。

[3] どちらも「仲介業である商社の役割」（西野，2001，144頁）を「相対的に低下」（前掲書，144頁）させるため。特にIT革命は，メーカーとユーザーが直接取引きする電子商取引の急拡大を招いており，「商社に代表される卸売業者，仲介業者が不要」（前掲書，147頁）となる中抜き現象を加速させている。

3月期連結決算では，売上高では三菱商事を除き7社が不採算事業撤退等で減収となる一方で，リストラによる収益改善効果などにより三菱，伊藤忠商事，日商岩井，トーメンの5社が当期純利益で過去最高を記録した（京都新聞HP）。

当時，商社が模索していた新しい方向性の一つは，電子商取引分野への進出であった。鉄鋼製品のネットマーケットでは，「三井物産，三菱商事の連合軍に対して，伊藤忠商事，丸紅，住友商事が提携」（海道，2000，10頁），商社が2大グループを結成して激しい競争が展開された。三井物産は，さくら銀行[4]，東芝などと手を結んで，電子決済を行う会社を設立，三菱商事も2000年9月イー・マーチャントバンク社を設立，電子商取引市場での総合的な金融サービスの提供を開始した。

また，小売業においても「三井物産とセブン－イレブンジャパン，三菱商事，丸紅とローソン」（海道，2000，11頁），「住友商事と西友など，大手商社と流通業の提携」（前掲書，11頁），資本参加の動きが活発化し，共同で電子商取引市場への参入を図るなど，目まぐるしい変化の嵐が吹き荒れ始めていた。

金融ビッグバンの波に揺れる金融ビジネスへも，大手総合商社は積極的に進出していった。日商岩井が全額出資する日商岩井証券が営業を開始し，住友商事は貴金属ディーリングを統合して商品ファンドを開発販売し，三菱商事が国内最大と言われる投資ファンドを設立して大きな話題になった。

小売業への進出と相まって，食糧ビジネスへの参入も目立った。当時，食糧ビジネスには，JT，キリンビール，オムロンなど商社に限らず異業種の参入が目立ったが，スーパーやコンビニなどと結びついた商社が同分野に参入することで，"農外資本"が低迷する日本農業に変革の波を起こす」（海道，2000，20頁）などと騒がれたりもした。

他にも，商社の資金力と情報力をバネにM&A仲介ビジネスへの進出，発電や電力小売事業分野への参入（例えば，トーメンの風力発電事業参入）な

4　現三井住友銀行の元三井銀行側の名称。本章の最初で述べたように，近年多くの日本企業が合従連衡を繰り返したが，煩雑を避けるため本章の記述は2001年当時の企業名で統一する。例えば，上で挙げたニチメンと日商岩井は，2003年度以降「双日」へと経営統合しているが，本章ではそれぞれ旧称のままで記述する。

ど，将来成長が期待される分野に，総合商社は驚くべき勢いで軸足を移しつつあった。

伊藤忠商事の動きに目を向けると，「大手総合商社の中で，BtoB向けの決済サービスで先手」（日経ビジネス，2000年12月号）を打ったのが同社であり，「帝国データバンク，ジェーシービー（JCB）など」（日本経済新聞，2000年10月4日）と提携し，両者が持つ「合計200万社程度の企業情報からネットで取引する企業の信用度を判定し，決済から代金回収まで請け負う」（日本経済新聞，2000年10月4日）との謳い文句で，1999年9月8日に安田火災グループ，第一勧業銀行，CRC総合研究所などと共同出資でイー・ギャランティー社を設立した（日経金融新聞，2000年10月16日）ほか，「介護保険制度の担い手になる在宅介護サービス事業者らを対象にした総合支援会社，ホムコムネットを3月に設立」（朝日新聞ニュース速報，2000年2月22日）し，「介護関連の会社と提携し，伊藤忠傘下のコンビニエンスストア，ファミリーマートの店舗をサービスの拠点として活用」（朝日新聞ニュース速報，2000年2月22日）するとも発表した。金融分野では，第一勧業銀行，米マイクロソフトと共同で日本オンライン証券を設立，1999年10月からインターネットで株式の売買を仲介するオンラインブローカー業務を始めた。

伊藤忠商事は特にネット関連子会社の設立に熱心であると言われ，「今年度内（2000年度内－引用者注）に20億-30億円を投じ，インターネット分野の関連会社を新たに20社前後設立する」（日本経済新聞，2000年8月20日）との宣言を発していた。社内公募したアイディアを基に住宅・機器販売などの業種別に新会社を設立，他の出資も募り独立運営させるとした上で，そのうち半数以上の子会社の株式公開を目指すという強気の姿勢を貫いていた（日本経済新聞，2000年8月20日）。社内からの公募のみに止まらず，同社は社外からも広く事業化できる案件を募集した。例えば，伊藤忠商事が中心となって募集したｉモードビジネスコンテスト2000で最優秀ビジネス賞に選ばれた「携帯電話を使った街歩きガイド」のアイディアを，発案者との共同事業化に踏み切っている（朝日新聞，2001年1月27日）。

新規事業を立ち上げる一方で，伊藤忠商事では「低効率・不採算資産の圧縮を加速させ，敢えてハードランディングな経営リストラを断行」（伊藤忠商事，

2000, 4頁) した。「2000年3月期には新規投資も進めながら，連結対象会社を175社純減し，852社」（前掲書, 9頁）としている。2001年3月期には，約700社まで削減するとし（前掲書, 9頁），「2000年3月期からの2期で，単純計算で約320社が消える。今期（2001年3月期）計上予定の子会社整理損は800億円にのぼる」（日本経済新聞, 2000年2月17日）とも言われていた。

伊藤忠商事では，上で述べたような激しい改革の成果が着実に現れていった。有利子負債は，1998年3月には52,492億円（伊藤忠商事, 2001, 6頁）であったが2001年3月には30,705億円（前掲書, 8頁）とおよそ40％も減り，当期純利益は売上高が減少する中で1997年度以降3期連続の赤字を脱却し，2000年度には705億円の黒字を計上するにいたった（いずれも連結ベース）。

NHKスペシャル『直接対話が巨大商社を変える』

ここでは，上で述べてきたような激しい伊藤忠商事における改革の流れを，より伊藤忠商事に密着する形で探ってみたいと思う。そのため，NHKスペシャル『直接対話が巨大商社を変える』（NHK, 2001）に沿って，改革の流れをミクロに追いかけてみよう。本節の以下の部分はNHKスペシャル『直接対話が巨大商社を変える』の内容をまとめたものである。

年間売上高12兆円，グループ総従業員数4万人の伊藤忠商事。1本100円のミネラルウォーターから1機100億円の航空機まで扱い，何でも揃うと言われた巨大総合商社が今曲がり角に立たされている。

丹羽宇一郎氏は，伊藤忠の経営が最も厳しい時を迎えていた1998年社長に就任した。以後，大胆な改革に取り組み，伊藤忠は彼の下，3年連続の赤字から脱却。今年（2000年度），705億円の黒字を計上した。

丹羽社長はこの3年間，電子メールを使って社員に直接話し掛けてきた。繰り返し登場する言葉は，「変革」，「変えるんだ」。あるメールには，「私も率先して痛みを取る覚悟です。みんなも苦しいだろうけれども，我慢して欲しい」

と述べられている。相次ぐ人員整理と給料カットに苦しむ社員からの直接の訴えに対して，丹羽社長は「苦しい時ほど人は育つものです。困難を前向きに捉えて欲しい。必ずリターンはあります」と返答している。

　丹羽社長の直接対話は，電子メールだけに止まらない。経営トップと社員が直接対峙する休日対話集会もその一つである。そこでは経営方針から，具体的なビジネスの内容まで，ありとあらゆることが話される。集会の席上，ある中堅社員から以下のような質問が飛び出した。「社長は，"清く正しく美しく"と言われるが，それは建前であって，実際には商社というのは"形振り構わず儲けろ"というのが信条ではないのか。社員と幹部社員の間には考え方のギャップがあるように思う」。それに対して丹羽社長は次のように応じている。

　「"形振り構わず儲けろ"という時代は終わったのです。武器を売っても，人を犠牲にしてでも儲けろというのが商社の仕事ではありません。今ごろ，こんな質問が出てくることを情けなく思う」。こうした休日対話集会は，朝9時から夕方5時まで休みの一日を通して行われている。これまで集会に参加した社員の総数は，3,500人に達する。

　直接対話という手法を取り入れた理由を，丹羽社長は「経営トップの考え方を末端の社員にまで伝えたかったからだ」と強調する。そうしないと，「末端に伝わる頃には，トップの考え方というのは紆余曲折して最初とは全く違うものになってしまうものだ」と語る。休日集会についても丹羽社長は，「意見を言い合う。ディスカッションすること自体が大切なのだ」と言う。

　丹羽社長の就任当初，伊藤忠を苦しめていたのは，多額の不良資産問題であった。丹羽社長の下，徹底的に調べられたその総額は，およそ四千億円にものぼっていた。丹羽社長はそれほど多くの不良資産が蓄積された背景を，「正直に物を言える雰囲気がなかった」ためだと語る。「伊藤忠には対話がなかった。失敗を明らかにするとすぐに左遷させられてしまったりした。だから隠す。隠して隠して，もうどうしようもないところに来て，ついに問題が爆発するまで抱え込んでしまう」。

　丹羽社長は，不良資産を一気に処理することを決めた。しかし，多くの金融機関は，何もこの時期に処理することはないのではないかと難色を示す。丹羽社長は，渋る金融機関を一社一社丹念に説得して回った。

不良資産の一括処理を決めたことは，直ちに全ての社員にメールで知らされた。「20世紀のことは20世紀に処理を終える」とはその時の丹羽社長の言葉である。社内テレビでも，丹羽社長の言葉が流された。「世間のスピードは，どのような業界でも合従連衡，ものすごいスピードで変化している。われわれには何年もかかって，重い荷物を引きずりながら，徐々に処理している余裕はない。経営の方針は受身にならず，前に撃って出ることだ」。

　不良資産の処理を進めながら，丹羽社長は，15年の経営総括報告書の作成に取り掛かる。不良資産が蓄積された原因を究明し，今後同じ轍を踏まぬようにするためである。15年経営総括報告書を作成した結果，浮かび上がってきた構造は，規模だけを追求してきた総合商社伊藤忠商事の歴史であった。

　自社の歴史を振り返り，丹羽社長は，何でも扱い規模を追求する経営との決別を決断する。「これからは規模ではない，効率だ」。何でも揃う総合商社伊藤忠商事は，総合商社の看板を下ろし，A&P戦略へと方向を転じる。A&PのAとはAttractive（魅力的）であり，PとはPowerful（力強い⇒儲かる）である。すなわち，将来性があり，成長が見込める部門に，人も物も予算も集中して投資しようというものだ。

　A&P戦略で，重点投資すべしと見なされた分野は，情報産業，生活消費，金融，資源開発などである。一方で，これまで花形とみなされていた機械，不動産，建設，化学品などは，縮小すべき分野と位置付けられた。丹羽社長は「A&P戦略の真髄とは，切り捨てることだ」という。A&P戦略が成功するか否かは，丹羽社長によれば「痛みも摩擦もみんなで共有できるかどうかにかかっている」ということだ。

　しかし，一方で丹羽社長は，縮小すべきと位置付けられた分野の社員へも，「利益が上がりそうなことを考え出せるのであれば，予算をつける」と宣言した。丹羽社長は，「ワクワク，ドキドキするような仕事はみんなから出てくるものであって，上からの指示で生まれるものではない」と言う。

　縮小が決まった化学品部門の大林さんは，"合理化"と呼ばれる子会社の整理を担当している。大林さんによれば，その仕事は「達成できても楽しくない」仕事である。大林さんは，丹羽社長のメールを読んで，生分解性プラスチックを使った新規事業の立ち上げに挑む決意を固めた。

生分解性プラスチックとは，簡単に言えば土に返るプラスチックのことである。大林さんは，この年，食品リサイクル法が施行されたことを睨んで，必ず商売になると確信したという。

　生分解性プラスチックが食品の包装に使用されてこなかったのは，その高い価格に理由があった。コンビニなどでは，弁当などをゴミとして出す場合，食品と包装容器を分別して出さなければならない。この分別作業にはコストがかなりかかる。大林さんは，生分解性プラスチックを弁当容器に利用することで，分別せずに，かつ一括処理した産物を肥料として販売することで，コストを抑えようと考えた。このアイディアを，伊藤忠が生活消費部門を強化するめ3,500億円を投入して傘下に収めたファミリーマートに持ち込んだ。しかし，まだ値段が高いとの理由で，色よい返事は得られなかった。

　日常業務と生分解性プラスチック利用推進を兼務していることの限界を感じた大林さんは，丹羽社長に直接メールを打った。「生分解性プラスチック事業を推進するため，専任組織を設置し，専任担当として欲しい」。丹羽社長からの返事は，翌日直ちに届いた。「未だ専任組織を設置するには至っていないが，never give-up！諦めずに事業化を推進して下さい」。

　丹羽社長は，社員一人一人が業務の枠を乗り越えて，新しい仕事を作り出すことで会社が変わると考えている。丹羽社長は社員に，以下のようなメールを送った。「行動の時来る。座って考えているだけでは情報にもアイディアにも行き詰まる。まず動き出して欲しい」。

　一方，情報産業は子会社の上場もあって，莫大な収益をもたらしつつあった。伊藤忠の給料体系は，固定部分と業績に連動する変動部分とから成る。変動部分は各部門の成績に比例するものの，全社的成績によって調整される。情報産業の子会社へ本社から出向した若手の社員達は，期待したよりも低い給料に不満を漏らしていた。ITに関して豊富なアイディアを持ち，子会社立ち上げのノウハウを持っている若手は，いくらでも転職先がある。現実に，多くの若手が辞めていった。急速な若手の退社に危機感を募らせた部門長は，ストックオプションの導入を，丹羽社長に提案する。

　しかし，丹羽社長の答えはノーだった。「フェアじゃない」と丹羽社長は言う。「失敗しても戻ってくればいいんだったら，フェアじゃないじゃないか」。社長の

言葉に部門長が言い返す。「でも，辞めてから行けと言ったら，続々と辞めてしまうのではないでしょうか」。丹羽社長は，「続々と辞めるかね？」と言い返した。

丹羽社長によれば，「社員の報酬にあまりにも極端な差が開くのは望ましくない」。会社は，一人一人の能力を高め，それらを結びつけて高い実績を揚げるのであって，一匹狼の集まりでは成立しない。「業績を上げた個人に，極端に高い給料を支払うアメリカ型経営では，チームワークが成り立たず，いつかは行き詰まるだろう」。「サラリーマンほどいい仕事はない。というのは，チームで仕事ができるから素晴らしいんだ。みんなの力で仕事をまとめるからサラリーマンは素晴らしいんだよ」。

大林さんは，生分解性プラスチック事業推進のためのアイディアを社内全体に求めた。丹羽社長の言葉が現実になったかの如く，社内からは続々とアイディアが集まってきた。機械部門の社員からは，生ゴミのガスで発電する装置があるという情報が提供された。農業資材部門の社員からは，大規模農場の経営者を紹介された。伊藤忠がその農場から大量に食料品原材料を購入するかわりに，肥料を納入できる展望が開けつつある。コンビニで売れ残った弁当で，肥料ができる。その際に，発電してさらには肥料が農場へと収められ，やがては食品となってまたコンビニの店頭に並ぶことになる。こうして，消費循環サイクルのあらゆる場面で商社は利益をあげることが可能となる。生分解性プラスチック事業の展開は，まさにチームワークの結晶の賜物と言えるだろう。

組織認識論的考察

ここでは上で述べてきた丹羽宇一郎社長を中心に進められた伊藤忠商事における経営改革について，第4章までに紹介してきた組織認識論の観点から考察を加えてみたい。

(1) eメールによる直接対話

まず最初にeメールによる直接対話という手法について考えてみよう。

丹羽氏はeメールによる直接対話という手法を取り入れた理由を大きく2つ挙げている。一つは「経営トップの考え方を末端の社員にまで伝えたかった」(NHK, 2001) からであり，そうしないと「末端に伝わる頃には，トップの考え方というのは紆余曲折して最初とは全く違うものになってしまう」(NHK, 2001)
と考えたためである。もう一つは，トップの「行動や経営のことについて従業員が頻繁にメールを打ってくる」(竹中 & 丹羽, 2000) ことがトップの行動や経営のチェック機関」(竹中 & 丹羽, 2000) の役割を果たしており，その役割は「顔色を見てなにも言わない」(竹中 & 丹羽, 2000) 部長などの中間管理職では果たせないと考えたからである。

最初の点について考えるならば，eメールは社内報や社内テレビ放送[5]といったメディアに比べて，時間的，費用的および発信目標の選択的効果においてより優れたメディアである。

Weick (1978) は環境をどのように把握するかがリーダーシップの最も重要な役割であると述べている。Smircich & Morgan (1982) は，「リーダーシップとは，準拠点 (a point of reference) を生み出すこと」(Smircich & Morgan, 1982, p.258) であると主張している。Thayer (1988) はまた「リーダーとは部下が世界に"気を配る (mind)"仕方を変えたり，導いたりする人」(Thayer, 1988, p.250) であると述べている。これらはいずれもリーダーシップについて組織の認識という観点から述べたものである。こうした観点に立てば，リーダーはメンバーに対して常時かつ継続的に，① 環境からどのような手掛りを抽出し，② それをいかに解釈すべきなのかを方向付けることが任務となる。

現在のビジネス環境は激しく移り変わっている。そうした中で，上で述べたような困難な責務を担っているリーダーにとって，eメールは絶好の道具となる。丹羽氏はそれを極めて上手く活用していると言える。

次に，ボトムからのeメールがトップの適切な認識の形成に寄与している点について考えてみよう。

遠田 (1999c) はトップの認識について以下のように述べている。

---

[5] 伊藤忠では国内外に散在する部署すべてに社内放送を流している。

さて，組織についてのそのトップの認識ですが，トップ層というのは，人類の行く末とか，世界情勢がどう動いているかとか，御時勢がどうの，業界動向はどうなっているのかというような，いわば大所高所から認識を形成します。しかし，その組織をめぐる認識も小所低所の現場の活動や実態から得られる状況認識いわば現場知に支えられていないと，空理空論になりかねない。ここで現場知とは，大衆はこういうふうに考えているだろう，わが社の技術ではこんなことができるだろう，消費者はこういうことを欲しているだろうといった現場から得られる認識です。

　現場に密着した経験に裏打ちされたそうした現場知や具体的状況についての認識の点では，トップはどうだろうか？残念ながらその答はネガティブで，多くを望めません。というのは，トップは，現場から時間的にも空間的にも，かなり離れているからです……トップは空間的に現場から離れた高いところにいます。そのため，現場の情報が生々しくは伝わってこない。せっかく伝わった情報も，いろんな階層を経てきますから，かなり歪んだ，薄められた情報が多い。そんな訳でトップは，現場知に疎くなる。

　巨大商社のトップとして，丹羽氏には日本ばかりではなく世界中の政治・経済情勢に通じていることが求められよう。また商社業界全体の動き，電子商取引の進展などにも十分気を配る必要があることは言うまでもない。しかし，同時に丹羽氏の認識が，さまざまな「現場の活動や実態から得られる状況認識いわば現場知」（遠田，1999c）に支えられていなければ，丹羽氏の構想が単なる机上の空論に終わってしまう可能性もある。

　あのダイエーの中内㓛氏，戦後焼け野原から立ち上がり，流通革命の先頭を走りつづけてきた偉大な彼ですら，現場知に疎くなることからは逃れられなかった。創業以来ダイエーのモットーは「お客さまの声を聞く」[6]だった。しかし，2001年1月30日の取締役退任記者会見で中内氏の口から出たのは，「（ダイエーには）何でもあるが欲しいものは何もない」（朝日新聞，2001年1月31日，括弧内は引用者），「消費者の側に立ったサービスが徹底されていなかった」（朝日新聞，2001年1月31日）という言葉だった。小売業にとって最も重視すべき現場知＝「お客さまの声」から遠ざかりすぎたトップの姿がそこに

6　ダイエーHP（http://www.daiei.co.jp）より。

あった。
　トップが現場知を吸収するに当っては，e メールの持つ ① 即時性と ② 直接性が大きな力を発揮する。変化の激しい環境下では即時性が重要であり，その意味では e メールはこれまでの報告書類をメインとした情報システムとは比較できないほどの優位性を有している。
　直接性という点については，森永（2000）の以下のような見解は傾聴に値する。

> ネットワークによる直接対話が可能になると，中間管理職がやっていた「犯罪」が次々と明らかになってくる。中間管理職は単に情報仲介をしていたわけではなかった。経営層からくる情報のうち自分にとって都合のよい情報だけを現場に伝え，自分にとって都合のよい現場の情報だけを経営層に伝えてきた。情報が選別されるだけではない。情報はしばしば歪められてきたのだ……それくらいならまだよいほうで，実際には，部下への責任転嫁と部下の手柄の横取りが日常茶飯事に行われる。それが中間管理職の立場を保持するための常套手段だったのである。ところが，ネットワーク化が進んで，情報が経営トップとの間，あるいは同僚同士の間で容易に流通するようになると，とたんに情報を歪める手法は通用しなくなる。
> 　　　　　　　　　　　　　　　　　　　　（森永, 2000, 67 頁）

　直接性の高い e メールは，せっかくの情報が「いろんな階層を経て」（遠田，1999c），「かなり歪んだ」「薄められた情報」に陥る危険を回避してくれる。翻って，歪みのない生々しい e メール情報はトップの認識をより適切なものとしてくれるだろう。
　e メールという即時性に富んだインタラクティブなコミュニケーションツールの登場によって，比較的大きな組織のトップでも自らの変革意欲や抱負をメンバー一人一人により鮮明に訴えることが可能となった。また，e メールによって現場からの生々しい声が直接トップに届くようにもなった。こうした e メールによる直接対話によって，組織はこれまで以上に適切な認識を形成することが可能となり，より環境に適応できるようになったのである。

(2) 休日対話集会

次に丹羽氏が行っているもう一つの直接対話，朝9時から夕方5時まで休日返上で行われる休日対話集会について考えてみよう。

丹羽氏によれば，「週末に希望する社員を全員集めた大ディスカッションを定期的にやっている」（竹中 & 丹羽, 2000）のは，「意見を言い合う。ディスカッションすること自体が大切」（NHK, 2001）であり，「そこから新しいアイデアが出てくることはあまり期待していないが」（竹中 & 丹羽, 2000），「みんなが一緒に，非日常的な場を共有することが大切だ」（竹中 & 丹羽, 2000）と考えており，その場を通して「目標」（竹中 & 丹羽, 2000）と「ビジョン」（竹中 & 丹羽, 2000）を「共有することで人は働くと思っている」（竹中 & 丹羽, 2000）からだと言う。

丹羽氏が言っている"目標やビジョンを共有する"というのは，"売上目標"や"繊維輸入でシェアトップになる"とか言った比較的単純なデータだけを共有するということではないだろう。実際に休日対話集会でディスカッションの俎上に乗っていたテーマを思い返してみれば分かる。「商社というのは"形振り構わず儲けろ"というのが信条ではないのか」（NHK, 2001）というある社員の問いに対して，丹羽氏は「"形振り構わず儲けろ"という時代は終わったのです。武器を売っても，人を犠牲にしてでも儲けろというのが商社の仕事ではありません」（NHK, 2001）と応じていた。こうしたテーマは，数値化されたような客観的データに基づいて議論されるべき性格のものではなく，むしろそれぞれの主観的な意見を戦わせて収斂させていく以外に方法の見付からない内容だろう。言わば，第4章で触れたまさに経営哲学と言うべき内容を話し合っている訳で，客観的に甲乙をつけられるような性格の問題ではない。

第2章および第4章で論じたように，客観的で比較的単純な情報の共有と，メンバーの物の見方や考え方を左右する経営理念やビジョンの共有とは分けて考えられるべきである。どちらが組織の行動ひいては命運を左右するかと言えば，後者の組織認識にかかわる問題である。

経営理念やビジョンの共有という組織認識の問題にいたれば，メディアリッ

チネスのディグリーが比較的高い会議やフェース・トゥ・フェースの対話が重要な役割を担っている。伊藤忠における休日対話集会は「会議や直接的対面といったリッチで人間的なメディア」(We95, 134 頁) を通して「ディベートや明確化，イナクトメントを可能にしてくれる仕組み」(We95, 134 頁) の役割を果たしており，e メールなどの電子的情報交換だけでは十分に果たすことができない多義性の削減がなされる場なのである。

この事例からも，巷間ムダのように思われている会議が，実は重要な役割を果たしていることが分かってくる。今，企業は挙って IT 化を推進し，大量の情報が流れるシステム構築に莫大な投資をしている。そうして，システムに投資をすればするほど，人びとはその莫大な投資によって生み出された"先端的"情報交換システムは，会議などという"原始的"情報交換手段よりも数段優れていると思いたがるようになる。こうして会議を軽視し，"先端的"情報システムを信奉することは，組織の認識にとって重要な世界観の形成，共有に却ってネガティブな影響を及ぼす。

ここで休日対話集会の隠された機能を指摘しておきたい。Weick (1995) は，意味を共有するのは難しいが，経験ならば比較的容易に共有でき，活動や会話などの経験を共有することがやがては意味を共有することに繋がると述べている (We95, 248-250 頁)。なぜならば，物事の意味とは目前の事物や出来事に何らかの過去の知識や経験をあてがって形成されるものであるからである。「みんなが一緒に，非日常的な場を共有することが大切」(竹中 & 丹羽, 2000) という丹羽氏の言葉はこの辺りを含んでの上であろう。

伊藤忠では，丹羽氏の「意見を言い合う。ディスカッションすること自体が大切」(NHK, 2001)，「そこから新しいアイデアが出てくることはあまり期待していない」(竹中 & 丹羽, 2000)，「目標」(竹中 & 丹羽, 2000) と「ビジョン」(竹中 & 丹羽, 2000) を「共有することで人は働くと思っている」(竹中 & 丹羽, 2000) などの言葉やそこで取り上げられているテーマなどから，休日対話集会ではビジョンや物語の形成や共有を促すよう配慮されていると考えられる。この点も組織認識論的に見れば極めて理に適って優れていると言ってよい。

(3) レスポンスレパートリー

続いてレスポンスレパートリーという視点から，伊藤忠における改革のメカニズムを考えてみよう。簡単に言うならば，レスポンスレパートリー[7]とは一般に人が注意や関心を向ける対象の広さを言う。例えば，自分の専門外のことにも広く関心を持って意見を述べるような人はレスポンスレパートリーが広い。反対に，専門外のことには大した注意や関心も払わず，従って意見も述べないような人はレスポンスレパートリーが狭いと言ってよい。

常に何かに関心を持って進んで情報を発信しているのにもかかわらず，誰からも相手にされなければ，自然と興味を抱く対象も失われていき，やがては自閉症的な自我が形成されることもありえよう。逆に，常に自分の意見が真摯に受け止められていると感じることができるだけの適切なレスポンスが確保されているならば，当人のレスポンスレパートリーは広がっていくと言えるだろう。

レスポンスレパートリーの広い人達の例として，"エリート[8]"を挙げることができる。彼らが意見を求められる回数は，そうでない人たちに比べて格段に多いだろう。さらに，エリートが意見を求められるのは彼らの専門に限った範囲の内容についてばかりではない。経済が専門のエリートが，子育てについて意見を求められ堂々と論じているような様はテレビなどで見慣れている。彼らは，周囲の期待をよく感じ取っていて，何を聞かれても当意即妙の応答ができるよう常々心掛けているから，自ずと興味の範囲が広がらざるを得ない。同時に彼らは，自分の述べた意見に真剣な興味を寄せている人びとが存在し，程度の差こそあれ自らの意見が社会に何らかの影響を及ぼすものであることを自覚している。時には汗牛充棟もただならぬほどのレスポンスを受け取ることもあ

7　レスポンスレパートリーについて詳しくは Weick（1978）または遠田（1993）を参照されたい。
8　丹羽氏はレスポンスレパートリーとは別の観点からエリートの必要性を強調している。「人からそういう期待に視線を一身に浴びる」（伊丹 & 丹羽, 2001, 102 頁）ことで「自分を律」（前掲書, 102 頁）するようになり，「経営には必ず必要な」（前掲書, 22 頁）「ノーブリス・オブリージ」（前掲書, 22 頁）のように志が高く「倫理的なものに裏打ちされた」（前掲書, 22 頁）リーダーを育てることが「これからの日本にとって最も重要な部分だ」（前掲書, 24 頁）と主張している。

るだろう。ゆえに彼らは，常々幅広く情報を摂取し，それらを自分流に解釈し整理しておこうと努めている。幅広く関心を抱いて，それらに何らかの見解を有していれば，自ら進んで意見を述べようとするようにもなろう。

このように見てくると，レスポンスレパートリーが広がるに当たっては，①当人が情報を発信し，②それに対する適切なレスポンスが寄せられ，③何らかの感じ取れる変化が生ずるというプロセスを経ていることが分かる。逆に，適切なレスポンスが寄せられ，何らかの変化が生じたと実感できるならば，当人はますます情報を発信するようにもなる。

賢明なトップは，まず社員から意見が出てくるように仕向ける。上の①情報発信に社員を踏み切らせるのである。続いて，意見が上がってきたならば，真剣に検討し，少なくとも適切なレスポンスを返すよう心掛ける。この際，その意見が実施可能であるか否かにかかわらず，何らかの変化を予期させる内容を織り込むべきだろう。トップの反応が適切なものであるなら，社員は，さらに具体化できる方策を求めて環境内を探索し始めるようになる。

伊藤忠の事例に戻って考えてみよう。丹羽氏によれば，かつての伊藤忠は「正直に物を言える雰囲気」（NHK, 2001）ではなかった。丹羽氏は，eメールや休日対話集会による直接対話という手法を導入し，社員から活発な意見が出てくるよう刺激した。他にも丹羽氏は「辻説法」（竹中 & 丹羽, 2000）と称して，廊下や食堂などでの社員と行き当たりの対話などを行い，社内が物を言える空気になるよう努めたそうである。NHKスペシャルの中でも，若手社員数人と楽しそうに歓談しながら食事をする丹羽氏の姿が描かれていた。こうした丹羽氏の働きかけもあって，徐々に社内の空気が変わっていった。社員からさまざまな意見が寄せられるようになってきた。

社内の雰囲気が変わっていくのを肌で感じ取りながらも，縮小が決まった化学品部門の大林氏は，"合理化"と呼ばれる「達成できても楽しくない」仕事を任されていた。そこへ，「利益があがりそうなことを考え出せるのであれば，予算をつける」という丹羽氏からのメッセージが届いた。大林氏は化学品部門周辺の環境を探索し，リサイクル時代にマッチした生分解性プラスチックというビジネスの種を見つけ出した。大林氏は，早速事業化を検討し始め，伊藤忠傘下のファミリーマートに話を持ち込んだりもした。やがて，従来の日常業務

と生分解性プラスチック事業化を兼務していることの限界を感じた大林氏は丹羽氏にメールを打った。「専任担当として欲しい」。丹羽氏からの返信は，直ちに翌日届いた。「未だ専任組織を設置するには至っていないが，never give-up！ 諦めずに事業化を推進して下さい」（これだけ素早く適切な反応を返せるという一点だけを考えてみても丹羽氏の現場知が相当なものであることは確かだ）。

　丹羽氏の適切なレスポンスが大林氏をいかに勇気付けたかは想像に難くない。大林氏は諦めずに事業化を推進するが，どうにもアイディアが浮かばない。彼は伊藤忠社内全体にアイディアを求めるメールを送った。社内からは事業化にとって極めて有効なさまざまなアイディアが寄せられてきた。

　上のような流れを見てくると，丹羽氏が社員に意見を言いやすい場を提供しているだけではなく，積極的に意見を言うように仕向け，さらに上がってきた意見に対しては適切な反応を返し続けることで社員による探索の流れを中断させないようかなり配慮していることを窺い知ることができる。ここでは大林氏の活動を中心に取り上げて描写してみたが，その間にも伊藤忠では前節までに述べてきたようなeメールや休日対話集会，辻説法などが継続して行われていたのである。大林氏の問い掛けに対して，驚くほど多数の反応が社内から寄せられたことから，伊藤忠社員全員のレスポンスレパートリーがかなり広がってきていることが分かる。社員全員のレスポンスレパートリーが広がってくると，社員間の反応が連鎖的に反応を引き起こし原子炉内の電子のごとく活性化された情報が社内を飛び交うようになる。

　これまで，生分解性プラスチック事業が大林氏によって起案され事業化されていくまでの流れをレスポンスレパートリーという視点から描いてきた。次に，同事業が事業化される際に欠かせなかったもう一つの要素に視点を移して考察を進めてみよう。

(4) チームワーク

　いかにメンバー一人一人のレスポンスレパートリーが広がったとしても，メンバー同士が互いに信頼し，力を合わせて事を成し遂げようとする雰囲気がな

ければ，新たな事業というものは成立し難いだろう。仮に大林氏が社内にアイディアを求めたとしても，社員同士が強力なライバル関係にあって，他者の成功が即自分にとって不利益になるといった考え方や雰囲気が組織に蔓延していたりすれば，誰も大林氏にアイディアをもたらそうとはしない。

例えば以下に述べるような組織でも，大林氏の問い掛けに多数の回答は寄せられただろうか。前田（2000）は『実力主義という幻想－「外資」の虚像と実像』と題した著書の中で，外資系金融機関におけるすさまじいばかりの社員同士の足の引っ張り合いを描き出している。前田（2000）によれば，すべての社員が売上実績は少しでも多く自分の成果にしようと努め，逆に総費用の配分は少しでも軽くしようとぶつかり合う（例えば46-55頁）。「実績と貢献度の評価はきわめて主観的」（前掲書, 55頁）に行われる中で（前田, 2000, 55-57頁），社員同士の壮絶な死闘が繰り広げられる。死闘というのは決して大袈裟な表現ではない。なぜなら，主観的な評価の結果，目標が「未達の場合，身分保障がなくなるからである」（前田, 2000, 54頁）。「ここに『実力主義』（実績主義）経営であるか否かにかかわらず，プレゼンテーションやパフォーマンスの重要性が出てくる」（前掲書, 57頁）。

プレゼンテーションとパフォーマンスについては，NEW YORK TIMES（1996）に以下のような興味深い記述がある。

> オフィスでの行動が奇妙なねじれ現象を帯びてきている。ミシガン大学ビジネススクールのレスリー・パーロウ教授は，ニューヨーク州ロチェスター近くにあるゼロックスのオフィスで働く十二人のソフトウェア・エンジニアリング・チームについて研究している……彼らは会合や危機管理会議で勤務時間の大半を費やしていた。そこは彼らが自分たちの能力を喧伝する舞台になっていた。賃金支払い対象になっている仕事，すなわちソフトウェア開発に時間を使いはじめるのは，やっと午後5時を過ぎてからだった。
> 　　　　　　　　　　　　　　（NEW YORK TIMES, 1996：矢作訳, 41-42頁）

すべての外資系金融機関やアメリカ中のオフィスが上のような状態だと言っている訳でもなければ，彼らを批判している訳でもない。ただ，上で挙げたよ

うな状態に組織が陥ってしまえば,他者の手柄になるような協力は決してなされないだろうという点は強調しておきたい。いかに職場で多数のアイディアを求めようとしても,何ら有効な回答は寄せられないだろう。

　Drucker (1985) は,知識に基づくイノベーションの特徴として「科学や技術以外の知識を含め,いくつかの異なる知識の結合によって行われる」(Drucker, 1985 : 訳, 177 頁) と主張している。Schumperter は,「新結合 (neue Kombination)」を通しての創造的破壊こそが企業家の役割であると主張している (Schumperter, 1928, 1947)。新結合とは新しい生産方法や新しい販売市場の開拓などのために,既存の知識や技術を結合利用することである (Schumperter, 1928 : 訳, 26-33 頁)。彼らが説いているのは,知識を結合することの重要性である。

　Drucker や Schumperter は主に社会的規模での知識結合の重要性を主張しているが,彼らの主張を会社規模で当てはめてみてもその妥当性は失われない。イノベーティブな新しいビジネスを生み出す種の欠片が会社の中に散在している。それらが何らかのきっかけで巡り合い,新たなビジネスの種となってはじめて大輪の花を咲かせるチャンスが生まれる。さらに変化の激しい時代には新結合は急がれなければならない。

　丹羽氏は「ワクワク,ドキドキするような仕事はみんなから出てくるものであって,上からの指示で生まれるものでは」(NHK, 2001) なく,「社員一人一人が業務の枠を乗り越えて,新しい仕事を作り出すことで会社が変わると考えて」(NHK, 2001) いると述べている。さらに丹羽氏は,「サラリーマンほどいい仕事はない。というのはチームで仕事ができるから素晴らしいんだ。みんなの力で仕事をまとめるからサラリーマンは素晴らしい」(NHK, 2001) とも語っている。ストックオプション制度の導入を打診されたときにも,丹羽氏は「業績を上げた個人に,極端に高い給料を支払うアメリカ型経営では,チームワークが成り立たず,いつかは行き詰まるだろう」(NHK, 2001) として言下に退けている。これらの言葉から,丹羽氏がチームワークを極めて重視しており,それによって新結合によるイノベーションを惹起させようとしている姿勢を読み取ることができる。その理由として丹羽氏は,「日本はどちらかというと,(メンバーに対して) 組織的な部分」(伊丹 & 丹羽, 2001, 71 頁, 括弧内は

引用者）が欧米に比べて強く作用しているように思われ，「（個人的成功よりも）日本では心とか，人と人の結びつきを大事」（前掲書,71頁,括弧内は引用者）にする考え方が根強いためであると述べている。

　丹羽氏の述べているチームワークが，外に対しては互いの機能的側面だけを期待して集まった戦う個人の集まり，内に向かっては手柄を競い合う"美しい"ライバル同士の集まり，そういった寒々しい集まりを前提としてはいないことは明らかであろう。丹羽氏のチームワークは，社員同士の厚い信頼関係と，互恵的協調関係を前提に展開されている。丹羽氏は，ストックオプション制度などによって過大な報酬格差がつけば，チームワークが阻害されると語っている。丹羽氏は，報酬格差拡大の刺激がもたらす個人の閃きによるイノベーションではなく，チームワークに力点をおいた知識の新結合によるイノベーションを選択したと考えてもよいだろう。

　TRONの開発で名高い坂村（2001）は，「ホンダがつくったアシモというロボット，あるいはトヨタのプリウスというハイブリッドカーは，いずれも世界の人々が注目しているものだが，『誰がつくったのか』と問われて答えられる人はどれだけいるだろうか。おそらく一般の人は，個人の名前が浮かばないに違いない。なぜか。開発が個人ベースではなく，チームで行われているからだ」（坂村,2001,29頁）と述べ，「個人のスターではなく団体としての安心感を基盤とするところに日本の特性があり，長所がある」（前掲書,29頁）と強調している。またVogel（1979）は，「日本の成功を解明する要因を一つだけ挙げるとするならば，それは集団としての知識の追求ということになるだろう」（Vogel,1979：訳,1980,47頁）と主張している。これらの主張は，日本の強みがチームワークにあることを述べているのに他ならない。

　確かに近年アメリカに経済的成功をもたらした理由の一つとして，多大な報酬格差による競争原理に重きをおいたシステムを挙げることができよう。しかし，かつて日本に奇跡的と言われた経済的成功をもたらしたのは多大な報酬格差ではなかった。アメリカで成功したという理由だけで，過大な報酬格差を安易に日本に持ち込むことは，自らの強みであるチームワークを破壊しかねないゆえに，極めて危険であると言わざるを得ない。まして，高額な報酬に対する期待がないと人は働かないと考えるのは偏っている。大差ない報酬と安定した

身分保証の基で社員同士の厚い信頼関係と，互恵的協調精神をバックにイノベーションを図るほうが，よほどわが国企業にとって現実的なのではないだろうか。

　トップのリッチな現場知に基づいた反応が，現場レベルのレスポンスレパートリーを広げ，それによって新しいビジネスの種の欠片があちらこちらで見つかり始める。欠片を種とし，新しいビジネスに育んでいくのがチームワークである。

　さまざまなビジネスチャンスに取り組み，部門を越えた連携が次々に芽生え始めると，部門を越えて現場知が共有されるようになる。共有された現場知によって，互いのレスポンスレパートリーは部門を超えて広がっていく。そのことが更なる欠片の発見を促し，新たなチームワークの形成へと結びついていく。チームワークの良さが更なるレスポンスレパートリーの広がりをもたらし，拡張されたレスポンスレパートリーが次々人びとをチームワークに参加させていく。新たな日本的経営モデルが伊藤忠で幕を開けたのである。

新しい日本的経営モデルへ

　劇的に環境が変化する中で，企業もまた変幻自在に変化する必要に迫られている。"アジャイルコンペティション（俊敏な競争）"とはよく言ったもので，変化するスピードが遅ければ企業の存続すら覚束ない時代である。米倉(1999)は以下のように述べている。

　　技術と市場のめまぐるしい変化を迅速に捉えて，誰よりも先にデファクト・スタンダードを確立するということは，不確実性の高いビジネス機会をいかに素早く把握するかということである。極端な言い方をすれば，いったいどのような技術が一番優れていて，どのようなマーケットが一番大きいのかを事前に知らぬまま競争しなければならない。「いわば当たるも八卦，当たらぬも八卦」のような世界で競争することである。この新しい環境下で成功するには，新しい方法論が必要となった。
　　　　　　　　　　　　　　　　　　　　　　　　　（米倉, 1999, 231-232頁）

このような中で，アメリカでは，ベンチャーキャピタルに支えられた多産多死型のシリコンバレーモデルが登場し，まさに「当たるも八卦，当たらぬも八卦」方式でアメリカの経済成長を牽引してきた。

翻ってわが国ではどうだっただろうか。Vogel（2000）は，日本企業引いては日本社会全体が雇用を重視し，ゆえに変化に適応できない企業まで倒産させずに存続させてきたことが，日本社会のダイナミックな変化を妨げてきたと主張し，以下のように述べている。

　アメリカの多くの企業と比べて，日本の企業には社員の面倒を見なければならないという気風と責任感がまだかなり強く残っている。例えば，1999年後期，NECは50歳以上で退職を希望する社員に対して2年間の有給休暇を提示した。それはNECの総社員数の10％に相当する1.5万人の労働者の削減を計ろうとするリストラ計画の一環であった。NECのこの計画は，中高年社員に対して通常の給料の70％を支給しながら新しい技術を習得する機会を与えようというものである。今日企業が急速な変化に対処するには新製品を開発するだけでは不十分である。ハイテク産業では，例えばXYZ社が新製品または新しいシステムを開発し生産設備を備えたとする。すると突然ABCという人物もしくは会社が，斬新なアイデアを思いつく。XYZ社は新製品の生産にかなりの投資をしたためABCによる開発に遅れずについていくための生産シフトが急にはできない。これがアメリカだと，新しい会社を立ち上げて全く新しい製品の生産と販売に乗り出すことであろう。

では，雇用の安定を図りながら既存の企業体を生かしつつダイナミックな変化を遂げる方法はあるのだろうか。この問いに関する以下の坂村（2001）の提言は傾聴に値する。

　日本独自のIT戦略を考えたとき，産業界に対する具体的提言として「得意のモデルに持ち込むこと」を第一に勧めたい。そこでは，「個人で戦うのではなく，チームで戦う」という発想のもとで，日本型の社内ベンチャーシステム確立が一つのポイントになる。
　　　　　　　　　　　　　　　　　　　　　　　（坂村，2001，173頁）

本章で紹介した伊藤忠商事の事例は，坂村（2001）が言うところの「個人で

戦うのではなく，チームで戦う」「日本型の社内ベンチャーシステム」と言ってもよいだろう。

　ここで大林氏による生分解性プラスチック事業のその後について簡単にご紹介しておきたい。伊藤忠商事広報部にお調べいただいたところによれば，生分解性プラスチック事業に対して，社内ばかりではなく社外からも大きな反響が寄せられたそうである。社内外からさまざまなアイディアが提供され，それらを有機的に結合しながら一つ一つ問題点を解決していった結果，事業化に漕ぎ着けることができたそうだ。現在では外食産業で使用される分別収集用ゴミ袋への利用も計画されているとのことである。外食産業で生分解性プラスチックのゴミ袋に分別収集された生ゴミは，そのまま処理プラントに運ばれ肥料化される。こうして出来あがった肥料は伊藤忠の契約農場へと届けられる。農場ではこの極めて安全な有機肥料だけを使って野菜を栽培する。出来あがった野菜は「こだわりの野菜」として店頭に並ぶ。

　丹羽氏は，「従業員の幸せを考えている点で日本企業は海外の企業に勝っており，従業員の生き甲斐や幸せが一つの起爆力となって会社を動かしていき，日本企業は必ず立ち直ると考える」（竹中 & 丹羽，2000）と主張している。社員が安心感を持って知恵を出し合い，協力し合いながら社内ベンチャーを立ち上げて行く。丹羽氏によれば，「感動を共有するから日本的資本主義は強い」（伊丹 & 丹羽，2001，71頁）のである。闇雲にアメリカの真似ばかりをするよりも，日本に合ったモデルというものを研究し，それを合時代的に捉え直して運用した方が，わが国企業の多くはうまく行くのではないだろうか。

第 6 章
センスメーキングパラダイムのリーダーシップ論

　本章では，まず，リーダーシップに関する先行研究を，歴史的順序に従いながら簡単に振り返る。当初の研究内容が機能主義[1]的な色彩が強かったのに対して，主に 1970 年代以降徐々に解釈主義的色彩の強い研究が登場し，やがてリーダーシップ研究の主流となってきた流れを概観する。

　続いて，第 2 章から第 4 章にかけて解説した Weick 理論に基づいて，センスメーキングパラダイムのリーダーシップに関して考える。ここではまず，センスメーキングパラダイムのリーダーシップについて定義をした後，それが第 2 章で紹介した Weick（1979）による ESR モデルにおける保持からのフィードバックループの中に存在し，組織認識形成のプロセスが 4 つの状態の間を行き来する中で，メンバーとの継続的なコミュニケーションによって，安定性と柔軟性，適応性と適応可能性との間のバランスをとることであると述べる。さらに，第 4 章での議論をたたき台に，主観性の階層モデルを導入し，安定性と柔軟性，適応性と適応可能性のバランスをとることが間主観のイノベーションと集主観のコントロールの間のバランスをとることによってなされると主張する。

　リーダーシップはフォロワーとの相互作用に基づくものであり，リーダーの呼びかけが必ずしも多くのフォロワーにストレートに受け容れられる訳ではない。フォロワーがリーダーの呼びかけを無視するのであればまだしも，呼びかけに反発して一部のフォロワーが，リーダーの望む方向とは違った状態に，組

---

[1] 機能主義・解釈主義について詳しくは第 3 章を参照されたい。ここでは，存在論，認識論，人間性，方法論の観点から，機能主義がそれぞれ実在論，実証主義，決定論，法則定立的立場によって代表されるのに対して，解釈主義は唯名論，反実証主義，主意主義，個性記述的立場によって代表されるという点だけ押さえておけばよい。

織認識の形成過程を変容させようとすることもあるだろう。反発したフォロワーの呼びかけに，多くのフォロワーが同調し，組織認識の形成過程が彼の望む方向へ変容するのであれば，彼こそ真の"リーダー"であるとは言えないだろうか。本章では，このようなメンバーとの相互作用という点を重視し，まずフォロワーシップ主導のイナクトメント，淘汰過程の変容を眺め，組織にはリーダーシップによらずとも自律的調整機能があり得ること，リーダーがフォーマルな立場のリーダーとは限らないこと，リーダーの立場が脆いことなどを概観する。

最後に，リーダーシップの影響力の源泉について，センスメーキングの観点から考察し，それが持続的であるにしろ一時的であるにしろ，メンバーに対して何らかのショックを与えることにあると指摘する。さらにショックを影響力の源泉としてより効果的に用いるためには，リーダーは主に言語的思考の多様性に富んでいることが望ましいと主張する。

リーダーシップに関する先行研究

本節では，リーダーシップに関する先行研究を歴史的順序に従いながら概観し，その中心的研究テーマが機能主義的なものから解釈主義的なものへと移行してきた過程を捉える。

ビジネスでも軍事行動でも，あるいはスポーツにおいても，成功裏に終わった後に賞賛を受けるのは，しばしば経営者や軍の司令官であり監督である。実際に，「監督者や管理者が替わると集団のモラールと生産性も変化するという証拠はたくさんある」(Scott 他, 1981 : 訳, 167 頁)[2]。リーダーシップというものが存在し，それが何らかの影響を及ぼしていると認めたとしても，「リーダーシップは非常に広い概念で確定した定義というものが存在しない。その広さは，定義を試みた研究者の数だけ定義が存在」(TY, 116 頁) すると言っても過言ではない。

---

2 以下，「Scott 他, 1981 : 訳」を「Sc」と略記する。

Scott 他（1981）は,「リーダーシップの意味を正確に述べることは困難である」(Sc, 168 頁）とした上で,「いくつかの定義では, 1 つの集団に 1 人以上のリーダーが生まれる可能性」(Sc, 169 頁）があり，それは「概念的にも方法論的にも困難を引き起こす」(Sc, 169 頁）と述べ，さらに,「リーダーシップはパーソナリティー特性と結びついているのか，それとも観察可能な行動と関係があるのか」(Sc, 169 頁）といったように，過去に実証研究で用いられてきたさまざまな定義に対して逐一疑問を呈している（Sc, 169 頁）。

機能主義的立場のリーダーシップ論の展開

　リーダーシップそのものの定義は困難ではあるが,「それでもいくつかの理論として分類することは可能である」(TY, 116 頁）[3]。ここでは，高橋＆山口他（1998）の分類に従って，機能主義的立場のリーダーシップに関する代表的研究を歴史的に古い順から調べることにする。

　高橋＆山口他（1998）は，リーダーシップ理論を特性アプローチ，行動アプローチ，状況アプローチに分類する[4]。以下，高橋＆山口他（1998）の分類に従い，それぞれを概観する。

　特性アプローチは,「リーダーの個人的な資質を強調するものであり，その根底には『生まれながらのリーダー』が存在するという前提がある」(TY, 117 頁)。「初期の頃は，どのような特性がリーダーシップの有効性に必須のものであるかを明確にすることなくこのアプローチを主張していたが，心理学技法の発展とともに調査研究が 1920 年代から 50 年代にかけて活発に行われ」(TY, 118 頁),「身体特性，パーソナリティー，能力」(TY, 118 頁）などが重要な特性と目され頻繁に調べられた。他にも「成功しているリーダーとそうでない

---

[3] 語の定義と用法に関して詳しくは第 12 章で論じることになる。
[4] リーダーシップの分類について一言。Scott 他（1981）では，特性アプローチ，行動アプローチ，コンティンジェンシー・アプローチ，パス・ゴール・アプローチに分類される。古川（1982）では，もっと大まかに特性論的研究と類型論研究に分けている。いずれにせよ，代表的理論として紹介されているものは，Scott 他（1981）が比較的新しい研究まで紹介していることを除けばほぼ同様である。

リーダー」(TY, 118 頁)を比べて研究した例もあった。その際には，しばしば「集団業績およびリーダーの昇進」(TY, 118 頁) という尺度が用いられた。代表的研究者は R. M. Stogdill や L. F. Urwick などである。これらは，リーダーの個人的資質への着目という観点から分かるように，極めて個性還元的，特性論的であった。

　行動アプローチは，「もっとも研究数が多く一般的なリーダーシップ研究で」(TY, 119 頁)であり，研究者によってさまざまな「調査方法が開発利用されている」(TY, 119 頁)。リーダーの行動を観察分析し，「リーダーの役割の明確化」(TY, 120 頁)を図るものや，逆に「リーダーが有効であるための行動を探る」(TY, 120 頁)ようなものなどがあり，「質問調査票を用いた」(TY, 120 頁)研究が中心となっている。特性アプローチとの最大の違いは，リーダーの個人的資質よりも，リーダーシップ行動へと着眼点が移行している点である[5]。

　Ohio 州立大学での研究では，「リーダー行動記述質問表（Leader Behavior Description Questionnaire : LBDQ）」なるものが開発され，リーダーの行動パターンが分析された。その結果，リーダーの行動として「配慮」(Consideration) と「構造設定」(Initiating Structure) という 2 つのタイプがあることが分かった。「配慮」とは言ってみれば良好な人間関係の樹立に力点を置くタイプであり，「構造設定」とは職務の構造化や役割の設定を通して，目標達成に向けて人的資源の有効活用を図ろうとするタイプである。結果として，「構造設定度が高い場合には，配慮も高くしたほうがよいことがわかった」(TY, 122 頁)。

　Michigan 大学でも Ohio 州立大学とほぼ並行して研究が行われていた。Michigan では，「有能なリーダーとそうでないリーダーの違いは何か」(TY, 122 頁)に重点をおいて，リーダーの行動を従業員中心型（Ohio における「配慮」に近いだろう）と職務中心型（Ohio における「構造設定」に近いだろう）に分けて研究が進められた。そこでは，高生産性をもたらすには，従業員中心型のリーダーシップの下で，高水準の遂行目標が不可欠であるとされ

---

[5] 併せて第 1 巻第 1 章の行動科学に関する記述を参照されたい。

た。

　Michigan研究をまとめたとも言えるR. Likert（1961, 1967）は、「集団のミーティングを活用」（TY, 122頁）した従業員の「意思決定への参画の重要性」（TY, 122頁）を指摘した。Likertは、権威主義的管理よりも、彼が"システム4"と呼ぶ集団参画型管理を優れているとし[6]、一方的命令よりもフォロワーの期待や考え方を取り入れた合意に基づく支持を得ること、すなわち合意形成による組織的凝集性の確保が生産性を向上させると考えた。そこでは、上位集団での形成された意味が下位集団へ伝達される様子が連結ピン構造を用いて説明される。Likertの研究は当時としては珍しいフォロワーとの相互作用に着眼したものであり、後のセンスメーキング・パラダイムへと繋がる糸口を感じることができる[7]。

　「Blake & Mouton（1964, 1978）は、リーダーの行動を『業績に対する関心（concern for production）』と『人間に対する関心（concern for people）』に分類し」（TY, 123頁）、「それぞれを9段階に分け、理想的なリーダーシップの類型化を」（TY, 123頁）行い、チーム・マネジメント型と呼ばれる「9・9型のリーダーが理想的なリーダー」（TY, 123頁）であるとしたマネジリアル・グリッド理論を発表した。日本においても、三隅二不二（1966）がリーダー行動を目標達成機能（Performance：P）と集団維持機能（Maintenance：M）に分類して同様の研究を行った。こちらはPM理論という。

　状況アプローチは、個人的資質を重視した特性アプローチや、リーダーシップ行動に着目した行動アプローチとは異なり、当時イギリスで盛んに研究が進められていたコンティンジェンシー理論の影響を色濃く受けて、リーダーシッ

---

[6] 第1章で紹介したBarnardやSimonにより展開された理論との差異に注意して欲しい。Likertは権威に基づく上層からのコントロールよりも、フォロワーの意思決定参加（コミットメント）に支えられた「合意と信頼」に基づく経営のほうが余程優れていると主張している。

[7] 本書のベースを構成している組織認識論を提示したK. E. Weickは、Ohio研究の舞台となったOhio州立大学で1962年にPh. Dを取得し、現在Michigan大学のRensis Likert講座教授である。WeickはLikertの言説をさまざまな箇所で理論構築に用いている（例えば、WeickはLikertの「連結ピン構造による合意形成」（Likert, 1961）というアイディアに基づき「排除されたメンバーが"内側のメンバー"を非難しようとする傾向に歯止めがかかるのは、連結ピンがあるという事実、およびすべての集団はよい生活を送るという目標を共有している事実があるからである」（We79, 27頁）と論じている）。Likertらにより展開された研究は、当時の機能主義的諸研究の枠を越えて展開されていたと言ってよいのかもしれない。

プが実現する場の状況（状況要因）を重要視するものである。

「F. E. Fiedler（1964, 1967, 1971, 1972）は，LPC（least preferred co-worker）尺度によりリーダーの態度測定を行った」（TY, 126 頁）。Fiedler によれば，高い LPC のリーダーとは部下との「緊密な人間関係」（TY, 126 頁）を望んでいる者であり，逆に低い LPC のリーダーとは生産志向または仕事志向で「課業目標達成」（TY, 126 頁）を「第一の動機」（TY, 126 頁）としている者である。状況変数は，「リーダーとメンバーの関係，リーダーの地位がもつパワー，課業構造」（TY, 126 頁）の3つで，「リーダーとメンバーの関係が良好で，課業が構造化されており，リーダーに地位上のパワーが与えられている場合がリーダーにとって有利な状況であり，その逆が不利な状況である」（TY, 128 頁）と定義づけられた。そして，状況好意性が非常に大きいか，非常に小さいかの両極では低 LPC のリーダーが，状況好意性が中程度の状況下では，高 LPC のリーダーが適合的だとした。

「Hersey & Blanchard（1972, 1977）は，別の状況要因によって，リーダーシップ理論を展開した。その理論は，Blake & Mouton（1964）のマネジリアル・グリッド・モデルを拡大したもの」（TY, 128 頁）で，部下の成熟度によってリーダーは「課業行動」と「対人関係行動」のいずれに力点をおくべきかが大きく4つの状況に分けて調べられた。成熟度とは，「困難ではあるが達成可能な高い目標を設定できる能力（達成動機）であり，責任をすすんで引き受ける意欲であり，教育および／もしくは経験のことである」（TY, 129 頁）とされた。Hersey & Blanchard の SL（Situational Leadership）理論によると，「部下の成熟度が低いから中程度に達するまでは，リーダーは課業行動を徐々に減少させていくとともに対人関係行動は逆に増加させる」（TY, 129 頁）のが望ましいとされ，「部下の成熟度が中程度を達してからは，課業行動はそのまま減少させていくとともに対人関係行動も減少させていくこと」（TY, 129 頁）が望ましいとされた。

緩やかな変化の兆し

　以上述べてきた理論では，いずれもリーダーの行動がフォロワーの行動に影響を及ぼす側面に重点がおかれており，フォロワーの行動がリーダーの行動に影響を及ぼすという逆の一面はほとんど考えられていない。ところがセンスメーキングという観点に立てば，第2章で見てきたように「(組織化の) 過程は，2人ないしそれ以上の人びとの相互に連結した行動から成って」(We79, 115頁) おり，「ある人の行動は他者の行動に依存している」(We79, 115頁) と考えるべきなのである。また，多くの先行研究においては，リーダーシップと組織の内部環境との関係のみが重視され，よりマクロな環境からリーダーシップを切り離して論じてきたと言わざるを得ない。

　最初の点について，J. G. Hunt & R. N. Osborn (1975) は「部下からの要求」に反応してリーダーは行動を変えていると述べ，G. Grean (1976) は，リーダーと部下とは互いの意見を一致させるべくさまざまな相互作用行動を行っていると主張した。Hunt & Osborn (1975) や Grean (1976) などによって展開された研究の見るべきところは，それまでの伝統的リーダーシップ論とは異なり，リーダーシップを部下との交流に重きをおいて捉えているところである。すなわち，彼らによればリーダーシップも相互作用の中で捉えるべきだということになる。

　Weick (1979) が，組織構造を相互連結行動として捉え，その基本的な分析単位を二重相互作用としていることは第2章で述べた。Weick (1979) は，二重相互作用について以下のように述べている。

　　Hollander & Willis (1967) によれば，この二重相互作用は人間の相互作用を記述する基本単位である。組織化にはコントロールとか影響あるいは権限といったことがともなうので，組織化を記述するときこの二重相互作用を分析単位として用いると得るところが大きい。　　　　　　　　　　　　　(We79, 115頁)

Hollander らの研究が交流アプローチ (transactional approach) と呼ばれるのは, この二重相互作用を強調しているからに他ならない。Hollander (1978) によれば, リーダーとフォロワーの二重相互作用は, 強化, 期待, 交渉などによって形成される[8]。

しかし,「より大きな論争的なパラダイムの転換」(Sc, 180頁) は,「リーダーシップは観察者の心に映った知覚現象である」(Sc, 180頁) と主張する B. J. Calder らの登場によってもたらされた。

Calder (1977) によれば, 多くの論者は暗黙的リーダーシップ理論 (implicit leadership theory) の上に立っており, リーダーシップが本質的に観念上の構築物であるにもかかわらず, 現実には存在しない概念を観察者の社会的現実の研究に転換しているという (Calder, 1977, pp.179-204)。Calder の帰属[9]論的 (attributional) な言い分に従えば, リーダーの行動をフォロワーや第三者的観察者によって評価させるさまざまな研究は, 根底から揺らいでしまうだろう。リーダーに対する評価は, フォロワーや観察者の主観的に構築されたフレームによって良し悪しが決定づけられてしまうことになるからである。実際に, Scott 他 (1981) は,「観察者と集団成員では, リーダー行動の評価についてほとんど意見が一致しない」(Sc, 181頁),「成員の所属組織階層が異なれば, リーダー行動について合意は成立しない」(Sc, 181頁),「性別, パーソナリティー, リーダーとの類似性といった評価者の個人的な特性が, 彼らの評価に影響を及ぼす」(Sc, 181頁) などを明らかにしている多くの研究を報告している。

---

8 Hollander (1958) の研究について, 末永 & 安藤 (1998) は,「地位の低い少数派よりもむしろ地位の高いリーダーのほうが自由に逸脱行動を示す」(148頁) 事例研究としている。Hollander ら (1970) は, 選出型リーダーと任命型リーダーの逸脱行動の頻度を調べ, 選出リーダーの方がより逸脱行動をとりやすいと主張した。すなわち, 部下がどの程度リーダーに「信用状」(末永 & 安藤, 149頁) を与えているか (簡単に言えば, どの程度期待し信頼しているか) によってリーダーの行動には差がでることになる。

9 ここで帰属 (attribution) とは, F. Heider によって提唱された「事象の原因を何らかの原因に結びつけて推論すること」(小林 & 飛田, 2000) をいい, ここではリーダーシップの評価そのものが観察者の主観的フレームに左右されていることをさしている。

シンボリック・マネジャー

　Deal & Kennedy（1982）は，企業が持続的に成功し続ける推進力の源を強い企業文化[10]に見た。彼らは，「組織の構造や戦略は実体であるよりはむしろ，象徴であるかもしれない，という見方」（Deal & Kennedy, 1982：城山訳，6頁）[11]を提示し，「IBMのトーマス・ワトソン，ジョン・パターソン（NCRの創立者），ゼネラル・モーターズ（GM）のウィル・デュラント，ケロッグのウィリアム・ケロッグをはじめ，多数の実業界の巨人の伝記，演説，その他の文献は，会社経営における強い文化の重要性を，彼らが直感的に驚くほどよく理解していたことを示している」（DK, 9頁）と言う。

　Deal & Kennedy（1982）はアメリカの成功している有力企業80社を綿密に調査し，理念，英雄，儀礼と儀式，伝達という要素が強い文化の構成要素であると述べた。

　彼らによれば理念とは，「組織の基本的な考えや信念で，企業文化の中核をなしている」（DK, 19頁）ものをいう。Deal & Kennedyは，「『客観性』がない」（DK, 29頁）という理由だけで，「『合理的な』経営者が組織の価値体系に大きな関心を持つことはめったにない」（DK, 29頁）が，「理念の形成と強化は経営者に課された最大の任務となる場合もある」（DK, 30頁）と指摘する。「組織の価値理念や信念は，どんな問題に精魂を傾けるべきかを示している」（DK, 44頁）からである。

---

[10] 文化の定義はさまざまである。「文化とは，それぞれの社会成員によって獲得される知識や信念，芸術，道徳，慣例，およびその他一切の能力や習慣を含む1つの複合体」（Tylor）であったり，「文化とは，行為や加工品に顕在化する，社会を特徴づける慣習的了解」（Redfield），あるいは「文化は，ある人間集団の成員の行動に影響を及ぼす期待，了解，信仰，あるいは同意のすべてを含む。これらの概念は，意識的なものであるとは限らないが，つねに社会的学習によって伝達されるものであり，それらはあらゆる人間社会が当面する適応上の諸問題に対して，ひと組の解決となっているもの」（Bock）だったりする。ここでは当面，国立民族学博物館の杉田（1993）の簡明な定義に従っておく。すなわち文化とは「社会環境のさまざまな装置系（結婚，教育，娯楽など）を支えている人間集団に共通する考え方」（杉田，1993, 167頁）である。

[11] 以下，「Deal & Kennedy, 1982：城山訳」を「DK」と略記する。

そして，そうした価値理念を体現し強化しているのが「英雄」である。「社員はふつう，有能になりたい，成功したい，賢くなりたい，生産性を高めたい，といった願望を抱かない—経営陣がいくら促しても無駄である。むしろ，あの人のようになりたいと，願う」(DK, 54頁)。英雄は，「文化の理念の化身であって，目に見える形で理念を実践して見せ，従業員たちの手本となる役割モデル」(DK, 19頁) であり，「成功を手の届く人間的なもの」(DK, 56頁) にし，「行動の基準を定」(DK, 58頁) め，「社員の行動意欲を促す」(DK, 59頁)。

　私たちはチャールズ・スタインメッツが—かつて古い建物で—実験をしていたゼネラル・エレクトリック研究所のそばを車で通り過ぎた。そのとき，運転手は建物を指さして言った。「ときどき，あそこに灯りがついていると，スタインメッツが遅くまで仕事をしているのが見えるような気がします」。この運転手にとって，そして，スタインメッツに会ったこともない他のGE社員にとっても，彼はいまだに大きな影響力をもち，GEがその企業文化の価値理念の中核として掲げる創意の揺るぎない象徴になっている。　　　　　　　　　　　　　　　(DK, 69頁)

儀礼と儀式は，「社内の日常生活で体系的に，あるいは行事として行われる慣例」(DK, 20頁) であり，「それらの卑近な現れ」(DK, 20頁) が儀礼であり，「それらが派手に，念入りに演出されたもの」(DK, 20頁) が儀式である。「どんな文化も，表現の自由を与えられなければ衰えるだろう」(DK, 92頁)。「形式が結果に劣らず重要なのである。これらの形式がなければ—遊びであれ，儀式であれ，儀礼であれ—文化の特性は失われる」(DK, 93頁)。この点に関しては，Weick (1995) も「行為について良質の (a well-developed) フォークロア (folklore) を有している文化は，それを有していない文化よりも長続きするにちがいない」(Weick, 1995, p.126) と言っている。

Deal & Kennedy によれば，儀礼は意思を伝達したり，安心感と仲間意識を育むことで日常の活動に意味を与えたりする。儀式は，「会社が保持したいと思う価値理念を具体的に示す」(DK, 107頁) のに役立つ。

さらに，伝達という面では，彼らが「文化のネットワーク」と呼ぶインフォーマルな通信手段に注目し，そこに存在するさまざまな人々 (語り役，ス

パイ，聖職者，耳打ち役など）が「会社の内部で隠れた権力の階層」（DK, 20頁）をなしており，経営者は「このネットワークを効果的に活用する以外に，目的を達成する，また社内の実状を把握する方法はない」（DK, 20頁）と言う。この「文化のネットワーク」が重要なのは，それが「情報を伝達するばかりでなく，社員のために情報の意味を解釈するからである」（DK, 127頁）。

さらに Derl & Kennedy は企業文化を，「会社の活動に伴うリスクの程度」（DK, 157頁）と仕事の「結果が現れる速さ」（DK, 157頁）という軸で4つの次元（逞しい男っぽい文化，よく働きよく遊ぶ文化，会社を賭ける文化，手続きの文化）に大別し，それぞれにおける価値理念，英雄，儀式・儀礼，伝達などに関して詳細に論じている（DK, 156-188頁）。

Deal & Kennedy（1982）による説明の限界

高橋＆山口他（1998）は，組織における文化研究の意義を以下のように述べている。

> 組織における文化研究の意義の1つは，対象とする文化の概念化や適用を個々に考察するということではなく，組織に対する新しいイメージを提示したことにある。つまり，これまでの機械的，あるいは有機的組織というメタファーから，組織をシアター，儀式，儀礼，セレモニー，シンボルによって表現される社会的構成物としてみる新しいメタファーへ，がそれである。もし，組織の現実が社会的に構築されるとするならば，組織を特徴づける重要な点は，組織内での一致した，また共有された認知とその共有された世界を定義づけることである。この新しい組織のパラダイムは Berger & Luckman（1967）の提示した解釈的パラダイムへの組織研究の動向としてみることができよう。　　　　　　　　　　（TY, 199-200頁）

高橋＆山口他（1998）の論を待つまでもなく，組織文化論・組織シンボリズム論のさまざまな研究が組織研究の新しい地平を切り開いたことは明らかである。

しかし，同時にそれらには文化人類学などの研究手法を応用し，「組織の意

味の創造と維持を行うシンボリック行為のパターンに理解の焦点」(TY, 200頁) をおき，組織の「シアターであり，儀式，儀礼，セレモニー，シンボルによって表現される社会的構成物である」(TY, 200頁) 点が強調されるあまり，組織におけるあらゆる行為をシンボリックな儀礼・儀式などの概念に結び付けて捉えるという避けがたい難点があったように思われる。

この点において，Deal & Kennedy (1982) の研究も同様であったと言える。一例をあげれば，Deal & Kennedy (1982) は，会議を儀礼として捉えている。

> 海軍では─あるいはどこでも─最も重要な管理上の儀礼は相変わらず正式会議である。　(DK, 103頁)

> 彼らは事実と能力主義を信じていた─しかし，これらの信念を支える儀礼 (会議での長ながしい事実の詳述と多数の参加者の招集) はその目的達成の障害となり，ただ会社の間接費を膨らませていたのである。　(DK, 106頁)

> 要するに，会議は必ずしも仕事をする場でなくてもいい。儀礼として，文化の信念と価値とを劇的に表現する機会を管理者に提供することができるからである。管理者がこれらをどう扱うかはそれぞれの企業文化によって異なるが，いずれにしても，良き管理上の儀礼は社員の結束を固め，同時に外部にも信頼できるイメージを伝えるのである。　(DK, 106-107頁)

確かに彼らの言う通り，会議には内外に「文化の信念と価値を劇的に表現する」ための儀礼としての側面もあるであろう。正式な会議ばかりではなく，彼らがやはり儀礼として効用を述べる「タンデム社における金曜の午後に誰もが出席するビールパーティー」(DK, 15頁) にも，「会社が保持したいと思う価値理念」(DK, 107頁) を示し仲間意識を育む儀礼としての価値を認め得よう。E. Goffman (1959) は儀礼 (ritual) を，対面的な相互作用の中で，場面と対面を維持し，相互作用の円滑な運行を守るために人々に要求され期待されるパフォーマンスと述べた。しかし，会議という対面的でリッチな相互作用の場は，価値を示し仲間意識を育むだけのパフォーマンスなのであろうか。会議に

はもっと本質的な何かがあるのではないか。第4章，第5章で見てきたように，会議とは意味を生み出し多義性を削減する絶好の機会である。Weick (1995) は Schwartzman を引用しながら，会議について次のように論じている。

　会議は，話し合いという作業が行われる場ではない。会議に関する Scwartzman (1987, 1989) のすばらしい研究の中で，優れた見解が示されている。それは「会議とは，実体としての組織を発生させ維持させる形式そのものと言える」(1989, p.89) というものである。その前段で，彼女は次のように述べている。「会議は，個々人に活動を指示し，その活動とそれらの相互作用とに意味を付与する方法を提供することで，組織を発生させ，維持させることを可能にする」(1989, p.11)。Huff が，会議は "組織化された活動の前提条件となる共通の焦点" を生み出すと論じたときにも，それと同じことが暗示されていた。Schwartzman にとっては，会議は組織化された活動そのものである。それは前提条件などではない。まさに正反対であって，その他のあらゆる組織化された活動が存在するからこそ，人は会議をすることができるのである。　　　　　　　　　　　(We95, 191 頁)

Schwartzman (1989) 自身は会議を次のように定義している。

　（会議とは）相互作用を明確な仕方で組織化する一つのコミュニケーション事象である。きわめて具体的に言えば，会議とは，組織ないし集団の運営に密接に関連した目的で，たとえばアイディアや意見を交換したり，政策や手続きを作成したり，問題を解決したり，決定を下したり，賞罰を定めるなどのために，話し合うことに合意した三人ないしそれ以上の人びとの集まりである。会議の特徴は，多様な関係者たちが交わす本質的にエピソード的な会話にあるが，参加者たちはこの会話を調整するために特定の慣習を開発したり利用したりする。（中略）会議の形式は，その中で生じる行動を，当の集団ないし組織や社会の "ビジネス" ないし "仕事" に関わるものとしてフレーミングする。　　　(Schwartzman, 1989, pp.61-62)

すなわち，会議は単なる儀礼などではなく，「会議こそがセンスメーカー」(Schwartzman, p.288) であり，会議においてこそ「諸々の事象が構築され，イナクトされ，解釈され，再解釈される」(Schwartzman, 313 頁) のである。

また，これまで論じてきたように，複数の意味がショックをもたらしているときには，情報の量を増やすよりも，情報の質を変えたほうが役に立つ。多様な意味を削減するためには，多くの手掛りそれも多様な手掛りを得る必要がある。そしてそれは，会議や直接的対面といったリッチで人間的なメディアが，公式情報システムやスペシャル・レポートといったあまりリッチでない没人間的なメディアよりも優勢なときに叶えられるのである。混乱を解決するためには，単に「大量のデータを供給するだけでなく，ディベートや明確化，イナクトメントを可能にしてくれる仕組みが必要である」(Daft & Lengel, 1986, p. 559)。

　　いったい何を問うべきか，そもそも解決すべき問題が存在するかどうかさえよくわからない，それがあいまい性の問題なのだ。それらは，主観的な諸々の意見を戦わせて絞り込む他ない問題だろう。なぜならば，どんな客観的データ（たとえあったとしたらだが）が関連するのかについてさえ，誰もが漠然とした考えさえ持てないのだから。
　　　　　　　　　　　　　　　　　　　　　　　　　　　　(Weick, 1995, p.99)

　そして，これまで繰り返し論じたように，多義性の削減は組織化の源泉である。会議は単に「仲間意識を育んだり」，「相互作用の円滑な運行を守るためのパフォーマンス」としての儀礼ではない。まして，企業文化を強化するための儀礼などでは決してない。
　上で見たように Deal & Kennedy (1982) は，強く継続され続ける文化が会社の持続的成功の推進力であると強調し，会議はまさに「会社の価値理念」を強化するための場になっていると考えていた。しかし，「会議は価値理念を強化するための場」であると捉えた場合，価値理念の転換がいかにしてなされるのかが説明ができない[12]。
　付け加えるならば，強い文化はしばしば危険であることを見逃してはならない。二つだけ短い事例を紹介しておこう。

---

[12] この点については第 1 章および第 2 章で論じた Barnard, Simon 理論と Weicik 理論の比較検討も参照していただきたい。既存価値の上意下達的コミュニケーションからは，フォロワーシップ主導のセンスメーキングは生じ得ない。

「時代が変わったということだ」,「40年間楽しいことは全然なかった。小売りはお客様に喜んでもらうのが仕事だからね。そう,阪神大震災の時に,ダイエーがあってよかったと被災地の皆様に喜んでもらえた時が一番嬉しかった」,「ダイエーは何でもあって何にも買いたくない店になってしまった」,「ダイエーの中では私がやらないと何事も前に進まない」,「ダイエー自体の自立が必要な時だと思う」。

(ダイエー元会長・中内功氏の1999年1月社長退任記者会見での弁)

中国大陸での実際の戦いを通して,昭和初年代に体系化された教義(筆者注:白兵突撃必勝の信念)は実証され,というより実証されたと思い込まされた。そして一度体系化されたその教義は不変のものとして,以後いっさいの批判を受け付けない経典のようなものになっていったのである。(筆者注:ガダルカナル島では)敵が待ち構えているのも知らずに得意の夜間白兵攻撃をかけ,米軍の砲火にさらされた日本兵の死体が,翌朝,河口一帯に散乱し朝日を浴びていたという。だが今は灰色の砂浜とエメラルド色の海が広がっているだけである。

(NHK取材班, 1993, 104頁)

Deal & Kennedy (1982) も強い文化の危険をまったく無視していた訳ではない。強い文化の危険性として,1,時代に取り残される危険性,2,変化に抵抗する危険性,3,矛盾の危険性をあげて述べているが,288ページの大著の中でわずか4ページ程度の記述でしかない(DK, 48-51頁)。そのうえ,危険性を述べた中で次のように警告している。「時代遅れになったときの重大な事態を考えると,共通の価値理念を築くことにためらいを感じる経営者もいるかもしれない。しかし,彼らは現実のもうひとつの面を見るべきだろう。もしAT&Tがこのような強い価値理念を持っていなかったとしたら,過去にこれほどの成功をおさめることができただろうか?きっとできなかっただろう」(DK, 50頁)。

第2章で見たように,Weick (1979) は,Deal & Kennedy (1982) の言う「強い文化」の危険性をシステム理論を応用しつつESRモデルで説明している。また組織には「強い文化」以外にも,影響力の強弱や影響の仕方によってさまざまな「文化」が存在し,それらは交互にあるいは組織の内部で同時に実現されるのが望ましいと述べていた。こうした意味で,Weick理論はDeal

& Kennedy（1982）の企業文化論的リーダーシップ論を包含することが可能なより広いグランドセオリーであると言えよう。

センスメーキングパラダイムのリーダーシップ

　Weick は 1978 年に Spines of Leaders と題する短い論文（この論文が唯一 Weick がリーダーシップを中心に論じた論文である）の中で，組織理論の中で，リーダーを環境と組織内メンバーを結ぶ環境仲介という側面から論じるような研究がなされることは今後の重要な課題になるだろうと述べた上で，リーダーが現場で働いている様子を見ることができる立場での研究の重要性を主張している。また Weick（1978）は，環境をリーダーがどう仲介するかは，リーダーシップの重要な戦術であるとも述べている。この Weick（1978）の論文は，センスメーキングパラダイムにおけるリーダーシップ論が展開されることを示唆する内容であったと言える。

　Smircich & Morgan（1982）は，組織分析においては抽出された手掛りが重要であると述べ，「リーダーシップとは，まとまりとか方向性といった感情がそれによって生ずる準拠点（a point of reference）を生み出すことである」（Smircich & Morgan, 1982, p.258）と主張した。彼らによれば，どの手掛りを準拠点として機能させるかをコントロールすることが，権力の重要な源泉（source of power）になる。準拠点を確立すること―たとえば，布の価値を推論する際に布のキメよりも染料に人の注意を向けさせること―は，結論に直結するような行為だと主張する。彼らの主張は，Weick（1995）の「抽出された手掛りは，それが抽出された全データと同等だとみなされ」（Weick, 1995, p.49），「このように抽出された手掛りは，原型のままの全データが暗示するよりも，ある帰結を明白に暗示する」（Weick, 1995, pp.49）という考えとも一致する。

　Smircich & Morgan（1982）の主張は，リーダーシップがメンバーのイナクトメント，特に囲い込みとしてのイナクトメントに影響を及ぼすことの重要性を指摘しているに他ならない。しかし，リーダーシップが影響を及ぼすのは

囲い込みとしてのイナクトメントだけではない。

　本節では，センスメーキングパラダイムにおけるリーダーシップ[13]を，Thayer（1988）による「リーダーとは世界に"顔"をあてがう」存在であるという主張から説き起こして定義し，それは組織認識の形成プロセスが4つの状態間を行き来する中で，安定性と柔軟性，適応性と適応可能性のバランスをとることであると主張する。さらに第4章で紹介した Wiley（1988）による主観性の階層モデルを導入し，それらの間のバランスをとることは，集主観のコントロールと間主観のイノベーションのバランスをとることでなされると論じる。

　本節を読むにあたっては，組織は常に経験の流れの中にあって，組織の認識も変化し続けているという点を十分念頭において読んでいただきたい。そこでは，さまざまな事象が，さまざまなメンバーの間で，常時同時並行的に，組織のありとあらゆる場所で複雑に入り乱れて進行しており，そのような流れの中で，安定性と柔軟性，適応性と適応可能性のバランスを保つべく，多種多様な手段によって保持からのフィードバックをプラスに（集主観のコントロールを強化）しようと試みたり，マイナスに（間主観のイノベーションを活性化）しようと試みているのが，本章の提示するリーダー像である。

13　末永＆安藤（1998）は，「社会システムの状態変化は，（中略）メンバーに直接認知されにくいかたちで徐々に生ずることもあるが，① 変化を象徴的に示すシンボルの存在とこれを意識的に担うリーダーシップ，および ② これらを通じて形成される新しい規範や価値によってもたらされる」（末永＆安藤，1998，193頁）と述べ，さらにリーダーシップを「方向づけ（keynoting）」と「象徴化」，「調整機能」と絡めて論じている。「方向づけ」とは「ジェスチャーやシンボリックな手がかりによって，集合的な行動目標へと人々の信念や行動を方向づける機能」（前掲書，199頁）であり，「象徴化」とは「集合的信念を象徴的に生み出す」（前掲書，199頁）ことである。そしてリーダーはこの二つの機能を調整することで，「行動と目的を統合化するように調整し，群衆が『一丸』となって行動しうる」（前掲書，199頁）ように導く。彼らが述べる「集合的信念」という概念は，われわれが集主観と呼ぶ概念に近い。さらに彼らは，行為（ジェスチャー）と抽出された手掛り（シンボリックな手掛り）に注目し，イナクトメントの環境への働きかけとしての一面と囲い込みとしての一面にうまく光を当てているが，彼らはリーダーシップの調整機能がどのように作用しているのかという肝心なメカニズムについてはほとんど言及していない。とはいえ，こうした末永＆安藤（1998）の主張なども，センスメーキングパラダイムのリーダーシップ論が展開される予感を感じさせるものとして受けとめることは可能だろう。

リーダーシップの定義

 上で,確固たるリーダーシップ概念を明示することはこれまで困難であったと述べた。では,センスメーキングパラダイムではリーダーシップはどのように定義されるのだろうか。Thayer (1988) は次のように述べている。

 リーダーとは,世界に"顔 (face)"をあてがうことによって,部下が世界に"気を配る (mind)"仕方を変えたり,導いたりする人である。本物のリーダーは,違った形に世界を創造し直すことによって世界に違った"顔"をあてがい,世界の意味に違った感じを他者に与える。それは,あたかも時代を画するような画家や彫刻家そして詩人が後世の人びとに異なった世界の見方——ひいては,言い方や行動の仕方あるいは知り方を授けるのと同じだ。リーダーは世界を"そうであるものとして (as it is)"語らず,世界をそうであるかもしれないもの (as it might be) として語り,それによって,そうで"ある"ものに異なった"顔"を与えるのである。リーダーは意味を付与する者 (sense-giver) である。リーダーは常に,さもなくば把握不可能な (incomprehensible),混沌として (chaotic) メリハリがなく (indefferent) 手に負えない (incorrigible) 世界——つまりわれわれが最終的にコントロールできないような世界——から脱却する可能性を体言している人である。　　　　　　　　　　　　　　　　　　　(Thayer, 1988, pp.250, 254)

 リーダーを以上のようにみなすならば,リーダーシップとは,メンバーが世界に気を配る仕方に影響を及ぼし,さらに彼らが世界をどのようなものとして捉えるべきかを導くこと,すなわち,われわれの言葉で言えば,メンバーとの相互作用を通して,彼らのイナクトメントと淘汰過程に影響を及ぼすことである。
 第2章で論じたように ESR モデルにおいて,イナクトメント,淘汰に影響を及ぼすのは保持からのフィードバックループである。すなわち,ESR モデルに基づけば,リーダーシップとは保持からのフィードバックループの中にメ

ンバーとの相互作用として存在することになる。

　第2章，第4章で述べたように，組織化を「ルーティンを相互に結び付ける集主観性，解釈を相互に強化する間主観性，そしてこれら二種類の形態の間を行き来する運動，を継続的コミュニケーションという手段によって結び付ける社会構造」として捉え，ESRモデルとの繋がりを，集主観性は保持に，間主観性をイナクトメント・淘汰過程に求めるならば，間主観のイノベーションとは，イナクトメントから淘汰，淘汰から保持の流れの中で，継続的コミュニケーションという手段によって，保持内容に対して疑義を投げかけるようなイナクトメント，淘汰がなされることであり，集主観のコントロールとは，逆に保持からイナクトメント，保持から淘汰へのフィードバックループの中で，保持内容がイナクトメントと淘汰過程を継続的コミュニケーションの中で制約することである。このように考えると，リーダーシップとは，メンバーとの継続的なコミュニケーションという手段によって，保持からのフィードバックを通じて，組織における間主観のイノベーションと集主観のコントロールとの間に適切なバランスが保たれるようメンバーに働きかけていくことと言える。

　第2章で述べたように，組織認識の形成プロセスには4つの状態が存在する。第1は，保持からのフィードバックループが（＋，＋）の状態（保持からイナクトメント・淘汰過程へのフィードバックが両方ともプラスである状態）であり，第2は（＋，－）の状態（保持からのフィードバックが，イナクトメントではプラス，淘汰過程へはマイナスで作用する状態）であり，第3は（－，＋）の状態（保持からのフィードバックが，イナクトメントではマイナス，淘汰過程へはプラスで作用する状態）であり，第4は（－，－）の状態（保持からイナクトメント・淘汰過程へのフィードバックが両方ともマイナスである状態）である。

　第1の状態は，Deal & Kennedy（1982）が「強い文化―持続的成功の推進力」（DK, 2頁）と強調する「強い文化」が組織内に存在し，多くのメンバーがそれを支持している状態である。第2の状態は，イナクトメントには制限が加えられていたり，現在のフレームを用いることが支持されているが，淘汰は自由，あるいは現状に疑いをもつことが評価されているような状態である。第3の状態は，第2の状態とは反対に，イナクトメントには何ら制限が加

えられないか,あるいはむしろ現状否定的な姿勢が評価されたりもしているが,淘汰過程では現在のフレームを用いるよう求められている。情報,行為に対して自由あるいは現状否定的でありながら,考え方の統一性が重視されているような状態である。第4の状態は,メンバーの多くが,イナクトメント,淘汰過程の双方で自由,あるいは現状否定的になっている状態である。

　リーダーが意図的に組織が(－,－)の状態になるよう導く場合も,勿論ありうる。永らく業績が低迷していた企業が,海外から新しい経営者を招いた場合,その新しい経営者が徹底的に過去を否定するよう求め,メンバーの大半がその経営者のリーダーシップを受けいれた場合などには,(－,－)の状態が現れるだろう。

安定性と柔軟性,適応性と適応可能性の狭間で

　第2章で見たように,環境が非常に安定しているなどの理由で,一度成功したフレームが続けて企業に成功をもたらす可能性が高い場合,多くの組織がやがてはクローズド・システムとなる可能性が高くなる[14]。それが,集主観のコントロールの産物であることは第2章で紹介した。集主観のコントロールは,組織における安定性の源泉であり,それは単なる"烏合の衆"と組織を明確に分かつメンバーの互換性をもたらす組織化をもたらす源泉の一つでもあった。しかし,柔軟性を完全に排除した,行き過ぎた安定性は,「適応性が適応可能性を排除する」との言葉通り,環境変化に対して組織の生存を危うくする存在でもあった[15]。

　リーダーは,メンバーのイナクトメント,淘汰過程のいずれか一方あるいは双方に,保持からのフィードバックがマイナスとなるように影響力を行使することで組織の柔軟性を確保しようとする。(－,＋)状態を求めるリーダーは,従来無視されていたような情報に注意を払うようにメンバーを促したりするだろうし,(＋,－)状態を求めるリーダーは新しい思考をメンバーに求めたり

14　詳しくは第2章を参照されたい。
15　この点についても第2章を参照の上,先に進まれたい。

するだろう。

　リーダーがどちらのタイプを求めやすいかは，企業の業種や業績などでも異なるだろう。銀行など制度的に定められた情報と厳格な手続きを重んじる業種では大半のリーダーが従来の制度的情報や手続きを変更することなく，考え方の転換を求めるといった（＋，－）の状態になるよう望むかもしれないし，訪問販売業などでは，従来とは違った情報を取り込み，新たな販売方法の実施を求める（－，＋）を望んだりするだろう。

　行き過ぎた安定性が危険なように，過度の柔軟性もまた危険である。「アイデンティティの確立と維持がセンスメーキングの中核」（Weick, 1995, p.20）であることを考えれば，完全に柔軟な組織はセンスメーキング不能，すなわち制御不能となってしまうからである。

　リーダーシップとは先に述べた4つの状態を行き来する組織化の過程で，安定性と柔軟性，適応性と適応可能性とのバランスをとることにある。リーダーはそれを，間主観のイノベーションと集主観のコントロールとのバランスをとることで実現しようとする。

　リーダーが何らかの手段によって，メンバーの内主観に現状への疑問を投げかけたとしよう。メンバーの大半がリーダーの呼びかけに従うとは限らない。後述するように，リーダーの呼びかけがメンバーに何らショックをもたらさなければ，それは完全に無視されてしまうかもしれない。無視されて大して影響が無い場合はまだ良いとしても，リーダーの意図に反して，呼びかけとは逆の反作用を招くかもしれない。

　「リーダーはああ言ってはいるが"私"は現状に満足している」といった考えを抱いたメンバー達がセンスメーキングを主導するならば，芽生えたばかりの微かな間主観のイノベーションは集主観のコントロールに圧殺されてしまうだろう。逆に，リーダーの呼びかけを肯定的に受けとめ，「"私"は現状を受け容れ難い」といったメンバーがセンスメーキングを主導するならば，やがて彼ら一人一人の疑問が，「個人的な思考，感情，意図が会話の中に統合ないし総合され」（Weick, 1995, p.71），「"われわれ"は現状を受け容れ難い」という間主観が組織のさまざまな所で芽生えるだろう。仮に，企業のさまざまな所で，こうした間主観のイノベーションが芽生え始めると，ほとんどのメンバー

が同じような物を見て，同じように考えていた時よりも徐々に多義性が増加し始めるだろう。それまでは気付かれることがなかったか，あるいは無視されていたような情報が企業の中を駆けめぐり始めたり，さまざまな考えが聞かれ始めたりするようになる。

　Weick（1979）によれば，「インプットにおける知覚された多義性の量が多ければ多いほど，過程を組み立てるのに用いられるルールの数は少なくなる。逆に，インプットの知覚された多義性の量が少なくなればなるほど，過程を組み立てるのに使用されるルールの数は多くなる」（We79, 148 頁）。そして，組立ルールが少なくなれば，組み立てられるサイクルの数は増加する（図表 6-1）。

図表 6-1　多義性の量，組立ルール，サイクル

　組立ルールとは，「コミュニケーションの輪に加えられうる業務単位や人のプールから動員すべきそれらをピックアップする際に利用できる指針」（遠田, 1998b）である。組み立てられるサイクルとは，「組織内の安定したフォーム」（We79, 146 頁）であり，企業で言えば「業務単位や人」（遠田, 1998b）にあたる。

　たとえば，少年による 2 つの犯罪があったとする。一つはケンカで友人を殺害した事件といま一つは A 少年の連続児童殺傷事件である。前者の事件は後者のそれにくらべて多義性は少なく，マスコミも何が問題でどう扱ったらよいかかなりはっきりしている。そのため，マスコミとして事件を解釈する組織化過程というかコミュニケーションの輪を組み立てる適切なルールは多数ある。たとえば，「当該問題に頻繁に起用された業務単位を選べ」とか「当該問題の多義性の除去に成功した業務単位を選べ」とか「少年の人権を傷つけないような業務単位を選べ」などなどである。これらのルールをすべて満たす業務単位は"学校関係者"や"教育評論家"で，それらが，この事件を解釈するためにマスコミの組み立てるコミュニケーショ

ン活動の業務単位となる。他方，A少年の連続児童殺傷事件はきわめて異常でそれだけ多義性が高く，マスコミにとっても何が問題でどう処理したらよいかはっきりしない。そのため適切な組立ルールといってもごく一般的な，当たり障りのないわずかなものしかない。たとえば，前者の事件での「頻度」とか「成功」のルールはこの事件には適用できず，せいぜい「人権」とか「性向把握」のルールが適用される。そして，このルールを満足する業務単位は，"学校関係者"や"教育評論家"はもちろん"精神分析家"や"犯罪心理学者"さらに"社会学者"はては"人権派弁護士"や"作家"など多数で，これらのにぎにぎしい業務単位がA少年の事件を解釈するためにマスコミの連日組み立てたコミュニケーション過程である。

（遠田，1998a，72-73頁）

インプットされる多義性の量が増加し始めると，企業内では増加する多義性を削減する過程に，さまざまな人や業務単位が参加し始める。

図表6-1で，三角形の→を一巡する過程で多義性が削減されるが，削減される以上の多義性が流入する場合，この三角形は回り続けることになる。すなわち，参加者が増え，間主観のイノベーションは組織内で勢力を拡大する。間主観のイノベーションは多義性が十分に削減されるまで継続され，それは淘汰過程からのインプットとして集主観に影響を与え続ける。多義性が十分に削減されたと思われた時，すなわち組織内に何らかの統一見解のようなものが生まれた時，集主観はさまざまな間主観のベクトルの交差する収束点に限りなく近づいている。この段階になると，"われわれ"という具体的人間の「自我は背後に退（selves left behind）」（Wiley, 1988, p.258）き，"わが社の考えでは"といった「集自我的な（generic self）」（Wiley, 1988, p.258）自我，すなわち集主観が再び姿を現す。例えば「"わが社"は現状を受け容れ難い」となる。

組織内では，メンバー同士もさまざまに複雑な影響を及ぼし合っている。リーダーのどのような呼びかけが，実際の組織にどのような作用を及ぼすかは，あらゆる組織で異なり，到底完璧な記述をすることは困難だろう。

リーダー自身にとっても，自分の主張を押し通すことが目的ではない。彼の目的は，あくまで集主観のコントロールと間主観のイノベーションのバランスをとることにある。メンバーの反作用を受けて，最初の呼びかけが過度に安定性を脅かしたと感じるならば，リーダーは逆の影響力を行使すべく，ほんの一

瞬のうちにリーダーの主張が変化するかもしれない。

　もし先の説明が，組織認識が固定的かつ静態的であるかのような印象を与えたとしたら，それは間違いである。組織は常に経験の流れの中にあって，組織の認識も常に変化している。

　集主観のコントロールと間主観のイノベーションの相克も，さまざまな事象を扱いながら，さまざまなメンバーの間で，事の大小はあるにしても常時同時並行的に，組織のさまざまな場所で複雑に入り乱れて，進行していると考えていただきたい。そのような流れの中で，安定性と柔軟性，適応性と適応可能性のバランスを保つべく，ありとあらゆる手段によって保持からのフィードバックをプラスに（集主観のコントロールを強化）しようと試みたり，マイナスに（間主観のイノベーションを活性化）しようと試みているのが，本章で提示するリーダー像である。

影響力の源泉としてのショックとリーダーの多様性

　前節で，フォロワーによってリーダーの呼びかけが無視されたり，反発される可能性のあることを示唆した。では，リーダーシップの影響力は何によって決定づけられるのであろうか。

　続けて，フォロワーシップ主導によってイナクトメント，淘汰過程が変容する様を眺める中で，組織にはリーダーシップ主導によらずとも環境変化に伴う自律的調整能力があり得ること，リーダーがフォーマルな立場でのリーダーであるとは限らないこと，リーダーの立場は脆いものであることなどを述べる。

　続けて，リーダーシップの影響力の源泉が，持続的であれ一時的であれメンバーにショックを与えることにあると指摘し，そのためにリーダーは，環境を把持できるだけの多様性を備えていることが望ましいと主張する。

フォロワーシップ主導のイナクトメント，淘汰過程の変容

　組織化の過程は相互作用の過程である。リーダーが先に述べた4つのどの状態に組織を導こうとしようと，組織におけるセンスメーキングプロセスが必ずしもリーダーの望んだ通りになる訳ではない。

　ここでは，リーダーが（＋，＋）の状態を望んでいるにも関わらず，フォロワーシップが変化することで，企業内のイナクトメント，淘汰過程がリーダーの望む方向とは違った方向へ変容していく様を，主に企業内競争の激化という点から説明してみよう。当然ながら，フォロワーシップの変化は企業内競争によるものばかりとは言えない。しかし，企業内競争がメンバーに与える緊張はフォロワーシップを変化させる有力な要素の一つである。

　説明の便宜上，創業したばかりのD社というスーパーマーケットを想定してみよう。創業間もないD社では，行為のマニュアル化は未発達で，意思決定の基準も明確化されていないために，社長は自らのビジョン（例えば「何はともあれ，どこよりも安く売ることで社会に貢献する」など）をもっともらしく示し，それを社内に徹底しようと努めた。彼は，第3次コントロールを重視し，部下が自らと同じように世界を見て（例えば「消費者は必ず安売りにはついてきてくれる筈だ」），同じように行為する（例えば「同一商品大量仕入大量販売」，「あらゆるサービスを最小限に止めて，とにかく安く売る」）ように求めた。D社の販売スタイルは消費者の心を掴み，また従業員の多くが創業者のリーダーシップを全面的に受け入れて，D社はstart-up, early-stageを順調に乗り切った。さらに，D社は安定成長を続け，企業内部における競争はそれほど激しいものではない中で，社長を含めほぼ社員全員がCampbell（1965）言うところの「習慣のなれ合い」（Campbell, 1965, p.33）下にあって，居心地のよい状態を満喫していた。

　しかし，やがてD社の業績が悪化し始めた。社長はそれでも，過去の成功体験に縛られて，従来通りの情報をイナクトし，今まで通りの販売方法を継続するよう社員に求め続けた。D社の業績は悪化の一途を辿っていったが，社長

は「とにかく売上を伸ばせ」と号令を掛け続けた。

　業績の悪化に伴い，外部から獲得し内部で分配できる資源が少なくなるにつれて，企業内での資源を奪い合う競争が激化し始めた。競争が激化すると，組織のメンバーは利得（それらは企業においてはしばしば昇給や減給，解雇などを伴う人事という形で反映される）を維持，あるいは拡大するために，価値理念の追求（例えば，「売上増」）を強く要求されるようになる。

　Merton（1957）は，アメリカにおける高い逸脱行為の発生率（Mertonはこれを犯罪発生率と重ねて見ていた）の上昇を，目標の平等配分と手段の不平等配分というアノミー的緊張下における現象として捉えた。Merton（1957）によれば，強い文化的価値観の下では，競争が厳しければ厳しいほど，目標の強調はルール軽視の風潮をも生み出す。許されざる手段に訴えても，とにかく富を得ようとか，名声を得ようとする者が次々と現れる。その一方で，内面で価値理念を否定しつつも，ひたすら規範を墨守していようとする者が現れるとMerton（1957）は言う。

　Merton（1957）は，文化を構成する要素を価値と手段に二分し，文化的価値を支持しながら，行為においてその文化が求める制度的規範を拒否するような姿勢を革新（innovation）と呼んだ。ちなみに両方を支持している立場を同調（conformity），革新とは逆に価値を支持しない立場を儀礼（ritualism），両方とも拒否する立場を離脱（retreatism）と呼んでいる。

　企業内部における競争の激化は，社長が求める価値理念（「とにかく売上を伸ばせ」）を支持しながら，一方で価値理念を実現するためにイナクトメントにおいて社長の求める規範に反する行為に走る者を生み出した（例えば，「多品種少量仕入」，「店員の数を増やす」）。その一方で，社長の価値理念に否定的でありながらも，規範の墨守に走るものが現れる（「どうも社長の言っていることはおかしいが，従う他はないじゃないか，何か言えば解雇されかねないし」）。

　このようにしてリーダーシップ同調型のフォロワーシップから，企業内競争の激化をバネに革新型のフォロワーシップと儀礼型のフォロワーシップが萌芽した。当初彼らは少数派であった。彼らがどのような比率で発生するのかは，この場合もリーダーシップ同様に企業の業種や業績，部門などによって異なる

だろう。銀行など，定められた情報に基づき，行為において制度的規範の遵守を重視する企業では，儀礼型が多く出現するだろうし，一方で売上高の厳しいノルマを課されている訪問販売などの業種では，革新型が多く出現するだろう。

彼らの勢力が大きくなるにつれて，企業内ではイナクトメントと淘汰過程における保持からの影響が微妙に変化し始める。変化をベクトルで表示したのが図表6-2である。太線で示された（＋，＋）の状態を志向するリーダーシップのベクトルに第2象限，第4象限に現れたさまざまな小さいベクトルが加えられていく。こうして，組織全体のイナクトメント，淘汰の方向が点線方向へ移動しつつ，強度も変化していくことになる。

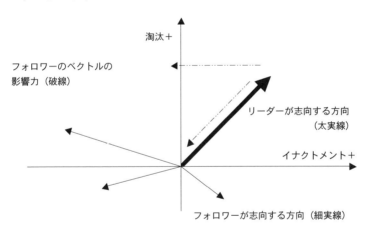

図表6-2　保持からのフィードバックの変化

彼らの出現によってイナクトメントと淘汰過程で現状を否定するような間主観のイノベーションが活発化する。それは集主観に影響を及ぼし続ける。過去に縛られ続ける社長の内主観と，組織の集主観が大きく乖離し始め，やがて，D社内では，「今のままでは"わが社"は生き残れない」という声が大勢を占めるようになり，ある日，役員会で突然，社長の解任が決定された。

以上のような考察は，イナクトメントと淘汰がリーダーシップによらずとも変容しうることを示している。組織はいわば自律的に環境変化にあわせて変化することが可能なのである。

リーダーの意向に反して，イナクトメントと淘汰過程が大きく変容するためには，上の図表6-2におけるベクトルが示しているように，組織内の革新型や儀礼型フォロワーシップの小さな多くのベクトルを合成した影響力より，リーダーシップのベクトルの影響力が十分に小さくなければならない。

このような組織の自律的調整能力の是非を論じるつもりはないが，リーダーが強力なリーダーシップを発揮して，強引に組織認識を左右できたがゆえに組織内部で働いていた自律的機能が有効に作用せず，結果的に企業の存続を危機に陥れる場合もあるだろう。

これまでの本章における議論が，暗黙のうちに，フォーマルな立場でのリーダーが実際にもリーダーであることを前提としているかのような印象を与えたかもしれない。しかし，上の自律的機能が，とりわけ優れた影響力をもつ一人のフォロワーによるものであったとしたら，実際には彼こそがリーダーであるとは言えないだろうか。フォーマルにリーダーと見なされている者が，実際には一フォロワーであって，その影でインフォーマルなリーダーが世界に顔をあてがっている場合もある。本章におけるリーダーが，フォーマルなリーダーばかりではないことには十分に注意してもらいたい。

また，相互作用ということを考えれば，リーダーシップが影響力を及ぼすことが可能なのは，自らがフォロワーであると思っている人が「実際に自分がもっている支配力の大きさを十分認識」（We79, 22頁）せずに，その影響力を受容するからであって，「トップにいる人は脆い立場にある」（We79, 22頁）ことを忘れないようにすべきであると言えるだろう。

影響力の源泉としてのショックとリーダーの言語的思考の多様性について

上で，リーダーシップの影響力の大きさについて触れた。では，リーダーシップの影響力の源泉とは一体何なのであろうか。

第2章で，Weick（1995）がセンスメーキングのきっかけをショックとしており，それは「強烈であったり突発的であったりする必要のない」，「注意を

払うように促し，新奇な行為を開始させる行為閾の刺激となった何らかのショック」であればよいと主張していることを述べた。Weickの言説に従うのであれば，リーダーがメンバーの間主観のイノベーションに影響を及ぼすとき，それはフォロワーにショックをもたらすことによってなされることになる。すなわち，リーダーシップの影響力の源泉は，持続的であれ一時的であれどの程度のショックをフォロワーに与えられるかという点にある。

　第2章では，「情報負荷」，「意識的情報処理」，「持続的な注意を引きつける新奇性の源となる組織における二種類のきっかけ，すなわちあいまい性と不確実性」といった視点からショックに関して論じた。ここでは，主にイナクトメントに関連のある情報負荷，意識的情報処理と不確実性，主に淘汰に関連のあるあいまい性に分けて論じる。

　第1章で述べたようにコンティンジェンシー理論，情報処理モデルは主に不確実性の増減を考察の対象にしてきた。Burns & Stalker（1961）は，不確実性について以下のように述べている。

　　一般に未来に関して，そして特殊には，可能なあらゆる一連の行動に続いて生じうる結果に関して，選択に迫られている人の無知のことをいう。彼は選択しなければならないので，もし彼が（ビジネスマンとして，あるいはその他の種類の職業人として）仕事をやってゆかねばならないとしたら，将来についての確信や何らかの見込みに従って行為するだろう。そして，こうした見込みは確信の度合いによってさまざまである。　　　　　　　　　　　　　　　　（Burns & Stalker, 1961, p.112）

　「将来に関する確信の内容，そうした確信を支持する程度，ある特定の見込みを示す情報の有無などは，程度の差こそあれ，無知を生み出し，センスメーキングのきっかけを構築」（Weick, 1995, p.95）するゆえに重要である。ESRモデルとの関連では，Weick（1995）は，不確実性の増大は，「圧倒的な（情報の）量に対処しようとして，流れを予測可能なように，たとえば流れの大部分を無視することによって象ることで」，「象られた部分が際立たせられ，後のセンスメーキングに影響を及ぼす」などのために，「情報負荷はセンスメーキングのきっかけである。なぜなら負荷のため進行中の流れから手掛りが引き出

せるからだ」と主張している。Burns & Stalker（1961）は，将来に対する不確実性の増大は組織を活性化すると示唆しているが，これはイナクトメントが活発に変容していることに他ならないと言えるだろう。

　意識的情報処理については，Louis & Sutton（1991）の考察が参考になる。Louis & Sutton（1991）は以下のように説明する。

　　これらの観察を分析すると，行為者が意識的に取り組むようになる三種類の状況が明らかになる。第一に，人が状況を非日常的ないしは新奇なものとして経験するとき―つまり，"通常から抜きん出て"いたり"ユニークで"あること，あるいは"見慣れない"ないしは"これまで知られていない"ことを体験するとき―に意識的モードへの切換えがなされる。第二に食い違い―すなわち，"行為がなにもかもうまくいかないとき"，"予期せざる失敗"や"分裂（disruption）"，"やっかいな状況"が発生するとき，予測と現実との間に重大な差異が存在するときに，切換えがなされる。第三の条件は，意識的注意のレベルを高めようという内的ないし外的要請に応じいわば人為が主導（deliberate initiative）するときである。つまり，人が"考えるよう求められたり"，"公然と質問されたり"するときに切換えが行われるのである。
　　　　　　　　　　　　　　　　　　　　　（Louis & Sutton, 1991, p.60）

　彼らの第一，第二の条件は，メンバー自らがルーティンの自動的情報処理（従来のイナクトメント・スタイル）から，意識的情報処理（新たなイナクトメント・スタイル）を立ち上げる様子を表している。第一，第二の条件はリーダーシップによらずともメンバーのイナクトメントが変容しうることを示してもいる。

　第三の条件は，「"注意を払え"とか"これはなんだ"とか，単に"これを見よ"といった他者からの刺激だけでも，それはセンスメーキングの立派な引き金になる」（Weick, 1995, p.91）ことを表している。リーダーが常に「注意を払え」，「よく環境を見よ」と指示を発し，また公然とメンバーに質問することなどでメンバーのイナクトメントに変化を起こすことが可能であることを物語っている。リーダーが意識的情報処理で利用できるのはこの第三の条件のみである。

　リーダーが情報負荷の増大や意識的情報処理の立ち上げによって，メンバー

のイナクトメントに変化を加えるショックを，イナクトメント・ショックと呼ぶことにする。

　イナクトメント・ショックをリーダーが利用するためには，何よりもまずリーダーが環境内の情報をよく感知していなければならない。なぜならば感知できない情報について伝達したり質問したりすることなどできないからである。Weickは，複雑な環境を「把持するためには複雑な感知システムが必要である」ことを，輪郭ゲージの例えを使って説明している。先に述べたように，輪郭ゲージは大工が複雑な客体の外様を捉え，それを図面に写し取るときに利用する道具である。輪郭ゲージが正確に客体の外様を仲介するためには，輪郭ゲージを構成している spines の数と，それらが互いに独立であることが重要な鍵となる（Weick, 1978, p.39-44）。必要多様性のアイディアである。そして，「言語のリッチ度がセンスメーキングの重要な資源である」と述べる。なぜならば，「それは，必要多様性のアイデアを直接反映したもので，言語がリッチであれば，内省的思考（reflective thought）もリッチになる」からである。

　リーダーがイナクトメント・ショックを利用しようとすれば，進行中のよく分からない複雑で多様な事象を前にして，それを捉えメンバーに仲介できるだけの高度な多様性を備えていることが望ましい。もし，リーダーが環境を扱う（deal with）ときに，環境以上の必要多様性を備えていないならば，彼はメンバーに対する影響力を失ってしまう場合もありうる（Weick, 1978, pp.40-41）。

　次に「あいまい性を取り上げ，その混乱のショックについて考えてみよう」（Weick, 1995, p.91）。これまで繰り返し Weick（1995）があいまいさの削減は，「会議や直接的対話といったリッチなメディアが，公式情報システムやスペシャル・レポートといったあまりリッチでない没人間的（impersonal）なメディアよりも優勢なときに叶えられる」（Weick, 1995, p.99）と主張していることを紹介してきた。さらに Weick（1995）が「会議は意味を生み出す」（Weick, 1995, p.185）ゆえに重要であると主張していることも指摘した。すなわち，あいまい性の削減プロセスは，意味を生み出すプロセスであり，それはセンスメーキング・プロセスの中核と言っても過言ではない。

そして,「意味とは,進行中の経験を何かしら伝えるために会話文へと結合された言葉によって生み出されるものである。人が何を言うかを知るとき何を考えているかが分かる,とすれば,そのいずれのステップにも言葉がかかわっている。言葉は,生み出される発話を制約し,その発話を知るために押しつけられるカテゴリーを制約し,このプロセスの結論を保持するラベルを制約する。まさに言葉が重要なのだ」(Weick, 1995, p.106)。

言葉は連続的な現実から不連続を抽出する。抽出された不連続は再構築されて,現実の連続性を再現するよう試みられる。しかし,「言葉とそれが指し示すものとの間には常にズレがある。言葉は領土を近似する;とはいえ,その領土を完全に地図にすることはできない」(Weick, 1995, p.107)。そうした中で,意味を生み出すプロセスが「成功するかどうかは,その内容が流れや連続性を適度に保っているか否かによって決まる」(Weick, 1995, p.108)。すなわち,ある不連続な一点を描き出す語彙と別の語彙を結び付ける言語構築プロセスが,意味を生み出すプロセスを左右する。この点からも,リーダーに言語的思考の多様性が求められていることを理解することができよう。

これらのことのリーダーシップへの実践的意味合いとして,「集団を変革するためには,集団で話されていること及びその意味合いを変革しなければならない」(Weick, 1995, p.108) という点をあげることができるだろう。それは,下で述べるように,ある事柄に押し当てられる言葉の変革によって成される。意味の変革が集団を変革していく例として,Weick (1995) は Thucyides の『ペロポネソス戦記』からの一節を引用している。

　　言葉は,その通常の意味を変え,いまや新たに付与された意味を受け取らなければならなかった。無謀な大胆さが誠実な同朋への勇気として受け取られるようになった;分別のあるためらいは臆病を繕うものに;節度は軟弱さの言い訳と受け取られた;問題をあらゆる角度から見ることのできる能力は,どの側かに立って行為できない無能さとなった。熱狂による暴力は男らしさの証しに;用心深い企ては自己弁護のための正当化の手段となった。強硬な手段を主張する者が常に信頼に値する者となり;逆に,それに反対する者は疑わしい人間となった。……穏健派の市民は両者の間に埋没していった。なぜなら彼らは抗争に加わらなかったか,あるいは妬みが彼らの中立を許さなかったからだ。

意味の変革が用いられる言葉によってもたらされるのであるならば，リーダーは，多様な事態を扱うにあたって，どのような言葉を用いるべきか，細心の注意を払うべきだろう。例えば，「新奇や望ましくないものを，"問題"とラベリングしてしまうと，それは解決すべきものという意味を持ってしまう。可能なラベルはそれだけではあるまい。もし，新奇性へのラベリングが多様になれば，次のように言うこともできよう。それは課題だ，処理しろ；それはジレンマだ，枠組みを変えてみよ；それはパラドックスだ，受け入れよ；それはコンフリクトだ，綜合せよ；それは好機だ，掴み取れ。新奇性に何らかのラベリングをすればそれ相応の行為が対応する，問題には解決が対応するように。これがセンスメーキングの要点である。問題とラベリングされてはじめて問題となるのである」（Weick，1995, p.90）。
　上で述べたような，意味の変革が用いられる言葉の変革によってもたらされるという点からも，リーダーは豊かな語彙を有し，語彙と語彙と連結させる高度な言語的思考能力に富んでいることが望ましいと言えるだろう。

本章のまとめ

　最後に，本章の要点を簡単に整理しておきたい。
　リーダーとは，「世界に"顔"をあてがうことによって，部下が世界に"気を配る"仕方を変えたり，導いたりする人である」（Thayer, 1988）。ならば，リーダーシップとは，メンバーとの相互作用を通して，メンバーが世界に気を配る仕方に影響を及ぼし，さらに彼らが世界をどのようなものとして捉えるかを導くことである。
　ESRモデルにおいて，イナクトメント（気を配る仕方）と淘汰（世界をどのようなものとして捉えるか）に影響を及ぼすのは，保持からのフィードバックループである。すなわち，リーダーシップは保持からのフィードバックをイナクトメント，淘汰のそれぞれに対して，プラスにするかマイナスにするかという影響力として存在する。
　保持からのフィードバックループがイナクトメント，淘汰のそれぞれに対し

てプラスであるかマイナスであるかによって，組織認識の形成プロセスは4つの状態に大別できる。

保持からのプラスのフィードバックは組織における安定性の源泉であり，マイナスのフィードバックは柔軟性の源泉である。安定性はルーティン化をもたらし，一時的に経済的な手段を供給するが，過度の安定性は，組織の認識を環境から乖離したものとしてしまう危険性を孕んでいる。柔軟性は，組織認識が環境から乖離しないために重要であるが，過度の柔軟性は組織を制御不能としてしまう危険性を伴う。

組織が過度に現在の環境に適応するならば，適応が適応可能性を排除し，その状況が変わったときには適応できなくなってしまう可能性が拡大するが，逆に見事な適応に陥らないようにする組織は，その時々の適応をよくする組織と競争するとき崩壊する。

このように考えると，組織の記憶や記録のフィードバックを制御する者は，組織の運命にとってきわめて重要であり（遠田，1998a，79頁），彼に求められていることは両者のバランスをとること，すなわち，組織認識の形成プロセスが4つの状態間を行き来する中で，安定性と柔軟性，適応性と適応可能性のバランスをとることにあると言える。

リーダーは，それらのバランスを，メンバーとの相互作用を通して，間主観のイノベーションと集主観のコントロールとのバランスをとることで実現しようとする。集主観のコントロールと間主観のイノベーションの相克は，さまざまな事象を扱いながら，さまざまなメンバーの間で，事の大小はあるにしても常時同時並行的に，組織のさまざまな場所で複雑に入り乱れて，進行している。そのような流れの中で，安定性と柔軟性，適応性と適応可能性のバランスを保つべく，ありとあらゆる手段によって保持からのフィードバックをプラスに（集主観のコントロールを強化）しようと試みたり，マイナスに（間主観のイノベーションを活性化）しようと試みているのが，本章の提示するリーダー像である。

しかし，組織認識の形成プロセスは，リーダーシップ主導によってのみ決定づけられる訳ではない。フォロワーシップ主導で，イナクトメント，淘汰過程が変容することもあり得る。それは組織の自律的調整機能とでも呼べるもので

ある。また，メンバーとの相互作用ということを考えれば，リーダーがフォーマルな立場においてもリーダーであるとは必ずしも言えないばかりか，その立場はかなり脆いものであることを忘れないようにすべきである。

　リーダーシップの影響力の源泉は，持続的であれ一時的であれ，メンバーにどの程度のショックを与えられるのかという点にある。ショックについて完全に記述することは望むべくもないので，できる範囲内で問題を考え，主にイナクトメントに関連のあるショックと淘汰に関連のあるショックに分けて考察すると，そのどちらにおいても，環境の多様性を十分に把持できるリーダーの言語的思考の多様性が重要であることが理解できる。

　次章では，本章で述べたリーダーシップの具体的事例を提示する。そこでは，実践現場でリーダーがイナクトメント，淘汰過程に影響力を行使する様，ショックをもたらし間主観のイノベーションを活発化させる様子，制御不能の危険に接して集主観のコントロールを復活せしめようとする姿，リーダーの言語的思考の多様性とはどのようなものなのかなどが，ミネベア元会長・高橋高見のリーダーシップを通して具体的に語られる。

第 7 章
ミネベア・高橋高見のリーダーシップ

　本章では，ミネベア（株）元会長・高橋高見のリーダーシップについて，組織認識論的観点から考察することによって，リーダーが実際にどのようにしてイナクトメント，淘汰過程に影響力を行使するのか，安定性と柔軟性のバランスをどのようにしてとるのか，リーダーの多様性とは具体的にはどのようなものなのかなどについて見ていくことにする。

　平成元年 5 月 10 日，多くの方々に惜しまれつつ高橋がこの世を去るまで，当時私自身一人の経営者であったがゆえに，彼から学ばせていただいたことは数知れない。多忙を極める身でありながら，自身で私をミネベア本社（東京神田，1988 年当時）から，皇居を臨むホテルの食堂まで案内して下さり，自らの経営観を 1 時間以上にわたって話してくれた時のことは，生涯忘れることができないだろう。

　高橋高見ほど，マスコミなどで語られるイメージと実像が乖離した人物も珍しかったように思う。谷井昭雄氏（松下電器産業社長，1989 年当時）は，高橋について以下のように述べている。

> 　根が純粋な人なのですね。決して威張らない。むしろ，ドーンと威張った方がよいと思うけど，礼儀正しいしゃべり方をする。それがマスコミの記事にでると，非常に挑戦的で，何をするか解らん人，という風に書かれる。あの熱烈なる企業にかける情熱が，逆手に取られてしまうのだな。高橋さんには，人に対する挑戦や敵対行為なんてなかったよ。あの人の心情を占めているのは，純粋さだったと思うね。
> 　　　　　　　　　　　　　　　　　　（谷井昭雄氏談，上竹，1989，242 頁）

　石塚巖氏（ミネベア元会長，財務面で高橋の右腕だった）は，芝の増上寺に

おける高橋高見葬儀の席上,弔辞の言葉で以下のように述べている。

　あなたはつねに正攻法の人。持ってまわった建前論などは大嫌い。いつも本音で人に接し,ストレートにものを言うあなたでした。そのため,一部の人には誤解を招くこともありましたが,一度あなたに会うと,だれもがあなたの理解者となる不思議な魅力をあなたは持っておられました。　　　　（上竹,1989,228頁）

　高橋を尊敬してやまないと述べている経営者は数多い。伊藤雅俊氏（イトーヨーカ堂代表）は,高橋の思い出を以下のように語っている。

　高橋さんは,経営者として素晴らしい素質を持った人でした。私は彼から,いろいろのものを学びましたよ。時代を見る確かな目があり,先見性と行動力にはいつも感服していました。私は同じ企業家として,今でも,尊敬しています。（中略）彼があと十年生きていたら,状況は大きく変わったと思いますよ。高橋さんという人は創業者であって,イノベーターであり,密林を切り拓くブルトーザーのような人でした。何百万人に一人といえる企業家でしたね。
　　　　　　　　　　　　　　　（伊藤雅俊氏談,上竹,1989,234-235頁）

　他にも,高橋の親友であったソニーの大賀典雄氏,セコムの飯田亮氏ら多数の経営者が,高橋の先見性,指導力を高く評価している。
　多くの経営者の尊敬を集めながらも,マスコミなどでは,その苛烈な一面のみが強調されることの多かった高橋高見のリーダーシップも,組織認識論というまったく新しい観点から眺めるならば,極めて理論的に整合性のある,繊細で緻密な彼独自の計算に基づいていたことをうかがい知ることができる。彼は,慶応応援団においても,鐘紡労組においても,ミネベアにおいても,フォロワーとの信頼関係を,実に巧みに構築していった。彼のリーダーシップが,いかに組織認識論的リーダーシップ研究にとって優れた事例であるかは,本章を読み進まれるうちに明らかになる筈である。

慶応応援団が野球場の雰囲気を変えた
―イナクトメントへの相反する影響力の行使，行為を引き出す
　リーダーシップ―

　高橋高見は昭和20年3月，府立九中を卒業し（繰り上げによる4年卒業），同年4月慶応義塾大学経済学部に入学した。慶応時代は，応援団長として活躍した。「高橋は応援団長に就任すると，画期的で斬新なアイディアを次々と出し，戦前の古めかしい応援の方法を，まったく新しい方向へと変革していく。現在の慶応応援部の源流は，高橋の指導のもとに生まれたといっても過言ではない」（上竹，1989，24頁）。いくつか例をあげれば，慶応のミッキーマウス，早稲田のフクちゃんといった応援団のシンボルマークを導入したのは，高橋が最初であった。現代では当たり前になっているブラスバンドによる応援も，高橋が慶応の応援団長時代に初めて登場させたものである。高橋は「私は応援団もひとつの事業と考えていた」（高橋談，上竹，1989，30頁）そうである。次々と斬新なアイディアで応援団を変革していく中で高橋は，自らのリーダーシップの原型を完成させていった。本節では，慶応大学応援団長時代の高橋高見のリーダーシップを眺めていく。

　　―それで慶応に入学して応援団長をやるわけですが，やってみて学んだことは何でしたか。
　　高橋　まず大衆の心理をつかむということですね。それはなかなか大変なことです。（中略）当時は現在のプロ野球以上の人気でした。その頃のことで印象に残っているのは，読売新聞の『早慶戦予想』という欄に，私のことが書かれたことですね。そのコラムは鍋井克之という有名な画家が書いたもので，「戦力は伯仲である。ただ慶応には高橋という凄い応援団長がいる。彼が今度の野球場の雰囲気を全部変えるだろう・・・」というような内容でした。応援団なんていうものは，とかくオッチョコチョイがやるものだと思われている。ですから後にも先にもこんなことを書かれたのは，私ぐらいのものではないですか。　（高橋＆佐藤，1989，25頁）

高橋が「オッチョコチョイがやるものだ」と言うのは，応援団の「屋上で大きな声を張り上げてやっている」（前掲書，25頁）ような行為を指してである。彼はそうしたことは「いっさいやらなかった」（前掲書，25頁）。しかし，彼は「手足をちょっと動かしても，皆がついてくる人間性とフットワークを身につけなければ駄目だと思い，凄く努力」（前掲書，26頁）したと言う。

　　応援団なんてね。もっていき方によっては，チンドン屋なみに思われる。それがマンネリ化すれば，もうこれは "好き者" の集団だよ。だから，そこは時代とともに革新していく，それに対する大衆の共感をつかむ，そこに指導性が発揮される。そういうことがなくちゃ納得できないじゃないか。
　　　　　　　　　　　　　　　　　　　　　　　　（高橋談，上竹，1989，28-29頁）

　―（応援団員たちを）どういうふうにリードしたんですか。
　高橋　私はワンマンではありませんでしたが，スタッフに徹底的に私の考えを話しましたね。　　　　　　　　　　　　　　　　（高橋&佐藤，1989，26頁）

　―あなたは今までに約二十社の会社を買収されているそうですが，応援団長としての体験が相当役に立っていますか。
　高橋　まあ，それが全部ではありませんが，多くの人間を動かすということから考えますと，役に立っている部分もあるかもしれません。　（前掲書，26-27頁）

　応援団長としての経験が，その後の経営に役に立ったと考えられる点は，リーダーは常に冷静でなければならないことを学んだことだと高橋は言う（前掲書，27-30頁）。応援団長時代のリーダーシップについて問われた高橋は以下のように答えている（前掲書，30-31頁）。

　高橋　社長が冷静でなかったら企業戦争に勝つことはできません。やはり冷静に勝機を見抜く目をもちませんとね。（中略）そのタイミングは頭で考えていたのでは駄目です。ある意味ではヒラメキですね。　　　　　　　　（前掲書，30頁）

　高橋　ですから私は，「君子豹変」は当たり前だと思っているんです。状況は常に変化しているわけですからね。ひとつの決定を後生大事に守っていたのでは，現

代のような変化の激しい時代を乗り切ることはできません。それがわからない人にはトップの資格はありませんね。そういう人の会社は間違いなく，駄目になります。
(前掲書，30-31頁)

高橋 「鉄は国家なり」といって，いったい何年続きました？ 今，儲かっているからといったって，会社の寿命はせいぜい三十年がいいところでしょう。そのうちいい時なんていうのは，わずか五年か十年ですよ。その経営者が活性化できないのなら，それを活かせる別の人に渡せばいいんです。それも少しでも上手く回っているうちにね。
(前掲書，31頁)

当時の高橋を慶応の同級生(経済学部予科1年B組)で鐘淵化学の総務部長をつとめた徳永一郎氏は以下のように述懐する。

高橋君はイガグリ頭でしてね。彼の一挙手一投足というのが，軍人あがりじゃないかと思うぐらいキビキビしていましたよ。それでいて，自由闊達というか，自分の考え方を表す表現力に優れていました。
(上竹，1989，21頁)

以下で高橋の慶応応援団長時代のリーダーシップについて組織認識論の視点から分析してみよう。

前章で述べたように，リーダーは環境の多様性を十分に把持できるだけの多様性を有していることが望まれる。第2章，第3章でたびたび登場した輪郭ゲージの例えを伴って語られるリーダー像である (Weick, 1978, pp.37-39)。

しかし，昂奮レベルが高まれば，抽出される手掛りは減ってしまう。なぜなら，「稀少な情報処理能力」が「内部の自律的活性化自体 (internal autonomic activation itself)」に向けられるため，「昂奮 (arousal) が注意力を使い尽くし」てしまうからであり，そうなれば，「センスメーキングに使用できる手掛りの数が減って」しまう。従って，仮にリーダーが環境の多様性を把持できるに足る多様性を保持していたとしても，「昂奮レベルが上昇」すれば，リーダーの spines は機能せず，「認知の効率が低下する」(Weick, 1995, p. 101)。

さらに，抽出された手掛りはセンスメーキングの重要な要素であるから，

「手掛りが少なくなればセンスメーキングは困難となる」。「そのことがさらに昂奮を高め，いっそう手掛りの数が減り，センスメーキングがいっそうしにくくなる」(Weick, 1995, p.101)。すなわち，リーダーが「極度のストレスの下で最高の業績をあげることなどめったにない」(Weick, 1995, p.102) のである。

応援団は一見すると高い昂奮を伴う世界のように，外部から見るわれわれには映るであろう。確かにセンスメーキングに関わらなくてもよい立場にあれば，高い昂奮に達することは大きな問題とはならない場合も多いと考えられる。むしろ，下で示すようにリーダーは部下を高い昂奮状態に追い込み，部下が抽出する手掛りの数を減らすことで，それがさらに昂奮を生み出すという構造を利用することも可能である。しかし，その場合であってもリーダーは冷静であることが望ましい。高橋は，リーダーとしてこの点をしっかりとわきまえていたと言える。

> 応援団長というのは孤独な仕事です。皆なと一緒になって興奮していたのでは，応援のリードがとれませんからね。(中略) オッチョコチョイは，一緒に興奮しちゃう。そうなると応援のリードはできません。　(高橋&佐藤, 1989, 29-30頁)

> 高橋　私にはひとつのビジョンがありました。昔からの応援団のスタイルというと，ひとつのパターンにはまって，変化がないわけです。それを，たとえば団員の学生服をセーターに変えたり，応援にミッキーマウスをもち込んだのも私でした。そしてブラスバンドの応援なんていうのも導入しました。球場に，一種の興奮状態を作るというのは，演出も必要なんですよ。たとえば開門の時刻がきても門を開けず，人がだんだん多くなって，早く入れろと騒ぎだす頃にパッと開けるとか・・・。そうすると興奮してなだれ込んでくる。そうして，皆なのためだ一人でも多く入れてやれといって，押し込む。そうすると混んでくるからイライラする。それが大きな声を出すことにつながるんですね。リーダーとしての計算があるんですよ。私はそういう計算と考え方で全部実行したわけです。
> 　(高橋&佐藤, 1989, 27-28頁)

上の高橋の述懐を読めば，彼が意図的にメンバーのイナクトメントに影響を

及ぼそうとしていたことは明らかである。

さらに Weick（1995）は，抽出された手掛りの数が減っていくメカニズムを，「昂奮が高まっている状況下では，心理的に周縁的な（peripheral）ものと認知されているものから中心的なものに注意が移される」（Weick, 1995, p.104）と指摘している。「昂奮が高まり周縁の手掛りが無視されるとき，人は中心的プロジェクトに注意を払い続ける」（p.105）。高橋の述懐をわれわれの言葉で表現すれば，意図的にメンバーを高い昂奮状態へと導き，メンバーがイナクトメントにおいて，目前の野球試合と関わりがないと思えるような様々な周縁的手掛りを無視し，目前でこれから繰り広げられるであろう試合により関係のある中心的な手掛りのみをイナクトするように，リーダーシップの影響力を行使していたと言える。

「抽出された手掛りには行為を引き起こす力がある」（Weick, 1995, p.54）ということを Weick（1995）は以下にあげる「スイスでの軍事機動部隊演習（military maneuvers）」（Weick, 1995, p.54）の事例をあげながら説明している。この事例は，抽出された手掛りと行為の継続的発展プロセスをよく描いていると考えられる。

　　ハンガリー軍小隊の若い中尉は，アルプス山脈で偵察隊を凍てつく荒野へ送り出した。その直後に雪が降り始めた。降雪は2日間続いた。その間，偵察隊は戻ってこなかった。中尉は部下を死地に追いやったのではないかと思い悩んだ。しかし，3日目にその部隊は戻ってきた。彼らはどこへ行っていたのか。どうやって道を見つけたのだろうか。彼らが言うには，「われわれは迷ったと分かって，これでもう終わりかと思いました。そのとき隊員の一人がポケットに地図を見つけました。おかげで冷静になれました。それでここに着いたわけです。」中尉は，この命の恩人となった地図を手にとってじっくりとながめた。驚いたことに，その地図はアルプス山脈の地図ではなく，ピレネーの地図であった。

　　この事件は道に迷ったときにはどんな古い地図でも役に立つという興味ある可能性を示唆している。たとえば戦略の問題の場合，混乱に陥ったときには，どんな古い戦略計画でもおそらく役に立つであろう。戦略計画は地図と似ている。それは人びとを動かし，その方向を示す。人びとはいったん行為し始める（イナクトメント）と，何らかのコンテキストの中（社会）で，目に見える結果（手掛り）を生み

だし，そしてこの手掛りは，いま何が起こりつつあるのか（進行中），何が説明されなければならないのか（もっともらしさ），そして何が次になされなければならないのか（アイデンティティの啓発）を見い出す（回顧）上で助けとなる。管理者としての成功を説明するものは，何を計画したかではなく，何を実行したかであることを，管理者は忘れている。管理者は，間違ったもの—すなわち計画書—をいまだに信じており，この過ちを犯しているために，管理者は計画づくりにより多くの時間を割き，実行にあまり時間を割かない。そんな管理者に限って，計画づくりに多くの時間を費やしても何も改善されないと嘆くのだ。(Weick, 1995, pp.54-55)

　抽出された手掛りが行為を引き起こし，その行為が次の抽出される手掛りに影響を及ぼす。Weick（1995）の「一貫して，行為がセンスメーキングにとって決定的に重要である」との主張に基づき，第2章では，今成されつつある行為が，次の行為の制約や機会になること（Weick, 1995, pp.31-33）を詳述したが，そこに抽出された手掛りというもう一つの視点を加えるならば，行為は次に抽出される手掛りに影響を与え，その手掛りがさらに次の行為に影響を及ぼす（pp.53-55）。と言うことは，昂奮のレベルが高まり，抽出された手掛りが周縁的なものから中心的なものへと移っていけば，それに伴い行為もまた中心的な行為（この場合は野球の応援）へと移っていく。

　さらにメンバーは応援などの行為を積み重ねることで，集団へのコミットメントを強め，「コミットメントを強めるようなものは，疑うことにブレーキをかける」（We79, 294頁）。すなわち，行為を積み重ねれば積み重ねるほど，自分がなぜ応援をしなければならないのか，なぜここにいるのかなどとは考えにくくなり，自分のコミットしてきた集団の「世界観を疑ったり，否定することができにくくなる」（We79, 294頁）。こうして，淘汰過程において，保持内容が全面的に信頼されるようになる。

　高橋の「開門の時刻がきても門を開けず，人がだんだん多くなって，早く入れろと騒ぎだす頃にパッと開ける」（高橋＆佐藤, 1989, 28頁）といった「演出」（前掲書, 28頁）によって「興奮してなだれ込んで」（前掲書, 28頁）きたメンバーが「大きな声を出す」（前掲書, 28頁）とき，メンバーによるより深い集団へのコミットメントが開始される。そうなると，メンバーは周縁的と

思われる手掛りをさらに切り捨てながら，より中心的と思われるところに行為を移していくことになる（応援に熱がこもっていく）。

継続される行為が組織認識への疑いを封じることを，上とは違う形で利用することが可能なことも高橋は知っていた。「オッチョコチョイ」（高橋＆佐藤，1989，25頁）な行為（高橋が言うには「屋上で大声を張り上げる」（前掲書，25頁）などの行為）の「マンネリ化」（上竹，1989，28頁）は，メンバーにその行為に対する疑問を抱かせがたくする（プラスのフィードバックが形成される）。

先にコミットメントとの関連で述べた，こうした行為の正当化は「決定を元に戻すことはできないので，他の決定を下すべきだったという情報は彼に悔恨と不快をもたらすだけである。したがって，彼には，自分の決定を支持してくれるような情報を求めるバイアスがかかる」（We79，281-282頁）という「認知的不協和」（We79，35頁）からも説明できる。

認知的不協和理論に，上で述べた手掛りと行為の連鎖を重ねれば，ある行為をくり返すほど，その行為を正当化するような情報が偏重的に囲い込まれ，その行為が将来再び行われる可能性が拡大すると言えるだろう。

同時に，イナクトメントにおいて保持が高く信頼され，外的環境からの情報が過度に偏重すれば，第2章で述べたように，組織はクローズド・システムへと変貌する危険が高まる。高橋が言う「そこは時代とともに革新していく，それに対する大衆の共感をつかむ」（上竹，1989，28-29頁）ことを忘れた，組織の認識が環境から乖離した「"好き者"の集団」（前掲書，28頁）となってしまう危険性が大きくなる。

「屋上で声を張り上げる」（高橋＆佐藤，1989，25頁）といったことをさせない，すなわち，応援団の保持内容からイナクトメントへマイナスのフィードバックを形成するよう図ることで，高橋は，前章で述べたように柔軟性を確保した。

上で述べた二つの考察から，イナクトメントに対して相反する影響力の行使を，高橋が使い分けていたことが理解できる。

前章で Deal & Kennedy（1982）による強い文化論の限界を述べたが，高橋の「ですから私は，『君子豹変』は当たり前だと思っているんです。状況は常

に変化しているわけですからね。ひとつの決定を後生大事に守っていたのでは，現代のような変化の激しい時代を乗り切ることはできません。それがわからない人にはトップの資格はありませんね。そういう人の会社は間違いなく，駄目になります」（高橋＆佐藤，1989，30-31頁），「『鉄は国家なり』といって，いったい何年続きました？今，儲かっているからといったって，会社の寿命はせいぜい三十年がいいところでしょう。そのうちいい時なんていうのは，わずか五年か十年ですよ」（前掲書，31頁）という言葉の中に，強い文化論の限界を察していたことがうかがわれる。

　これらの言葉は，高橋が偶然イナクトメントに相反する影響力を行使していたのではなく，（＋，＋）の状態のみを志向するリーダーシップの限界を十分知りながら，意図的にイナクトメントにおいて柔軟性を確保する，保持からマイナスの状態を志向していたことを浮かび上がらせてくれる。

　「スタッフに徹底的に私の考えを話しました」（高橋＆佐藤，1989，26頁）という高橋の言葉と，徳永氏の「（高橋は）考え方を表す表現力に優れていました」（上竹，1989，21頁，括弧内は引用者）という話が，高橋の，前章で述べたリーダーシップの影響力を決定づける，言葉によるもっともらしいセンスメーキング能力の高さを物語っていることは言うまでもない。

　言語能力という点に関して言えば，前章で，「進行中の事象の流れの中の多様性を捉えるためには」，高度で多様な思考の豊かさが必要である（Weick, 1995, pp.89-90）と説明した。高橋の「冷静に勝機を見抜く目をもちませんとね。（中略）そのタイミングは頭で考えていたのでは駄目です。ある意味ではヒラメキですね」（高橋＆佐藤，1989，30頁）という言葉から，高橋自身は激変する環境を捉えて「勝機を見抜」（前掲書，30頁）けるのは，「ヒラメキ」のためだと感じていたことが分かる。

　Weick（1995）が，W. H. Glick, C. C. Miller, G. P. Huberらの研究[1]をあげながら，「包括的ではあるが時間を要する情報処理に頼るのが良いか，あ

---

[1] 詳しくは，Glick, W. H., Miller, C. C., & Huber, G. P. (1993). The Impact of Upper-Echelon Diversity on Organizational Performance. in G. P. Huber & W. H. Glick (eds.), *Organizational Change and Redesign.* Oxford University Press.の pp.189-190 を参照されたい。

るいは，直感とかヒューリスティックス，模倣といった包括的でないプロセスに頼るのが良いか」（Weick, 1995, p.88）という疑問があるが，「理解とは左脳だけの活動で得られるものではなく」（Wei79, 311 頁），「理解には直感と想像という右脳の活動があらゆる場所で必要」（We79, 311 頁）であり，「感情や心はどの過程にも織り込まれ，そこから分離することはできないので，クールな過程（左脳による言語による思考過程）とホットな過程（右脳による感情的思考過程）との間に人為的な仕切りをしようとするのは不必要なよう」（We79, 311 頁，括弧内は引用者）であり，「直観を答に達するまでの全段階を理解することなく，答まで導いてくれる凝縮された知恵だとみなせば」（Weick, 1995, p.88）よいのではないかと述べていることから，左脳的であるにせよ右脳的であるにせよ，「ヒラメキ」も思考の多様性に含めてよいと言えるだろう。

　高橋が，高度な思考の多様性の重要さを認め，かつ相反する保持からのフィードバックがどのような結果をもたらすのかを「計算」（高橋＆佐藤, 1989, 28 頁）した上で，それぞれを志向していたことが分かる。

近江絹糸の労働争議
―イナクトメント，淘汰への影響，習慣のなれあいから立ち上がる間主観のイノベーション―

　慶応大学を卒業後，高橋は「希望に燃えて」（上竹, 1989, 40 頁）鐘紡に入社した。鐘紡と言えば，当時もっとも優良と見なされていた企業の一つである。入社時の印象を高橋は以下のように語っている。

　入社式が終わるとすぐに，当時取締役人事部長だった鍋島さんという人に，入ったばかりの社員がふたり呼ばれました。（中略）私が入社した昭和二十六年はちょうどレッド・パージの嵐が吹き荒れた年で，どちらも共産党が入り込んでいて，会社側と大きく対立していたのです。それをわれわれに排除してほしいというわけです。それで私も使命感をもちましてね・・・・。

彦根に行って驚いたことは会社幹部連中が共産党員に対する具体策を何ももっていない。皆なお前に任せるって（笑い）。それでいて彼らは，会社の金を使って遊ぶことには，非常に熱心だった。当時の鐘紡は超優良会社でしたから，会社も儲かっていた。それで平気で遊び回っている。しかも，労使協調という美名のもとに，会社幹部と組合幹部が完全に癒着している。社内に目を転じてみると慶応閥が幅を利かせている。彼らは自分の仕事よりも，本社の役員の顔色ばかりうかがっている。とにかく次第に会社の実態がわかってきたわけです。そこで私は上司に，いろいろ　問題はありますが，自分の仕事には全力投球します，と宣言して仕事に打ち込みました。
―彦根には何年ぐらいいたんですか？
　高橋　都合六年いました。悪いけれども工場長よりも誰よりも，その六年で人心は掌握しましたね。　　　　　　　　　　　　　　（高橋＆佐藤，1989，37-38頁）

　第2章で，企業にとっての外部環境が比較的安定しており，高い収益をあげている状態では，「習慣のなれ合い」（Campbell, 1965, p.33）に陥りやすいと述べた。高橋の語っている内容に従い，「当時の鐘紡は超優良会社でしたから，会社も儲かっていた。それで平気で遊び回っている。しかも，労使協調という美名のもとに，会社幹部と組合幹部が完全に癒着している」（高橋＆佐藤，1989，37-38頁）ということから推して考えれば，当時の鐘紡はまさに「習慣のなれ合い」（Campbell, 1965, p.33）下にあって，外に向けて「何ら実質的な注意を払わ」（We79, 231頁）なくなっていたことがうかがえる。
　さらに，「社内に目を転じてみると慶応閥が幅を利かせている。彼らは自分の仕事よりも，本社の役員の顔色ばかりうかがっている」（高橋＆佐藤，1989，38頁）という話からは，当時の鐘紡が「内的淘汰を満足させる行為は，万事うまくいっているとの錯覚を生」（We79, p.231）み，「真に受けてはならない内的基準」（We79, p.231）にメンバーの関心が払われ，「変化しつつある環境に対して実際には何ら実質的な注意を払わない」（We79, p.231）という「習慣のなれ合い」（Campbell,1965, p.33）の特徴的傾向を示していたことがうかがえる。
　「習慣のなれ合い」（Campbell, 1965, p.33）状態は，相互作用のパターンが，「報酬が与えられる出会いによって」（*ibid*., p.33）強化され「罰が与えら

れる出会いによって」(*ibid.*, p.33) 消去される中でより強固になる。そうした中で、高橋にとって最も抵抗の少ない適応的行動は、上竹 (1989) の述べるように「自分もまた上司と同じような行動をとる」(41頁) ということになるだろう。しかし、鐘紡時代、直属の部下として一年半にわたり高橋に仕えた榊原敏一氏は、上竹 (1989) に以下のように話している。

　そうですね。鐘紡というのは労使協調のはっきりした会社でした。人事は相当優秀な人材がいたのですが、労使癒着は相当のものでした。当時は繊維華やかなりし頃です。結構、呑み食いが盛んなときです。高橋さんは、『片方で酒を一緒に呑み、片方で働かせておいて、何が労使協調だ！』と、人事の会議でも平気で言っていました。私は、この人はサラリーマンのくせに、よく平気で上司にポンポン言えるなあと、不思議に思っていました。言っていることは正しいのですが、言われている上司にすれば、面白くありませんからね。だって、会社としては、そういうことを平然と認めていたのですから・・・。その当時の高橋さんのことを、異端児といいますか、他の人と違って優れた人だと思っていました。ものの発想、考え方、行動力、すべてに抜きん出ているのです。　　　　　　　（榊原氏談、上竹、1989、58頁）

「習慣のなれ合い」(Campbell, 1965, p.33) が、(＋, ＋) 状態が継続される下で発生することは前章で述べた。そうした中で、高橋が目前で進行中の事態を解釈するにあたって、保持内容（この場合は現状肯定）に疑いを持つよう解釈し、それを同僚や部下に伝えていく姿が上の榊原氏の述懐から思い描かれる。高橋が巻き起こした間主観のイノベーションが相当程度、工場内に浸透していったであろうことは、高橋が周囲に推されて彦根工場労組副委員長に就任した（前掲書、40-60頁）という事実が物語っている。上の「悪いけれども工場長よりも誰よりも、その六年で人心は掌握しましたね」（高橋＆佐藤、1989、38頁）というのは高橋の実感だったのだろう。それにしても、企業家・高橋高見が、一時期、労組専従役員であったことには驚かされる。

　―高橋さんが鐘紡時代に学んだことは何ですか。
　　高橋　あまりありませんね・・・。要するに、上は駄目だなということです。なぜ駄目かというと、自分の仕事に全力投球もしないで、会社の金を使って遊ぶこと

ばかり考えている。慶応を出た連中は、グループを組んで、しょっちゅう組合幹部と飲み食いしている。まさに労使癒着です。私は彼らを会社の寄生虫だと思っていた。それほど堕落していました。私は徹底して現場サイドの人間とつき合った。ですから今でも鐘紡の門なんかに行ったら、守衛以下大変な歓迎ムードですよ。

(高橋＆佐藤, 1989, 42-43頁)

　鐘紡の人事というのは、結局、巨大な設備と、それこそ労働基準法に触れるような、たたみ一畳に一人ぐらいの環境の建物、しかも低賃金で、食べ物は一汁一菜の麦飯、人が食べられないようなものを食べさせ、ローコストでどんどん機械を回す。その回す女性たちが文句を言わない、言わせないことが、仕事のできる人事管理者だといわれている。こんな発想では、将来の鐘紡は思いやられる。

(高橋談, 上竹, 1989, 58頁)

　労働運動鎮圧、排除のために彦根に派遣された高橋であったが、高橋本人は「その頃の女子工員」（前掲書, 42頁）が「女性の人格を無視した労働条件で働かされて」（前掲書, 42頁）いることを「人権上の観点」（上竹, 1989, 43頁）から許せないと考えていた。
　そうした中で、昭和29年6月7日、労働史上有名な近江絹糸争議が起きた。鐘紡の彦根工場から近江絹糸の工場までは「五百メートルほどしか離れていない」（前掲書, 42頁）。このニュースを聞きつけた高橋は、「おっとり刀で（近江絹糸の）工場に駆けつけ」（前掲書, 42頁, 括弧内は引用者）た。ところが、「工場に行ってみると、組合員は集まって、ただオロオロしているばかりである」（前掲書, 42頁）。そこで高橋は、近江絹糸の組合員に、「『何でもいいから、夜が明けるまで、気勢の声を上げろ！』と指示」（前掲書, 42頁）した。

　最初どうやったらいいのかなあと思いましてね。そのときには、まさかあんな田舎の争議が全国の話題になるとは、夢にも思いませんでしたな。そこで自分なりに割り切って、争議指導を始めたわけですよ。最初の一週間というのは、私の個人プレーでやったんです。力のない連中には、大きな声を出させて歌わせなきゃダメだと思って、塀の上に上がって、一小節ずつ労働歌なんか教えたんですよ。（中略）

夏川（当時の近江絹糸社長・夏川嘉久次のこと）というのは大した男でね。彼が挑発に出てくるんですな。しかも，打つ手が必ず刺激的なことをやるんですよ。飯を食わせないとかね。私はそれに一つずつ対応すれば，みんなの心を掌握できると考えたのですよ。　　　　　　　　　　（高橋談，上竹，1989，43頁，括弧内は引用者）

　Weick（1995）が先に揚げたアルプスでピレネーの地図をつかって死地を脱した部隊の話を，「モーガン・ギャランティー社の筆頭副（executive vice）社長で財務担当のBob Engel」（Weick, 1995, p.55）に伝えたところ，彼が言うには，「迷った隊のリーダーがその地図はおかしいと知りながら，それでもなお部下を率いることができたとしたら，なるほどこの話はもっとすごいだろうね」(*ibid.*, p.55) とのことだったそうである。Weick（1995）は「Engelがひとひねり（twist）したのが興味深い」(*ibid.*, p.55) と言う。というのは，「彼は大半のリーダーが直面する基本的状況を描いているからである。部下たちはよく道を見失うものだし，リーダーですらどこへ行くべきか確と知っているわけではない。リーダーが知っていることと言えば，困難に直面したとき手にもっている地図では脱出するのに十分でないということである」(*ibid.*, p.55)。「このような状況に直面したとき，リーダーのなすべきことは，部下に自信を植えつけ，何らかのおおまかな方向感覚で部下を動かし，彼らが自分たちのいた場所を推定し，いまどこにいるのか，またどこへ行きたいのかがもっとよくわかるように，行為によって生み出された手掛かりに部下たちが注意深く目を向けるようにすることである」(*ibid.*, p.55)。

　「工場に行ってみると，組合員は集まって，ただオロオロしているばかり」（上竹，1989，42頁）という中で，高橋自身も「最初どうやったらいいのかなあと思いましてね」（前掲書，43頁）という話から，部下たちが道を見失い（Weick, 1995, p.55），支援に駆けつけた高橋自身も「リーダーですらどこへ行くべきか確と知っているわけではない」(*ibid.*, p.55) という状態だったらしいことが分かる。そうした中で彼は，とにかく「大きな声を出させて歌わせ」（上竹，1989，43頁），メンバーに「気勢」（前掲書，42頁）をつけさせた。上でWeick（1995）が述べているリーダーシップを高橋は見事に実践していると言えよう。

部下の行為を引き出した高橋は，続いて，注目すべき手掛りを提示していく。

「夏川（当時の近江絹糸社長・夏川嘉久次のこと）というのは大した男でね。彼が挑発に出てくるんですな。しかも，打つ手が必ず刺激的なことをやるんですよ。飯を食わせないとかね。私はそれに一つずつ対応すれば，みんなの心を掌握できると考えたのですよ」（前掲書，43頁）という部分から読みとれるのは，メンバーが目を向けるべき手掛り，それもこれまでに述べてきたように組織のセンスメーキングにとって重要な，ショックを伴った手掛りを，高橋が逐次利用していったということである。

高橋は「飯を食わせないという件」（上竹，1989，43頁）は「人道上の観点から」（前掲書，43頁）到底許されることではないと主張し，近江絹糸組合員たちの淘汰過程に影響を及ぼす。高橋のリーダーシップによって，この争議は後に"人権争議"（上竹，1989，43頁）と名付けられ，マスコミが大きく報じ始め，「マスコミに夏川は惨々叩かれ」（前掲書，43頁）たが，保持内容から"人権"というフレームを選び，目前で行われた兵糧攻め（イナクトメント，抽出された手掛り）に押し当て（"人権"という保持内容からプラスのフィードバックをかければ兵糧攻めという手掛りがさらにイナクトされやすくなるだろう），淘汰過程でもプラスの影響をフィードバックする（人道上許されない）。

ここで，抽出された手掛りは極めて重要である。前章で述べたように，「抽出された手掛りは，それが全データと同等だとみなされ」（Weick, 1995, p. 49），「抽出された手掛りは，原型のままの全データが暗示するよりも，ある帰結を明白に暗示する」（ibid., p.49）からである。前章で触れたようにSmircich & Morgan (1982) などは，どのような手掛りを抽出させるかが，権力の重要な源泉であるとまで主張している（Smircich & Morgan, 1982, p. 258）。兵糧攻めという手掛りがイナクトされ，そういうことをする会社なら日頃もっとひどいことをしているに違いない（全データと同等，明白な帰結を暗示）と，多くの部外者は受け止めるだろう。

ここに到って，高橋は静観していた鐘紡労組のメンバーに，『『人道上の立場からも，労働運動を支援せよ！』と号令をかけ，会社に無断で」（前掲書，43

頁）鐘紡労組組合員を動員する。高橋の日常的間主観のイノベーションが行き渡っていたことも手伝ってだろう，鐘紡労組の人たちは進んで支援に駆けつけ，「鐘紡の工場から米を運び出し，炊き出しを行った」（前掲書，43頁）。

労働運動を鎮圧するために派遣した高橋にこんなことをされては，鐘紡の経営側としてはたまらなかったであろうことは想像がつく。

　食堂の人なんかも，高橋さんが言うんだからって，倉庫から米や食糧を出してきて，みんなに食わせちゃった。そしたら，後で，鐘紡本社で問題になって，工場長が呼びつけられた。僕は，これでおかしなことになったら，会社を辞めりゃいいやと，思ってましたし，（世間的に）受けていたので気になりませんでしたね。あの争議には結局成功しました。その後，彦根の市会議員の選挙があったときに，周りがぜひ出ろと言うわけですな。間違いなく最高点だというのですよ。そのとき政治家になるのも道だし，一回ここで遊びをやって，それから実家に戻って，家業を継いで，実業家の道へ行こうかな，ともチラッと思いました。

　　　　　　　　　　　　　　　　　　　　　（高橋談，上竹，1989，44頁）

フォーマルなリーダー（会社側）イコール真のリーダーではなく，インフォーマルであっても，メンバーのイナクトメント，淘汰過程に影響をより行使できる者こそが真のリーダーであることが感じ取れよう。

高橋の巻き起こしたイノベーションが，鐘紡内で広がっていったが，高橋は，「生まれて初めて」（高橋＆佐藤，1989，46頁）父親に頭を下げられ，鐘紡を退社し，ミネベアの前身である日本ミネチュアベアリングの経営を引き継いだ。昭和34年，高橋高見30歳のときであった。当時の日本ミネチュアベアリングは従業員数55人，年商はおよそ4000万円だった。

　高橋　私が中途退社で大阪駅を出る時は，おそらく鐘紡始まって以来ではないですか。大阪駅のホームは見送りの人で大変な混雑でした。その時の私の地位は高くないんですよ。
　―地位は何だったんですか？
　高橋　係長ですよ（笑い）。したがって社会的に地位のある人は来ない。ただ従業員の人がたくさん来てくれました。（中略）相当人心は掌握していました。その

証拠に、当時の工場長で将来は社長になるといわれた人からこういわれました。「君の能力なら、昼間は工場に陣取って作業員の適正配置をやってくれ。そして夜に本業の労務、寄宿舎の舎監の仕事をしてくれ」と。この言葉には非常に感激しました。 　　　　　　　　　　　　　　　　　　　（高橋＆佐藤, 1989, 44-45 頁）

積極的な設備投資
―多様性のもう一つの形としての豊かな感性，意識的情報処理の立ち上げ―

　昭和 36 年 8 月に店頭公開を果たしたミネベアは，2 カ月後の 10 月，東証第二部の設置に伴い二部市場へ移行した。さらに，高橋が日本ミニチュアベアリングの経営を引き継いで 4 年後の昭和 38 年，高橋は工場を川口（埼玉県）から軽井沢（長野県）に移転，最新鋭の設備を導入すると共に，増産のために大規模な設備投資を行った。当時，日本ミニチュアベアリングの売上高が「1 億 6 千万円ほどしかなかった」（前掲書, 56 頁）中で,「約七百坪の工場に二億円かけた」（前掲書, 56 頁）のである。
　2 年後の昭和 40 年，ベトナム戦争が勃発，ベアリング需要が拡大する中でさらなる設備投資をするか否か，高橋は岐路に立たされることになった。

　　―そして昭和四十年に入りますとベトナム戦争が起きていますね。その影響は大きかったと聞いていますが。
　　高橋　もちろんです。（中略）アメリカの航空機メーカーが大量発注してくるようになりまして，輸出は急増ですよ。売上は一挙に五倍にはねあがり，業績も一気に好転したわけです。（中略）ただ，相手が戦争という，得体の知れないものだけに設備投資のタイミングには神経を使いました。あまり大きな声ではいえませんが，うっかり投資して戦争が終われば，製品在庫を抱えてニッチもサッチもいかなくなる。ですから，私も自分で商用で歩きながら，情報集めをやりました。当時ヨーロッパでは，ベトナム反戦運動が最高潮だったのです。それを見ていると，もうじき戦争も終わりそうな気がする。ところが，中国に行ってみると，いたるところで戦争の準備をしている。私はそれを見て，中国は北ベトナムを侵略しているアメリカ帝国主義を憎み，本気で戦おうとしているなと感じたんです。

(高橋&佐藤,1989,57-58頁)

――やはり情報は直接自分で確かめないと駄目なんですね。
　高橋　伝聞情報というのは,どうしても伝える人の主観が入るでしょう。ですから自分で確かめるのが一番ですね。とくに海外の情報は注意しないと命取りになることがある。私はその時つくづく,自分の感性を磨くことの大切さを知りましたね。感性という点では自信があったんですが,もし私の感性が悪くて,新鋭機械をラインに加えていなかったら,その後の発展がだいぶ違ってきましたね。

(前掲書,59頁)

　高橋は設備投資,M&A,新事業進出などのタイミングを語る時,必ずと言ってよいほど,「感性」や「ヒラメキ」という言葉を使う。その大切な「感性」をどうやって磨いたのかとの問いに,高橋は,育った環境だと答えている(前掲書,60頁)。そして高橋は,自らが育った環境を「いつも仕事関係の人が出入りしていた」(前掲書,21頁),「子供心にもこうやったほうがいいのではないかと」(前掲書,21頁)考えていた,「サラリーマンの家庭に育たなかったことが,今日の私に相当大きな影響を与えている」(前掲書,21頁)と語っている。高橋の以下の言葉は興味深い。

　結局,思うんだが,ビジネスの世界ではいろんな体験を早くした人でね。しかし,その体験のなかで素直にね,体験につぶされもせず,ひねくれもせず,自分なりの判断を育てた人,そういう人が格好がつくんじゃないか。私が実業家になりたいと思ったのも,そういう標準化をはみ出してしまう世界で,思いきり自分に勝負をかける,馬力を出す,その醍醐味,おもしろさに魅せられたからじゃないか。そう思うね。サラリーマンの家庭で標準的に育った人と決定的に違うのは,この体験の差だよ。からだで知っているんだね。頭がまわる前に,まず気がまわる。"気ばたらき"が普通の人と違うんだ。平穏ではないんだから,私が育った環境は。それが子供にとってハッピーだったかというと,それはいろいろいえるだろう。が,ともかく,私のキャラクターはそこでつくられた。私は平穏とか,ワンパターンっていうのが,実に嫌なんだ。

(高橋談,上竹,1989,19-20頁)

　Weick(1978)によれば,環境変化を捉える思考の多様性は,主に経験の

多様性によって培われる（Weick, 1978, p.43）。第2章で実行されなかった行為（実施されなかった経験，未来完了形のイナクトメント，あるいは単なる想像と言ってもいいだろう）もセンスメーキングに影響を及ぼしていることを述べた。「子供心にもこうやったほうがいいのではないか」（高橋&佐藤，1989，21頁）という単なる想像も，センスメーキングという視点からは無視して通れない。想像を実施されなかった経験と捉えれば，豊かな想像が多様性を育むことになる。

　先に危機管理にもWeick理論が応用できる可能性がある[2]と示唆した時に，昂奮レベルが高まると手掛りが抽出されなくなりセンスメーキングは困難となるが，「想像上の脅威は現実の脅威ほどプレッシャーを感じさせない」（Weick, 1995, p.131）ため，「現実の脅威ほど"認知の"狭窄を招かず」（ibid., p.131）「徹底的に"検討"されるし，より十分に理解される」（ibid., p.131）と述べたことを思い出して欲しい。昂奮が高まることが多い危機的事態においては，以前になされたさまざまな想像が大いに役立つと述べたかったのである。

　Weick（1995）は，フォード・ムスタングを運転していた建設作業員がトラックに追突し，車が炎上，それが山火事となって燃え広がり，原子力発電所近くまで炎が迫ったという実際にあった事例をあげて（Weick, 1995, pp.129-130），「発電プラント外部の事象が内部の事象に影響を与えるという因果連鎖がよりタイトになり，人びとは，いまやこうした可能性に対して注意深くなっている」（Weick, 1995, p.130）と述べている。万一山火事が発電プラントにまで広がり，「原子炉のメルトダウンを引き起こした」（ibid., p.130）場合を想像することが，人びとのイナクトメントに影響を及ぼしたのである。想像がイナクトメントの幅を広げた（多様な環境をより把持できる可能性を広げた）と言える。

　いつも仕事関係の人が出入りし，平穏ではない環境が「子供心にもこうやったほうがいいのではないかと」（前掲書，21頁）想像力を刺激する。その豊かな想像が，高橋がいうところの豊かな「感性」という多様性を育んだ。豊かな

---

[2] 危機管理については第8章から第11章で詳細に検討することになる。

「感性」という多様性が環境を把持するに十分であるなら，環境変化を捉え，よりよいタイミングを掴むことも可能になるであろう。

　成功するリーダーの要件として，高橋が「感性」を育んだ環境との絡みで「体験のなかで素直にね，体験につぶされもせず，ひねくれもせず，自分なりの判断を育てた人」（上竹，1989，19頁）と述べていることも興味深い。Weick（1978）は，「良いリーダーは素直だ（The good leader is docile）」と述べている。「頑固で（firm），一切の矛盾を受けつけない（consistent）」ようなリーダーとくらべて，素直であれば，柔軟に環境変化を受け止め，状況に応じて臨機応変な対応が可能となるからである。

　高橋はその「感性を成熟させる方法」（高橋＆佐藤，1989，126頁）として，以下のように述べている。

　　自分の内側で，感性を成熟させる。すぐに感性が反応するときがあれば，時間がかかるときもある。体が痛いぐらいに追求することだ。テレビを見ていても，目が画面を追いかけながら，決断に向けて集中する。すると，頭の中が沸騰してくる。手の先からも足の先からも，頭の先からも，出てくる答えがひとつになる。
　　　　　　　　　　　　　　　　　　　　　　　（高橋談，上竹，1989，125頁）

　高橋の下で，永年ミネベアの財務を担ってきた石塚巌氏は以下のように述懐している。

　　前会長は，遊んで体を壊すことはあるけれども，仕事で壊すことはないとよく言っていましたね。それに，仕事に取り組むとき，一つの案件を自分で非常によく考えるのです。一日でも二日でも，三日でも考え抜き，一つの自分の結論を出す人でした。その案件が，私に相談があるときには，私に電話がかかってきます。突然，いきなり，「―君はどう思う」ですからね。そのときに，高橋さんの言っていることを生半可に理解して，自分の意見なんか言ったら，目の玉が飛び出すほど怒られます。　　　　　　　　　　　　　　（石塚巌氏談，上竹，1989，126頁）

　前章で，センスメーキングのきっかけであるショックが，自動的情報処理から意識的情報処理を立ち上げることを述べたとき，Luois & Sutton（1991）

積極的な設備投資　183

の主張に従い,「第三の条件, 意識的注意のレベルを高めよという内的ないし外的要請に応じた, いわば人為の主導」(Louis & Sutton, 1991, p.60) が, リーダーにとって唯一利用可能な条件であると述べた。上の記述は, 高橋自身が内的に高度な意識的情報処理をしていたことを示すと同時に, リーダーシップという観点からは, 高橋が石塚氏に対し, 強力な「意識的情報処理」の立ち上げを求めている様子をうかがわせている。高橋が,「——君はどう思う」と石塚氏に語るとき,「生半可に理解して, 自分の意見なんか言ったら, 目の玉が飛び出すほど怒られ」(上竹, 1989, 126頁) る (自動的情報処理では対応できない) とする石塚氏のショックによる「意識的情報処理」が立ち上がる。

　以下の記述は, 日本で初めての本格的なTOB計画, ミネベア内部で「X社計画」と呼ばれた計画の立ち上げを, 高橋から石塚氏が打ち明けられた晩の話である。高橋による「意識的情報処理」の立ち上げが, 社内に伝播していく様子をよくうかがうことができる。

　その夜, 石塚は瀬上 (ミネベア(株)企画部長, 当時) を誘った。酒でも飲みながら, 今後の段取にいくらか目鼻をたてておこうと思ったからだ。
　(瀬上)「社長はずいぶん思い切ったことをいうんですね。正直, びっくりしました。これはえらいことになりますよ。本当にやる気なんですね」
　(石塚)「あったり前じゃないか。あの社長が冗談なんかいうもんか。本気でやる気だ」
　(瀬上)「やはりそうですか・・・・」
　瀬上は思わず武者震いした。　　　　　　　(下田＆森永, 1990, 19-20頁[3])

　高橋が, 部下のショックを伴う「意識的情報処理」を立ち上げることで, 部下のイナクトメント, 淘汰過程に変化が生じる。石塚氏, 瀬上氏を含めX社計画に参加を要請されたメンバーは, 株価, 金利, さまざまな景気指数などをより注意深くイナクトし始めた。さらに, それらの情報はミネベアが国内初のTOBを実行に移すことを前提に解釈され始める (淘汰過程)。当然のことなが

---

[3] 1990年7月22日日曜夜9:00から放送された「NHKスペシャル・X社を買収せよ」の内容に従ってNHK経済部の下田智, 森永公紀が書き下ろしたドキュメントから。

ら，キャピタル・ゲインをねらっての株式投資とは訳が違ってくる。例えば「合併するわけですから，相手の一株当たり利益が高いほうが有利」（前掲書，30頁），合併後，直ちに売却，資金回収を図れる「アイドル土地（遊休土地）を保有しているか」（前掲書，49頁）などから株価が割高か割安かが判断される（前掲書，27-63頁）ようになった。

急激な M&A と海外展開
―破壊されかけた安定性を回復する"経験の共有"による集主観の
　コントロールの復権―

　昭和45年，ミネベアはついに東証一部上場を果たした。昭和49年には東証二部上場の歪み測定器大手メーカー・新興通信工業（株）（現ミネベア（株）藤沢製作所）を買収，休む間もなく翌年には東証二部上場のネジの総合トップメーカー（株）東京螺子製作所（現ミネベア（株）藤沢製作所），防衛関連機器メーカー新中央工業（株）（現ミネベア（株）大森製作所）を買収，さらに翌昭和52年9月，大証二部上場の自動車部品メーカー大阪車輪製作所（株）（現ミネベア（株）京都工場）を買収した。昭和53年には，国内第二位のスピーカーメーカー北斗音響（株），トランスメーカー（株）ハタ通信製作所を買収，明くる昭和54年8月，大証二部上場のダイキャストメーカー帝国ダイカスト工業（株）を買収した。昭和49年にミネベアによる国内で最初の大型買収が行われてから，わずか5年間のうちに上場企業4社を含む7社を買収したことになる。

　企業にはそれぞれの企業文化が存在するとは，前章であげた Deal & Kennedy の言を待つまでもなく，多くの者が指摘していることである。われわれの言葉で言えば，企業が変われば保持している内容が変わる。当然，集主観も変わってくれば，イナクトメント，淘汰の仕方も違ってくる。ミネベアの買収した企業群は，メーカーという点では同じであるが，製品は多種多様である。超精密部品であるミニチュアベアリングと大型部品の車輪では，生産管理体制なども大いに異なり，当然従業員の考え方も違ったであろう。

企業にとって，合併はもっとも劇的な出来事の一つである（We79, 166頁）。前章で述べたように，組織の安定性（適応性）には保持が大きく関わっている。逆に，組織の柔軟性（適応可能性）にはイナクトメントと淘汰が主に関与している。合併はその双方を「カットしている」（We79, 166頁）。「合併は，植物の交配種が野生の幹を切り捨てるように，組織の存続という問題に対するそれぞれ独自の解を破壊する。合併は，保持された知恵に矛盾をもたらし，それゆえ破壊する」（We79, 166頁）。

　多くのアメリカ企業による日本企業に対するM&Aにおいて，さまざまな角度からコンサルタントを行ってきた黒田[4]によれば，合併後57％の企業の株主利益率が業界平均と比較して大きく低迷し，その最大の原因として73％の企業が，統合における文化的差異をあげているという。黒田が語ってくれたところによると，「戦略立案（どのような業種，業態の企業を対象にするか，どういった技術が欲しいのかなどから大まかな買収先を検討する段階），ディール遂行（具体的会社の選定，買収）といった作業は知的満足感を与えてくれる楽しい作業だが，ポスト・アクイジション・マネジメント（買収後のマネジメント）段階で，多くの企業が大きな障害に突き当たってしまう」という。彼女の言葉をさらに借りるなら，「買収（acquisition）の仕事は知的で面白いが，合併（merger）の仕事は最悪」らしい。「そこ（ポスト・アクイジション・マネジメント）では，異なる組織文化をどう扱うのかが最大の鍵」であり，「リーダーはみんなで向かうことのできる確固たるビジョンを示すことが大切」だと彼女は言う。

　黒田はさらに組織の文化的差異（集主観レベル）の原因は，日米の国家的な文化の違い（超主観レベル）にまで遡らなければ理解ができないという。例えば，「アメリカの人たちにとって，コンセンサスとは公の場で堂々と話し合って築きあげるものだが，日本人は根回しなどを重視する。日本人のそういった姿勢は，アメリカ人には隠れてコソコソ話しているように映る。自分たちは永

---

[4] ここでの話は，2000年11月25日にホテル・ニューオータニで開催された青年会議所電機工業部会での黒田由貴子氏の講演内容及び当日配布された黒田氏が経営する(株)P. Y. インターナショナル（本社，東京都渋谷区）の『会社案内』，『マネジメント研修サービスのご案内』等の資料に基づき，ご本人の了解をいただいた上で掲載している。

遠のアウトサイダーで除け者にされていると感じてしまう」。同じ超主観的土台の上で合併をするのに比べて，おそらく超主観レベルでの認識の相違は，より大きな困難をもたらすだろう。超主観レベルでの差異まで含めて考えるならば，合併後に企業が突き当たる大きな障害は，海外に工場を展開する場合でも当てはまる面が多いだろうし，さらには海外の企業を買収するとなると，そのポスト・アクイジション・マネジメントの苦労は国内の比ではあるまい。

　ミネベアは国内におけるM&Aで急成長すると同時に，積極的に海外展開を行っていった。昭和46年には，SFK社の米国リード工場を買収した。当時，「SFKは，子会社を十二持っているベアリングの会社で」(高橋談，上竹，1989, 86頁)，「ミネベアがアメリカで成功したために，業績が悪化」(前掲書，86頁) し，その「子会社のうちの一社を売りに出すというわけ」(前掲書，86頁) だった。昭和48年には，米ITLテクノロジー社を買収，2年後の昭和50年には米IMCマグネテックス社を傘下に加えた。さらに昭和55年には光洋精工のシンガポール工場を買収し，またタイにNMB Thai Ltd. を設立，以後タイへの投資が本格化する。翌59年には，米ベアリング業界大手ニューハンプシャー・ボール・ベアリング社を買収した。

　国内及び海外における矢継ぎ早のM&Aと並行して，驚くべきスピードで海外展開される工場群，組織の認識を根本から「破壊する」(We79, 166頁) 恐れのある，さまざまな問題を高橋はどのようにして乗り切っていったのだろうか。無秩序で混乱に陥りがちな組織に，再び安定性を取り戻すために，どのような手を打っていったのであろうか。

　高橋は，合併後，被合併側企業の従業員，それも幹部ばかりではなく，作業員までも軽井沢の別荘などに招待し，直接自分の考えを説明している。高橋に招かれたある社員は，当時を振り返って，「高橋会長のことはマスコミ報道などでよく知っておりました。最初は怖い人みたいだと思っていました。軽井沢の別荘に招いていただき，いろいろとお話をうかがっているうちに，ああ，この人は今までの経営者とはまったく違うなと思いました。別荘から帰るころには，一緒に行った人たちも，皆，会長の人間的な魅力に圧倒されたとでも言うのでしょうか，この人になら付いて行ける，この人の下で働けるようになれて幸せだと考えるようになっていました」[5] と語ってくれた。

また，高橋は合併した企業との間で，積極的に人事交流を図り，一日も早く一枚岩になれるよう（安定性が回復されるよう）努めた。特に高橋が重視していたのが，互いに相手側の仕事を経験させることだった。相手の職場に入って，その人の立場で仕事をする。お互いが教え合いながら，仕事を遂行していくうちに，吸収企業，被吸収企業という枠を越えた相互理解が芽生え始めたという。シンガポールやタイに工場を海外展開した時にも，高橋は現地採用の社員に必ず長期にわたる日本での研修を受けさせている。当然ながら，日本からも海外工場に出向いて，技術指導なども含めながら，一緒に作業をさせている。

　ここで予め注意しておきたいのは，ミネベアでは安価な労働力を日本で活用するために海外研修生を招いているというようなことはまったくないということである。先に，鐘紡時代に高橋が，当時の女子工員のおかれていた悲惨な状況を，人権上の立場から許せないと考えていたことを述べたが，高橋のそうした経験はミネベアで大いに活かされていた。軽井沢に多額の設備投資をし，資金がいくらあっても足りないような時期に，ミネベアでは「超近代的な」（上竹，1989，44頁）「女子寮」（上竹，1989，44頁）を軽井沢に作っている。その「三階には風呂場をしつらえ，浅間山が一望にできるよう」（上竹，1989，44頁）に配慮されていた。

　高橋の従業員を大切に扱う考え方は，海外研修生を迎えるに際しても遺憾なく発揮されていた。ミネベアは自社所有の航空機を有し，主にそのファーストクラス部分のみを乗客乗員用に利用し，その他の部分は貨物輸送用に利用している。ミネベア自社機は，シンガポール，タイなどの主要工場と日本を結ぶ重要な架け橋となっている。海外研修生たちは，乗り心地のよい自社機で日本へやってくる。さらに，彼らは極めて質の高い社員寮などで生活し，栄養が十分に考えられた美味しい食事をとることができる。ミネベア京都工場を訪れた折に，京都工場内の社員寮を拝見させていただき，私自身も海外研修生が使用するものと同じ部屋で一泊させていただいた経験がある。ご好意で翌日，社内食堂の食事も頂戴したが，社員寮も食事の質も極めて高いものであることをその

5　ここでの話は，被合併側の従業員としての経験をもつ現役のミネベア社員の方に，匿名を条件にインタビューした内容を，本人の了解を得て掲載している。

ときはっきりと実感することができた。また静岡工場をお訪ねした折にも，多くの海外研修生の方々と混じって社員食堂で食事をいただく機会を得たが，海外研修生の方々の生き生きとして輝く瞳と共に，そこでも食事の質の高さには驚かされた。他にも藤沢工場などいくつかの拠点で，生産現場を直に見学させていただいた。いずれの施設でも整理・整頓・清潔・清掃が限無く行き届き，徹底的に配慮された作業環境が印象的であった。ミネベアでは，海外研修生が，これ以上ないほど素晴らしい環境で研修活動に専念できるという事実を忘れてはいけない。

　　うちの工場は独身寮から家族寮，クラブハウスからプールまで，基本的な生活が営める経済規模をつくっている。　　　　　　　　（高橋談，上竹，1989，99頁）

　高橋は，一年にわたる長期の海外研修について以下のように語っている。

　　一年にわたる研修は，単純な作業の場合には必要ないと考えがちである。しかし，研修とは教育ではない，伝達ではない，まさに現場での修練である。現場での修練とは，苦しいことを我慢し，耐えることを含むという意味である。会社に来て仕事をするときに，単純な仕事はじきに飽きて嫌になるはずである。従って，タイ，シンガポールの研修生が日本に来て，われわれの工場で研修するときに，じきに仕事に馴れて，もう覚えたと思いがちである。くり返しの仕事の場合は当然である。教える方も，すでに伝わったと思いがちである。しかし，一見単純にみえる仕事をくり返しやらせることに意味があると認識されたい。日本まで来て，単純な仕事をやらされるのは堪らない，と研修生が感じることがある。それを承知で徹底してやらせる。嫌だなという感じを現場で何回か味わわせ，克服させることが研修である。さすれば，タイ，シンガポールに帰った後に，現場で嫌だなと感じるときに，日本でも同じ感じを抱いたことを本人たちが思い起こす。そのことが必要なのである。われわれ日本側としては，そこまで思い込んで指導を徹底することが研修の成果につながる。　　　　　　　　　　　　　（高橋談，上竹，1989，135頁）

　シンガポールのリ・クアン・ユー首相（1986年当時）は以下のような演説を，独立記念日を祝う式典の席上，全国民に対して行ったという。

シンガポール人は，物事を簡単に考えてはいけない。シンガポール人はなんでもすぐ解ったといって，その先の仕事に真剣に取り組まない傾向がある。数年前，日本のベアリング会社にシンガポールから送られた研修生が，同じ仕事をくり返しやらされてたまらない，と問題を起こしたことがある。そのとき，シンガポール政府はただちに調査団を日本に派遣し，調査したが，くり返しすることが重要なことであるとの確信を得た。そのことを理解することが大切である。

(上竹，1989，136頁)

　長期にわたる日本での研修について，日本アセアン投資が主催した第一回JAICフォーラム（昭和63年10月12日）で，高橋は以下のようにも述べている。

　さっきもちょっとふれましたが，海外の工場でうまくいくかどうかのポイントは，内製体制が十分であるかということが一つです。それから内製体制の基本になるのは人材です。人材というのは東京帝国大学を出たという意味ではありません。その仕事，仕事に応じて必要な人材というのがあります。ものづくりの場合には，ものづくりに適した人材を持っているかどうかです。その人材は，大司令官がいてもだめです。日本的な経歴で登用される人が，現在の責任者に適合されるわけではなく，現場の仕事をわかっている連中が，新しい現場で実際に作業に当たる人たちに近いところで機能するかということが問題です。組織の上でいけば，下士官，上等兵が強くなければ，陸軍は強くないのです。結局，下士官，上等兵といった人材をたくさん持っているかどうかです。（中略）人材が一番問題なのは，昔の陸軍でいえば，下士官，上等兵ですね。この人は営内に一緒に住んでいました。ところが，将校は彼らと一緒に住んでいないのです。将校というのは上のやつで，時にマージャンもするし，酒も飲むし，女もからかいますし，勝手な歌なんかも歌います。それを兵隊に見せたら，全軍がしまりません。昔の旧軍の組織というのは，実によくできていたと思います。三権が分立していただけでなく，運営にも非常に積み重ねがありました。昔は，将校は営内居住が認められませんでした。子供の頃，私の実家にも将校さんが下宿していました。私の育ったのは赤羽でしたが，工兵隊が二つありました。そこで，将校はみんな町に下宿してました。うちなんかの個人の家にも，将校さんが下宿していました。それで日本は強かったんです。将校がみんなと一緒に住んでいたら，なんだ，上はあんなことやっている，おれも真似ようということになって，兵隊が弱くなります。それと同じことです。シンガポールや

タイに立派な将校が行ったから，うまくいくのではなくて，立派な下士官がいるのか，秀れた上等兵がいるのか，それを日本でちゃんとできているのか，やがて，それを現地人に置き換える体制が進んでいるのか，問題はそこだけなんです。大抵はそこができていないんですね。　　　　　　　　　　　（高橋談，上竹，1989，137-138頁）

　（海外の）労働者の質がどうかなんて陳腐な発想はまったくない。人をうまく使うのは経営の問題ですからね。　（高橋談，上竹，1989，95頁，括弧内は引用者）

　「組織文化の接着剤は『共有された意味』であるとはよく言われる」（Weick, 1995, p.188）。これまでたびたび述べてきたように，意味とは回顧的なものである。センスメーキングは過去の瞬間と現在進行中の事態，それを結び付ける連結からなる。すなわち，同一の事象に触れても，「個々人はそれまでに異なる経験を持っているために，その意味が異なったものになってしまう」（Weick, 1995, p.188）ために，「共有された意味を手に入れるのは難しい」（ibid., p.188）。しかし，これまでの分析から，「別の種類の接着剤なら手に入ることがわかる」（ibid., p.188）。「人は意味を共有しないかもしれないが，経験を共有」（ibid., p.188）することは可能である。「個々人の歴史は類似性を生み出すにはあまりに多様だ」（ibid., p.188）。従って，もし人びとが何かを共有しようとするならば，意味よりも「活動や，会話，共同の課業」（ibid., p.188）を共有するほうがはるかに容易である。

　もし，「意味を共有したいならば，共有された経験が発生したすぐ近くでそれについて語る」（ibid., p.188）必要がある。「誰もが既成のラベル（ready label）」（ibid., p.188）をその経験に貼り付けてしまう前に，すなわち「その経験が誰の心の中でも真新しいうちに」（ibid., p.188），「その場で共通のボキャブラリーを用いて」（ibid., p.188），その経験について語ることである。こうした経緯を経ることで，「人びとは共有された経験に対し共有された意味を構築するのである」（ibid., p.189）。

　Weick（1995）によれば，「共有された経験と共有されない意味という現実に対処する」（ibid., 189）には，まずは「共有された経験をあるがままに受け入れる」（ibid., p.189）ことだと言う。「文化を共にすることは，共通経験に

関する物語を語ることで」(*ibid.*, p.189) あり，「私が共通経験に関する私の理解に基づいて行為し，あなたがその同じ理解に基づいて行為」(*ibid.*, p.189) し，そこにすれ違いがないように互いに調整していくならば，私たちは「共通する根源によって共に結び付けられて」(*ibid.*, p.189) いく。「その共通性によって，われわれは共に結びつき，互いに相手の付与した意味を理解できるようになるのである」(*ibid.*, p.189)。すなわち，Weick (1995) によるなら，経験を共有すると言うことはやがて意味を共有することにつながる[6]。ある集団内で意味が共有されるのであれば，それはその集団内に集主観が形成された証左である。

高橋は，M&Aにおいても海外展開においても，在来の従業員達と新たに参加してきた従業員達に共通の経験を積み重ねさせることで，ミネベアの新たな融合された集主観を生み出そうとしていたのではないだろうか。組織の上では「下士官，上等兵」の果たす役割が重要で，それは「彼らが実際に作業にあたる人に近いところで機能」しているからであると述べているが，それは「その経験が誰の心の中でも真新しいうちに」(*ibid.*, p.188)，「その場で共通のボキャブラリーを用いて」(*ibid.*, p.188) 意味を共有せよとの Weick (1995) の考えの実践である。

高橋によれば「研修とは教育ではない，伝達ではない，まさに現場での修練」であり，「一見単純にみえる仕事をくり返しやらせることに意味が」あり，それは，「日本でも同じ感じを抱いたことを本人たちが思い起こす」ために必要なのだと言う。

Weick (1979) によれば，保持内容による影響力は「re-call すなわち呼び戻しやすさ」(We79, 268頁) で決まる。「簡単に言えば，経験の保持とは，経験をその時の状況とともに思い浮べる可能性や思い出しやすさの別名に過ぎない」(We79, 268頁)。保持内容の「呼び戻しやすさ」(We79, 268頁) は，過去にどれほど「くり返し利用」(We79, 268頁) されたか，どれほどの頻度で用いられたかによる。例えば，困難に直面したりすることで過大なストレスが加えられると，「人は最近学習した反応やカテゴリーを破棄し，以前の

---

[6] この点については Weick が解釈主義の視座から立論しているとした第3章，第4章での議論を思い出して欲しい。

過剰学習した，より単純な反応まで退行する傾向がある」（Weick, 1995, p. 102）。戦場での過大なストレスは，兵士の思考を停止させるが，同時に過去に過剰学習した（徹底的に訓練されてきた銃の操作，発砲などの）反応を自動的に示すよう導くだろう。これらのことは，何度もくり返すことの重要性を物語っている。現場でのくり返しなされる単純作業によって，研修生は帰国後も，単純作業に触れるたびに日本での経験を頻繁に呼び戻すようになる。

さらに「下士官，上等兵」は「営内に」兵隊と「一緒に住んで」いるのだから，経験の共有は作業ばかりではなく，生活のさまざまな部分にまで拡張されるだろう。共有される経験の幅が広がれば，それは互いのセンスメーキングをより豊かなものとする。ミネベアでは，多くの海外研修生と共に，日本人従業員も一緒に社員寮などで生活している。

また，ミネベアではいまでも，軽井沢の山荘を社員が積極的に利用するよう図っている。そこには，全国各地の工場や営業所から研修や懇親，あるいは取引先の接待などの名目でミネベア社員が集い歓談する。共に食事をし，語り合いながら夜が更けていく。私が軽井沢山荘を訪ねたときも，私たち以外に明らかにミネベア社員と分かる方々が多数宿泊していた。高橋は，この山荘に，たびたび社員を招いた。彼らは，高橋の話に耳を傾け，さまざまな職場の人間が交流を重ね，帰路につくころには，「被吸収側も吸収側もない，同じ一枚岩のミネベア社員なのだという誇り」[7] が育まれていたと言う。

組織の組織たる所以はメンバーの互換性にある。メンバーの互換性を破壊し，組織の安定性を脅かすがゆえに合併や海外展開は危険なのである。そこには，前章で述べた過度の柔軟性に溢れた組織が陥るセンスメーキング不能，制御不能の危険性が待ち構えている。合併や海外展開などで，根本から「破壊」（We79, 166頁）されかけた組織の安定性，互換性の根源である集主観のコントロールを回復するために，高橋が打った手は，「組織文化の接着剤」（Weick, 1995, p.188）として「経験を共有せよ（Encourage shared Experience）」（*ibid.*, p.188）という Weick（1995）の主張の実践であったとも言えるだろう。

---

7 脚注5と同じ。

ハーバード・ビジネス・スクールでの講演
―回顧的意味形成,メンバーの多様性がもたらす組織の多様性,第3次
コントロール―

　昭和61年4月15日,高橋はハーバード・ビジネス・スクールに招かれ,講演を行った。リーダーシップという論点からはやや遠ざかる点も含まれるが,高橋の経営観を知る上で極めて貴重な資料[8]であり,実践の経営者による経営観をWeick理論と照らして考察できる優れた内容であるため,十分な考察を加えてみたいと思う。

　高橋は最初に「事業計画が先ではない」(高橋高見ハーバード・ビジネス・スクール講演録,上竹,1989,195頁) と述べて,「われわれは,まさかMPB,NHBBを追い抜けるとは思いませんでした。そのような発想もなかったし,プランもなかったのです。それゆえに成功しました」(前掲書,198頁)と語った。続けて「事業計画が先ではない」(前掲書,195頁)わけを以下のように述べている。

　　インダストリーの盛衰,勝ち負けの歴史を見るとき,立場の逆転が起きる場合
　に,後から追い上げていく者が,やがて逆転しようという計画があったがゆえに逆
　転をなし得たのではなく,むしろ計画がなかったことにより,逆転が可能となった
　と考えるべきであります。
　　すでに強大な競争メーカーが存在するのに,そのメーカーに勝つための長期計画
　など作ろうとしてもでき得ないのです。とりわけ,このようなプランを計画する人
　達は,インテリ,知識の高い人々による作業となりますから,彼らのインテリジェ
　ンス,知識それ自身がブレーキとなってしまい,このような計画は立て得ないもの
　であります。
　　トヨタや日産などの自動車メーカーも,米国へ輸出を始めた時点から,今日のア
　メリカでの彼らの成功を予想していたわけではないと思います。彼らには,そのよ

8　高橋は英語で講演したが,高橋の講演をミネベアにて和訳したものが上竹 (1989) に掲載されている。ここではすべて上竹 (1989) より引用した。

うな発想も計画もありませんでした。だから，成功することができたと見るべきであります。日本の自動車メーカーのトップのだれもが，そしてプランナーのだれもが，まさかアメリカのマーケットで，日本の車が今日のように売れるとは思わなかったし，アメリカ人が本当に日本の車を認めてくれるようなことが起こるとは予想もしていなかったと思います。

　しかし，なぜ出荷が開始され，今日の成功につながったのでしょうか？　どこの会社にもあまり頭の良くない人がいるものです。これらの頭の良くない人々は，極めて単純に自動車王国アメリカに自分たちの自動車を販売できれば嬉しいと考えます。それを押し進める過程で輸出が動き出したと考えるべきであります。頭の良くない人とは，大学の成績が良くない人という意味です。ただし，その中のだれかには成功するかもしれないという閃きがあったに違いありません。当然のことながら，日本の自動車メーカーの主流を成しているマネジメント，幹部の諸君は，「まあ，練習のためにやってみようか」程度の気持で，そして，もしアメリカにわずかでも販売できたという形が残れば，それを日本のマーケットでの販売戦略で良きストーリーとして使うことができる，そうすれば，日本のマーケットで日本メーカー同士の競争において少しでも有利に立ち得るのではないか，と考えたのです。

　そうだとすれば，一部，頭の悪い人達がアメリカへの輸出を唱えるならば，まあやらしてみることもよいであろう。同時にこれまた極めて日本的な発想でありますが，他の日本のメーカーが輸出努力を開始しているらしい。とすれば，横並び精神から言って，自分の会社もそのような行動を起こさないと具合が悪い，という発想。また万一わずかの台数でも他の競争メーカーが，アメリカでのセールスに成功すれば，日本での競争も不利になるというような次元の低い判断から，どのメーカーも輸出ゴー（GO）を与えたものと思います。ところが，予期に反して，アメリカで自動車が売れるようになってきました。横を見ると，他の日本の同業者も売れ始めている。トヨタが増設するなら日産もやろう。日産が増設するならトヨタもやる。それを見てマツダが増設を開始する。

　かくして，戦略も計画もないけれども，その日その日を努力していたら，気がついたときには輸入制限の話にぶつかった。初めてそこで，それほどまでに自分たち日本の自動車メーカーが強力になっていたのかと，日本の自動車メーカーのマネジメント初め幹部各位，また従業員も驚き，かつ半信半疑，やがて時間の経過と共に現実を追認するようになり，あるときから一転して，日本の自動車事業に携わるすべての人が，日本の自動車は素晴らしい，素晴らしいからアメリカでかく売れていると思うようになりました。

かつて計画もなく，自信もなく，つい最近までまさかと思っていたことが，事実追認の形で事態を認識するようになり，ある日一転強気の自信に変わってきた，そして今では，さもすべて戦略があり，計画があったように振る舞うことになる，すべてこれあとの講釈です。アメリカのインテリサイドから見れば，このようなストーリーの方が理解しやすいので，このような後から作られたサクセスストーリーが一人歩きし始める，かくしてビジネス・スクールの教材に馴染みやすいものとなり，ケーススタディのモデルに組み込まれる，これが日本の自動車メーカーの現実の姿であろうし，一人自動車メーカーだけでなく，日本の多くのアメリカに輸出を成功させたインダストリーの歩みであるというべきでありましょう。
　つまり，戦略も計画もなくスタートし，進行させたから成功した，成功しそうだと感ずるようになって初めて，計画自体が始まったということでありましょう。
　　　　　　　　　　　　　　　　　　　　　　　　　　（前掲書，198-201 頁）

　「事実追認の形で事態を認識するようになり」（前掲書，200 頁），「そして今では，さもすべて戦略があり，計画があったように振る舞う」（前掲書，200 頁）という高橋の考え方が，これまで繰り返し触れてきた Weick による意味は回顧的に形成される（We79, 250-261 頁あるいは Weick, 1995, pp.24-30 など）という考え方に一致していることは明らかである。Weick（1979）の「プロジェクトは歴史が当てはめられたとき，有意味なものとなるが，その歴史はそのプロジェクトが完結する前ではなく後に形成されるのである」（We79, 253 頁）という主張は，まさに高橋の言葉と同義である。
　高橋は，「驚き，かつ半信半疑，やがて時間の経過と共に現実を追認する」（上竹，1989, 200 頁）と述べているが，Weick（1995）によれば，第 2 章で検討したように，センスメーキングはまさしくショックと共に開始されるのである（Weick, 1995, pp.83-91）。ショックが意識的情報処理を立ち上げ，時間の経過と共にショックが薄らいでいくとき（消えていくとき），意識的情報処理は自動的情報処理に再び移行し，「新奇なもの」（Luois & Sutton, 1991, p. 60），「食い違い」（*ibid.*, p.60）と思われていた事象が日常的事象として受け止められていくようになるのである。
　高橋は，「もしアメリカにわずかでも販売できたという形が残れば，それを日本のマーケットでの販売戦略で良きストーリーとして使うことができる」

(上竹，1989，199頁）と述べているが，センスメーキングプロセスは前章までに述べてきた通り，「正確性よりももっともらしさが主導するプロセス」(Weick, 1995, p.17)であり，「後知恵によって観察された結果を必然的に導くような明確な連鎖を再構築する」(Weick, 1995, p.128)プロセスである。そして，「よいストーリーを生み出すことができれば，センスメーキングにもっともらしいフレームを提供することができる」(Weick, 1995, p.128)。この場合で言えば，アメリカでの成功ストーリー（よいストーリー）は，消費者が目前の車を評価するときに「もっともらしいフレーム」(ibid., p.128)として作用し，「日本メーカー同士の競争において少しでも有利に立ち得る」（上竹，1989，199頁）ことになる。

「インテリジェンス，知識それ自身がブレーキとなってしまい，このような計画は立て得ない」（前掲書，199頁）と思われるようなことに自動車メーカーが挑めたのは，高橋によるなら，「その中のだれかには成功するかもしれないという閃きがあった」（前掲書，199頁）からだということになる。これまで，多様な環境を受け止めるには，受け止める側の多様性がそれ以上であることが望まれると強調してきた。そして，高橋が「閃き」，「感性」と述べるとき，それらもやはり多様性の一つの現れであると捉えるべきだと述べた。ここで高橋が言っている「閃き」はリーダー自身の「閃き」ではない。第2章で触れた「必要多様性の法則」(We79, 244頁)に関する遠田（1998b）の以下の見解は，高橋の「閃き」を考える上で参考になるだろう。

　システム制御の領域に，有名な"必要多様性の法則 (law of requisite variety)"というのがある。これは「多様性を駆逐できるのは多様性だけだ」というものである。これをわれわれの議論に適用すると，組織は経験の流れの多様性に対するに組織を多様にしなければならない，となる。では，どうすれば組織が多様になるのか？
　対象物の外形を把持（register）する器具に輪郭ゲージというすぐれ物がある。このゲージは，長さ約18センチで180本の針金でできていて，それをある堅い対象物に押しつけると，対象物の外形がゲージに残り，この跡形は対象物の写しとなっている。さて，把持される対象物が複雑多様になればなるほど，ゲージの針金の数は多く，針金相互が独立的で，針金が針金を束ねている盤木との摩擦によって

ではなく対象物によって動くようになってなければならない。
　これを組織に敷衍すると次のようになる。異質な業務単位あるいは人員が多数ルースに結びついた組織の方が，類似の業務単位や人員が少数タイトに結びついた組織よりも，複雑微妙な経験の流れや生態学的変化を精確に把持できる。出来事や事柄の把持が正確でなかったり粗雑であったりすれば，事件報告や組織に提示される問題も歪んでいたり大雑把なものとなる。
　したがって，少数精鋭のタイトカプリング組織は多人数のルースカプリング組織よりも経験の流れの把持の点でひいては組織への問題提示の点で劣るであろう。
(遠田，1998b)

　これまで本論文では，主にリーダー自身の多様性に目を向けてきた。しかし，組織はリーダー自身が多様性に富んでいなくとも，多様性を把持しうる。それを遠田 (1998b) は，「異質な業務単位あるいは人員」が参加している組織の方がより多様性を把持できると主張しているのである。（+，+）ばかりを志向するリーダーシップの下で，メンバーの多くが同調型の反応を示すならば，誰しもが同じようなものを見て同じように解釈するようになる。そうなると，組織が受け止められる多様性も減少せざるを得ない。いろいろな物の見方，考え方をする「異質な」(遠田，1998b) 人びとの存在を受け入れる組織の方が，より精確に環境を把持できるであろう。
　Weick (1995) は，「少数派は他の代替案，その多くは提起すらされていない代替案を考慮するよう刺激」(Weick, 1995, p.141) し，「対立する少数派の見方を聞いた人は，認知的努力をより多く払い，状況のより多くの側面に注意し，そのためさらに多様な思考やいっそう真新しい解決策や決定を生み出す」(*ibid.*, p.141) として，大多数のメンバーと違う見方，考え方をする人びとが組織に存在することの意義を強調している。「その中のだれかには成功するかもしれないという閃き」(上竹，1989，199 頁) があり，そういう閃きをする人は「大学の成績が良くない」(前掲書，199 頁)「頭の良くない人」(前掲書，199 頁) であると高橋が述べるとき，大多数の常識的なものの見方，考え方しかできない人ばかりではなく，「異質」(遠田，1998b) なメンバーを抱えていることの重要性を指摘していることが理解される。
　さらに高橋は，異質なメンバーを抱えているだけではなく，「組織内の現場

の各レベルの人たちの感性と閃きをいかに発揮させるかが，大事なことなのです」(上竹, 1989, 211頁) と強調する。

　マネジメントの実務とは実はこのことです。学校での勉強の知識をより所にして，企業でポジションを占め，自己の見識，能力を発揮しようとするのは間違いです。邪道です。最も好ましいスタイルは，学校で勉強する。勉強する限りは徹底してやる。学校での勉強の成果を出世の道具にしない。学校での勉強が終えたら，現場の経験を得ることからスタートする。現場の原点に立つことなく，経験することなく，上級のポジションを占めてプランし，指揮し，命令することは，組織に対する冒涜であると認識すべきです。

　美術専門学校で，絵の，彫刻の勉強をしたならば―美術学校で成績がよかったならば―そのまま後世に残る名画，名彫刻を作りだせるものではありません。美術専門学校を卒業すれば，美術の教師になることはできます。後世に残る絵描きになれるか否かは，学校での勉強よりもむしろ感性と閃きです。学校での勉強が時として，感性や閃きを呼び起こすことがあるかもしれない。ないかもしれない。ただ，それだけのことです。

　ビジネスにおいて，とりわけインダストリービジネスにおいては，組織内の現場の各レベルの人たちの感性と閃きをいかに発揮させるかが，大事なことなのです。ビジネスの成功者，とりわけ創業的成功をした人は，トップ経営者になり得る感性と閃きをもっています。このような人もビジネスをスタートした時点で，必ずしもこのような感性と閃きを持っていたとは言い難いのです。現場での実践，経験の過程で感性と閃きが養成され，レベルアップしていくものであると理解して欲しいのです。

　学校での勉強が教師を育てることはできるように，ビジネス・スクールではビジネス・スクールの教師になり得る人を輩出することができるでしょう。従って，ビジネス・スクールに学ぶ人が誤解してはならないことは，実は出世の種は現場に転がっている，ということで，学校の中には転がっていないということです。

(前掲書, 210-211頁)

　これまでに考察してきたように，多様性が主に経験の多様性によって育まれるということを，高橋は，「現場での実践，経験の過程で感性と閃きが養成され，レベルアップしていく」(前掲書, 211頁) と表現したのである。その

「感性と閃きをいかに発揮させるか」(前掲書, 211 頁) について, 高橋は以下のように述べる。

> (日本のリーダーはアメリカのリーダーと比べて) 抽象的な精神論を述べることはするが, 具体的な施策についての強烈なリーダーシップは発揮しないケースが多い。
> そのため, 日々の会社の運営の中で上からの指示は, 不明確なものとなります。つまり弱いコントロールしかできないのです。能力が低いから, わからないから, あまりリーダーシップを採ろうとしない。このことが結果として, 幸いしているのは, 日本の中堅以下, 現場に近い立場の人のフリーダムを大きくしていることになっているといえるのではないでしょうか。そのため, 日本の現場では, すなわち生産現場, 営業現場, とりわけ生産現場では, それぞれの立場の人たちの閃きと感性が機能することになります。　　　　　(前掲書, 213 頁, 括弧内は引用者)

　先に遠田 (1998b) によるルースカプリングの効用について述べたが, 高橋も現場レベルで閃きや感性が機能するためには, 輪郭ゲージが「盤木との摩擦によってではなく対象物によって動くようになって」(遠田, 1998b) いるように,「弱いコントロール」(上竹, 1989, 213 頁) によって, 現場レベルで十分なフリーダムが確保されていることを重視している。
　言葉を変えるなら, 緩やかな結合はイナクトメント, 淘汰に対するマイナスのフィードバックの現れであり, 組織の柔軟性を確保する。柔軟性ゆえに, 高橋の言う現場レベルでの閃きや感性が機能する。高橋が柔軟性に重きをおいてバランスをとることの大切さを述べている点が理解される。
　ここで注意しておきたいことは, 上で高橋が日本のリーダーは「弱いコントロールしかできない」(前掲書, 213 頁) と述べているのを弱いリーダーシップしか発揮していないという意味と混同してしまわないことである。誤解を恐れる理由はコントロールという言葉が使用されている点にある。Weick (1995) が, コントロールを,「直接的な監督による第 1 次コントロール, 次にプログラムやルーティンによる第 2 次コントロール, そして最後に自明視されている仮定や定義からなる第 3 次コントロール」(Weick, 1995, p.113) という段階に分けて捉えていることは, これまで繰り返し説明してきた。そのと

き，第1次コントロールとは行為レベルでのコントロールであり，第2次コントロールが意思決定レベルでのコントロールで，第3次コントロールは認識レベルでのコントロールであるとも述べた。ここで高橋が言っている「コントロール」（上竹，1989，213頁）が第1次コントロールと第2次コントロールを指していることには注意されたい。高橋は，日本の経営者は往々にして，例えば「NHBBの製造担当副社長が，インターナルグラインダーのサイクルタイムを知らない」（前掲書，213頁）ように実務に詳しくないが，「実務を知らない経営者は，遠慮して」（前掲書，213頁），「生産現場，営業現場」（前掲書，213頁）に「アメリカの経営者ほど理論的にも実践的にも強くプレッシャーをかけない」（前掲書，213頁）。ところが「自信過剰で高給を堂々と獲得する」（前掲書，216頁）「アメリカの経営者は」（前掲書，216頁）「実務を知らなくてもマネジメントとして機能しようとする」（前掲書，214頁）ために，「良い物を安く作り得る現場」（前掲書，216頁），「肝心の生産現場での諸問題に対する理解力，判断力」（前掲書，216頁）に「日本の経営者よりもさらに悪い影響」（前掲書，216頁）を及ぼし，「実はインダストリーの内部を疲弊させている」（前掲書，216頁）のであると主張する。高橋が，日本の経営者は「弱いコントロール」（前掲書，213頁）しかしないというとき，それは「良い物を安く作」（前掲書，216頁）るという行為，「現場での理解力，判断力」（前掲書，216頁）という意思決定に関して「弱いコントロール」（前掲書，213頁）しかしないと述べているのであって，第3次コントロールまで「弱い」（前掲書，213頁）と言っているのではないことに注意されたい。

　遠田（1999c）は，「トップは確かに現場知には弱い。しかし，弱点を長所に転ずることができるのです。すなわち，トップは小所低所の現場知にとらわれない大所高所からの夢を語れるのです」（遠田，1999c）と述べているが，これもトップが第1次，第2次コントロールに拘泥することなく，第3次コントロールを重視すべきだという考えを表明したものであると受けとめられる。

　本章では，高橋高見という優れた実践の経営者を取り上げ，リーダーが，イナクトメント，淘汰過程への保持からのフィードバックを実際の現場でどのように変容せしめるのか，さらに合併，海外展開後などに制御不能に陥りがちな

組織において経験の共有を通して集主観のコントロールを回復する様，現場レベルの閃きと感性を発揮させるための柔軟性を確保する様などを描いてきた。また，多様性についても，さまざまな角度から眺めてきた。いずれの点をとってみても，高橋高見がいかに魅力溢れる経営者であったかを偲ばせるものであったように思う。

　本章を終わるにあたって，躊躇いがちなことの多い経営者を勇気で満たしてくれる，高橋高見の以下の言葉をもって締めくくりたい。

　　ビジネスチャンスがある，とわかったらあとは挑戦ですよ。とかく新しい仕事をするとき，経営者は言いたがるのです。ここのところが難しい，いや社内的調整もせねばならぬ，いや将来のために，こう考えておかねばいけない，と。私に言わせたら，そんなことはないんです。言いわけですよ。ここにはビジネスが成り立つと思ったら，やればいいんです。やっていくうちに，問題はいくつもでてくる。考えているとき以上に出てくるものです。それを一つ一つ乗り越えていくのが，ビジネスマンでしょう。最初からグズグズしているのなんか，経営者じゃない。社長は旗を大きく振って"進め"と言えるかどうかです。　（高橋談，上竹，1989，127頁）

第 8 章
HRO 理論

　ずさんな品質管理や安全軽視の姿勢などが原因と思われる企業不祥事が後を絶たない。松下電器の石油暖房機やソニーのリチウムイオン電池などで大規模なリコールが相次ぐ一方，パロマ工業などの瞬間湯沸器の不完全燃焼が原因とされる一酸化炭素中毒事故による死者数は，過去21年間で355人にも達していたことがわかった[1]。「ペコちゃん」のブランドで親しまれてきた老舗洋菓子メーカー・不二家は，ずさんな衛生管理が明るみに出たことで長年にわたって築き上げてきた信頼を一気に失い，存亡の危機に立たされた。

　"予期せぬ事態"への対応を一歩誤れば，ともすれば企業は存亡の危機に瀕することになる。不祥事が多発し，品質管理や安全に対する企業の姿勢が，かつてないほど厳しく問われる時代を迎えている中，予期せぬ事態をいかにマネジメントすべきかは，いかなる企業も無視できない問題となりつつある。

　そうした時代の要請を受けて登場したのが，ミシガン大学のK. E. WeickとK. M. Sutcliffeが提唱しているHRO理論である[2]。HRO理論は彼らがHRO（High Reliability Organization；高信頼性組織）と呼ぶ組織をベスト・プラクティスとして，そこから得られる教訓を一般企業のマネジメントに活用しようとする，極めて実践可能性の高い理論である。すなわち，ハイリスクな環境で活動しているにも関わらず常々事故発生件数を標準以下に抑え，予期せぬ事態に遭遇してもほとんど機能停止に陥ることのない組織であるHRO

1　日本経済新聞（2007年3月14日朝刊）より。
2　HROに関する研究はWeick & Sutcliffe (2001) が最初ではない。Weick & SutcliffeがHROという概念の「生みの親」と呼ぶK. H. Robertsなどの重要な先行研究が存在する。HRO研究の中心は前述のRoberts, Todd La Porte, Gene Rochlinなどが属している所謂「バークレーの研究グループ」（Reason, 1997：訳，303頁）であるが，バークレー・グループの研究成果を実践性の高い一般理論として構築したのがWeick & Sutcliffe (2001) である。

から，予期せぬ事態のマネジメント方法を学べという訳である。

　HRO 理論は実践現場が耳を傾けるべきアフォリズムに富んでいるが，反面で，これまでその組織認識論に端を発する理論的背景について触れられることは稀であった。本章の目的は，これまでの Weick 理論（本章で主に依拠するのは，第 2 章で紹介した 1979 年出版の *The Social Psychology of Organizing* と，第 3 章，第 4 章，第 6 章で紹介した 1995 年出版の *Sensemaking in Organizations* である）や，さまざまな研究者によって展開されてきたセンスメーキング理論，組織認識論の知見と HRO 理論との理論的橋渡し役を果たすことである。本章での作業および第 9 章から第 11 章までの事例研究を通して，HRO 理論の実践性の高さを示すと共に，その理論的本質をより鮮明に浮かび上がらせてみたい。

HRO 理論

　HRO とは High Reliability Organization（高信頼性組織）の略であり，具体的には「送電所，航空管制システム，原子力航空母艦，原子力発電所，救急医療センター，人質解放交渉チームなど」（WS01, 5 頁）[3] を指す[4]。HRO はこれまでその特異さゆえに個別に注目されることはあっても，それらに共通した考え方や行動について注目されたことは少なかった。HRO は過酷な状況下で活動しながらも事故の発生を抑止し，多くの問題に直面してもその機能を維持し続ける。「信頼性に関する専門家」である HRO をベンチマーキングの対象として，一般企業の予期せぬ事態への対応能力を高めようとするのが HRO 理論の狙いである。Weick & Sutcliffe（2001）は，その必要とされる技術の高度さやシステムの複雑さゆえに「HRO は特別な存在のように見られがち」（14 頁）であるが，特別なのは彼らが展開している事業であり，予期せ

---

[3]　以下，「Weick & Sutcliffe, 2001：訳」を「WS01」と略記する。
[4]　すべての原子力発電所などの組織が HRO であるという訳ではない。例えば，原子力発電所であればカリフォルニア州にあるディアブロ・キャニオン原子力発電所のように予防と事後対策の双方に秀逸な組織を指して HRO と呼んでいる。

ぬ事態への対処活動は事業の枠を超えて一般化が可能であると強調している[5]（13-14頁）。

Weick & Sutcliffe（2001）は，数々のHROと呼ぶにふさわしい組織を丹念に調べ上げた結果，HROが予期せぬ事態を適切にマネジメントできる秘訣は「『マインドを高めて』行動しようとする『断固たる決意』にある」（5-6頁）ことを突き止めた。彼らは，予期せぬ事態の予兆を読み取り，その発生を抑止し，抑止できぬ場合は被害の拡大を最小限に食い止めるべく努め，更には速やかな復旧を図るべく行動するHROの特徴を「マインドをフルに働かせている（mindfulness）」（5頁）と表現している。マインドとは，「いまどういう状況なのか，何が問題なのか，どのような対処策があるかなど，妥当と思われる解釈を継続的に更新し，深めようとする心理」（6頁）であり，「現状の予想に対する反復的チェック，最新の経験に基づく予想の絶え間ない精緻化と差異化，前例のない出来事を意味づけるような新たな予想を生み出す意志と能力，状況の示す意味合いとそれへの対処法に対する繊細な評価，洞察力や従来の機能の改善につながるような新たな意味合いの発見，といった要素が組み合わさったもの」（58頁）であると定義される。すなわち，マインドをフルに働かせるということは，カテゴリー化といったセンスメーキングの根幹に位置するフレームへの評価も含めて，センスメーキング・プロセス全般に過敏なほど注意を払い，それを再構築し続けるということに他ならない[6]。

マインドという語を理解するには，マインドレスな状態を考えてみるとよいだろう。Weick & Sutcliffe（2001）によれば，マインドレスな状態とは「危険の予兆を見逃し」，「状況の変化に気づかず」，「決められた処方箋に従って目の前の状況に古いカテゴリーを無理やり当てはめ，つまらない厳密さにこだわり，オペレーションはもっぱらマニュアル通りで，未知の状況なのに普段見慣

---

[5] Mitroff & Alpaslan（2003）も危機管理において「他業界の教訓」を積極的に活用するよう説いている。Reason（1997）やReason & Hobbs（2003）においても業種横断的なリスクマネジメント法が展開されている。

[6] Weick & Sutcliffe（2001）は「マインドをフルに発揮する能力」とは「カテゴリー化する作業を基本的にやり直すことである」（61頁）と述べている。カテゴリー化を考えるということは，人が意味を構築する際に何かに"依拠している"という考えに基づいているといってよい（We95, 147頁）。そして何かに"依拠する"ということは，「ある種のフレーム――その中で手掛りが気づかれ，抽出され，意味あるものとされる――を何ほどか前提している」（We95, 147-148頁）のである。

れたものと見なしてしまう心理」(59頁)が働き，ルーティンが過信され，「計画への傾注」(60頁)が奨励されているような状態である。

　第2章で眺めたように，ESRモデルを初めて世に問うた *The Social Psychology of Organizing* の中で，Weickが一貫して主張していたのは，「保持からイナクトメント・プロセス，淘汰プロセスへのフィードバック・ループをアンビバレントに保て」ということであった。保持とは「re-callすなわち呼び戻しやすさで，それ以上でも以下でもない。保持されているということは，実際に呼び戻しがなされることである。簡単に言えば，経験の保持とは，経験をその時の状況とともに思い浮かべる可能性や思い出しやすさの別名にすぎない」(We79, 268頁)。「また保持は組織の安定源であり，アイデンティティや"その国のかたち"がよりどころにしているところ」(遠田，1998b)であり，「保持システムの内容，特にくり返される因果マップが組織内の主要な安定源である」(We79, 306頁)。すなわち，保持からのフィードバック・ループが，イナクトメント・プロセスに対しても，淘汰プロセスに対してもプラスの状態というのは，過去の記憶が全面的に受け入れられつつあり，危険の徴候は見逃され（囲い込みとしてのイナクトメントへのプラスのフィードバック），目の前の状況に古いカテゴリーがあてがわれ（淘汰プロセスへのプラスのフィードバック），何事にもマニュアルが優先され（働きかけとしてのイナクトメントへのプラスのフィードバック），ルーティンが過信されている（働きかけとしてのイナクトメントおよび淘汰プロセス双方へのプラスのフィードバック）ような状態であった。これはまさしく上で述べたマインドレスな状態と符合する。

　第2章で論じたように，環境が非常に安定しているなどの理由で，一度成功したフレームが続けて企業に成功をもたらす可能性が高い場合，保持されている常識やイナクトされた環境はただ確認・強化されるのみになりやすい。イナクトメントと淘汰の双方が安定し，企業内での業務活動もコミュニケーション活動もルーティン化していく。ルーティン化は経済的に高い効率をもたらし，さしたる環境変化が生じないのであれば，企業はますます成功を謳歌する。そうした中で，メンバーは皆，同じような物を見て同じように解釈し続ける。「いかなる組織でも習慣のなれ合い（habit meshing）という過程が生じる

が、そこでは各人の習慣が他者の環境の一部となっている。罰が与えられる出会い (encounters) によって習慣は消去される (extinguish) 傾向があり、(中略) 報酬が与えられる出会いによって両者の側で行動傾向 (behavioral tendencies) の強さが高められる。このようにいかなる社会的組織も、適応性が高められることとは無関係に、内部での具合の良さ (internal compatibility) の方向へと流れていく傾向がある」(Campbell, 1965, p.33)。同じものを見て、同じように語るメンバー同士は、コミュニケーション活動を通して常に高い報酬を与えられ続ける状態となり、「習慣のなれ合い」に陥り、環境が変化しても何ら実質的な注意を払わず、「内的淘汰を満足させる行為は、万事うまくいっているとの錯覚を生む」(We79, 231頁)。もし仮に外的環境に生態学的変化があったとしても、それらをイナクトせず、それらを一過性のものとみなしたり例外とすることで見逃してしまう。こうして、組織はこれまで同様のシーンを見続け、やがてはクローズド・システムとなる可能性が高まる。これこそ、先に述べたマインドレスな組織の典型的状態であるといってよい。

ところで、1995年に出版された *Sensemaking in Organizations* の中でWeick は「組織とはルーティンを相互に結びつける集主観性、解釈を互いに強化する間主観性、そしてこれら二種類の形態の間を行き来する運動、を継続的コミュニケーションという手段によって結びつける社会構造である」(We95, 225頁) と定義し、集主観性はコントロール、すなわち組織の安定性に関わり、間主観性はイノベーション、すなわち組織の適応性に関わっていると主張していた (We95, 225頁)[7]。こうした考えに立てば、上で述べた安定性をもたらす保持からのプラスのフィードバックが、集主観性のコントロールの産物であることは明白であろう。それはルーティンを強化し、コミュニケーション・コストの劇的な削減を可能にする。「安定性は、一時的な変化を取り扱う経済的な手段を与える。というのは、世界には規則性というものが現にあり、組織に記憶と反復能力があればその規則性が活用できるからである。しかし、慢性的な安定性は逆機能的である。なぜならば、それがためにもっと経済

---

7 詳しくは第4章を参照されたい。

的な方法があるのに見出されなくなるかもしれないし,新しい環境変化が気づかれなくなるかもしれない」(We79, 280頁) からである。マインドレスな組織では多様な解釈が抑圧され,イノベーションが抑止されてしまう。

HROは,こうしたマインドレスな状態,すなわちクローズド・システム化し,コントロール過剰な状態に陥ることなく,常にマインドフルに活動し続けている。この点に関しては,後で更に検討を加えることにして,ここでは続けて,事故抑制に成功しているHROの特徴を眺めていくことにしよう。

Weick & Sutcliffe (2001) はHROの特徴として,
① 失敗から学ぶ,
② 単純化を許さない,
③ オペレーションを重視する,
④ 復旧能力を高める,
⑤ 専門知識を尊重する,
という5つのプロセスを挙げている。

中西 (2007) は,これまで提示されてきたHROの特徴は各研究者ごとに「バックグランドや興味関心の多様性から必ずしも一貫性のあるものではない」(45頁) と述べ,Roberts (1990) による「① 冗長性,② アカウンタビリティ,③ 責任,④ 信頼しうる文化」,Roberts & Bea (2001) による「① 柔軟な組織構造,② 効率性より信頼性を優先,③ コア能力の機能不全回避,④ センスメイキング,⑤ 集団パフォーマンスと注意深い相互作用」などをWeick & Sutcliffe (2001) と並べて提示している[8]が,これらの主張はいずれも同じ特徴を違う角度から眺めただけのものであると考えてよいだろう。例えば,冗長性は「単純化を許さない」ことから,信頼しうる文化は「失敗から学ぶ」ことから,柔軟な組織構造は「復旧能力を高める」ことと「専門知識を尊重する」ことから,それぞれ導出することが可能である。この点については後で詳細に眺めていく。

---

8 中西 (2007) 自身はHROの特徴を表層,中層,深層の三層に分けて捉え,表層上の特徴として① 正直さ,② 慎重さ,③ 鋭敏さ,④ 機敏さ,⑤ 柔軟さ,の5つを提示している。これらはそれぞれ,上でWeick & Sutcliffe (2001) が提示した5つの特徴と一致していると主張している (中西,2007, 55-77頁)。

Weick & Sutcliffe（2001）が提示する ① 失敗から学ぶ，② 単純化を許さない，③ オペレーションを重視する，の3つは予期せぬ事態の予兆を感じ取るプロセスであり，④ 復旧能力を高める，⑤ 専門知識を尊重する，の2つは予期せぬ事態が発生した後の事後対応プロセスである。本章ではそれぞれを予兆認識プロセス，事後対応プロセスとして眺めていくことにしよう。

予兆認識プロセス

　そもそも，予測できない出来事の発生を予測するという表現は論理的に矛盾がある。HROが試みているのは，いかなる事態が発生するか，それが発生してみるまで分からないが，予期せぬ事態（考えてもいなかったような事態）が発生し，それが大危機にまで発展する可能性のあることを，さまざまな予兆から感じ取るべく努めることである。遠田＆高橋（2001）は，東海村臨界事故の再発防止策としてウラン加工工場事故調査委員会（吉川弘之委員長）が提示した「ウラン加工工場臨界事故調査委員会報告書」について，そこで示された精緻な予測と対策のマニュアル化という手法では「真に危険な危機的状態」は「予測不能で」「何が起こっているのか訳が分からない」ために限界があると同時に，マニュアルにない事態が発生した場合には，依拠すべき周到なマニュアルが存在するがゆえに，むしろ危険ですらある（マニュアルに頼ろうとする心理がマニュアルにない事態への対応を遅らせる恐れがある）と指摘している。遠田＆高橋（2001）は，予期せぬ事態そのものの内容を予め詳細に想定しようとする姿勢の危険性を指摘しているのである。

　では，危機は予見できないものなのか。Watkins & Bazerman（2003）は多くの「企業を不意に襲った危機の事例を調べた結果，大多数は予見可能なものだった」と主張している。彼らによれば，「予見可能な危機（predictable surprise）」に「組織が備えきれない理由は，三種類—心理面，組織面，政治面—の障害にある」という。「最悪の場所に最悪のタイミングで赴任するという天賦の才ゆえに刀傷でいっぱいだ」（Augustine, 1995：訳）と自称するほど危機に直面してきた N. Augustine は「トルネードはトレーラーの駐車場で

発生する」(会社に災いをもたらすような出来事は大抵些細なことから始まる，いつも周囲をよく見渡せ)という経験則を提示し，ほとんどの危機は予見可能であると主張している。

より興味深いのは Mitroff & Alpaslan (2003) の調査である。彼らは，「危機に強い(予防に動く)企業」と「危機に弱い(場当たり的に動く)企業」の業績などを詳しく調べ，以下の点などを明らかにしている。まず第1に予防型の企業(危機に強い企業)は，対処型の企業(危機に弱い企業)に比べて危機に見舞われる回数が約36%も少ない。第2に予防型の企業は，対処型の企業に比べて経営破たんに陥る確率が低く，創業からの年数が対処型の企業よりも24%も長い。第3に予防型の企業のROAは対処型企業の約2倍であった。また予防型の企業は対処型の企業に比べて企業イメージも高いという[9]。こうした格差について，Mitroff & Alpaslan (2003) は「クライシス・マネジメントの巧拙だけで説明することには無理がある」ものの，危機は予見できるものであるという確信に基づいて「リスク対応マニュアルなどの作成などではなく，異常な危機を想像できる思考力，自信，柔軟性」を組織が備えていることの重要性を指摘している。

上で述べたように HRO は，①失敗から学ぶ，②単純化を許さない，③オペレーションを重視する，という3つの活動を通して予期せぬ事態の予兆を感じ取っている。それらがいかなる活動であるのか，以下で眺めてみよう。

(1) 失敗から学ぶ

HRO にとって失敗は滅多に体験されるものではないがゆえに，極めて貴重な資源である。この貴重な資源を彼らは徹底的に活用する。

Weick & Sutcliffe (2001) が述べているように，組織にとって「完全な失敗は稀である」(75頁)。中西 (2007) も「組織の大きく信頼性を損ねるような大事件や大事故に至るものは，『氷山の一角』でしかない」(6頁)と主張し

---

[9] Mitroff & Alpaslan (2003) はフォーチュン誌の「アメリカで最も尊敬される企業」のスコア (8点満点) に基づいてこのような結論を下している。予防型の企業の平均6.2に対して対処型の企業は平均5.6であったという。

ている。有名な「Heinrich の法則[10]」では，ニアミスなどの「ヒヤリ・ハット」300 件に対して，軽傷などの軽微な事故 29 件，死亡などの重大な事故 1 件の経験則が成立するとされている。HRO が失敗と位置付けているものには，現実化した失敗のみならず，Reason & Hobbs（2003）が言うところの「危うく起こりそうになった，あるいは悪い影響が出る前に検出され，回避することができるエラー」（188 頁）なども含まれる。彼らはそれらを「無償の教訓（free lesson）」（Reason & Hobbs, 2003：訳，188 頁）として活用するのである。実務の世界では，間一髪で事故を免れた場合，ある種の称賛を伴いながら組織としての能力の高さを実証しているかのごとく受け止められることがある。HRO はそうした見方はしない。

こうした失敗経験が活用されるためには，それがイナクトされると同時に報告されなければならない。HRO では報告を重視し「報告した者にそれなりに報いるなどのマネジメントの仕組み」（WS01, 76 頁）を組織内にビルトインしている。HRO の報告重視の姿勢をうかがわせるものとして，Weick & Sutcliffe（2001），Weick（2003）は以下のようなエピソードを提示している。

> 原子力航空母艦カール・ヴィンソンのクルーが，ある工具を甲板でなくしたと申し出た。その工具が見つかるまで，飛行中の戦闘機の着地はすべて陸上基地に変更され，そのクルーは翌日の正式なセレモニーの席上，潜在的危険を察知したとして称賛された。　　　　　　　　　　　　　　　　　　　　（WS01, 80-81 頁）

> ドイツ出身の偉大な科学者ウェルナー・フォン・ブラウンは，レッドストーン・ミサイルが発射前試験で制御不能に陥った際，「うっかりミサイルをショートさせたかもしれない」と告白した技師にシャンパンを 1 本贈ったのだそうです。調査の結果，技師の言うとおりであることが判明し，高い費用をかけて設計を変更する必要はなくなりました。　　　　　　　　　　　　　　　　　　　　（Weick, 2003）

第 6 章で紹介した Deal & Kennedy（1997）はこうした組織で語り継がれ

10　Heinrich の法則は数多の労働災害調査から導出された。詳しくは Heinrich（1931）を参照されたい。

る物語は，儀礼や儀式と相まって「企業文化の価値理念の中核」（Deal & Kennedy, 1982：訳，69頁）――ここでは「報告を重視する」という組織に共有された価値観といえるだろう――を形成すると述べている。

リスクマネジメントの中心的テーマを，個人的要因研究から組織的要因研究へと導いた[11]Reason（1997）も「報告する文化」（Reason, 1997：訳，279頁）の重要性を説いている。「悪い結果[12]が発生していない状態で，正しい種類のデータ[13]を集めることが，知的で望ましい警戒状態を継続していく一番よい方法であり，恐らく唯一の方法」（Reason, 1997：訳，277頁）であるが，その実行に際しては「潜在的な危険と直接触れ合う作業者の積極的な参加に頼らざるを得ない。これを達成するため，自らエラーやニアミスを報告しようとする組織の雰囲気，すなわち『報告する文化（reporting culture）』をつくり上げることが必要である」（Reason, 1997：訳，277頁）。

「報告する文化」（Reason, 1997：訳，279頁）をつくり上げるためには，「報告者の信頼を得ることを最優先」（Reason, 1997：訳，281頁）にしなければならない。自らの失敗を報告するのは誰しも抵抗がある。報告した結果，処罰されたりする恐れがあれば，有用な報告はなされなくなるだろう。Reason & Hobbs（2003）は「成功した報告システムの特徴」（212頁）として，① 報告者の匿名性，② 報告者の保護，③ 情報収集分析機関の独立性（あるいは情報収集分析機関と執行機関の機能分離），④ 有益情報のフィードバック，⑤ 報告の容易性，の5つを挙げている（Reason & Hobbs, 2003：訳，212-213頁）。

もちろん，すべての失敗を許す（「非難しない文化」（Reason, 1997：訳，278頁））ようでは「正義の文化」（Reason & Hobbs, 2003：訳，207頁）が成り立たない。いかなる言語道断な行為（例えば，薬物乱用や飲酒運転）も処罰されないのであれば組織は無法地帯と化す恐れがある。Reason & Hobbs (2003) は正義の文化は「受容できる行為とそうでない行為の間に引かれた境

11　Reason（1997）は，事故の原因を個人的エラーや疲労に求める視点から，そうした個人的要因を生み出した組織的な「実行，思考，管理の方法」（273頁），さらには「組織の構造，制御システムに作用し，行動規範」（273頁）を作り出している組織文化に求める視点への転換を促している。詳しくは Reason（1997）を参照されたい。
12　Reason（1997）は脚注で「重大事故」と説明している。
13　Reason（1997）は脚注で「ヒヤリ・ハット事象，軽微な事象」と説明している。

界を皆が納得し、そして明確に理解されているかどうかにかかっている」(207頁) と主張している。

「報告する文化」と「正義の文化」が融合することによって、「安全に関連した本質的に不可欠な安全関連情報を提供することを奨励し、時には報酬をも与えられるような信頼関係に基づいた雰囲気」(Reason, 1997：訳, 278頁) が生まれ、「効果的に報告する文化」(Reason, 1997：訳, 278頁) が完成する。

Farson & Keyes (2002) は、イノベーションとコラボレーションの関係について考察した「失敗に寛容な組織をつくる―エンゲージメント・リーダーの責任」と題した論文の中で、「許される失敗と許されざる失敗」を峻別し、その違いを明示することの重要性を説いている。Farson & Keyes (2002) は、そうすることによって、①「失敗を罰することのない環境を整える手段が得られる」、②「学習の素となる生産的な失敗を奨励できる」と主張している。こうした見解は、HRO 最大の特徴である失敗から学ぼうとするプロセスが、イノベーション・プロセスとも密接に結びついている可能性を示唆している。彼らは、さらに「我々は失敗にも報酬を与える」と語った GE のジャック・ウェルチなどを例示しながら、失敗を活用するには「関心と熱意を示し」「部下たちのプロジェクトに、だれの目にも分かるような関心の目を寄せる」といった相互信頼に基づいたエンゲージメント・リーダーシップが有効であると主張している。Farson & Keyes (2002) の主張が、上で挙げた「受容できる行為とそうでない行為の境界を明確にせよ」という Reason (1997) や Reason & Hobbs (2003) の主張と通底していることは言うまでもないだろう。

併せて、Farson & Keyes (2002) は、コカ・コーラ社の有名なニュー・コーク騒動などを挙げて、当時の CEO ロベルト・ゴイズエタが「大失敗をずっと話のタネにしていた」ことの効用について論じている。Weick & Sutcliffe (2001), Weick (2003) が提示した HRO に伝わる数々の物語と同様に、こうした物語が、「失敗に寛容」で「失敗から学ぶ」文化の形成に役立っているのである。

ここで挙げたいくつかの主張を合わせて考えてみると、HRO の「失敗から学ぶ」プロセスとは、些細なニアミスにも注意を払い、それらの情報が報告され、それらについての情報が共有される、相互信頼に基づいたコミュニケー

ション・プロセスであることが浮き彫りになる。

(2) 単純化を許さない

「組織の主たる傾向は，大事な事象の単純化，均質化それに把持の簡略化」(We95, 335 頁) であり，それは活動の調整を容易にし，効率性を裏打ちする。一方で，単純化は状況から醸し出された微妙な意味合いや些細な出来事をこそげ落としてしまう。HRO は，そうしたこそげ落とされた意味や些細な出来事にも，最大限の注意を振り向ける。そうすることが HRO に予期せぬ事態の予兆への気づきをもたらす。Weick & Sutcliffe (2001) は，HRO では「状況の意味合いに注意を払うことで，世界観や考え方が多様化される。そして，多様化されることで起こり得る結果がさまざまな像として描かれ，予防措置や問題の発生を示すシグナルについて深くさまざまなものが見えてくるようになる」(82 頁) と主張する。

単純化を許さず，常に多様化，複雑化を志向する HRO の具体的な取り組みとして，Weick & Sutcliffe (2001) は，① 単純化された図面や青写真を信用しない (82-83 頁)，② 頻繁にミーティングを開く (83 頁)，③ 多様な人間，多様な見方を並存させる (17 頁)，④ 信頼感の醸成 (85 頁) を挙げている。Weick & Sutcliffe (2001) が提示するこれらの具体的な取り組みの理論的裏づけを探ってみよう。

Weick (1997) は「複雑化することの重要性はいかに強調しても強調しすぎることはない」(334 頁) として，いかなる因果マップ—上の記述と対照させるなら「図面や青写真」に当たるだろう—といえども単純化の産物であることには変わらず，それを常に複雑化する努力を怠ってはならない—すなわち「単純化された図面や青写真を信用しない」ことになる—と強調し (We79, 334-335 頁)，そのための方策として「組織がしばらくの間，知っていることを全面的に疑いながら活動する」(335 頁) ことを薦めている。ここで Weick (1979) は ESR モデルを図示し，保持からイナクトメント，淘汰両プロセスへのフィードバック・ループをマイナスにするよう求めている (335 頁)。「これによって，組織は意図的に複雑化される。というのは，メンバーは異なるこ

とを行いそして考え，そのため保持システムに新しいイメージが蓄えられるからだ。（中略）相対的に独立なイメージが増殖すれば，世界における出来事のより多くが感知されるようになるだろう」(We79, 335頁)。この記述から理解できるように，HROの高い感知度は，ESRモデルにおいて保持からのフィードバック・ループがすべてマイナスの状態によって支えられている。

Weick & Sutcliffe (2001) が薦める「頻繁なミーティング」を考察するに当たっては，第4章，第5章で詳細に検討してきたメディアリッチネス論[14]の知見が役立つ。Huber & Daft (1987) によれば，「多義的な事態に直面すると，管理者たちは互いに認知を共有するために言語を使用し，議論や分類，試行錯誤，探り合いなどを通して次第に意味を定めたり創り出したりする」(p.151) ことでそれに対処していた。こうした研究に基づいて，メディアリッチネス論では，多義性に対処するためには「単に大量のデータを供給するのではなく，ディベートや明確化，イナクトメントを可能にしてくれる仕組みが必要である」(Daft & Lengel, 1986, p.559) と強調される。

Weick (1995) は，多義性による問題を混乱，不確実性によるそれを無知と呼び，「無知を除去するにはより多くの情報が必要」(134頁) であるが，「混乱を除去するには，それとは別種の情報，つまり，多様な手掛りが得られる対面的相互作用において構築される情報が必要である」(134頁) と述べている。Weick (1995) によれば，多義性を削減するためには，メディアリッチネスのディグリーが高い「会議や直接対話といったリッチで人間的なメディア」(We95, 134頁) が優れている。一方，不確実性を削減するためには，メディアリッチネスのディグリーが低い「公式情報システムやスペシャル・レポートといった没人間的なメディア」(134頁) が優れている。しかし，現実にはまったく逆のメディアが用いられたがために，問題をこじらせてしまったり，新たな問題を引き起こすといった事態が見受けられるとWeick (1995) は指摘している[15] (135頁)。

上の区分でいうなら，予期せぬ事態というのは無知—"不確実性"に起因す

---

14 メディアリッチネスとは使用するメディアによって用いることができるコミュニケーションの質的豊かさの差を表す概念である。詳しくは第4章，第5章を参照されたい。
15 メディアリッチネスのディグリー選択を誤ったために起こり得る"誤解"などの問題について，詳しくは高橋 (2005b) を参照されたい。

る問題—というよりも，混乱—"多義性"に起因する問題—と呼ぶべきであろう。今何が起こっているのか，誰しもはっきりとは説明できないような状態であり，事象の因果関係すら明らかではない。

　こうした予期せぬ事態に関する理解を促すエピソードとして第2章で紹介したケースを思い出して欲しい。幼児虐待症候群がアメリカで問題化したのは1960年代である。当初，それは外傷（それもX線でしか発見できない）が突然現れる奇病として注目を集めた。小児科医達は「親がわが子を傷つける」などということは考えすらしなかった。幼児虐待症候群が「親から受けた暴行によるもの」（Westrum, 1982, p.386）と理解されるまでに長い年月を要した[16]。この事例が物語っているように，予期せぬ事態は情報の多寡よりも豊かな想像力・解釈力によって的確に捉えられる場合が多い。言い換えるなら，それは不確実というよりも多義的問題である。

　Reason（1997）も「直接面談（face-to-face）を好む文化」（309頁）について論述している。リスクマネジメントでは「複雑さを保つためにはある程度内容の高い会話が必要」（Reason, 1997：訳，309頁）であり，その「豊かさ[17]」（Reason, 1997：訳，309頁）こそが危機を理解するに当たって大切であるというのである。

　Watkins & Bazerman（2003）は危機を予見できない組織面の弱点を克服するために，一部の企業が導入し成果を上げつつある「アクション・ラーニング・グループ」を活用すべきだと論じている。アクション・ラーニング・グループとは，「幹部候補を集めて，重要な事業課題の情報について収集・分析させる」ためのグループである。幹部候補が直接会合して重要課題について検討することで，危機を予見する能力が向上されると考えられているのである。

　Argenti（2002）は「非常時こそ企業文化が問われる」と題した論文の中で，「非常時には社内コミュニケーションがカギとなる」が，その際「コミュニケーション・チャネルを慎重に選択する[18]」ことが大切であると主張している。

16　幼児虐待症候群（BCS；The Battered Child Syndrome）に関する記述はWestrum（1982）に拠る。詳しくは同書を参照されたい。
17　Reason（1997）はこの「豊かさ」について脚注で「内容のある密度の高い会話」と表現している。
18　Argenti（2002）は直接対話はおろか電子メールすら利用が困難な状況下で，テレビなどのマス・メディアを利用して成功した企業の事例を紹介している。

メディアリッチネス論や，Reason (1997)，Watkins & Bazerman (2003)，Argenti (2002) らの主張からも，予期せぬ事態をマネジメントする際におけるフェース・トゥ・フェースのミーティングが重要であることが分かる。

「多様な人間，多様な見方を並存させている」という HRO の特徴を理解するために欠かせないのが第6章，第7章で触れた「必要多様性の法則」(We95, 244 頁) である。「必要多様性の法則とは，環境の多様性に抗してシステム自らを制御しようとすれば，システムはそれ以上の多様性を有さなければならない。一言でいえば，多様性を制しうるのは多様性のみである」(We95, 244 頁) というものであった。多様性を確保するためにはコストが必要であることから，Simon は，組織が環境の多様性に対抗するために「最小有効多様性」を維持すべきであると主張している。

組織が多様性を確保するためには，360度評価の採用，異色なキャリアをもつ人材の登用，頻繁なジョブ・ローテーションなどが有効であろう。金太郎飴ではない，多様なフレームによって多様なセンスメーキングを可能とする多様なメンバーで組織を構成するだけではなく，メンバー一人ひとりのメンタルモデルを複雑にするのである。

状況理解度の高い，多様化された組織の有り様を見事に捉えているのが，輪郭ゲージの譬えである。輪郭ゲージとは，対象物の外形を捉えるための道具である。輪郭ゲージは数十から数百本の針金から出来ていて，それを対象物に押し付けると対象物の形状を針金の凸凹として把持する。この譬えが見事なのは，対象物の外形をより的確に把持するためには「① 多数の要素，② 独立した要素，③ 弱い内的制約」(We95, 246 頁) という3つの特性を備えていなければならないことを示しているからである。すなわち，システムが環境の多様性に抗するためには，必要多様性の法則に加えて，システムを構成する各要素がより独立的で，かつそれらの結びつきがルースである必要があるという訳である。

これまでの議論を整理すれば，HRO の「単純化を許さない」プロセスとは，環境の多様性に抗して，些細な出来事などから予期せぬ事態の予兆を感じ取り，それを組織内で対面会議などメディアリッチネスのディグリーが比較的高いコミュニケーション・ツールを用いて適切に捉える，気づきのプロセスで

あることが浮き彫りになるだろう。

(3) オペレーションを重視する

Weick & Sutcliffe (2001) は，HRO が常に「オペレーションが実際に行われている現場に注意を払っている」(19 頁) と述べ，以下のように主張している。

    効果的なパフォーマンスのカギは，状況，それもオペレーション全体の最新状況をつねに把握することである。空母で使用する表現を借りれば，「having the bubble」(監視区域を持つこと) である。個々のケースごとにオペレーションや成果に関する情報を集め，全体状況とそのオペレーションの状況を一つの全体像にまとめ上げる。オペレーションがゴールドとみなされるのは，ちょっとしたオペレーションの滞りにも，組織全体が集中的に注意するということだ。それはさらに，不測の事態を芽のうちに認識し，拡大させないということである。
    そこまでオペレーションを重視するのは度を越しているばかりか，非効率と思うかもしれない。しかし，危険度が高かったり，システムが限界近くで稼動している場合，また本来システムを強化する目的で織り込まれているはずの冗長性が逆にシステムを弱体化するおそれがある場合，オペレーションに注目するのは意味のあることといえる。(WS01, 87-88 頁)

『踊る大捜査線』という映画の中で，主人公が「事件は会議室で起こっているんじゃない。現場で起こっているんだ」と叫ぶシーンがあった。CM で繰り返し流され，流行語にもなったと記憶している。オペレーション重視の姿勢とは，まさにこのことである。予期せぬ事態は予兆の段階であれ，進行中の段階であれ，"現場"で生起する。手掛りは現場にあり，という訳である。

では，現場から離れた"会議室"の主要な役割は何かと言えば，"現場"——Weick & Sutcliffe (2001) の言葉で言うなら個々の監視区域——で起こっている状況を「リアルタイム」(WS01, 90 頁) で把握し，報告された個々の事象を総合化し，全体像を浮かび上がらせることであるといえよう。個々の現象に遭遇した現場のメンバーは，それらが全体の中で何を意味するのかを適切に

理解できない場合も多い。例えば，ある鉱山の採掘現場で微かなベンゼン臭が感じられたとしよう。それを感じ取った作業員は，それが重大事故の予兆なのかどうか，それだけから見極めるのは困難だろう。「報告する文化」が根づいていれば，こうした些細な変化も"会議室"に届けられる。そのとき会議室に，別の部署から「エレベーターの電源がショートした」「僅かな水漏れがあった」などの情報が伝えられていたならば，それらの現象と微かなベンゼン臭を総合して判断し，大事故の予兆に気づくことができる確率が高まる。HROは，オペレーションを重視するとともに，個々の現場が遭遇した些細な現象を総合化して，全体像を浮き上がらせ，予期せぬ事態の予兆に気づく。HROはさらに総合化された全体像を現場にフィードバックし，現場の感度を向上させる。HROは"現場"→"会議室"→"現場"というループを弛まず継続することで予期せぬ事態に対して組織的に感度を高め続けている。

　オペレーションは単に外的環境と最も近接しているというだけで重視されているのではない。それは予期せぬ事態を最も早い段階で感知するだけではなく，イナクトされた環境を想造[19]する原動力となるがゆえに重要なのである。すなわち，オペレーションは予期せぬ事態に対峙し，それに働きかけるが，その際のオペレーション如何では，すべての努力が台無しになってしまうおそれすらある。

　「オペレーションを重視する」プロセスにおいても，Weick & Sutcliffe (2001)はミーティングの重要性（例えば，89頁），「顔と顔を突き合わせたインタラクション」の大切さ（90頁）などにも触れているが，これらについては「単純化を許さない」の項で検討したのでここでは省略する。

　これまで述べてきたように，HROにおける「オペレーションを重視する」プロセスとは，現場で生起した些細な予兆を感じ取り，それを総合化，全体化して再び現場にフィードバックするプロセスであるといってよいだろう。

　本章で検討してきた3つのプロセスは，いずれも独立したプロセスではない。それらが互いに深く作用し合ってこそ，相乗的に効を奏する。

19　「想造」とは想像（イマジネーション）が現実を創造（クリエーション）するというニュアンスを表すための遠田（1998a）の造語である。この言葉は，Weick（1997）の「人が適応する環境とは自ら関わって創り出したものである」という考えをうまく表現している。

上で見てきたように，Watkins & Bazerman（2003）は「予見可能な危機」を組織が予見できない理由を，① 心理面，② 組織面，③ 政治面に分けて捉えていた。②「組織面での弱点」では「企業内にはびこる組織の壁によってコミュニケーションが阻害」，「大規模組織における情報分散の危険性」，「階層を上る際の情報歪曲」などが問題とされている。この点については「失敗から学ぶ」，「オペレーションを重視する」などの項目ですでに触れた。③「政治面の弱点」は「意思決定プロセス」に関わる問題であり，この点については次の節で取り扱うことになる。問題は ①「心理面の弱点」である。Watkins & Bazerman（2003）はこれを組織の「認識」に関わる問題と捉えている。ここで，彼らが問題としているのは，人間は「真実ではなく願望を見る傾向がある」，「人間は先入観を補強する証拠を重要視し，先入観を揺るがすような証拠を疎んじる」といった，「認知バイアス」あるいは「心理的バイアス」である。

Mitroff & Alpaslan（2003）は危機を，① 天災，② ノーマル・アクシデント，③ アブノーマル・アクシデントに分類した上で，これらのうち近年特にアブノーマル・アクシデントが増加していることを指摘し，それを予見するのが極めて困難であるとした上で，4つの対策を提示している[20]。彼らは「それがどんなに不快なことであろうと」備えなければならないと強調している。ここでも人間の心理的バイアス―不快なことは考えない―が問題とされている。

Lovallo & Kahneman（2003）も「バラ色の『色眼鏡』を外せ」と警告している。彼らは「アンカリング」，「競争相手の無視」，「組織的圧力」などによって自分に都合のよいものだけを見ようとする「楽観主義」が増幅され，それによって「意思決定が歪められる」ことの危険を訴えている。

これらの主張に共通しているのは，異常を（あるいは意図的に）見逃し，目前の事象を正常化して眺めようとする「正常化の偏見[21]」に対する戒めである。HROは，自分に都合の悪い失敗（異常）を積極的に察知し，いかに不快であろうともそれを報告し，それらの情報を共有し，それらに対する組織的共

---

20 ここではその詳細に触れないが，彼らが挙げる，「クライシス・ルーレット」，「獅子身中の虫」，「他業界の教訓」，「毒をもって毒を制す」はいずれも極めて実践性が高く，さまざまな企業で有効性が確認されてきた対策である。
21 「正常化の偏見」について詳しくは遠田&高橋（2000a）を参照されたい。

通理解に達するべく努めている。本章で挙げた HRO に特徴的な「失敗から学ぶ」,「単純化を許さない」,「オペレーションを重視する」プロセスは,こうした個人的な正常化の偏見を,組織的に乗り越えるべく試みられている,不断の努力プロセスであるといえる。

事後対応プロセス

「危機の可能性には常に先手を打て」(Watkins & Bazerman, 2003),「対処型企業よりも予防型企業のほうが,危機に見舞われる回数も少なく,また回復も早く,収益性も高い」(Mitroff & Alpaslan, 2003),「予防は危機のおそれを減らすうえでいちばん安上がりで,最も簡単な方法である」(Augustine, 1995)。確かにその通りである。だからこそ,上で見てきたように HRO は,予期せぬ事態の予兆を感知すべく努め,それに直ちに手を打つよう努めているのである。

だが,間違いのないシステムなど存在しない。上手の手から水がこぼれることもある。フォーチュン 500 誌の CEO にアンケート調査をしたところ,「回答者のうち『ビジネスにおける危機は,死や税金と同じ不可避のものである』と答えた人は 89％に達したが,『危機対応のプランがない』と答えた人が 50％もいた」(Augustine, 1995：訳) そうである。さらに「実に 97％が『もし危機が勃発すれば,適切に対処できる自信がある』と回答した」(Augustine, 1995：訳) という。危機に対処するのはそれほど生易しいことなのだろうか。ここでは,Weick & Sutcliffe (2001) が提示する 2 つの事後対応プロセス,すなわち ④ 復旧能力を高める,⑤ 専門知識を尊重する,について眺めていこう。事後対応がそれほど簡単ではないことが分かる筈である。

(1) 復旧能力を高める

復旧能力とは「ミスの拡大防止とシステムが機能し続けるための即興的な対応措置の,両方を行うこと」(WS01, 21 頁) である。Weick & Sutcliffe

(2001) は，そのためには「豊富な経験」と「専門知識」が必要であるという (21頁)。彼らによれば，経験は何も実践に頼る必要はなく（最悪のケースは，そうそう経験することはできない），「最悪のケースを想定」したシミュレーションによって補うことも可能である (21頁)。

 Leonard & Swap (2005) は豊富な経験と専門知識に裏打ちされた「複雑な状況を瞬時にして把握し，賢明な決定を迅速に下す」(Leonard & Swap, 2005：訳, 17頁) ことを可能にする能力を「ディープスマート」と呼んでいる。彼らによれば，ディープスマートこそが「組織を動かすエンジン」(15頁) であり，イノベーションの源泉である。ディープスマートは豊かな「経験のレパートリー」(42頁)，「実践」(47頁)，「シミュレーション」(56頁)，「完全な失敗」(60頁) などによって構築される。Leonard & Swap (2005) はこうしたディープスマートの持ち主を「エキスパート」と呼ぶ。エキスパートは初心者と違って，①「ワナに気づく」(74頁)，②「迅速に意思決定を行う」(76頁)，③「具体的状況を認識する」(78頁)，④「推測する」(80頁)，⑤「微妙な区別ができる」(82頁)，⑥「自分の知識の欠落や例外的状況によく気づく」(83頁) という点で優れていると，Leonard & Swap (2005) はいう[22]。彼らがいうディープスマートこそ，復旧に当たっての要である。以下では彼らの言葉を借りて，豊富な経験と専門知識に裏打ちされた能力をディープスマート，その持ち主をエキスパートと呼ぶことにしよう。

 Weick & Sutcliffe (2001) によれば「不測の事態をマネジメントするというのは，遅れを取り戻そうとすること」(93頁) であり「うまく対処するには，発生を予測する際とは違う考え方が必要になる」(93頁)。

 Weick & Sutcliffe (2001) は予測至上主義の危険を指摘する (93-96頁)。もちろん，予測することの効用は大きい。さまざまな状況を予測し，精細なマニュアルを作成することで，作業プロセスの勝手な変更など多くの危険を回避することが可能となる。ところが実際には，ノーマル・アクシデント[23]という

22　Leonard & Swap (2005) はディープスマートはいかにして構築されるか，それを他のメンバーに移転するにはどうすべきか，ディープスマートを育む上での障害は何か，などについて詳細に論じている。HROの文化を支えている物語について88頁から89頁で触れたが，彼らもまたディープスマートの移転において，体験談（物語）などが有効であることを指摘している (251-263頁)。

23　本章ではMitroff & Alpaslan (2003) の分類の中で最初にノーマル・アクシデントという言葉

言葉を最初に使った Perrow（1984）がいうように「理解不能で想像すらできない事象の前兆を読み取ることなどできない」（Perrow, 1984, p.23）のである。Weick（2001）は「複雑なテクノロジーと限定された知識が結びつくと，理解不能な出来事が生じる」（119頁）と警告を発している。予測至上主義は，① その技術を完全にコントロールできているという錯覚を与え，② 手順が時間と共に詳細になるため，徐々に現実の作業難度を上昇させ，さらには，③ 予期せぬ事態が発生した場合に自由裁量の余地を奪う，という点で危険である（WS01, 94-95 頁）。上で述べたように，遠田＆高橋（2001）もマニュアルにない事態が発生した場合には，依拠すべき周到なマニュアルが存在するがゆえに，それに頼ろうという心理から，対応が後手後手に回る可能性があるなどの危険を指摘している。イギリスの社会学者 Furedi（2005）も「単純化する傾向」の危険を指摘しつつ「マニュアル化が社員を幼児化させる」（マニュアルに従って，自分で考えずに「形式的に振舞うほうが賢い」と考えるようになる）と警告している[24]。

　ここで特に重要なのは，予測への固執が人びとの考え方や行動に及ぼす影響である。「予測を重視する姿勢は，不確実性を減らすことは可能だし，そしてその結果をも事前に予測できるという考え方に基づいている」（WS01, 95 頁）。こうした考え方が行き過ぎると，誰しも正確な予測なしには動けなくなってしまう。すなわち，人びとから行為を奪う結果に繋がる。

　遠田＆高橋（2000a, 2000b）は，東海村臨界事故発生時に「専門家を招集して，そこで慎重に話し合った結果を受けなければ，動くわけにはいかない」と述べた当時の科学技術庁の責任者や，阪神大震災時に「正確な情報がなければ動けなかった。情報待ちだった」と語った政府関係者の発言を痛烈に批判している。例えば，阪神大震災時には中央に情報を上げる現地の警察や消防といった機関自体が壊滅的打撃を被っていた。正確な情報など望むべくもない状況であった。政府は情報を待ち無為無策に陥り，そうしている間にも多くの被

を用いた。ここで触れたように，より正確にはノーマル・アクシデントという語は Perrow（1984）が生みの親である。Mitroff & Alpaslan（2003）はノーマル・アクシデントを越えたアブノーマル・アクシデントという概念の生みの親であるといえる。ノーマル・アクシデントとは高度に複雑化した状態では，事故は起こるべくして起こる（不可避である）ことを表す概念である。

24　Furedi（2005）はマニュアル化がイノベーションを阻害するとも主張している。

災者が瓦礫の下で息を引き取っていった。

　予期せぬ事態に直面した場合，行為を引き出すことがいかに重要であるかを，こうした事例は物語っている。Weick & Sutcliffe（2001）は「予測するということは，まず考え，それから行動することを求める。しかし，復旧能力はそれとは異なり，考えながら行動する，あるいは明確に考えるために行動することを促すのである」（96頁）と述べている。

　Weick & Sutcliffe（2001）がいう「考えながら行動する，あるいは考えるために行動を促す」という内容を理解するには，第7章で紹介した次の実話（We95, 74-75頁）が役立つだろう。ハンガリーの雪中行軍隊がスイスで演習中にアルプス山中で道を見失った。雪原での彷徨は過酷を極め，彼らは自らの位置を掴めず進退窮まった。彼らは死を覚悟した。その時，ある隊員が偶然にも，当該地の地図を所持していたことを思い出し，彼らを絶望の淵から蘇らせた。希望を得た彼らは，この地図を頼りに行軍を再開し，やがて無事に帰営することができたそうである。帰営後，部下たちの帰りを待ち続けていた彼らの上官は，この命の恩人ともいうべき地図をじっくりと眺めて，呆然となった。地図はなんとアルプスの地図ではなくピレネーの地図だったのである。

　この話はいくつかの点で示唆に富んでいる。まず第一に，予期せぬ事態に遭遇した際には何よりも行為を引き出すことが重要だという点である。茫然自失として停止し続ける組織は，環境を把持できなくなる。彼らの認識は，最後になされた行為に基づいて構築されたままである。もしハンガリーの雪中行軍隊がそこに踏み止まり続けたならば，無為な時が流れ，彼らは生還叶わなかったかもしれない。

　第二にこの話では，行為によって新たな状況認識が形成されれば，それがさらなる行為を引き出すきっかけとなりうることが示唆されている。人はいったん行為をし始めると，環境をより適切に把握しはじめ，今自分たちがどのような状況にあるのかを知ることになる。自分たちの置かれた状況を知ることは，次に自分たちがなすべきことを知る上で大きな助けとなる。自分たちがなすべきことへの確信はさらなる行為を導く。そうして導出された行為がさらなる行為を生み，より適切に環境を把持できる可能性が開ける。ハンガリーの雪中行軍隊は，地図の発見がきっかけとなって最初の行為に踏み出した。彼らが雪濠

を出て，一歩一歩雪の原を踏みしめていく毎に，彼らはよりはっきりと環境を描出できるようになる。こうした行為を重ねながら，彼らはやがて帰営することができたのである。

　最悪の事態と対峙し続けてきた実務家 Augustine（2003）も，「この段階における問題は，いったい何が不明なのか，それさえ不明であることだ。情報が少なすぎる，あるいは逆に多すぎて，どれが重要なのか，まるで見分けがつかない」が，「証拠がはっきりするまで待つべきなのか」と問われれば，「ほとんどの場合，何の行動も起こさないよりは，とにかく何か筋の通った，はっきりした行動を選択することが賢明である」と主張している。Argenti（2002）も，ニューヨーク証券取引所のシニア・バイス・プレジデントから聞いた話として，「その場その場で，素早く臨機応変に判断し，行動する必要があります。どのような類のものであれ，実際に危機が発生するまでは，これまで整えてきた準備の意味合いなど真に理解されることはないのです」という実務家の声を紹介している。

　予期せぬ事態において，「行為→行為に基づく認識更新→さらなる行為」の連鎖が重要であるということは，そこでは予測に重点をおく合理モデルに沿った意思決定は難しい。予期せぬ事態における意思決定については，行為あるいは物語に重点をおくゴミ箱モデル[25]に従って説明したほうが適切であろう。Augustine（2003）が主張しているように「とにかく筋の通った，はっきりした行動をせよ」である。ところが現実には，「情報テクノロジーが，意思決定合理性によって主導されており，行為合理性ないし物語合理性によってではない」（We95, 236頁）ために，予期せぬ事態への対応に当たって問題が生じる。

　Lanir（1989）は次のように述べている。

---

[25] ゴミ箱モデルは，Cohen, March & Olsen（1972）によって公表された。合理モデルが，①目標や問題の明確化，②代替案の設計，③それらの結果の予測，④それぞれの結果の利得の評価，⑤代替案の選択，という極めて理に適った説明モデルであるのに対して，ゴミ箱モデルは問題，解，参加者という"ゴミ"がさまざまな選択機会（ゴミ箱）に投げ込まれ，腑に落ちた物語が形成されるなどしたときに決定が下されるとするモデルである。詳しくは，遠田（2001）を参照されたい。

人間は意思決定の規範的な合理モデルの要件を完全に満たすことなどできないのに，その規範的モデルのルールに厳密に従う意思決定支援システムを設計できるというパラドックスがあり，いったんそうしたシステムを設計してしまうと，それに抗うことはほとんどできなくなる。

復旧に力点を置くHROは，予期せぬ事態は必ず起こるという信念の下で，エキスパートのディープスマートを活用して，迅速に被害の拡大を抑制すべくネガティブ・フィードバックを形成する。これは「迅速なリアルタイムの学習であり，事前には想定していなかった策を幅広く考えながら不測の事態に対処する」（WS01, 96頁）プロセスである。そうしたプロセスを可能にするのが，HROの柔軟性（平常時：集権的，合理的，規則性重視，予測重視 ⇔ 緊急時：分権的，即興的対応重視）である。この点については専門知識との関係も含めて次の項で検討していこう。

(2) 専門知識を尊重する

HROにおける専門知識の尊重とは，予期せぬ事態に直面して，単に専門的知識が豊富な者に任せてしまえばいいといったものではない。HROでは予期せぬ事態に直面すると，「重要な意思決定者という肩書きが，問題に適した専門知識を持つ人間あるいはチームに『移動』するわけである。この移動が，柔軟性のみならず秩序をもつくり出す。HROは，意思決定の構造にヒエラルキー的な色合いと専門知識の色合いをブレンドすることにより，基本的に地位よりも専門知識と経験が重要という，重要事項の意思決定の瞬間に忘れられがちな原則を認識し，実行する」（WS01, 102-103頁）。上で述べたように，ここでWeick & Sutcliffe（2001）が専門知識と呼んでいるものは，むしろディープスマートと表現すべきものである。

HROの特徴は，予期せぬ事態に直面した場合において「権限が技術者たちに正式に委譲されていて，それを常時トップが全面的にサポートする点にある。柔軟性と適応性に優れた組織であるため，どのような問題が発生しても組織が全階層を挙げて迅速にその問題に注意を向けることができる」（WS01,

104頁）ことである。HROは「失敗の経験を重視し，すべての徴候を新しいものと考える」（WS01, 105頁）ことで，現在いかなるディープスマートが求められているのかを見極め，該当するエキスパートに意思決定権限を移動させる。つまり，HROは「目の前の問題に対する解決策を持つ者がリーダーになるといった，弾力的な組織運営を確立」（WS01, 107頁）し，「意思決定の権限は時と場合によって組織内の上下どちらにも移動する」（WS01, 108頁）体制を整えているのである。

「柔軟性と適応性に優れた」というWeick & Sutcliffe（2001）の言葉には，第2章で詳細に検討した通り，注意が必要である。安定性と柔軟性，適応性と適応可能性は組織論にとって永遠に解決できぬとも思われる重要なテーマの一つである。以下のWeickの言葉がこの問題の深刻さを物語っている。

　現在の状況に見事に適応している組織は，その状況が変わったときは適応できないだろう。
　しかし見事な適応に陥らないようにする組織は，その時々の適合をよくする組織と競争するとき崩壊するだろう。この緊張はすべての組織化にあるものであって，組織化の決定を由々しきものとする力学が生ずるのもこの緊張によるのである。
（We79, 176頁）

第2章で述べたように，行き過ぎた安定性は危険である。同時に過度の柔軟性もまた危険であることを忘れてはならない。過度に柔軟で安定性を失った組織は無秩序になりやすい。「いかなる社会的単位も，自らの歴史，自ら何をやってきたのかそして何をくり返してきたのかによって自らを定義するもの」（We95, 280頁）であるが，「完全な柔軟性は逆に，組織のアイデンティティや継続性を妨げてしまう」（We95, p.280）からである。「アイデンティティの確立と維持がセンスメーキングの中核的な前提」（We95, p.26）であることを考えれば，完全に柔軟な組織はセンスメーキング不能，すなわち制御不能となってしまうことになる。行き過ぎた安定性によって，組織が環境から孤立する危険がある一方，逆に過度の柔軟性がもたらす制御不能の危険も同様に見逃してはならない。

The Social Psychology of Organizing を著した当時の Weick の主張は「保持からイナクトメント・プロセス，淘汰プロセスへのフィードバック・ループをアンビバレントに保て」ということであった。システム理論から明らかなように[26]，ループのマイナス符号が「偶数ならば，そのループは逸脱—増幅ループ」（We79, 93 頁）となりコントロール不能に陥ってしまうからである。しかし一方で，上の Weick の記述を読めば分かるように，逸脱—増幅ループは破壊的暴走をもたらすのみではなく，建設的成長の源泉ともなりうる。すなわち，「現在の状況に見事に適応している組織」（We79, 176 頁）は，逸脱—増幅ループによってさらに環境適応性を強め，いっそうの成長を持続できる可能性が高いが，それが継続すれば「適応が適応可能性を排除」（We79, 176 頁）する結果に繋がり，「その状況が変わったときには適応できない」（We79, 176 頁）というわけである。よって，安定性と柔軟性，適応性と適応可能性の相克を乗り越えるために，Weick（1997）はアンビバレンスを奨励したのである[27]。

　高橋（2005）は Weick（1997）の要請—アンビバレントなフィードバック・ループ—は理論的には理解できるがその実践は「至難の技」としか言いようがないとした上で，Weick（1997）が実務家のために提示し，本章の「単純化を許さない」の項でも取り上げた「組織がしばらくの間，知っていることを全面的に疑いながら活動する」（335 頁）というアイディアのほうが，アンビバレンスの要請と比べて実践性が極めて高いと指摘している。

　上で見てきたように，Weick & Sutcliffe（2001）は，HRO が柔軟性と適応性の双方において優れていると主張している。つまり，環境適応性と環境適応可能性の双方において，HRO は優れているということになる。これを裏打ちしているのが，HRO における意思決定権限の移動であると Weick & Sutcliffe（2001）は主張する。

　彼らの主張を理解する上で，Reason（1997）が提示した「柔軟な文化[28]」

26　Weick（1997）は Maruyama（1963）らの理論を提示している。詳しくは第 2 章および Weick（1997）を参照されたい。
27　ここで，安定性が適応性と，柔軟性が適応可能性と結びついているのは明らかであろう。
28　環境に対する柔軟性というよりも，組織行動，組織構造を柔軟に変化させるという意味で "柔軟" という言葉が用いられている。

(303頁) という概念が役に立つ。Reason (1997) は，「かなり官僚的であり，権限と指揮の明確なラインをもつ階層的な組織構造をしている」(304頁) 米国海軍などの例を挙げながら，そうした組織は，通常は「使い込まれた標準実施手順書 (SOP) に厳格に従って」(304頁) 活動しているが，「突然発生した作業密度の高い状況」(305頁) に対応するため，彼らが「日常的な雑務に埋もれ，官僚的で，標準運転手順書を遵守している状態の下には，いつでも切り替えができるように，組織行動のもう1つのまったく異なるパターンが隠れている」(305頁) と述べている。

　権限が，機能を果たすための技能を土台とした実務に委譲される。作戦の作業密度が増すにつれて官僚的姿勢が影を潜め，権限 (意思決定の) の分散化が起きる。正式な階級や地位は，服従の理由にならなくなる。階層的組織は，専門的知識とは関係がなく，その専門的知識の点に関していえば，低い階級の人間のほうがよりよく知っていることが多い。主任 (上級下士官) が指揮官にアドバイスし，中尉と少尉に穏やかに指示を出す。状況の重要性，潜在的な危険性，そして作戦の精巧さが一種の機能的規律，作業チームの専門職制を促進する。フィードバックと (時にして争いに近い) 交渉が重要となる。すなわち「どう進行するか」というフィードバックが求められ，それが価値あるものとされる。(Reason, 1997：訳，306頁)

　この記述は Reason (1997) が La Porte & Consolini (1991) からの引用として紹介している話である。「作業密度の高い期間が終わると，権限がスムーズに以前の官僚的で階級重視の形式に戻る」(Reason, 1997：訳, 207頁)。つまり，こうした組織は，官僚的な状態から分権的な状態へ，集権的な状態から専門的な状態へと，可変的に組織行動を切り替える能力を有しているのである。

　なぜ可能なのかという問いに，Reason (1997) はこうした組織が「価値観と仮定」(311頁) を共有しているからであると主張している。すなわち「柔軟な文化」は，報告する文化，正義の文化，現場主義の重要性――上で述べた「オペレーションを重視する」に通じるだろう――，常に率先して取り組み，エラー回避を最優先する価値観などに支えられていると考えられている (303-

311頁）。Weick & Sutcliffe (2001) は，Peters & Waterman の名著『エクセレント・カンパニー』を例示しながら「組織内の人間がわずか3つか4つの主要な価値観にコミットし，その価値観を内在化して共有すれば，経営トップはそうした献身的なメンバーに広範な意思決定の権限を与えることができる」（164頁）と述べ，そうした価値観を共有しているがゆえに「HROでは迅速に活動せねばならないときは，専門知識を有する者に意思決定権限が移動する」（178頁）ことが可能になると主張している。

これまでの議論を眺めてくれば分かるように，HROの柔軟性にはコンティンジェンシー理論以来の相克，安定性と柔軟性，適応性と適応可能性，機械的管理法と有機的管理法を乗り越える可能性が秘められている。HROは，状況に応じてカメレオンのように，集権的になったり分権的になったり，はたまた官僚的になったり専門的になったりする。

ここで見落としてはならないもう1つのポイントは，予期せぬ事態におけるHROのディープスマートを最大限活用する分権的な活動が，メンバーの自主性，自律性に支えられている点である。言ってみれば，上で挙げた輪郭ゲージにおいて，それぞれの針金に自律性が備わったような状態である。

Evans & Wolf (2005) は，アイシン精機の工場火災時におけるトヨタグループ[29]の対応を評して「トヨタは伝統的な階層組織と，リナックス・コミュニティのような自己組織的なネットワークの2つの特性を両立させたハイブリッド型組織へと変貌しつつある」と述べている。97年，アイシン精機の刈谷第一工場が火災によって機能停止に陥ったとき，トヨタに部品を供給している各社は，自主的にアイシン精機が納めていたPバルブを臨時生産すべく申し出てきた。アイシン精機側も全サプライヤーに設計図や未完成品などを自主的に提供した。「個人も企業もだれかの指示に従うことなく，自分たちのできることを自発的に行った。競合会社も一致団結して協力した」（Evans & Wolf, 2005）という。

Evans & Wolf (2005) は，トヨタグループを「階層組織と同じく，各メン

---

29 正確にはトヨタに部品を納入しているサプライヤーの集合体である。ここでは1次サプライヤー，2次サプライヤーの別なく，また資本関係のあるなしに関わらずトヨタグループと呼んでいる。

バーは共有の目的を有している」という点で「伝統的な階層組織」的であり，同時にリナックス・コミュニティのように「市場と同じく」自律性に基づいているという点で自己組織的であると主張しているのである。つまりトヨタは，これまで取引コスト理論などを通じて相対する概念として捉えられてきた「市場と階層組織それぞれが有する最良の特性を具現化している」と Evans & Wolf（2005）は主張しているのである。

　Evans & Wolf（2005）によれば，こうした協働は，「緩やかに結合された小さな部分」――輪郭ゲージの譬えを思い出して欲しい――，「信頼のコミュニティ」，「マネジャーはできるだけ，本来の意味での管理をしない」，「正しく理解された共通の目標に基づいている」，「あいまいな問題をたえず話し合い，解決していく」，といったことによってもたらされる。彼らの主張と HRO の特徴を重ね合わせてみると，予期せぬ事態に直面して HRO が志向しているのは，ハイブリッド型組織であることが分かるだろう。

　これまでの議論を整理すると，HRO における事後対応プロセス（「復旧能力を高める」と「専門知識を尊重する」）とは，メンバーの自律性に支えられたハイブリッド型組織を志向すべく，意思決定の権限が状況に合わせてエキスパートに移行する，臨機応変な，行為主導のプロセスであるといえるだろう。

　本章では HRO を特徴づけている5つのプロセスを，組織認識論のレンズを通して詳細に検討してきた。続く第9章，第10章，第11章では，本章の知見に基づいて事例研究を行っていくことにしたい。

第 9 章
JFE スチール・東日本製鉄所の挑戦

　JFE スチールは日本鋼管と川崎製鉄が経営統合して誕生した，粗鋼生産量わが国第二位の名門企業である。その JFE スチールの中核的存在である JFE スチール・東日本製鉄所は，川崎製鉄千葉製鉄所として 1951 年に設立され，戦後のわが国重工業復興のシンボルといわれてきた[1]。

　その東日本製鉄所が 2004 年 12 月 16 日，千葉海上保安部の立ち入り検査を受けた。その約 1 カ月後には，海上保安部に続いて千葉県と千葉市が合同で同製鉄所に立ち入り調査を実施した。それらの結果，東日本製鉄所千葉地区で，水質汚濁防止法の基準値を上回る高アルカリ水が漏出していたこと，県の条例に基づく基準を大幅に超えたシアンなどが流出していたことなどが判明した。シアンは呼吸困難やけいれんなどを引き起こす猛毒である。微量でも水中の生態系に影響を及ぼす恐れがあるといわれている。東日本製鉄所千葉地区から流出したシアン化合物は，最大で基準値を 75.7 倍も上回っていたという。

　そればかりではない。東日本製鉄所では排水データの改ざんが日常化していたことも判明した。改ざんは記録で確認できるだけで 2001 年 4 月から 2004 年 12 月の約 3 年間に 1109 件にも及び，改ざんは十数年以上にわたっていたと考えられている。

　また，東日本製鉄所千葉地区には水質管理担当者が 1 名しかいなかったこと，チェック機能がまったくなかったことなど，同社の甘すぎる管理体制に世論の非難が集中した。その水質管理担当の男性（38）は「基準値内への書き換えは前任者からの申し送り」だった，「基準を超えても実質的に問題ないと判断した」と語っている。

1　本章の記述は，新聞等の報道に拠る。本章末尾に参考資料を明記する。

2005年2月7日JFEスチールは，東日本製鉄所長の退任，経営トップの役員報酬を2カ月間5割カット，担当役員の2割から3割の減俸，直接の関係者である前水質管理担当者ら3名の出勤停止などの処分を発表した。

その後，JFEスチールでは社内の意識改革を促し，「油一滴の漏れも見逃さない」体制を構築すべく，さまざまな試みを行ってきた。本章では，2年以上に及ぶJFEの挑戦的試みを，第8章で紹介したHRO理論に従って読み解いてみたい。

組織が膿んでいく

最初に，事故発生当時の「基準値内への書き換えは前任者からの申し送り」だった，「基準を超えても実質的に問題ないと判断した」と語った水質管理担当者の言葉を考えてみよう。第8章で述べたように，HROでは常に「正常な事態と偽ろうとする気持ちに対して，強い警戒心が働いている。存在していない問題を誤って指摘することの危険性は十分承知しつつも，そうした誤報以上に，拡大するおそれのある重大事を見落とすことのほうを恐れる」（WS01, 55-56頁）からである。第8章で紹介した原子力航空母艦カール・ヴィンソンの話を思い出してもらいたい。彼らは甲板上でなくなった工具が見つかるまで発着艦を停止したばかりか，申し出たクルーを称賛さえしている。こうした対応が可能なのは，HROが"純潔を捨てる"ことの恐さを知っているからである。

スペースシャトル・チャレンジャー号の悲劇に関わったNASA担当者は次のように語っている。

　異常なもの，あるいは完全と言えないものをひとたび受け入れると，それは純潔を捨てたということであり，もう後戻りはできません。けじめをつけるのがとても難しくなるからです。前と同じ問題だと次に彼らが言うときは，さらに5ミル（注：1ミル＝0.0254ミリメートル）も侵食が進んでいることでしょう。1度よしとしたら最後，歯止めが利かなくなってしまいます。1度してしまったことは取り消せないわけで，心を鬼にして急に「それはできない」と言おうとしても無理なの

です。　　　　　　　　　　　　　　　　　　　　　　　　（WS01, 55 頁）

　許容範囲を僅かでも外れたら，直ちに対応する姿勢が重要なのである。僅かな異常であれば「実質的に問題ない」として見逃せば，やがて許容範囲は限りなく広がっていくことを NASA 担当者の話は物語っている。そして，それは決して組織外には出せないデータとして組織内に蓄積される。膿はここから始まる。
　さらに，データを改ざんして，組織外に間違った情報を流すことを認める姿勢は，報告する文化を根底から破壊する恐れがある。中西（2007）は三菱自動車の例を挙げつつ以下のように論じている。

　隠すことをよしとしてしまったがゆえに大きな不祥事へとつながった例の一つが，2000 年および 2004 年に問題となった三菱自動車工業関連のリコール隠しである。報道等によると同社の品質保証部門は，1977 年頃から，リコール等の改善措置を避けるため，開示してもたいした影響のない軽微な情報やすでに把握されている不具合情報だけをオープンにし，人身事故につながるような重大な不具合に関する情報は，大半を秘匿情報とした。（中略）そうしたことから自社を守るという大義名分のもと「隠すこと」「報告しないこと」を評価するしくみが制度化すらされてしまったということが三菱自動車の長年続いたリコール隠しの背景にあった。
　　　　　　　　　　　　　　　　　　　　　　　　（中西, 2007, 82 頁）

　リコール隠しに走った三菱自動車の姿勢は，「報告する文化」「正義の文化」を志向する HRO の姿勢とはまったく逆である。自社にとって不利益な情報を隠す姿勢が，より大きな惨事を誘発する危険を知っておかねばならない。JFE スチールの事故発生直後，千葉市議会で「昨年はガス臭漏出や火災事故が相次ぎ，また JFE かと市民は憤っている」（日本経済新聞，2005 年 2 月 16 日朝刊）などの批判が相次いだことから考えれば，事故発生前の JFE スチール・東日本製鉄所では，対社内・対社外を問わず「都合の悪いことは報告しない文化」が根づいていたと考えても間違いではあるまい。そうした些細な見過ごし，見逃しがやがて大惨事に繋がることは第 8 章で眺めた通りである。

失敗をバネにして

　事態を重く受け止めた JFE スチール経営陣，社員の間には危機感が溢れていた。東日本製鉄所の総務部長は，当時を振り返って「深刻どころではない。企業存続のための基盤を自ら崩したのだから」（日経エコロジー，2006）と語っている。

　この話には，組織文化を変容させるに当たってのヒントが秘められている。組織文化とは，一言で言えば組織における共有された意味体系であると言ってよい。新たな意味体系を構築するきっかけについては，第2章で眺めたようにさまざまに議論されてきた。Schroeder ら（1989）は「注意を払うように促し，新奇な行為を開始させる行為閾（action thresholds）の刺激となった何らかのショックの存在」（p.123）が契機になると主張していた。Mandler（1984）は人が認識を改めるのは「第一に予期せぬ事象—それは環境についてのこれまで継続してきた解釈に合致しない事象—が生じた場合，第二に予期した事象が生じない場合」（p.188）であると述べていた。Louis & Sutton（1991）は「予期せぬ失敗や分裂（disruption），やっかいな状況が発生するとき，予測と現実との間に重大な差異が存在するときに，切換えがなされる」（p.60）と論じた。遠田（2005）は組織の認識（遠田（2005）の言葉では「常識」）は不安によって変化する（42-54 頁）と主張している。

　これらの主張は予期せぬ事態の出来に伴う何らかのショックが，組織における共有された意味体系，すなわち組織文化変容の強力なきっかけとなるという点で共通している。すなわち，何か大きな失敗に遭遇して，メンバーがショックを受けていたり，不安を感じたりしているときこそ，組織文化を変えるチャンスなのである。JFE スチールは，前代未聞の不祥事に遭遇して，それをバネに大改革に乗り出すことができたのである[2]。

2　ではもし，そうしたショックや不安を顕在化させる事態に遭遇していない場合は，組織文化を改革することはできないのだろうか。そんなことはない。リーダーが組織文化を変容させようと望むのであれば，第6章，第7章で論じたように，ショックや不安をメンバーに植え付けることから

改革は直ちに始めなければならない。なぜなら，人間が失敗を失敗として認識しているのは束の間だからである。時間が経てば，失敗は正当化の衣に包まれてしまう。

JFE スチール・東日本製鉄所の取り組みを，事故発生以来，同社が千葉県知事，千葉市長へ定期的に提出している「改善対策の実施状況報告」[3] に従って，時系列順に整理したのが下の図表 9-1 である。

図表 9-1　JFE スチール・東日本製鉄所の改善対策

2005 年 1 月
・環境管理部を環境エネルギー部から独立させ，より中立性の高い，強力な指導力をもった組織に変革。
・排水溝で 4 時間ピッチでサンプル採取を開始。
・異常が判明した場合，休日・夜間を問わず常時，水質担当者をはじめ所内関係者に連絡できる体制を構築。同時に現地状況を判断し，即応する体制を構築。

2005 年 2 月
・測定データのダブル・チェック，およびインターネットを通して所内へ即時伝達するシステムの運用を開始。
・管理者全員を対象に緊急研修会を実施。
・環境管理部に工場停止命令の権限を付与。「製造部門に対する操業停止等の強力な指導権限」を同社「管理規定」に明記。

2005 年 3 月
・環境管理部の人員を 12 名から 22 名に増員。365 日体制パトロールを実施。

2005 年 4 月
・所長，副所長，各部長を交えて毎朝ミーティングを実施。環境データを開示し，情報を共有化するとともに関連部門への改善指導などについて決定。製造部門にも環境関連の課題を報告させるとともに，幹部が指導し，相互の情報交換を促進。
・公害防止協定について部長，工場長，室長，統括マネジャーを対象に研修を実施。
・3 年計画でエンジニア全員に公害防止管理者資格受験を実施。
・ホームページで水質管理データの公開を開始。

2005 年 5 月
・社外委員（松尾友矩東洋大学学長，寺島泰大阪産業大学教授）による委員会を開催。

2005 年 6 月
・近隣 26 町会の代表者に対して環境問題の説明会と現地視察を開催。

2005 年 7 月
・環境管理部の人員を 22 名から 25 名に増員。パトロール体制強化。
・副所長をリーダーとした環境・防災パトロールを開始。パトロールで判明した問題点は，その

始めればよい。

3　本章末尾に提示しているように，同報告は 2005 年 4 月から 2007 年 2 月にわたる全 8 本の詳細かつ膨大なレポートである。ここでは重要と思われる事項のみを取り上げて図表 9-1 に整理している。

> 場で改善方針を討議し，速やかに改善計画を推進。
> ・すべてのエンジニアに公害防止管理者資格受験を義務付け。
> 2005年8月
> ・7月にJICQA（日本検査キューエイ）の審査を受審。ISO14001の登録一時停止解除。
> 2005年9月
> ・近隣住民による現地視察を開催。
> 2005年12月
> ・近隣住民に対して改善工事説明会，現地視察を開催。
> 2006年1月
> ・水質自動分析器の設置工事完了。

　東日本製鉄所の朝は，所内の幹部全員が出席するミーティングから始まる。毎朝9時になると部長以上の幹部約30人がフェース・トゥ・フェースで異常を確認し，問題点はその場で討議し改善策を決定する。ミーティングの結果は，協力会社も含めて主要な管理職全員に電子メール等で配信される。ミーティングでは「構内で車両が故障し，油漏れが発生した」（日経エコロジー，2006）などの些細な異常も報告され，最終的には情報システムを通して製鉄所全体で情報が共有される仕組みとなっている。

　また，365日24時間体制のパトロールを実施するとともに，そこで発見された異常は遅滞なく水質担当者や幹部に通報される。こうしたシステムが完備されているため，東日本製鉄所環境管理部長は「朝のミーティングの際には，幹部は自分の関連部署でどんな異常があったのかをメールでチェック済みなので，事態を把握している前提で話ができる」（日経エコロジー，2006）と語っている。

　朝のミーティングだけではない。異常を察知しようとする姿勢は，副所長をリーダーとした環境・防災パトロールにも現れている。彼らは単にパトロールするだけではない。異常を発見した場合，その場で討議し，改善策を実施する権限を与えられている。

　第8章で指摘したように，メディアリッチネスのディグリーが高い直接対話などのコミュニケーション・ツールは「いったい何が不明なのか，それさえ不明である」（Augustine, 1995）といった多義的な状況で力を発揮する。逆に，そうしたコミュニケーション・ツールは，不確実性の削減に当たっては脆い。つまり，水質データなど不確実性の問題に対処するには，電子メールなどのメ

ディアリッチネスのディグリーが低いコミュニケーション・ツールが，多義的な問題に対処するには，メディアリッチネスのディグリーが高いコミュニケーション・ツールが適しているのである。

　実践上注意すべきは，メディアリッチネスのディグリーがコストと正の相関関係にある点である。組織においては，コミュニケーション・コストは最も注意すべきコストの一つである[4]。例えば，朝から晩まで会議，会議で本来の仕事が後回しというのでは，組織はコミュニケーション・コストに押し潰されてしまう。何をどのコミュニケーション・チャネルで伝達するかをしっかり考える必要がある。

　JFE スチール・東日本製鉄所では，早期異常発見，早期データ伝達という局面ではメールやファックスなどの比較的メディアリッチネスのディグリーが低いコミュニケーション・ツールを用いている。目前の異常が何を意味しているのかは，直接会議の場で検討している。それも部門横断的に30人以上の幹部が出席した場で，データの異常等について討議しているのである。十二分に多様性が確保されていると考えてもよいだろう。

　第4章，第5章で論じてきたように，予期せぬ事態をマネジメントする上で，直接会議は極めて有効である。しかし，実務上はメディアリッチネスのディグリーがコストと正の相関関係にあることを忘れてはならない。この点を忘れれば，一時的には有効な対策を実行しえるかもしれないが，やがて組織は疲弊し，対策そのものが骨抜きになってしまう恐れがある。

　予期せぬ事態に直面した場合，予測至上主義は危険であり，行為主導の臨機応変な即興的対応が有効であると第8章で論じてきた。東日本製鉄所では，朝のミーティングで問題箇所を炙りだし，対応策をその場で決定するとしている。また，副所長をリーダーとしたパトロールを実施し，異常箇所を発見した場合にも，その場で改善方針を討議し，速やかに改善対策を実施すべく試みている。現場を重視し，間髪入れぬ対応を促す，こうした取り組みは高く評価されるべきだろう。異常事態に直面すれば，往々にして誰しも臆して立ち竦んでしまう。トップの判断を待つ，正確な情報がない，などの理由で対策は後手後

---

[4] メディアリッチネスとコストについては，第4章，第5章および第6章を参照されたい。

手に回ってしまう。メンバーが自主的にその場で最善と思われることを実施し，さらにはエキスパート（東日本製鉄所では環境管理部のメンバーこそエキスパートと呼ぶに相応しいに違いない）が中心となって，臨機応変に対応できる仕組みを組織内に制度としてビルトインしておかねばならない。

東日本製鉄所では，上で述べた異常に対する情報共有の仕組みや，異常に際して即応的な行為を引き出す体制を整備すると同時に，環境管理部を環境エネルギー部から独立させ，さらにはラインの中核である製造部門に対してまで強力な指導を行える権限を環境管理部に付与した。同時に，環境データは担当者のみならず上司が二重チェックする体制を敷いた。「改善対策の実施状況報告」（JFEスチール，2005a～2007b）には掲載されていないものの，システム面では，分析機関がデータを入力後，書き換えができないものに変更された（日経エコロジー，2006）。そこで得られたデータはホームページで公開されている。

第8章で紹介したように，成功した報告システムでは「情報収集分析機関の独立性，有益情報のフィードバック，報告の容易性」（Reason & Hobbs, 2003：訳，231頁）などに十分な配慮がなされている。ある工場で油流出等の異常が発見された場合，その部署の担当者から直属の上司に報告することを求めても，当初は心理的抵抗もあって，なかなか報告がなされないことも多い。異常そのものに対して，彼自身が責任を感じていたり，彼が属するグループの他のメンバーが責任を問われる恐れがあると思われたならば，尚更報告はなされないだろう。報告者が心理的抵抗を乗り越えて報告するよう促すためには，懲罰権を持つ機関と情報収集分析機関とを分離して，さらに情報提供者の匿名性，懲罰からの保護を徹底するなどの体制を築く必要があろう。東日本製鉄所では環境管理部が製造部門をも指導できる強力な権限を付与されると共に，環境管理部に対して完全な独立性を保証している。こうした体制が築かれているからこそ，環境管理部の365日24時間パトロールで見逃されてしまった異常も，すべて報告されるようになったのである。オープン・ソースの標語ではないが「千の目をもってすれば，どんなバグも簡単に見つけられる」（Evans & Wolf, 2005）のである。

JFEスチールは，千葉海上保安部の立ち入り検査（2004年12月16日）によって，不正漏出がほぼ明らかになった後にも直ちに公表しようとしなかっ

た。この点からも，上で述べたように，同社が社内・社外を問わず「都合の悪いことは報告しない」体質になっていたことは想像に難くない。事故発覚後，記者会見の席上で経営トップは記者団から詰問された。「なぜ，海上保安部の調査開始から事実公表まで1カ月半もかかったのか？」。数土文夫社長（当時）の返答は「全容が判明した時点できちんと説明しようと判断した[5]」というものだった。こうした姿勢が，近隣住民，市議会などの反感を買うことに繋がった。

第8章でたびたび引用した非常の事態を何度も潜り抜けてきたAugustine (2003) は，経験を通して「危機管理の要諦：真実を直ちに語れ」と強調している。かつて，Augustineがどこまで語るべきかを悩んで，ウォーレン・バフェットに相談したところ，バフェットはこう助言したという。「まず，事実関係のすべてを把握しているのではないことを明らかにしなさい。それから続けざまに，把握している事実について話しなさい。目的は，問題を解決すること，早く片づけて終わらせることです。"問題"が，時間が経ってよくなることなどありません」。多少とも実務に関わるものすべてが，記憶にとどめておきたい助言である。

現在，JFEスチール・東日本製鉄所では，水質データなどをインターネットで公表すると共に，入力データの改ざんができないシステムを導入している。また，近隣住民への定期的説明会，現地視察会を開催している。上で触れたように「都合の悪いことは隠してしまえばいい」という体質は，社内の「報告する文化」，「正義の文化」を根底から破壊してしまう恐れがある。そうならないためにも，自ら進んで外部監視を受け入れるよう努めるべきなのである。

JFEスチール組織改革の成功要件

これまでJFEスチール・東日本製鉄所の試みを眺めてきたが，特筆すべきなのは，公害防止管理者資格受験をすべてのエンジニアに義務付けたこと，ト

---

[5] 事故発覚直後のトップのこの発言からも，第8章で指摘した予期せぬ事態に直面した際の予測至上主義の弊害が窺われる。

ラブルを未然防止した社員を表彰する制度を導入したこと，全社員を対象とした水質汚濁防止法・公害防止協定の研修を実施していること，などである。

　トラブルの報告を促進し，トラブルを進んで報告した者を称賛するのはHROに共通してみられる特徴である。第8章で検討したように，すべてのトラブルが許されたのでは組織は無法地帯となってしまう。トラブルを未然に防止した社員を表彰することに加えて，今後JFEスチールでは「受容できる行為とそうでない行為の間に引かれた境界」を全社員が十二分に納得し，明確に理解するまで繰り返し教育していくことが求められるだろう。そうした地道な作業を通して，「正義の文化」が組織に根づいていく。そして，「報告する文化」と「正義の文化」が融合して「効果的に報告する文化」が生まれる。Reason (1997) は「安全文化」を「情報に立脚した文化」であると述べている (Reason, 1997：訳，276頁)。「効果的に報告する文化」は「情報に立脚した文化」すなわち「安全文化」の中核をなしている。

　現在，JFEスチール・東日本製鉄所で実施されている改革が成功するか否かは，偏に社員の意識改革にかかっているといってよい。すなわち，東日本製鉄所という組織に「報告する文化」，「正義の文化」，「柔軟な文化」がしっかり根づくか否かが重要なのである。組織認識論の言葉でいえば，それらが「集主観性の不易なコア[6]」にしっかりと刻まれて始めて一連の改革は成功したと言える。

　公害防止管理者資格に関しては，2006年10月に実施された試験を全エンジニアの57％にあたる135名が受験している[7]。全受験者の48％を超える65名が合格したのは見事である[8]。全社員を対象とした研修も順調に機能しつつある。こうした施策は，社員一人一人の意識を高め，「報告する文化」，「正義の文化」，「柔軟な文化」に支えられた「安全文化」を根づかせるのに大いに役立つだろう。

　Weick (1995) が言うように「センスメーキングは行為からでも確信から

---

[6] 簡単に言えば，「集主観性の不易なコア」とは組織において変わらざる不変の価値観のことである。例えば「人を殺してはいけない」「弱い者いじめは悪いことだ」といった価値観は，人間社会において時間や空間を越えて不変であるべきであろう。詳しくは第4章を参照されたい。
[7] 千葉地区のエンジニア総数は238名である。
[8] 公害防止管理者資格の全国平均合格率は30.7％にすぎない。

でも始めることができる」(206頁)が,「人間は, コミット性がもっとも強い行為を軸に意味を構築しようとする」(208頁)のである。こうした「行為主導のセンスメーキング」(We95, 206頁)という視点から眺めれば, JFEスチールが推進している公害防止管理者資格受験や全社員を対象とした研修の意味がよく見えてくるだろう。「一人前の大人たちが共有している価値観を意図した方向に変えるのは, 不可能ではないにしても大変難しいこと」(Reason & Hobbs, 2003, 206頁)であるが「直接強行突破する必要はない」(前掲書, 206頁)。すなわち「効果的に作用すると考えられていることを実践したり, 体制を導入することで, 人びとに価値観を共有させることができるのである」(Reason & Hobbs, 2003, 206頁)。行為や経験は認識の生みの親である。そもそも人間は, 経験を通して構築した意味のフレームに拠って, 目前の事象を意味づけている。ならば, 直接価値観の変容を迫るよりも, もっとソフトに, 行為を変容させることから始めてはどうかというのが, Reason & Hobbs (2003) のアイディアである。資格取得や研修というコミット性の高い行為は, メンバーの価値観を徐々に変容させていくだろう。やがて, 彼らに共有された中核的価値観として,「報告する文化」,「正義の文化」,「柔軟な文化」がしっかりと根づくに違いない。

　第8章で主張してきたように, 原子力発電所などの高度に複雑なシステムではノーマル・アクシデントは必ず起こると考えていなければならない。さらには, それがいかなるものであるのか, 実際に発生するまでは分からないことが多いということを肝に銘じていなければならない。HROは「失敗から学ぶ」,「単純化を許さない」,「オペレーションを重視する」というプロセスを通して, 警戒心を緩めない。そうした姿勢が「報告する文化」,「正義の文化」を育む。3つのプロセスは, 育まれた文化に支えられ, さらに大きく開花する。HROにおけるこの良循環を見逃してはならない。果敢な挑戦を続けているJFEスチールが, わが国におけるHRO理論実践の貴重なモデルケースになって欲しいと願っている。

　これまでの考察を通して, HROにおけるマインドが危機管理に有用であるのみならず, イノベーション・マネジメントにとっても極めて有効性が高いことが示唆されている。第8章で取り上げたLepnard & Swap (2005) が提示

したディープスマートに関する理論，Farson & Keyes（2002）によるイノベーションとコラボレーションに関する議論などから浮かび上がる要請は，HRO 理論と規を一にしているといってよい。

　HRO が「失敗から学ぶ」プロセスは，イノベーションと失敗の恐れに関する文脈でしばしば登場する Garfinkel（1967）による「回避されたテスト」（p.70）―失敗を恐れると人びとは挑戦しようとしなくなる―の減少に役立つだろう。心理学におけるゼイガルニーク効果―未完了行為は完了行為よりも強く記憶されている―と相まって，「回避されたテスト」の積み重ねは，組織を慢性的に非挑戦的で臆病な方向へと導く。これではイノベーションは惹起しえない。これまで見てきたように HRO は失敗に寛容であり，場合によっては失敗が奨励されたりもする。HRO はこうした活動プロセスを通して「ミスや見逃しから利益」（We79, 195 頁）を得られるようになり，イノベーティブな結果を他の組織よりも生み出しているのではないだろうか。

　高橋（2002）は企業の購買プロセスのイノベーションに焦点を当てた『最適購買への挑戦』の中で次のように述べている。「変化の激しい時代においては，これまでどおりの方法を墨守していても到底生き残ることは難しい」（190 頁）が，そうした状況下においては，外的環境と最も密に接続しているポイント，すなわち現場こそ重視すべきであり，よほどのことがない限り，現場からの意見に対して決定的な否定を与えてはならない（193-194 頁）。同時に組織が認識を改めることができるのは「小さな失敗」（200 頁）を通してである場合が多く，それに気づくのは現場であると同時に，もし気づいたとしても上司がそうした報告を封殺してしまうようなことがあれば，イノベーションは惹起しえない。こうした高橋（2002）の主張が HRO の特徴と通底していることは明らかであろう。

　HRO 理論とイノベーション・マネジメントの関係については，最終章で詳細に検討する。

　本章における JFE スチール社に関する記述は以下の資料に拠る。
　日本経済新聞
　　2005 年 2 月 3 日夕刊「JFE　排水データ改ざん」，2005 年 2 月 4 日朝刊

「データ改ざん 10 年以上」，2005 年 2 月 4 日朝刊「県など改善指示」，2005 年 2 月 7 日朝刊「悪質極まりない排水の不正」，2005 年 2 月 16 日朝刊「千葉市議会，批判が相次ぐ」，2005 年 2 月 18 日朝刊「JFE の違法排水，公害防止組織法で指導」。

日経産業新聞

2005 年 2 月 4 日「JFE，管理体制甘く」，2005 年 2 月 8 日「千葉の違法排水，所長が引責辞任」，2005 年 3 月 9 日「JFE スチールに家宅捜索」。

週刊ダイヤモンド（2005），「データを改ざんしていたJFE のお粗末な危機管理」『週刊ダイヤモンド　2005 年 2 月 19 日号』。

日経エコロジー（2006），「JFE スチール，排水データ改ざんから 1 年半，体制一新，油一滴の漏れも見逃さない」『日経エコロジー　2006 年 12 月号』。

以下の資料は JFE スチール HP (http://www.jfe-steel.co.jp/index.html) より。

JFE スチール（2005a）「改善対策の実施状況報告　2005 年 4 月 28 日」
JFE スチール（2005b）「改善対策の実施状況報告　2005 年 7 月 27 日」
JFE スチール（2005c）「改善対策の実施状況報告　2005 年 10 月 27 日」
JFE スチール（2006a）「改善対策の実施状況報告　2006 年 1 月 31 日」
JFE スチール（2006b）「改善対策の実施状況報告　2006 年 4 月 27 日」
JFE スチール（2006c）「改善対策の実施状況報告　2006 年 7 月 31 日」
JFE スチール（2007a）「改善対策の実施状況報告　2007 年 1 月 16 日」
JFE スチール（2007b）「改善対策の実施状況報告　2007 年 2 月 14 日」

第10章

柏崎刈羽原発直下型地震

　2007年7月16日午前10時31分。世界初の直下型地震が柏崎刈羽原子力発電所を襲った。危機の発生である。このとき，柏崎刈羽原子力発電所で何が起こっていたのか。本章では，地震発生直後から，安全が回復されるまでの20時間余りにわたる柏崎刈羽原子力発電所の動きを参考にしながら，第8章で紹介したHRO理論に基づいて，わが国原子力発電所におけるリスクマネジメント上の問題点を明らかにするとともに，それらに対する提言を試みる。

　本章をお読みいただく前に，改めて一言だけ申し上げさせていただきたい。「はじめに」で述べたように，本章の初出は2008年3月（亜細亜大学『経営論集』第43巻第2号）である。その後，2011年3月11日，東日本大震災に伴い福島第一原子力発電所で未曾有の大事故が起こってしまった。同事故を受けて，本章の内容に手を入れるか否かさんざん悩んだ。本章で指摘していたことがあまりに悲惨な現実となって目の前に現れてしまったためである。しかし，あえて加筆・修正等はしないことにした。このままで提示させていただいたほうが，組織認識論の実践性の高さを示す例証になると考えたためである。読者の方々にはこの点を何卒お含みおきいただきたい。

世界初の原発直下型地震[1]

　2007年7月16日，中越沖地震が発生した。想定外の激しい揺れに襲われた柏崎刈羽原子力発電所では何が起きていたのか。NHKでは，地震発生から一

---

[1] 本章の記述は新聞，テレビ等の報道に拠る。本章末尾に本章を執筆する際に用いた参考資料を明記するとともに，本章内でも引用等の必要に応じて適宜参考資料を明示する。

カ月半後の9月1日に『NHKスペシャル　想定外の揺れが原発を襲った〜柏崎刈羽からの報告〜』と題して，綿密な取材のもとに，地震発生直後の柏崎刈羽原子力発電所における動きについて克明に報道している。本章ではまず最初に，この番組をベースにしながら，新聞・雑誌等の報道をまじえつつ，予期せぬ事態に直面した柏崎刈羽原子力発電所の動きを，地震発生直後から緊急停止した原子炉が安全な状態に戻るまでの20時間にわたって丹念に追っていきたい。

　東京電力・柏崎刈羽原子力発電所は，85年に1号機の営業運転を開始して後，90年に2号機および5号機，92年に3号機，94年に4号機と順調に営業運転の開始に踏み切り，96年には世界初の改良型沸騰水型の6号機の運転を開始，97年に7号機に火が点ると，カナダのブルース発電所を抜いて，総発電量821万キロワット強を誇る，量的にも技術的にも文字通り世界最大の原子力発電所となった。日本では全発電量の約31％（約4,958万キロワット）が原子力発電によって供給されているが，その約16.6％を柏崎刈羽原子力発電所が担っている。同発電所は，アメリカ，フランスに次ぐ世界第3位の原子力発電大国・日本を支えてきた原子力発電所であるといってよい。

　2007年7月16日午前10時31分，その柏崎刈羽原子力発電所を，マグニチュード6.8震度6強の烈震が直撃した。震央までの距離わずかに16キロという，世界が経験したことのない原発直下型地震の発生である。柏崎刈羽原子力発電所の地震計は，想定されていた限界地震[2]の揺れ（854ガル）を2倍以上も上回る2,058ガルを記録した。

　この時，運転していた原子炉は，2号機，3号機，4号機，7号機の4機だった。その中で最大の揺れを観測した3号機では，建物3階にある中央制御室で5人の運転員が原子炉の運転，管理に当たっていた。3号機中央制御室当直長で現場責任者の山田一也氏は，激しい揺れに襲われた瞬間，反射的に原子炉の緊急停止を意味する「スクラム」の表示に目をやったという。地震発生時，3号機の原子炉はフルに稼働しており，核分裂が連続して起きる臨界に達

---

[2] 限界地震とは，当該地で現実的には発生しないだろうと予測されるほど大規模な「およそ起きそうにない地震」（朝日新聞2007年9月1日朝刊）のことである。すべての原子力発電所は，限界地震発生時でも十分な安全性を確保できるよう設計されている。

していた。この状態で設備が壊れると，放射能漏れなど重大な事故に発展しかねない。勿論，原子炉には安定装置が装備され，異常事態発生後およそ2秒ほどで核分裂を抑止する制御棒が炉心に挿入され，緊急停止するように設計されている。山田氏が心配したのは制御棒が正常に差し込まれたかどうかだった。NHKの取材に対し山田氏は「今までに体験したことのない揺れだったので，止まるか否か不安だった」(NHK, 2007) が，激しい揺れのため数メートル先のパネルに近づくこともできない状態が続き，数十秒後に揺れが静まってからパネルに近づいて，実際に緊急停止していることを確認し安堵したと語っている。

6号機と7号機の中央制御室では蛍光灯86本が落下し，室内には運転員の悲鳴が溢れた。と同時に「スクラム（原子炉緊急停止）！」という叫び声が上がり，続いて警報ランプが赤々と点滅した。ここでも原子炉が緊急停止し放射能漏れがないことが判明し，「ほっとした」(朝日新聞，2007年8月15日朝刊) という。運転員の一人は，耐震強度が一般建築物に比べてはるかに高い[3]筈の原子炉建屋が「こんなに揺れるのか」(朝日新聞2007年9月1日朝刊) と思ったという。地震後に行われた国の原子力保安院の現地調査において，柏崎刈羽原発を訪れた委員2名に対して，当初東京電力側は「棚からマニュアル類が落ちただけ」(Yomiuri Online, 2007年8月6日) と被害を過小に報告していた。東京電力は「決して隠したわけではなく，発電所内の情報共有が不十分だったのが原因（広報部）」(Yomiuri Online, 2007年8月6日) と説明している。

運転していた4つの原子炉を含む原子力発電所全体の現場統括責任者は第一運転管理部長の菅井研自氏であった。菅井氏は，構内を車で移動中に地震に遭遇した。彼は3号機の近くを通りかかった時，3号機すぐ横の変圧器から出火して，黒い煙が上がっているのに気づいた。すぐ側に原子炉があったが，原子炉は厚さ2メートルの壁に守られているため問題はないと判断し，菅井氏は他の職員に初期消火を任せ，現場を離れた。菅井氏はNHKの取材に対して，「全部スクラム（緊急停止）したと聞いていたので，初期消火あるいは消防へ

3　原子炉建屋の耐震強度は一般建築物の約3倍とされる。

の連絡といった点も含めて火災に関しては現場に任せ，スクラム後の対応に全力を傾けるため事務所へ戻った」（NHK，2007）と述べている。

　菅井氏は緊急停止後の原子炉への対応を最重要視した。地震発生当時，原子炉内は280度の高温かつ高圧状態であった。そうした状況下で配管が壊れ，冷却水が漏れ出すと原子炉の安全が著しく脅かされる恐れがある。まず炉の温度を下げ，100度以下にしなければならない。菅井氏は，直ちに対応すべく緊急対策室に急行したが，緊急対策室の鉄製扉が変形して開かず，中に入ることができなかった。緊急対策室には消防とのホットラインや緊急連絡用のファックス，7機ある原子炉の一部始終を監視できるモニターなどが設置されており，全体状況を把握できる場所は原発内でこの部屋しかなかった。急遽，菅井氏は施設の横の駐車場に臨時の緊急対策本部を設営した。菅井氏は当時の状況を振り返って「最初は筆記用具もない状態から，ホワイトボードを1枚出し（最終的には4，5枚出したが），そのホワイトボードに入ってきた情報を羅列するのみで，それらを有機的に組み合わせて分析するまでには至らなかった」（NHK，2007）と語っている。

　地震によって原子力発電所という巨大なシステムに次々と綻びが見え始めた。3号機の中央制御室で原子炉の緊急停止を確認した山田氏（前述）はアラームの対応に追われていた。パネルに表示されていたトラブルは100近くに及び，本来応援を呼ぶべき状況であったが，3号機以外も被災していたために5人の職員で対応せざるを得なかった。中でも深刻だったのは，原子炉建屋の差圧異常であった。原子炉のある建物内部は，放射性物質の漏出を防止すべく低気圧に保たれているが，地震発生後，低気圧状態を維持できなくなっていた。原因は不明であった。山田氏は，部下に原因探索を命じたが，まったく原因が分からないまま時間だけが過ぎていった。山田氏は「なかなか差圧が確保できず，悪くなっていくばかりだったので，早く（原因を）見つけて欲しいと願うのみであった」（NHK，2007）という。

　そのとき，3号機横における火災発生という情報が，3号機中央制御室にいた山田氏のもとへ飛び込んできた。山田氏はすぐに地元の消防に電話をしたが，電話は繋がらなかった。中央制御室にあった電話は災害時に優先的に繋がる電話ではなかった。これは，山田氏にとっては想定外のことであったとい

う。火災現場では近くにいた4人が消火に当たろうとしていたが，消火栓が破損し水はほとんど出なかった。駐車場で被害の状況をまとめていた菅井氏に消火現場から「消火不可能」という連絡が入った。菅井氏は，「大事には至らないだろう」（NHK, 2007）と判断し，自力での消火は諦め地元消防の到着を待つように指示したという。地元消防は市内各所からの要請に忙殺されていた。地元消防隊が原子力発電所に到着し，作業を開始したのは午後11時33分だった。

　その頃，停電で情報も得られず，余震の恐怖に怯えていた周辺自治体の住民達は，原発から立ち上る黒煙に放射能漏れへの不安を募らせていた。震度3以上の地震が発生した場合，地元自治体は東京電力から原発の被害状況について遅滞なく連絡を受けることになっていたが，地震から1時間が経過しても刈羽村への連絡はなかった。刈羽村企画広報課長の中山里志氏は「事業所から情報が入ってこない。これはどういうことなんだと考えて，事業所は壊滅状態に陥っているのではないかと思った」（NHK, 2007）と語っている。地震後，柏崎市と刈羽村の住民組織などから「地元は情報が何もなく，不安だった」などの声が相次いだ（朝日新聞，2007年9月6日朝刊）。柏崎刈羽原子力発電所所長・高橋明男氏は「大きな原子力事故が起こったような印象を持たれたんだと思うんですが，そういうところにもう少し思いをはせなければいけなかった」（NHK, 2007）と述懐している。

　県にも火災に関する詳しい情報は伝えられず，不安が広がっていた。発電所から常時送られてくるはずの放射線の監視データも地震直後に途絶えた。泉田裕彦・新潟県知事は，NHKの取材に対して「現場を把握しているところからの情報を得られない」中で，最悪の事態を想定し，原発周辺の自治体に連絡を取り，住民避難を検討せざるを得なかったと述べている。東京電力から国や県，市に最初の報告が送信されたのは，地震発生から約2時間後であった。地震後，刈羽村のある住民は「東電から村への連絡が一番遅かったと聞いた。情報は何もなく不安だった」，別の住民からは「住民への広報が一番最後になっていた」と不満の声が上がっている（朝日新聞，2007年9月6日朝刊）。

　地震発生からおよそ2時間後，駆けつけた地元消防によって3号機横の火災が鎮火した。ほぼ同時刻，原子炉内の温度を下げ安全を確保する作業に障害が

発生した。3号機と4号機の炉内温度を下げる装置の一つが地震によって使用不能に陥った。使用可能な装置で冷却できるのは二つの原子炉のうちの一つだけであった。3号機では、午後になっても差圧異常の原因が掴めずにいた。午後4時になって、ようやく3号機現場責任者・山田氏のもとに差圧異常の原因が「ブローアウトパネル脱落」によるものと判明したという連絡が入った。ブローアウトパネルが脱落すれば、放射性物質を建屋内に閉じ込めておくことが困難となる。一刻も早く原子炉内の温度を下げ、大事故に繋がるリスクを減らしたいと考えた山田氏は、菅井氏のいる対策本部に直ちに状況を伝えた。これを受けて、菅井氏はより危険な状態にあると思われる3号機の冷却を優先するという決断を下した。

　その頃、定期検査のために停止していた6号機では、微量の放射性物質を含む約1.5リットルほどの水溜りが発見された。だが、当初誰一人としてこの情報を信じようとはしなかった。検出された場所が、放射性物質を扱わない区域だったからである。当初、この調査に当たったのは専門外の職員だった。報告を受けて、6号機では再調査が行われたが、結果は同じだった。微量の放射性物質を含む水は、壁1枚隔てた隣の使用済み核燃料保管プールから漏れていた。プールがある区域は厳格な基準で設計されており、仮に水が溢れても区域外に出ることはないと考えられていた。実際には、壁を貫く電源ケーブルの隙間から水が漏れ出していた。この放射性物質を含む水は一般の排水に混ざって海へと流出され続けていた。しかし、6号機の対応に当たっていた現場では、引き続き調査ミスの可能性が高いと思われていたという。菅井氏のいる対策本部に正式な報告が入るまでには、水溜りが発見されてから6時間が経過していた。

　より深刻な事態が明らかになった。地震発生時に1号機のプール脇で制御棒取換工事の準備作業をしていた作業員2人が、溢れ出た放射能水を上半身や下半身に浴びていた。他の作業員数名の靴や靴下も、溢れ出た水に濡れたとの情報が伝わってきた。肌に触れた人もいたという。東京電力がこの情報を公表したのは、地震から3週間が経過した8月6日である。東京電力は「協力（下請け）企業を通してのヒアリングに時間がかかった」（Yomiuri Online, 2007年8月6日）ためと釈明している。

東京電力が，漏えいした水が放射能を含んでいることを経済産業省へ報告したのは発見から6時間後であった。漏えい水の海への流出が報告されたのはさらに遅れて午後8時28分であった。外部への情報提供が遅れたことについて，現場統括責任者の菅井氏は「こういう時だからこそ，正しい情報を出さなければということが頭をよぎった。きちっと確認して，確認したところで情報を出そう」(NHK, 2007) と判断したと述べている。

16日夜，安倍首相は，東京電力の対応に問題があったとして，甘利経済産業相に対して対応を指示した。甘利経済産業相は，17日午前0時過ぎに，東京電力の勝俣恒久社長を呼び，火災鎮火の遅れと放射能漏れの報告が遅れたことを厳重に注意した。

地震発生から9時間後，2号機が最初に冷温停止した。ブローアウトパネルが脱落した3号機は午後11時7分に原子炉の冷却を完了した。緊急停止した全ての原子炉が冷却を終えて安全な状態になったのは，4号機が冷温停止した翌朝6時54分であった。「全号機，冷温停止しました」の声に，緊急対策室内では拍手がわいたという。地震発生から20時間余の時間が経過していた。

リスクマネジメント上の致命的問題

ここではHRO理論に基づいて，上で紹介した中越沖地震発生時における柏崎刈羽原子力発電所の対応について考察しつつ，原子力発電所という組織に横たわっているリスクマネジメントにおいて決定的ともいえる2つの致命的問題を指摘してみたい。

(1) 第1の致命的問題　報告しない文化

第8章で述べたように，Weick & Sutcliffe (2002) は多くのHROを調べた結果，HROが予期せぬ事態に対処できるのは彼らが「マインドをフルに働かせている (mindfulness)」(WS01, 5頁) からであると主張していた。マインドとは，「いまどういう状況なのか，何が問題なのか，どのような対処策が

あるかなど,妥当と思われる解釈を継続的に更新し,深めようとする心理」(WS01, 6 頁)であり,「現状の予想に対する反復的チェック,最新の経験に基づく予想の絶え間ない精緻化と差異化,前例のない出来事を意味づけるような新たな予想を生み出す意志と能力,状況の示す意味合いとそれへの対処法に対する繊細な評価,洞察力や従来の機能の改善につながるような新たな意味合いの発見,といった要素が組み合わさったもの」(WS01, 58 頁)であるとされていた。

逆にマインドレスな状態とは,Weick & Sutcliffe (2001) によれば「危険の予兆を見逃し」,「状況の変化に気づかず」,「決められた処方箋に従って目の前の状況に古いカテゴリーを無理やり当てはめ,つまらない厳密さにこだわり,オペレーションはもっぱらマニュアル通りで,未知の状況なのに普段見慣れたものと見なしてしまう心理」(WS01, 59 頁) が働き,ルーティンが過信され,「計画への傾注」(WS01, 60 頁) が奨励されているような状態である。

HRO には,マインドレスな状態に陥るのを回避させる特徴的なプロセスがビルトインされている。中でも特徴的なのは「失敗から学ぶ」プロセスであった。

組織にとって完全な失敗は稀である(原子力発電所で「完全な失敗」が生じたら大惨事に発展しかねない)。ゆえに,第 8 章で述べたように,組織が「失敗から学ぶ」ためには,組織は「危うく起こりそうになった,あるいは悪い影響が出る前に検出され,回避することができるエラー」(Reason & Hobbs, 2003:訳,188 頁)を希少な資源として活用しなければならない。こうした「ヒヤリ・ハット」やニアミスを活用するためには,それらがイナクト[4]されるだけではなく,それらが報告されねばならない。

リスクマネジメントの中心的テーマを,個人的要因研究から組織的要因研究へと導いた Reason (1999) は,リスクマネジメントにおいて「報告する文化」(Reason, 1997:訳,279 頁)こそが最も重要であると強調していた。

---

4 イナクト (enact) について詳しくは第 1 巻第 2 章を参照されたい。Weick (1997) は,「より深い注意を払うべく変化を隔離するような行為」(We79, 169 頁)と説明している。イナクトには「環境を創造する上で果たしている(とわれわれが思っている)積極的な役割」(We97, 169 頁)があり,単なるリアクト (react) や「囲い込み (bracketing)」(We79, 169 頁)とは異なる点には留意されたい。

Reason の言葉を借りれば，リスクマネジメントの第一歩は「悪い結果が発生していない状態で，正しい種類のデータを集めること」(Reason, 1997：訳，277 頁) であり，これこそ「一番よい方法であり，恐らく唯一の方法」(Reason, 1997：訳，277 頁) であった。

今回の中越沖地震後，2004 年 10 月の「新潟県中越地震の際にも，柏崎刈羽原子力発電所の計 5 基の原子炉で，使用済み燃料プールから，放射性物質を含む水があふれていたこと」(Yomiuri Online, 2007 年 7 月 21 日) が明らかにされた。「今回の中越沖地震と同様，地震の揺れでプールの水面が大きく波打った」結果，最も多い 4 号機では 200 リットルもの水が漏れたという。東京電力は「外部への漏れはなく，今も問題視していない」(Yomiuri Online, 2007 年 7 月 21 日) と強弁しているが，こうした姿勢が HRO の「失敗から学ぶ」姿勢と正反対であることは明らかであろう。第 8 章で検討したように，HRO の「失敗から学ぶ」プロセスとは，些細なニアミスにも注意を払い，それらの情報が報告され，それらについての情報が共有される，相互信頼に基づいたコミュニケーション・プロセスである。前回の地震時に発生したニアミスに幾分なりとも注意が払われ，その情報が報告され，原子力発電所内で共有されていたならば，今回の放射能水漏えい事故は防止できたかもしれない。

第 9 章では 2004 年に発生した JFE スチールによる汚染水漏出事故を調べ「データを改ざんして，組織外に間違った情報を流すことを認める姿勢は，報告する文化を根底から破壊する恐れがある」と指摘した。「隠すこと」「報告しないこと」を評価するしくみが制度化されれば，当然ながら「報告する文化」は破壊し尽くされてしまうだろう。繰り返しになるが，自社にとって不利益な情報を隠そうとする姿勢が，より大きな惨事を誘発する危険を忘れてはならないのだ。

上で紹介したように，柏崎刈羽原子力発電所では，当初，原子力保安院の現地調査に対して中央制御室の被害を「棚からマニュアル類が落ちただけ」と過小に報告している。そればかりではない。1 号機のプール脇で制御棒取換作業をしていた作業員が放射能水を浴びたという極めて重い事実を 3 週間も秘匿していた。今回だけではない。柏崎刈羽原子力発電所では，2007 年 2 月にも偽装，改ざん，隠蔽問題が浮上している (朝日新聞，2007 年 2 月 3 日)。こうし

た臭い物には蓋をしてやり過ごそうとする姿勢が，原子力発電所から報告する文化を奪い，失敗から学ぼうとするマインドを殺いでいるのである。

　上で紹介したように，定期検査のため停止していた6号機で放射性物質を含む水溜りが発見されてから，この情報が緊急対策本部に届くまでに6時間もの時間を要した。この事実は，対社外のみならず，対社内においても「報告しない文化」が根強く蔓延していることを示している。

　わが国の原子力発電所を詳細に調査した桜井（2007a）は，原子力発電所という「組織では，巧妙に隠蔽できるエンジニアや研究者は組織に忠実で優秀な人物であると位置付けられ，優遇されている」（桜井，2007a）とまで述べている。長年にわたって，わが国の原子力技術をリードしてきた桜井自身の言葉であるだけにあまりにも重い。2007年3月の北陸電力志賀原子力発電所1号機の臨界事故隠蔽，東北電力女川1号機や中部電力浜岡3号機，東京電力福島第二3号機などで発生した制御棒異常作動隠蔽などを目の当たりにするとき，報告しない文化は柏崎刈羽原子力発電所に限った話ではなく，原子力発電所全体の体質であるとも考えざるを得ない。

　原子力発電所に，報告しない文化が奥深く根づいている限り，建築物や設備をいかに整備しようとも，原子力発電所で効果的なリスクマネジメントが実行されるとは考えられない。

(2)　第2の致命的問題　予測至上主義

　中越沖地震を通して印象的だったのは，東京電力の情報提供能力のお粗末さである。東京電力が国や県，市に最初の情報を送信したのは，地震発生から約2時間後であった。また，放射能を含んだ水が海に漏えいしたことを経済産業省に報告したのは，地震発生から約10時間も経過した午後8時28分であった。

　上で紹介したように，情報開示が遅れた理由を，現場統括責任者は「正しい情報を出さなければということが頭をよぎった」「きちんと確認して，確認したところで情報を出そう」と考えたと語っていた。また，溢れ出た放射能水を浴びた作業員がいたという情報を開示するまでに3週間を要した理由につい

て，東京電力は「協力（下請け）企業を通してのヒアリングに時間がかかった」と釈明していた．こうした説明の背景に，(1) で述べた東京電力の情報隠蔽体質が横たわっていることは想像に難くない．だが，それだけなのだろうか．

　もう一つ別の事実に光を当ててみよう．3 号機原子炉建屋の差圧異常に直面して，彼らはどう動いたのだろうか．原子炉建屋内を低気圧状態に保つことは，放射能漏れを防ぐ意味で重要である．原因不明の差圧異常に直面して，スタッフが最後まで拘ったのは，差圧異常の原因を究明することだった．午前 10 時 31 分の地震発生から，午後 4 時に差圧異常の原因がブローアウトパネルの脱落であることが判明するまで，およそ 5 時間 30 分にわたって，原因究明が続けられた．その間，差圧異常そのものを抑止しようとしたり，その影響を軽減するような努力が払われたのだろうか．

　3 号機の中央制御室スタッフが，差圧異常の原因究明に専念している間にも，原子炉内の温度は，280 度以上の高温かつ高圧状態にあって，放置すれば大事故に発展しかねない状況が続いていた．緊急対策本部では，唯一残された冷却装置を，3 号機と 4 号機いずれに用いるかを決定しなければならなかった．緊急対策本部が冷却装置の 3 号機への使用を決定したのは，3 号機中央制御室から 3 号機差圧異常の原因（ブローアウトパネル脱落）を受け取った午後 4 時過ぎであった．それまで 6 時間弱の間，3 号機・4 号機ともに冷温停止は試みられなかった[5]．

　最初に挙げた東京電力の釈明と，これらの事実を並べて考えてみると，原子力発電所の特徴的な一面が明らかになる．彼らは「正確な情報が入るまで動けない」のである．目前で事態は刻一刻悪化しているにも関わらず，上で述べたように「悪くなっていくばかりだったので，早く（原因を）見つけて欲しいと願うのみ」の状態に陥ってしまったのである．彼らは，「正確な情報が入って，正確に予測できない限り動けない」という予測至上主義の陥穽に捕らえられて

---

[5] 冷温停止に要した時間を計算すると，4 号機は約 8 時間，2 号機は約 9 時間，3 号機は約 5 時間弱である．もし仮にフル稼働していた 3 号機に最初に冷却装置を用いていたならば，午後 4 時の段階で 3 号機は冷温停止していた可能性もある．いずれにせよ，一つしかない冷却装置を 3 号機，4 号機いずれにも使用せず 5 時間半もの時間が経過したことは事実である．

いるといえる。

　もちろん，予測することの効用は大きいが，実際には，ノーマル・アクシデント[6]という言葉を最初に使ったPerrow（1984）がいうように「理解不能で想像すらできない事象の前兆を読み取ることなどできない」（Perrow, 1984, p.23）のである。ここでも特に重要なのは，Weick（1995）がいう第3の問題，すなわち，予測への固執が人びとの考え方や行動に及ぼす影響である。「予測を重視する姿勢は，不確実性を減らすことは可能だし，そしてその結果をも事前に予測できるという考え方に基づいている」（WS01, 95頁）。こうした考え方が行き過ぎると，誰しも正確な予測なしには動けなくなってしまう。すなわち，人びとから行為を奪う結果に繋がる。第8章で論じたように「予測するということは，まず考え，それから行動することを求める。しかし，復旧能力はそれとは異なり，考えながら行動する，あるいは明確に考えるために行動することを促すのである」（WS01, 96頁）。復旧に際しては，Weick & Sutcliffe（2001）が提示している，行為が新たな認識を切り開き，新たな認識が新たな行為をもたらすという良循環を形成すべく努めねばならない。

　Augustine（2003）は「この段階における問題は，いったい何が不明なのか，それさえ不明であることだ。情報が少なすぎる，あるいは逆に多すぎて，どれが重要なのか，まるで見分けがつかない」が，「証拠がはっきりするまで待つべきなのか」と問われれば，「ほとんどの場合，何の行動も起こさないよりは，とにかく何か筋の通った，はっきりした行動を選択することが賢明である」と主張していた。Argenti（2003）も，ニューヨーク証券取引所のシニア・バイス・プレジデントから聞いた話として，「その場その場で，素早く臨機応変に判断し，行動する必要があります。どのような類のものであれ，実際に危機が発生するまでは，これまで整えてきた準備の意味合いなど真に理解されることはないのです」という実務家の声を紹介していた。

　間違いのないシステムなど存在しない。上手の手から水がこぼれることもある。こぼれてしまったときにどう対処するかが復旧の要なのである。復旧とは「ミスの拡大防止とシステムが機能し続けるための即興的な対応措置の，両方

---

[6] ノーマル・アクシデントとは高度に複雑化した状態では，事故は起こるべくして起こる（不可避である）ことを表す概念である。詳しくはPerrow（1984）を参照されたい。

を行うこと」(WS01, 21 頁) であり, 復旧に力点を置く HRO は, 予期せぬ事態は必ず起こるという信念の下で, エキスパートのディープスマートを活用して, 迅速に被害の拡大を抑制すべくネガティブ・フィードバックを形成する。これは「迅速なリアルタイムの学習であり, 事前には想定していなかった策を幅広く考えながら不測の事態に対処する」(WS01, 96 頁) プロセスである。

報告しない文化と予測至上主義が結びつくと, 極めて憂慮すべき事態が生じる。情報が組織の中を流れず, 情報がないから行為に踏み切れない。行為を躊躇えば新たな情報は得られず組織認識は更新されない。すなわち, 組織がしばらくの間, まったく認識を更新できないばかりか, 完全に行動不能な状態に陥ってしまう可能性が高まるのである。組織が行動不能に陥っているうちに, 危機は深刻化の度を増し, 大惨事に発展する恐れすら生じかねなくなる。

原子力発電所への提言

続いて, わが国の原子力発電所が上で指摘した致命的問題を克服するための具体策をいくつか提示したい。

(1) マニュアル化の呪縛から逃れよ

『日経ビジネス』(2006 年 5 月 1 日号) に,「そして, 会社も壊れる　闇雲な管理強化から脱却せよ」と題して, 関西電力について取り上げた興味深い記事が掲載されている。

2004 年 8 月に関西電力美浜原子力発電所で 11 名の死傷者が出たことは記憶に新しい。関西電力はそうした事故やトラブルのたびにマニュアルや規則を見直し, より細則化を図ってきた。そうしたことが続いた結果, 社員は「これは社内規定に違反していないか」,「運用マニュアル通りに実施されているか」が気になるあまり, 休憩時間ものんびり過ごせなくなっているという。『日経ビジネス』(2006 年 5 月 1 日号) には「発電所内の照明の電球が点灯していないことに気づき,『法令違反に当たらないか』と管理職が 1 日を費やして確認に

当たる」（日経ビジネス，2006）といった笑い話としか思えないような事例が紹介されている。こうしたマニュアル化が行き過ぎた結果，「部門間で妙な競争意識」が生まれ「『この程度のルール違反なら，報告しないで済ませられないか』などと，逆に隠蔽体質を招きかねない恐れも生じてきた」（日経ビジネス，2006）という。第8章で紹介したイギリスの社会学者 Furedi（2005）の「マニュアル化が社員を幼児化させる」（マニュアルに従って，自分で考えずに「形式的に振舞うほうが賢い」と考えるようになる）という警告通りの状況に陥っているようである。

マニュアル化することで，予期せぬ事態を乗り越えようとする姿勢は，多くの事柄は予測可能であるという考えに基づいている。徹底したマニュアル化が危険なのは，それが予測至上主義の流れを助長し，結果として社員を心理的に圧迫し，彼らを萎縮させ，彼らから自律的な行為を奪う可能性が高まってしまうためである。

ところが，再三述べたように，現実にはテクノロジーの高度化によって「複雑なテクノロジーと限定された知識が結びつくと，理解不能な出来事」（We95, 119 頁）が生じる恐れが高まっている。今回のように予期せぬ規模の地震に見舞われる可能性も否定できない。細部にまでわたるマニュアル化は，そうした予期せぬ事態への対応にとって逆効果であるとも考えられる。

遠田＆高橋（2001）は，東海村臨界事故の再発防止策としてウラン加工工場事故調査委員会（吉川弘之委員長）が提示した「ウラン加工工場臨界事故調査委員会報告書」について，そこで示された精緻な予測と対策のマニュアル化という手法では「真に危険な危機的状態」は「予測不能で」「何が起こっているのか訳が分からない」ために限界があると同時に，マニュアルにない事態が発生した場合には，依拠すべき周到なマニュアルが存在するがゆえに，むしろ危険ですらある（マニュアルに頼ろうとする心理がマニュアルにない事態への対応を遅らせる恐れがある）と指摘している。遠田＆高橋（2001）は，予期せぬ事態が生じた場合，過度のマニュアル依存体質によって復旧能力が阻害されることの危険性を指摘しているのである。

さらには日経ビジネス（2006）で述べられているように，徹底したマニュアル化は却ってルール違反やミスの巧妙な隠蔽にも繋がりかねない。桜井

(2007a) も「原子力発電所などの施設は，システムが大きく，しかも複雑である」と指摘した上で，「手続きや対応に時間がかかり効率性が損ねられるため，原子力発電所の現場などでは日常的に原子炉規正法違反や保安規定違反が繰り返されている」と指摘している。

　これまで，わが国の原子力発電所では不祥事が発覚するたびに，精緻なマニュアルを作成して，再発を防止しようと努めてきた。桜井は，本年に入ってから次々と発覚した北陸電力志賀 1 号機の臨界事故などが「いずれの事象とも，全くの偶然から深刻な事故が回避された。偶然の連鎖が幸運な結果をもたらしたのだ」（桜井，2007b）と語っている。志賀 1 号機の場合，「作業者は日立製作所が作成した手順書に誤りがあったにもかかわらず，その操作の意味すら考えなかった。そして，ただそれをうのみにし，本来開けておくべきバルブを閉じてしまった」（2007b）という。さらに「臨界に達していた志賀 1 号機（臨界継続 15 分）と福島第一・3 号機（同 7 時間）では，即時臨界終息の最後の手段としてのホウ酸水注入系の作動をためらった」（桜井，2007b）とも述べている。その理由を，桜井（2007b）は「即時臨界終息よりも，スケジュール」を優先したためであると論じている。予期せぬ事態に直面しても尚マニュアルに寄り掛り，計画を優先しようとする予測至上主義の姿勢が，HRO 理論が求める姿勢と相反していることはこれまで見てきた通りである。

　東京電力が，中越沖地震時の対応について経済産業省から厳重注意を受けたことは上で述べた。これを受けて東京電力は，「柏崎刈羽 6 号機非管理区域内の水漏れの報告に時間を要したことの原因と今後の対応方針について」などで極めて詳細な対策を提示している。例えば「迅速な通報連絡を行うため，緊急時等には放射線管理員以外の者によっても適切な試料採取や放射能測定が実施されるような仕組みを検討する」などとし，緊急時における調査マニュアルに新たなページを加えようと試みている。こうした細部にわたる徹底的なマニュアル化が，予期せぬ事態に際して，いかに危険であるのかはここで繰り返すまでもないだろう。

　すでに原子力発電所には，十分過ぎるほどのマニュアルが用意されているのだ。いかなる事態にも対応できる"完璧なマニュアル"など存在しない。この事実を忘れてはならない。取り急ぎ，原子力発電所が取り組むべきは，"完璧

なマニュアル"という幻想からの脱却を図ることである。

　Weick（1995）は，直接的な監督によるものを第1次コントロールと呼び，プログラムやルーティンによるものを第2次コントロール，最後に，「自明視されている仮説や定義」（We95，153頁）からなるものを第3次コントロールと呼んでいた。

　マニュアル化というのは第2次コントロールである。第2次レベルでの詳細なコントロールを乗り越える方法は第3次コントロールの強化にある。すなわち，詳細なマニュアルによって管理しようとせず，「自明視されている仮説や定義」（We95，153頁），すなわち価値観や仮定というレベルでコントロールすればよいのである。

　Reason（1997）は危機に直面した際に「価値観と仮定」（Reason, 1997：訳，311頁）を共有していることの重要性を指摘していた。価値観と仮定を共有しているからこそ，復旧に当たって重要な臨機応変の対応が可能となる。「組織内の人間がわずか3つか4つの主要な価値観にコミットし，その価値観を内在化して共有すれば，経営トップはそうした献身的なメンバーに広範な意思決定の権限を与えることができ」（WS01，164頁），そうした価値観を共有しているがゆえにHROでは臨機応変で迅速な活動が担保されるのである。

　ではマニュアル化の呪縛を脱し，原子力発電所に福音をもたらす価値観を共有するにはいかにすべきだろうか。

(2)　許される行為と許されざる行為を明らかにせよ

　リスクマネジメントの根幹は報告を重視する姿勢にある。報告重視の姿勢をつくり上げるためには，「報告者の信頼を得ることを最優先」（Reason, 1997：訳，281頁）し，① 報告者の匿名性，② 報告者の保護，③ 情報収集分析機関の独立性（あるいは情報収集分析機関と執行機関の機能分離），④ 有益情報のフィードバック，⑤ 報告の容易性，の5つを確立すべきである（Reason & Hobbs, 2003：訳，212-213頁）。第9章で見たように，JFEスチール・東日本製鉄所では2004年の汚染水流出事故を受けて，ラインである環境エネルギー部から環境管理部を独立させ，上で挙げた5つの要件すべてを満たす報告

システムを構築した上で，環境管理部に製造部門をも指導できる強力な権限を付与し高い成果を上げていた。

　こうした従来のリスクマネジメント手法を試みることも大切であるが，原子力発電所にとってそれ以上に大切なことは，Reason & Hobbs（2003）がいう「正義の文化」（Reason & Hobbs, 2003：訳，207頁）を一日も早く樹立することである。"報告"はリスクマネジメントの根幹であるが，報告しさえすればすべてのミスが許される（Reason（1997）の言葉を借りれば「非難しない文化」（Reason, 1997：訳，278頁）が浸透している）ようでは「正義の文化」が成り立たない。いかなる言語道断な行為（例えば，薬物乱用や飲酒運転）も処罰されないのであれば組織は無法地帯と化す恐れがある。Reason & Hobbs（2003）は正義の文化は「受容できる行為とそうでない行為の間に引かれた境界を皆が納得し，そして明確に理解されているかどうかにかかっている」（Reason & Hobbs, 2003：訳，207頁）と主張していた。賞賛される行為が高く評価されると同時に，非難されるべき行為も明らかにされねばならない。

　いかなる行為が非難されるべきか，すなわち，受容できる行為と受容できない行為の線引きに対する合意を確立するのは容易なことではないが，決して不可能なことでもない。それには多くの基準が存在すると思われるが，ここでは代表的な許容基準をいくつか紹介しておきたい。

①　「みんな吊るしてしまえ」の基準

　1978年のアリディア（Alidair）・テイラー（Taylor）裁判で，デニング（Denning）卿は「求められる専門的技術のレベルが非常に高く，その高い基準から少しだけ逸脱したことによる結果が非常に重大となる作業がある。このような高い基準を満たせず失敗したことは，解雇の正当な理由となる」（Reason, 1997：訳，295頁）との判決を言い渡した。言ってみれば，結果的にエラーをした人間は「みんな吊るしてしまえ」といった基準である。こんなに厳しい基準を突きつけられれば，いつかは全員解雇されてしまうだろう。到底受け容れ難いと考えられる。

② 思慮分別基準

思慮分別が十分にある人物ならば，そうなることを避けられたか否かによって判断する基準である。本人にまったく悪意がなくとも，あるいは悪い結果を予測していない場合でも，本人に思慮分別があれば十分避けられた不注意な行為であれば非難に値すると考えるのである。例えば，大型車両を後退させる際に後ろに人がいる筈がないと思い，未確認のまま急後退させ，結果的に人を轢いてしまった場合，当該ドライバーは咎められるべきである。なぜならば，大型車両では後方への見通しが十分に利かないことは思慮分別があるドライバーならば当然弁えているべき事柄と考えられるからである。しかし，事前に彼が車の後方を降車して確認した上，緩やかな速度で後退して結果的に人を轢いてしまった場合，当該ドライバーは責められるべきではない。思慮分別基準を適用する場合，思慮分別の欠落度（不注意度）とそれがもたらす被害の大きさを勘案する必要があるだろう。この基準に従えば，前述した高度に複雑化した状況下で生じるノーマル・アクシデントは許されることになろう。

③ ジョンストンの基準

ニール・ジョンストン（N. Johnston, 1995[7]）が示した基準である。当事者と同じような分野（同程度に危険性があると思われる分野や同程度の困難を伴う分野）で同等の知識や経験をもつ他の人物に（あるいはそうした人物を想定して），当該事象の展開状況を時間的かつ空間的に詳細に理解させ，さらに関係者がその事象をその時点でどのように認知していたかについて，人間関係などの文脈まで含めて十分に説明した上で，彼が当事者と異なった行動をする可能性があるか，を考える。もし彼が当事者であっても同様の行為をしてしまう可能性が十分に考えられるのであれば，「当事者を非難することは，組織上の不備を覆い隠し，犠牲者でもある当事者を非難してしまうこと以外に，何の役にも立たない」（Reason, 1997：訳，295 頁）ということになる。分かりやすく言えば，「当事者の身になって考えろ」という基準である。この基準は最

---

[7] Johnston, N. (1995). Do blame and punishment have a role in organizational risk management?. *Flight Deck, 1995 Spring*.

も優れた人物であっても，エラーは避けられないという想定に基づいている。この基準においてもノーマル・アクシデントは許されることになる。

　原子力発電所のように高度に複雑化したシステムでは，エラーは必ず生じるということを前提にするならば，ジョンストンの基準を適用するのが最も現実的であろう。思慮分別基準を適用した場合，原子力発電所のようにミスの結果が大惨事に繋がりかねない状況下では不注意度の判定が極めて困難になる恐れがある。ジョンストンの基準を用いる場合，原子力発電所に代えて，航空管制システムや救命医療センターなど同程度に安全を重視すべきシステムを参考にすべきであろう。いずれの基準に立脚するにしても，少なくともノーマル・アクシデントは許容されるべきであると考える。

　「報告する文化」は「正義の文化」に支えられて育まれ，さらに「正義の文化」は「報告する文化」によって強化される。こうして，やがては「安全に関連した本質的に不可欠な安全関連情報を提供することを奨励し，時には報酬をも与えられるような信頼関係に基づいた雰囲気」(Reason, 1997：訳，278頁) が生まれ，「効果的に報告する文化」(Reason, 1997：訳，278頁) が完成する。

　現場からの情報なくして，リスクマネジメントは成立し得ない。危機において最初に個々の危険な状況を告げる兆候に接するのは現場だからである。危機的状況における，現場から離れた指揮所の主要な役割は，報告された個々の事象を総合化し，全体像を浮かび上がらせることにあった。個々の事象を有機的に結びつけて分析するに当たっては，「単純化を許さない」HROのマインドが力を発揮する。「組織の主たる傾向は，大事な事象の単純化，均質化それに把持の簡略化」(We95, 335頁) であり，それは活動の調整を容易にし，効率性を裏打ちする。しかし，単純化すれば，状況から醸し出された些細なヒントは失われてしまう。HROは，そうした小さなヒントに注目し，予兆に気づく。さらに，「状況の意味合いに注意を払うことで，世界観や考え方が多様化される。そして，多様化されることで起こり得る結果がさまざまな像として描かれ，予防措置や問題の発生を示すシグナルについて深くさまざまなものが見えてくるようになる」(WS01, 82頁) のである。

組織が多様性を確保するためには，360度評価の採用，異色なキャリアをもつ人材の登用，頻繁なジョブ・ローテーションなどが有効であろう。多様なフレームによって多様なセンスメーキングを可能とする多様なメンバーで組織を構成するだけではなく，メンバー一人ひとりのメンタルモデルを複雑にする必要もある。特にリーダーには，多様な経験に裏打ちされた多様な物の見方，考え方を受け止められる多様性が求められるだろう（Weick, 1978）。

第8章で紹介したように，HROにおいて「シグナルについて深くさまざまなものが見えてくるようになる」プロセスでは，多様で豊富な経験と専門知識に裏打ちされたディープスマートが結集される。ディープスマートの活用に際して，彼らが重視しているのが，柔軟性（意思決定権限の柔軟な移動，状況認識権限の柔軟な移動）と対面会議であった。

Reason（1997）は，「かなり官僚的であり，権限と指揮の明確なラインをもつ階層的な組織構造をしている」（Reason, 1997：訳，304頁）米国海軍において，緊急時には「組織行動のもう1つのまったく異なるパターン」が現れるとして以下のように述べている。

　権限が，機能を果たすための技能を土台とした実務に委譲される。作戦の作業密度が増すにつれて官僚的姿勢が影を潜め，権限（意思決定の）の分散化が起きる。正式な階級や地位は，服従の理由にならなくなる。階層的組織は，専門的知識とは関係がなく，その専門的知識の点に関していえば，低い階級の人間のほうがよりよく知っていることが多い。主任（上級下士官）が指揮官にアドバイスし，中尉と少尉に穏やかに指示を出す。状況の重要性，潜在的な危険性，そして作戦の精巧さが一種の機能的規律，作業チームの専門職制を促進する。フィードバックと（時にして争いに近い）交渉が重要となる。すなわち「どう進行するか」というフィードバックが求められ，それが価値あるものとされる。（Reason, 1997：訳，306頁）

Reason（1997）の記述から，HROが個々の事象を総合化する際に，いかにディープスマートを活用しているかが浮かび上がってくる。

HROは，混乱下にあって，メディアリッチネスのディグリーが高いコミュニケーション・ツールによって多義性を削減し，個々の事象を総合化し，意味の糸を紡いで全体像を浮かび上がらせていた。現場は個々の兆候に最初に接し

ているだけではない。危機において「ミスの拡大防止とシステムが機能し続けるための即興的な対応措置」（WS01, 21頁）を実際に行うのも現場である場合が多い。その際，会議室からフィードバックされた情報は，現場がより適切に状況を判断し，より適切な対応措置を行う後押しをすることになる。

柏崎刈羽原子力発電所では，地震で緊急対策室が使用できなかった緊急対策本部が「入ってきた情報を羅列するのみで，それらを有機的に組み合わせて分析するまでには至らなかった」状況に陥っていた。そればかりではない。6号機における放射能を含んだ水溜り発見の報告に6時間も要したことからも分かるように，現場から会議室への報告があまりに粗略であった。

こうした状況に陥らぬためには，報告する文化と正義の文化を育み，「安全に関連した本質的に不可欠な安全関連情報を提供することを奨励し，時には報酬をも与えられるような信頼関係に基づいた雰囲気」（Reason, 1997：訳, 278頁）に包まれた「効果的に報告する文化」が組織内に浸透すべく努めるべきである。

(3) 絶対安全神話を捨てよ

ここで，国が原子力発電所に課していた管理基準[8]に目を移してみたい。日経ビジネス（2002年9月20日号）には，2002年8月に発覚した東京電力の点検記録不正事件時における南直哉社長（当時）の興味深いコメントが掲載されている。南社長は「無念の表情を浮かべながらも，はっきりした声で」（日経ビジネス, 2002），「海外では原子力発電設備の安全基準は新設の設備に適用するもの以外に，運転後の設備に対して適用する維持規格が制定されている。一方，日本にはないことは，今回の問題と無関係ではない」，「こすれば消えてしまうようなわずかなものでも，安全上支障がないことが科学的に認められている傷さえも，日本では欠陥になってしまう」（日経ビジネス, 2002）と述べたという。

経済産業省の村田成二事務次官（当時）は「維持規格は安全管理の緩和」で

---

[8] 現在ではアメリカなどの事例を参考に，日本機械学会の維持規格が原子力発電所にも導入されている。

あり,「管理基準を緩めれば, 世論の批判は必至」であるため,「そうした面が, 規格化を躊躇させた」(日経ビジネス, 2002)と語っている。維持規格がないと,「原子力発電所では, 原子炉が新品のときの『設計・製造基準』が, 運転中の発電所にも適用され」,「原子力発電所の設備や機器は, 常に新品同様の状態であること」(電気事業連合会, 2007)が求められる。すなわち, 原子力発電所では「安全性への影響はさておき, 新品のときの『設計基準・製造基準』に基づいて修理や交換を行う必要」(電子事業連合会, 2007)が生じてしまっていたのである。こうした「維持規格なしの設計・製造規格の適用がトラブルをつくり」(科学技術振興機構, 2007)だしたとも指摘されている。

こうした厳し過ぎる管理下におかれれば, 原子力発電所ではなくとも「少々の欠陥ならば, 隠蔽してしまえ」と考えたくもなろう。「いかなる欠陥も認めない, いかなる失敗もあってはならない」という絶対安全神話を信仰するのは危険である。人間が作り上げたシステムに"絶対"などということはありえないのだ。

桜井(2004)は, 2004年8月の美浜原子力発電所3号機における死亡事故について,「その事故の背景には, 経済産業省や原子力安全委員会が老朽化に対する適切な指針を示さないことばかりか, 電力会社も老朽機特有の検査や安全対策を本気に実施しようとする姿勢が欠落していた」(桜井, 2004)と述べた上で,「原発は他の原子力施設に比べ, 特に厳重に安全審査がなされ, 注意深い運転管理がなされている」という, 経済産業省や電力会社各社の説明に対して「技術的根拠や実証性に乏しい, 表面的なうそで固めた安全宣伝でしかなかった」(桜井, 2004)と痛烈に非難している。桜井(2004)は, 原子力発電には思いも寄らぬ「欠陥技術が至るところに潜んでいる」, 老朽機時代にはそれが顕在化し「深刻な重大事故が発生する恐れがある」(桜井, 2004)と警告している。

こうした現実に目を向けると, 改めて「あらゆるエラーを許さない」という姿勢が, 極めて危険であることが分かる。絶対安全神話(一切のエラーを許さない文化)の下では, 報告する文化は育まれない。

また, このように考えてみると, 先に提示した許容基準の影響範囲が, 原子力発電所の直接的関係者のみに止まらないことが分かる。原子力発電所でわず

かでもミスが生じたと知ると，鬼の首を取ったがごとく原子力発電所を一斉に非難するマスコミ，さらには，われわれ国民にも責任があることを忘れてはならない。絶対安全神話は，原子力発電所のみによってイナクトされたのではない。原子力発電所と国民が相互作用し合って想造されてきたのである。「周囲（国民や経済産業省，マスコミなど）の厳しい監視の目→（電力会社は）ミスを隠蔽し，絶対的安全を強調→やがてミスが発覚→さらに厳しい監視の目→ますますミスを隠蔽し，頑なに絶対的安全を強調」という閉塞的状況を打開できない場合，極めて悲惨な重大事故が発生する可能性がある。

　そうなってから全国民的にショックを受けて，組織文化の変革に取り組むのでは遅きに失する恐れがある。「まずは隗より始めよ」ともいう。原子力発電所の関係者は，自ら進んで許容基準を設定し，それを公開するとともに，その基準が国民的合意に達するよう努めるべきであろう。

今回の事例を振り返って

　今回の事例で改めて浮き彫りになったことは，組織認識論の中でしばしば言及されてきた「理解不能で想像すらできない事象の前兆を読み取ることなどできない」（Perrow, 1984, p.23），「複雑なテクノロジーと限定された知識が結びつくと，理解不能な出来事が生じる」（We95, 119頁）という忠告が正鵠を射ているということである。

　本章では原子力発電所における，リスクマネジメント上の致命的な問題として，① 報告しない文化，② 予測至上主義，を示し，それらを克服するための提言として，① マニュアル化の呪縛から逃れよ，② 許される行為と許されざる行為を明らかにせよ，③ 絶対安全神話を捨てよ，の3つを提示してきた。繰り返しになるが，「欠陥のないシステム」，「完璧なマニュアル」，「絶対に間違いのない予測」，「絶対に漏れのない計画」などといったことはいずれも現実には存在しえないのである。この点を忘れてはならない。

　本章を書き終えつつあった2007年9月20日，東京電力が，シミュレーションの結果として，中越沖地震と同程度の地震が起きた場合でも「安全は維持で

きる」と経済産業省に報告したとの報道に接した（朝日新聞，2007年9月21日朝刊）。同報告を受けて，柏崎刈羽原子力発電所も「他の原発で起きても安全ということがわかった。住民に原発への安心材料を示せた」とのコメントを発表したそうである（朝日新聞，2007年9月21日朝刊）。原子力発電所の安全は，建物の耐震強度によってのみ支えられているのではない。むしろそれは，原子力発電所の組織論的課題なのだということを忘れるべきではない。

　本章における柏崎刈羽原子力発電所における地震発生後の状況に関する記述は以下の資料に拠る。
　朝日新聞
- 2007年2月3日朝刊「柏崎刈羽原発など立ち入り検査　偽装，改ざん現場も」。
- 2007年8月15日朝刊「原発『こんなに揺れるのか』　汚染検査に殺到　柏崎刈羽，中越沖地震の時内部は」。
- 2007年9月1日朝刊「（原発烈震：1）烈震直撃　原子炉停止，あふれる水　中越沖地震」。
- 2007年9月1日朝刊「（土曜特集）原発停止，広がる波紋，再開のめど立たず」。
- 2007年9月6日朝刊「通報連絡態勢の問題点を指摘『柏崎刈羽原発地域の会』定例会」。
- 2007年9月21日朝刊「起震車で地質調査開始　火災の変圧器搬出　柏崎刈羽原発」。

　読売新聞（Yomiyuri Online；http:yomiuri.co.jp/）
- 2007年7月17日「東電の原発被災対応，首相が問題視」。
- 2007年7月17日「柏崎刈羽原発，初期消火わずか4人　自主防災機能せず」。
- 2007年7月17日「柏崎刈羽原発，地震で微量放射能含む水流出　変圧器火災も」。
- 2007年7月21日「中越地震でも放射性物質含む水溢れる　柏崎原発の5基で」。

- 2007年8月6日「柏崎原発で作業員に放射能の水かかる，3週間たって公表」．
- 2007年8月6日「柏崎原発の被災，東電が中央制御室の被害を過小報告」．

NHK（2007）『NHKスペシャル　想定外の揺れが原発を襲った〜柏崎刈羽からの報告〜』，NHK総合2007年9月1日午後7時30分〜午後8時28分放送．

科学技術振興機構（2007）（http://shippai.go.jp/）
「原子力発電所のトラブル隠し」『JST失敗知識データベース』．

電気事業連合会（2007）（http://fepc-atomic.jp/）
「維持基準」『日本の原子力』．

東京電力株式会社（http://www.tepco.co.jp/）
- 2007年7月16日「新潟県中越沖地震の影響について（午後6時30分現在）」．
- 2007年7月16日「柏崎刈羽原子力発電所6号機の放射能物質の漏えいについて」．
- 2007年7月20日『平成19年度新潟県中越沖地震を受けた柏崎刈羽原子力発電所の安全確保に係る報告について』（本資料には別添資料として「柏崎刈羽6号機非管理区域内の水漏れの報告に時間を要したことの原因と今後の方針について」，「柏崎刈羽3号機所内変圧器（B）の火災に対する課題と今後の対応方針について」，「今回の地震時に取得された地震観測データの分析及び安全上重要な設備の耐震安全性の確認について」が含まれている）．

# 第11章

食の安全をどう守るか

　2008年1月,中国製冷凍ギョーザによる食中毒事件が発生した。製造元は,ジェイティフーズに生産委託された中国・河北省の河北省食品輸出入集団天洋食品工場であった。10名もの人が食中毒を発症し,うち数名が重体に陥っていたことが判明し,国内は一時騒然となった。「一体何を信じたらいいのか」,「最近は食べ物について不安になることばかり起こる」,「また中国か」など消費者から激しい憤りの声が上がる一方,問題の原因に関する日本側と中国側の見解は真っ向から対立し,未だ事件の真相は明らかにされていない。

　今回問題となったギョーザは,天洋食品が中国で原料を調達,加工し,日本の商社を通して輸出され,ジェイティ・ブランドのものはジェイティフーズ株式会社(以下,JTフーズ)の倉庫を経て,日本生活協同組合連合会(以下,日本生協連)のプライベート・ブランドのものは各地の生協倉庫を経て,それぞれ販売されていた。

　わが国の食料自給率は主要先進国と比べて著しく低い水準にあり[1],外国から食料を輸入せざるを得ないのが現状である。食のグローバル化が進展する中,食の安全をどうすれば守れるのか。生産段階での安全確保,国内到着時点すなわち水際での安全確保,国内流通段階における安全確保など,さまざまな時点における安全確保策が考えられようが,本章では,輸入後,すなわち国内の流通段階で危険を排除するのが最も現実的でかつ即効性も高いとの発想[2]から,冷

---

[1] わが国のカロリーベース食料自給率は,統計が存在する昭和35年度以降一貫して右肩下がりの傾向が続き,平成18年には39%にまで低下した。ちなみにアメリカは128%,フランスは122%,ドイツは84%,イギリスは70%である。

[2] 輸入届出件数が186万件(平成18年度,輸入量は3410万トン)にも上っている現状では,すべての輸入食品について,わが国主導で,わが国のみの努力によって生産段階で安全確保を徹底するのは難しいと言わざるを得ない(例えばBSE問題のみを取り上げても,日米両国関係者の見解に

凍ギョーザ中毒事件時における国内流通の動きを詳細に見つめ直し，組織認識論の知見に依拠しながら，そこに潜む問題点を明らかにし，国内流通段階での食の安全確保に向けた具体的対策を提言すべく試みたい。

冷凍ギョーザ中毒事件[3]

まず最初に冷凍ギョーザ事件の顚末を，参考資料・映像資料に基づいて時系列順に詳細に眺めていくことにしよう。

最初の被害者が出る約2ヵ月前の2007年10月5日，宮城県下2万6千世帯に冷凍食品などの配送を行っていたコープ東北サンネット事業連合・富谷セットセンターで，仕分け作業を行っていたパートの女性がある異変に気づいた。彼女は「通常通りに作業をしていて，これまで嗅いだことのない臭いがした。初めての経験なのではっきり言えないが，大変な臭いだと思った」（NHK,2008）と語っている。

彼女は一番下の商品棚のダンボール箱が異様な臭いの源だと気づいた。箱を開けると，天洋食品製の冷凍ギョーザ5袋が強烈な薬品臭を発していた。彼女は直ちに手を挙げて，仕分けラインを停止した。

現場責任者の後藤寛氏が駆けつけてきた。このとき，後藤氏はダンボールの底に小さなシミを見つけた。後藤氏は，遅滞なくみやぎ生協[4]商品本部の安全管理担当者に連絡した。担当者はこれを物流上のトラブルと考え，ひどい薬品臭を放っている5袋を不良品とし，在庫から異常のない代替品をセットするよう指示した（日本生活協同組合連合会・冷凍ギョーザ問題検証委員会[5]，2008

は大きな開きがある）。水際での安全確保に関しては，厚生労働省が今年2月6日に検疫強化の方針を打ち出しているが，検疫担当官が全国で300人前後であり（厚生労働省は今後120人増員するとしている），直ちに実効性があるとは言い難いのが現状である。

3　本章の記述は新聞，テレビ等の報道に拠る。本稿末尾に本章を執筆する際に用いた参考資料・映像資料を明記するとともに，本章内でも引用等の必要に応じて適宜参考資料を明示する。

4　生協組織は複雑な階層構造を成している。コープ東北サンネット事業連合は，みやぎ生協，秋田市民生協，コープあおもりほか7つの生協から構成されている。生協の組織構造については後で詳しく眺めていく。

5　日本生活協同組合・冷凍ギョーザ問題検証委員会は，今回の冷凍ギョーザによる中毒事件が判明

a；同委員会を以下「検証委」と略記す）。NHK の取材に対し，担当者は「すべてのダンボールではなくその中の 1 箱ということで，物流上，運ばれてくる間のどこかで何か汚れが付着したと思った」（NHK，2008）と述べている。

みやぎ生協では，商品事故に対して緊急度によって 4 ランクに分けて対応している。同生協のマニュアルでは，最も緊急度が高い A ランクには，製造段階での金属混入や腐敗，食中毒など人体に影響のある事故のほか，偽装表示などの重大事故が含まれ，それら以外の品質に関する事故は緊急度が低い B ランクに分類される。その下の C，D ランクは，欠品や納品遅れ，価格や量目などに関わる品質以外の事故である。みやぎ生協の担当者は今回の異変を緊急度が低い B ランクと考え，「異臭トラブル」として処理した。この時点で，コープ東北サンネット事業連合から，日本生協連東北支所に「異臭トラブル」として報告が上がっている。

宅配されたギョーザを食べた消費者（みやぎ生協組合員）から「薬品のような臭いがする」（NHK，2008），「10 月 26 日に開封したら，薬品臭がした。焼いて少し食べてみたが薬品のような味がした」（検証委，2008a）との苦情が，最初の事例から約 3 週間後の 2007 年 10 月 31 日，コープ東北サンネット協同購入商品部に寄せられた。直ちに同部の太田裕之氏が消費者宅に派遣され，強い薬品臭を感じた太田氏は，当該ギョーザを回収して帰社した。これも天洋食品製のギョーザ（2007 年 6 月 3 日製造）であった。この時点で再び，コープ東北サンネット事業連合から日本生協連東北支所に報告が入り，同支所は，製造委託先の JT フーズに回収した現品を添えて調査を依頼した。

調査結果が出る前の 11 月 10 日，自宅でギョーザを食べた 63 歳のコープあいづの女性従業員[6]から異臭クレームが寄せられた。この日，この女性は家族 6 人でギョーザ・パーティーを開いていた。彼女は「みんなで臭いを嗅いだり

後，食品安全管理などのあり方を検討するために，日本生活協同組合連合会が第三者委員会として設置した委員会である。委員長の吉川泰弘・東京大学大学院農学生命科学研究科教授を含め，学識者，リスク分析の専門家，食品安全行政の担当者など 8 名の委員から構成されている。

6　朝日新聞 1 月 31 日福島中会版朝刊では，この女性が「コープあいづ（喜多方市）では昨年 10 月，（中略）ギョーザを買った従業員」と表現されており，検証委（2008a）ではコープあいづの「職員」となっているため，NHK（2008）で証言しているこの女性がコープあいづの従業員と判断できる。

して，食べているものを吐き出した」（NHK，2008）という。彼女は「CO・OP手作り餃子（2007年6月3日製造）を開封したところ，オイルのような臭いがきつくて食べられない」（検討委，2008a）とも述べている。彼女は，ギョーザを購入したコープあいづの「COOP・VALUEぷらざ」店に駆け込み，同店で冷凍食品売り場を担当している二階堂真理子氏に異常を伝えた。二階堂氏は「発泡スチロールが燃えるような臭い。ちょっと頭にツーンとくるような。これはやばいなっていう感じの臭いでした」（NHK，2008）と述べている。

同店舗にあった同一製造年月日の商品を調べたところ，同じような臭いがするため，コープあいづでは直ちに全店舗[7]から当該商品をすべて撤去すると同時に，日本生協連東北支所に，撤去までの経緯について報告した。

日本生協連東北支所担当者は，日本生協連営業担当および商品本部冷凍食品部長に，メールで，① 2007年10月31日および同11月10日に事故[8]原因となったギョーザの製造年月日が同一（2007年6月3日製造）であること，② コープあいづではすべての店舗で撤去が終了したこと，を伝えた。同時期，異臭原因の調査を日本生協連東北支所から依頼されたJTフーズには，生協以外のルートから，天洋食品製の冷凍ギョーザに関する異臭クレームが寄せられていたという[9]（NHK，2008）。

2007年11月19日，JTフーズから日本生協連東北支所に「① 両方の包材からトルエンを主とするキシレン，ベンゼンを検出した。② 中国の工場に対する聞き取り調査の結果，工程の異常はなく，分析結果と一致する薬品の使用はなかった。③ 包材メーカーでの加工上の問題が原因ではないかと判断した」（検証委，2008a）との報告が入った。

2007年11月20日，日本生協連東北支所は，コープあいづに対して「① 苦

7　コープあいづは，ぷらざ店のほかに，ひがし店，ばんげ店など8店舗を有している。
8　現時点で考えれば，本件は意図的な有機リン系農薬混入「事件」であり「事故」ではないが，この段階では単なる商品「事故」と考えられていた。
9　NHK（2008）では「生協からギョーザの検査を依頼されたこの時期，JTフーズにはすでに中国製の冷凍ギョーザに対する異臭クレームが寄せられていました」と報道されているが，それが具体的にいつ，どこで，誰から寄せられた，どのようなクレームなのかといった詳しい内容については現時点では分からない。JTフーズの発表を待ちたい。

情商品に異常が認められ，ギョーザより袋の異臭が強いことを確認した。②当該製造記録や天洋食品現地工場保管サンプルに異常はなかった。③異臭のあった包材を検査した結果，トルエンを主としたキシレン，ベンゼンを検出した。④現地工場，包材メーカーで分析結果と一致する薬品の使用はなかった。⑤以上から保管・流通段階のいずれかで外的な汚染が推測された」（検証委，2008a）との報告を行った。

2007年11月26日，日本生協連冷凍食品部長が，商品本部長，商品担当常務理事，統括専務理事に宛てて，コープあいづでの異臭事故について撤去の経緯まで含めて報告した。

2007年12月27日，JTフーズはハッピース枚方（大阪府枚方市）で同社の冷凍ギョーザを購入した顧客から「袋の外がネバネバし，異臭がする」（日経エコロジー，2008年4月号）との苦情を受けた。

2007年12月28日，千葉市稲毛区の36歳の女性が，ちばコープ花見川店で購入したギョーザを口にして「薬品のような苦みを感じ」（朝日新聞，2008年2月2日千葉版朝刊），それから約20分後，千葉市立海浜病院に救急車で搬送された。コープ花見川店には，直接この女性から「CO・OP手作り餃子を母と子で食べた。めまい，発汗，嘔吐，下痢の症状」（検証委，2008a）との連絡が入っていた。ちばコープ担当者が女性宅を訪問し，当該ギョーザを回収し，店内にあった在庫1袋とともにコープネット事業連合[10]に検査を依頼した。入院後，彼女は千葉市立青葉病院に「症状が重い」（朝日新聞，2008年2月2日千葉版朝刊）ため転送されたが翌29日に退院した。この間，この女性の3歳の娘も中毒症状に陥っていた。転送先の市立青葉病院から千葉市保健所への連絡はなかった[11]（検証委（2008a），朝日新聞2008年2月2日千葉版朝刊，朝日新聞2008年2月3日朝刊）。

2007年12月29日，ちばコープは千葉市保健所に電子メールで報告した。同日，ちばコープの担当者は女性の家族から「医師は95％食中毒と言った」

10　コープネット事業連合は，ちばコープのほか，いばらきコープ，とちぎコープなど8生協によって構成されている。
11　食品衛生法第58条では，食中毒の疑いがある場合，直ちに保健所へ通報することが義務づけられている。

と聞いている（検証委，2008a）。実際に市立青葉病院では「食中毒の疑いがある」（朝日新聞2008年2月3日千葉版朝刊）と診断していた。同日，コープネット事業連合から，日本生協連中央第2支所および日本生協連冷凍食品部に本件に関する連絡が入った。日本生協連はこの時点で事態の概要を把握していたが公表しなかった[12]。

　2008年1月4日，千葉市保健所はちばコープからのメールを開封して，母子が中毒症状に陥っていたことを知った。同日，被害にあった女性が同保健所を訪れ「暮れにギョーザを食べて病院に運ばれた。ギョーザに間違いはない」（朝日新聞，2008年2月2日千葉版朝刊）と訴えたが，保健所の担当者は「2週間ほど待ってほしい。その間，ギョーザを保管しておいてほしい」（朝日新聞，2008年2月2日千葉版朝刊），「少し様子を見たい」（日本経済新聞，2008年2月2日夕刊）などと応じた。同日，コープネット事業連合商品検査センターで当該ギョーザを微生物検査および官能検査によって調べたが異常はなかった。

　2008年1月5日，兵庫県高砂市で51歳の男性と彼の妻（47歳）および高校3年生の次男（18歳）がイトーヨーカ堂加古川店（兵庫県加古川市）で購入したJTフーズの冷凍ギョーザ「中華deごちそう　ひとくち餃子」を食べ，手足のしびれ，嘔吐，下痢，体のしびれなどの症状に襲われた。次男は十数個食べた後，椅子から転げ落ちたという。病院到着直後，彼は意識を失った。被害者らは「激しい吐き気と下痢で意識を失った」「体が震え続け，死ぬかと思った」（日本経済新聞，2008年1月31日朝刊）と語っている。次男は翌6日に意識を取り戻し15日に，妻は17日に，男性は間もなく退院した。

　2008年1月6日午前11時頃，兵庫県生活衛生課に高砂市におけるこの事件の一報が入った。兵庫県は翌7日午前9時頃にJTフーズを管轄する東京都に報告したが，事態を公表せず，また販売店や消費者への注意喚起もしなかった。同日，兵庫県警が殺人未遂容疑で捜査を開始した。兵庫県から連絡を受けた東京都は，JTフーズの所在地である品川区を通して同社に聞き取り調査を

---

[12] 朝日新聞2008年1月31日朝刊では，母子が病院に運ばれた当日の段階で日本生協連が事態を把握していたと報じられている。ここでは時系列順に考えて，日本生協連が明確に事態を把握したのは，2007年12月29日にコープネット事業連合から連絡を受けた時点であると判断した。

行ったが「製品自体の問題だと断定できない」(朝日新聞，2008年1月31日朝刊）として公表を見送った。

　2008年1月22日，ちばコープのコープ市川店で購入した「CO・OP手作り餃子」が元で，千葉県市川市の母と子4人が，めまいに続き，下痢，嘔吐，体のしびれなどの症状を発症した。子供の1人が近所の知人男性宅に「トイレを貸してほしい」と駆け込んできたことから，おかしいと感じたこの知人がこの家族宅を訪れて，事態に気づいた（朝日新聞，2008年1月31日朝刊）。知人男性は直ちに119番通報した。病院から通報を受けた千葉県警は，翌23日から殺人未遂容疑で捜査を開始した。

　2008年1月25日，日本生協連は千葉県警から「毒物混入の可能性がある」（検証委，2008a）との理由で捜査協力を要請された。同日，千葉県警は日本生協連コーププラザ（東京都渋谷区，日本生協連の本部）を訪れた。日本生協連は千葉県警の質問に答えるため，調査を開始。この時点で，日本生協連は一連の事件を起こした冷凍ギョーザに毒物が混入している可能性に気づいたが，公表を見送った。

　2008年1月29日，千葉県警と兵庫県警が，混入していた農薬・メタミドホスの特性などを調べるために，それぞれが同じ化学薬品工場に問い合わせたことで，千葉県の事件と兵庫県の事件が初めて繋がった（朝日新聞，2008年1月31日朝刊）。同日，千葉県警から「被害者の拡大を防ぐために消費者対応を考えてほしい」（検証委，2008a）との要請を受けた日本生協連は，対策本部を設置した。同じ頃，東京都から兵庫県と千葉県における一連の事件に対する問い合わせが千葉県にあった。千葉県は東京都からの問い合わせを受けて，千葉県警に問い合わせ，初めて事態の深刻さに気づいた。

　千葉県からの回答（18時）を受けて，東京都は翌30日午前中にJTフーズへの立ち入り調査へ踏み切った。都の立ち入り調査を受けて，JTフーズは1月30日自主回収を発表した。30日16時，警察庁は一連の事件を公表した。それから1時間後の17時，日本生協連はJTフーズ，JTと4時間にわたる長時間の共同記者会見を開き，同日夜ホームページ上で商品回収を告知した。この日，日本生協連が会員生協に当該商品の回収を指示したのは16時になってからであった。翌31日，日本生協連は新聞に商品回収広告を掲載した。

2008年1月31日，ギョーザ対策閣僚協議が行われ，厚生労働省や警察庁などを中心に，各省が連携して今回の原因究明に取り組んでいく方針が明らかにされた。同日，小売りや外食各社が，当該商品の撤去，使用中止を決定，直ちに実行に移した。中華レストラン「バーミヤン」を運営する外食大手のすかいらーくは，グループの店舗約3千3百店すべてで「中国で加工された全食品約300種のうち必要と判断した食品の使用を中止する」(日本経済新聞，2008年1月31日朝刊)と発表した。関西スーパーマーケットは中国製の冷凍食品全品を撤去すると発表。イオンやダイエー，イトーヨーカ堂も，JTフーズの2商品を中心に，天洋食品が製造した材料が含まれている商品[13]を一斉に撤去した。

問題の所在

現代のように，システムの構成要素が複雑かつ高度に連結しながらスピーディに影響を与え合う環境下では，わずかな変化が予想もしなかった大きな結果をもたらすこともあり得る。こうした環境下ではすべての危機を具体的かつ正確に予見することなど出来ようもない[14]。特に今回の事例のように，意図的に引き起こされた危機を事前に予見するのは極めて困難である場合が多い[15]。われわれに出来るのは，危機が現実化する前にその予兆を察知し，その危機を回避すべく努め，ひとたび危機が現実化した場合，その被害拡大を防止しながら復旧に努めることなのである。

ここでは上の事例を，危機管理において重要な予兆の察知（察知および回避），および事後対応（被害拡大防止，復旧）という，第8章で紹介したHRO

---

13 江崎グリコやマルハ，加ト吉，味の素冷凍食品などの製品が該当した。
14 Perrow (1984)はノーマル・アクシデントという語を用いて，高度に複雑化した状態で起こるべくして起こる事故を概念化している。Perrow (1984)によれば，ノーマル・アクシデントは不可避であるばかりか，そのすべてを具体的に予見することは不可能である。
15 Mitroff & Alpaslan (2003)はノーマル・アクシデントを越えたアブノーマル・アクシデントという概念の必要性を強調している。アブノーマル・アクシデントとは，意図的に引き起こされた事故（あるいは事件）である。アブノーマル・アクシデントの意図性がその予見可能性を大幅に低めている。詳しくはMitroff & Alpaslan (2003)を参照されたい。

理論の視点から再度眺め直しつつ，そこに潜むいくつかの問題点を浮き彫りにしてみたい。

(1) 見逃され続けた危機の予兆

　第1の問題点は危機の予兆がことごとく見逃されてしまった点である。上で見てきたように，昨年12月28日に初めての有症事例が発生する約2カ月ほど前から，危機を知らせる予兆はさまざまなところに現れていた。有症事例発生までの流れを図示すると図表11-1のようになる。

　ここで生協の組織体制について簡単に説明しておきたい。生協（正確には「生活協同組合」）は消費生活協同組合法に規定された法人であり，現在その組合員数合計は約2,400万人（検証委，2008a），総売上高約3兆円という巨大組織である。生協組織は，約500の独立した法人組織[16]（以下，会員生協）と，それらが物流面などの効率化を目指して共同で運営している事業連合[17]，および事業連合やいかなる事業連合にも所属していない会員生協の上に位置する日本生協連によって構成されている。日本生協連は，生協組織の「総合司令塔」（検討委，2008a）であると同時に，「CO・OP」ブランドの商品を会員生協に供給したり，通販・共済事業なども営んでいる。

　今回の事例では，日本生協連がJTフーズに製造委託した「CO・OP」ブランドの冷凍ギョーザを，日本生協連から商品供給を受けた会員生協が販売していた。各事業連合は上の図表11-1から分かるように，日本生協連営業本部[18]の内部下位組織である全国の地域支所[19]を通して本部と繋がっている。

---

[16] 例えば都道府県毎の事業体や，大学毎の事業体などで，今回の事例では，みやぎコープ，コープあいづ，ちばコープがこれに当たる。

[17] 今回の事例では，みやぎ生協が所属していたコープ東北サンネット事業連合，ちばコープが所属していたコープネット事業連合がこれに当たる。コープあいづはいかなる事業連合にも所属していない。

[18] 日本生協連本部は，会員生協を統括する営業本部，商品供給を統括する商品本部，共済事業センター，会員支援本部などから構成されている。

[19] 全国には北海道支所，東北支所，中央第1支所，同第2支所，東海支所など10の支所が設置されている。

278　第11章　食の安全をどう守るか

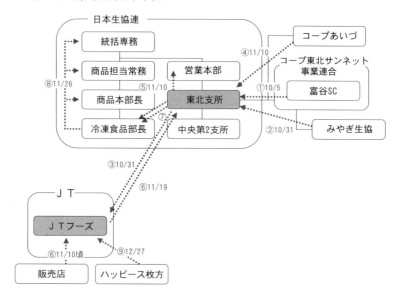

図表11-1　有症事例発生までの流れ

　ではここで，上の図を見ながら，各現場（コープ東北サンネット事業連合，みやぎ生協，コープあいづ）および，日本生協連東北支所（以下，東北支所），JTフーズの3者がおかれた状況を描き出してみよう。
　コープ東北サンネット事業連合の富谷セットセンターでは，2007年10月5日に「これまで嗅いだことのない」強烈な薬品臭が気づかれた。これまで嗅いだことのない強烈な薬品臭という現場の生々しい声は，商品本部への報告段階で「異臭クレーム」という緊急度の低い品質トラブルとして分類され，見逃されてしまった。10月31日のみやぎ生協で気づかれた薬品臭も，現品を回収した担当者がJTフーズに調査を依頼しただけに止まってしまった。
　唯一，当初の段階で異変に気づいて直ちに動いたのがコープあいづであった。コープあいづでは，自社の女性従業員が直接被害に遭った上，彼女が「動転して駆け込んできた」（NHK，2008）ただならぬ様子から事態の深刻さが気づかれ，直ちに同店舗にあった同一製造年月日の商品が調べられ，同じような臭いがしたため，危険と判断して当該全商品が撤去されるに至った。コープあいづの迅速な対応を可能にしたのは，コープあいづに勤務している女性従業員

の，実際の経験に基づく生々しい訴えであったと考えられる。

　ここでコープ東北サンネットおよびみやぎ生協が直ちに対応しなかったからといって，彼らを責めることはできないだろう。何らかの予兆に触れていたとしても，現場が個々の断片情報を危機の予兆であると認識するのは極めて困難であるためだ。

　例えば，1995年6月25日に起こった韓国の三豊百貨店ビル崩壊事故を思い出してもらいたい[20]。事故の前日，ある従業員は最上階の天井に小さなヒビ割れを発見した。翌日，彼はヒビ割れが大きくなったことに気づき，上司に報告した。他にも家具売り場で展示用の棚から，何度も花瓶が滑り落ちたり，食堂では天井から細かい粒子が落ちてきたり，子供服売り場の壁に亀裂が生じたりしていた。それら一つ一つを個別に眺める限り，いずれも危機の予兆とは思えないものばかりであった。しかし，そうした情報をすべて受け取っていた経営陣は違っていた。彼らはそこに危機の発生を感じ取り，建築士らを呼び，直ちに検査させた。建築の専門家達は崩壊の危険を警告したが，経営陣はまもなく閉店時間だからという理由で営業を続行させた。その結果，地上5階地下4階建てのビルが営業時間中に崩壊し，死者502名を出す世界史上稀に見る大惨事となってしまった。この話は，現場が手元の断片的な現場情報だけから全体像を見抜くことがいかに困難であるかを物語っている。天井のヒビ割れやわずかな壁の亀裂といった些細な現場情報が，情報の結節点で総合化されて初めて全体像が見えてくるものなのである。

　今回の場合も，コープ東北サンネットやみやぎ生協が危機に気づけなかったのは，むしろ当然のことであったと考えてよいだろう。いずれも接した事例は1件のみで，それのみに基づいて軽重判断を下すのは難しい。

　東北支所はどうだっただろうか。少なくとも3件の現場情報を得ている。その中には，コープあいづからの「在庫調査の結果，全店舗で撤去」との情報も含まれていた。彼らはこれだけ重大なシグナルに接してなぜ動こうとしなかったのか。答えは彼らの行動の中にある。東北支所はJTフーズからの回答を

20　ここでの記述は「史上最悪の大惨事—韓国・三豊百貨店崩壊の真実」（フジテレビ『奇跡体験！アンビリバボー』2006年10月26日放送），WOW！KOREA（http://www.wowkorea.jp/）などによる。

待っていたのである。原因究明を優先し，原因がはっきり分かってから対応しよう（正確な情報が入ってから動こう，正確な情報がなければ動くべきではない）としていたのである。

　JTフーズから「包材メーカーでの加工上の問題」である可能性が高いとの回答を受けて，東北支所は本部の冷凍食品部長に結果を報告したものの，結果的には生協は何ら自主的調査をせずに「問題なし」と判断するに至ってしまった。

　ここで，JTフーズが生協に対して，この段階で生協が知り得なかったJTフーズ内の事故（11月10日頃の事故およびハッピース枚方での事故）を報告しなかったことで，JTフーズを責めるのは難しいと言わざるを得ない。あらゆる企業には企業秘密が存在する。情報を扱うだけで成り立っているIT企業などは，企業秘密のみで利益を上げていると言ってもよいほどである。中でも自社製品の事故に関する情報は，その企業の存続すら脅かしかねない機密中の機密事項であり，簡単に開示する訳にはいかないのが実務現場の実情である。有症事例が発生し，その原因が間違いなく自社製品であることが判明し，尚且つ更に被害が現実化する恐れがあるなど開示を避けられない状況になるまで，ほとんどの企業はこうした企業秘密に関わる情報を開示しようとはしない。

　ところで，すべての情報に接していたJTフーズ（生協以外の小売りルートからもたらされた情報2件を含め，少なくとも5件の無症事例に接していた）は，それらを開示しないまでもなぜ何ら実質的対策を講じようとはしなかったのだろうか。

　JTフーズがどのような調査を行って，上で述べた結論に達したかは現時点では明らかではないが，ラインのメンバーにはしばしば強い認知バイアスが作用する点を見逃してはならない。筆者自身の20年近くに及ぶ実務経験からすれば，ほとんどのラインのメンバー（例えば，製造部長を含め製造部のメンバーや，販売部長など販売部門のメンバーなど）は，原料高や同業他社の動きなど，激しい外部環境の変化に気を配りながら，ルーティンワークに追われて日々多忙を極めている。同時に彼らは，やれ売上が目標に達しないだの，原価が予算を上回っているだの，目標達成に向けたさまざまな組織的圧力を感じながら働いている。そうした状況下にある人びとが，真実よりも願望を見（「現

地で十分に安全管理を行っている製品自身に問題はない筈だ」,「今回の事故は何かの間違いだ」),先入観を補強する証拠を重視し,それを揺るがすような証拠を疎んじた(「異臭トラブルが続いたが,偶然重なっただけで,問題はない」,「その証拠に,有症事例は1件もないじゃないか」)としても不思議ではあるまい[21]。生協がJTフーズの回答を鵜呑みにし,自主的な調査に踏み切らなかったことも同様であるが,5件もの無症事例を唯一知り得たJTフーズが何ら実質的対策を講じなかった背景には,ラインのメンバーに働くこうした「正常化の偏見」が強く作用していたのではないか。

(2) 有症事例発生から1カ月余りを要した遅すぎた回収

　第2の問題点は,2007年12月28日に初の有症事例が発生してから,全国の会員生協の店頭から当該冷凍ギョーザが撤去されるまでに1カ月余りの時間を要したことである。有症事例発生から回収に至るまでをまとめた下の図表11-2を見てもらいたい。
　上で述べたように,2007年12月29日には,日本生協連本部は,ちばコープが所属するコープネット事業連合の報告を受けて,それまで生協が掴んでいた無症事例3件と今回の有症事例を照合して,事態の深刻さに気づいていたことが判明している(朝日新聞2008年1月31日朝刊)。
　日本生協連中央第2支所(以下,中央第2支所)は29日の段階でJTフーズに連絡を入れたが連絡をとれなかったという(検討委,2008a)。JTフーズが千葉市稲毛区の事例を知ったのは,年が明けた2008年1月4日,中央第2支所からの調査依頼によってであった。
　中央第2支所は有症事例に接しながらも(彼らが接した初めてのケースということもあったのだろうが),日本生協連本部に報告を上げ,JTフーズに調査依頼をしただけでJTフーズからの回答待ち状態に陥ってしまった。ここでも

21　Watkins & Bazerman (2003) は組織が危機の予兆を察知できない理由として,「情報分散」や「コミュニケーションの阻害」以上に,ここで取り上げた「心理的バイアス」を重く考えている。Lovallo & Kahneman (2002) も「組織的圧力」などによって「楽観主義」が増幅され状況認識が歪められ,しばしば予兆が見逃されると主張している。

282　第11章　食の安全をどう守るか

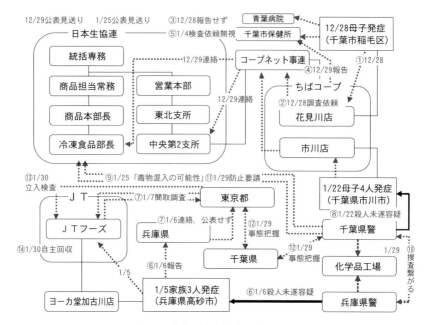

図表11-2　有症事例発生から回収までの流れ

原因究明優先（正確な情報待ち）の姿勢が貫かれていたのである。

　2008年1月6日，兵庫県高砂市でイトーヨーカ堂加古川店（生協以外の小売りルート）で購入された当該冷凍ギョーザが原因の有症事例が発生する。2件目の有症事例に接しながらも，JTフーズは公表を見送ったばかりか，依然としてこれらの重大情報を，生協を含めたすべての小売りに対して伏せたままであった。また，JTフーズは兵庫県の要請を受けて，同社に品川区（品川区保健センター）を通じて聞き取り調査を行った東京都に対して「同様の事例はない」（朝日新聞2008年1月31日朝刊）と回答している。

　2008年1月22日には，コープ市川店で購入された当該冷凍ギョーザによって第3の有症事例が引き起こされる（ちばコープ内の事例なので，日本生協連の窓口はコープ花見川店の事例と同じ中央第2支所）。皮肉なことに，3件目の有症事例が発生したのと同じ22日に，中央第2支所はJTフーズから「①現場工場保管サンプルを日本で検査している，②（財）東京顕微鏡院・食と環

境の科学センターで行った微生物検査では異常がなかった，③JTフーズの官能検査では異常がなかった，④同ロットで類似の苦情はない」（検討委，2008a，27ページ中段）との回答を受け取っている。2件目の有症事例に接した中央第2支所は，JTフーズからの回答を受けて再び「追加情報待ち」の状態に陥ってしまった。

　2件の有症事例しか知らなかった中央第2支所はまだしも，JTフーズはこの時点で被害者が重体に陥っていた事例2件を含めて3件の有症事例および5件の無症事例を把握していたにも関わらず，公表はおろか何ら対応策を打とうともしなかった。2007年12月29日の段階で事態の深刻さに気づき，その後新たな有症事例に接していた日本生協連も同様である。JTフーズが自主回収に踏み切ったのは，2008年1月30日に東京都の立ち入り調査を受けてからであり，日本生協連が会員生協に回収を指示したのも同日午後4時，警察庁の発表とほぼ同時刻になってからであった。

　こうした経緯を眺めてくると，JTフーズや日本生協連には問題を隠蔽しようとする文化が根を下ろしているのではないかと疑いたくなる。隠蔽する文化が根づいていないまでも，ルーティンの圧力に晒されてラインを停止できないほどの強力な心理的圧力が彼らに作用していたことは想像に難くない。

　有症事例が複数件発生した後ですら，両社は当該商品に関する危険情報を共有しようとはしなかった。事此処に至っても尚，JTフーズは生協以外の小売りルートに対しても情報を閉ざしていた。小売大手ライフコーポレーション（52店で当該商品を販売していた）の担当者は，テレビのニュースを見て慌てて全店に撤去を指示した。同担当者はJTフーズ側とはまったく連絡がとれず「一体どうなっているのか」と不満を漏らしていたという（日本経済新聞，2008年1月31日朝刊）。全国に散在する小売現場は，当該冷凍ギョーザが引き起こした状況をまったく把握できないまま，2008年1月30日まで販売し続けていた。

　さらに驚くべきなのは，3件目の有症事例の現場となったコープ市川店の店長の言葉である。コープ市川店が最初に異常に気づいたのは「29日午前。市川署から商品の販売データの提出を求められ，夕方には市川保健所の職員が来て商品を撮影」（朝日新聞，2008年1月31日朝刊）してからだったという。「農薬が検出されたことは，後藤店長も『30日夕のニュースで初めて知った』

という」（朝日新聞，2008年1月31日朝刊）。日本生協連は自社ブランドの商品が原因の事件を，同じ生協組織内部の団体である会員生協に対しても隠していたのである。

　回収までの流れを整理し直してみると，流通業界において，商品トラブルに関する情報の流れに対する企業秘密の壁の厚さを感ぜずにはいられない。日本生協連だけでも製造委託などの取引先は800社以上にも及び（NHK, 2008），そのすべてと常日頃から商品トラブルの情報を共有するのが困難であるという事情もあるだろう。しかし，有症事例が3件も発生しているにも関わらず，組織間のみならず組織内でも情報が遮断され，平時と何ら変わらず販売が続けられた状況は，いかにシステムが複雑であろうとも見逃されるべきではない。

　回収が遅れた背景には，緊急時でも情報を遮断し続ける流通業界における企業秘密の壁の厚さと，流通現場に強く作用しているルーティンを優先しライン停止を躊躇させる心理的圧力，更には商品トラブルそのものを隠蔽しようとする，日本生協連とJTフーズに根づいた，原因究明優先の美名に隠された「臭い物には蓋をする」文化があったと考えられる。

(3) 注意喚起，公表の遅れ

　第3の問題点は，行政機関による注意喚起，公表が著しく遅れた点である。有症事例発生から公表までおよそ1カ月余りの時間を要してしまった。なぜなのか。上で提示した図表11-2に沿って問題点をピックアップしながら考えていこう。

　2007年12月28日，千葉市立青葉病院（千葉市中央区）は，最初の有症事例に接して「食中毒の疑いがある」としながらも食品衛生法で定められた保健所への通報を見送った。後に青葉病院はその理由を「この時期は感染症が多発し，吐き気や下痢など，食中毒のような症状を訴える患者が多い。そのすべてについて届け出ることはできない。女性は点滴で回復したので，届け出なかった」（朝日新聞，2008年2月2日朝刊）としている。

　今回の事件で，情報が結節しその全貌が浮かび上がったのが，兵庫県警と千葉県警の捜査線上であったことを考えると，結果的には青葉病院が食品衛生法

の規定に反して届け出を怠ったことが被害を拡大したとも言えるが，(1) で述べたように，現場が 1 件の軽症な事例に基づいて（転送時症状が重いと判断されたが，翌 29 日に退院している），事の軽重を判断するのは容易なことではない。1 年間に全国で 28,175 人もの人びとが食中毒の被害に遭っている（平成 16 年度届け出件数）[22] 現状を考えると，青葉病院の慎重過ぎると思われる判断も理解できなくはない。

　年が明けて 2008 年 1 月 4 日，千葉市保健所は被害女性の検査依頼を「2 週間ほど待ってほしい」（朝日新聞，2008 年 2 月 2 日千葉版朝刊），「少し様子を見たい」（日本経済新聞，2008 年 2 月 2 日夕刊）として無視してしまった。千葉市保健所は「とりあえずコープの検査結果を待つことにした」（朝日新聞，2008 年 2 月 2 日朝刊）という。被害に遭った女性の気持ちを考えれば，感情的には保健所の対応は許し難いとも思えるが，この場合においても 1 件の軽症事例のみから事の深刻さを判断することの難しさを感じざるを得ない。結果的に被害が拡大したために，青葉病院や千葉市保健所の初期対応が，マスコミなどで大問題であるかのごとく扱われているが，そうした議論は事件の経緯をすべて把握した現時点から過去を振り返って初めて言えることであって，彼らの責任を厳しく問うのは酷に過ぎると言わざるを得ない。

　兵庫県高砂市の有症事例では，病院および市保健所を通して兵庫県生活衛生課に翌日午前 11 時，報告が入っている。同課の対応は，JT フーズの本社所在地である東京都に報告したに止まった。このとき，兵庫県の対応が食品衛生法施行規則に反していた[23]事実は否めないが，県がこの時点で，多数発生している最中の「一食中毒事故」と判断してそれ以上の対応をしなかったのは止むを得ない側面もある。同様に，市川市における有症事例を千葉県がとりわけ重視しなかったのも止むを得なかったのではないかと思われる[24]。

22　厚生労働省ＨＰ（http://www.mhlw.go.jp/topics/syokuchu/）より。食中毒被害者数の確定値は平成 16 年度のものが最新の数値である。今回のように，届け出が行われない水面下の事例も多数あると考えられる。

23　食品衛生法施行規則第 73 条では，「当該中毒が輸入された食品等に起因し，又は起因すると疑われるとき」には，都道府県は直ちに厚生労働省に報告しなければならないとされている。

24　先に述べたが，青葉病院で食中毒発生の情報が寸断されてしまったため，千葉県健康福祉部はこの時点で千葉市稲毛区で発生した最初の有症事例を掴んでいない。

東京都についても同様である。兵庫県からの報告を受けて，JTフーズに通常通りの聞き取り調査を行ったが，JTフーズから「同様の事例はない」との回答を受け，「製品自体の問題だと断定できない」として調査を打ち切ってしまったが，東京都では当該冷凍ギョーザに起因すると疑われる食中毒を兵庫県高砂市の1件しか把握していなかったのである。

　1月29日に千葉県警と兵庫県警が同じ化学薬品工場に問い合わせたことで，目前の事態がいかに深刻なものであるかが明らかになった。続いて，東京都からの問い合わせを受けた千葉県が千葉県警に問い合わせたことから，東京都および千葉県が事の重大さに気づいた。翌日，東京都がJTフーズへの立ち入り調査に踏み切り，警察庁が事件を公表したことで，事態はようやく収拾へと向かった。

　行政全体として眺めると，その動きの遅さに憤りを感ぜざるを得ないが，今回の事件に関わった行政機関一つ一つの動きを個別に見つめ直してみると，いずれも重大な過失を犯してはいない。むしろ，東京都にしろ警察庁にしろ，事態の全体像が浮かび上がるや否や，迅速に対応したと言ってもよいほどである。

　ここで改めて，有症事例発生から回収までをまとめた図表11-2を眺めてみると，いかなる行政機関においても現場情報が結節していないことが分かる。唯一，情報が結節したのは千葉県警と兵庫県警の捜査線上であった。千葉県警と兵庫県警の捜査が偶然繋がらなかったら，事態の全貌が明らかになるのはさらに遅れ，より被害が拡大していたとも考えられる。今回の事例で注意喚起および公表が遅れた最大の理由は，それぞれの機関が得ていた現場情報が共有され，それらを結びつけて事態の全貌を把握できなかったことにあると言ってよい。

流通段階での食の安全確保に向けた提言

　ここでは上の考察を受けて，そこで浮かび上がった問題点に対する具体的対策を提示すべく試みたい。

(1) 流通企業の中に独立した安全部門を設置せよ

　前節で，各現場で危機の予兆が見逃されてしまった理由として，予兆を示す貴重な現場情報が断片的に各現場で解釈されるに止まり（ゆえに重要視されなかった），それらを総合化して全体像を把握できなかったと指摘した。
　有症事例発生前に現場情報が結節可能であったのは東北支所および東北支所から報告を受けていた日本生協連本部（冷凍食品部，商品本部，商品担当常務，統括専務）であったが，彼らは現場情報を総合化して判断したり，総合化された情報を現場にフィードバックしたりせずに，ただJTフーズの調査結果を待つ状態に陥っていた。有症事例発生後も，日本生協連本部は早期（2007年12月29日）に事の重大さに気づきながら，ようやく総合化し得た情報[25]を現場にフィードバックしなかった。生協内で当該商品を扱っている事業連合，会員生協に対して情報が流されなかっただけではない。有症，無症事例の当事者となった現場にも総合化された情報はフィードバックされなかった。結果的に，当該商品が回収されるまでに1カ月余りを要した。
　前節では，こうしたことの背景に，ライン・メンバーには「正常化の偏見」が作用し，状況を適切に捉えきれない恐れがあり，また事態が明らかになった後も，ラインの停止を躊躇せざるを得ない強い心理的圧力が作用しているのではないかと指摘した。こうした問題にどう対処すべきか。
　ここで，情報の結節を促し，効果的な安全管理システムを築き上げることに成功した2つの事例を眺めてみよう。一つはアメリカのバーガー・キング社の事例[26]，もう一つは第9章で紹介した日本の製鉄企業・JFEスチール社の事例[27]である。
　バーガー・キング社は67カ国で1万1千店を展開する世界屈指のファースト・フード企業である。1日に2,500万人もの人びとがバーガー・キングのハ

---

[25] 前述したように，日本生協連が2007年12月29日の段階で事態の深刻さに気づいていたということは，裏を返せば彼らがそれまでの情報を総合化して全体像を掴んでいたことになる。
[26] バーガー・キング社の安全管理事例に関する記述はNHK（2008）に基づく。
[27] JFEスチール社の安全管理事例に関する記述は高橋（2007）に基づく。

ンバーガーを楽しんでいる。同社では、本社（フロリダ州マイアミ）に安全管理専門の部署を設置し、製造段階は元より、物流、加工、販売の各段階で気づかれた些細な異変情報がすべて同部門に集中するようにしている。安全管理部門では、安全管理のエキスパートが彼らのディープ・スマート[28]を結集して、世界各地から上げられてくる情報を総合化し、危機の程度を判断している。問題があると思われた場合、安全管理部門から、直ちに疑いのある商品の生産や販売を停止するよう指令が発せられる。一例を挙げれば、ジュースを入れるプラスティック容器についた小さな斑点に即応して、その製品を製造しているメーカーの製品すべてが集配センターに留め置かれたこともある（NHK, 2008）。過剰とも思えるほど安全管理に配慮している理由について、バーガー・キング社の安全管理部門の責任者スティーブ・グローバー氏は「一旦被害が出て商品回収となれば一つの業者ごとに3億円から5億円、全部でおよそ40億円もの損失になる。事故が発生する前に労力をかけるべきだ」（NHK, 2008）と強調している。

　続けてJFEスチール社の事例を振り返ってみよう。2004年12月、JFEスチール東日本製鉄所から猛毒のシアンなどが海に漏出していたことが判明した。その後の調査で、同社が十数年前から事態を隠蔽していたことが明らかとなり、同社は存亡の危機に瀕した。この全社員に共有された危機感をバネにJFEスチール社は一変した。彼らは、環境管理部（安全管理専門の部門）を独立させて、ラインの中核である製造部門にまで強力な指導を行える権限を付与した。JFEスチール社が効果的な安全管理システムを構築できたのは、些細な現場情報までをも結節できる効果的で、ラインから独立した情報システムを構築しえたことにあった。

　バーガー・キング社もJFEスチール社も予兆察知の要諦、すなわち、①情報収集分析機関が独立していなければ、すべての現場情報を結節することは難しい（例えば、自分、あるいは自分の周囲に責任が及ぶ恐れのある情報を、懲罰権を有する直属の上司に報告するのは心理的な抵抗が大きい）、②情報提供

28　ディープ・スマートは豊富な経験と専門知識に裏打ちされた「複雑な状況を瞬時にして把握し、賢明な決定を下す」（Leonard & Swap, 2005：訳, 17頁）ことを可能にする能力である。詳しくは第8章を参照されたい。

者の匿名性を確保すると共に，報告が容易にできる体制を構築しなければならない，③独立した情報収集分析機関には，万一の場合，ラインを停止できる権限を付与すべきである，をしっかり理解している。

　バーガー・キング社や，JFEスチール社などで実施されている「独立した安全部門」というアイディアは，以下の点で優れていると考えられる。

① 断片的な現場情報が結節され，予兆段階で危機を察知できる可能性が高まる。
② ルーティンの圧力に晒されている，ラインのメンバーに作用しがちな「正常化の偏見」から開放された，専門スタッフによる適切な総合化，判断が可能となる。
③ ラインのメンバーでは下しづらい決定（製造中止，販売停止など）を，専門スタッフ部門が下せるようになる。これにより，早期対応が可能となり，被害拡大を防止できる。
④ 安全部門，すなわち危機管理のスタッフ部門に，専門知識や経験が蓄積され，危機に対するディープ・スマートが形成される。
⑤ 直属のラインの上司には報告しづらい内容（例えば，自分が関わっている恐れのある失敗）なども報告できるようになる。

　ラインを停止できるほどの強力な権限を付与された，独立した安全部門を設置することで，情報が寸断され，状況判断を誤り，被害拡大を食い止められなかった今回のような事態を，完全ではないにしても，かなりの程度で予防できると考える。食に関わるすべての流通事業者は，今回の生協やJTフーズの事例を，特殊な事例であるとか対岸の火事であるなどと侮るべきではない。食の安全に対して，全国民の厳しい目が向けられている事実を認識した上で，直ちに，独立した安全部門の設置を検討すべきである。

　起こらないかもしれない危機を予防するために，独立した安全部門を設置するなど，膨大なコストを掛けるのは馬鹿げているという考えは誤っている。Mitroff & Alpaslan (2003) の言葉を思い出して欲しい。「危機に強い（予防に動く）企業」と「危機に弱い（場当たり的に動く）企業」では，予防型の企業（危機に強い企業）は，対処型の企業（危機に弱い企業）に比べて危機に見

舞われる回数が約36％も少ない上に，経営破たんに陥る確率が低く，創業からの年数が対処型の企業より24％も長く，ROAは対処企業の約2倍にも達していたのである。彼らによれば，予防型企業は対処型企業に比べて企業イメージも高い[29]。彼らの研究によって，予防に掛けるコストが無駄ではないことが実証されている。

　ここで見逃すことができないのが，コープあいづの早期対応行動である。彼らは手元のわずかな現場情報だけに基づいて，早期の段階で動くことができた。前節で考察したように，コープあいづが早期対応行動に打って出られたのは，天洋食品製の冷凍ギョーザを食べた自社の女性従業員がただならぬ様子で駆け込んできて，危険を訴えたためであると考えられる。これは危機などの予期せぬ出来事に対峙して，それを適切に捉えるに当たって，いかに人的な要因，もっと言えば"情"が大切かを物語っている。

　"情報"という語は，明治の文豪・森鴎外による"インフォメーション"という語の邦訳であると言われる。情報という語は，出来事のデータ的な側面を表し，報告，報道，会報，速報のように用いられる"報"という字と，人間の情動的な側面を表し，情熱，叙情，温情，私情のように用いられる"情"という字から成る。クールでデータ的な意味合いを持つ"報"と，ホットな情感を表現する"情"という漢字からなる"情報"という訳は見事としか言いようがない。最初の無症事例では，「強烈な薬品臭」という現場の女性が感じた強い危機感は，「異臭クレーム」という一言（"報"）になって膨大なクレームの海に沈んでしまった。今回，コープあいづを動かしたのは"報"よりもむしろ，肌で危機感を感じ取った女性従業員の"情"であったのではないか。独立した安全部門を設置した場合に，情報の"情[30]"的側面も捉えられるよう，危機を

29　Mitroff & Alpaslan（2003）はフォーチュン誌の「アメリカで最も尊敬される企業」のスコア（8点満点）に基づいてこのような結論を下している。予防型の企業の平均6.2に対して対処型の企業は平均5.6であったという。

30　これまでたびたび論じてきたメディアリッチネス論を用いて説明することも可能であろうが，「メディアリッチネス」という概念には，非言語コミュニケーション（身振り，手振り，ジェスチャーなど）の豊かさは包含されているが，ここで述べようとしている情報の"情"的側面が包含されているとは言い難い。遠田＆高橋（2007）は，情報の"情"的側面に注目したコミュニケーションの重要性を強調しているが，今後，そうした研究を踏まえて情報の"情"的側面をも含めて説明できるよう，メディアリッチネス論を発展させていくべきであろう。

感じ取った本人との直接対話などのコミュニケーションチャネルも情報システムの中に組み込まれるべきだろう。

今回の事例を受けて,生協ではさまざまな物流技術を積極的に導入すると発表している。もちろん,RFID[31]など先端の技術を用いてトレーサビリティーを確保しながら,重複チェックシステム[32]を用いて情報を抽出するなどの機械技術的な対応が必要であることは言うまでもない。ただ,いくら高度な機械技術を導入しても,人的,組織的要因を見逃していては効率的な安全管理はできないことを肝に銘じるべきである。

(2) 国家レベルで安全部門を設置せよ

前節で考察したように,今回の事件では厚い企業秘密の壁が,組織を越えた情報の流れに立ちはだかっていた。生協やJTフーズが掴んでいた全情報がどこかで結節していれば,ここまで被害は拡大しなかったかもしれない。また,注意喚起・公表が遅れた最大の理由は,千葉県や兵庫県,東京都などの行政機関が断片的な情報にしか接することができなかった点にあるとも指摘した。実際に千葉県警と兵庫県警の捜査が偶然結節しなければ,注意喚起・公表はさらに遅れていた恐れがある。こうした問題にどう対処すべきか。

ここで,組織を越えた情報共有に成功し,効果的な安全管理を実現しているアメリカの先駆的な事例を眺めてみよう。

アメリカでは食品による被害が出た場合に,その被害を最小限に食い止める取り組みが二つの大きな流れで展開されている。一つはCDC (Centers for Disease Control and Prevention ; 米国疾病予防管理センター)による保健所・病院ネットワーク[33]であり,もう一つはバイオテロリズム法 (The Public

---

31 Radio Frequency Identification。無線通信で情報をやり取りできる技術。ICタグや電子マネー,セキュリティ・カードなどに応用されている。
32 例えば,ある期間に,同じメーカー (今回なら天洋食品),同じ流通業者 (今回ならJTフーズ),同じ食品 (今回ならギョーザ),同じ地域 (今回なら東北や千葉) など,複数のシグナルが重複した場合に初めて人間がそれらの情報を総合化して判断するシステム。生協のように1年間に8万件ものクレーム (NHK, 2008) が寄せられる場合には,重複チェックシステムで半自動的に情報を選別する仕組みが必要であろう。
33 CDCの取り組みに関する記述は,NHK (2008) およびCDCのHP (英文,http://www.cdc.

Health Security and Preparedness and Response Act of 2002)[34]に基づくFDA（Food and Drug Administration；米国食品医薬品局）による監視および留置システムである。

　アメリカ政府は2003年から2008年までの5年間にわたって，約2兆円を投じて，被害をもたらした食品を早期に感知するシステムの整備を進めた。異変を素早く感知するのは，CDCのネットワーク・システムである。そこでは食中毒の疑いがある患者の数が常時モニターされている。前日の患者数や，過去の同時期のデータと比較して異常がある場合には警告が発せられる。これらのデータの元は病院や保健所からオンラインで提供されている。このシステムの整備が進むにつれ，全米で食中毒の被害拡大が効果的に抑えられ始めている。

　CDCのネットワークを利用して，早期の段階で食中毒の拡大が抑えられた一例を見てみよう。2006年，インディアナ州のある病院に，激しい腹痛を訴える患者が搬送されてきた。彼からの情報は，病院の電子カルテに保存され，それはCDCネットワークを通して直ちに同州の保健局にオンラインで送られた。同じ頃，他のいくつかの病院からも腹痛を訴える8人の患者達の情報が寄せられた。8人の患者の電子カルテを照合すると，全員が同じような症状で，かつ同じ食肉店で買った肉を食べていたことが判明した。保健局は，この食肉店の商品に問題があると断定し，直ちに同店に販売停止命令を下し，被害の拡大は食い止められた。その後，この判断が間違っていなかった（同店から原因菌が発見され，それが患者の病原菌と一致した）のは販売停止命令から1週間も経ってからであった。CDCでこのネットワーク・システムの整備を進めているレスリー・レナート氏は，NHKの取材に対して「1つの場所で作られたものが広い範囲に流通するため，限られた地域を調べるのでは不十分だ。早く異変が見つかれば，何百万人もの命と何十億ドルものお金が失われずにすむ」

gov/index.htm），CDC感染対策情報・入手サイト（日本語，博多インフェクションコントロールフォーラム，mhttp://hica.jp/），Wikipedia（http://ja.wikipedia.org/）などを参考にしている。

34　バイオテロリズム法について詳しくはFDAのHP（英文，http://www.fda.gov/oc/bioterrorism/PL107-188.html）を参照されたい。JETRO（日本貿易振興機構）のHP（http://www.jetro.go.jp/biz/world/n_america/us/bioterrorism/）には日本語で同法の概要が説明されている。

(NHK, 2008) と語っている。

　病院・保健所を中心に進められているCDCのネットワーク・システムに対して，"食"に関わる事業者に監視の目を光らせているのがFDAである。アメリカでは9・11テロ以降，食品を利用したテロの発生を警戒して，2002年6月大統領署名によってバイオテロリズム法が成立，2003年12月12日に施行されている。同法によってFDAには，FDAが危険と判断した場合，直ちに当該食品の出荷・流通を差し止めることができる（303条）権限が付与されたばかりではなく，アメリカ中の食品を製造，加工，包装，保管している施設からの情報（305条）や，輸入事業者から輸入食品に関する情報（307条）も集中的に上がってくるようになった。また，同法によって，食品を製造，加工，包装，輸送，配送，荷受，保管，輸入している全米のすべての事業者に，食品の仕入・出荷先等の記録を保管することが義務づけられた。日本からアメリカに輸出する場合でも，発送前にFDAに事前通知することが義務付けられている[35]。

　アメリカでは，CDCネットワークとFDAの取り組みによって，危険な食品に早期に気づき，被害が発生した場合でも早期に対応することが可能になった。アメリカは，危機において，原因究明よりも，被害拡大を防止すべく早期対応行動に踏み切ることに重きを置いているといってよい。これは原因究明を優先しようとする，前節で眺めたわが国流通業界の姿勢とは明らかに異なっている。

　本章で提言したいのは，厚い企業秘密の壁と縦割り行政の壁を乗り越えて，食の安全をトータルにモニターする国家レベルの安全部門を設置することである。日本では食の安全に関わる問題は，地方自治体（保健所も含めて），警察（事件の可能性がある場合），厚生労働省（例えば，食品衛生法），農林水産省（例えば，JAS法），経済産業省（例えば，家庭用品品質表示法）などが所管している。今回の事例では，個々の行政機関に大きな過失はなかったが縦割り行政の壁が，情報の行く手を阻んでしまった。流通業者間の壁だけではなく，縦割り行政の壁も越えて情報の結節が促される仕組みが必要なのだ。

35　アメリカ大使館ＨＰ（http://japan.usembassy.gov/j/policy/tpolicyj-bioterror.html）。

ここで提言している，国家レベルの安全部門というアイディアは以下の点で優れていると考えられる。

① 前節で見たように，流通事業者間には厚い企業秘密の壁が存在する。企業秘密の存在自体には問題はないが，その壁を越えて流通事業者間に散在している情報を結節させる仕組みが必要だ。国家レベルでの取り組みによってそれが可能になる。全国の流通事業者に寄せられたクレーム情報をオンラインでセンターに集中し[36]，データの1次フィルタリングに重複チェックシステムなどを導入した上で，アラームが発せられた情報には専門家が軽重判断を下せばよい。このシステムがスムースに稼動すれば，有症事例発生前に被害を及ぼす恐れのある食品を市場から排除できる可能性が高まる。

② 保健所や地方自治体，警察などさまざまな行政機関に散在している情報を結節できる。地方自治体と警察などが，常時情報を共有することに対しては国民的に不安もあるだろう。しかし，食の安全確保を目的とした限られた情報（上のアメリカの事例で眺めたように，患者数や，症状，原因と思われる食品など）のみが共有されるのであれば抵抗感も減るだろう。これが実現すれば，早期に注意喚起・公表に踏み切ることが可能になる。

③ 上で見たような病院や保健所で情報が寸断されてしまう事態を避けられる。また，1次フィルタリングが重複チェックシステムなどによって機械的に行われるため，医師が軽視してしまうような些細な情報までをも集めることが可能になる（システムの運用にあたっては，医師が容易に報告できるようにするべきだろう）。わが国では多発する食中毒に対して，今回の青葉病院の事例のように，医師がいちいち報告しない（1日で退院した場合などは軽症として報告しない）のが現状であった。

④ 断片情報が総合化され，早期の軽重判断が可能となり，重大と判断された場合には，直ちに販売停止などの対策を打つことが可能になる。このためには，国家レベルの安全部門に，アメリカにおいてCDCやFDAが付与さ

---

[36] クレーム情報の集中はアメリカでも実施されていない。今回の事例から分かるように，流通段階で有症事例発生前に対策を講じようとすれば，クレーム情報を結節するのが最も現実的であると思われる。

れている，流通停止命令を下せる権限が与えられなければならない。同時に，もし流通停止命令が誤りであった場合でも，一定の基準を満たした上で下された命令ならば，命令者が罰せられない仕組みを作らなければならないだろう。

本章の(1)で提言した流通事業者内の独立した安全部門と，国家レベルの独立した安全部門が双方共に実現し，両者間で情報共有が進められれば絶大な効果を発揮するだろう。食の安全は全国民の切実な願いである。ぜひ導入を検討していただきたい。

(3) 報告を促す安全文化を築け（免責基準を示せ）

今回の事例と極めて似通った事例がある。史上有名なタイレノール毒物注入事件[37]である。タイレノール毒物注入事件は，① 事前通告なく意図的に毒物を注入されたこと，② 犯人が最後まで捕まらなかったこと，③ それまで安全管理で高く評価されていた企業が当事者になったこと，という3点が今回の事例と共通しており，④ 当事者であったジョンソン＆ジョンソン社（以下，J＆J社）が今回の生協やJTフーズとは正反対の対応を示した点で異なっている。同事件の経緯を簡単に眺めてみよう。

1982年9月29日および30日にシカゴ郊外で，J＆J社の主力製品・タイレノールが原因で3名が死亡した。死亡事故の原因は，タイレノールに青酸カリが注入されていたためであった。J＆J社は，事故を起こした製品と同一の製造ロット番号の製品を直ちに回収した。1週間後の10月5日，カリフォルニア州でストリキニーネが注入されたタイレノール3本が発見されると，翌日，J＆J社は全米約1万5千の小売業者と卸売業者に連絡を取り，市場に出回っていたすべてのタイレノールを店の棚から撤去するよう要請し，それらの回収に乗り出した。このとき，FDAとFBIは類似犯罪防止の観点から全面回収をしないよう要請したが，J＆J社は三千百万本に及ぶ全製品を自主的に回収し

---

37 本章における同事件の顛末はMitroff（2001）に基づく。

た。J＆J社は毒物注入自体にはまったく責任を負う必要がなかったが，安全を最優先し，直ちに自主回収に踏み切ったのである。この事件後，J＆J社は事件前よりも高く信頼されるようになったという（Mitroff, 2001：訳，36頁）。

1984年の有名なグリコ・森永事件[38]では当初から犯罪性が明らかであった（江崎グリコ株式会社の社長が誘拐されていた）こともあり，江崎グリコ株式会社，森永製菓株式会社に対して責任を問うような声はほとんど上がらなかった。今回の事例においても，意図的に毒物を混入されたという意味では，生協もJTフーズも，J＆J社や江崎グリコ，森永製菓と同様，当初は明らかに被害者であった。彼らの最大の誤りは，事実の公表，回収を先送りしたことである。把握していた情報を一切公表せず，行政機関が気づいて動き出すまで，自主回収に踏み切る様子を微塵も見せなかった。結果，重体を含む多数の食中毒被害者を生み出してしまった。こうして，当初被害者であった筈の生協とJTフーズは，一転して加害者と見なされることになった。生協やJTフーズが，事実を公表した上で，早期に自主回収に踏み切っていたら，彼らは責められただろうか。答えは，ノーである。何よりも消費者の安全を優先した企業として，J＆J社のように高い評価を得る結果に繋がっていただろう。

J＆J社では事件の最中，常に全社員が公正無私の姿勢を貫き通したといわれている（Mitroff, 2001：訳，29-37頁）。一例を挙げると，報道陣から毒物が社内の人間によって注入された可能性はないかと質問された最高幹部の一人は，「社内に青酸カリを使う工程はなく，その可能性はない」と即座に答えたが，後に青酸カリが品質検査に使われていることを知り，「私は間違っていた。当社は少量の青酸カリを保有していた」と直ちに発表した。常に把握している事実を包み隠さず公表し続けるJ＆J社に対する信頼は高まり，事件から5年後のアンケートでは91％の回答者が「J＆J社はタイレノール危機において尊敬に値する態度をとった」（Mitroff, 2001：訳，36-37頁）と答えている。

生協やJTフーズと，J＆J社の最大の違いは，報告する文化が根づいてい

---

38 青酸ソーダ（シアン化ナトリウム）を意図的に混入した，江崎グリコ株式会社，森永製菓株式会社の菓子を店頭に並べ，両社を脅迫した事件。両社のほかにも丸大食品株式会社，ハウス食品株式会社などがターゲットにされた。

たか否かである。これまで何度も強調してきたように，危機管理の第1歩は危機が現実化する前に予兆を感知することにあるが，それを可能にしているのは報告する文化である。誰かがわずかな予兆に気づいても，それが組織内で報告されなければ貴重な情報は共有されない。報告されなければ情報が結節することもない。

そして，報告する文化にとって最大の敵が，自社にとって都合の悪い事実を隠し通す姿勢である。三菱自動車は，ブレーキの欠陥を社外に伏せ続けたが，そうしている間に，同社内では報告する文化が悉く破壊し尽くされてしまった（中西，2007，82頁）。三菱自動車では都合の悪いことを隠すことを善しとし，報告しないことを評価する仕組みが制度化されていたとさえいわれる（中西，2007，82頁）。安全文化を築くには，まず報告する文化を築かねばならない。生協もJTフーズも，正直に報告する姿勢を殺ぐような仕組みが社内にないか総点検すべきであろう。報告したことで罰を受けるような仕組みはないか。現場の空気は，問題点を自由に話し合える雰囲気になっているか。原因究明の美名の下に，問題を先送りする雰囲気はないか。問題があった場合，問題解決よりも犯人探しが優先して行われていないか。積極的に意見を言う者が煙たがられていないか。減点主義が蔓延して事なかれ主義に陥っていないか。

こうしたマイナス要因を徹底的に排除した上で，次には報告した者が報われる仕組みを築き上げなければならない。罰を受けるのは報告したからではなく，報告しなかったからである。報告した者は罪一等を減じて許されなければならない。とはいえ，報告しさえすればあらゆることが許されるというのでは，組織は無法地帯と化す恐れがある。報告すれば，どこまでが許されるのか，どのようなミスであれば許されるのか，その基準がはっきりと示されていなければならない。

前章で論じたように，HRO理論に従えば，報告すれば許される基準を明確に示すことによって，安全文化が完成する。裏を返せば，報告することによって許される基準が明確になっていない限り，報告する文化に基づいた安全文化は根づかないともいえる。報告しなかった場合は極めて厳しく咎められるが，報告すれば免責される基準作りが不可欠なのである。

これは流通業界のみの問題ではない。全国民的な議論によって，しっかりと

した基準作りを検討すべきであろう。今回の事例においても，報告する文化，そして報告を促す文化，さらには報告すれば許される明確な基準，といった安全文化の構築に欠かせない要素が揃っていれば，生協やJTフーズも初期の段階で報告を上げた可能性が高いと思われる。

事故や事件が発生したら，犯人探しに終始すればよいというものではない。逆に，流通事業者の些細な不注意さえも徹底的に責めるという風潮が蔓延すれば，ますます報告はされなくなり，病膏肓にいるといった状況に陥らないとも限らない。(1)および(2)で提言した仕組みに加えて，流通業界に安全文化を根づかせるべく，国民的な議論を経て，事業者が安心して報告できる基準を明示すべきである。

本章の最後に，アメリカでFDAによって提供されているカバー・ショック・ソフトウェア・ツール[39] (CARVER+Shock Software Tool) について簡単に紹介しておきたい。カバー・ショック・ツールは，食品関連事業者に対して，食品テロに対する自社のシステムの脆弱性を分析したり，対策を立てるべき個所を指摘してくれる，大変便利なツールである。このツールは，サプライ・チェーン全体から個々の店舗，さらには個々の店舗の販売・加工などのプロセスにまで適用できる。カバー (CARVER) とは Criticality（危険性），Accessibility（アクセスし易さ），Recuperability（回復の容易さ），Vulnerbility（脆弱性），Effect（影響），Recognizability（認識の容易さ）の6つの大項目の頭文字を指し，それぞれの項目にはさらに多数の中項目，小項目が存在する。食品関連事業者は，自社のシステムを小項目に従って10段階で評価し，自社のシステムの弱点を把握した後，そこがテロ攻撃を受けた場合に起こりえるShock（ショック；衝撃）の大きさを把握できるようになっている。

このツールをそのままの形で日本に導入するのは無理があると考えられるが[40]，こうしたツールの配布を通して，アメリカでは段階的に食品関連事業者が守る

39　詳しくはFDAのカバー・ショック法に関するHP (http://www.cfsan.fda.gov/dms/vltcarv.html) を参照されたい。このHPでは，カバー・ショック法に基づくツール（ソフトウェア）も無償で提供されている。

40　国家経済への影響や，死者数など，規模的に日本では有り得ないと思われるテロまでを対象としており，これを日本にそのままの形で持ち込むのは無理があると考えられる。

べき基準が明確になり始めている。自社のシステムのどこをどう変えていくべきなのか。どこに弱点があって，そこが突かれた場合どれほどの被害を招く恐れがあるのか。それを防止するにはどうすべきか。アメリカでも，カバー・ショック・ツールの導入は義務化されている訳ではないが，こうした基準を一つ一つ整備していくことが，安全文化の育成に欠かせないと考えられる。

今後の取り組みについて一言

　今回の事件を，生協やJTフーズにのみ起こりえる特殊なケースであると考えてはいけない。すべての"食"を扱う事業者が，今回のように意図的な食の安全に対する攻撃も含めて，さまざまな食の安全を脅かす事態と背中合わせに存在しているという認識を持つべきである。本章で提示した3つの提言は，いずれも現実的で高い効果が見込まれるものばかりである。特にクレーム情報の結節というアイディアは，アメリカでは導入されていない，わが国独自の試みとして流通業界および政府を挙げて，ぜひ実現させてもらいたいものである。

　2008年6月13日，消費者行政推進会議[41]が福田首相（当時）に対して最終報告書『消費者行政推進会議取りまとめ～消費者・生活者の視点に立つ行政への転換～』[42]を提出した。同報告書では，消費者庁を創設し，「① 消費者が何でも相談でき，誰もがアクセスしやすい相談窓口の全国ネットワークを構築，② 相談窓口と行政の対応を直結し，トラブルに迅速に対応，③ 消費者行政の『司令塔』として，各省庁の取組を強力に主導，④ 消費者の目線に立って，各省庁の縦割りを超え幅広い分野を対象に新法等の企画立案，⑤ 政策全般に消費者の声を反映する仕組み」[43]の実現を目指すべきだとされている。

　最終報告書に従えば，消費者庁は消費者からの「情報収集と発信を一元」的に行いながら，表示に関する法律全般（景品表示法やJAS法，住宅品質確保

41　福田首相の指示で，官邸に設置された有識者会議。座長は，佐々木毅・学習院大学法学部教授。
42　同報告書は首相官邸HP（http://www.kantei.go.jp/）から全文（58ページ）をダウンロードできる。
43　首相官邸HP（消費者行政推進会議第8回議事録）より。

法など），取引に関する法律全般（消費者契約法，特定商取引法，貸金業法，割賦販売法など），安全に関する法律全般（製造物責任法，消費者用品安全法，食品安全基本法など），その他（個人情報保護法，公益通報者保護法，特定非営利活動促進法など）など，多岐にわたって幅広い領域を所管することになる。

しかし一方で，これらのうち，消費者庁に完全に移管される法律は14本に過ぎず，16本は他省庁との共管とされている。そのため，消費者庁は，厚生労働省や国土交通省など他の省庁と「総合調整」を行いながら，他の省庁に対し「勧告」を行うとされているが果たして期待通りに機能するのだろうか。

もちろん，本章でも検討したように「情報を一元的に管理する」というアイディアは間違ってはいない。しかし，もし危機に気づいても消費者庁単独では，ほとんどの領域で流通停止処分を下すことができない。他の省庁との協議が必要とされているのである。本章で述べたように，独立した安全部門には流通停止命令など強力な命令を単独で下せる権限が付与されていることが望ましい。現在，霞が関では所管領域を奪われる省庁の間で，消費者庁構想に反発，抵抗が広がっているとも聞く。さまざまな省庁の軋轢の中で「協議」しかできない中途半端な省庁にだけはならないようにして欲しいものだ。

すべての消費者行政の一本化という大看板を掲げることも間違ってはいないのだろうが，まずは本章で述べたように"食"の安全を確保する仕組みから第一歩を踏み出したほうが現実的でもあり，賢明なのではないか。

本章における事実関係に関する記述は以下の資料に拠る。
朝日新聞
・2008年1月31日朝刊西部本社版「強い苦み，嘔吐，失神」。
・2008年1月31日福島中会版朝刊「農薬ギョーザ，異常感じた業者も」。
・2008年1月31日朝刊「ギョーザ中毒，閣僚対応協議」。
・2008年1月31日大阪本社版朝刊「公表せずに被害拡大」。
・2008年1月31日朝刊「公表遅れ被害拡大」。
・2008年1月31日朝刊「素通り農薬，食卓襲う」。
・2008年2月1日夕刊「県，報告義務違反か，兵庫・千葉，厚労相が見解」。

- 2008 年 2 月 1 日西部本社版夕刊「『安心』生協，深い傷」。
- 2008 年 2 月 2 日朝刊千葉版「問われる行政の対応」。
- 2008 年 2 月 3 日朝刊千葉版「最初のギョーザ被害，検査せず，『当時，できる限り』千葉市」。
- 2008 年 2 月 8 日夕刊「賃金カット続き不満，薬品洗浄で手抜きも」。
- 2008 年 2 月 14 日夕刊「揺れる生協ブランド，内部から批判」。
- 2008 年 3 月 1 日朝刊「食卓　進む『中国離れ』」。
- 2008 年 4 月 8 日朝刊「中国野菜輸入前年比 45％減」。
- 2008 年 5 月 2 日朝刊「JT 食品事業，深い傷，ギョーザ事件直撃」。
- 2008 年 5 月 31 日朝刊「ギョーザ回収，来年も」。

日本経済新聞
- 2008 年 1 月 31 日朝刊「中国製ギョーザに殺虫剤，10 人中毒症状，女児が一時重体」。
- 2008 年 1 月 31 日朝刊「『怖い』，『なぜ』不安，怒り，被害者『体震え死ぬかと』」。
- 2008 年 1 月 31 日夕刊「中国製食品の使用中止，すかいらーくなど外食相次ぐ」。
- 2008 年 2 月 2 日夕刊「加工食品，見えぬ実態，表示制度に新たな課題，中華街は風評被害懸念」。
- 2008 年 2 月 3 日朝刊「中国製食品，食卓に届くまで」。
- 2008 年 2 月 6 日夕刊「ギョーザ中毒事件 1 週間，食の安全，見直したい」。
- 2008 年 3 月 26 日夕刊「中国産食品輸入 28％減，ギョーザ事件響く」。
- 2008 年 5 月 30 日朝刊「日生協，苦情 DB 化」。
- 2008 年 5 月 31 日朝刊「安全管理の要員 120 人増，日生協，ギョーザ事件受け」。

日経エコロジー「ギョーザ事件が問う企業の対策　農薬検査より危機管理の構築を」『日経エコロジー　2008 年 4 月号』。

NHK（2008）『食の安全をどう守るのか，冷凍ギョーザ事件の波紋』。
NHK 総合 2008 年 3 月 30 日午後 9 時～9 時 59 分放送。

厚生労働省 HP
- 2008 年 1 月 30 日，食品安全部監視安全課「中国産冷凍ギョウザが原因と疑われる健康被害事例の発生について」。
- 2008 年 1 月 31 日，食品安全部監視安全課「中国産冷凍ギョウザが原因と疑われる健康被害事例の発生について」（第 3 報）。

日本たばこ産業株式会社
- 2008 年 3 月 28 日，「冷凍食品への農薬混入事案に関する社内処分について」。
- 2008 年 5 月 1 日，「食品事業における事業再編について」。
- 2008 年 6 月 1 日，「お客様相談室への電話によるお問い合わせ件数」。

日本生活協同組合連合会
- 2008 年 2 月 10 日「『東北地方における冷凍餃子の異臭お申し出への対応のお詫び』と『緊急のお知らせ（第 6 報　2 月 5 日）の訂正』（第 14 報 2 月 10 日）」。
- 2008 年 5 月 30 日「『コープ商品の品質保証体系再構築に向けた当面の対策』の進捗状況について」。

日本生活協同組合連合会・冷凍ギョーザ問題検証委員会（第三者検討委員会）
- 2008 年 4 月 10 日（2008 年 5 月 1 日改訂），『中間報告書（第 2 版）』(2008a)。
- 2008 年 5 月 30 日，『最終報告要旨』(2008b)，『最終報告』(2008c)。

第12章
Krogh & Roos 理論

　第3章で詳述したように，組織認識研究には歴史的に大きな2つの流れが存在する。1つは機能主義的研究であり，もう1つは解釈主義的研究である[1]。本章で紹介するKrogh & Roos 理論は，組織認識に関する機能主義的研究の1つの重要な結節点であると言ってよい。Krogh & Roos (1995) は，組織認識研究の世界でそれまで省みられることのなかったいくつかの概念を導入することによって，従前の組織認識研究とは一線を画する斬新で魅力的な組織認識論を展開した。ところが，Krogh & Roos 理論は極めて難解であることが災いしたためであろうか，わが国における組織認識研究ではこれまでほとんど光が当てられてこなかった。

　本章の目的は，第1に，組織認識論の斬新なパースペクティブを切り開いたKrogh & Roos 理論の全貌を，Krogh & Roos (1995) が依拠している諸概念にまで遡って考察しながら明らかにすることにある。本章の第2の目的は，第3章を中心にこれまで本書でたびたび取り上げてきた代表的な解釈主義的研究（特にK.E.Weickにより展開されたESRモデルとセンスメーキング理論）とKrogh & Roos 理論を連関させて論じ直し，両者の驚くべき共通性を明らかにすると同時に，機能主義と解釈主義が融合した組織認識論のさらなる発展への方向性を指し示すことにある。

　Krogh & Roos (1995) によれば，Krogh & Roos 理論が目指しているのは「個人的および社会的レベルでの組織知の展開プロセスについて」(Krogh & Roos, 1995, p.1)[2]「理解を促す観察スキームを提示すること」(KR, p.1) に

---

　[1] 本章中盤以降で，機能主義と解釈主義について簡単に復習するが，組織認識研究の歴史的潮流について詳しく知りたい方は第3章を参照されたい。
　[2] 以後，(Krogh & Roos, 1995) を (KR) と略記する。

ある。彼らは、「伝統的な用語に囚われずに知の特性を記述できる言葉」(KR, p.1) および「組織知を生成する、何度も繰り返される厄介で複雑なプロセスを記述できる言葉」(KR, p.1) を、主にオートポイエーシス理論とスケーリング理論に基づいて創出し、それらによって組織における知の展開プロセス（個人的な"知"と社会的な"知"の具現化プロセスおよび相互が関わるプロセス）を、（研究者の視点から）観察（observing）[3] できる形で提示すべく試みた。

本章では Krogh & Roos 理論の全貌を、彼らが依拠しているオートポイエーシス理論、スケーリング理論、言語ゲーム論などと共に明らかにしていきたい[4]。

オートポイエーシス・システムとしての組織知

あらゆる生きとし生ける物の本質とは何か。この問いに答えるために、あらゆる生命体をリストアップし、それらに共通した特性を見出そうとしても到底できかねるであろう。チリの神経生物学者 Hunberto Maturana と Francisco Varela は、生命体を集合的に捉えて、細胞レベルの再産出を通して、自分自身を再産出し続けている生命の本質をオートポイエーシスと呼んだ[5]。オートポイエーシスという語は、ギリシャ語の auto（self；自己）poiesis（production；産出）に由来し、「自己産出」あるいは「自己創造」、「自己生産」などとも訳されてきた。

彼らの問いは、ハトの網膜における電極反応と、さまざまな色紙の色（物理的刺激、固有の波長）との間には、予想に反して一対一の対応関係どころか一

---

[3] 「観察可能性」(Krogh & Roos, 1995, pp.40-41) は Krogh & Roos 理論のキーワードの一つである。Krogh & Roos (1995) が言う「観察可能性」は後述するオートポイエーシス・システムの神経生物学的機能の観察可能性に由来する。

[4] Krogh & Roos (1995) は、オートポイエーシス、フラクタル、カオス、言語ゲームなどの概念を縦横無尽に駆使しながら知の展開プロセスを論じているが、Krogh & Roos 理論の本質を理解するためには、前以てこうした諸概念の理解が欠かせないと考えている。

[5] 後に Ricardo Uribe も加わってオートポイエーシス構想が完成した (Maturana, Varela & Uribe, 1974)。

切の対応関係が存在しなかったことに端を発する (Maturana & Varela, 1980)。こうした実験事実や，ヒトの色彩感覚の対象物が発する光の波長からの独立性[6]といった体験事実をいかに説明すべきか。彼らはさんざん悩んだ挙句，色彩感覚が「神経システムの活動状態の，システムの構造そのものによって規定された特定のパターンに対応している」(Maturana & Varela, 1984：訳, 22頁) との考えに至り，「(1) かりに感覚刺激の入力があり，それに関連する感覚印象の出力が生じた場合でも，それが入力によってもたらされたのか，入力はあるがそれとは独立に神経システムそのものが出力をつくりだしたのかを区別することはできない，(2) 入力に関連する事態を，神経システムはそれじたいでつくりだすことができる」(河本, 2006, 359頁) というシステムの閉鎖性に注目し，オートポイエーシスという概念を構想した[7]。

Maturana & Varela (1980) はオートポイエーシス・システム[8]を次のように定義した。

 オートポイエーシス・システムとは，構成素が構成素を産出するという産出（変形および破壊）過程のネットワークとして，有機的に構成（単位体として規定）され

---

[6] Maturana & Varela (1984) には，色彩感覚の外的刺激からの独立性にまつわる興味深い身近な事実が，いくつか紹介されている。例えば，蜜柑を部屋の中から庭に持って出たとしても，部屋の中では蛍光灯の短い波長に照らされ，屋外では太陽光の長い波長の光に照らされているにも関わらず，蜜柑は相変わらず「同じ」オレンジ色に見える (Maturana & Varela (1984)：訳, 21頁)。

[7] 本章の目的はオートポイエーシス理論そのものを検討することではないが，オートポイエーシス理論が生物の神経生物学的認知システムの機能的考察から誕生した点には留意してほしい。

[8] "オートポイエーシス"という術語のここで述べるように緩やかな定義が後に多くの議論を引き起こすことになる。詳しくは，Luhmann (2002), Teubner (1989), 河本 (2006) などに譲るが，河本 (2006) は「理論構想のなかには，それが定式化されたとき，いったいどの程度の内実をもつものなのかを判別できないまま，提起されるものがある・・・将来構想の延長上に何が出てくるかがわからないまま，ともかく定式化される。そのためまず骨子となる理論構想のエッセンスを見極めることが難しい。オートポイエーシスの場合，さらに著しい特徴がある。オートポイエーシスが捉えようとした領域に対して，当初の定式化がまったく足りていなかったのである。しかもこの欠損は埋めようもない性格のものだった。つまり記述的定式化として，将来どのような展開になるかとは別に，定式化そのものを完備したかたちで行なうことが本来できないのである・・・この足りていない当初の定式化を理解するだけでも，膨大な知識と教養が必要であり，時間と労力がかかる。この場合，定式化されたものを精確に読み，必死に理解しようとしても，当初から足りていないものを足りているものとして読む以外にはないという，やっかいな事態が起こる」(河本, 2006, 347-348頁) とまで述べている。

たシステムである。このとき構成素は，次のような特徴をもつ。（ⅰ）変換と相互作用をつうじて，自己を産出するプロセス（関係）のネットワークを，絶えず再生産し実現する。（ⅱ）ネットワーク（システム）を空間に具体的な単位体として構成し，またその空間内において構成素は，ネットワークが実現する位相的領域を特定することによってみずからが存在する。

(Maturana & Varela,1980：訳,71-72 頁)

すなわち，オートポイエーシス・システムは自己産出プロセスのネットワークからなるシステムであり，システムを具現化しているリアルな構成要素とは独立に存在している。例えば，細胞の構成要素であるタンパク質はおよそ 100 日間で代謝され，細胞から構成される人体でも絶えず細胞は新陳代謝され続けている。離散的構成要素は変わっても，生命体は持続的に存在する。構成要素，関係（プロセス），構造，組織について，Maturana & Varela (1984) は，次のように分かりやすく解説している。

　組織[9]とは，あるシステムがある特定のクラスのメンバーとなるために，そのシステムの構成諸要素相互のあいだに存在しなくてはならない諸関係のことだ。構造とは，ある特定の単体をじっさいに構成しその組織を現実のものとしている，構成要素と関係の全体をさす。
　こうして，たとえば水洗トイレを例にとると，水位調整システムの組織は水位を探知できるしかけと，水が流れ込むのを止めることのできるもうひとつのしかけとの，関係によって成立している。水洗トイレというユニットは，フロートとヴァルブを作り上げている，プラスチックと金属の混合システムからなる。とはいえこの特定の構造は，トイレとして組織を失うことのないままに，プラスチックを木に置きかえるという変更をくわえられることもできる。

(Maturana & Varela,1984：訳,58 頁)

すなわち，オートポイエーシス理論における「＜組織＞とは，システムおよび

9　Maturana & Varela (1980) および Maturana & Varela (1984) では，一般に組織論で展開される用語法とは異なり「組織」が「構造」よりも抽象化された上位概念として扱われている点には注意されたい。以後，「組織」・「構造」が Maturana & Varela のいう「組織」・「構造」であることを明確に示す必要があると思われる場合にはそれぞれ＜組織＞・・＜構造＞と表記する。

その＜構造＞を規定するのに必要な関係であり，システムをそのようなものとしてインテグレートさせる構成要素間の実際の関係のことなのである。従って，システムが崩壊することなく，そのアイデンティティを維持している間は，＜組織＞は不変なのである。＜構造＞は，＜組織＞的制約を満たすことができるのであれば変化することができる」（Varela, 1984, p.84）。Gomez & Probst（1983）が言うように，＜組織＞が維持されていても「変化する環境に対処するために新たな＜構造＞が必要とされるかもしれないが，システムは当該システムを当該システム足らしめているすべてのメカニズムを維持するのである。つまりは，そのシステムがアイデンティティを失っていないことを意味している」（Gomez & Probst, 1983, p.3）。

オートポイエーシス・システムが再産出しているのはシステムそのものを構成しているプロセスであり，プロセスの再産出によって＜組織＞的アイデンティティが維持されるのであれば，プロセスのネットワークは変化なく維持され，そこにインプット・アウトプットは存在しえない。従って，ネットワークのシステムは閉じた系として背景（および他のシステム）から弁別された個体性を獲得すると同時に，自らの境界を自らで形成することになる[10]。

個体性，境界の自己決定性に加えて，オートポイエーシス・システムは，自律性，自己言及性といった特徴を有する。

自律性とは「自己制御・自己統制（すなわちアイデンティティを維持していること）」（KR, p.37）を意味し，「あるシステムがそれ自身の諸法則，何が自分自身にとって固有のものなのかを特定できるとき，そのシステムは自律

---

[10] 河本（2006）は，このオートポイエーシス・システムの作動的閉域性を取り上げて，従来のオートポイエーシス概念では生命の進化を説明し得ないと厳しく批判している。河本（2006）は「純粋産出の自己」（河本, 2006, 363 頁）と「位相形成での自己」（河本, 2006, 363 頁）を区別するというアイディアを提出し，オートポイエーシス・システムを「反復的に要素を産出するという産出（変形および破壊）過程のネットワークとして，有機的に構成（単位体として規定）されたシステム」（河本, 2006, 362 頁）であるとした上で，構成要素の系列が産出的作動と構成要素間の「運動や物性をつうじて閉域をなしたとき，そのことによってネットワーク（システム）は具体的単位体となり，固有空間を形成し位相化する」（河本, 2006, 363 頁）と論じ，産出的作動によって形成される自己と，位相空間内に形成される自己という自己の2重性を考えることで進化をオートポイエーシス理論に組み込むべく試みているが，位相的自己という構成要素を含んだ概念はオートポイエーシス理論が提示した＜組織＞概念とは相容れない概念であるとも考えられる。詳しくは河本（2006）を参照されたい。

的」(Maturana & Varela, 1984：訳, 56頁) であるという。「自律性は, オートポイエーシス的な組織に起因する一つの示差的な現象であり, オートポイエーシス的な組織は, その作動を産出することによって具現化する」[11] (Maturana, Varela & Uribe, 1974, p.188)。すなわち, オートポイエーシス・システムは, コンピューターのようにインプット・アウトプットを伴う他律的システムとは区別されなければならない[12]。

　オートポイエーシス・システムはオープンであると同時にクローズドでもある。この相矛盾した言明は, 上で述べたように, オートポイエーシス・システムをプロセスのネットワークとして眺めることで理解できる。「オートポイエーシス・システムにはインプットもアウトプットも不在である。さもなければ, そうしたインプットやアウトプットは, オートポイエーシス・システムのユニティー[13]としての境界内に含まれなければならないことになるが, それらは含まれてはいない。とはいえ, このインプットとアウトプットの不在は, システムがその環境から孤立していることを示唆しているのではない。オートポイエーシス・システムは, 環境で起こった出来事によって刺激されたり妨害されたりもしよう。しかし, 如何なる状況においてもこれらの撹乱は進行中のオートポイエーシス的なプロセスにおけるコンポーネントとして内在化されな

11　とはいえ, 自律性は自己組織化 (第2世代システム；動的非均衡システム, 雪の結晶のような非生物でも見られる) に伴う概念であり, 自己組織化 (および第1世代システム (動的均衡システム)) には後述するオートポイエーシス・システムに特徴的な2つの現象が見られない。Krogh & Roos (1995) は2つの形態の自己組織化について論じ, いずれもオートポイエーシスとは「峻別されるべき」(KR, p.38) であると主張している。後述する Luhmann (2002) は「第一に, それ自身の諸作動を通じた一定の構造の生成という意味での『自己組織化』, そして第二に, 後続の諸作動を可能にするところの特定時点での状態が同一のシステムの諸作動によって決定されるという意味での『オートポイエーシス』」(Luhmann, 2002：訳, 111頁) と論じている。一方で, 自己組織化とオートポイエーシスはそれぞれ別個の概念体系として発展してきたとも言われている点には注意されたい (菅, 1997)。詳しくは, Maturana & Varela (1980), 河本 (2006), 菅 (1997) などを参照されたい。

12　「システムはオートポイエーシス的であるか, そうでないか」(Teubner, 1989：訳, 58頁) である。非オートポイエーシス的システムをアロポイエーシス・システム (allopoietic system；異種産出システム) という。

13　Krogh & Roos や Maturana & Varela は, unity, unit, units という語を区別して使用している。単位性, 単位, 単体, 個体性, 個体などと訳し変えられているが, 文献により訳が異なる (同一文献内でもコンテキストで訳が変更されたりもしている) ため, 本章では unity をユニティー, unit をユニット, units をユニット (units) と訳し分けることにする。

い」(KR, p.38)。例えば，「細胞はエネルギーに関してはオープンであるが，情報や統制に関してはクローズドである」(KR, p.39)。すなわち，オートポイエーシス・システムは，プロセスの閉じた連環（作動的閉域）を構成し，その意味では閉じているが環境から自らを隔離している訳ではない[14]。

最後の自己言及性とは「あるものがそれじたいに関与する事態を表わし」(河本, 2006, 352頁)，「システムによって蓄積されたシステム自身に関する知が，当該システムの構造と作動に影響を及ぼすこと」(KR, p.39)を意味する。

オートポイエーシスという概念は，当初，"生きている細胞"という現象のみを説明する概念であったが，Maturana & Varela (1984) が「構造的カップリング」[15] (Maturana & Varela, 1984：訳, 86頁) という概念を導入して以来，さまざまな非生物的現象をオートポイエーシス理論に基づいて説明する道が開かれた。構造的カップリングとは，オートポイエーシス・システムであるユニットが，自己以外の存在と相互的・合同的な作動（互いの作動は互いにとって撹乱に過ぎないがそれをシグナルとして安定し連結された）＜構造＞を築き上げることをいう。

メタ細胞単体は細胞間の構造的カップリングとして現出する。「ひとつの細胞から分化してきてひとつのメタ細胞単体を形成している細胞たちの緊密な凝集は，それら個々の細胞の個別の連続的オートポイエーシスと，完全に両立する」(Maturana & Varela, 1984：訳, 92頁)。こうして出現したメタ細胞体を，Maturana & Varela (1984) は「セカンド・オーダーのオートポイエーシス・システム」(Maturana & Varela, 1984：訳, 101頁) と呼ぶ。Maturana & Varela (1984) はメタ細胞単体も作動的閉域を持ち，それが「ファースト・オーダーのオートポイエーシス・システム〔細胞〕によってできあがっており，細胞においておこなわれる再生産〔複製〕によってリニイジ[16]を形成しているのだから」(Maturana & Varela, 1984：訳, 104頁)「自律的単体としてのメタ細胞体の中で起こるすべては，その構成要素である細胞群それぞれのオー

---

14 「撹乱」を通じて環境に対しては開いている。
15 本章の表記法では本来「＜構造＞的カップリング」と表記すべきところである。＜構造＞に重きを置いて，連結構造と訳される場合もある。
16 「歴史的継続体」(Maturana & Varela, 1984：訳, 71頁) のこと。

トポイエーシスを維持し，それら単体自身の＜組織＞も維持しながら起こるのは確実」(Maturana & Varela, 1984：訳, 104頁) であり，それらをオートポイエーシス・システムであるとみなすことができると主張する。

「セカンド・オーダーのオートポイエーシス・システムの成立にかんして述べたことと，基本的にはおなじメカニズムによって」(Maturana & Varela, 1984：訳, 213頁)「サード・オーダーの構造的カップリング」[17] (Maturana & Varela, 1984：訳, 212頁) が生じる。それらは，リニイジと硬直性を有し，Maturana & Varela (1984) によれば，セカンド・オーダーのオートポイエーシス・システムと同様に，オートポイエーシス・システムであるとみなすことができる。構造的カップリングを，言語によるコミュニケーション（意味論的描出）に求めることによって，Maturana & Varela (1984) はオートポイエーシス概念を「精神と意識」(Maturana & Varela, 1984：訳, 280頁)，「社会的現象」(Maturana & Varela, 1984：訳, 249) へと展開できる可能性を示唆した[18]。

周知のように，Luhmannはオートポイエーシス理論をベースに，新たな構造機能主義的社会システム理論を完成させた。Luhmann (2002) は「社会システムと心的システムの構造的カップリングの場合，社会システムは意識のみに，そう，ほかでもない意識のみに結合されるということは，ほぼ決定しつつあるテーゼ」(Luhmann, 2002：訳, 336頁) であるとして，社会システムを個々の意識が結合したオートポイエーシス・システムとして説明した。Teubnerは「自己言及やオートポイエーシスという概念が法の新たな理解にとって実り豊かなもの」(Teubner, 1989：訳, 9頁) になると主張し，「法の自己言及の表現」(Teubner, 1989：訳, 10頁)，「自己によって生み出された法 (selbstproduzierres Recht)」(Teubner, 1989：11頁) という枠組みで，オートポイエーシス理論を「『実定法』メカニズムの解明に，非常に有効に」

---

17 後述するTeubner (1989) は「法システムの要素である法的行為だけが自己構成的であるばかりでなく，システムの構成要素全体が，それゆえ，法の要素とならんで，構造，プロセス，境界，環境世界が，自己構成的かつ再生産的に互いに連鎖されなければならない」(Teubner, 1989：訳, 58頁) ことから，これをハイパー・サイクルと呼んだ。
18 後にVarelaは細胞システムのレベルを越えてオートポイエーシス理論を応用拡大することに危惧を表明している点には留意されたい。詳しくはZolo (1992) などを参照されたい。

(土方 & 野崎, 1994, 256 頁) 拡大応用してみせた[19]。

　Luhmann や Teubner 同様，Maturana & Varela (1984) の示唆に導かれるかのように，組織理論家 Krogh & Roos (1995) は，組織における"知"の体系をオートポイエーシス・システムとして捉えようと試みた。彼らによれば，「知は具現化された実体」(KR, p.50) であるが，注目すべきはその内容よりもプロセスであり，組織における知の展開プロセスはオートポイエーシス・システムである。すなわち，知の展開プロセスは，自律的かつ自己言及的であり，オープンであると同時にクローズドでもある。

　「『状況』(あるいは世界と言ってもよい) と『知』は＜構造＞上繋がっており (sutructurally coupled；＜構造＞的カップリング状態にあり)，共進化 (co-evolve) する」(KR, p.51)。「世界が知を生み，知が世界を生み出す」(KR, p.60)。とはいえ，Krogh & Roos (1995) のいう「世界」とは，認知主義や表象主義で所与とされてきた「世界」ではない。Krogh & Roos (1995) は「Alfred Schutz の言葉を借りれば『世界とは・・・主観的な経験と理解の賜物であり，世界とは・・・他の誰か，すなわち具体的に経験した人の産物』なのである」(KR, p.51) と論じている。彼らはさらに Schutz & Luckman[20]，Michael Polanyi[21]，Pierre Bordieu[22]などの言説に基づいて，個人的な知は，オートポイエーシス的な作動的閉域から，自己言及的に立ち現れ，それは所与の世界を表象するものではなく，「認知システムの＜構造＞を語る上で不可欠な弁別[23]という作業の対象としての世界そのものを創出または形成する」(KR, p.53) との主張が展開される。世界で生じたあらゆる出来事は，知の展開プロセスそのもののコンポーネントにはなりえない。が，上で述べたように，それ

---

[19] 上でオートポイエーシスという語の緩やかな定義に触れたが，土方・野崎 (1994) が指摘するようにオートポイエーシスという概念の緩やかな定義が「現在，ルーマン派とトイブナー派ともいうべき，オートポイエーシス概念の相違を産み出している」(土方・野崎, 1994, 256 頁)。

[20] Krogh & Roos (1995) は，Schutz & Luckman によるスキルの伝承および形成に関わる理論に基づいて議論を展開している。

[21] Krogh & Roos (1995) は，Polanyi による著名な「暗黙知」に関わる理論から，言葉にできない知の存在と個人的経験に関して引用しつつ議論を展開している。

[22] Krogh & Roos (1995) は，Bordieu (1977) による著名なハビトゥス論から，個人的な経験の説明と伝承に関する箇所を引用しつつ議論を展開している。

[23] 弁別とは「背景からあるものを際立たせるプロセスである」(KR, p.53)。知は弁別をもたらし，弁別が知をもたらす (自己言及的循環を繰り返している)。

らは撹乱として知の展開プロセスに作用する。

　Krogh & Roos（1995）は，オートポイエーシス理論で一刀両断するかのように，組織における知にまつわるこれまで複雑に思われてきたさまざまな現象を明快に読み解いていく。オートポイエーシス・システムのクローズドな側面に注目すれば，経験に基づかないイマジネーション的思考（過去の蓄積に言及する「認知上の行為」(KR, p.55) とみなされる）もリアルな経験同様の役割を果たしうることが説明しうる。また，知の展開プロセスが自己言及する知とは，過去の経験に基づく自己知であり（「楽しい経験は常に過去に遡って言及してはじめて楽しい経験となる」(KR, p.55)）[24]，組織内で自己知と自己知の＜構造＞的カップリングプロセスが現出すると，知を後追いするようにルーティンが発生すると考えれば，これまでの組織理論が扱ってきた規定的（文書化された）ルーティン[25]ばかりではなく，文書化されない（暗黙知に基づく）ルーティンまでをも説明の射程に捉えることができる。また，組織の境界問題にも，その作動的閉域をもって境界と論じる道が開かれる。こうした洞察はオートポイエーシス・システムという新たな概念の導入を経ずしては辿り着くことができなかったのである[26]。

スケーリング理論と言語ゲーム

　Krogh & Roos 理論で，個人的なレベルの知の展開プロセスと社会的なレベルの知の展開プロセスを結び付けているのはスケーリング理論である。

24　あらゆるオートポイエーシス・システムは歴史に依存した「歴史的システム」(Maturana & Varela, 1984：訳, 74頁) である。
25　例えば，規定的ルーティンの効用を論じた Cyert & March (1963)。
26　Starbuck (1976) が指摘しているように，組織の境界を定めるのは雲の境界を定めるようなものである。組織を第1章で紹介した Barnard のように「意識的に調整された諸力の体系」と捉えれば，境界は意識的調整の及ぶ範囲となるだろうし，これから第14章で紹介する組織の適応理論に従って「共有意味世界」と捉えれば組織の境界は意味が共有されている範囲ということになろう。いずれにせよ，プロセスに目を向けない限りは，「行く川の流れは絶えずしてしかも元の水にあらず」という川の，どこまでが川（の水）でどこからが川（の水）でないのかを論じる愚を避けられない。

スケーリングとはフラクタル幾何学の用語で「相似変換」を意味する。「フラクタル幾何学ではユークリッド幾何学では扱えないさまざまな『自然の形』を扱うことができるようになる」(井庭・福原,1989,34頁)。また，単純な直線に回帰することのできない非線形な現象を，ユークリッド幾何学で説明するのにはしばしば困難を伴う。そうしたユークリッド幾何学の諸前提と矛盾する事象（例えばカントール集合[27]）の発見がフラクタル幾何学を発展させてきた。

フラクタルへの気づきは，1967年のB.B.Mandelbrotの発見に遡ることができる。Mandelbrotは，「英国の海岸線の長さはどれだけあるのか？」という論文の中で，海岸線の長さの測定値が国によって大きく異なることを示した（井庭・福原,1989,34-48頁）。この違いは測定するスケールの違いにあった。海岸線を拡大していくと，そこには前に見た模様と同じ模様が現れる。つまり拡大すればするほどどこまでも細かい海岸線が現れ，計測するスケールを変えると，海岸線の測定結果もそれに合わせて変化する。すなわち，海岸線の長さは測定するスケールに依存している。このように「どのスケールで見ても同じ構造になっているという性質を自己相似性といい，この自己相似性をもつものをフラクタルという」(井庭・福原,1998,34頁)。その後，自己相似性は川の分岐[28]，人体[29]，樹木の形状[30]，銀河[31]など自然界のさまざまな現象で発見された。

フラクタル幾何学はその後，「自己組織化」概念へと繋がる「べき乗の法則 (power law)」[32]の発見に伴い，時間[33]や自然現象[34]の域を越えて，都市の規模[35]

---

27 カントール集合 (cantor set) とは，もっとも単純なフラクタル図形の一つで，Georg Cantorによって提案された無限個の要素をもつ長さがない集合のこと。線分を3等分し，その真ん中を取り除き，残っている線分についてもこれらを繰り返すと，取り除かれる線分の長さは$\Sigma 2^{n-1} \times (1/3)^n = 1$となり元の線分の長さに一致する。こうしたユークリッド幾何学（例えば"面積のない線分"という前提を有する）では扱えないフラクタル図形の発見がフラクタル幾何学への注目を促した。

28 例えばアマゾン川のフラクタル次元（フラクタル図形を捉えるべく考案された非整数も含まれる次元，これが高いほど図形は複雑に見える）は1.85 (井庭・福原,1989,43頁)。

29 人体のフラクタル次元は肺 (2.17)，シワ (2.73) など。フラクタル性が効率性に繋がっているという (井庭・福原,1989,43頁)。

30 樹木の形状のフラクタル次元は1.5 (井庭・福原,1989,43頁)。

31 銀河のフラクタル次元は1.2 (井庭・福原,1989,43頁)。

32 雪崩の大きさと頻度が両対数グラフでは直線に並ぶ（べき分布を示す）ことから気づかれた。一定の確率で雪崩が発生するのは自己組織化臨界 (self-organized criticality；自己組織的に臨界を維持しようとする性質) のためであるといわれる。詳しくは，合原一幸編 (1997)『別冊日経サイ

や輸入額ランキング[36]などの社会的諸概念へと応用拡大されていった[37]。

　Krogh & Roos 理論を理解する際に欠かせないもう1つの複雑系科学から導入された概念がカオスである。カオス理論に基づけば，上で述べたような一見不規則（非決定論的）に思える現象の多くが，何らかの決定論的法則に従っていることを理解する道が開ける。カオスは初期値のわずかな変動の影響を受け大きく変動する[38]。また散逸系[39]のカオスと考えられる自然現象はすべてストレンジ・アトラクタ[40]として安定する。「カオスはフラクタル構造を含んで

エンス　複雑系がひらく世界』などを参照されたい。
33　しばしば言及される 1/f ゆらぎは時間におけるフラクタル性である（武者,1980）。
34　例えば，地震の発生はべき乗の法則に従っていることが知られている（大きな地震はたまにしか起こらないが小さい地震はしばしば体感される）。
35　この H.A.Simon（1955）の研究は経営学の世界でもよく知られている。都市（あるいは組織）は人口（あるいは規模）に比例して人びとを引き付ける誘引力を持ち，ある程度の人口（あるいは規模）に達すると，一定の確率で新たな都市（組織）が形成されると考えると現実の事象をうまく説明できる。都市（組織）の人口（規模）はべき乗の法則に従っている。
36　例えば，武者（1980）を参照されたい。
37　Krogh & Roos（1995）によれば音楽，歴史学，建築学，さらには理論物理学や画像処理などの分野でも用いられてきたという（Krogh & Roos（1995）は Italy の Tuscany 地方 San Miniato で開催された Gorden Research Conference on Fractals（1994）での研究成果をこれでもかというほど紹介している）。Krogh & Roos（1995）は「べき乗の法則」にはまったく言及していないが，Eames 夫妻監督の映画『パワー・オブ・テン』（10秒ごとに10の10乗で距離を遠ざけつつ（近づけつつ）最大単位から最小単位までが描き出される）を紹介し極大と極小スケール間の説明を試みている。
38　例えば，気象学者 Edward Lorenz により 1963 年に発表されたローレンツ効果。Krogh & Roos（1995）は，マクロスケールの不安定さをローレンツ効果（あるいはバタフライ効果）に基づき説明している。
39　自然界ではエネルギー保存則は一般に成立しえない。つまり自然界はエネルギーが保存される保存系ではなく，それが変化し消滅していく散逸系である。
40　散逸後の安定状態をアトラクタ（attractor）という。アトラクタには一般的に，平衡点（例えば「多少ふらついた後に静止するボール」（Kauffman,1995：訳,45頁）），リミットサイクル（非均衡的な2次元の周期的運動），トーラス（非均衡的な3次元の準周期的アトラクタ；例えば「排水管の渦巻き」や「木星の大赤斑」（Kauffman,1995：訳,45頁）），ストレンジ・アトラクタが知られているが，ストレンジ・アトラクタとはその軌道が永遠に同一点を通過しない不思議な（strange）アトラクタのこと。「木星の大赤斑のような非均衡状態における秩序は，物質とエネルギーが継続的に散逸することによって維持される。このため，ノーベル賞受賞者のイリヤ・プリゴジンによって，何十年か前に『散逸構造』という名前が与えられた」（Kauffman,1995：訳,46頁）。例えば，生物の細胞は散逸構造であり，非均衡の「非常に複雑なパターンを形成することができる（Kauffman,1995：訳,94-108,「生命のネットワーク」）。散逸構造について詳しくは，Prigogine が自ら説明した講演録（日本総合研究所主催,1992年9月，日本総合研究所（1998）に全文が掲載

いることが知られている」(井庭・福原, 1995, 73 頁)。ストレンジ・アトラクタの代表的なものとして，レスラー・アトラクタが知られているが，レスラー・アトラクタの軌道は「上部から折り曲げられて重ね合わされて，ふたたびもとの軌道に戻っていくという動作を無限に繰り返している。これにより，アトラクタの軌道は無限に折り曲げられ重ね合わされた構造となり，その断面は相似構造をもつ」(井庭・福原, 1995, 73 頁)。このように，レスラー・アトラクタに限らずストレンジ・アトラクタの構造はフラクタルであることが知られている[41]。

カオス理論の重要性について，Prigogine & Stengers (1984) を引用しつつ Hayles (1990) は次のように述べている。

> 深遠な哲学的問題に対して，不可逆的熱力学が進歩すれば答えが示される，あるいは示されるべきだという考えには，ほとんどの理系科学者が不快感を露わにするであろうし，人文科学者はそうした考えに対して徹底して懐疑的な立場を採るであろう・・・新たなパラダイムが社会的変化を引き起こす，あるいはそれ自身が巨大な文化的潮流を反映したものであるという考えは，私の見るところ，より問題があると言わざるを得ない。こうした不明確さを考慮しながら，カオスの科学におけるさまざまな研究プログラムが明らかにしつつあること，そしてそれらがわずかながらも期待させ，あるいは指し示していることが何かを明らかにすることは，とりわけ重要である。 (Hayles, 1990, p.92)

Krogh & Roos (1995) は「要するに，従来の社会科学では，ノーマルな社会システムにおいては唯一の均衡状態が存在し，すべての不安定なシステムは，社会的崩壊や秩序の決定的不足を意味するとみなされてきた。小さな変化は小さな結果しかもたらさないであろうし，大きな変化は大きな変化をもたらすであろうと考えられてきた。カオス理論は，こうした考えを再考するよう促してくれる。あるシステムのダイナミクスは，不安定で連続的なカオスへとそのシステムを導くだろう。すなわち，そのシステムをコントロールする能力は

されている）を参照されたい。
41　もう1つの代表的なストレンジ・アトラクタであるローレンツ・アトラクタでも同様のことがいえる。詳しくは，井庭・福原 (1995)，合原 (1993)，山口 (1986) などを参照されたい。

弱まっていく。カオス的なシステムでは，小さな変化が巨大な変化を引き起こすかもしれないし，大きな変化でもまったく影響を及ぼさないこともありうる。システムは予測不能となるのである」(KR, p.78) と主張し，カオスという概念を組織認識研究に応用すべきであると主張する。

つまり，ユニットのオートポイエーシスという単純な規則性から始まって，構造的カップリングを経て，サード・オーダーのオートポイエーシス・システムが現出するとき，そこには，当初予想もできなかったほどの多様な現実（ストレンジ・アトラクタ）を認めうる[42]が，組織における知のあり方がこのように多様なのは，それがまったくの非秩序的（非決定論的）なものだからではなく，オートポイエーシスのカオス的展開による結果であって，そのように考えることでこれまで理解ができなかったさまざまな組織現象を読み解けるようになると考えたのである。Krogh & Roos (1995) は組織現象に限らず社会現象にまで言及し「多くの社会現象は本質的に自己相似的である。例えば，民主主義は，自己相似的である。我々はそれを欧州議会のような超国家的レベルでも，国会という形で国家レベルでも，様々な利害関係組織の形で組織的レベルでも見出せる。民主主義の形は変化するかもしれないが，その原理はスケール横断的に相似である」(KR, p.80)，「実際，産業，組織，教育，ヘルスケアー，および個人的行動のように異なる社会的環境やプロセスに対してMandelbrot集合が発生する。例えば，経済システムには，分岐点を通過するときに（不）安定性の領域を移り変わるフラクタルベイスン[43]がある。例えば，新たな法人税に関する政治決定について考えよう。新たな政策は，（カオス的に）企業と個人の行動を引きつけるものとして眺めることができよう。それはある国にお

---

[42] こうした考え方は，現実の生命の多様性を理解する際にも通じる。生命は決定論的な＜組織＞を有するが，その構成要素は現在の生命体とは異なっていた可能性もありうる。また，生命の現状はわずかな変化にも影響されてきたであろう過去の歴史的集積の上に成立している。Kauffman (1995) は前述した自己組織化とカオスを両刀に，宇宙の成り立ち，さらには生命の進化までを説明すべく試みているが，いずれにせよ，社会科学においてもカオス理論が今後ますます重要な位置を占めるであろう事は疑いない。

[43] フラクタルベイスン境界のこと。アトラクターの初期点の集合をベイスンという。システムには多くの安定状態が存在し，将来のシステムの状態は，初期点がフラクタルベイスン境界の近傍に存在する場合，予言不可能となる（無限に調べない限り予言できない）。Krogh & Roos (1995) は，しばしば用語の説明を一切しないまま用いる。

いてはそのインフラを押し上げるかもしれないが，もう1つの国では大規模な脱税や企業モラルの低下と国家の経済問題をもたらすかもしれない」(KR, p.81) などと主張しているが，ここではあくまで組織現象に限って眺めていくことにしたい。

組織現象がカオス理論によって理解可能であるとすれば，そこには自ずからフラクタル性－自己相似性－が認められるべきである。Krogh & Roos (1995) は，われわれの「パースペクティブにおいては自己相似性はいかなる業務にもつきものである。自己相似的現象あるいはプロセスによって何が扱われようと，その基本的な原理はスケール横断的に相似であることだ」(KR, p.81) と述べて，組織現象のスケール横断的な（フラクタル性の）観察を試みる。

> 組織のレベルにおいては，国際化，労働組合，パフォーマンス，そして活動の範囲，それぞれの「程度」といったスケールがある。事業部や部門レベルにおけるスケールには次のようなものが含まれるかもしれない。例えば，プロジェクト型組織vsオペレーション・マネジメントの程度，時間に対するスパンの程度，従業員間の社会化の程度である。個人のレベルでは次のようなスケールが見出せる。教育や経験のレベル，仕事上のモラル，政治的または宗教的信条の程度，環境意識，危機感など。　　　　　　　　　　　　　　　　　　　　　　　　　(KR, p.73)

Krogh & Roos (1995) によれば組織学習プロセスも「たとえどこにおいても，どんなに小さかろうと観測のスケールを変えれば（例えば，個人，グループ，SBUレベルで学習プロセスを研究するなどで）新たなプロセスが明らかになるが，それらはスケール横断的に似通っているプロセス」(KR, p.82) であり，「組織における権力」(KR, p.83)，「多国籍企業の戦略や構造」(KR, p.83) も自己相似性を示すという。

ここで元々の問題に立ち返ってみたい。Krogh & Roos (1995) は「組織においては言語化こそが，知識が具現化するプロセス」(KR, p.99) であり「社会の組織知と個人の組織知 (socialized and individualized organizational knowledge)[44]の間のスケール移転も言語化を手段として達成され」(KR, p.

44　本章では individual knowledge を「個人的知識」あるいは「個人的な知」，individualized

95)，言語化は言語ゲームに基づいて展開されると主張する。つまり，Krogh & Roos (1995) は個人的な組織知から社会的な組織知へとの（あるいはその逆の）知の展開プロセスに，オートポイエーシス理論およびスケーリング理論に加えて，Wittgenstein の言語ゲーム論を持ち込み，組織における言語構造[45]を読み解いていくのである。

先に進む前に，言語ゲームについて簡単に触れておきたい。Wittgenstein の思想は，前期思想と後期思想に大別することができる[46]。前期思想を代表するのが写像理論であり，後期思想を代表するのが言語ゲームである。写像理論が極めて表象主義的な研究成果であるのに対して，言語ゲームは言語構造そのものに対する構造主義的研究であるといえる[47]（橋爪,1985,2-76 頁）。

「＜言語ゲーム＞というのはどうやら，「主体」や「世界」－これまでわれわれが慣れ親しんできた知の体系の部分品－を産出するような当のメカニズムそのもの」（橋爪,1985,3 頁）であり，「言語は言語ゲームにおいて生きているのであり，したがって，言語は言語ゲームにおいて捉えられなければならない」（山本・黒崎,1987,157 頁）。Wittgenstein は言語ゲームを理論的に説明することはできないと主張し，それらはただ記述されるのみでなければならないと論じた。乱暴を承知で言ってしまえば，言語ゲームとは言語を支える使用構造であり，それは言語使用のルールを自己言及的に生み出し自律的に変化する閉じた系である[48]。

---

knowledge（個人化された知）を「個人知」と訳すことにする。ただし，Krogh & Roos (1995) が individualized knowledge という場合には，社会知が個人に内面化された側面に重きが置かれている点には留意して欲しい。individualized knowledge は内面化されたと同時に individual knowledge となる。社会知についても同様。

45　言語ゲーム論の導入からも分かるように，Krogh & Roos (1995) の言語観は，「世界を完璧に映し出す理想的な言語というアリストテレス派の分析的な哲学系統に端を発する言語概念とは全く異なるものである。われわれは反表象主義的な言語観へと向かっている」(KR, p.96)。

46　橋爪 (1985)，永井 (1995)，山本・黒崎 (1987) など。言語ゲームでは，後述するように語の直示的定義（表象主義）よりも言語構造に関心が向けられる。

47　山本・黒崎 (1987) は，「ウィトゲンシュタインの言語論は，前期と後期で大きく変わった。それは，彼の意味論が前期と後期で大きく変わったことに照応している。前期の言語論は『像の理論と結合した論理的原子論』であり，後期のそれは，『言語ゲームの理論』である」（山本・黒崎,1987,154 頁）と論じている。

48　Wittgenstein 自身は言語ゲームについて明示的に論じていない。Krogh & Roos (1995) は言語ゲームを「単語の用法のための多くの可能なルール」(KR, p.102) としている。どのような言

言語ゲームにおいては語の使用法こそが重要であり，新たな語は使用コンテキスト（Wittgensteinによれば使用コンテキストこそが語の意味である[49]）と共に導入される。逆に言えば使用法の変更は語そのものの意味が変わったことを表わしている。Krogh & Roos（1995）は言語ゲームによって個人知が組織における社会知へと展開され，逆に組織における社会知は言語ゲームによって組織メンバーの個人知として内面化されると考えた。言語ゲームにより知の体系である組織が維持されていると同時に，言語ゲームでは「常にルールに異義が唱えられ挑戦され疑われたりしており」（KR, p.99），それによって生じる「ルールと語のイノベーションによって，組織の言語化プロセスは豊かになる」（KR, p.103），すなわち知の展開プロセスが豊かになると論じられる。

　Krogh & Roos（1995）は「嗅覚や触覚，ジェスチャー，表情，姿勢，フェロモン，声の抑揚など他の言語システムの存在」（KR, p.96）を認めつつも（これらは言語ゲームが扱う"日常的な行為"に当然ながら含まれる[50]），主に話し言葉と書き言葉（テキスト）にのみ言及すれば十分であるとし，組織において最も特徴的な言語ゲームは（言語的な）「議論」であり，「議論」[51]を考察

　語ゲームに関する理論（いわばメタ言語ゲーム）を展開しようと，それはまた言語ゲームに他ならない。メタ言語ゲーム論の理論（メタ・メタ言語ゲーム論）も言語ゲームである。言語ゲームという天蓋からわれわれは逃れることができない。Wittgensteinが明示的に言語ゲームを論じなかったのは，言語ゲームの循環的陥穽に囚われてはならないと考えていたためではないだろうか（「私は言語を記述するだけであって，何も説明はしない」（Wittgenstein, 1969：訳, 80頁））。

49　Krogh & Roos（1995）は，「知という語の正確な使い方など存在しない。だが，少なくともその語の実際の使われ方と符合するような諸々の使用法を作り上げることは可能である」（Wittgenstein, 1958, p.27）というWittgensteinの一節を引用しているが，Wittgensteinは"知"に関わらず，すべての語の「意味の説明は，語の使い方を説明する。その言語におけるその語の使い方が，その語の意味である」（Wittgenstein, 1969：訳, 70-71頁），「意味とは，語が記号的操作体系のなかで演ずる役割のことである」（Wittgenstein, 1969：訳, 76頁）と論じ，言語ゲームを離れて語の客観的意味は成立しえないと主張する。Wittgensteinの思想展開と構造主義は別個の流れであると考えられているが（例えば，橋爪, 1985, 1-76頁），こうした立場はSaussure, Jakobsonなどによる構造主義言語学が提示した「示差性」とも通底している。

50　例えば「抑揚や随伴的身振りというより，語そのものを身振りとしてとらえる」（Wittgenstein, 1969；訳, 3; 81頁），「一つの身振りを他の身振りでおきかえることができない」（Wittgenstein, 1969：訳, 3; 84頁）などの記述からも分かるように，Wittgensteinの後期思想ではジェスチャーなども言語として考えられている。

51　Krogh & Roos（1995）によれば「議論はあらゆるスケールで4要素からなる」（KR, p.107）。それらは「主張（claim）」「根拠（grounds）」「論拠（warrant）」「制限（qualifiers）」であり，議論も自己相似性を示す。

することで組織における言語ゲームを理解できると主張する。

> 言語化と組織知という概念に基づけば，いかなるものも不変の実体などではなく，絶えず変化しているものと考えるべきである。新たなステートメントが形成されるたびに，知識は変化し，それによって，さらなる次の異なるステートメントが形成される。一方で変化は安定性を前提とする。新たなステートメントあるいは議論，会話は，以前のそれらとは常に異なるものであるが，しかし，過去の要素が新たな何かとして再認識される事を前提としている。同時に新たな何かと認識される過去の要素のことを前提としている。この変化－安定の二面性は，自己言及的なシステム固有なものとして存在する。さらに，その二面性によって言語化や社会化の組織知に時を超えた安定性を付与している力や影響についての議論が可能になる（これは，自己言及性の問題に関するもう一つの見方である）。この安定性をより理解するために，われわれは組織における言語ゲームの一形態である議論に注目した。
> (KR, p.118)

組織におけるさまざまな機能，時間志向性，価値観などは言語ゲームである議論（機能に関する議論，時間に関する議論，価値に関する議論，それらの複合的な議論 (KR, p.110-114)）を通して維持されているが，同時にそれらは議論によって常に変容を迫られてもいる。議論の潤滑油となっているのが，すべての議論の土台である「暗黙の論拠」[52]である。「暗黙の論拠」は組織の安定性の源泉であり，それによって「効率的な会話」(KR, p.119) がもたらされる。「暗黙の論拠」がぐらつくと，すべてが疑問に晒され，「(1) 会話はどんどん複雑で複合的になり，組織メンバーが無気力あるいは疲れ果て，失望した状態へと突き落とされたり，(2) 厄介な詮索によって，論拠のための論証が始まる，言いかえれば『なぜという質問』に対して『なぜという質問』を含む答えをつき返されたり」(KR, p.119) するようになる。暗黙の論拠には，定義に関わるもの（語の使用ルールに関わる），命題に関わるもの（因果関係性に関わる），パラダイムに関わるもの（アイデンティティやレゾンデートルに関わる）などがあり，それらには，組織における物語，イデオロギーなどが内包されてい

---

[52] 表面的にははっきりと分からないが，組織メンバーに確固として内面化されている論拠（前提）。

る。Krogh & Roos（1995）は暗黙の論拠に関わる上のような説明が「Alfred Schutz（Schutz, 1970; Schutz & Luckman, 1989, 1985）の現象学と Peter Berger と Thomas Luckman（Berger, 1981; Berger & Luckman, 1966）の社会学理論の影響を受けている」（KR, p.131）と述べている。

組織における言語ゲームの安定性は暗黙の論拠に基づく。反面で，Krogh & Roos（1995）は反作用的論拠を重要であるとし，それは組織において暗黙の論拠に支えられた「定義や命題，パラダイムに対して代替的，競合的なそれらを確立する」（KR, p.124）と主張している。暗黙の論拠によって言語ゲームは安定するが，反作用的な論拠によって定義や命題，パラダイムは変容し，それによって組織における言語ゲームは「さらなる安定性をもたらされる」（KR, p.124）と言うのである。

ここで改めて，Krogh & Roos（1995）が提示している組織観を見直してみよう。彼らは，組織を知のオートポイエーシス・システムであるとみなし，個人的および社会的レベルにおける知の展開プロセスは，自律的かつ自己言及的な閉じた系の中で実現すると考えていた。さらに，個人的な知と社会的な知は自己相似的（フラクタル）であり，それらは言語ゲームを通じて相互に連関し合っている。そのオートポイエーシス・システムとしての側面から現在の知の有り様は過去の歴史の上に集積された結果であるが，同時に組織知はカオス的現象の結果でありオートポイエーシスという単純な仕組みに基づいても未来への多様性を確保しえる。組織における知の展開は言語化によってもたらされ，言語化は言語ゲームに拠るが，その安定は暗黙の論拠に，その変容は反作用的論拠に基づく。組織における知の展開プロセスは言語ゲームに拠るダイナミックなプロセスである。Krogh & Roos（1995）が提示する組織観を要約すれば，以上の通りとなろう[53]。

53　この文章を読まれて，明らかな矛盾を感じた方も多いだろう。「オートポイエーシス・システムはプロセスの閉じた系ではなかったのか」という問いである。知の内容に焦点を当てるのではなく，知の展開プロセスこそが重要であり，プロセスであるがゆえにオートポイエーシス・システム足り得ると論じながら，言語ゲームに依拠したことで，知の内容に関する議論（暗黙の論拠，反作用的論拠など）が静かに忍び寄ってきている。少々寄り道になるかもしれないが，ここでこの問いに対する現時点での答えを紹介しておきたい。先に脚注10で触れたが，河本（2006）がいう「自己の二重性」というアイディアは，この問いへの最先端のオートポイエーシス理論からの一つの解答であるとみなせよう。つまり，純粋にプロセスの再産出に関わる「純粋産出の自己」（河本, 2006,

解釈主義的研究との比較

ここで簡単に機能主義と解釈主義について復習しておこう[54]。解釈主義的研究が，主体が付与する意味に注目するのに対して，機能主義的研究は機能に注目する。Merton (1949) はここでいう「機能」という語について「機能の概念は，観察者の見地を含み，必ずしも当事者の見地を含まない。社会的機能とは，観察しうる客観的結果を指すものであって，主観的意向を指すものではない」(Merton, 1949：訳, 20頁) と説明している。一方の解釈主義的研究についてWeick (1995) は「組織への解釈アプローチは，コミュニケーションを通して社会構造を創造し再創造する主観的意味，間主観的意味そして社会的に創造される意味の研究と見なされる」(We95, 93頁) と説明する。

機能主義的研究は，① 組織における諸現象を観察者の視点から観察し（実在論，観察可能性），② 観察者の視点から社会を維持存続させている機能（性）を記述し（機能分析性），③ そこに何らかの法則性・規則性を見出す（法則

363頁）と位相空間内に現実のものとして構成される「位相形成での自己」（河本, 2006, 363頁）を峻別することで答えられるというのである。

ここでは「自己」が本性的に二重になっていることがはっきりしてくる。産出的作動によって断続的につくりだされていく「自己 (Sich)」と位相空間内にそれとして形成される「自己 (selbst)」とである・・・マトゥラーナとヴァレラの理論展開では，自明なかたちで用いられていた「自己」の二つの定義を明示すること，とりわけルーマンが用いたのはSelbstであり，それを明示的に定義のなかに入れることによって，「純粋産出の自己」と「位相形成での自己」を区別することである。マトゥラーナとヴァレラの定義では，明示的には「産出的自己Sich」だけが語られている。他方，巨大な応用力をもっていたルーマンは，社会，経済，芸術，科学のような各位相空間で広範な記述の体系をつくりあげたが，現実の記述のなかに組み込まれたオートポイエーシスの機構は，後者の「位相的自己 Selbst」を中心としていた（河本, 2006, 363-364頁）。

こうした主張を受け容れた場合，オートポイエーシス理論はプロセスを越えて，知の内容までも議論できるようになる。ただし，位相的自己（現実の位相空間内で「運動と認知」（河本, 2006, 364頁）によって「物理的な相互作用」（河本, 2006, 364頁）を行う自己）という概念は明らかに構成要素を取り込んでおり，こうした概念を導入することによってプロセス思考から構想された当初のオートポイエーシス理論の純粋性はわずかばかり損なわれることになると言っても間違いではないだろう。いずれにせよ，この問いに明快に答えることは本章の域を遥かに越えている。

54 本章では機能主義と解釈主義についてここで触れた以上の議論は行わない。詳しくは第3章，Burrell&Morgan (1979)，稲垣 (2002)，坂下 (2002) などを参照されたい。

定立性，実証主義，環境決定論）ことに関心が払われる，といった特徴を有する。対して，解釈主義的研究においては，① 社会的世界は主体が付与した意味によって構築されたもので（唯名論），② そこで主体が付与する意味に注目しなければ組織現象を理解したことにはならず（意味論，主観主義，主意主義），③ 研究方法はしばしば個性記述的にならざるを得ない（個性記述的，反実証主義）といった特徴を有する。両者はいずれも極端な立場であって，例えば環境決定論と主意主義[55]の中間的立場での研究もあり得る。

　上で眺めたように，オートポイエーシス・システムの観察可能性に基づき，観察者（研究者）の視点から展開される Krogh & Roos（1995）のエピステモロジーが機能主義的スタンスに立った研究であることは明らかであろう。オートポイエーシス理論がそもそも神経生物学的機能の考察に端を発していることから考えれば，それに立脚した Krogh & Roos 理論が機能主義的アプローチになるのは当然とも言える。

　ここでは，上でその特徴を明らかにした Krogh & Roos 理論と，解釈主義的研究の礎石であり代表的な研究成果の 1 つである K.E.Weick 理論（特に ESR モデルとセンスメーキング理論）を中心とした解釈主義的諸研究とを比較検討してみたい。

現象学的社会学・エスノメソドロジー・シンボリック相互作用論から

　第 3 章で述べたように，Weick 理論のほとんどが Weick の天才的独創であると考えるのは危険である。Weick 理論を「組織認識研究史から隔絶したちょっと風変わりな理論」として表層的に捉えるならば，Weick 理論にとっても，そのように捉えた研究者にとっても不幸である。Weick が提示した

---

[55] 「人間は完全に自律的であり，自由意志を備えているとするのが主意主義である」（高橋,1998,16頁）。対して「人間の活動はそれが存在している状況や『環境』によって完全に決定されると考えるのが決定論者である」（高橋,1998,16頁）。社会科学の諸理論は，明示的であるにせよ暗示的であるにせよ「どちらかの立場に立つか，もしくは状況要因と自主的要因双方の影響を認める中間的立場に立つことになる」（高橋他,1998,16頁）。

ESRモデル,センスメーキング理論が解釈主義的諸研究の一大潮流の中で誕生した点を見逃してはならない。

第3章では,Weick理論へと繋がる解釈主義的研究の流れを,A.Schutzの現象学的社会学,H.Garfinkelらによるエスノメソドロジー,H.Blumerによるシンボリック相互作用論などに求めた。ここでは,それらの特徴を簡単に振り返りながら,それらとKrogh & Roos理論との関わりについて探っていこう。

Schutz(1970)は「他我の一般定立」[56](Schutz,1970:訳,150頁)が成り立つときのみ,他者理解が可能になると述べ,それが厳密に成立するのは「(1)他者は行為者と同様の自己解釈構造を持つ,(2)他者の意識の流れは行為者のそれと同時性を持つ」(坂下,2002,137頁)という場合に限られると主張した。

そこで形成される解釈図式は次のような特徴を持つ。

> あらゆる現象学的考察の基本的な出発点は,本質的に現在的な経験,すなわち直接的で生き生きした経験,つまりは自発的に流れている主観的な経験の流れである。各人はこの流れのなかで生きており,この流れは,意識の流れとして,過去の他の経験と自発的に結びつき,それらの記憶の痕跡などをともなっている。経験は反省作用によってはじめて主観的に有意味な経験となる。本質的に現在的な経験は,この反省作用による回顧によって意識的に把握され,認識的に構成されるのである。人間は生活の過程において経験の蓄積を作り上げる。人間はこの経験の蓄積によって,自己をとりまく状況を定義し,そのなかで行動することができる。
> (Schutz,1970:訳,362-363頁)

上のようにSchutzは,内省的配意[57]を伴う回顧的意味形成を経て,本来的には離散的断片を総合的に連関させて意味が連関した解釈図式(経験の蓄積)を構築することによって,逆にそれら個々の意味が浮かび上がってくると論じ

---

56 Schutz(1970)自身の言葉によれば「これは,私のものではないこの〔他者の〕思考の流れは私自身の意識と同じ基本構造を示すということを意味している」(Schutz,1970:訳,152頁)。「私が彼と一緒に年を経ているのを知っているように,彼も私と一緒に年を経ていることについて純粋な経験をもっているということである」(Schutz,1970:訳,152頁)。
57 あるいは反省的配意。

た。

　同時に他我の一般定立が成立する世界を「社会的直接世界」(Schutz,1932：訳,224頁)と呼び次のように表現した。

　「他者が私と空間を共有している」とは，他者が身体的に現前しており，私がそれに気づいているということ，さらに，私が彼をほかならぬ彼として，つまり特定の個人としてとらえ，彼の身体を彼の内的意識の表示があらわれる表現野とみなしていることを意味している[58]。また，「他者が私と時間を共有している」とは，他者の経験と私の経験が並行して扱われており，私は生起しつつある彼の思考に目をやり，いつでもそれをとらえることができるということ，いいかえるなら，われわれが一緒に年を経ているということを意味している・・・こうした空間的および時間的直接性は対面状況の本質をなすものであり，あらゆる他者志向や他者作用，したがって対面状況においてみられるあらゆる志向や関係は，こうした直接性から特殊な色合いと様式をこうむる。　　　　　　　　　(Schutz,1970：訳,175-176頁)

Schutz (1932) のいう「豊かな諸兆候の表現」(Schutz,1932：訳,224頁)には声の抑揚やジェスチャーなども含まれる。第3章で紹介したように，こうした Schutz の指摘は後にメディアリッチネス論[59]として大きく花開いた。

　上で見てきたように Krogh & Roos (1995) は理論展開の諸処に現象学的社会学からの概念を持ち込んでいる。Krogh & Roos (1995) がいう世界とは「Alfred Schutz の言葉を借りれば『主観的な経験と理解の賜物であり，具体的に経験した人の産物』」(KR,p.51) であり，それはオートポイエーシス的な歴史に依存した存在であって，「『状況』(あるいは世界と言ってもよい) と『知』は＜構造＞上繋がっており (sutructurally coupled；＜構造＞的カップリング状態にあり)，共進化 (co-evolve)」(KR,p.51) し「世界が知を生み，知が世界を生み出す」(KR,p.60)。Schutz が言うように理由動機的に離散的断片が意味づけられるのであり，離散的断片をどのように意味づけたかによって意味連関が変容し，さらには新たな経験 (離散的断片) が蓄積され，そ

58　Schutz (1932) では「汝の体をこの汝の豊かな諸兆候の表現の場として体験しているということを意味する」(Schutz,1932：訳,224頁) とされている。
59　メディアリッチネス論について詳しくは第3章，第4章，第5章を参照されたい。

れが意味連関を変容させるのであれば，個々の行為の意味，そしてそれらを取り巻く意味的構築物である世界（世界観）は時と共に変容する。

このように考えると，Krogh & Roos の言う世界を生み出す"知"とは，Schutz のいう内省的配意に基づく「歴史依存的に沈殿し連関した意味」（意味によって構築された世界）[60]という概念に近い。または Ring & Rands (1989) の言葉を借りるなら「センスメーキング」あるいは「理解」[61] (Ring & Rands, 1989, p.344) である。

上で述べたように Krogh & Roos (1995) は自身が「Alfred Schutz (Schutz, 1970; Schutz & Luckman, 1989, 1985) の現象学と Peter Berger と Thomas Luckman (Berger, 1981; Berger & Luckman, 1966) の社会学理論の影響を受けている」(KR, p.131) と明記していたが，Berger & Luckman (1966) は自らの理論を「知識社会学の体系的・理論的論文」(Berger & Luckman, 1966：訳，序) であるとしながらも，「機能主義的な説明の標準的な見解を理論的なごまかしとして考えねばならない」(Berger & Luckman, 1936：訳，315頁) と述べた上で，「人間的な現実を社会的に構成された現実として理解」(Berger & Luckman, 1936：訳，311頁) すべきであるとして，主観的に構築された現実（意味）への注目を促している。Berger & Luckman (1966) は，そうした世界が，言語のみならず「性行動」(Berger & Luckman, 1936：訳，191-196頁) などを通して主観的に内在化（社会的内在化；共通理解）され構築される様をも描き出している。

Schutz や Berger & Luckman と異なり，Krogh & Roos (1995) がジェスチャーなどの非言語的コミュニケーションを研究対象から除外したのは，法を研究した Teubner (1989) や規範理論を提出した Luhmann 同様に，明示的機能を描写する必要から，主体と切り離して論じることの可能な"言語化"

---

[60] Schutz (1932) は解釈図式を，経験が沈殿し意味連関を構築した存在という意味で「経験のスキーム」とも呼んでいる (Schutz, 1932)。意味の「沈殿化」(「sedimentieren (ゼディメンティーレン)」は元来はフッサールの用語法である) について詳しくは Schutz (1964)『現象学的社会学の応用』の第10章のIIIを参照されたい。

[61] 「もっぱら自身の知見を得ようとの個人的な意図を反映しているとき，そういった行為はセンスメーキング過程であるとわれわれは定めた・・・一方，この種の活動がインタラクティブな活動の中で行われているときには，われわれはそれを理解として分類した」(Ring & Rands, 1989, p.344)。

に焦点を絞ったのであろうことは想像に難くない。確かに,法には言語[62]が介在するはっきりとした輪郭があり,法の領域では特殊な用法(法的言説)で厳密に言語が用いられる(橋爪,1985,81-82頁)という点で,明示的機能分析にとって格好の素材である。だが,現実の運用となると法の世界は厳密で明示的言語(による言語ゲーム)が支配する世界とばかりは言えない。例えば,エスノメソドロジーを提示したH.Garfinkel(1967)による初期の研究で明らかにされた陪審員裁判の実態である。

　ここで報告されている資料によれば,陪審員は決定を下してはじめて,それを正しい決定とする条件が現実にわかったのである。彼らはただ,彼らの決定を正しいものにすべく自分たちがしたことを回顧的に決定したに過ぎない。
　　　　　　　　　　　　　　　　　　　　　　　　(Gerfinkel,1967,p.114)

　彼らは終始,行為の意味をまったく対立するもののように描く。その際,誰かが間違っているとか,誰かが嘘をついているとか,各代理人が自分たちの主張を真剣に信じ切っている,といった3つの解釈が可能なのだが,面白いことに陪審員たちは主として最後の解釈をとる。　　　　　　　　　(Gerfinkel,1967,p.111-112)

　エスノメソドロジーの視点から眺めると,陪審員達は「一連の身近な知識」(坂下,2002,148頁),「日常的思考法」(坂下,2002,148頁)に基づいてコミュニケーションし,共通理解である「日常的リアリティ感(=社会的構造感)」[63](坂下,2002,148頁)を構築していたことが理解できる。エスノメソドロジストの研究方法はまさに解釈主義的-個性記述的-であった(例えば,上の陪審員に関するGarfinkel(1968),会話分析に先鞭をつけたSacks(1979),精神病者を分析したM.Pollner(1975)やD.Smith(1978)など)が,そこで展開された一連の研究は,法世界(およびそのほかの世界)における機能が必

62　ここでいう言語とは"話され書かれる言葉"としての狭義の言語。
63　ここでは事件の真相とでも言おうか。詳しくは坂下(2002)および髙橋(2009)を参照されたい。第3章で詳述したように,現象学的社会学で「意味連関」と呼ばれていたスキームが,エスノメソドロジーでは「日常知の方法」(あるいは「日常的思考法」)および「社会的構造感」に分けて捉えられている点がESRモデルとの関わりで極めて重要である。

ずしも客観的に安定したものではないこと（法は100円を入れれば必ず指定した缶が出てくる精密機械のようには機能しないこと，そこには解釈が介在する余地が十二分にあること（意味が問題となること））および社会的構造感の構築においては日常的コミュニケーションにおける非言語的コミュニケーションの重要性を指摘するものであった。

Schutz, Berger & Luckman, Garfinkel などの主張から明らかなように，非言語的コミュニケーションを理論に取り込むことは，Krogh & Roos 理論にとって（ほとんどすべての機能主義的諸研究にとって），今後の大きな課題の1つであると言ってよいだろう[64]。

上で見たように，Krogh & Roos（1995）は「認知システムの＜構造＞を語る上で不可欠な弁別という作業の対象としての世界そのものを創出または形成する」（KR, p.53）と主張していた。彼らはさらに「弁別を行なうということは，孤立化させるプロセスであり，『カテゴリー化』とも似ているし，さらに世界の要素化でもある。弁別は，例えば森から木をといった具合に，背景からあるものを際立たせるプロセスである。人が暗示的にせよ明示的にせよ何かに言及する場合は常に弁別の基準が明確に存在している」（KR, p.53）と論じている。

第3章で紹介したように，解釈主義的諸研究において弁別の重要性を特に指摘したのは Blumer（1969）[65]であった。

> ある個人にとって，ものごとの意味とは，そのものごとに関して，他者がその個人に対して行為する，その行為の様式の中から生じてくるものである。他者の行為が，その個人にとってのものごとを定義するように作用するのである。
> 　　　　　　　　　　　　　　　　　　　　　　　　　　　　（Blumer, 1969：訳,5頁）

64　脚注51で触れたように，Krogh & Roos（1995）が依拠している Wittgenstein の言語ゲームも広義の言語（ジェスチャーなども含む）を扱っている。

65　本章との関係で Blumer（1969）の重要な仕事をもう1つ指摘しておきたい。Blumer（1969）は「人間集団とは，集団の構成員が，お互いの行為を適合させることから成り立ち，また，その中に存在する」（Blumer, 1969：訳,21頁）と主張して，「行為の相互連結」（Blumer, 1969：訳,21頁）こそが集団的活動の本質であると論じている。この点については次節でも触れる。

ここで Blumer (1969) のいう「定義」とは,他者との社会的「相互作用の過程で生じた」,一連の「行為の様式」に基づく,「個人が用いる解釈の過程によってあつかわれたり,修正されたりする」「定義」である。すなわち,Blumer (1969) が提示する「状況」の「定義」[66]とは,現象学的社会学における「意味連関」,エスノメソドロジーにおける「日常知の方法」および「社会的構造感」と同義であると考えてよい[67]。ただし,Blumer (1969) による「ここでものごとは,人間が,自分の世界の中で気にとめるあらゆるものを含む」(Blumer, 1969:訳, 2頁) という記述は重要である。Blumer (1969) がいう「解釈の過程には,ふたつの明確な段階がある」(Blumer, 1969:訳, 6頁)。すなわち,「意味が使用されたり改変されたりする」(Blumer, 1969:訳, 6頁) 前に,「行為者は,それに対して自分が行為しているものごとを,自分に対して指示 (indicate)」(Blumer, 1969:訳, 6頁) しなければならない[68]。Blumer (1969) は「指示されるあらゆるものごと」(Blumer, 1969:訳, 13頁) は「カテゴリーに分類」(Blumer, 1969:訳, 13頁) されたり,「あるものごとを指示するということは,そのものごとを周囲から取り出して別個に保持」(Blumer, 1969:訳, 104頁) したりすることだと述べる。Blumer (1969) 自身の言葉から分かるように,Blumer (1969) のいう「指示 (indicate)」とは,Krogh & Roos (1995) のいう「弁別」とほぼ同義であると考えても間違いはない。

第3章では,ここで Krogh & Roos (1995) との関連で論じた Schutz, Gerfinkel, Blumer らの解釈主義的諸研究の上に,Weick の ESR モデルが展開されたと考えるべきであると主張した。次節では,Krogh & Roos 理論と Weick 理論を比較検討してみよう。

---

66 「行為者はものごと (=対象) の意味を,状況の定義を参照しながら解釈する。その意味では,状況の定義は解釈図式であるとも言える」(坂下, 2002, 159頁)。
67 「相互作用しあっている人間は,相手が何をしているのか,またしようとしているのかということを考慮している」(Blumer, 1969:訳, 9頁) が,ここでも「『身振りの会話 (conversation of gestures)』および『有意味シンボルの使用 (use of significant symbols)』」(Blumer, 1969:訳, 10頁) などの「行為の解釈を含んだものである」(Blumer, 1969:訳, 10頁) 点には留意して欲しい。
68 坂下 (2002) の言葉を借りれば「ものごとは行為者がそれを自己に提示することで,はじめて対象として意識され,意味の解釈過程に入っていくのである」(坂下, 2002, 164頁)。

Weick 理論との比較検討

　Weick によれば，「組織の場合，『組織が行為する』と言うとき，"組織"という 1 つの名詞があるので，それに対応する何らかの実在－すなわち，独立した固有で不変なそして他の物と主語・述語の関係になりうる物－を想定してしまう。われわれが避けたいのは，組織をこのように独立した力とか機関として扱うことである」(We79, 45 頁) と述べ，組織は常に経験の流れの中にあって，その中で出会うさまざまに多義的な出来事に対してコミュニケーションを通して，一定の答や意味を引き出しそれを共有しようとするプロセスとして捉えるべきものであると主張している。Weick による最初の単行本 "The Sosial Psychology of Organizing"（邦訳『組織化の社会心理学』）のタイトルからも分かるように，Weick は「多義性が削減され意味が共有される」組織化（organizing）のプロセスを研究対象として設定したのである。

　さらに Weick は多義性の削減は「相互に依存関係にある 2 人の相互連結行動 (interlocked behavior) が単位となって組み立てられたプロセスで行われる」(遠田, 1998) とし，組織構造 (organizational structure)[69]と「相互連結行動の概念をイコールに考え」(We79, 116 頁) ており，「ある組織がどのように行動しどのように見えるかということを規定する構造は，相互連結行動の規則的パターンによって確立される構造と同じである」(We79, 116 頁) と主張する。

　「組織的といえる行為の重要なポイントは，それが孤独なものではなく社会的なものであり，その上かなり明瞭に規定されるのでさまざまな人がパターン

---

[69] ここで Weick のいう組織とオートポイエーシス理論で展開された＜組織＞とが似て非なるものである点には留意されたい。オートポイエーシス理論では「＜組織＞とはシステムおよびその＜構造＞を規定するのに必要な（構成要素間の）関係」(Varela, 1984, p.84) であった。Weick は「相互連結行動の規則的パターン」すなわち構成要素間の関係を構造と呼ぶ。Weick のいう組織はオートポイエース理論では＜構造＞と表記すべきものである。これまではオートポイエーシス理論に基づく場合，＜組織＞・＜構造＞と表記してきたが，ここからはそれぞれ Weick の用法（一般的な組織論の用法）に従い，構造・組織と表記する。

を存続させるに必要な構成部分に貢献できることである。このパターンは，現実の行動に若干のブレとか人びとの異動があっても持続する。組織が群衆あるいは家族あるいは患者と医者といった2者関係のような集合体とどこが違うかといえば，後者においては，"人"の交替によってその過程と結果が根本的に変わってしまうのに対して，前者すなわち組織においては互換可能な人びとの貢献によってパターンが維持される点である」(We79. 45-46 頁)。「組織が行為すると言うとき，過程に組み込まれる素材は孤独な行為ではなく二重相互作用だということ，そして結果を左右するのは個々人の資質ではなくて組み立てすなわち相互作用のパターンだということは銘記されてよい」(We79,46 頁)。すなわち Weick (1979) によれば，組織とは持続的な相互連結行動[70]のパターンによって構成された，常時的に多義性を削減する組織化のプロセスであり，行為が組織的と言える重要なポイントはメンバーの互換可能性にある。

　Weick のこうした構想は，オートポイエーシス理論が提示する，プロセスとしての作動と作動が連環した，構成要素から独立したシステム（組織），さらにはセカンド・オーダーのオートポイエーシス・システムが構造的カップリングを通して，作動を連結させた安定的構造を築き上げたサード・オーダーのオートポイエーシス・システム（組織）としての組織観と通底していることは言うまでもないだろう。ファースト・オーダーのオートポイエーシス・システムが離散的構成要素の代謝を乗り越えて持続的に存続されるのと同様にサード・オーダーのオートポイエーシス・システムは人的な構成に変化が生じても，組織としてのアイデンティティを維持しつつそれを乗り越えて存続しうる。それを裏打ちしているのは，安定的に連環したプロセス（関係性）に基づく構成要素の代謝可能性（interchangeability；相互互換性）の存在であった。

　上のような組織観に立って，Weick は ESR モデルを提示した。第3章で論じたように，ESR モデルには現象学的社会学が提示した意味連関から離散的断片へのフィードバックというアイディア，さらには現象学的社会学を発展させる形で登場したエスノメソドロジーにおいて提示された意味連関を「日常知

70　上で Blumer (1969) が「行為の相互連結」(Blumer,1969：訳,21 頁) こそが集団的活動の本質であると論じていることを紹介したが，Weick の組織観は，ESR モデルに Blumer のいう「指示」概念を包摂したことも含めシンボリック相互作用論から強い影響を受けている。

の方法」と「社会的構造感」に分けて考察し，それらから離散的断片へのフィードバックが形成された意味形成モデル，さらにはシンボリック相互作用論で提示された「指示」の概念がすべて包摂される。

ESRモデルはイナクトメント，淘汰，保持の3つのプロセスから構成されるが，淘汰および保持ステップはそれぞれほぼ「日常知の方法」および「社会的構造感」と同義であると考えて間違いはない[71]。

問題はイナクトメントである。イナクトメントについてWeick (1979) は以下のように説明している。

> 組織化にとってのイナクトメントは，自然淘汰における変異に当たる。では変異と言わずになぜあえてイナクトメントと言うかといえば，組織メンバーが（自らをやがて拘束する）環境を創造する上で果たしている（とわれわれが思っている）積極的な役割をイナクトメントという言葉がとらえているからである・・・経験の流れの中に違いが生じると，行為者はより深い注意を払うべく変化を隔離するような行為をする。囲い込み（bracketing）のこの行為はイナクトメントの一形態である。行為者が生態学的変化[72]を生むような何事かを行い，それが彼の次に行うことへの制約を変え，そしてそれがさらなる生態学的変化を生み・・・といったとき，イナクトメントの他の形態が生ずる。　　　　　　　　　　　　（We79, 169頁）

すなわちイナクトメントとは単なる「指示」でもない。Blumer (1969) の「指示」はイナクトメントの1側面「囲い込み」を表しているに過ぎない。「組織メンバーが（自らをやがて拘束する）環境を創造する上で果たしている（とわれわれが思っている）積極的な役割をイナクトメントという言葉がとらえている」（We79, 169頁）という点を見逃してはならない[73]。

Weickがイナクトされた環境と言うとき，それはむしろ組織化のインプットであるというよりもアウトプットであることを強調している。外部における

---

71 詳しくは第3章を参照されたい。ただし，本章との関係で言えば，Weickがいう保持には「イナクトされた環境」が含まれている点で「社会的構造感」とはやや意味が異なる点には留意されたい。

72 生態学的変化とは，ここでは経験の流れの中で生じる何らかの変化と考えていただきたい。

73 ここではイナクトメントのもう一面を「環境創造性」と考えておけばよい。

「生態学的変化はイナクトしうる環境 (enactable environment) すなわち意味形成 (sensemaking) の素材を提供する」(We79, 169頁) が，組織は必ずしも環境に対してオープンではない。イナクトされた環境が意味形成の素材を提供し続ける限りにおいては，組織は環境に対してかなり長期間にわたってクローズでもありうる。「組織化のフォルムは伝統的なシステム像を含んではいるが，メインはオープン・システムのフォルムではない。この微妙な点を注意しないと，組織化モデルは容易に誤解されてしまう。このフォルムは，生態学的変化の役割および外生因子が生態学的変化に影響を及ぼすという事実ゆえに，オープン・システムモデルに近い。しかし，生態学的変化が組織に直接作用するのはただ1カ所であって，それは組織のイナクトメントにである。もし組織が淘汰および保持の両過程で保持を信頼するなら，組織は事実上生態学的変化から自らを長期にわたって隔離しうるのである。われわれの記述する組織は相当の自閉症なのだ。組織とは長期自足できるものであるが，オープン・システムモデルは組織がどのようにして自己充足を予想以上に持続しうるかを解明すべく理論的努力を払ってこなかった。組織化モデルは，組織がクローズド・システムでありえかつそのように行為している，といっている」(We79, 310頁)。

上で見てきたように，オートポイエーシス・システムは「オープンであると同時にクローズド」である。オートポイエーシス・システムがオープンであるのは，撹乱という外生因子に対してであって，それはプロセスの閉じた連環であるシステムのコンポーネントにはなりえない。ESRモデルが描出する組織認識は，イナクトメントの段階で外生因子を囲い込まなければクローズドである。かつ，そうした外生因子が囲い込まれた場合においても，それが蓄積されるのは保持プロセスにおいてであって，イナクトメント・淘汰・保持といったプロセスから構成される組織認識形成プロセスそのものには何らの影響も及ぼさない。

組織のクローズド性に基づいて，Weick理論では，想像上の行為（未来完了形の行為[74]）について次のような説明がなされる。

---

[74] 未来完了形の行為とは，未だ起こっていない行為を未来において既に起こったものと想定して，未来のある時点で回顧的に振り返って意味づけた行為である。Weick (1979) は Schutz (1967)

これらの結果は，どれも創造にはいたらないが，意味を生み出しうる。行為は表出されるだけでなく，抑制されたり，放棄されたり，チェックされたり，方向替えされたりもするのだから，行為は世界の中に目に見える結果を生み出さずとも，意味に影響を及ぼす。想像の中で構築され，自分だけにしかわからないような省略された行為でも有意味にされうる。したがって，行為を，刺激への単なる反応や，観察可能な行動，あるいは目標達成行動と同一視しないように注意すべきだというのが第一の注意点である。もし同一視すると，行為が意味を創り出す微妙な様を見逃してしまうからだ。絶対実行されない行為，実行されるのが遅すぎた行為，手を引くのが早すぎた行為，あるいは時機が良くなかった行為などが，無意味なことはめったになく，むしろ，その意味がわかり過ぎるくらいのことが多いようだ。

(We95, 50-51 頁)

実際にも，Weick が指摘しているように，絶対に実行されない行為は無意味どころか，意味が分かりすぎている場合が多い。例えば H.Garfinkel（1963）のデパート実験である。何人かの学生にデパートに買い物に行かせ，そこで値切るように指示する。デパートは正札から鐚一文値引かない（想像上の行為）と思っていた学生達は，実際に値切って見るとかなり値引きしてもらえることに驚く。野茂の大リーグ挑戦などもそうである。大リーグはレベルが高く，日本人では到底敵わないという想像上の行為（未来完了形の行為）は野茂が大リーグで成功するまでは有意味だった。

　一方で，上で紹介したイマジネーション思考について Krogh & Roos（1995）は次のように述べる。

を引用しつつ以下のように説明している。「未来完了思考の複雑な像は Schutz によって次のように描かれている。『行為者が彼の行為を投影する場合，それがまるですでに終わり，処理され，過去にあるかのように投影する。行為者は，その行為を完熟の実現された事象として心に描き，投影にあたって自分のなした経験の秩序の中に当てはめる。したがって，全く不思議なことに，行為が完了したものとして心に描かれるので，計画される行為は過去形という時間的性質を帯びる... このように，行為があたかも過去でもあり未来でもあるかのように描かれるということは，行為が未来完了時制で考えられていると述べることによって説明される』(Shutez, 1967, p.61)。もし将来の事象がすでに終わり行われたかのように扱うことができれば，その特定の結果を生み出しえたであろう特定の歴史を過去の経験にもとづいて書くことは容易となろう。将来の事象といえども有意味なものとなる」(We79, 256-257 頁)。

（過去の）認知資源はイマジネーションも可能にしてくれる。新しい経験とは，観察に基づかない思考に端を発するものでもよい。ここでもまた，自己言及が重要な役割を演じることになる。（過去の）認知資源に言及することで，（新しい）状況，事象，概念などが想像される。この想像された「状態」は，具体的な行為を前もって必要とする。けれども，そのような行為に制約を受ける必要は全くない。ある意味で，そうした想像された状態とは純粋な感覚に基づいた「認知上の行為」なのである。まさにこの瞬間，イマジネーションが新しい弁別および新しい知識とを創り上げているのである。　　　　　　　　　　　　　　　　　　　　　(KR, pp.55)

Krogh & Roos（1995）のイマジネーション思考に基づいた認知上の行為は，オートポイエーシス・システムのクローズド性と自己言及性によって実現する。対して Weick のいう未来完了形の行為は，ESR モデルのクローズド性と，イナクトされた環境（保持内容）からのフィードバックによってもたらされる。両者の言説を比べれば，Weick 理論における保持からのフィードバックが，Krogh & Roos（1995）のいう自己言及性を有するものであることが理解できる[75]。

　Krogh & Roos（1995）はオートポイエーシス・システムである知の展開プロセスが，個人的および社会的に展開されるプロセスであり，両者は自己相似的であると共に言語ゲームを通じて相互に連関し合っているというアイディアを提示していた。Weick もまた「センスメーキングは，個人的活動と社会的活動にもとづいている」(We95, 7 頁) と述べ，「組織とはルーティンを相互に結びつける集主観性，解釈を互いに強化する間主観性，そしてこれら二種類の形態の間を行き来する運動，を継続的コミュニケーションという手段によって結びつける社会構造である」[76] (We95, 225 頁) と定義した。

---

75 上で取り上げた Blumer (1969) も「ある一定の行為は，開始されたり停止されたりする。放棄されたり延期されたりもする。単に計画されただけであったり，空想だったりもする。仮に開始されても，変形されていく。ここでの目的は，この過程を分析することではなく，その存在と，それが人間の行為の形成の中ではたらいていることを強調することである」(Blumer, 1969：訳，20 頁) と述べて同様の理論を展開している。

76 Weick はこの組織観への着想を Wiley (1988) から得ている。Wiley は主観性を内主観性 (intrasubjectivity)，間主観性 (intersubjectivity)，集主観性 (genericsubjectivity)，超主観性 (supersubjectivity) の 4 つのレベルに分けた上で，内主観性とは個人という分析レベルでの主観性であり，「間主観性はコミュニケーションし合う二人以上の自我の交換と綜合によって」

Weick, Krogh & Roos（1995）共に，組織認識を語る上では個人的なレベルにおけるプロセスと社会的なレベルにおけるプロセス，およびそれらが結びつく様を描写すべき必要を訴えているが，上で見てきたように，Krogh & Roos（1995）がスケーリングによって個人（知）と社会（知）を結び付けているのに対して，Weick は集主観性と間主観性の往還運動の中に同様のことを見出しているといってよい。

Weick によれば，集主観性はコントロールに与り組織認識を安定させ，間主観性はイノベーションに与り組織認識を変容させる。

> 間主観のイノベーションと集主観のコントロールの間で緊張が生じれば，往還運動とコミュニケーションが活発になる。組織をセンスメーキング・システムとして考えるなら，組織の目標とは，環境を安定させ，予測可能なものにするために再発的な事象を創り出し同定することである。意味ある事象とは，以前生じた何かと似ている事象である。 (We95, 225 頁)

Krogh & Roos（1995）は言語ゲームを安定させる機能を「暗黙の論拠」に，それに支えられた「定義や命題，パラダイムに対して代替的，競合的なそれらを確立」(KR, p.124) し，言語ゲームによるイノベーション（「ルールと語のイノベーション」(KR, p.103)）を惹起させる機能を「反作用的論拠」に求めた。「暗黙の論拠」「反作用的論拠」共に，言語ゲーム的コミュニケーションを通して形成され，それらはスケール横断的に個人，グループ，組織の中で共有される。さらに上で見たように，Krogh & Roos（1995）によれば，暗黙の論拠には，定義に関わるもの，命題に関わるもの，パラダイムに関わるものなどがあり，それらには物語，イデオロギーなどが内包されていた。

Weick のいう集主観性にも，イデオロギー，第3次コントロール[77]，パラダ

(Wiley, 1988, p.258) 内主観性から立ち現れる（創発 (emergent) される）主観性であると述べている。その後，再度の創発によって生み出される「具体的で個性的な自我ではなく，集的な自我」(Wiley, 1988, p.258) が集主観性 (genericsubjectivity) であり，「そこでは，具体的な人間，つまり主体はもはや存在しない」(Wiley, 1988, p.258) と Wiley は主張する。超主観性は「シンボリックなリアリティーのレベルであって，主体なき文化の体系と見なされるような資本主義とか数学がその例」(We95, 98 頁) であると説明される。

[77] 第3次コントロールについて Weick（1995）は，直接的な監督によるものを第1次コントロー

イム，伝統，物語といったものが含まれる（We95, 143-177頁）。集主観性のコントロールによって組織におけるセンスメーキングは安定する。反面で，集主観性のコントロールが強くなり過ぎれば，組織は「適応が適応可能性を排除する」状態に陥り硬直化してしまう。集主観性のコントロールに対し，間主観性のイノベーションが組織の柔軟性を裏打ちしている。

ここで，Weickの言葉「集主観性」「間主観性」をKrogh & Roosの言葉「暗黙の論拠」「反作用的論拠」に置き換えてみても，文章に何ら齟齬は感じられない。逆もまた真である。

組織認識論のさらなる発展のために
―機能主義と解釈主義の相克を越えて―

これまで見てきたように，組織認識を語る上では個人的なレベルにおけるプロセスと社会的なレベルにおけるプロセス，およびそれらが結びつく様を描写すべき必要が考えられるが，解釈主義的研究の一大結節点であるWecik理論と，機能主義的研究の一大結節点であるKrogh & Roos理論では，それぞれ"意味"と"機能"という組織認識論の世界で相対立する2つの側面に注目していながら，そこで展開されている議論には驚くほど共通点が多いのである。

こうした両者の理論展開から導かれる洞察にも極めて高い共通性を見出すことができる。1例を挙げれば戦略計画に対する考え方である。Krogh & Roos (1995) は，戦略計画について，組織知の展開プロセスの自己言及性，そこにおける言語ゲームのダイナミックさに言及した後，以下のように論じている。

あるマネジャーのグループが戦略計画について議論するために会合を持つたびごとに，彼らの見解，議論，暗黙の論拠等々には変化が生じ得よう。手短に言えば，社会の組織知とは相当ダイナミックなものなのである。一般的なプロセス論の言葉で

ルと言い，プログラムやルーティンによるものが第2次コントロール，最後に，自明視されている仮説や定義からなるものを第3次コントロールとしている。第3次コントロールは，前提コントロールとも言われる。

言えば，戦略計画に言及するということは積み上げではなく反復であると言える。マネジャーの会合を通じて展開された戦略計画に関する新知識は，その計画に関する旧知識に積み上げて追加されたというわけではない。マネジメント・チームは会合を重ねるたびごとに，旧知識に言及したり，会話の所々を忘れたり，新たな経験を取り込んだり，戦略計画についての新たな解釈を革新的に生み出したり，といったことを通じて計画についての新知識を展開していくのである。

(KR, pp.136-137)

Krogh & Roos (1995) は戦略計画を文字通り「計画」とはみなさず，それは常に進行中のプロセスであり，組織が過去に行ってきたものに言及しつつ（反復であり，旧知識に言及したり），その中で何らかの新たな手掛かりが気づかれたり，新たな経験が積み重ねられ，それによって，新たな見解，議論，暗黙の論拠が形成され続ける知の展開プロセスであるとみなしている。

髙橋 (2000) は Weick と Mintzberg (1989) の戦略論について次のように論じている[78]。

> Mintzberg (1989) によれば，戦略とは「未来への計画案であると同時に，過去からのパターン」(Mintzberg,1989：訳,41頁) であり，「計画的である必要はない－多かれ少なかれ自然に形を現すことがある」(Mintzberg,1989：訳,45頁) ものであり，工芸制作に例えられるようなものである (Mintzberg,1989：訳,37-64頁)。Mintzberg (1989) は，「これまで戦略策定について書かれてきたほとんどすべてが，それを計画的な過程として描いている。まず考えて，その後で行動する。計画を立てて，その後で実施する。この進行はまったく理に適っているように見える」(Mintzberg,1989：訳,45頁) が，陶芸家が工房で作業をしているのを思い浮かべると，そこでは最初から明示的な計画が存在したのではなく，むしろ「アイデアが次々に浮かんでは消え，やがて新しいパターンが形を結ぶ」(Mintzberg,1989：訳,45頁)，すなわち「行為が思考を駆り立て」(Mintzberg,1989：訳,45頁)「戦略が形を現わした」(Mintzberg,1989：訳,45頁) と考えた方がよいのではないかと述べる・・・Mintzberg が主張している戦略概念，すなわち計画としてではなく，進行しつつある流れの中で事後的に生じたものであるという考え方は，事実そのも

---

78 Krogh & Roos (1995) も Mintberg (1989), Minzberg (1990) に言及している。

のが回顧的に有意味に作られるというWeickの主張とも通底している・・・意味は過去から引き出される。われわれは事実によって自分の行為を知り，理解するにすぎないのである。ならば，計画性の名の下に立ち上げられた戦略というものにそもそも意味があるのだろうか。もし意味があるとするならば，「将来に関する情報は不完全であり，現実を回顧的にとらえているため」(Scott他,1981：訳,1985,332頁)「過去に意味を与えることぐらいである。いいかえれば，計画化という行為は，価値ある過去の行為に意味を与えるには役立つが，計画それ自体には意味を与えないのである」(Scott他,1981：訳,332頁)。もし意味を考えるのであれば，それはむしろ「シンボル，宣伝，ゲームそれに相互作用の口実」(We79,14頁)として考えるべきであろう。

髙橋(2000)が指摘しているように，Weickの戦略観は，「計画」というよりも「相互作用の口実」(We79,14頁)(相互作用のきっかけ)であり，それは進行しつつある流れの中で，回顧的に意味が形成され続けているプロセスである。こうした見解が上で紹介したKrogh & Roos (1995)の戦略観と通底していることは言うまでもないだろう。

　機能主義的アプローチと解釈主義的アプローチが極めて接近した内容に発展してきた背景にはいくつかの理由が考えられる。1つは，両者が認知主義のパースペクティブを乗り越えるべくして誕生したという共通の背景を有することである。

Herbert Simon, Noam Chomsky, Marvin Minsky, John McCarthyなどに代表される認知主義は20世紀の組織認識研究をリードしてきた思想であった。認知主義的アプローチの特徴は一言で言えば表象主義的思考(representationism)にあり，それはコンピューター・サイエンスの発展を著しく促進した。認知主義では，人は「ガラスのように透明な存在」[79]とみなされ，表象された現実は，コンピューターが行うような真理関数の連結によってもたらされる論理演算によって処理されていると考えられた。認知主義的研究は，「公式の役割や公式関係を重要視」(髙橋&山口他,1998,58頁)し「組

---

[79] Krogh & Roos (1995), Weick共にRortyを好んで用いている(例えば，Krogh & Roos, 1995,p.13では"Roety calls Glassy 'Essence'"; Weick (1995：訳)では35頁，144頁)。

織を目的達成のための合理的手段」（高橋 & 山口他, 1998, 58 頁）として捉える合理的意思決定システムとしての H.A.Simon らによる組織観や，ロンドンの Tavistock Institute of Human Relations の研究者らのコンティンジェンシー・アプローチを定式化したソシオ・テクニカル・モデル，さらには組織現象を「組織内の関係部門の活動を調整してゆくために必要な情報量と，実際に組織がすでに入手している情報量の差」（Galbraith, 1973：訳, 180 頁）に基づいて解明すべく試みた情報処理モデルなどをもたらし，それはまさに 20 世紀の組織理論研究を華麗に彩った一大思想的潮流であった。しかし，心理学や神経生物学の発達によって人の脳はコンピューターとは似ても似つかない存在であることが明らかになるにつれて，認知主義的アプローチは次第に下火となり，代わって機能主義的アプローチと解釈主義的アプローチが盛んになっていった[80]。

　機能主義的アプローチと解釈主義的アプローチが近接してきたもう一つの理由は，互いに相手の研究成果を取り込みつつ発展してきたことである。機能主義は解釈主義を批判しつつもその成果を取り込んでプロセスのみならず内容までをも説明できる統合理論へと発展を目指したのに対し，解釈主義はセンスメーキングを解釈の上位概念とみなして理論を拡大することで機能主義を包含すべく発展してきた。

　Weick（1995）は言語ゲームに触れながら以下のように述べている。

　　私がこの点にこだわるのは，Morgan 等がセンスメーキングを（解釈的アプローチから組織を研究しようとする人たちによって使用されている）3 つのメタファーの 1 つとして（他の 2 つは言語ゲームとテクストである）論じているからである。

---

[80] 主にアメリカで認知主義が一世を風靡していた時代に，遠くヨーロッパで勃興していた構造主義思想が当時の組織認識研究に大きな影響を及ぼしたであろうことは想像に難くない。構造主義と機能主義はやがて密接に結びつき，後藤（1991）が指摘しているように「戦後アメリカ社会学の巨星タルコット・パーソンズを中心とする構造機能主義，または，これにロバート・マートンやポール・ラザースフェルドら機能主義の社会学者を加えた広義の機能主義社会学は，シカゴ社会学の影響が衰えたのち，1950 年代以降のアメリカ社会学界を，ほとんど完全に支配した一大勢力」（後藤, 1991, 306 頁）であり，「『パーソニアンでなければ社会学者ではない』などと言われた」（後藤, 1991, 306 頁）りもした。その後，本章でも触れた Luhmann などが Parsons の構造機能主義研究をさらに発展させてきた。

Morgan 等は次のように述べている。これら3つのメタファーはすべて、「有意味な行為の創造について理解すること，つまり個々人はいかに自分の状況に意味を付与するか（make sense）〔原文のまま〕，ひいてはかなりルーティン化された仕方で客観視されるようなリアリティーについて定義し共有するようになるのかといったことに関係している。手短に言うと，客観的で当然視される日常生活の諸相が，シンボリックなプロセスを介してどのように構築され，リアルとされるのかを理解することに関わっているのである」（Morgan 等,1983, p.22）。テクストと言語ゲームは解釈のメタファーであるとしても，センスメーキングはメタファーではない。センスメーキングはまさに言葉そのもの，つまり何かを意味あるものにするということである。
(We95, 20-21 頁)

Weick（1995）は「センスメーキングをいわゆる解釈的活動から分離し，解釈的活動を包含するより高次の抽象レベルのものである」（Weick, 21 頁）とみなすべきであると論じているのである。解釈の上位概念としてセンスメーキングを位置づけた上で，Weick（1995）は過去の諸研究をセンスメーキングに関連づけて整理する。それは膨大な量に上るがいくつか例を挙げると，人間関係論として名高い Reothlisberger & Dickson（1939）を「組織環境は，従業員が対象に付与する意味から理解されなければならない」（We95, 89 頁）として理論に取り込み，Weber（1947）を「社会的行為は，研究者が当事者の抱いている意味を考慮しない限り理解できない」（We95, 90 頁）としてセンスメーキング理論に包摂する。また，20世紀を代表する組織理論であり誰しも一度は読んだであろう March & Simon（1958）を「組織ルーティンには注意を払う必要がないので，その分，注意を非ルーティン的事象の理解に振り向けることができる」（We95, 90 頁）とし，コンティンジェンシー・アプローチの草分け的存在である Burns & Stalker（1961）を「管理のワン・ベスト・ウェイという考えを追放し，高い不確実性に対する反応として社会的構築物を考えている」（We95, 90-91 頁）とし，ゴミ箱モデルを提示した March & Olsen（1976）を「組織にあいまい性が蔓延しているのは，事象についてわれわれの知っていることの大部分が解釈だからである」（We95, 91-92 頁）として「組織のセンスメーキングの重要な資源」（We95, 89 頁）として自論に組み

一方のKrogh & Roos (1995) はと言えば，解釈主義[81]的「認識論はたくさんの知恵を提供してくれているのだが，これまで組織の理論構築にはほとんど影響を与えてこなかったが，次の2つの研究がとりわけ注目に値する」(KR, p.26) とした上で，Sproul & Kiesler (1991), Weick & Roberts (1993)[82]の研究を取り上げて，「社会的実体の自己組織化に関する言語の開発，ネットワーク型組織の優位性を指摘，知識の創発的生成に対する言及，組織構成員の相互関係のパターンの重視」(KR,27) などを解釈主義的認識論の重要な貢献として提示するのである。

　上で見てきたようにKrogh & Roos (1995) は，「Alfred Schutz (Schutz, 1970; Schutz & Luckman, 1989, 1985) の現象学とPeter BergerとThomas Luckman (Berger, 1981; Berger & Luckman, 1966) の社会学理論」(KR, p.131) を包摂し，さらに言語ゲームに言及することで，機能を越えて意味的内容までを自説の射程に捉えるべく試みていた。Schutzの現象学的社会学がWeick理論の重要な礎石となっていることは第3章で触れたが，Berger & Luckmann (1967) についてWeick (1995) は「時が経つにつれて，人はパターン化された仕方で行為し，そのパターンをリアリティーとして自明視するようになり，そして自らのリアリティーを社会的に構築する」(We95, 91頁) とセンスメーキング理論に基づいて説明している。

　こうした展開を眺めれば，機能主義的研究，解釈主義的研究双方が互いを包含すべく拡大していった様が理解できよう。近年の組織認識研究においては，それが機能主義あるいは解釈主義を標榜しようと，それぞれが互いの"機能"と"意味"の双方を語り続けてきたのである。

　本章で強調したいことは，解釈主義と機能主義はコインの裏表のような関係

81　Krogh & Roos (1995) はここで取り上げるSproul & Kiesler (1991), Weick & Roberts (1993) などの解釈主義的研究をコネクショニズム (connectionism；結合主義) によるアプローチとして批判している。Weick (1995) はSproul & Kiesler (1982) の研究について「社会的認知過程は，管理者の問題感知との関連から分析されるが，それは適応のための刺激の気づき，解釈，統合として概念化される」(We95, 92頁) としてセンスメーキング理論に取り込んでいる。

82　HRO (High Reliability Organization；高信頼性組織) に関する研究。詳しくは第8章を参照されたい。HRO理論に基づいたケース・スタディに興味がある方は第9章，第10章，第11章なども併せて参照されたい。

になりつつあると考えるべきである,ということである。語弊を恐れずに敢えて言えば,機能主義的だ,解釈主義的だといった視点で,組織認識研究を捉えることは最早無意味になっているのではないだろうか。Burrell&Morgan (1979) は,多くの主観主義者（subjectivist）[83]がアイディアの操作にあたって現実主義者（realist）的形式の存在論（ontology）が密かに（through the back door）忍び寄っていると強く批判し（Burrell&Morgan, 1979, p.266），具体的にWeick (1979) の理論展開は存在論上ふらついて（ontological oscillation）おり認めがたいと述べる（Burrell&Morgan, 1979, p.266）。これに対しWeick (1995) は以下のように応じている。

> センスメーキングを研究する人は存在論上ふらつくものなのだ。なぜなら,格別存在論云々を考えたことのない日常生活を生きている人びとの行為を,センスメーキング研究者が理解しようとするとき,そのふらつきこそが理解を促してくれるからである・・・もし,人びとが多様なアイデンティティを持ち,多元的なリアリティーに対処しているのであれば,彼らが存在論的に純粋主義者であると予測すべき理由などあるだろうか。彼らが純粋主義者ならば,そのセンスメーキング能力は制限されてしまう。人びとは時によって,解釈主義者,機能主義者,ラディカル人間主義者,ラディカル構造主義者のように行為するという方が自然である。
>
> （We95, 47頁）

Weickのいうように,組織の生は時には機能に,時には解釈に重点を置くことによってより鮮明に理解できるようになるだろう。

　機能主義,解釈主義双方の研究者たちが,それぞれの長所を認めつつ（例えば,Weick理論では説明が困難な組織の境界問題について,Krogh & Roos理論はオートポイエーシス・システムのクローズド性に基づいて鮮やかな答えをもたらしてくれる。Krogh & Roos理論では理解が難しい組織認識の進化について,Weickの進化論モデル（ESRモデル）は素敵な方向性を示してくれる。上で述べたように'機能主義的'非言語的コミュニケーション論（例えば

83　Burrell & Morgan (1979) によれば主観主義かつレギュレーションの立場が解釈主義,客観主義あるいは現実主義かつレギュレーションの立場が機能主義である。従って,ここでは両者をそれぞれ解釈主義,機能主義と考えてもよい。

メディアリッチネス論)も展開可能だろう),互いの研究を批判的にではなく好意的に評価することで,組織認識研究は新たなパースペクティブを切り開いていけるのではないだろうか。

　本章で最後に述べたことを夢見物語だなどとは考えないで欲しい。現実の生を振り返ってみれば,「結婚」という制度は個々人が付与している"意味"を越えて一定の社会的機能を果たしていると考えられるが(例えば,橋爪(2007)),同時に「結婚」は個々人にとって重大な意味ある行為でもある。ある機能が潜在的に逆機能化し,それが社会的変動に繋がると考えると同時に,それはそこに付与されている意味に人びとが疑問を抱き,間主観のイノベーションが集主観に変容を迫るプロセスであると考えることで,現実の生をより豊かに捉え,論じることが可能になるのではないだろうか。

　本章で見てきたように,Krogh & Roos (1995) は,Berger, Schutz, Luckman, Polanyi, Bordieu など解釈主義的研究が礎石としてきた先行研究を丹念にレビューし,自説に吸収すべく試みている。本章では紹介できなかったが,Krogh & Roos 理論はこれらのほかにも W.Buckley, C.Geerz, G.P.Huber, I.Mitroff, G.Morgan などによる研究を踏まえて構築されている。これらの諸研究は,いずれも Weick 理論の重要な礎となっているものばかりである。今後進められるであろう機能主義視点と解釈主義視点が融合した研究においては,こうした共通の先行研究が両者を接着させる重要な役割("機能"と"意味")を果たすことになるだろう。

　最後に,もう一言だけ。Ludwig Wittgenstein は自身の生涯の中で,表象主義的思考に基づく写像理論(前期思想)から,構造主義的思考に基づく言語ゲーム(後期思想)への大転換を成し遂げた巨人である。彼自身の中で完遂された認識論的大革命はいかにしてもたらされ,いかにして可能になったのか。本章では Wittgenstein の言語ゲーム論については深入りを避けたが,上で見たように Krogh & Roos (1995) は知の展開プロセスにおいて果たす言語ゲームの機能的側面に注目し,それを新たな組織認識論の礎に据え,Weick (1995) は言語ゲームの解釈的側面に注目し,言語ゲームより上位の概念としてセンスメーキングを規定した。Krogh & Roos (1995) および Weick

(1995)の論旨から,言語ゲームには機能,意味,解釈,社会的レベルでの知(意味)の展開といった,機能主義と解釈主義の組織認識論を融合する素材が隠されていることが感得される。本章でそれをはっきりと示せなかったのは残念であるが,これは今後の課題としたい。

第13章
ホスピタリティ・マネジメント論

　本章の目的は，ホスピタリティおよびホスピタリティ・マネジメントについて，組織認識論という，これまでにないまったく新しい視点から考察することにある。ホスピタリティ研究の分野では，ホスピタリティ活動について，社会的構築物という（たとえば，歴史的，文化的，人類学的な）視点からの研究はこれまでほとんどなされていないと言ってよい (Lashley, 2000)。本章では，組織認識論の中でも解釈主義的アプローチの一大結節点と評されるK.E.Weick 理論を，ホスピタリティ研究に応用展開すべく試みられる。

　本章の第1目的は，組織認識論の言葉をホスピタリティ研究に持ち込むことそのものにある。前章で紹介した Krogh & Roos (1995) が強調しているように，新たな語とその用法をある分野に持ち込むことは，それだけでも十二分にイノベーティブであると考えられるからである。

　本章の第2目的は，「個人やグループというレベルを越えた組織的ホスピタリティ（ホスピタリティと呼ぶべき組織的行為の複合的連鎖およびその継続）はいかにして可能になるのか」という問いに答えることである。この問いに答えるために，本章では組織的に発揮されるホスピタリティの源泉について考察を試みる。

　本章の第3目的は，上の考察を踏まえた上で，成功するホスピタリティ・マネジメントの必要条件を提示することにある。

ホスピタリティとは何か

　ホスピタリティとは「人に対しての思いやり，心遣い，親切心，心からのお

もてなし」（力石,1997,43 頁），「物事を心，気持ちで受け止め，心，気持ちから行動に移すこと」（力石,2004,12 頁）などと言われてきた。ここでは，まず最初にホスピタリティとは何かについて少しばかり考えてみたい。

　Brotherton & Wood（2000）は，「大きく分ければ'ホスピタリティ'の定義には，セマンティック・アプローチと概念的アプローチの2つのアプローチ法が存在する」(p.135) と述べて，さまざまな辞書・辞典の定義（たとえば Oxford Quick Reference Dictionary（1996）の「フレンドリーで思いやりのある，ゲストやストレンジャーに対するレセプションとエンターテイメント」(p.424)，Collins Concise English Dictionary Plus（1989）の「ストレンジャーやゲストを歓待する親切さ」(p.604) など）と，研究者らによる概念的定義（たとえば，Mennell et. al.（1992）による「態度や心構え，テーストのアンサンブル」など）を紹介している。

　服部（2008）は，Hostis（古ラテン語；余所者）と Potis（ラテン語；能力）の系列を汲む Hospes（ラテン語；客の保護者）がホスピタリティの語源であると論じ，Hospes から派生した Hospital（病院），Hospitaler（慈悲宗教団員），Hotel（ホテル）などの言葉の中にホスピタリティの本質を見出すべく努めている（服部,2008,15-19 頁）。さらに服部（2008）は，サービスの語源をラテン語の Servus（奴隷）に求め，サービスとホスピタリティの相違を，サービスが「主人としての顧客の意思が最優先され，提供者は一時的従者としての役割を演じる」（服部,2008,33 頁）を意味するのに対し，ホスピタリティは「主客同一（主人と客人が同一の立場に立って，互いに遇する）の精神をもって相互満足しうる対等となるに相応しい共創的相関関係で互いに遇すること」（服部,2008,35 頁）を意味すると述べている。服部（2008）は，ホスピタリティの意味をさらに掘り下げて，ホスピタリティとは「相互満足しうる対等となるにふさわしい相関関係を築くための人倫」（服部,2008,73 頁）とまで主張している。

　Brotherton & Wood（2000）や服部（2008）によって展開された議論からも分かるように，さまざまなコンテキストで用いられる'ホスピタリティ'という語をホリスティックに捉えて一義的な定義を与えるのは容易ではない。では，これから議論しようとしている「ホスピタリティ・マネジメントとはそも

そも一体何なのであろうか？」(Brotherton & Wood, 2000, p.144)。Brotherton & Wood (2000) は，この問いに対して，次のように答えている。「そこには厳密な答えなど存在しない。ただ，そこには，ホスピタリティとマネジメントが存在しており，両者ともに社会的，経済的，政治的な活動，すなわち，人間の行為の産物なのである」(Brotherton & Wood, 2000, p.144) と言えるのみである，と。

Brotherton & Wood (2000) の主張はセマンティック・アプローチの蠱惑から，われわれを解き放ってくれる。なぜなら，'ホスピタリティ' という語に対して一義的で精確な定義を与えることは難しいとしても，Wittgenstein が論じたように[1]，われわれが 'ホスピタリティ' という語を用いることができ，さらにそれが社会的な相互作用に基づいた一連の行為から浮かび上がる何かであることが，はっきりと示されているからである。Brotherton & Wood (2000) が論じているように，ホスピタリティという語に，透徹したセマンティック・アプローチを試みることは有益とは言い難い。むしろ，それらの語が用いられているさまざまなセンテンスを参照しながら，ホスピタリティ，さらにはホスピタリティ・マネジメントの本質を捉えるべく試みたほうが，現実的で有益な議論が展開できるだろう。

上で挙げたいくつかの定義を，センテンスに忠実に再度読み解いてみよう。力石 (1997, 2004) による「人に対しての思いやり，心遣い，親切心，心からのおもてなし」(力石, 1997, 43 頁；強調ルビは引用者)，「物事を心，気持ちで受け止め，心，気持ちから行動に移すこと」(力石, 2004, 12 頁；強調ルビは引用者) という定義からは，ホスピタリティが何らかの主観的な意識（心，気持ち）に基づいた一連の行為（おもてなし，行動）であることを感得することができる。しかしこの素朴な定義からは，ホスピタリティを生み出す意識が内主観的なものなのか，間主観的なものなのか，あるいは集主観的なものなのかが

---

[1] 前章でも触れたように，Wittgenstein によれば，すべての語の「意味の説明は，語の使い方を説明する。その言語におけるその語の使い方が，その語の意味」(Wittgenstein, 1969：訳, 70-71 頁) であり，「意味とは，語が記号的操作体系のなかで演ずる役割のこと」(Wittgenstein, 1969：訳, 76 頁) である。すなわち，Wittgenstein は言語ゲームを離れて語の客観的意味は成立しえないと主張しているのである。本章では目的に照らして言語ゲーム，語の用法および意味論についてこれ以上は深入りしない。詳しくは，Wittgenstein (1969) を参照されたい。

判然としない[2]。

　服部（2008）はホスピタリティを「共創的相関関係で互いに遇すること」（服部,2008,35頁）と述べていたが，この定義からは，ホスピタリティが互いの内主観性を乗り越えて，間主観的に（互いに）形成されるプロセス（関係）から生み出されるものであることが分かる。服部（2008）の定義は，上で挙げた Brotherton & Wood（2000）による，ホスピタリティが社会的な相互作用に基づく一連の行為からなるプロセスであるという主張とも通底している。両者に共通しているのは，ホスピタリティが内主観性を乗り越えて生み出される社会的構築物である，あるいはホスピタリティという一連の行為が社会的構築物の上で実現するという点である。

　ホスピタリティを考えるに際して，「ホスピタリティが社会的構築物である，あるいは社会的構築物の上で実現する」と捉える視点の重要性は，次のノース・ロンドン大学の Tom Selwyn（2000）の言葉からも理解できる。

　ホスピタリティの基本的な機能は，新たな関係を構築したり，既存の関係をより深めることにある。すなわち，ホスピタリティ行為とは，モノとサービスの交換を通して，物質的およびシンボリックに（both material and symbolic），ホスピタリティを提供する側（ホスト）とそれを受ける側（ゲスト）との間に関係を構築する行為である。関係性は精神的フレームワークの中で醸成（evolve）されるがゆえに，あらゆるホスピタリティ行為の根幹的機能は，（既に存在する関係の場合には）ホストとゲストが既に共有（share）している同じ精神的世界の認識（recognition）を押し固めるか，（新たな関係を構築する場合には）ホストとゲストの双方が合意する精神的世界を構築（construction）することにある。

(Selwyn, 2000, p.19)

　Selwyn（2000）の言葉は興味深い。というのは，あらゆるホスピタリティ行為の根幹的機能が，「ホスピタリティを提供する側」（Selwyn, 2000, p.19）と「それを受ける側」（Selwyn, 2000, p.19）の双方に共有された精神的世界の構築（construction）にあるとすれば，ホスピタリティ行為の連鎖が，間主観

2　内主観性，間主観性，集主観性については第4章を参照されたい。

的センスメーキング³・プロセスに他ならないことを示しているからである。

Heal (1990) は「しばしば，ホスピタリティは，プライベートな一連の行為であったり，ある特定のホストによって現出されたりもする。とはいえ，それは，共有された確信のマトリックスと，明確なパブリシティーの中で，はっきりと意味づけられている」(Heal, 1990, p.2) と述べている。Heal (1990) の「共有された確信⁴のマトリックス」(Heal, 1990, p.2)，「明確なパブリシティー」(Heal, 1990, p.2) という言葉は，ホスピタリティ活動が，プライベートな（内主観的な）行為であるにしても，それが間主観性をも越えた集主観的に共有されたフレームの中で意味づけられる（意味が共有される）活動であることを示している。

リーズ・メトロポリタン大学の School of Tourism and Hospitality Management 教授で，ヨーロッパにおける先駆的なホスピタリティ研究をリードしてきた Conrad Lashley (2000) は，ホスピタリティ研究の分野では，ホスピタリティ活動に対して社会的コンテキスト，あるいは社会的構築物というパースペクティブからの（たとえば，歴史的，文化的，人類学的な (from historical, cultural or anthropological perspectives)）研究はこれまでほとんどなされてこなかったが，そうした"社会"的パースペクティブからの研究は，ホスピタリティ研究において今後ますます重要性を増すであろう

3　これまで紹介してきたように，センスメーキングについてはさまざまな研究者により定義がなされてきた。例えば Waterman (1990) はそれを「未知の構造化 (structure the unknown)」(p.41) と呼び，Huber & Daft (1987) は「知覚可能で (sensable)，有意味な (sensable) 事象の構築」(p.154) であると述べた。Weick (1995) によれば，「センスメーキングとは，何ものかをフレームの中に置くこと，納得，驚きの物語化，意味の構築，共通理解のために相互作用すること，あるいはパターン化といったようなこと」(We95, 8 頁) である。Selwyn (2000) の「精神的フレームワーク」とは Weick (1995) のいう「フレーム」と同義であると考えてよい。Weick (1995) は次のように論じてもいる。「センスメーキングの実質に関する考察は，役割を構築したり対象を解釈するに当たって人は何に"依拠する"ものかについての何らかの考えを反映している。何かに依拠するということは，ある種のフレーム（たとえば，国の文化）の作用－その中で手掛りが気づかれ，抽出され，意味あるものとされる－を何ほどか前提にしている」(We95, 148 頁)。

4　確信 (belief) とは「イデオロギーやパラダイムといったフレームの中に沁み込んでいて，人の気づくものや事象の展開とかに影響を及ぼす」(We95, 178 頁) ものである。Weick (1995) がセンスメーキング・「プロセスの一貫性はどれも，主に 2 つの構造，すなわち確信 (belief) および行為 (action) のいずれから生じる」(We95, 178 頁) と主張している点には留意されたい。この点については後で詳しく論じる。

と強調している (Lashley, 2000, p.5)。

ホスピタリティ研究分野で"社会"的パースペクティブからの研究が少ないとはいえ、そこにはいくつかの優れた先行研究を見つけることができる。例えば、Arch G. Woodside & Marylouise Caldwell (2007) である。Woodside & Caldwell (2007) は、Lived Experience Theory in Travel and Tourism Research と題した論文の中で、Lived Experience Theory をミクロとマクロの視点からレジャーやトラベル活動に応用すべく試みている (Woodside & Caldwell, 2007, pp.17-66)。すなわち、ホスピタリティ活動について、ある特定のコンテキストの中における個人およびグループの意識にまで遡って考察を試みているのである[5]。

Brotherton & Wood (2000), Selwyn (2000), Heal (1990), Woodside & Caldwell (2007) などの研究からも分かるように、ホスピタリティ活動とは、個人的意味が、間主観的に、あるいは集主観的に共有された社会的センスメーキング（あるいはセンス・ギビング）プロセスであり[6]、それは、個々のホスピタリティ行為を越えて、一連の行為の複合的かつ連鎖的集合体としてホリスティックに現出する。

ホスピタリティ活動の本質を社会的センスメーキング・プロセスであると捉えることによって、組織認識論における解釈主義的諸研究の成果をホスピタリティ研究分野に応用展開する道が開ける。つまり、ホスピタリティ研究分野に、組織認識論の世界で紡がれてきた言葉とその用法を導入する道が開けるのである[7]。ホスピタリティのこうした一面に注目した研究は、わが国ではほとんど行われてこなかった観がある。次節以降で、組織認識論の知見を織り込んだ、従前とはやや趣を異にするホスピタリティ・マネジメント論を語ることに挑んでみたい。そこでのポイントは「個人やグループというレベルを越えた組

---

5 Woodside & Caldwell (2007) が Lived Experience Theory として依拠しているのは、Weick (1995) や Kahneman, Slovic & Tversky (1982) などである。Woodside & Caldwell (2007) では Weick (1995) の回顧的意味形成理論がとりわけ注目されている。

6 逆に社会的意味が個人において内面化されるプロセスでもある。あるいは共有されたフレームの上で展開される社会的プロセスでもある。

7 前章で紹介したように Krogh & Roos (1995) によれば、知の開発におけるイノベーションは、用法を伴った新たな語の導入によってもたらされる (Krogh & Roos, 1995, pp.95-132)。

織的ホスピタリティ（ホスピタリティと呼ぶべき組織的行為の複合的連鎖およびその継続）はいかにして可能になるのか」という点にある[8]。

ホスピタリティの源泉

　ホスピタリティが一連の行為に基づくのであれば，それは生まれたと同時に消え去ってしまう運命にある。行為そのものは，持続して存在できないからである。では，儚い個々の行為，あるいはその空間的連鎖を乗り越えて，組織的かつ継続的なホスピタリティはどこに宿るのか。考察に当たっては，行為が消え続けるときに何が消えずに残され続けるのかが問題になる。
　消え行く行為の伝承について，Shils（1981）は次のように述べている。

　　それらの行為のうち伝達可能なのは，行為が暗示したり表わしたりする行為のパターンないしイメージであり，それらのパターンの再イナクトメント[9]を求めたり，促したり，規制したり，許したり，禁じたりする確信である。何らかの行為や複合的および連鎖的行為が後に残すものは，それ以降の行為の条件になり，行為が生じたときにそれがどのようなものであったかについての記憶や記録の中のイメージになり，そしてある条件の下では，未来の行為のための規範的な前提条件ないし処方箋になる。
　　　　　　　　　　　　　　　　　　　　　　　　　　（Shils, 1981, p.12）

すなわち，行為は，それがイメージ（「未来の行為のための規範的な前提」）と

---

[8] Selwyn（2000）が論じていたように，ホスピタリティを考える際には，組織論で主に扱われてきた組織的行為の発現と調整のみならず，顧客との関わりまでも含めて参加者達が織り成す場（E.Goffmanの言葉を借りれば「場面」）についても考察すべき必要があるが，本章ではあくまでも組織的ホスピタリティの発現と調整に的を絞って論じていく。後者の重要性を意識していない訳ではないことは理解していただきたい。

[9] 第2章で詳述したが，イナクトメントには2つの側面がある。1つは「経験の流れの中に違いが生じると，行為者はより深い注意を払うべく変化を隔離するような行為をする」（We79, 169頁）「囲い込み（bracketing）」（We79, 169頁）という側面であり，もう1つは「変異と言わずになぜあえてイナクトメントと言うかと言えば，組織メンバーが（自らをやがて拘束する）環境を創造する上で果たしている（とわれわれが思っている）積極的な役割をイナクトメントという言葉がとらえているからである」（We79, 169頁）という側面である。ここではイナクトメントを，囲い込みおよび働きかけ（環境創造）と捉えておけばよい。

して，組織および個人の確信[10]のフレームのうちに埋め込まれたときにのみ伝達されると，Shils（1981）は考えているのである。

Shils（1981）の「イメージ」という言葉は，行為が伝達される際の特徴をうまく捉えている。イメージは伝えられる度に個人化され，内面化され，それが再び行為として結晶する際には，伝達された個人によって再構築されなければならない。歌舞伎や茶道など脈々と受け継がれてきた古典芸能は，伝承されるイメージの好例である。われわれが目にする歌舞伎（行為の連鎖）は，数百年前の歌舞伎（行為の連鎖）とまったく同一ではないだろう。しかし，そこには何らかの頑健なイメージが息づいている。「型を守るためには，型を破らねばならない－そして後で再構築するのである。伝えるということがこれほどまでに複雑な理由は，何が残されるかを決めるのが，行為を写し取るのに用いられるイメージの内容だからである」（We95, 169頁）。

組織的に伝承されるイメージについて，Weick（1995）の組織観を振り返りながら，もう少し掘り下げて考えてみよう。Weick（1995）は「組織とは，ルーティンを相互に結びつける集主観性，解釈を互いに強化する間主観性，そしてこれら二種類の形態の間を行き来する運動，を継続的コミュニケーションという手段によって結びつける社会構造である」（We95, 225頁）とした上で，以下のような考察を展開していた。

「社会的形態があれば，初期の構築に携わらなかった人でも身につけることができ，ひいてはその発展に寄与できるような，生き生きとしてユニークな間主観的理解を生み出せる」（We95, 102-103頁）。間主観的理解に達するプロセスは，内主観的理解が行為の模倣や会話などによって，社会的リアリティーをもった相互に共有された意味世界が構築されるプロセスである（個人的内主観性を乗り越えて，時間超越的な間主観性が成立するプロセスである）。「間主観性が集主観性に移るときには，理解に必ず何らかの欠落が生じる」が「この欠落をなるべく最小限に抑え，なおかつ再交渉ができるようにすることによって欠落」（We95, 103頁）をマネジメントすることが肝要である（欠落が大きけ

---

10 Heal（1990）の「共有された確信のマトリックス」（Heal, 1990, p.2）という言葉を思い返して欲しい。Weick（1995）も確信こそがセンスメーキングを主導する（We95, 178-205頁；第6章「確信主導のセンスメーキング・プロセス」）と主張している。

れば組織的伝承の一貫性が崩れ去る恐れが生じる)。マネジメントに際しては「間主観性に固有のイノベーションと，集主観性に固有のコントロールとを調整しようとするときに生じる緊張」(We95, 103頁) をうまく管理し，間主観性のイノベーションを圧殺しないよう努めつつ (受け継がれたものはオリジナルの厳密なコピーでしかない，進歩・進化が見られない，という状況に陥るのを避けつつ)，「組織におけるセンスメーキングの特異な点」である「前提コントロール[11]や人的互換性を確保するために，集主観性が常に働いている」(We95, 225頁) 状態を維持し続けなければならない。集主観性が働かなければ，いかなる些細なイメージすら組織的に共有され得ず，従って (組織的と言うべき) 伝承などされようもないからである。Weick (1995) の考察から，組織的な行為の伝承が集主観的に受け継がれる一貫したイメージに基づいており，その時間的変容が間主観的伝達に基づいている点が理解できる。

　変容 (間主観性のイノベーション) を伴いながらも一貫性を維持するということは，Fuentes (1990) のいう「この変わりゆく世界が決して無意味にならないように類似や統一といった精神の力を保持しつつ，世界の多様性や変異性をいかに受け入れるかという課題」(Fuentes, 1990, p.49) と密接に関わっている。Fuentes (1990) は，新しいものを取り込むということは「新しいもののために過去を犠牲にするという問題ではなく，われわれが創り出した価値を維持し，比較し，忘れないという問題で，そうすることによって現代の価値を失わずに過去の価値を現代的にするのである」(Fuentes, 1990, p.50) と述べている。市川猿之助がスーパー歌舞伎と銘打って，壇上で宙を舞おうとも，猿之助が演じているのは歌舞伎である。猿之助は歌舞伎の中の強固なイメージを維持しつつ (過去の価値をすっかり忘れてしまった訳ではなく)，それを現代的に表現しているのである。一貫性の維持と変容を同時に実現するためには，変容前の価値と実質的に同一の価値 (Fuentes (1990) のいう現代的になった過去

11　Perrow (1986) によれば，組織におけるコントロールには3種類ある。直接的な監視・監督による第1次コントロール，プログラムやルーティンによる第2次コントロール，仮定や価値観による第3次コントロールである。第1次コントロールは行為レベルのコントロールであり，第2次コントロールは意思決定レベルのコントロール，第3次コントロールは認識レベルのコントロールである。Simon (1957) のいう意思決定に先立つ諸前提という観点に立って，第3次コントロールは前提コントロールと呼ばれる場合もある。

の価値)が,変容後の集主観性に存在していることが必要となる。でなければ,一貫したイメージ,さらにはそれに基づく行為は伝承されえない。

　Fuentes (1990) の課題を読み解くに際して,第4章で提示した集主観性の類型化というアイディアが役立つ。第4章では,比較的長期にわたって持続し,組織の一貫性を裏打ちしている情報と,そうではないが広く共有されている情報とを区別して,前者を集主観性の不易なコアとして捉え,後者を集主観性の周縁として捉えた上で,集主観性をその内部において,コアと周縁とに類型化して考えるべきであると主張した。コアはFuentes (1990) のいう姿を変え現代的になっても持続している過去の価値の体系から構築され,「これが変容の脅威に晒されるならば,組織化の源泉が脅威に晒され,ひいては当該組織が当該組織である源－組織のアイデンティティが脅威に晒され」,やがては行為の伝承どころか,「組織が組織足りえる人的互換性すら確保できない状態に陥る可能性がある」と論じた。

　第4章ではさらに,集主観性に対しメディアリッチネス[12]論に従って,そこに保持[13]されている情報がより質的か,量的かの軸で分類すべく試みた。すなわち,コア－周縁軸に加えて,質的－量的軸の2軸で集主観性を4つの領域に切り分けて捉えようとしたのである(図13-1参照)。第4章で述べたように,質的情報は多義[14]性の削減に貢献し,量的情報は不確実性[15]の削減に貢献す

---

[12] メディアリッチネスとは「コミュニケーションの当事者間でひとつの共通の理解に収束するために,互いの理解を変更し,異なった概念の準拠枠を克服し,あいまいな事柄を明確にする,メディアの能力・属性である。具体的には,①迅速なフィードバックの入手可能性,②多様な手掛かりを運ぶ能力,③言語の多様性,④個人的焦点という4つの包括概念として把握される」(遠山・村田・岸,2003, p.221)。この定義に従って1例を挙げれば,メディアリッチネスのディグリーが最も高いのは対面会話であり,続いて電話,eメールといった順になろう。メディアリッチネスについて詳しくは,第2章およびDaft & Lengel (1986, pp.554-571) あるいは,遠山・村田・岸 (2003) の219頁から226頁,髙橋 (2005b) を参照されたい。

[13] 「保持は,合点のいく意味形成すなわちわれわれがイナクトされた環境と呼ぶ産物の比較的ストレートな貯蔵である。イナクトされた環境は,それまで多義的だったディスプレーをメリハリのある因果の形に要約したものである。それは,かくかくの多義性が一体何であるのかについてそれなりの説明である」(We79,171頁)。

[14] 多義とは,「ただ一つの分類には収まらず,常に,二つ以上の何物かや意味の指標として分類され」(We79,224頁),「決定不能で,謎めいていて,アンビバレントで,疑わしいもので,多様な意味を有している」(We79,224頁) ことを言う。

[15] 不確実について,Burns & Stalker (1961) は「一般に未来に関して,そして特殊には,可能なあらゆる一連の行動に続いて生じうる結果に関して,選択に迫られている人の無知のことをい

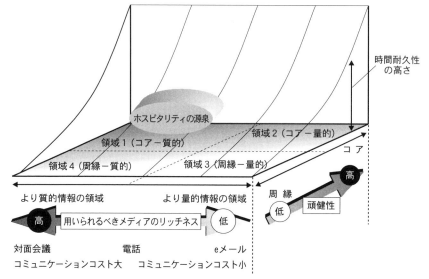

図表 13-1　メディアリッチネスと集主観性の領域

る[16]。ところで，メディアリッチネスのディグリーと多義性を削減する質的情報，不確実性を削減する量的情報について，Huber & Daft（1987），Daft & Lengel（1986），Weick（1995）らは以下のように論じていた。

　Huber & Daft（1987）によれば，「多義的な事態に直面すると，管理者たちは互いに認知を共有するために言語を使用し，議論や分類，試行錯誤，探り合いなどを通して次第に意味を定めたり創り出したりする」（Huber & Daft, 1987, p.151）ことでそれに対処していたそうである。こうした定性的実証研究に基づいて，メディアリッチネス論では，多義性に対処するために，組織では「単に大量のデータを供給するのではなく，ディベートや明確化，イナクトメ

う」（Burns & Stalker, 1961, p.112）と説明している。Stinchcombe（1990）は「不確実性は，行為者が行きつつあるに違いない方向を示している最初の情報によって削減され，それによって世界の未来は明らかになってゆく」（Stinchcombe, 1990, p.2）と述べている。すなわち，不確実とは「現在の行為の先を推量できなかったり，その結果を予測できない」（We95, 133 頁）状態であり，不確実性を削減するためには「慎重なスキャンニングと発見が必要」（We95, 128 頁）であると考えられる。

16　詳しくは第 4 章を参照されたい。

ントを可能にしてくれる仕組みが必要である」（Daft & Lengel, 1986, p.559）と強調される。

Weick は，多義性による問題を混乱，不確実性によるそれを無知と呼び，「無知を除去するにはより多くの情報が必要」（We95, 134 頁）であるが，「混乱を除去するには，それとは別種の情報，つまり，多様な手掛りが得られる対面的相互作用において構築される情報が必要である」（We95, 134 頁）と述べていた。Weick によれば，多義性を削減するためにはメディアリッチネスのディグリーが高い「会議や直接対話といったリッチで人間的なメディア」（We95, 134 頁）が，不確実性を削減するためにはメディアリッチネスのディグリーが低い「公式情報システムやスペシャル・レポートといった没人間的なメディア」（We95, 134 頁）がより優れている。しかし，現実にはまったく逆のメディアが用いられたがために，問題をこじらせてしまったり，新たな問題を引き起こすといった事態が見受けられる（We95, 135 頁）。こうした Weick の主張が先に述べたメディアリッチネス論の先行研究で主張されてきた内容と通底していることはいうまでもない。

多義性は直接対話などの「人間的なメディア」（We95, 134 頁）を通して得られる価値的情報（質的情報）によって削減され，不確実性は客観的データやスペシャルレポートなどの「没人間的なメディア」（We95, 134 頁）を通して得られる非価値的情報（量的情報）によって削減される。第 4 章の言葉で言えば，組織内で，それぞれの情報が保持されているのは，集主観性の「質的領域」と「量的領域」である。

水泡のように生まれては消える運命にある行為の伝承性は，イメージとして集主観性に保持されている。それが，集主観性の移ろう周縁にではなく不易なコアに保持されているであろうことは言うまでもないが，ある組織のホスピタリティ活動を支える組織的な行為の伝承性は，集主観性の質的領域と量的領域のいずれに支えられているのであろうか。

実際にホスピタリティ活動が実践されている現場を眺めてみよう。高野（2005）はリッツ・カールトンで実際にあった逸話を生き生きと紹介している。

アメリカ・フロリダ州にあるリッツ・カールトン・ネイブルズでの出来事です。

ビーチ係が，砂浜に並んだビーチチェアを片づけていました。そこにひとりの男性のお客様がやってきて，こう告げました。「今夜，この浜辺で恋人にプロポーズしたいんだ。できれば，ビーチチェアをひとつ残しておいてくれないか」。時間が来たら椅子を片づけるのが彼の仕事でしたが，そのスタッフはにっこりと笑い，ビーチチェアをひとつだけ残しておきました。ここまでは，少し気のきいたホテルマンならば誰にでもできることです。ところが，そのスタッフは違いました。彼は椅子のほかにビーチテーブルもひとつ残しておいたのです。そしてテーブルの上に真っ白なテーブルクロスを敷き，お花とシャンパンを飾りました。またプロポーズの際に男性の膝が砂で汚れないように，椅子の前にタオルを畳んでおいたのです。さらに彼はレストランの従業員に頼んでタキシードを借り，Tシャツに短パンといういつものユニフォームから手早く着替えました。手には白いクロスをかけ，準備を整えてカップルが来るのを待っていました。お客様が言葉にされた要望は，ビーチチェアをひとつ残しておくことだけだったにもかかわらず，です。

(高野,2005,40-41頁)

高野（2005）は，上の心憎いほど素敵なスタッフの行動は「つねに良質のサービスを提供しつづけようとするために，私たち全員が『クレド[17]』（信条）に基づいて行動している」（高野,2005,43頁）ために可能になったと語っている。さらに高野（2005）は，「クレドはリッツ・カールトンの基本的な信念であり，時代が流れても，あるいは国や地域が違っても，ブレることはありません。クレドの精神が変わらない限り，リッツ・カールトンが提供するサービスもまた不変です」（高野,2005,43頁）と述べている。「クレドとは，リッツ・カールトンの理念や使命，サービス哲学を凝縮した不変の価値観であり，時代や地域性に左右される性質のものではない」（高野,2005,45頁）のである。

　もう一つ，別の例を見てみよう。力石（1997）ではとあるレストランに届いた手紙が紹介されている。

　先夕，仲間数人で，東京三菱銀行青山クラブのレストランに参りました。シックで

---

[17] 「リッツ・カールトンの従業員は，クレドと呼ばれる四つ折の小さなラミネートカードを常に携帯」（高野,2005,50頁）しており，その表面には「クレド」としてリッツ・カールトンの基本理念が印刷されている。

落ち着いた雰囲気で，いつもここに来るとホッとくつろげるので，私のお気に入りの場所です。このときはちょっと奮発してフランス料理を注文しました。前菜，スープに続いてお肉料理が運ばれてきたときです。マネージャーと思われる方が，ふと私の手許を見て，「何でしたらお肉を切ってまいりましょうか」と尋ねてくださったのです。皮膚の弱い私は汗疹を悪化させ，そのときは包帯を巻いていたのです。多分，けがでもして手が不自由なのでは，と気遣ってくださったのでしょう。普段も従業員の方々の感じがとても良いとは思っていたのですが，このときは特に胸に温かいものがあふれる思いでした。そんな訳で一筆お便りしました。

(力石,1997,54-55頁)

力石 (1997) は，こうした行動は一人ひとりが「一つひとつのサービスに心を込める」(力石,1997,52頁) ことから生まれるが，それを実現するのは，従業員の個人としての質を向上させるための「会社のポリシー〜"らしさ"」(力石,1997,144頁)，会社の「理念・哲学・信条」(力石,1997,145頁) であると論じている。

高野 (2005) の「クレド (信条)」，「信念」，「精神」，「不変の価値観」という言葉や，力石 (1997) の「ポリシー」，「理念・哲学・信条」といった言葉は，いずれもホスピタリティ活動が価値的情報に基づいていることを明示していると言ってよい。

前節の冒頭で述べたように，行為は，イメージ (規範的前提) として，確信のフレームに埋め込まれ共有されたときにのみ，組織的に伝達され得る。イメージは決してリジッドではない。イメージは行為が再構築される毎に一貫性を維持しつつも装いを新たにする。さらに，ホスピタリティ活動においては，多くの場合，イメージは価値を伴う情報として伝えられ，価値は個々人の心の中で醸成され，都度，行為として再構築される。つまり，ある価値的イメージを伴った組織的ホスピタリティ活動が可能であるとするならば，その源泉は，集主観性のコアで質的領域に宿っているに他ならないのである (図13-1参照)。本章では，集主観性のこの領域をホスピタリティの源泉 (あるいは源泉領域) と呼ぶ。

源泉領域には，Weick (1995) がいう「イデオロギー」(We95,150頁) や

「物語」（We95, 170頁）などの"イメージ"が溢れているだろう[18]。なぜなら，Trice & Beyer（1993）が言うように，イデオロギーとは「ある人たちをまとめあげ，彼らが自分たちの世界を意味づける上で助けとなるような，共有され，比較的一貫して関連し合う，情動に満ちた確信や価値観，規範の集合」（Trice & Beyer, 1993, p.33）であり，物語とは「もっともらしいフレームを提供」（We95, 172頁）し，「物語は結果に歴史を付与する。物語は経験の糸をその結果につながる一本の筋へと縒り合わせる」（We95, 172頁）存在だからである。確立されたイデオロギーや「物語はセンスメーキングにとって並外れて強力」（We95, 173頁）である。なぜなら，「物語によって，ある小さな領域で確立された明確性が，それほど秩序立っていない近接の領域にまで拡張され，押しつけられるようになる」（We95, 173頁）からである。

ホスピタリティ・マネジメントの必要条件

　消え去る行為の連鎖を乗り越えて，組織にホスピタリティ活動の（変容を認めながらも）一貫性をもたらしている源泉は集主観性のコアで質的な領域にあり，それがイデオロギーや物語などのイメージで構成されているならば，高野（2005）や力石（1997）が紹介した逸話や実話は，（たとえそれが作り話であっても）ホスピタリティ・マネジメントの重要な資源となる。

　実際に，上で挙げたリッツ・カールトンでは物語がホスピタリティの大きな原動力の1つになっている。「リッツ・カールトンでは，従業員とお客様の心温まる話を『ストーリー・オブ・エクセレンス（別名　ワオ・ストーリー）』と呼んで，週に2回，ラインナップ（朝礼）のなかで全従業員に紹介」（高野, 2005, 78頁）しているという。少々長い引用になるが，リッツ・カールトンに伝わる物語をもう1つ紹介しておこう。

---

[18]　勿論，イデオロギーや物語のほかにも，忘れ得ぬ映像や音楽，マークなどもシンボリックなイメージとして蓄積されうる。本章では，文章表現上もっとも適した素材としての「物語」に注目して議論を展開していく。

ある夜のこと，ザ・リッツ・カールトン・マリナデルレイにお泊まりの常連のカップルのお客様がバーで「マイタイ」を注文されました。「マイタイ」はハワイ生まれのトロピカルカクテルです。じつはお二人はハワイへハネムーンに行き，ザ・リッツ・カールトン・カパルアに宿泊するつもりでした。ところが新郎にがんが見つかり，投薬治療のためにハネムーンをキャンセルされました。ご注文のマイタイは，ハワイの気分を少しでも味わいたいという二人のささやかな慰めだったのです。バーテンダーのボブは，お客様との会話のなかでそのことを伝えられると，いてもたってもいられなくなりました。彼はタイミングをみて，そっとカウンターを離れ，何本かの電話をかけました。そして戻ってくると，「あと30分ほど私におつき合い願えませんか？」と，お二人に言いました。30分後，お客様はアロハを着たフロントのスタッフに声をかけられました。「特別なカパルアルームにご案内しますので，こちらへどうぞ」。お二人は訳がわからない様子でスタッフのあとについていき，あるスイートに案内されました。そこで目にしたのはランの花が敷き詰められ，水槽のなかで美しい熱帯魚が泳ぐハワイの風景。魚網がかけられたベッドには貝殻がちりばめられ，バスルームはエスニックなランプでほのかに照らされています。「見て，ビーチがあるわ！」。新婦が指差した方向には業務用の巨大なアイスボックスがあり，中には一面に砂が敷き詰められて，バケツとスコップが添えてありました。「ありがとう。でも驚いたよ。私たちがハワイへハネムーンに行くつもりだったことは，ついさっきバーのボブに話したばかりだったのに」。カップルの目には涙があふれていました。
　　　　　　　　　　　　　　　　　　　　　　　　（高野，2005, 108-109頁）

　リッツ・カールトンでは，利用者の「リッツ・カールトンに泊まると，なぜか次々と驚くようなことが起きる」（高野，2005, 110頁）という体験を「リッツ・カールトン・ミスティーク」（高野，2005, 110頁）と呼んで尊重し，実際にあったミスティークは物語として全従業員にさまざまなミーティングを通して配信されている。

　リッツ・カールトン・ミスティークなど物語の配信を通して，リッツ・カールトンでは何が起こっているのだろうか。Robinson (1981) は次のように語っている。「帰納的に一般化していく人間の性向ゆえに，注目に値する経験が，経験則や格言やその他の行動指針にとっての経験的基盤になる。従って，驚くような経験を物語るという行為は，予期せざるものを予期しえるもの，つ

まり管理可能なものに変えるための手段の一つとなる」（Robinson, 1981, p. 60；強調ルビは引用者）。リッツ・カールトンのスタッフが出会う場面はさまざまであり，それらを完璧に予期して行動をマニュアル化することなどできようもない。しかし，物語を通して，イメージとしてなら語り伝えることはできる。物語は受け手において内面化されたイメージとして蓄えられ，Robinson (1981) がいう「行動指針としての経験的基盤」（Robinson, 1981, p.60）として個人的に保持されるだけではなく，ミーティングなどを通して組織において共有されたホスピタリティの源泉に蓄積される。

　Weick (1995) は，生き生きとした経験が，面白く感動的な物語として語り継がれ（深く心に根づくイメージとして伝播され），それが組織構成員の「解釈のフレームを促進することによって行動を導く」（We95, 171頁）ためには，「(a) 記述されている行為は安直なものであってはならない，(b) その状況はルーティンなやり方では扱えない難題を抱えている，(c) さもなくば通常の連鎖をたどったであろう予期せざる事象が起きている，(d) 状況の何かが語り手の経験にとって尋常でない」（We95, 171頁）という4つの条件のいずれかが満たされている必要があると述べている。リッツ・カールトン・ミスティークは Weick (1995) が提示する4つの条件すべてを満たした，実に理に適った物語の伝達法なのである[19]。

　Robinson (1981) や Weick (1995) が指摘しているように，驚きや感動を伴った物語は伝達されやすく共有もされやすい。さらに，こうした物語は，ルーティンから逸脱した状況に直面した場合に「行動指針」（Robinson, 1981, p.60）や「解釈のフレーム」（We95, 171頁）として，組織構成員の行動をある特定の方向へと強力に導く羅針盤として機能する。共有された物語が機能するシーンは，その物語とまったく同一のシーンである必要はない。それはイメー

19　第2章では，数多の先行研究をレビューした上で，予期せざる事象の発生や予期した事象が生じないことによる認知的中断（Mandler, 1984），人が状況を非日常的ないしは新奇なものとして経験するときなどに起こる意識的モードへの切替え（Louis & Sutton, 1991），予期せぬ成功を認めること（Drucker, 1985），などによってもたらされた行為閾（action thresholds）の刺激となったショック（Schroeder, Van de Ven, Scudder, & Polley, 1989）が，新たなセンスメーキングのきっかけになると論じた。第2章で主張したことからも，リッツ・カールトン・ミスティークのような驚きを伴った物語がスタッフのセンスメーキング，ひいては行動に強い影響を与えることが理解できる。

ジとして蓄えられ,「近接の領域にまで拡張され,押しつけられるようになる」(We95, 173頁)のである。驚きを伴ったイメージ(物語)の組織的伝達[20]。これは,ホスピタリティの源泉を厚くする,ホスピタリティ・マネジメントを成功へ導く必要条件の1つであると考えられる。

組織内で営々と語り継がれる物語のマネジメントを考えるに際しては,上で挙げたPerrow(1986)の研究が役立つ。Perrow(1986)は,組織には行為レベルの第1次コントロール,意思決定レベルの第2次コントロール,認識レベルの第3次コントロールの3種類のコントロールが存在すると述べていた[21]。ホスピタリティ・マネジメントを成功へ導く次の必要条件は,この「第3次コントロールを最重要視する」ことである。第3次コントロールは,組織構成員の認識(内主観性)に直接働きかけながら,ホスピタリティの源泉を豊かで力強いものにしてくれる。

Perrow(1986)[22]は組織が直面する現象がノン・ルーティンであればあるほど(予期せぬ事態に直面する可能性が高いほど,組織を取り巻く環境が不安定であるほど),第3次コントロールが強化されている組織のほうが環境適応的であることを見出している。裏を返せば,目前の事象を型通りに判断せず,そこから常に何らかの手掛かりを得ようと努め,型通りの行動ではなく臨機応変の"気の利いた"行動をスタッフから引き出そうとするならば,第3次コントロールこそが重視されなければならない。

---

20 前述したように,ここでは"イメージ"の代表として物語を取り上げている。物語に限らず,驚きや感動を伴った映像や音楽,マークなどもシンボリックなイメージとして,物語同様の機能を果たし得る点には留意されたい。
21 平たく言えば第1次コントロールとは,ダイエットさせるに際して,食べ過ぎないかどうか,運動しているかどうか(行為)を常に見張っている状態であり,第2次コントロールとはプログラムや計画によるコントロールとも言われるように,今日はどこまで体重が落ちたのか(進捗状況,計画,意思決定)を管理している状態であり,第3次コントロールとは,ダイエットしないとどうなるかを知らしめて,本人の考え(認識)を改めさせようとする状態である。
22 C.Perrowは組織認識とテクノロジーの関係をさまざまな角度から実証的に研究している。第8章で触れたように,彼は「ノーマル・アクシデント」という言葉を組織論の世界に持ち込み,「理解不能で想像すらできない事象の前兆を読み取ることなどできない」(Perrow, 1984, p.23)と述べ,予期せぬ事態におけるマニュアルの無力さを指摘してもいる。マニュアルについては後でさらに触れることになる。ノーマル・アクシデントとは高度に複雑化した状態では,事故は起こるべくして起こる(不可避である)ことを表す概念である。詳しくは第8章,第10章,第11章を参照されたい。

Perrow（1986）は第3次コントロールのことをしばしば「もっとも目立たないコントロール」とも呼ぶ。この言葉は第3者の目には，まるでスタッフが管理されていない（自発的かつ自律的に働いている）かのように映ることを表わしている。上で見たリッツ・カールトン・マリナデルレイでのミスティークが語りかけてくるマネジメント・スタイルも，第1次コントロールや第2次コントロールが対象とする「監視」や「マニュアル化」，「ルーティン化」などのタイトなマネジメント・スタイルではない。そこで語られているのは，源泉領域において，イデオロギーや物語などの形でイメージとして蓄積され，共有された価値的集合が，「行動指針」（Robinson, 1981, p.60）や「解釈のフレーム」（We95, 171頁）として機能し，スタッフが自発的かつ自律的に働いている様である。第1次コントロール，第2次コントロールから浮かび上がるタイトなマネジメント・スタイルからは，スタッフの自発性は育まれない[23]。

　組織において第3次コントロールが重要視されればされるほど，メディアリッチネスのディグリーが高いコミュニケーション・チャネルが重きを増す[24]。繰り返しになるが，ホスピタリティの源泉は，直接対話などの「人間的なメディア」（We95, 134頁）を通して得られる，物語などの価値的情報（質的情報）によって共有され，「没人間的なメディア」（We95, 134頁）を通しては共有され難いためである。リッツ・カールトンで物語が共有されている現場が，スタッフが直接顔を合わせるミーティングである点を見逃してはならない。

　Looy, Gemmel, & Dierdonck（1998）はサービスを「管理重視の相互作用が見られるサービス」（Looy, Gemmel, & Dierdonck, 1998：訳, 518頁；以下，管理重視のサービス），「タスク重視の相互作用が見られるサービス」（Looy, Gemmel, & Dierdonck, 1998：訳, 518頁；以下，タスク重視のサービス），「人材重視の相互作用が見られるサービス」（Looy, Gemmel, & Dierdonck, 1998：訳, 519頁；以下，人材重視のサービス）に3分類した。銀行や保険会社などに代表される管理重視のサービスは「内容が予測可能で，標準化されているの

23　この点については後でさらに考察する。
24　メディアリッチネス，第3次コントロール，価値の共有について，より詳しくは第2章，第4章，第8章，第10章を参照されたい。

が一般的」(Looy, Gemmel, & Dierdonck, 1998：訳, 518 頁）で，相互作用はルーティン化され単純である。エンジニアリングや広告などに代表されるタスク重視のサービスでは「技術的な問題を解決することに焦点」(Looy, Gemmel, & Dierdonck, 1998：訳, 519 頁）が置かれ，管理重視のサービスよりもノン・ルーティンの割合が高まり，相互作用はより複雑になる。「サービス提供者が顧客と協力して最善の問題解決方法やニーズを満たす方法を探索する」(Looy, Gemmel, & Dierdonck, 1998：訳, 519 頁）人材重視のサービスでは，ルーティンの比重はさらに下がり，相互作用はタスク重視のサービスよりももっと複雑になる。Looy, Gemmel, & Dierdonck（1998）はサービスにおける相互作用の複雑さと「メディア・リッチネス[25]」(Looy, Gemmel, & Dierdonck, 1998：訳, 520 頁）について，相互作用がより複雑になればなるほど，すなわち「管理重視のサービス」⇒「タスク重視のサービス」⇒「人材重視のサービス」の順で，メディアリッチネスのディグリーがより高いコミュニケーション・チャネルに重点を移すべきであると強調している[26]（Looy, Gemmel, & Dierdonck, 1998：訳, 519-523 頁）。Looy, Gemmel, & Dierdonck（1998）が指摘しているのは，人が前面に出るサービス組織ほど，メディアリッチネスのディグリーが高いコミュニケーション・チャネルを多用すべきであるということである[27]。ホスピタリティを提供する組織は，人が前面に出る，ゆえに人材をこそ重視すべき組織の典型であると言ってよい。

上で紹介した Huber & Daft（1987）や Weick（1995），Looy, Gemmel, & Dierdonck（1998）などの研究からも分かるように，組織の隅々にまで行き届いた第 3 次コントロールを実現するカギは，「メディアリッチネスのディグ

---

[25] Looy, Gemmel, & Dierdonck（1998）では「メディア・リッチネス」と「インフォメーション・リッチネス」という語が用いられているが，いずれも本章の「メディアリッチネス」と同義であると考えてよい。

[26] ところが「日々の習慣は社会的行動の上に成り立っているため，人びとがあるメディアを使うかどうかは，そのメディアに対する社会的習慣によって大きな影響を受ける」(Looy, Gemmel, & Dierdonck, 1998：訳, 523 頁）ため，合理的なメディアが選択されるとは限らないとも述べている。

[27] Looy, Gemmel, & Dierdonck（1998）は「銀行は管理重視のサービスとは別に，タスク重視のサービスも提供している」(Looy, Gemmmel, & Dierdonck, 1998：訳, 519 頁）と述べ，組織横断的にではなく組織内部門別に，どのサービスを提供しているのかによって，コミュニケーション・チャネルにメリハリをつけるべきであるとも論じている。この点は，下で述べるコミュニケーション・コストとの関連で重要である。

リーが高いコミュニケーション・チャネルを重点的に用いること」にある。これも，ホスピタリティ・マネジメントを成功へ導く必要条件の1つであると言えよう。

ただし，組織において最も留意すべきコストの1つがコミュニケーション・コストであることには，実務を行う上で十二分に注意を払わなければならない。メディアリッチネスのディグリーが低いコミュニケーション・チャネルはコミュニケーション・コストも低い。直接会って話すのは，参加者が時間と空間を共有する最もコストの高いコミュニケーション・チャネルである。メディアリッチネスのディグリーが高いコミュニケーション・チャネルは，ホスピタリティの源泉を強く豊かなものにしてくれるが，あまりに多用すれば，コミュニケーション・コストは莫大なものとなる。つまり，組織がコミュニケーション・コストの圧力で歪んでしまわないように，質的でない情報の共有には積極的にeメールや情報共有システムなど低コストのコミュニケーション・チャネルを活用しなければならない。たとえば，物語などの質的情報の伝達には，メディアリッチネスのディグリーが高いミーティングを用いたとしても，売上高などの単純な量的情報を伝達する際には，eメールで一斉配信すれば十分である[28]。会議など高コストのコミュニケーション・チャネルを用いる際には，何を議論すべきかをしっかり煮詰めた上で用いるべきである。会議で単純な量的情報の報告が羅列されたりすれば，元々コミュニケーション・コストが高止まりしがちな，ホスピタリティ提供組織はコミュニケーション・コストで容易に立ち行かなくなってしまうだろう。

第3次コントロールが行き渡れば，直接的に行為や意思決定をコントロールする必要がないため，自発的・自律的行動を認めることが可能となる。Reason（1997）は，「価値観と仮定」（Reason,1997：訳,311頁）を共有しているからこそ，自発的で自律的な，組織構成員による臨機応変の対応が可能になると論じている。Weick & Sutcliffe（2001）も，Peters & Waterman（1982）の名著『エクセレント・カンパニー』[29]を例示しながら「組織内の人間

28　売上高に単なる量的ではない価値的意味を含ませたいのであれば話は別だが。
29　Thomas J. Peters & Robert H. Waterman, Jr.（1982）. *In Search of Excellence.*（大前研一訳（1983）『エクセレント・カンパニー』英治出版）.

がわずか3つか4つの主要な価値観にコミットし，その価値観を内在化して共有すれば，経営トップはそうした献身的なメンバーに広範な意思決定の権限を与えることができる」(WS01, 164頁)と主張し，そうした価値観を共有しているがゆえに，価値観に反しない，臨機応変で迅速な，自発的，自律的活動が担保されると主張している (WS01, 178頁)。Reason (1997) のいう「価値観と仮定」(Reason, 1997：訳, 311頁) や Weick & Sutcliffe (2001) のいう「内在化され共有された主要な価値観」がホスピタリティの源泉に宿っていることは繰り返すまでもないだろう。

リッツ・カールトン・マリナデルレイ・ミスティークでは，バーテンダーのボブは，ハワイへのハネムーンが台無しになったと聞いて，自発的に，ホスピタリティ活動を開始した。ボブの自発的活動は，リッツ・カールトンという組織の溢れんばかりのホスピタリティの源泉に支えられていたからこそ可能になったのである[30]。複雑で極めて個性的な社会的コンテキストの中でホスピタリティ活動を実現するためには，ルーティンを前提としない，個々の状況に合わせた柔軟な対応が必要である。

---

[30] 自発的・自律的行動が惹起する可能性と自由裁量権の問題は切り離して考えることはできない。Burrell & Morgan (1979) はいち早くこの問いに気づき，次のように論じた。

> これまで，現象学的調査は，地方検事，警察官，婦人科医といった自由裁量権が大きいと思われる役割に焦点を当ててきた。わずかな自由裁量権しかない状況（たとえば，組立ライン）と見なされているものについての研究は行われてこなかったと言ってよい。(Burrell & Morgan, 1979, p.276)

わずかな自由裁量権の中での行動については，有名な John Van Maanen (1990) によるディズニーランドの民俗誌的研究（テーマパークのスタッフと顧客との相互作用（丁寧語の使用など））などがあるものの，今日に至っても，組織認識論の世界では，自由裁量権と自発性・自律性に関する研究はあまり進んでいない。この問題については Weick (1995) も「自由裁量は，単に仕事そのものに設計されているというものではなく，むしろ社会的に構築されるもので，部外者の目から見れば自由裁量の少ないセンスメーキングも，内部者の目から見れば自由裁量権の大きなセンスメーキングであるかもしれない」(We95, 234頁) と述べているに過ぎない。リッツ・カールトンには，スタッフ一人につき2,000ドルまでの自由決裁権があるため，ボブのような大胆なミスティークを演出することも可能になる。勿論，自由裁量できるのは金銭だけではない。有名な3Mの15%ルールからも分かるように，時間の自由裁量も考えねばならない。ともあれ，実務家としての発言が許されるのであれば，自発的・自律的行動を引き出すためにどの程度の自由裁量権（「権限委譲」と言ってもよい）が必要なのかが明らかにされなければならないだろう。この問題は今後の課題として改めて論じたい。

もう1つの視点から眺めれば次のようにも言える。繰り返し述べてきたように，ホスピタリティ活動は，個々の行為を越えて一連の行為の複合的かつ連鎖的集合体としてホリスティックに現出する活動である。個々の行為がいかなる意味を持つのかは，その行為が行われるコンテキストに依存している。コンテキストは個々の行為の積み重ねによって変化する。すなわち，行為とコンテキストは互いに依存し合いながら，内実を変化させ続けている。さらに，行為と行為は強い関係性を維持しつつ，互いに影響を及ぼし合っている。こうしたホスピタリティ活動の生を眺めれば，個々の行為を切り出してマニュアル化することの無意味さが理解できる筈である。

　もし，マニュアルが必要であるとすれば，「してはいけないこと」や「最低限すべきこと」など，せいぜいネガティブ・リストをマニュアル化する程度に止めるべきであって，「これだけ守っていればよい」といったポジティブ・リストをマニュアル化することなど考えるべきではないだろう。マニュアルをポジティブ・リスト化すれば，ホスピタリティの源泉から汲み出される豊かで人間的かつ社会的なホスピタリティ活動は，"お決まりのサービス"に堕落してしまうだろう。語弊を恐れずに敢えて言えば，ホスピタリティとサービス，最大の違いはここにある。サービスはマニュアル化が可能だが（たとえば，「お客様のグラスが空になったらワインを注ぐ」，「お客様が扉を開けたら，すかさず『いらっしゃいませ』という」など），ホスピタリティ活動は本質的にマニュアル化できない。

　マニュアルをポジティブ・リスト化し，その徹底を呼び掛けたりすれば，イギリスの社会学者 Furedi（2005）の「マニュアル化が社員を幼児化させる」（マニュアルに従って，自分で考えずに「形式的に振舞うほうが賢い」と考えるようになる）という警告通りの状況に陥る可能性もある。そうなれば，ホスピタリティ活動という素敵なテクスチャーを織り成す「自発的で自律的な行為」という素敵な糸が失われてしまう。「スタッフの自発的で自律的な活動を促し，マニュアルはネガティブ・リストに止める」は，ホリスティックに現出するホスピタリティ活動の柔軟性をマネジメントする際の必要条件の1つである[31]。

31　勿論，ここでもコミュニケーション・コストの問題を忘れてはならない。古来，組織はコミュニ

ホスピタリティ活動が，コンテキスト依存的であり，さまざまな行為と行為の関係が織り成すホリスティックな活動であるという点は特筆すべきである。あらゆるホスピタリティ行為は，その行為が現出するコンテキストによって付与される意味が変わってくる。あるコンテキストでは「心温まる」行為も，別のコンテキストでは単なる「余計なお節介」であったりもする。全体から一つの具体的行為を切り出して，要素還元論的に行為そのものを調べるよりも，行為と行為の関係性，行為と行為が紡ぎだすプロセスに注目しなければ，"ホスピタリティ"という極めて人間的で社会的な活動のホリスティックな実態を捉えることはできない。

　さらに，われわれが目にしているホスピタリティ活動は古典的な3体問題よりもはるかに複雑である[32]。行為の意味は，連鎖的になされた他の行為（およびその意味あるいは解釈）によってまったく違うものになる。それがまた別の行為（およびその意味あるいは解釈）に影響を及ぼす。要素間関係は極めて複雑であり，ある特定の行為と行為を切り出して（あるいは，それらの意味と意味を抽出して）相関関係を調べても，それは調べた特定のある特殊なコンテキストの上でのみ成立する現象であるとしか言えない。

　"ホスピタリティ"のこうした一面に視線が注がれ始められるならば（そして，それは"ホスピタリティ"の無視すべからざる本質的な一面でもある），その研究においては，要素還元論的分析や定量的分析研究よりも，上で紹介したConrad Lashley（2000）が論じているように，個性記述的，現象学的研究が徐々に重みを増していくに違いない[33]。

ケーション・コストを最小化すべく，行為のルーティン化（行為のマニュアル化），意思決定のプログラム化（意思決定のマニュアル化）に励んできた。コンティンジェンシー・アプローチで明らかにされたように，外的環境に変化が少なく高い予測可能性を確保できている限りにおいてはルーティン化，プログラム化は組織の適応性を高める。しかし一方でそれが組織の適応可能性や柔軟性を排除していることを忘れるべきではない。本章で述べてきたように，ホスピタリティ活動が直面しているのは本質的に，個性的で，高度に複雑な社会的状況である。

32　月の引力が地球の軌道に影響を及ぼし，それによる地球の摂動によって太陽と地球の距離が変化する。今度は逆に，それによって月の地球周回軌道が変化する（古典的な3体問題）。互いに影響を及ぼし合う3体の位置を精確に計算することは困難である。フランスの数学者Henri Poincareはこの問題が線形方程式では解けないことを証明した。

33　併せて，本文中のいくぶん冗長とも思えた事例紹介もお許し願いたい。

本章は，組織認識論の言葉で語られたホスピタリティ・マネジメント論である。本章で見てきたように，人びとのセンスメーキングが源流となって立ち上がる"ホスピタリティ"という分野は，組織認識論の研究成果をもっとも有効に活用できる分野の一つであると考えられる。上で少しばかり触れた，少ない自由裁量権と自発性との関係などを調べる素材はホスピタリティ分野には山ほど見出せるであろう。

本章が焦点を当てたのは，組織的センスメーキング活動としてのホスピタリティ・マネジメントであり，組織間，あるいは組織と顧客との関わりについてはあまり触れなかった。今後，有名なE.Goffmannにより展開されたドラマトゥルギー論[34]を基盤として，「顧客まで巻き込んだ場面の演出」という観点から，個性記述的，現象学的事例研究を行うことも可能であろう。また，Kotler, Bowen & Makens（2003）は「サービス企業において，一貫性の維持は成功への鍵である」（Kotler Bowen & Makens, 2003：訳, 43頁）が「企業方針が明確でない場合にも，一貫性は維持しにくい」（Kotler, Bowen & Makens, 2003：訳, 43頁）と主張している。Kotler, Bowen & Makens（2003）のように，一貫性の維持をマーケティングという切り口から捉えることも可能だろう[35]。本章ではほとんど触れなかった，こうした点については，いずれ論じる機会が与えられることを願っている。

本章の冒頭で，ホスピタリティ研究分野で"社会"的パースペクティブからの研究が少ないと述べた。しかし，本章では取り上げなかったものの，組織認

---

34 他者との相互作用の中で人びとは少なからず演技者として行為している。われわれは，他者の体面を重んじ，場の秩序を維持すべく心掛けている。ドライバーを安心させるために，実際には無駄であることを知りつつもタイヤを点検するガソリンスタンドの従業員。熱心な部下のミスを気づかぬふりをしてやり過ごす上司。場にふさわしくないと思われる暴言や，罵声は，たとえその内容が理に適っているとしても，場の秩序を容易に崩壊させてしまう。Goffman（1959）が描出したのは，こうした日常の些細な気遣いや心配り（ホスピタリティ精神）に支えられた，甚だ脆い相互作用の場の秩序である。

35 ホスピタリティ・マーケティングの基本的なテキストとして名高いKotler, Bowen & Makens（2003）では「サービス文化」（Kotler, Bowen & Makens, 2003：訳, 26頁），「サービス・エンカウンター（引用者注；従業員と顧客が出会う場所や時）」（Kotler, Bowen & Makens, 2003：訳, 39頁），「顧客Aと顧客Bの相互作用」（Kotler, Bowen & Makens, 2003：訳, 45頁）などについても考察が加えられており，今後，顧客との相互作用まで捉えた研究を行う際には，同書は重要な拠り所の1つとなるだろう。

識論の視点から見て，大変優れており，尚且つ面白いと思える研究もわずかながら存在する。例えば，ウェールズ大学の David Botterill（2000）は，Social Scientific Ways of Knowing Hospitality と題した論文の中で，Berger & Luckman（1967）や Bourdieu（1990,1995）など解釈主義的諸研究の重要な礎石となっている先行研究に基づいて，ホスピタリティについて存在論（Ontology）や現象論（phenomenalism），解釈学（Hermeneutics）の視点から考察を試みている。上で紹介した Tom Selwyn が教授を勤めるノース・ロンドン大学の研究生 Hazel Andrews（2000）も，A.Schutz（1944）の現象学的社会学や G.Simmel（1950）によるストレンジャー・インタラクション論に基づいて生々しい旅行経験の個性記述的研究を試みている。他にも Allport（1955,1961）の理論を盛り込みつつ，ニュージランドの494人のバックパッカーをジェンダー別に社会現象（Social phenomenon）として研究した Jenny Cave & Chris Ryan（2007）なども興味深い内容である。これらの貴重な先駆的研究は，ホスピタリティ研究分野で今後ますます個性記述的，現象学的視点が重きを増していくに違いないことを予感させてくれる。

　最後に，本章がわが国におけるホスピタリティ研究の新たなパースペクティブを切り開く，ささやかなきっかけにでもなってくれることを祈りつつ筆を置きたい。

第 14 章

組織の適応理論と経営戦略

　第 2 章で取り上げた Weick 理論（特に ESR モデル，センスメーキング理論），第 12 章で取り上げた Krogh & Roos（1995）理論，本章で取り上げる組織の適応理論（特に組織の適応モデル）は，いずれも組織認識を論じる上で欠かすべからざる極めて重要な理論的基盤である。これまでの組織認識研究は，主に欧米を中心として展開されてきたが，組織の適応理論は法政大学教授[1]の遠田雄志によって日本で始めて提示された，組織認識に関する一般理論である。従って，組織の適応理論は，「英語」ではなく，われわれに馴染みやすい「和語」で理論構築がなされている[2]。

　組織の適応モデルでは，ESR モデル発表後（1979 年以降）に展開されたさまざまなセンスメーキング理論を，体系的に組織認識形成モデルの中に取り込み，そうすることによって，第 2 章で示した ESR モデルの限界を乗り越えるべく試みられている。そういう意味では，組織の適応モデルは，第 2 章で提示した ESR モデルの発展的精緻化という方向性に対する 1 つの回答であるとも言える。

　ところが，組織の適応モデルは，歴史的にも理論的にも，K.E.Weick らが提唱してきた ESR モデルやセンスメーキング理論を礎として構築されているにも関わらず，両者はまったくと言ってよいほど関連づけて論じられたことがない。組織の適応モデルは，貴重な先行研究の礎の上に成立しているのであって，それを多くの既存研究と隔離させ捉えてしまっては，その本質が理解できない恐れがある。

1　現在は同大学名誉教授。
2　ESR モデルの理解しづらさの一因は，「イナクトメント」など，日本語では説明しづらい概念が多数登場するところにもあったように思われる。

本章では，組織の適応モデルを，それまでに展開されてきたESR モデルやセンスメーキング諸理論と関連づけて論じ直し，組織の適応モデルがいかにしてESR モデルの限界を乗り越えたのかを詳細に検討していきたい[3]。

　さらに本章では，組織の適応理論を中心に，これまでのセンスメーキング諸理論のレンズを通して，経営戦略論を再検討するべく試みる。経営戦略はこれまで枚挙の暇もないほど多くの研究者らによって研究されてきた広大な学問領域である。しかしながら，経営戦略について組織認識論的観点から考察を加えた研究となると，本章で取り上げた K.E.Weick や H.Mintzberg，J.F.Porac 等（1989），Smircich&Stubbart（1985）などの研究を挙げることができるとは言え，経営戦略研究全体の中から考えれば極めて少数であった。本章で取り上げた，組織の適応理論を提示した遠田（2002）の研究においても，経営戦略についてはほとんど触れられていなかったと言ってよい。

　にも関わらず，経営戦略は組織認識論の研究成果をもっとも効果的に応用できる1つの分野である。本章をお読みいただければ，組織認識論の知見を経営戦略に応用することによって，これまでとはやや趣を異にする経営戦略論を語ることができる可能性を感得していただける筈である。そればかりではない。本章で述べるように，これまでさまざまに定義されながらも，その本質が見えづらかった戦略的意思決定などの経営戦略を論じる上で欠くことのできない重要な諸概念についても，組織認識論的観点からは極めて明快な定義づけが可能であることが明らかにされるであろう。

組織の適応理論

　最初に，組織の適応理論を従前の組織認識論と比較しながら詳細に検討してみよう。

3　組織の適応理論は2002 年に遠田によって提示された後，さまざまな形で引用，展開されてきたが，表記の統一を図るため，本章での検討に際しては，組織の適応理論が始めて提示された遠田（2002a），遠田（2002b），遠田（2002c）に基づく。以後，遠田（2002a,b,c）を En と略記し，必要に応じて Ena，Enb，Enc と表記し出典を明示する。

共有された意味世界

　第1章で論じたように、「多元的現実からなる世界で、行為はどのようにして調整されるようになるのか」（We95, 102頁）という、組織における「根源的問題」（We95, 102頁）にいかに答えるかによって組織論はその装いを新たにしてきた。組織の適応理論のこの問いに対する答えは次のようなものである。

　多元的現実の世界において、各組織に属する人々はそれぞれの現実を共有している。人々は組織において同じ現実を見るからこそ手段的であれ、目的的であれ共同行為が取れるのである。言い換えれば、組織メンバーが世界について同じ理解、解釈、意味あるいはセンスを有していることが、組織の必要条件である。・・・組織というからには、もう一つ条件がある。組織には継続性がなければならない。・・・組織における人々が共有する現実は、それに関与する人々の新陳代謝に左右されないいわば頑健性（robustness）がある。組織のメンバーが頑健な現実を共有していれば、メンバーの一部が欠けてもあるいは新メンバーが加わっても、共有される現実は維持され、協働も継続される。・・・頑健な"共有意味世界（universe of discourse）"、これが組織の必要十分条件である。　　　　　（Ena）

　第2章で述べたように、Weickが「組織的といえる行為の重要なポイントは、それが孤独なものではなく社会的なものであり、その上かなり明瞭に規定されるのでさまざまな人がパターンを存続させるに必要な構成部分に貢献できることである。このパターンは、現実の行動に若干のブレとか人びとの異動があっても持続する。組織が群衆あるいは家族あるいは患者と医者といった二者関係のような集合体とどこが違うかといえば、後者においては、"人"の交替によってその過程と結果が根本的に変わってしまうのに対して、前者すなわち組織においては互換可能な人びとの貢献によってパターンが維持される点」（We79, 45-46頁）にあり、人的互換性を裏打ちするそのパターンが集主観の

圧力によって確保されていると主張していたことを思い出して欲しい。Weickの言葉と上で遠田が述べている言葉を重ね合わせると，組織の適応理論がWeick理論を礎にしていることを読み取ることができる。

遠田はさらに，組織の適応理論による組織定義が第1章で紹介したBarnardの定義[4]よりも根源的であり包括的であると言っている。「なぜならば，"一定の目的"は"頑健な現実"から導出されるし，"一定の目的"を共有する集団より"頑健な現実"を共有する集団の方が広範囲だからである」(Ena)。

ここまで述べて遠田は，私見・互解・常識という概念を導入する。これらはそれぞれ，第2章で紹介したWiley (1988) による，内主観・間主観・集主観という概念を「和語」(En) で表したものである。

> 互解とは，組織の複数の個人の私見が主として私的なコミュニケーション例えば会話や対話を通して共有された理解で，いってみれば"仲間内のリアリティー"あるいは"サブカルチャー"である。・・・それに対して常識は，その形成に関与しなかった新参者にも主として公的なコミュニケーションなかんずく教育を通して伝えられる現実で，いってみれば"わが社のリアリティー"あるいは"カルチャー"である。　　　　　　　　　　　　　　　　　　　　　　　　　　　　　　(Ena)

上でWiley (1988) と明らかに異なる点は，互解が「私的なコミュニケーション」に拠り，常識が「公的コミュニケーション」に拠っている点である[5]。

遠田は，このようにコミュニケーション・ルートを弁別した点について以下のように述べている。

> ここで，互解が主として私的コミュニケーションを通して形成されるのに対して，

---

[4] 第1章を参照されたい。Barnardの定義は，組織とは「2人以上の人びとの意識的に調整された諸力の体系」であった。

[5] Wiley (1988) が「間主観性は，コミュニケーションし合う二人以上の自我の交換と綜合」(p.258) を通して，すなわち「個人的な思考，感情，意図が会話の中に統合ないし綜合」(We95, 97頁) されることによって生じると論じていることや，そのコミュニケーションは規範が共有されるような相互作用ではない (Wiley, 1988, p.254) と論じていることを考えれば，Wiley (1988) も「私的コミュニケーション」についてインプリシットに触れていたと考えてもよいのかもしれない。

常識が公的コミュニケーションなかんずく教育を通して伝えられるという点に注意して欲しい。・・・常識は，説得とか納得というより，権威関係の中で「強制」されるものなので，教育されるものというよりむしろ「指導される」ものと言ったほうがよいのかもしれない。それに対して，互解は組織の権威づける常識とは異なるいわば局所的な共有意味世界である。したがって，それは組織における社会的関係が薄い，例えば私的会話やミニコミを通して形成され広められる。　　　(Ena)

ところで，経営学の世界で最初に公的コミュニケーションと私的（非公式）コミュニケーションを体系的に論じた Simon（1957）は下のように述べている。

組織のなかにいかに入念なフォーマルなコミュニケーション体系があるとしても，それはつねにインフォーマルの経路によって補われる。このようなインフォーマルな経路を通じて情報，助言，および，場合によっては命令さえも流されることがある。・・・早晩，現実の諸関係の体系は，おそらくフォーマルな組織体系に定められたものとは，大いに異なったものとなろう。インフォーマルなコミュニケーション体系は，組織のメンバーの社会的な諸関係をめぐってつくりあげられている。二人の個人的な友情は，たび重なる接触の機会を生み，また，「職場外で仕事の話をする」機会を多くする。それはまた，一方が他方のリーダーシップを受け入れることになれば，二人の間にオーソリティーの関係を生むことにもなる。(Si, 208 頁)

インフォーマルなコミュニケーション体系は，組織のメンバーの個人的な計画を進めるのに用いられることがしばしばある。このことから，クリークという現象が発生する。クリークは，インフォーマルなコミュニケーションのネットワークをつくりあげ，これを組織内に権力を確保するための手段として用いるグループである。クリーク間の対抗意識は，おそらく社会関係に一般的な敵対意識を生み出すことになり，インフォーマルなコミュニケーション体系の目的をそこなうことになるであろう。　　　(Si, 209 頁)

上から明らかなように Simon（1957）は，第 1 章における議論と同様に，ここでも秩序維持の発想に立っている。Simon はインフォーマルなコミュニケーション・ルートを認めながらも，それはあくまでフォーマルなコミュニ

ケーション・ルートを補うためのものであり，インフォーマルなコミュニケーションさえも，組織目的達成を支えるべきコミュニケーション・ルートであるべきであると考えているのである．Simon（1957）はさらに「うわさ話」（Si, 210頁）にまで「建設的な役割」（210頁）を求めている．

私的あるいは公的コミュニケーションについて，Weickは1979年版で，「組織がヨコに広がり，直接に監督が行われなくなるにつれて，非公式な接触がより多く開始され維持されるであろうこと，およびこれらの接触が作業に対していっそう実体的な影響をもつようになる」（We79, 24頁）という言葉で間主観（互解）の非公式なコミュニケーションによる活性化を暗示しているが，1995年版ではSchall（1983）を引用しつつ下のように明示的に述べている．

Schall（1983）は，この2つの社会的形態（引用者注；間主観と集主観）を結びつける架け橋を明らかにしている．彼は次のようにいう．すなわち，組織とは，

> その参加者間の継続的なコミュニケーション活動の交換と解釈を通してのみ，発現し維持されるものである．・・・相互作用している参加者がコミュニケーションによって組織化するにつれ，彼らは，共通の利害を軸に共有された理解を発展させ，集合的"われわれ"意識・・・つまり，"われわれ"の共有した理解に適ったやり方で一緒に物事を行う一個の社会的単位としての意識を育んでいくのである．言い換えれば，組織化に固有のコミュニケーション・プロセスが組織文化を創り出すのであり，その文化はコミュニケーション活動を通して姿を現し・・・，役割に規定されたり，目標やコンテキストに規定されるコミュニケーション制約－すなわち，ルール－によって特徴づけられる．（p.560）

上の引用文には，交換とか，継続的なコミュニケーション，相互作用している参加者といったフレーズから間主観性がほのめかされている．一方，共有された理解とか，共通の利害，集合的"われわれ"，組織文化，役割，そしてルールという形式のコミュニケーション制約といった言葉に見られるように，集主観性についても多くが語られている．　　　　　　　　　　　　　　　　（We95, 101-102頁）

第 2 章で紹介した Weick（1995）による組織の定義，「ルーティンを相互に結びつける集主観性，解釈を相互に強化する間主観性，そしてこれら二種類の形態の間を行き来する運動，を継続的コミュニケーションという手段によって結びつける社会構造」（We95,225 頁），および集主観はコントロールの，間主観はイノベーションの役割を果たすと考えられていた（We95,225 頁）ことを思い出して欲しい。

　遠田が，常識が公的コミュニケーションを通して伝達され，互解が私的なコミュニケーションを通じて伝達されると言うとき，遠田は"私的"という言葉に，組織における役割，ルールといった，「集主観によって権威づけられていない」という意味を込めている。Simon（1957）のいうクリークは，その時点での組織目的に貢献しえない限り非建設的であるが，互解ー私的コミュニケーションによって育まれる間主観ーは，「"われわれ"の共有した理解に適ったやり方で一緒に物事を行う一個の社会的単位としての意識」（Smircich & Stubbart,1985,p.560）を育み（クリークを育む場合も含まれる），「役割に規定されたり，目標やコンテキストに規定されるコミュニケーション制約ーすなわち，ルール」（We95,102 頁）へと発展する余地を残しているのである。たとえクリークであろうともその共有意味世界がイノベーティブな間主観の域を越えて，組織全体の集主観を代表するものであるといえるとき，すでにクリークは組織そのものーたとえ，クリークそのものの維持・拡大がその目的であれーと言えるのである。間主観のイノベーションによる組織認識の新陳代謝はこのようにして生起する。

　Simon（1957）においては，こうした組織階層において水平的なコミュニケーションが垂直的コミュニケーションとは違った組織認識（"互解"）の形成を促す可能性，垂直的な命令的コミュニケーションと反するような組織認識（"互解"）が形成される可能性について十分な考察がなされているとは言い難い。

組織の永続条件

　話を進めよう。第2章で検討したように，組織が永続するためには，安定性と柔軟性，適応性と適応可能性のバランスをとることが重要である。遠田はこの答えを，「変わらざる常識が変わること」（Ena）に求める。

> 共有された頑健な意味世界でかつ組織によって権威づけられている常識は組織の安定に与かり，常識とは相違する私的コミュニケーションを通じて形成される新鮮な互解は組織の柔軟性に与かっている。そして，組織にはいつも常識と互解がバランスよく並存していて，固定的な常識が闊達な互解の存在を介して適時かつ適切に更新されてゆかねばならない。
> 　　　　　　　　　　　　　　　　　　　　　　　　　　　　　　　　（Ena）

　この部分も，第2章で論じたように，Weick が集主観のコントロールと間主観のイノベーションを組織の2大機能とみなし，その間の緊張を管理することの重要性を指摘していることを考えれば十分理解できる説明である。第1章で検討した Barnard（1938）による，「局所的な考慮と全体的な考慮との間，ならびに一般的な要求と特殊的な要求との間に効果的なバランスを見出す過程」（Ba, 248頁）であると論じた管理における芸術的バランス感覚とも通底している。「組織の適応理論」とは，この常識と互解との間の往還運動の「メカニズムを探ったものである」（Ena）と言える。
　遠田はさらに環境－組織系という概念を導入する。

> 組織が環境にある関係を想造すると，一般にその関係は組織と環境とが相互作用を繰り返す中で次第に成長し，絶頂を迎えやがて衰退・消滅するが，組織はまた新たな関係を環境に想造し，その関係が同じく生成盛衰を経て消え，またまた新たな環境を想造し・・・。組織は，こうしたことを途切れなくやって存続・成長してゆこうとする。
> 　　　　　　　　　　　　　　　　　　　　　　　　　　　　　　　　（Ena）

組織において,「常識に従った行動の結果が常識の予想通りのものと見なされると,組織は常識の措定した環境－組織系が現在も続いていると推測し,常識を今後も頼りとする」(Ena) が,「常識に従った行動の結果が予想通りのものでない場合,組織は常識の措定していた環境－組織系がもはや続いていないと推測」(Ena) する。「いずれにせよ,組織の常識を通して環境－組織系の状態が推測され,それによって常識が一層信頼されたり逆に疑われ修正が迫られたりする」(Ena)。

遠田はさらに続けて,「常識的でない予想外の結果の頻発は環境－組織系の変質の予兆で,それが不安を募らせ互解の形成を盛んにする」(Ena) と述べる。この表現の意味するところも,第 2 章で検討した Weick による,間主観のイノベーション,センスメーキングのきっかけ,組立ルールとサイクルに関する論述を重ね合わせれば容易に理解できよう。

Weick は「閾値にいたるまでの累積したショック」がセンスメーキングのきっかけであるとしたが,遠田は「不安」という語を用いてこれを説明しようとする。「不安が増える」,「不安が減る」という表現は,日本語で馴染みが深く,これまでにセンスメーキング研究で用いられてきた「累積したショック」といったタームより遥かに理解しやすい。

モデルの展開

これまでの常識,互解,不安の関係を図示すると以下のようになる。ここで"不安"と呼んでいるものは,正確には後で述べるように,不安の増加傾向（不安の一次導関数）である。すなわち,不安の増加率が一定以上の場合,互

＋, －符号は変数間の因果関係がそれぞれ同方向と反対方向であることを示す。

図表 14-1　常識, 不安, 互解

出所：Ena。

解の形成が促進される。

　ここで遠田は以下のように仮定する。

　まず，ある一つの関係を軸とする一つの環境－組織系には一つの常識が対応している。その常識は「頑健な共有意味世界」なので，固定的で時間に関して定数値関数で表される。そうした常識と盛衰する環境－組織系との乖離の程度が不安の量を表わす。ここでは，その不安の量の値ではなく，不安の量の変化率すなわち不安の増加・減少を問題とする。
　　　　　　　　　　　　　　　　　　　　　　　　　　　　　　（Ena）

　上のように仮定した上で，環境－組織系を加えて図示すると以下のようになる。

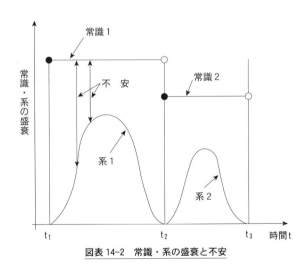

図表 14-2　常識・系の盛衰と不安

出所：Ena。

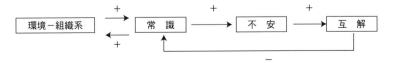

図表 14-3　組織の適応モデル（基本形）

出所：Ena。

図表 14-3 の適応モデル（基本形）を経時的に展開し，環境－組織系の盛衰を実線で，不安の増減を破線で表すと下の図表 14-4 が得られる。図表 14-3 を理解するに際しては第 2 章で詳細に検討した Weick による ESR モデルを念頭に置かれたい。

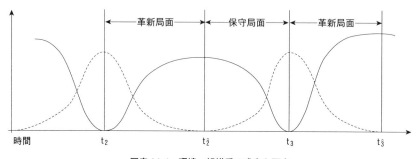

図表 14-4　環境－組織系の盛衰と不安

出所：Ena。

上の図表 14-4 について説明しておこう。この図で縦軸は「系の盛衰・不安」を表す。横軸は時間軸である。時間 t_2 に至るまでは図表 14-2 の常識 1 が頑健な共有意味世界を構成している。新たに生まれた常識 2（図表 14-4 で最初の"革新局面"と表示されている期間の常識）が，「変質した環境－組織系 2 を"それなりに"捉えたものであれば，（資源を適切に利用する学習効果も相まって）予想通りの結果が得られるようになり，常識 1 の下で極大に達していた不安が減少しはじめ」(Ena)，「互解の形成も少なくなる」(Ena)。「そのため，常識 2 は次第に信頼されるようになり，普及もする」(Ena)。しかし，やがて常識 2 もピークを過ぎて，予想外の結果を生むことが増加し，従って互解の形成も活性化する。すると，常識 2 は衰退をはじめ，それがさらに常識 2 の衰退を早める。こうして，やがて常識 3 が常識 2 に取って代わり，共有意味世界を構築する (Ena)。

このモデルでは，環境－組織系 2 が消滅した途端に環境－組織系 3 が登場し，常識 3 が生まれるとの説明がなされているが，これはモデルを簡潔にするための便宜上の記述である。

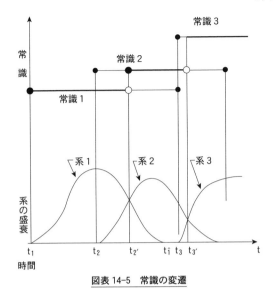

図表 14-5　常識の変遷

出所：Ena。

　遠田は,「多くの場合,新しい環境－組織系はその前の環境－組織系が消滅する前にその胎内で育まれる」(Ena) とした上で,「環境－組織系が重複しているときはいずれか優っている環境－組織系の常識がそのときの常識となる」(Ena) と仮定して上の図表 14-5 を提示している。

　遠田は,「これによって常識の変遷がいっそう現実的に説明できるようになる」(Ena) として,次のように述べている。

このモデルのこうした"つくり"こそ,この理論の現実性を示すものである。まず,この適応モデルによって,常識が非連続的かつ連続的であることが説明できる。「常識は一変するようだが徐々に変わってもいるようだ」とはおそらく常識についての大方の実感だろうが,それは,多くの場合新旧の常識の共通部分が大きいことによって説明されるだろう。きわめて論理的で明快である。　　　(Ena)

閾値の明示化─鎮制装置─

　これまでの議論は，Weick 理論を中心にさまざまなセンスメーキング研究の成果を遠田が再構築し，それらのエッセンスを失うことなく体系化し統合したものである。さらに遠田は，これまでの基礎理論を踏まえて，組織の適応理論をさらに発展させていく。

　先に述べたように，常識は"頑健"でなければならない。頑健でなければ，組織の安定性－継続性，人的互換性，適応性－が確保されない。しかし同時に，常識は移り変われねばならない。常識が移り変わらねば，組織の柔軟性－永続性，適応可能性－が確保されない。

　この問いに対して，これまでのセンスメーキング理論の多くはこれまで度々見てきたように"ショックが閾値に至る"，"長期にわたる活動の所産"などの概念を導入して説明してきた。遠田は，この問いに「鎮制装置」という概念を導入して，より明確で明示的な答えを与えようとしている。

　　偶然がもたらしたかもしれない予想外の結果に，組織がいちいち対応し，その都度常識を更新していては，組織は過敏症に陥り，この上もなく不安定になる。組織にはそうならないための鎮制装置ともいうべきものがある。それは 2 段構えになっている。その 1 段目は，偶発的な予想外の結果によってもたらされた不安の増大が互解の形成に直ちには結びつかないようにする仕組みや力である。第 2 段目は，つまらぬ互解によって常識が揺らいだり更新されることがないようにする仕組みや力である。対外的な前者は衝撃を鎮静するいわば"緩衝装置"で，体内的な後者は変化を抑制するいってみれば"免疫装置"である。"鎮制"なる語は，この鎮静と抑制の双方を意味する造語である。　　　　　　　　　　　　　　　　　　　　　(Ena)

遠田（2002）は鎮制装置として，「未練のハードル」(Ena) と「臆病のハードル」(Ena) を想定している。

　未練のハードルは，「思考の経済」(Ena) というアイディアの上に成立する

ハードルである。すなわち,「予想外の現象を必然とみなした場合と予想通りの現象を偶然とみなした場合に人は思考すべきだ」(En) と考えるのである。換言するならば,予想外の現象が起こってもそれが偶然とみなされれば人は思考しようとはしないであろうし,予想通りの事が起こってそれが必然であるとみなされるのであれば,人は敢えて考えようとはしないだろうという発想である。

この「思考の経済」に,「人は偶然とみなす現象はあえて考えない」ということを重ね合わせると,遠田が「思考の三角形」(Ena) と呼ぶマトリックスが完成する。

予想外	思考せず	思考
予想通り	思考せず	思考せず
	偶然	必然

図表 14-6　思考の三角形

図表 14-6 の思考の三角形を常識,互解,不安との関係で考えてみると,常識に従って行動した結果,予想通りの結果が得られた場合,不安は減少することになり,思考しない。常識に従って行動した結果,予想外の結果が現れた場合,不安は増大する。しかし,不安の増大が互解の形成に結びつくか否かとなると,もしその予想外の結果が偶然とみなされるのであれば,互解の形成には結びつかず,従って思考せずという結果をもたらす (Ena)。予想外の結果が当初は偶然とみなされたとしても,それが度重れば,やがてはそれは必然とみなされるだろう。すなわち,"思考せず" から "思考する" へ移行する。

このハードルがあまりにも低すぎると,「不安の増大が直ちに互解の形成に結びつき」(Ena),常識が揺らぎ続ける状態に陥りかねない。逆にあまりにこのハードルが高すぎると,組織は「何かにつけて偶然とか例外という名の蓋をかぶせて思考停止」(Ena) に陥りかねない。

上で,予想外の結果が偶然とみなされた場合,不安の増大が互解の形成に結びつかないと遠田は考えている訳であるが,これ以外にも,パニックなどに陥って互解を形成しえない場合についても遠田は考察している。遠田は,そうした場合には「不安の増大が常識への依拠を強め,それがまた不安を募らせて

常識への依拠をさらに強め・・・開放の出口がなく，増殖する不安に圧倒されて常識とかルーティンしか見えなくなる"視野狭窄"現象はパニックのときによく見られる」（前掲論文）と主張している。

Weick（1995）も以下のように指摘している。

中断が昂奮を生み出すということ，また昂奮が注意力を使い尽くし，センスメーキングに使用できる手掛りの数を減らし，中断に注意を向けさせ，認知の効率を低下させる可能性のあることをこれまで見てきた。手掛りが少なくなればセンスメーキングは困難となる。そのことがさらに昂奮を高め，いっそう手掛りの数が減り，センスメーキングがいっそうしにくくなる。昂奮の高まりに応じてセンスメーキングの手掛りが失われていくことに関しては，昂奮レベルの上昇にともない，もっとも重要と判断された状況にのみ注意が狭められ，集中させられるようになるという一般化された形で，多くの研究が報告されている。　　　　　　　　（We95, 137頁）

こうして昂奮が高まり視野狭窄に陥ると，「人は最近学習した反応やカテゴリーを放棄し，以前に過剰学習した，より単純な反応まで退行する傾向がある」（We95, 138頁）。

遠田が不安の増大が互解の形成へと繋がる逃げ口を失って，常識への固執に繋がると考えている点は興味深い。不安は増大するが互解が形成しえない状況，例えば交戦中の軍隊においては，しばしば退行は見受けられる現象である（例えば，Reason, 1988）。また災害時でコミュニケーションが確保できないとき（すなわち互解が形成しえないとき）などにも，退行は起こりうる。軍隊の訓練が過酷なのは，退行が生起した場合において，人が過剰なまでに訓練を積んだ単純な反応（軍隊の場合ならば，とにかく射撃するなど）に退行することを想定しているからである。避難訓練などもこのように考えるとその効果が理解できる。

遠田が提示するもう1つのハードルが，「臆病のハードル」（Ena）である。臆病のハードルは，「互解の減少が直ちに常識の信頼性を高めるのに，なぜ互解の増加が直ちには常識の信頼低下そして更新に導かないのか」という点を説明するために想定されたハードルである。そのために，遠田は「検定のマト

リックス」(Ena) という考えを披露する。検定のマトリックスとは，「定説を受容するときとか新説を棄却するときは通常検定という過程が省略される。それに対して，定説を棄却するときとか新説を受容するときは，通常念入りな検定が行われる。これもある意味で思考の経済というべきもので，自然で妥当といえる」(Ena)。

まず最初に互解の減少が常識の信頼を向上させる点についてであるが，「互解を新説，常識を定説に置き換えても不自然ではないだろう。すると，互解の減少は"検定のマトリックス"における新説の棄却と，常識への信頼は定説の受容と解釈でき，どちらも"検定せず"である。

	受容	棄却
定説	検定せず	検定
新説	検定	検定せず

図表 14-7　検定のマトリックス

条件命題の前件も後件も検定を要しないのだから，互解の減少は直ちに常識への信頼を高める」(Ena)。互解の増加が直ちに常識の信頼低下を招かない点については上と逆のように考えればよい。

これまでの議論を整理したのが図表 14-8 である。

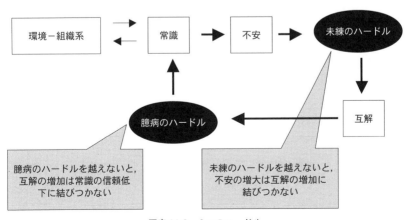

図表 14-8　2つのハードル

4つの型

　続いて，遠田は，上で述べた2つのハードルを交差させることによって，組織を4つの型に類型化しようと試みている。未練のハードルを「前進するのを後ろから引っ張る」（Enb）「保守的機制」（Enb），臆病のハードルを「前進するのを前から妨げる」（Enb）「保守的機制」（Enb）として考え（未練のハードルは，「予想外の結果をことさら観測ミスとか環境の一時的反応や例外と」（Enb）見なす「現在の成功あるいはこれまでの安泰にこだわったり引きずられる人間の心性に起因している」（Enb）と考えられ，臆病のハードルは，「互解の含意する異議申し立てをなるべく見ないようにして，改革とか冒険をかわそうとする」（Enb）「未来の不確実な事柄になるべくかかわらないでいようとする人間の心性に起因している」（Enb）と考えられる），"未練"の反対語を"淡白"，"臆病"の反対語を"大胆"とし，未練－淡白を横軸に，臆病－大胆を縦軸に直行させ，それぞれ4つの象限を鈍重型，慎重型，性急型，試行型と呼ぶことにすると図表14-9が得られる。

　鈍重型は，「過去に対しては未練で未来に向かっては臆病な」（Enb）組織である。慎重型は，「過去に対して淡白で未来に向けて臆病な」（Enb）組織，性急型は，「過去に対しては淡白で未来に向けては大胆な」（Enb）組織，試行型は過去に対して未練で未来に向かっては大胆な組織である。

　ところで，「組織の適応モデルもセンスメーキングも"初めに予想外の結果ありき"であった。すなわち，それはみな，意外な結果の観察からスタートしているのである。（中略）そこでは組織は不測の事態をどう判断し，どう行動したのかについて分類されたのである」（Enb）。ここで不測の事態を，「一過的」（Enb）と見なすか，「傾向的」（Enb）と見なすかを横軸とし，対策を「有為」（Enb）－「無為」（Enb）で縦軸にすると図表14-10が得られる。

　「認知と行動が一貫している」（Enb）組織は，整合組織であり，そうでない組織は矛盾組織であると言ってよい。図表14-10で先の組織の4類型が重ねて描かれてあるが，未練のハードル，臆病のハードルそれぞれの定義から考えれ

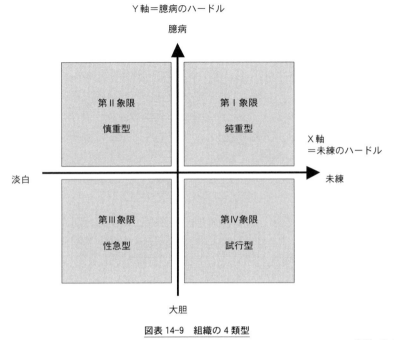

図表 14-9　組織の 4 類型

出所：Enb。

対策：無為	慎重型（矛盾組織 2）	鈍重型（整合組織 1）
対策：有為	性急型（整合組織 2）	試行型（矛盾組織 1）
	不測の事態：傾向的	不測の事態：一過的

図表 14-10　組織の 4 類型 (2)

出所：Enb。

ば理解できる。

　鈍重型組織は「不測の事態を一過的なものとみなしてジタバタしないクセ」（Enb）がある。「不測の事態が実際に一過的なものであるときは，この型の組織は見事な成功を収める」（Enb）が，「不測の事態が傾向的なもののときは惨めな失敗をする」（Enb）。この組織が陥りやすい失敗を遠田は「"ウッカリ"ミス」（Enb）と呼ぶ。

　性急型組織は「不測の事態が実際に傾向的なものであるときは」（Enb），

「見事な成功を収めるが，それが一過的なものであるときは，惨めな失敗を招く」(Enb)。この組織が陥りやすい失敗を遠田は「"早トチリ"ミス」(Enb)と呼ぶ。

さて，「認知と行動が一貫していない」(Enb) 慎重型組織は「不測の事態を傾向的なものとみなしても即応しないクセがある」(Enb)。試行型組織も「認知と行動が一貫していない」(Enb) が，「不測の事態を一過性のものと見なしてもジタバタするクセがある」(Enb)。「要するにこれら2つの型の組織は，傾向的事柄にも一過性の事柄にも特化していないのである」(Enb)。

上のように述べた上で，遠田は，慎重型組織と試行型組織は「不測の事態が一過的でも傾向的でも，認知と行動のいずれかで適合しているので，そこそこの成果が得られる」(Enb) と主張する。しかし，現実には何が不測の事態であるかを「適切に判定するのは難し」(Enb) く，これこそが「最初で最大の難問」(Enb) であると述べ，Weick (1979) が提示したESRモデルはこの問題を「棚上げにしている」(Enb) と厳しく批判する。この点については後に詳述したい。

遠田はまた，組織の環境想造力（"創造"ではない）ということを考えれば，「目前の変化を傾向的と判断したならば，組織はそれを実際に傾向的な変化にして」(Enb) しまうとも指摘する。

さらにこうした問題に対して，「意思決定論は何も答えてくれない」(Enb) と遠田は言う。意思決定論では，「『（利得の確率がわからない）不確実性の下では，どの考え方・原則が良いかは言えない，どれでも良い』ということになる」(Enb)。「『確率がわかれば意思決定論の出番だ』というのも説得力に欠ける。その場合は，各選択肢の期待値が機械的に計算され，後はその期待利得が最大の選択肢を自動的に選ぶだけのこと」(Enb) だからである。

遠田は，「しかし考察の視点を意思決定からその前段の認識に移すと，この組織型の選択問題についてもう少しマシな物言いができるようになる」(Enb) と述べ，必要多様性の法則[6]を提示する。そこでは，異質なメンバーが入り混じって，かつ彼らがルースな制約しか受けないような組織は，「無駄で非効率

6　第2章を参照されたい。必要多様性の法則とは「環境をより適確に把持しようとするならば，システムはそれ以上の多様性を有さなければならない」というものであった。

に見えることが多い」（We79, 248頁）が「この一見非効率こそがその過程の機能不全どころか働くことの証し」（We79, 248頁）であるとされていた[7]。「慎重型組織と試行型組織は，いずれの事態にも特化」（Enb）していないことを考えれば，これらの組織は「"両ニラミ"で多様性に富んでいる」と考えられる。従って，この組織型選択の問題に対して「組織認識を視点とした考察の答」（Enb）は，「慎重型組織か試行型組織を選べ」（Enb）となる。

ESRモデルを越えて

　第1章で述べたように，Weick（1979）が提示したESRモデルは，保持からイナクトメント，淘汰過程へのフィードバックループを（＋，－）あるいは（－，＋）に，すなわち保持からのフィードバックをイナクトメント，淘汰過程に対してアンビバレントな状態に保つことで組織は適応可能性を高めることが可能となるということを示していた。

　遠田はWeick（1979）のイナクトメントに関する以下の記述を踏まえた上で第一の疑問（疑問①）を提示する。

> 経験の流れの中に違いが生じると，行為者はより深い注意を払うべく変化を隔離するような行為をする。囲い込み（bracketing）のこの行為はイナクトメントの一形態である。行為者が生態学的変化を生むような何事かを行い，それが彼の次に行うことへの制約を変え，そしてそれがさらなる生態学的変化を生み・・・・・といったとき，イナクトメントの他の形態が生ずる。　　　　（We79, 169頁）

これに対して，先に述べたように遠田は，「何がきっかけとなって変化やパズルの意味の探索が始められるのかについての記述が不完全である」（Enc）と批判している。

7　HRO理論のマインドフルな組織を思い出して欲しい。

しかし，変化が必ずしも変化として知覚され組織に問題として提起されるとは限らない。変化が"変化"の看板を立てて登場するわけではない。この点は，たとえ"ケイタイ"や"マスコミ報道"によって増幅された生態学的変化にあっても同じである。「何が変化の気づきあるいは組織化の契機となるのか？」　　　　　　　(Enc)

第1章で述べたように，Weick (1979) のESRモデルは保持内容を疑うことを求めるものであったが，遠田はこの点に関しても次のような疑問（疑問②）を提示する。

　また保持内容を疑えというが，そのきっかけについても説明不足である。「(4) 保持は淘汰とイナクトメントの双方に作用し，その効果は正でも負でもありうる。ただし，正負は過去の経験を信頼する（＋）か信頼しない（−）かの決定による」（Weick,K.E.,1979,p.132〔同訳書,1997,172ページ〕）。
　しかし，組織がイナクトされた環境を何の理由もきっかけもなく恣意的に疑ったり否定したりするとは思えない。ならば，「どうして過去の経験が疑われるようになるのか？」　　　　　　　(Enc)

さらに，Weickが提示した組織的な保持メカニズムについて，下のように批判している（疑問③）。

　「保持は，合点のいく意味形成すなわちわれわれがイナクトされた環境と呼ぶ産物の比較的ストレートな貯蔵である」（Weick,K.E.,1979,p.131〔同訳書,1997,171ページ〕）。とはいえ，そこでは，前のステップで淘汰・選択された解釈の入庫が拒否されたり，あるいは新しく入庫した解釈がイナクトされた環境を修正したり変更することもあるだろう。その点について，ワイクはデボノ（de Bono）の"ゼリーモデル"を用いて保持の特質を論じているが，それはあくまで個人の記憶をシミュレートしたものに過ぎない（詳しくは，Weick,K.E.,1979,pp.208～15〔同訳書,1997,270-279ページ〕を参照されたい）。組織の記憶について組織特有のメカニズムがあるのではないか？　なぜならば「組織では保持がどのように行われ，保持内容の維持や修正はどうなっているのか？」　　　　　　　(Enc)

上の3つの疑問に対して組織の適応モデルは次のように答える。①につい

ては，「予想外の結果は，常識が措定していた関係の変質を示唆」(Enc)し，「その予兆は戸惑いや不安を生」(Enc)み，これがセンスメーキングのきっかけとなると答える。②については，「互解の増加それも一定程度以上の増加が常識への疑いの契機になる」(Enc)と答える。遠田は，Weickが「イナクトメントか淘汰のいずれかで"信頼"しつつ疑え」(Enc)と言うが，「ただ疑うだけでも難しい上に，"信じながら疑え"という。ワイクのこの勧告は実際上不可能に近い」(Enc)と述べているが，第1章で検討したように，これこそがESRモデルの限界を示すものであった。組織の適応モデルでは，Weickがいう"信じながら疑う"機能が未練のハードルと臆病のハードルに組み込まれている。③については，ESRモデルが「保持されているイナクトされた環境と淘汰ステップで選択された解釈との力学，ダイナミズムに関して何も言及していない。しかし，組織には組織として特有の記憶の仕方，具体的に言えばイナクトされた環境の維持や修正のメカニズムがあるのではないか」と述べた上で，"イナクトされた環境"と"淘汰ステップ"で選択された解釈がそれぞれ"常識"と"互解"に置き換えられ」(Enc)，「常識の信頼性が，不安を媒介変数として増減する互解に影響される」(Enc)と答えることができるとしている。

　本章をお読みいただければ，組織の適応モデルがESRモデルの限界を乗り越えるべく生み出されたものであることがお分かりいただけたと思う。組織の適応モデルは，Weickが提示した組織観（集主観のコントロールと間主観のイノベーション，集主観と間主観の往還運動）の上に立っているが，そこにはさらに，センスメーキングのきっかけ，往還運動のメカニズムなどが明示的に組み込まれている。組織の適応モデルは，遠田が，これまでさまざまな分野でなされてきた組織におけるセンスメーキング研究の成果を集大成すべく提示したものであると考えてよい。

経営戦略論について

　続いて，組織の適応理論を中心に，これまでのセンスメーキング諸理論のレ

ンズを通して経営戦略論を再検討してみよう。この作業を通して，組織の適応理論の応用可能性の高さを示すことができる。

本章で検討対象とされるのは，A.D.Chandler，H.I.Ansoff，M.E.Porter，H.Mintzberg による経営戦略論である。元よりこれら 4 人の経営戦略論をレビューしたからと言って，百家争鳴の観さえある経営戦略について網羅的にレビューしたとは到底言い難いのは事実であろう。しかし同時に，これら 4 人の経営戦略論はいずれも経営戦略を論じるに当たっては欠かすことのできない重要な研究成果であり，すべてとは言い難いにしても経営戦略論の主要な論点はこれら 4 人を丹念にレビューすることで概ね捉えることが可能であろう[8]。

イナクトされた"環境"

第 1 章で触れたように，Lawrence&Lorsch（1967）は，「産業環境」（Lawrence&Lorsch, 1967：訳, 29 頁）を「上級経営幹部に面接し，また，この人たちがその産業環境の諸特徴をどう見ているかをアンケートで調べ」（28-29 頁）ることによって把握しようと努めていた。稲垣（2002）が指摘していた通り[9]，Lawrence&Lorsch（1967）が描き出した"事実"としての環境は「現実ないし『事実』に近づいたかに見えるとき，そこでこの理論が向かい合う『事実』とは，人間による注目，解釈，あるいは意味形成によって創出された『事実』である」（稲垣, 2002, 161 頁）という点を見逃すことはできない。

同様のことは Ansoff についても指摘することができる。Ansoff は「乱気流」（Ansoff, 1988：訳, p.25）[10]あるいは「環境の乱気流水準」（An88, 29 頁），「乱気流環境下」（Ansoff, 1990：訳, p.33）[11]という言葉で，企業を取り巻く環境

---

8 ここでは，中でもとりわけ Ansoff が提唱した理論について，組織認識論の観点から再検討を加えている。Ansoff を選んだ理由の第 1 は，Ansoff がこれら 4 人のうちでもっとも幅広く経営戦略について論じていると考えられるためであり，第 2 に組織認識論的記述が豊富な Mintzberg の理論とのコントラストを鮮明にできると考えたためである。

9 第 1 章を参照されたい。

10 以後，「Ansoff, 1988：訳」を「An88」と略記する。

11 以後，「Ansoff, 1990：訳」を「An90」と略記する。

へのアプローチを試みている。Ansoff は,「乱気流水準」(An88, 29 頁) を「過去 5 年にわたって,千人を上回る世界中のマネジャーに対して」(An88, 28 頁)「テスト」(An88, 28 頁) し,そこで「80％以上のマネジャーたち」(An88, 29 頁) から自社の乱気流水準が極めて高いとの回答を得,それをもって「そうした環境においては,これまでの経営の基本は役立たなくなり,新しい経営の基本を開発する必要がある」(An88, 29 頁) として戦略論を語り始める。

Ansoff が実際に「千人を上回る世界中のマネジャーに対して」行った「テスト」とは次のようなものである。Ansoff はまず「＜環境の乱気流＞は,自社を取り巻く環境の可変性と予測可能性を組み合わせた尺度である。これには次の四つの特徴がある」(An90, 9 頁) と述べ,下記の項目を提示する。

可変性
1　自社の環境の＜複雑性＞。
2　自社がその環境で遭遇する継続的な挑戦課題の相対的な＜新奇さ＞。

予測可能性
3　＜変化の迅速性＞。自社の対応速度,および環境の中で挑戦課題が進展する速度との速度比。
4　将来に関する情報の妥当性とタイミングを評価するための将来の＜可視性＞。
(An90, 9 頁)

「自社を取り巻く環境」(An90, 9 頁) についてこれら 4 つの事象それぞれに 5 段階 (例えば 4 番目の「将来の可視性」(An90, 10 頁) については「再発,予測可能,予知可能,部分的に予知可能,予知不能な不測事象」(An90, 10 頁) の 5 段階) で表記された中から,1 つを選んで回答するのである。例えば,乱気流水準 1 というのは「穏やかな環境で,次の 4 つの状態をいう。・自社は,従来の市場に注意を注ぐだけでよい。・継続的な挑戦課題は,過去の繰り返しである。・環境の変化が自社の対応性よりも遅い。・将来は過去の繰り返しである,と予想される」(An90, 9 頁)。

上の記述を読めば,「自社を取り巻く環境」(An90, 9 頁) が,「人間による注目,解釈,あるいは意味形成によって創出された『事実』である」(稲垣,

2002, p.161）という点について Ansoff が十分な考察をしているとは到底言い難い。この点について，Ansoff は，「認識論の視点から見た理論的な裏づけ」（An90, 527 頁）として主に環境の複雑さとモデルの単純さとの問題に焦点を当てて5ページ程度で論じている。しかし Ansoff のいう「認識論の視点」とは，Ansoff 自身が述べているように「状況適応理論」（An90, 529 頁）の枠組みの中で，モデルの複雑さの程度について論じているのであって，環境の多様性がいかに認識されるのかという点についてはまったく触れられていない[12]。

さらに次の点も重要である。Ansoff は，「環境の乱気流水準が高いほど，企業の対応の積極性水準は高くなる必要がある」（Ansoff, 1984：訳, p.294）[13]，すなわち企業は「企業家型」[14]（An84, 290 頁）の戦略行動を採用するべきであると主張している。ところが実際に，骨身を削って厳しい「競争型」[15]（An84, 290 頁）の経営行動，別の Ansoff の言葉で換言するならば「反応型の経営行動」（An84, 373 頁）を懸命に展開している企業から，果して自社の"環境"の乱気流水準は低いという回答が帰ってくると考えられるであろうか。そこでは「競争型」（An84, 290 頁）とは言え，日々厳しい「原価切り下げや価格引き下げ」（An84, 373 頁）競争が繰り返され，熾烈な顧客獲得競争が展開されているのである。

「自社を取り巻く環境」（An90, 9 頁）の「乱気流水準」（An88, 294 頁）が高いと判断された場合，Ansoff 理論に従うならば，「企業家型」（An88, 290 頁）

---

[12] 状況適合理論（コンティンジェンシー理論）の限界点については第1章を参照されたい。
[13] 以後，「Ansoff, 1984：訳」を「An84」と略記する。
[14] Ansoff（1988）によれば「企業は次の二つの異なった方法で環境と関係をもつ」（An88, 284 頁）。「第一は，日常業務行動を通じた環境とのあいだの関係である。そこでは，企業は環境とのあいだでの財の交換と報酬の交換で利益をあげようとする。企業はその際に最も能率的に生産を行い，さらに最高の価格と市場占有率を確保しようとする」（An88, 284-285 頁）。「第二は，戦略行動を通じた環境とのあいだの関係である。そこで企業は，将来の利益に対してより高い潜在力を提供する新しい製品／市場によって，陳腐化した既存の製品／市場を代替させようとする。企業はその際に，新しい需要領域を識別し，それに対応する製品を開発し，妥当な製造・マーケティング能力を開発し，新製品の市場調査を行いそれを市場に新発売する」（An88, 285 頁）。「第一のタイプは，現状延長型の戦略行動である」（An88, 285 頁）。「第二のタイプは，非連続型の戦略行動である」（An88, 285 頁）。ここで Ansoff（1988）は，現状延長型－日常業務活動を「競争型」（An88, 286 頁），非連続型－戦略行動を「企業家型」（An88, 286 頁）と呼ぶことにすると述べている。
[15] Ansoff（1990）は「営利企業に焦点を当てる」（An90, p.305）場合には，「『日常業務型』の活動を記述する際に『競争的』という言葉を使うことがある」（An90, p.305）と断っている。

の戦略行動を採用することが求められる。しかし,「反応型の経営は,標準化した低原価製品・サービスを要求する環境での典型的な成功モード」（An88, 375 頁）であるならば,そのように「競争型」の経営行動で十分な成功を得ることができうる状況下で,「企業家型」の戦略行動を採用することが却って危険な状況を招く場合もありうるのではないだろうか。そればかりか,将来へ続く筈の成功を「企業家型」の戦略行動によって自ら破壊してしまうことも考えられるのではないだろうか。

　ところで,環境と戦略について,Porter は,「業界における競争の要因」(Porter, 1980：訳, 3 頁)[16]に焦点を当てて,「新規参入の脅威－要因Ⅰ」(Po80, 21 頁),「既存競争業者の間の敵対関係の強さ－要因Ⅱ」(34 頁),「代替品からの圧力－要因Ⅲ」(41 頁),「買い手の交渉力－要因Ⅳ」(43 頁),「売り手の交渉力－要因Ⅴ」(46 頁) が,「競争を激化させる構造要因」(Po80, 19 頁) であると論じている。Porter はそれら 5 つの競争要因を把握することで,業界における競争環境を把握しようとする。Porter は次のように述べている。

> 構造分析によって,業界内で働いている競争要因を理解するためのフレームワークが得られるが,これは競争戦略策定には不可欠のものである。しかし,いうまでもないが,業界構造は変化するものであり,しかも根本的に変わることが多い。
> 　　　　　　　　　　　　　　　　　　　　　　　　　　　　(Po80, 215 頁)

> ここでもう一度強調しておくと,企業のとる戦略行動によって業界の構造を変えることができるのである。業界構造の変化によって自社の地位が大きく左右される,ということを企業が理解するようになれば,自社に有利になるように業界構造を変える方法も自然に見つけ出せるようになるだろう。　　　　(Po80, 253 頁)

これらの言葉と,Porter の言う「業界の境界は主観的に決められるもの」(Po80, 252 頁) という言葉を重ね合わせて考えて欲しい。Porter の描く競争環境とは,その構造的要因である業界の境界が主観的に決められるものである以上,競争環境そのものが主観的に決められるものであると考えても間違いは

16　以後,「Porter, 1980：訳」を「Po80」と略記する。

ないだろう。その上で，自社の「とる戦略行動によって業界の構造を変えることができ」(Po80, 253頁)，「業界構造は変化するものであり，しかも根本的に変わることが多い」(Po80, 215頁) のであれば，企業が「主観的に」(Po80, 252頁) 決めた競争環境の下で意思決定をし，行動をすることによって，業界構造が根本的に変わることにはならないだろうか。まして Porter の言うように「産業界と競争業者を抜かりなく理解するかどうかで成否が決まる」(Po80, v頁) のであれば，「主観的に」競争環境をどのように捉えたかによって，その後の企業行動は決定的な影響を受け，そのことが業界構造に企業行動を通して影響を与える，すなわち組織認識が環境を創造すると考えるべきであると言える。

さらに Porter は，特定業界内部での競争という点に焦点を当てて，「業界の集中度」(Po80, 257頁)，「業界の成熟度」(257頁)，「国際競争の影響」(257頁) の「三つの面から環境をとらえ」(257頁)，「特徴のある類型的な業界環境」(257頁) として「多数乱戦業界」(Po80, 259頁)，「先端業界」(285頁)，「成熟期へ移行する業界」(311頁)，「衰退業界」(333頁)，「グローバル業界」(359頁) を挙げ，それぞれの場合における「競争戦略」(257頁) について論じている (Po80, 257-385頁)。上の段落で述べたことを考えれば，むしろ問題なのは，自らが属する業界を「衰退業界」(Po80, 333頁) であると位置付けるか，あるいは「成熟期へ移行する業界」(Po80, 311頁) であると位置付けるかということにあると言ってよい。

もし自らの属する業界を「衰退業界」であると位置付け，Porter の言う「衰退業界の競争戦略」(Po80, 333頁) を採用した結果が，当該業界を衰退に導くという可能性も十分考慮しておかなければならない。例えば，「衰退業界の競争戦略」(Po80, 333頁) として，Porter が挙げている「刈り取り戦略」(Po80, 351頁) では「機種を減らす」(351頁)，「利用する流通業者の数を減らす」(351頁)，「小口の顧客を切る」(351頁)，「配送時間 (在庫を削減して)，修理時間，販売援助などのサービス水準を下げる」(351頁) などが具体的に提示されている。これまでの議論に従って考えるならば，自らの属する業界を「衰退業界」であると認識し，機種を減らし，流通業者を減らし，小口の顧客を切り，サービス水準を下げるといった行動に企業が踏み切るとき，その

こと自体が業界を衰退に導くとも考えられる訳である。

　より分かりやすく説明するために，1つの例を挙げてみよう。ある地方の伝統的セーター製造業者が，数百年以上にわたって手編みのセーターを市場に供給し続けてきたとする。あるとき，巨大資本に支えられた衣類メーカーが，機械織りのセーターをとても伝統的製造業者では真似のできないほど低い価格で，物理的には伝統的手編みの製品とほとんど品質的な差異が認められない状態で出荷し始めたとしよう。そのとき，伝統的製造業者はどうすべきなのだろうか。手編みセーターでは価格的に機械織りセーターに勝てないと考えて，損害が大きくならないうちに早目に撤退すべきなのだろうか。それとも，「手編みセーターは機械織りセーターとは違って人間的温かみを感じさせることができる」と考えて，手編みセーターにこれまでとは違った高級品としてのイメージを付与（センスギビング）すべく消費者に働きかけていくべきなのだろうか。アイディアはこの2つだけではないだろうけれども，伝統的セーター製造業者が自らの製品を衰退製品とみなすか，それとも人間的温かみを感じる高級品とみなすかによって，その後の伝統的セーター製造業者の行為は変わってくるに違いない。自らの製品を衰退製品であるとみなして，刈り取り戦術を実行すれば，それがゆえに自らの製品が衰退製品となりかねないのである。ここで提示した例は，Porac等（1989）がスコットランドで高品質のカシミアセーターを供給している17の企業について行った詳細な調査に基づいている。彼らは手作りを意図的に"高品質"と解釈し「限られた数の高所得者層にのみ高品質で高いセーターを供給する」（Porac等,1989,p.404）という"戦略"を採用することで成功していた（Porac等,1989）。

　これらの議論は，第2章で説明したWeickによる「イナクトされた環境」という概念を導入することでより明快に説明することが可能になる。「組織化にとってのイナクトメントは，自然淘汰における変異にあたる。では変異と言わずになぜあえてイナクトメントと言うかと言えば，組織メンバーが（自らをやがて拘束する）環境を創造する上で果たしている（とわれわれが思っている）積極的な役割をイナクトメントという言葉がとらえているから」（We79,169頁）であり，イナクトされた環境と言うとき，それはむしろ組織化のインプットであるというよりもアウトプットであることが強調されているからであ

る。Porter の業界変化に関する以下の記述に続けて，Weick（1995）によるイナクトされた環境に関する記述を読むと，これまで何が議論されてきたかが明確になるだろう。

> ここで注意すべきことは，業界変化が，業界内の既存企業および新規参入企業の投資によって大きな影響を受けるという点である。進展過程から変化をうながす圧力や誘因が生じるが，これに応えて企業は新しいマーケティングや新しい生産設備などに投資する。そしてこれらが参入障壁の内容を変え，供給業者と買い手に対する力関係に変化をもたらす。その業界に属する企業の運，技能，経営資源，進む方向が，業界の変化していく道すじを決めることになる。構造が変化する可能性はあっても，業界内の企業が実施可能な新しいマーケティング手法を発見できないために，実際にはその業界に何の変化も起こらないというケースもありうる。あるいは，完全に一貫生産できる設備を保有するだけの資本力をもつ企業がなかったり，単にそういった設備の保有意図のある企業がなかったために，せっかく規模の経済性を発揮できる可能性がありながら，それが実現しないということもあるだろう。イノベーションや技術開発だけでなく，その業界にどんな企業があるか，どんな企業が新規参入を狙っているか，ということがその業界の変化に重要な影響を及ぼす。これが，今後の業界変化の予測を困難にしている理由であり，なりゆきしだいでその業界の進展見込みや進展のスピードがどうにでも変わる可能性があることを示す理由でもある。 (Po80, 222-223 頁)

> これらのケースにおいて，先の当事者たちから独立し，かつその外部に存在するような，特異で単一の，固定された何らかの環境が存在するわけではない。そうではなく，それぞれのケースにおいて，人びとはまさに彼ら自身，環境の一部なのである。彼らは行為し，そして行為する中で，自分たちの直面する制約や機会となる素材を創り出している。受動的人間の面前にそのような環境を置く，そんなことを人間以外になしえる"もの"があるだろうか。その"もの"は，能動的な人間でしかありえない。組織にいる人たちはあまりにこの事実を忘れてしまっている。"その環境（the environment）"という言葉が中立的な響きを持つので，彼らはこの響きの犠牲になっている。 (We95, 42 頁)

企業は「新しいマーケティングや新しい生産設備などに投資する」(Po80, 222

頁）ことによって環境をイナクトしている（「参入障壁の内容を変え，供給業者と買い手に対する力関係に変化をもたらす」（Po80, 222頁）。すなわち，Porterの言う競争環境とはイナクトされた競争環境なのである。

さらにWeick（1995）の次の記述を読んでもらいたい。

これらの結果は，どれも創造にはいたらないが，意味を生み出しうる。行為は表出されるだけでなく，抑制されたり，放棄されたり，チェックされたり，方向替えされたりもするのだから，行為は世界の中に目に見える結果を生み出さずとも，意味に影響を及ぼす。想像の中で構築され，自分だけにしかわからないような省略された行為でも有意味にされうる。したがって，行為を，刺激への単なる反応や，観察可能な行動，あるいは目標達成行動と同一視しないように注意すべきだというのが第一の注意点である。もし同一視すると，行為が意味を創り出す微妙な様を見逃してしまうからだ。絶対実行されない行為，実行されるのが遅すぎた行為，手を引くのが早すぎた行為，あるいは時機が良くなかった行為などが，無意味なことはめったになく，むしろ，その意味がわかり過ぎるくらいのことが多いようだ。

(We95, 50-51頁)

すなわち，行為が世界の中に目に見える結果を生み出さないとしても，それは意味に影響を及ぼし得るのである。実際にも，Weick（1995）の指摘するように，絶対に実行されない行為などは無意味どころか，意味が分かりすぎている場合が多い。第2章で挙げたGarfinkel（1963）のデパート実験を思い浮かべていただければよい。

Porterの言う「構造が変化する可能性はあっても，業界内の企業が実施可能な新しいマーケティング手法を発見できないために，実際にはその業界に何の変化も起こらないというケース」（Po80, 222頁）においても，それらのケースが想像され吟味されること自体が「目に見える結果を生み出さずとも，意味に影響を」（We95, 50頁）及ぼしているのである。「完全に一貫生産できる設備を保有するだけの資本力」（Po80, 222頁）がないと考えたりした場合でも，それらが「無意味なことはめったになく，むしろ，その意味がわかり過ぎるくらいのことが多い」（We95, 51頁）と言える。

これまでの考察から分かるように，組織認識論が提示してきた"イナクトされた環境"という概念を導入することにより，経営戦略論をこれまで以上に明快に論じることが可能になる。

「環境－組織系の盛衰」と製品ライフ・サイクル

遠田は組織と環境との関係を説明するに当たって，「環境－組織系」という概念を導入していた。遠田はこれを説明するためにテレビを製造・販売しているメーカーの例を挙げている。

> この電機メーカーは，環境の中にテレビの売買という関係を想造し，消費者と次のような相互作用を繰り返しながらテレビの売買という関係を軸とする環境－組織系を成長発展させようとするのである。その相互作用とは，テレビを製造しそれを消費者が買い，消費者が買うとまたテレビを製造・販売し，というもので・・・電機メーカーの場合，消費者側のテレビ需要や電機メーカーの供給の事情によって相互作用が強くなったり弱くなったりするだろう。やがて，テレビの売買の量が電機メーカーの供給能力や消費者の需要能力の限界に達すると，相互作用ができなくなり関係が途切れ，テレビの売買という関係を軸とした環境－組織系は崩壊する。
> (Ena)

上の説明に従うならば，環境－組織系とは，イナクトされた環境と組織との相互作用そのものの関係であり，環境－組織系の盛衰とは，イナクトされた環境と組織との相互作用の強弱で表現することができる。すなわち，「常識」に従って組織が行動した結果が，「常識」に従って予想された結果であれば，環境－組織系は勢いを増し，逆にそれが「常識」に従って予想される結果と反すれば，環境－組織系はその勢いを失うことになる。「常識に従った行動の結果が予想通りのものでない場合，組織は常識の措定した環境－組織系が現在も続いていると推測し，常識を今後も頼りとする」(Ena) ことによって「環境－組織系」は勢いを増し，「常識に従った行動の結果が予想通りのものでない場

合，組織は常識の措定していた環境－組織系がもはや続いていないと推測」(Ena)し「環境－組織系」は勢いを失うと考えるのである。

「環境－組織系」がイナクトされた環境と組織との関係であるならば，遠田の言う「環境－組織系」とは，より分かりやすく表現するならば"イナクトされた環境－組織系"のことであり，さらにイナクトされた環境が組織に拠ることを考えれば，"組織－イナクトされた環境系"と呼ぶべきものである。本章では以降，この"組織－イナクトされた環境系"を"系"と略記する。

遠田は，系の盛衰について「栄枯盛衰は世の習い。一連のこうした関係ひいてはそれを軸とする環境－組織系の盛衰は，自然の摂理である」(Ena)とした上で，「前半の成長期は当該環境－組織系に適する資源を利用する学習能力の向上によって，後半の衰退期はそうした資源の枯渇によって基本的には説明されよう」(Ena)と述べている。遠田はさらに「社会におけるリアリズムは，こうした環境－組織系の盛衰の繰り返しから生ずるものであろう」(Ena)とも主張している。

ここで Porter が提示している「製品ライフ・サイクルというコンセプト」(Po80, 217頁)について少しばかり考えてみよう。Porter は製品ライフ・サイクルについて以下のように説明している。

> 業界の成長過程の最初にある導入段階が平らなのは，買い手の習慣を変えること，新製品を試用させることのむずかしさをあらわすものである。ひとたび製品のよさが証明されてしまうと，数多くの買い手が市場に殺到するので急激な成長が起こる。その製品の見込み買い手全部に製品がゆき渡ってしまうと，急激な成長は止まり，その製品を真に必要とする買い手グループの成長率だけを示すようになり，カーブは横ばいとなる。そして，新しい代替製品の出現とともに最終段階に入り，カーブは下降する。　　　　　　　　　　　　　　　(Po80, 217-220頁)

組織の適応理論に従って「製品ライフ・サイクルというコンセプト」について説明するならば，「導入期」(Po80, 217頁)は企業がある製品を市場に投入し，「買い手」(Po80, 217頁)と企業との相互作用が開始された時期であると言えるだろう。先の遠田の例に従うならば，ある電機メーカーがテレビを製造する

とそれを消費者が買い，するとまたその電機メーカーはテレビを製造し，それを消費者が買うという相互作用が始まったときに，「導入期」が幕を開ける。販売開始当初は，「買い手の習慣を変えることと，新製品を試用させること」（Po80, 217頁）が困難なためこの系はゆるやかに成長していくことになる。この時期は，企業にとっては「エクスペリエンス」（Po80, 27頁）が十分に蓄積されていないために「生産」（27頁），「マーケティング，流通その他の分野」（27頁）において「単位当りコスト」（27頁）が高く，販売単価は一般的に高価にならざるを得ない。この点からも「導入期」における企業と「買い手」との相互作用がゆるやかにしか強化されないことを説明できる。

　やがて「浸透率」（Po80, 238頁）が高まるにつれて，「非常に高い成長率は，ほとんどの場合，浸透率が高くなった結果もたらされたものである。すなわち，くり返し購入をしてくれる顧客にではなく，新しい顧客への売上げがふえたために成長率が高くなったのである」（Po80, 238頁）という状況が生ずる。系は「成長期」（Po80, 217頁）を迎えるのである。企業の「エクスペリエンス」も徐々に蓄積されていき，それが「単位当りコスト」の低下をもたらし，販売価格が引き下げられる。すると，さらに「数多くの買い手が市場に殺到する」（Po80, 217頁）ようになる。系は急激に勢いを増し，企業は「急速な成長を遂げ」（Ena）る。遠田は「前半の成長期」（Ena）を「当該環境－組織系に適する資源を利用する学習能力の向上」（Ena）によって基本的に説明しようとしていたが，Porterが提示した企業にとっての「エクスペリエンス」の蓄積，「買い手による学習」（Po80, 231頁）などは遠田の言う「学習能力の向上」と通底していると考えてよい。やがて，「どんな業界もいつかは必ず浸透率が100%になる。こうなると，成長率は買い替え需要で決まってくる。浸透率が100%になっても，製品やマーケティングを変えて顧客の範囲を広げたり，買い替えを早めさせたりできる。しかし，どんなに急激に成長している業界でも，いつかは成長が止まる日がやってくる」（Po80, 228頁）。これまで通り製造しているのにも関わらず，売れ残りや返品の増加が目立つようになったりする。製品ライフ・サイクルに従うなら，そうしたサインは「成長期」から「成熟期」（Po80, 217頁），「衰退期」（Po80, 217頁）への扉が開いたことを示している。「常識に従った行動の結果が予想通りのものでない」（Ena）状態に陥る

のである。そうなると，系は勢いを失い，予想せぬ結果の増大に直面した企業は不安を募らせていくようになる。

「組織が環境にある関係を想造すると，一般にその関係は組織と環境とが相互作用を繰り返す中で次第に成長し，絶頂を迎えやがて衰退・消滅するが，組織はまた新たな関係を環境に想造し，その関係が同じく生成盛衰を経て消え，またまた新たな環境を想造し・・・。組織は，こうしたことを途切れなくやって存続・成長してゆこうとする」(Ena) のであれば，予想せぬ結果の増大によってもたらされた不安の高まりは，組織に対してそれまでのイナクトされた環境から新たにイナクトされた環境と関係を結ぶべく活動するよう促すことになるだろう。

Ansoff は，「いつ戦略に頼る必要があるのか」(An88, 144 頁) という問いについて，「急速で非連続な変化が自社環境で発生するときである」(An88, 144 頁) と答えている。Ansoff による「非連続な変化」(An88, 144 頁) とは，この場合，「常識」に従って行動した結果現れた予想せぬ結果であると考えても間違いではない。それは"予想していなかった"という点において非連続であり，これまでの「常識」に従っていないという点において，まさに非連続であるからである。

戦略的意思決定について

続いて戦略的意思決定について考えてみよう。
経営学における専門用語の最も代表的な辞典の1つである『経営学用語辞典』の中では戦略的意思決定について以下のように説明される。

(1) 既存の枠組みの下において最大効率をあげるための業務的意思決定（operating decision）(2) 現有資源の組織化のやり方を変更することで達成可能な経営成果の水準を高めるための管理的意思決定（administrative decision）と (3) 企業の目標を定めたり，ドメインを定義するなどの環境と自社の経営資源との関係付けのパターンを決める戦略的意思決定の三つに分類することが可能だと考える立場があ

る。この立場に基づくと，業務的意思決定と管理的意思決定がどちらも企業内（内部）の問題を対象とするのに対して，戦略的意思決定は環境（外部）との関係を対象とするという点で決定的に異なっている。　　　　　　（『経営学用語辞典』,212 頁）

　上の説明では，「戦略的意思決定は環境（外部）との関係を対象とする」（『経営学用語辞典』,212 頁）ということであったが，では，サプライヤーとの通常の取引における値引要求は，戦略的意思決定なのだろうか。サプライヤーとの通常の取引は「企業内（内部）の問題」（『経営学用語辞典』,212 頁）なのであろうか。少なくともサプライヤーとの取引は企業外（外部）との関係であると考えた方が妥当であろう。逆に会社の方針が明らかに転換されたことを社員にシンボリックに示すような人事異動は，業務的あるいは管理的意思決定なのだろうか。人事異動は内部との関係だろう。業務的意思決定や管理的意思決定が内部の問題を対象とし，戦略的意思決定が外部との関係を対象とするとの説明は，表層的に過ぎるだけではなく間違ってもいるのではないだろうか。

　Chandler によれば，戦略的意思決定とは「企業の長期的な体質に関するものである。これにたいして戦術的意思決定（tactical decision）は，むしろ業務を円滑，かつ能率的に運営していくために必要な日常諸活動に関するものである」（Chandler,1962：訳,27 頁）[17]。「長期的な体質に関する」（Ch,27 頁）戦略的意思決定とは，より具体的に述べるならば，Chandler が「戦略とは，一企業の基本的な長期目的を決定し，これら諸目的を遂行するために必要な行動方式を採択し，諸資源を割り当てること」（Ch,29 頁）と述べていることから，基本的な長期目的を決定し，その目的遂行のために必要な行動様式を採択し，諸資源を割り当てる意思決定と言ってよい。

　上の Chandler の定義には 3 つのことが含まれている。1 つは，基本的な長期目的の決定であり，1 つは目的遂行のために必要な行動様式を採択することであり，もう 1 つは諸資源を割り当てる決定である。Chandler が「戦術的なものであろうと，戦略的なものであろうと，決定は，資金，設備，あるいは人員などの諸資源を割当てたり，割当て方を変えたりすることを通じて，実施されなければならない」（Ch,27 頁）と述べていることからも分かるように，こ

17　以後，「Chandler, 1962：訳」を「Ch」と略記する。

れら3つの条件はそれぞれが戦略的意思決定の必要条件である。すなわち，Chandler はこれら3つの条件を満たし得るときのみ，当該意思決定を戦略的と呼ぶことが可能になると考えているのである。

では仮に，それまでテレビを製造していた企業が，極めて短期間の内にコンピューターのディスプレー装置生産に踏み切り，さらに極めて短期間の内に携帯電話のディスプレー装置の生産を始めた場合，それらの生産開始に関わる意思決定は戦略的なのだろうか。それとも戦術的なのだろうか。短期という時間軸に従ってのみ判断し，Chandler の定義に従うならば，それらは少なくとも戦略的意思決定ではないということになる。しかし，それまでテレビを製造していたメーカーがコンピューターのディスプレーに進出するというのは極めて戦略性の高い決定である。何が戦略的で何が戦略的でないのかについて，Chandler の定義にのみ立脚して論じるのは困難である。

次に Ansoff の説明を眺めてみよう。Ansoff によれば戦略的意思決定とは，「自社と自社環境とのあいだにおける『インピーダンス・マッチ[18]の確立』」(An88, 8頁) であり，より具体的には「将来どんな種類の事業へ参入するかを規定し決定すること」(An88, 8頁) である。対する日常業務的意思決定とは「企業の資源転換プロセスの能率を最適化すること」(An88, 8頁) である。Ansoff は，日常業務的意思決定は主に「競争型」(An88, 290頁) の経営行動，あるいは「反応型の経営行動」(An88, 375頁) における意思決定であると考えている。すなわち，より具体的には「在庫の統制」(An88, 375頁) や「原価切り下げ」(375頁)，「価格引き下げ」(375頁) などのような「日常業務活動面での措置」(An88, 373頁) に関わる意思決定が日常業務的意思決定に含まれると考えられている。

Ansoff は「戦略的という用語を，『企業とその環境とのあいだの関係にかかわる』という意味で使用」(An88, 28頁) している。「インピーダンス」とは，直流回路における抵抗を交流回路で説明する際に用いられる語であるが，要するに電圧と電流が相互依存関係にある中で最小の抵抗（すなわち最適な仕事環境）を実現するポイントが「インピーダンス・マッチ」である。すなわちこの

---

18 原意は電流と電圧の最適比，ここでは自社と"環境"の最適な関係と考えればよい。

場合,「インピーダンス・マッチ」という用語には,「自社」と「自社環境」が相互依存関係にある中において,「自社」と「自社環境」との「関係」(An88, 28頁) を最適な状況に保つという意味が込められている。

　Ansoffが「いつ戦略に頼る必要があるのか」(An88, 144頁) という問いについて,「急速[19]で非連続な変化が自社環境で発生するときである」(An88, 144頁) と答えていることは先に述べた。この言葉に,「インピーダンス・マッチ」(An88, 8頁) という言葉を重ね合わせて考えるならば, 戦略的意思決定とは「非連続な変化が自社環境で発生」(An88, 144頁) する中で,「自社」と「自社環境」との最適状況を実現するための意思決定ということであると考えてもよいだろう。

　ここで, イナクトされた環境という概念を導入して, 組織の適応理論の言葉で戦略的意思決定について定義するならば, 戦略的意思決定とは, 新たに環境をイナクトする意思決定であると言える。それは常識の変容を導く。上で見てきたように,「組織は常識を通して環境－組織系の状態を推測され, それによって常識が一層信頼されたり逆に疑われ修正が迫られたりする」(Ena) のであるから, 系の変容過程は同時に常識の変容過程でもある。常識に変容を迫るのは, 予想せぬ結果の出現であり, それは先に述べたようにAnsoffに依るなら「非連続な変化」(An88, 144頁) の発生である。すなわち, Ansoffの戦略的意思決定に関する捉え方は, 急速に現れる「非連続な変化」を常識に従って行動したにも関わらず現出した予想せぬ結果の増大,「自社」を組織,「自社環境」をイナクトされた環境と置き換えてみれば, 内容的にはほぼ同一であると考えてもよい。もし違いがあるとすれば, 組織の適応理論に従って説明した方が, そのメカニズムまで明快に説明できるということであろうか。

　次にChandlerおよびAnsoffの扱っていた戦略と日常業務との競合について考えてみよう。Chandlerは,「経営資源の割当に責任をもっている幹部たちが, 日常の業務にとらわれすぎて, 企業の長期的な体質に影響を及ぼす市場や, 技術や, 供給源その他の要素の変動に, まるで注意をしないということが, よくある」(Ch, 27頁) と述べている。Ansoffも, マネジャー・グループ

---

19 「急速に」というAnsoff (1988) の表現は, 組織の適応理論において不安の変化率を問題にしていたのと符合するとも考えられる。

は，その時々の環境に適合するように「将来の利益に対する関心」(An88, 27頁）と「今日の市場地位における競争面での成功への関心」(An88, 27頁），すなわち「戦略的な意思決定と日常業務的な意思決定には同等の関心を払う必要がある」(An88, 27頁）と述べ，日常業務によって戦略が駆逐されることのないよう戒めている。

　ChandlerやAnsoffの警告は，Simon（1977）による「プログラム化しうる活動がプログラム化しえない活動を駆逐しやすい」(Simon, 1977：訳, 72頁）という「計画のグレシャムの法則」(72頁）に関わる警告とも通底している。言うまでもなくSimon（1977）も「反復的な活動の圧力からプログラム化しえない活動を守る」(73頁）べきであると警告しているのである。なぜ，「反復的な活動の圧力」(Simon, 1977：訳, 73頁）が「プログラム化しえない活動」(73頁）を駆逐するのであろうか。この点について組織の適応理論に従って考えてみることにしよう。

　Simon（1977）によれば「意思決定は，それが反復的で常規的である程度に応じて，プログラム化される。換言すれば意思決定は，決定問題を処理する明確な手続がすでにつくられていて，問題発生のたびに新たにそれに対処する必要がない程度に応じてプログラム化される」(前掲訳書, 63頁）。遠田は「組織には常識というものがあり，組織メンバーはその常識が描く環境像を共有している。そして，彼らは常識を行動の指針として環境に働きかける。例えば，ルールやルーティンやSOPに従って多くのことが処理され，計画の立案や実施も常識にそったものになる」(Ena) と述べている。また，遠田は次のようにも述べている。「常識は，また，組織の経験というより過去の経験を蒸留したもので，例えば規範，ルール，SOP（標準実施手続）やルーティンそれに儀式や制度に具現化されている」(Ena)。遠田の考えに従うのであれば，Simon（1977）の言う「決定問題を処理する明確な手続」(Simon, 1977：訳, p.63) とは常識が「具現化」(Ena) したものであり，それに則って成されるかなりの程度プログラム化された意思決定は，「常識にそったものになる」(Ena) であろう。

　先に述べたように，戦略は環境をイナクトする－換言すれば常識を措定する－がゆえに戦略なのである。すなわち，常識に基づいて成されるような意思

決定は，戦略的意思決定とは言わない。そのような意思決定は，「戦術的意思決定」（Ch, 27頁）あるいは「日常業務的意思決定」（An88, 8頁）と呼ばれるべきだろう。プログラム化しうる意思決定とは，常識に則って成されるという意味において戦術的であり，日常業務的なのである。

　日常業務的なプログラム化しうる意思決定が戦略的意思決定を駆逐するというのを，組織の適応理論の言葉で述べるならば，常識に則った意思決定が，新たな常識を育むような意思決定を駆逐するとでもなろうか。「組織のセンスメーキングの特異な点は，前提コントロールや人的互換性を確保するために，集主観性が常に働いていること」（We95, 225頁）であり，「組織の目標とは，環境を安定させ，予測可能なものにするために再発的な事象を創り出し同定することである」（We95, 225頁）ならば，「集主観性のコントロール」（We95, 225頁），言い換えるならば常識の圧力が常に働いているからこそ組織なのであって，常識に頑健性が備わっていなければ組織とは言わないのである。

　このことは，日常業務的意思決定と戦略的意思決定が並存した場合，組織の組織たる所以でもある常識の圧力が常に効いているからこそ，日常業務的意思決定が戦略的意思決定に優先されることを示している。常時，戦略的意思決定が日常業務的意思決定に優先されるような組織は常に崩壊の危機に瀕していることだろう。ここでは上で述べた通り，戦略的意思決定とは新たに環境をイナクトする意思決定であるとみなしている。すなわち，従前の「常識」を否定し，新たな「常識」を生み出す意思決定と考えているのである。

　Chandlerは，「デュポン，ジェネラル・モーターズ，ジャージー・スタンダード，シアーズ・ローバックなどの近代的『分業』機構の先駆者が，新しい組織形成を編み出し始めたのは・・・新市場と新製品の開拓による成長期を享受したのち，予期せざる過剰生産と赤字発生に見舞われたときであった」（Ch,「日本語版への序文」）と述べている。デュポン，ジェネラル・モーターズ，ジャージー・スタンダード，シアーズ・ローバックなどは，「予期せざる過剰生産と赤字発生」（前掲訳書,「日本語版への序文」）という予想せぬ結果の到来によって不安が増大するまで，戦略的意思決定を優先しようとはしなかったのである。特に戦略的意思決定が日常業務的意思決定に優先されなければならないのは，ある系の終局段階においてである。日常業務的意思決定が戦略的意思

決定を駆逐するという警句は，系の終局段階では極めて重要なものとなる。

「積極性水準」と2つのハードル

　これまでの戦略的意思決定に関する議論は，Ansoff（1988）による現状延長型－日常業務活動と非連続型－戦略行動に関する議論へも敷衍可能である。
　Ansoffは，現状延長型－日常業務活動を「競争型」（An88,286頁），非連続型－戦略行動を「企業家型」（An88,286頁）と呼び，アメリカにおける経営史を概観しつつ，「50年代の半ば以降」（287頁），「需要が飽和状態に到達した」（287頁），「技術代替」（287頁）などの理由から「これまでの成功企業がその指導的な地位を追われ始めた」（An88,287頁）と指摘し，そうした中で「マネジャー・グループは，次の2つの挑戦課題に直面せざるをえなくなった」（An88,288頁）と述べている。2つとは，「企業家行動の社内での地位を副次的な役割から主要な役割へと向上させること」（An88,288頁）および「社内において企業家行動と競争行動の平和的共存を保証すること」（An88,288頁）である。
　まず最初の課題，企業家行動の役割向上について考えてみよう。Ansoffは，競争型について変革の方向は過去の継続であり，問題の仕組みがはっきりしており，その目標は過去の目標を調整した現状延長であり，代替案の探求は過去の先例に依存していると述べている（An88,289-290頁）。同時に企業家型については，変革の方向は非連続であり，問題の仕組みがはっきりしておらず，そこでは目標は「機会と自社能力のすりあわせを通じて決定」（An88,290頁）され，代替案は「創造的な代替案」（An88,290頁）であると述べている。
　これまでの議論に照らして考えれば，競争型は従前の常識に則った活動であるがゆえに「過去の継続」（An88,289頁）であり，従前の常識に則って理解しうるがゆえに問題の仕組みははっきりしていて，従前の常識に従って設定されるがゆえに目標は過去の目標を調整した現状延長である。代替案の探求においても同様である。一方の企業家型は，拠って立つべき常識が変容を迫られ揺らいでいるがゆえに，変革の方向性は非連続とみなされ，問題の仕組みもはっ

きりせず，目標は「機会と自社能力のすりあわせを通じて決定」（An88, 290頁）されざるを得ないことになる。あるいは逆に，非連続が度々感得されるからこそ，従前の常識が揺らぎ始めるのである。

Ansoff（1988）は，「環境の乱気流水準が高いほど，企業の対応の積極性水準は高くなる必要がある」（An88, 294頁）と指摘し，そうした状況下では「企業家行動の社内での地位を副次的な役割から主要な役割へと向上させる」（An88, 288頁）べきであると主張しているが，なぜ企業家行動の活性化が妨げられるのかという点についての考察が十分であるとは言い難い。この点について組織の適応理論から1つの答えを示してみたい。

組織の適応理論は，Ansoff（1988）の言う「非連続」，すなわち予想せぬ事象の現出が直ちに常識への疑いをもたらすとは考えていない。常識が疑われその変容が促されるためには，上で述べたように，「未練のハードル」と「臆病のハードル」という2つのハードルが乗り越えられなければならない。

未練のハードルは予想せぬ現象を必然とみなした場合に乗り越えられ，臆病のハードルは定説が棄却されるときおよび新説が受容されるときに乗り越えられる。遠田によれば未練のハードルは「前進するのを後ろから引っ張る」「保守的機制」（Ena）であり，臆病のハードルは「前進するのを前から妨げる」「保守的機制」（Ena）であった。

未練のハードルは「異なるものをすべからく必然とみなしてやたら思考するのを防いで」（Ena）常識の頑健性を支え，臆病のハードルは「互解の増加が直ちには常識への信頼を低下させない」（Ena）ことによって常識の頑健性を裏打ちしている。常識の頑健性，すなわち「頑健な"共有意味世界（universe of discourse）"，これが組織の必要十分条件である」（Ena）ならば，これら2つのハードルは組織にとって極めて重要な役割を果している。

先のAnsoffによる，「環境の乱気流水準が高いほど，企業の対応の積極性水準は高くなる必要」（An88, 294頁）があり，「企業家行動の社内での地位を副次的な役割から主要な役割へと向上させる」（An88, 288頁）べきであるという警告は，これら2つのハードルが高過ぎることへの警告であり，組織は「集主観性が常に働いていること」（We95, 225頁）によって組織たりえるがゆえにこれらの2つのハードルが一般的に高くなり過ぎる傾向があることへの警

告であると考えてよいだろう。

　Weickも組織においては常に単純化の圧力が働く（We79,334-336頁），「ルーティンを相互に結びつける集主観性」（We95,225頁）の圧力が働くとして（We95,225-226頁），より複雑化，より間主観のイノベーションが惹起するよう心掛けるべきであるとの警告を発している。例えばWeick（1979）は以下のように述べている。

　　複雑化することの重要性はいかに強調しても強調しすぎることはない。たとえば因果マップ[20]。いかなる因果マップも状況を過度に単純化している。現実の世界では，関係の符合は可変的で，ある原因の発生が結果をもたらすスピードは変わりやすく，生ずるであろう変化の規模も定まらず，因果マップに新しい変数を1つ挿入しただけでもそこから得られる結論全体が一変しうるし，変数を見落とすこともよくあり，明らかな逸脱－増幅ループを打ち壊すような指数的関係もあり，大規模なループシステムでは各ループが一様に励起されるわけではなく，そのため予測が困難となる。　　　　　　　　　　　　　　　　　　　　　　　　　（We79,334頁）

　Ansoffのいう「積極性水準」（An88,295頁）とは上で見てきたように「企業家行動」（An88,288頁）をいかに"積極的"に採用するかという意味での積極性水準であるが，Ansoffは上の警告を提示すると同時に，「早とちり型のマネジャー」（An88,295頁）によってもたらされる悲劇についても触れている。

　　早とちり型のマネジャーが環境の将来の乱気流水準を過大評価すると，すぐに不幸に見舞われることになる。たとえば，アメリカン・カイザー・アルミニウム社のカイザーは，環境条件が整う約二十年前にコンパクト・カーの新発売の草分けとなり，その失敗の代償を支払って『死せる英雄』の仲間入りをしたのである。『死せる英雄』とは，環境の乱気流水準を上回る形で環境対応の積極性水準を発揮するマネジャーを指す。　　　　　　　　　　　　　　　　　　　　（An88,295-296頁）

20　第2章で述べたように，因果マップとは，イナクトメントおよび淘汰のプロセスにあてがわれる保持されているフレームを「相互に結びつけられた変数を含んだ」（We79,170頁）因果の関係で図示したものであり，「このマップは（意味を成すか成さない）メリハリをつけるテンプレート（型板）のようなもの」（We79,170頁）である。

Ansoffの言う「早とちり型」(An88, 295頁)の「死せる英雄」(295頁)に率いられた組織とは，組織の適応理論におけるハードルが低すぎる組織のことであると考えてよい。

遠田は，未練のハードルと臆病のハードルを交差させることによって組織を「4つの型」(Enb)に分類していた。彼はさらに，性急型組織は「不測の事態を傾向的なものと見なして即応するクセ」(Enb)があるため，「不測の事態が実際に傾向的なものであるときはこの型の組織は見事な成功を収めるが，それが一過的なものであるときは，惨めな失敗を招く」(Enb)とも論じている。遠田はこの性急型組織が陥りやすい失敗を「"早トチリ"ミス」(Enb)と呼んでいる。一方で，もう1つの「整合組織」(Enb)である鈍重型組織は「不測の事態を一過的なものと見なしてジタバタしないクセ」(Enb)があり，ゆえに「不測の事態が実際に一過的なものであるときは，この型の組織は見事な成功を収める」(Enb)が「不測の事態が実際は傾向的なもののときは惨めな失敗をする」(Enb)と考えている。この鈍重型組織が陥りやすい失敗を遠田は"ウッカリ"ミス(Enb)と呼ぶ。

遠田の提示した"早トチリ"ミスによって失敗に陥った組織はAnsoffの「死せる英雄」(An88, 295頁)に率いられた組織に符合し，遠田が提示した"ウッカリ"ミスによって失敗した組織がAnsoffの「お粗末な経営」[21](An88, 295頁)状態の組織に符合すると考えてよい。

Ansoff理論と組織の適応理論の決定的差異は次の点にある。Ansoffの場合，あくまでも「早とちり型のマネジャー」(An88, 295頁)との言葉からも分かるように，組織というよりもその一部であるマネジャー・グループに焦点を当てて「失敗」(An88, 295頁)について論じている。Ansoffによれば，組織における「行動の積極性」(An88, 297頁)は，「マネジャー・グループの対応能力」(An88, 297頁)によって決定づけられる[22]。一方，遠田はマネ

---

21 「死せる英雄」が先走りし過ぎているのに対し，「お粗末な経営」は変化を嫌い安定を求め過ぎている。Ansoff (1988)は，積極性水準は，「お粗末な経営」＜「平均的な経営」＜「成功する経営」＜「死せる英雄」の順に高くなるとしている(An88, 294-295頁)。

22 Ansoff (1988)は次のように述べている。「50年代の半ば以降」(An88, 287頁)，「これまでの成功企業がその指導的な地位を追われ始め」(287頁)，「マネジャー・グループは，次の二つの挑戦課題に直面せざるをえなくなった」(288頁)。1つは「企業家行動の社内での地位を副次的な役

ジャー・グループにのみ焦点を当てて論じているのではなく，組織において互解が常識を覆すという組織認識のダイナミズムに基づいて「整合組織」(Enb)が陥りやすい「惨めな失敗」(Enb)について論じているのである。

多くの組織においては，マネジャー・グループの影響力はそれ以外の人々の影響力よりも大きいであろうから，Ansoff（1988）がマネジャー・グループに焦点を当てて論じているのも頷けない話ではない。Ansoff では，「マネジャー・グループの対応能力」(An88, 297 頁) 以外にも，「企業の過去の歴史」(294 頁) や「社内で蓄積された組織慣性」(294 頁) などが挙げられているが，その論調はあくまでも「マネジャー・グループ」(An88, 294 頁) こそが重要であるという前提に立っている。「ゼネラル・マネジャー・グループの能力を診断する」(An88, 293 頁) と題して一章を割き，さらに「非連続な変革を管理する四つのアプローチ」(An88, 350 頁)，「変革を管理するアコーディオン方式」(An88, 360 頁) の題名でそれぞれ 1 章を割いてマネジャー・グループと関連付けて論じていることを考えれば，Ansoff が「マネジャー・グループ」という組織における階層に軸足を置いて経営戦略論を論じようとしている姿勢は明らかである。この点については後に再度触れる。

組織の適応理論は「マネジャー・グループ」が互解形成の中心的役割を果たすという考えを否定するものではない。むしろ，遠田は組織認識の形成にとってマネジメント層の果たすリーダーシップの役割がいかに重要であるかについて繰り返し論じてきている（例えば，遠田（2001）の 212-214 頁，遠田＆高橋（2001）など）。組織の適応理論は，「マネジャー・グループ」が組織認識の形成におよぼす影響をも包含して論じることの可能な理論であると考えた方がよいだろう。

割から主要な役割へと向上させること」(288 頁) であり，もう 1 つは「社内において企業家行動と競争行動の平和的な共存を保証すること」(288 頁) であった。こうした記述からも分かるように，第 1 章で論じた Simon 理論同様，Ansoff 理論には，組織行動に決定的な影響を与えうるのはマネジャー・グループのみであるという前提がある。さらに Ansoff 理論では，組織文化の源泉もマネジャー・グループの価値に大きく軸足を置いていることになる。例えば，Ansoff（1988）は代表的組織文化として「安定」，「反応」，「先行」，「進取」を挙げ，それらに対応するマネジャー・グループの価値を「ボートをゆらすな」，「柳に風」，「先をよく読め」，「未来を夢みよ」としている（An88, 305-311 頁）。こうした考え方が，Weick 理論，組織の適応理論とまったく異なることは言うまでもない。

企業家行動と競争行動の並存

　次に，Ansoff が提示した2つ目の課題「社内において企業家行動と競争行動の平和的共存を保証すること」（An88,288 頁）について考えてみよう。Ansoff は「企業は最適の短期利益をもたらす競争能力の開発と将来の潜在利益を最適化する企業家能力の開発という間でコンフリクトの問題に遭遇するかもしれ」（An88,315 頁）ず，「二つの異なる能力を相互に保護しないまま放置すると，一方が他方を支配し抑圧し始める」（An88,316 頁）ことになると警告している。同時に，Ansoff は「変革の歴史を通じて，抵抗の存在は歴然としている。変革のプロセスを通じて，次の三つの事象が発生する」（An88,340 頁）として，「① 変革プロセスの引き金を引くときの引き延ばしと遅延，② 当初の予測よりも変革の速度を遅らせ，変革の費用を高める予想しない実行の遅延と非能率，③ 変革を妨害したり，その他の優先事項の中にそれを『併合』しようとする組織内の活動」（An88,340 頁）を挙げた後，さらに「変革が着手されると，次の二つの事象が発生する」（An88,340 頁）とも指摘している。

　これら Ansoff の指摘は極めて興味深いものがある。第2章で述べたように，Weick（1995）は，組織における「緊張」（We95,225 頁）を「間主観のイノベーションと集主観のコントロール」（We95,225 頁）の間に生じるものとして捉えていた。

　Wiley の分析を敷衍しようとすれば，社会的行動には2つの大きな不連続があることも論じなければならない。2つの不連続とは，第一に，想像上の社会的行動が，現実の時間において，対面的な社会的相互作用へと変換されるときであり，第二に，相互作用の参加者の一人が置き代えられても相互作用が以前と何ほどか同じように継続していくときである。この2つの変換は，相対的自律性から相対的統制への移行と，相対的独立性から相対的相互依存性への移行が含まれる。この2つの変換を管理し，橋渡しすべき2つの形態のどちらにも協働行為が偏らないようにす

ることが，組織化という社会的形態の役割である。組織化が緊張的なシステムだとよく言われたり（たとえば，Aram,1976），その最たる緊張がイノベーション（間主観性）とコントロール（集主観性）の間の緊張だとよく言われたりする理由は（Hage,1980：Nemeth&Staw,1989），ひとえに変換を動きの中でかつ積極的に管理しなければならないからである。組織とは適応的な社会的形態なのである。間主観的形態として，組織は親密な接触から生ずるイノベーションを創り出し，保持し，実施する。集主観性形態として，組織はその親密性のエネルギーを捉えてコントロールするのである。　　　　　　　　　　　　　　　　　（We95,99 頁）

遠田も次のように言う。「組織の二大機能はコントロールとイノベーションで，それぞれ安定性と柔軟性が対応している。したがって，組織がうまく機能し適応していくためには，組織に常識と互解がバランスよく並存していなければならない」(Ena)。Ansoff は，企業家型と競争型の間，あるいは「利益を追求する既存の日常業務活動と新しい革新的な活動とのあいだのコンフリクト」（An88,146 頁）と「抵抗」（An88,350 頁）が存在する理由について，主にアメリカにおける経営史を振り返りつつ「歴史を通じて歴然としている」（An88,340 頁）と述べるに止めているが，組織認識論的に考えるならば，両者間の「コンフリクト」と「抵抗」の中に，組織が適応的であるためのダイナミズムが顕在化していると考えられるのである。

また，Ansoff（1988）は「帰納的なアプローチで執筆」（An88,14 頁）しつつ，両者が並存することの難しさを歴史的に明らかにすると共に，両者を並存させ「非連続な変革を管理する」（An88,350 頁）ための具体的な処方箋をマネジャーに提示すべく試みている。Ansoff は，それに際して，4 つの代表的な手法を提示する（An88,350-371 頁）。「強制変革型の経営」（An88,350 頁），「適応型の変革」（352 頁），「危機対応型の経営」（354 頁），「アコーディオン法」（355 頁）である[23]。Ansoff はこれらの中でも，状況に適合させてフレキ

---

23 「強制変革型の経営」（An88,350 頁）は，「抵抗を克服するために権力を活用する」（350 頁）。そこでは，「トップマネジメントによる支援と影響力が活用された」（350 頁）が，「経験が示すように，強制的な変革には高いコストがかかるし，社会的にも破壊をもたらす。だが，それは迅速な変革という利点を提供する。こうして，緊急性が高く，迅速な対応が不可欠なときには，強制的なアプローチを活用する必要がある」（350 頁）。「適応型の変革」（352 頁）は，「一定期間に分散された一連の部分改良ステップを通じた戦略的な非連続の導入」（353 頁）によってなされる。「適応型

シブルに活用しうる「アコーディオン法」を特に推奨している。アコーディオン法は「緊急度が増大すると」（An88, 356 頁）「強制変革型の極に接近」（356頁）し，「緊急度が低下すると」（356 頁）「適応型の変革に接近する」（356 頁）というものである。Ansoff は企業家型と競争型の間の"緊張度"によってではなく，時間的"緊急度"によってどの手法を採用すべきかを論じているのであるが，この点は Ansoff（1988）がマネジャーに向けて実践的な処方箋を提示すべく執筆されていることを考えれば納得がいく。Ansoff が述べているように「二十世紀の第四・四半期を通じて，急速に発展する新奇で非連続的ないくつかの事象が実際に企業に強制的なインパクトを与えるまでは，企業はその事象を理解できない」（An88, 354 頁）と考えている多くのマネジャーにとって，"緊張"を「積極的に管理」（We95, 99 頁）するには時間軸が最も重要な要件の 1 つになろうからである。

戦略の計画性について

Ansoff（1988）は具体的な経営行動・戦略行動として 3 つの代表型を提示している。「反応型の経営行動」（An88, 373 頁），「アドホック型の戦略行動」（375 頁），「計画型の戦略行動」（378 頁）である。

「反応型の経営行動」は「戦略的な変革を最小限にとどめる」（An88, 373-374 頁）日常業務活動を主力とした行動であり，「危機の切迫に直面するまでは，反応型の企業は一般に，製品・マーケティング・コンセプトの抜本的な改訂のような戦略面での非連続的な措置を回避しようとする」（An88, 374 頁）。

の変革は緩慢であるが，ある特定時点での抵抗水準を最小化できる，という利点をもっている」（353 頁）。また，適応型の変革は「変革の主導者が，ほとんど権力をもちあわせていない条件のもとでの変革を可能にする」（353 頁）。「危機対応型の経営は緊急事態のためにとっておくべきである」（An88, 355-356 頁）。「強制変革型のアプローチは，抵抗を征服する『魚雷爆破型』の方法である」（356 頁）。「適応型のアプローチは，『ローマは一日にしてならず型』の変革導入法である」（356 頁）。「したがって，この両極端のアプローチの中間的なアプローチが必要になる」（356 頁）。そのアプローチを「アコーディオン法」（356 頁）と呼ぶ。「緊急度が増大すると，この方法は強制変革型の極に接近する。緊急度が低下すると，この方法は適応型の変革に接近する。『アコーディオン法』という名称は，その伸縮自在性に由来するものである」（356 頁）。

これまで何度も述べてきたようにAnsoffは,「反応型の経営行動」を「乱気流水準」の低い状況下では「典型的な成功モード」(An88, 375頁)であると考えている。

「アドホック型の戦略行動」(An88, 375頁)の特徴は「企業がトップによる方向づけや計画の産物としての戦略展開がいっさい存在しないままに,戦略面での部分改良型の変革を積極的に追及する」(An88, 375頁)「ボトム・アップ型」(An88, 375頁)で「偶発型」(An88, 375頁)である点にある。Ansoff (1988)によれば「自社市場の需要と技術が引きつづいて現状延長的な発展をし,戦略的な非連続性もほとんどなく,環境変化の速度が自社の環境対応の速度よりも速くないときにかぎって,アドホック型の経営はひとつの有望な方法である」(An88, 377頁)。

対して「計画型の戦略行動」(An88, 378頁)では「将来環境におけるトレンド,脅威,機会に関する明示的な予測にもとづいて,戦略的な意思決定が行われる」(An88, 378頁)。Ansoffは,『エクセレント・カンパニー』を例示しつつ,アドホック型の戦略行動と計画型の戦略行動を比較して以下のように述べている。

このアドホック型の経営は二十世紀になってからずっとみられるようになっており,さらに四十年代以降には,強力な研究開発・市場開発担当部門を有する斬新的な企業の中では,支配的な行動モードとなった。アドホック型経営は,多くのすばらしい成功事例を生み出している。そしてピーターズとウォーターマンのベストセラー＜エクセレント・カンパニー＞の中でも,アドホック型経営が成功のひとつの鍵である,と述べられている。そこでは,論理的な部分改良主義は「自社の(戦略的な)強みに固執する」モードとして生き生きと説明されている。本書の考えは,次のとおりである。自社市場の需要と技術が引きつづいて現状延長的な発展をし,戦略的な非連続性もほとんどなく,環境変化の速度が自社の環境対応の速度よりも速くないときに限って,アドホック型の経営はひとつの有望な方法である。こうした限定条件がひとつでも,あるいはそのいくつかが妥当しなくなると,アドホック型の経営を行っていた企業は,「戦略面での息切れに襲われる」のは間違いない。環境変化の速度が自社の環境対応速度よりも速い場合や,非連続性が頻繁に発生する場合にはこうした事態が発生する。あるいは,そうした二つの事象が同時発生す

ることさえもある。本書のこうした主張を裏付ける実例はたくさんある。特に，ピーターズとウォーターマンのベストセラーが発売されたのと奇しくも同じ時期に，他者が追随すべき成功モデルとして同書が推奨した多くの企業が戦略面での問題点に直面したという事実が何よりもその主張を裏付けている。

(An88,377-378頁)

先に述べたようにAnsoff（1988）によれば現在は乱気流水準の極めて高い「環境」（An88,9頁）下にあるのであるから，上の主張に従うのであればアドホック型の戦略行動では不十分であり企業は計画型の戦略行動を採用すべきだという結論に至るであろう。Ansoff（1988）によれば，アドホック型と計画型は「アドホック型経営では，＜非明示的な＞論理に導かれた一連の（必ずしも相互関連性のない）戦略的な働きを通して，戦略開発が進展する。これとは対照的に，計画型経営では新しい動きの論理と発生を明示的にし，全社ベースでその実行を調整するのである」（An88,378頁）という点で決定的に異なっている。すなわち，現状においてはマネジャー・グループが「将来環境におけるトレンド，脅威，機会に関する明示的な予測」（An88,378頁）を行い，それに基づいて戦略的な意思決定をし，またそれに伴う「新しい動きの論理と発生を明示的に」（An88,378頁）することで戦略の「実行を調整」（An88,378頁）すべきであるとの結論に至るのである。

先にAnsoff理論がマネジャー・グループという階層に軸足を置いた管理志向の強い戦略論である点について指摘したが，上で見てきたアドホック型と計画型に関するAnsoff（1988）の主張を考えると，Ansoff（1988）理論がマネジャー・グループ優位の極めて管理的計画的色彩の強いものであることを窺い知ることができよう。

対して，Mintzberg（1989）は「戦略策定は興味深い過程であって，普通一般に戦略策定と結びつけて考えられている『計画立案』という一組の単純な処方箋をはるかに上回る要素を含んで」（Mintzberg,1989：訳,37頁）[24]おり「戦略は計画的である必要はない」（Mi,45頁）と論じている。Mintzberg（1989）は「明瞭で，明示的で，網羅的な戦略の作成」（Mi,39頁）という「計画立案

---

24 以後，「Mintzberg,1989：訳」を「Mi」と略記する。

イメージはそうした過程を歪曲し，疑わずにこれを受け入れた諸組織を不当に惑わせる」(Mi, 40頁)と強調している。さらに，MintzbergはI明瞭な意図なしに－あるいは意図に反して－現れてくる戦略を創発的な戦略」(Mi, 48頁)と呼び，「純粋に計画的な戦略は，いったん戦略が編成されると学習のチャンスを阻んでしまうが，創発的な戦略はむしろ促進する人々が順に一つずつ行為に着手し，そしてそれに反応していくうちに，徐々にパターンが形成」(Mi, 48-49頁)されるが，注意を要するのは，「計画的な戦略策定が学習を阻むのに対し，まったく創発的な戦略策定は統制を阻む」(Mi, 49頁)点であるとも指摘している。

　AnsoffとMintzbergが決定的に異なるのは，Ansoffが乱気流水準が高くなればなるほど戦略はマネジャー・グループによって明示的計画的に統制されるべきであると考えているのに対して，Mintzberg (1989)は明示的で計画的に編成された戦略が学習のチャンスを阻むのと同時に，非明示的で創発的な戦略策定は統制を阻むがゆえに，「計画性と統制をば柔軟性と組織的学習に結合」(Mi, 52頁)し，「安定への力と変化への力を調和させなければならない－一方で努力を一点に集中することで作業効率を向上させながら，他方で変化する外部環境に適応することで時流についていかなければならない」(Mi, 54頁)と論じ，「変化の期間」(Mi, 54頁)にこそ「組織は選択肢として自社の創発パターンに目を向け，そこに新しい方向を発見することになる」(Mi, 55頁)と述べている点である。要約すれば，Ansoff (1988)は乱気流水準の高さを計画によって乗り越えようとし，Mintzberg (1989)は変化の期間を創発によって乗り越えようとしていると考えることができる。

　Ansoffの言うように，乱気流水準が高い，すなわち「急速で非連続な変化が自社環境で発生する」(An88, 144頁)状態をマネジャー・グループによる明示的で計画的な戦略によって乗り越えようと考えるのは，これまで研究してきた組織認識論の知見に基づけば，多くの場合危険である。計画化という行為は少なくとも過去の経験を蒸留した常識に基づいて進められることになる。第2章で紹介したようにWeickも，意味は回顧的に形成され「将来に関する情報は不完全であり，現実を回顧的にとらえているため」(Scott他, 1981：鈴木監訳, 1985, p.332)「計画化という行為は」(We79, 332頁)「過去に意味を与え

ることぐらいである。いいかえれば，計画化という行為は，価値ある過去の行為に意味を与えるには役立つが，計画それ自体には意味を与えない」(We79, 332頁) と主張している。常識に立脚した計画をもって，常識の変容を促すべき「非連続な変化」に対峙するというのは，極めて困難である。計画という行為は「シンボル，宣伝，ゲームそれに相互作用の口実」(We79, 14頁) としては有効であるかもしれないが，過去の経験の上に立って将来の行動を予め用意するという意味においての計画本来の意味において計画という行為がなされるのであれば，Ansoff (1988) が提示する「過去の先例に依存」(An88, 290頁) せず「創造的」(290頁) で「非反復的な」(290頁)「企業家行動」(An88, 286頁) に対する妨げになるとも考えられる。

「トップによる方向づけや計画としての戦略展開」(An88, 375頁) は多様性を排除しかねないがゆえに危険であるとも言える。Ansoff (1988) が非明示的なアドホック型の戦略行動から計画型の戦略行動へのレベルアップを求めるとき，そこでは「『ボトム・アップ型』で発生する『偶発型』の変革」(An88, 375頁) が捨て去られ「トップによる方向づけや計画としての戦略展開」(An88, 375頁) が求められる。「多様性に打ち克つには相応の多様性がなければならない」(Enb) という「必要多様性の法則」に照らして考えれば，Ansoff が強調する計画という行為は，戦略形成に参加する人々の人的多様性を激減させる（トップなど一部が戦略形成を主導する）危険があるのと同時に，計画自体がもたらす単純化によって多様性が犠牲になる可能性がある。この点について，Weick (1979) は以下のように述べている。

　管理者が将来に対して合理的に計画しようと気負いすぎると，しかるべき複雑性を人工的に単純化したような計画とか，人びとを目標の一致や価値観の共有にやたらと駆り立てるような計画が作られるのが関の山だ。こうした管理者の行為は，集団にとって百害あって一利なしだ。というのは，メンバーが情報をうまく処理するためにはどのように計画したらよいのかについて明確である必要がなかったり，手段と目的に関して一致している必要がなかったりすれば，より複雑なインプットをうまくさばけるより複雑な構造がそうしたメンバーによって形成されるからである。構造をすべての人にとって"理解しうるもの"にしようとする試みは，管理者をし

て過度の単純化と人びとの絆の狭隘化を招きかねない。　　　　（We79,134頁）

　組織の適応理論が示唆する変革のイメージは，Mintzberg（1989）が提示する"創発"に近いものであると言っても間違いではない。変革がトップマネジメントによって"明示的計画的"な衣を装いながら登場してくることも考察の対象から除外することなく，変革が組織のあらゆるところで芽吹く可能性があると考え，仮にそれがトップマネジメント主導の変革であっても，そうでなくてもよいと考えるのである。「もちろんこうした（創発的な）パターンが認識され，上級マネジメントによって正統性を認知されたときに，行為は意図的なものになる。しかしそれは事実の追認である」（Mi,48頁）。Mintzbergによる，創発的な戦略に関する「草の根アプローチ」（Mi,52頁）的な説明は，こうした変革の芽生え，拡散をうまく捉えている。

　戦略は庭の雑草のように繁殖する。それは人々が（状況に直接触れていることから）学習する能力を持ち，またそうした能力を支援する諸資源を持っているかぎり，あらゆる種類の場所に根を下ろす。これらの戦略はそれが集合的になるとき，すなわち増殖して組織全体の行動に影響し始めるときに，組織的なものとなる。
　　　　　　　　　　　　　　　　　　　　　　　　　　　　　　　　（Mi,52頁）

組織の適応理論が提示する互解の形成はまさに「庭の雑草のように繁殖する」（Mi,52頁）イメージである。やがて間主観が集主観に移行するように，互解の形成が新たな常識の形成を促す。「草の根」（Mi,52頁）のように芽生えた互解は「集合的」（Mi,52頁）になり，「組織全体の行動に影響し始める」（Mi,52頁）。
　Mintzbergが，「純粋に計画的な戦略は，いったん戦略が編成されると学習のチャンスを阻んでしまう」（Mi,48頁）が，「まったく創発的な戦略策定は統制」（Mi,49頁）を阻むがゆえに，「安定への力と変化への力を調和させなければならない」（Mi,54頁）と述べるとき，そこには常識―集主観―によって主にもたらされる安定性と，互解―間主観―が主にもたらす柔軟性とが「バランスよく並存していなければならない」（Ena）という組織の適応理論との理論

的共通性を見出すことができるのである。
　また，Mintzbergは次のように述べている。

　　世界はときには緩慢に，そしてときおりは急激な移行を遂げながら，変化し続ける。その結果，徐々に，あるいは突然に，組織の戦略的志向は環境からずれ始める。そこでミラーとフリーセンが戦略革命と呼ぶものが起きざるをえない。長期にわたる進化的変化がほんの短期間の革命的混乱によって突然中断され，この期間に組織は定着していたパターンの多くを素早く変更する。その狙いは，新しい安定へと素早く飛躍して，新しい戦略，構造，そして文化の集合のなかで統合された姿勢を再確立することである。　　　　　　　　　　　　　　　　　　　　(Mi, 55頁)

　上のMintzbergによる説明は，遠田による「常識が非連続的かつ連続的である」(Ena)という「理論の現実性」(Ena)を言葉で簡明に言い表している。
　さらにMintzbergは，「組織は変化と安定のための基本的力を時間的に分離し，それぞれに順繰りに留意することによって，両者を融和させることを必要とする」(Mi, 57頁)とも述べている。この点を先のMintzbergによる"新しい安定への飛躍"に関する説明と重ね合わせて考えるならば，遠田が組織の適応理論の中で示した「環境－組織系の盛衰」(Ena)と常識の変容についての説明とMintzberg (1989)の考えが極めて近接した考えであることを感得できる。
　組織の適応理論やMintzberg (1989)が提示した"変化と安定の時間的分離"というアイディアは，Weick (1979)の疑問に1つの回答を与えるものでもある。第2章で述べたようにWeick (1979)はESRモデルを提示し「組織が適応的であるためにはイナクトメントか淘汰のいずれかにおいて保持されている内容を疑わなくてはならない」(Enc)と主張していたが，同時にWeick (1979)は「現在の状況に見事に適応している組織は，その状況が変わったときは適応できないだろう。しかし見事な適応に陥らないようにする組織は，その時々の適合をよくする組織と競争するとき崩壊するだろう」(We79, 176頁)と述べ，イナクトメントか淘汰のいずれかを疑う (Weick (1979)によれば適応可能性を保つ) ことの現実的困難さを指摘していた。適応が適応可能性を

排除する危険同様，適応可能性が見事な適応に駆逐される危険もまた存在するのである。Weick（1979）はこの問いに対して自ら「組織がしばらくの間，知っていることを全面的に疑いながら活動する」（We79,335頁）との現実的回答を示していた。Weick（1979）の現実的回答は"変化と安定の時間的分離"というアイディアを示唆していたとも言えるし，組織の適応理論がWeick（1979）が提示した疑問に1つの回答を提示したとも言える。

　Mintzbergは「戦略的失敗の多くはこの二つの混同か，またはこれらの力のどちらか一方に固執して，他を犠牲にしてしまうことに帰着させることができる」（Mi,57頁）と指摘している。先に述べたように，Ansoffもまた「企業家行動と競争行動の平和的共存」（An88,288頁）との言葉で，安定性と柔軟性の並存を重視していたが，Ansoffの場合，変革を主導するのはあくまでもマネジャーであり，乱気流水準が高いほど「トップによる」（An88,375頁）「計画としての戦略展開」（An88,375頁）に重きをおくべきであると考えている点で，組織の適応理論やMintzberg理論と決定的に異なる。

　ところで，組織の適応理論の中ではマネジメントの役割について明示的にはほとんど触れられていない。

> 組織の生き残りをかけて，リストラ，合併，役員報酬のカットなどが盛んに行われているが，それらはしょせん対処療法に過ぎない。組織が蘇るには，環境の中に新たな関係を想造しなくてはならない。そのためには，優れたセンスメーキング能力言い換えれば構想力が必要だ。ユニクロは，まさか衣料品メーカーとしての将来に見切りをつけたわけではないだろうが，近く食料品の売買という新しい関係を環境に想造して，新たな発展を図っているようだ。　　　　　　　　　　（Ena）

上の説明から汲み取るならば，組織の適応理論がトップマネジメントに求めているものを一言で表現するなら「構想力」（Ena）とでもなろうか。

　Mintzberg（1989）は，「戦略をマネージする鍵」（Mi,62頁）として，構想力に加えて「認識し，適切な段階で介入すること」が必要であるとして以下のように論じている。

426　第14章　組織の適応理論と経営戦略

　　マンハッタンの重役室であろうと，モントリオールの陶芸工房であろうと，戦略を
　マネージする鍵は，形を現わしてくるパターンを感知し，それが形づくられるのを
　助成することである。マネジャーの職務とは，ただ単に特定の戦略を前もって構想
　するだけでなく，さらに組織のどこかでそうしたものが形を現わしてくるのを認識
　し，適切な段階で介入することである。庭に思いがけず生えてくる雑草と同じよう
　に，形を現わしてくる戦略のなかには即座に抜き取ってしまわなければならないも
　のがあろう。しかしマネジメント陣は思いがけないものが形を現わしたからといっ
　て，性急にそれを抜き捨ててはならない。今日の異常から明日のビジョンが芽生え
　ることだってありうるからだ。　　　　　　　　　　　　　　　　　(Mi, 62-63頁)

　　したがって，この文脈においてマネージするとは，多種多様な戦略が芽生えること
　のできるような風土を創造することである。比較的複雑な組織においては，これは
　柔軟な構造をつくり上げ，創造的な人材を雇い，幅広い雨傘的な戦略を定め，その
　うえでパターンが形を現わすのを見守ることである。最後に，抜本的な路線変更を
　考慮中のマネジャーは，変化の量子飛躍理論を念頭に置く必要がある。伝道の書が
　教えるように，種蒔きの時期があれば収穫の時期がある。新しいパターンのうちに
　は，組織に戦略革命の，または少なくとも拡散の準備ができるまで，牽制しておく
　必要のあるものがある。変化か安定かのどちらかに妄念を抱くマネジャーは，やが
　て組織にとって有害となる。パターン認識者として，マネジャーはいつ在来種の戦
　略を利用し，いつ新しい変種が旧来のものに取って代わるのを助成するべきかを，
　感じ取らなければならない。　　　　　　　　　　　　　　　　　　　(Mi, 63頁)

　上のMintzbergの考えを組織の適応理論の言葉で読み解いてみよう。「形を現
わしてくるパターン」(Mi, 62頁)とは，組織内部で「雑草のように」(Mi, 52
頁)発生する互解を指していると考えて間違いない。「マネジャーの職務」
(Mi, 62頁)とは，構想に加えて「組織のどこかで」(Mi, 62頁)互解が形成さ
れるのを「認識し，適切な段階で介入することである」(Mi, 62頁)。「マネジ
メント陣は思いがけない」(Mi, 62頁)互解が姿を現したからといって「性急
にそれを抜き捨ててはならない」(Mi, 63頁)。「今日の異常」(Mi, 63頁)すな
わち互解から，「明日のビジョン」(Mi, 63頁)すなわち常識が「芽生えること
だってありうるからだ」(Mi, 63頁)。「マネージするとは」(Mi, 63頁)，「多種

多様な戦略が芽生える」(Mi, 63頁) すなわち豊かな互解の形成を促すような「風土を創造することである」(Mi, 63頁)。「抜本的な路線変更を考慮中のマネジャーは, 変化の量子飛躍理論」(Mi, 63頁) すなわち常識が不連続であることを「念頭に置く必要がある」(Mi, 63頁)。「変化か安定のどちらかに」(Mi, 63頁) すなわち過度の常識への信頼と疑いに「妄念を抱くマネジャーは, やがて組織にとって有害となる」(Mi, 63頁)。「マネジャーは」(Mi, 63頁)「いつ新しい変種が旧来のものに取って代わるのを助成するべきか」(Mi, 63頁) すなわち新しい互解が旧来の常識を覆すのを助成するべきかを,「感じ取らなければならない」(Mi, 63頁)。

Mintzbergの「戦略をマネージする」(Mi, 62頁) イメージを組織の適応理論の言葉で述べると上のようになる。ではマネジャーはどのようにして「助成するべきかを, 感じ取」(Mi, 63頁) ることができるのであろうか。Mintzbergはマネジャーは「未来において根底を揺さぶることになりかねないような把握しがたい非連続の到来を感知する」(Mi, 60頁) ことが必要であるが「そのための技法, プログラムといったものは存在せず, 状況の感触をつかむ鋭い心があるだけである」(Mi, 60頁) と言っている。そうした「非連続は予期せずに発生し, 不規則で, 本質的に先例がない」(Mi, 60-61頁) からである。「それは, 分析技法よりはむしろビジョンと造詣にかかわることがら」(Mi, 61頁) であり, それに「どんな知識が関わっているのかに注意すべきである」(Mi, 62頁)。「すなわち分析報告や抽象的事実や数字ではなく (それらが助けになることは確かだが), 工芸家の粘土への感触に相当する個人的知識, ないしは深い理解」(Mi, 62頁) が関わっていることを見逃すべきではないとMintzbergは言う。

第2章で述べたようにWeick (1995) は,「無知を除去するには」(We95, 134頁)「リッチでない没人間的メディア」(We95, 134頁) がもたらす数値などの「情報が必要」(We95, 134頁) であるが,「混乱を除去するには, それとは別種の情報, つまり, 多様な手掛りが得られる対面的相互作用において構築される情報が必要である」(We95, 134頁) と論じていた。Mintzbergが「戦略をマネージする」(Mi, 62頁) 際に求めている「分析報告や抽象的事実や数値ではなく」(Mi, 62頁)「感触」(Mi, 62頁) や「深い理解」(Mi, 62頁) とは

Weick（1995）によるメディアリッチネスの高い情報と通じていると考えてよい。

　本章では，代表的な経営戦略論をレビューしつつ，それらを組織認識論の観点から再検討してきた。ここでは本章の議論を簡単に整理しつつ，いくつかの筆を補っておきたい。

　本章では，経営戦略論でこれまで「自社を取り巻く環境」（An90, 9 頁），「乱気流」（An88, 25 頁），「業界」（Po80, 252 頁），「業界構造」（Po80, 253 頁）などの言葉で論じられてきた"環境"について考察し，"その環境（the environment）"という言葉が中立的な響きを持つので」（We95, 42 頁）「この響きの犠牲に」（We95, 42 頁）なることがないよう，Weick が提示した"イナクトされた環境"という概念を導入して"環境"について論じれば，より明快に経営戦略論を論じることができる可能性のあることを指摘した。

　ここで，Weick（1979）が提示した「イナクトしうる環境」（We79, 169 頁）という概念についても簡単に考察しておきたい。第 2 章で述べたように「保持は，合点のいく意味形成すなわちわれわれがイナクトされた環境と呼ぶ産物の比較的ストレートな貯蔵である」（We79, 171 頁）。「イナクトされた環境は，それまで多義的だったディスプレーをメリハリのある因果の形に要約したもの」（We79, 171 頁）であり，「有意味な環境は組織化のアウトプットであってインプットではないことを強調するとき，イナクトされた環境なる用語が使われている」（We79, 171 頁）。Weick（1979）によれば，一方で組織化におけるインプットである「生態学的変化はイナクトしうる環境（enactable environment）すなわち意味形成（sense-making）の素材を提供する」（We79, 169 頁）と考えられている。ここで注意を要するのは「生態学的変化は通常そうした素材の真正の源といってよいが，それ以前のイナクトされた環境（enacted environment）という形での過去の経験がそれだけで意味形成の相当の材料を提供していることがよくある」（We79, 169 頁）ため，イナクトメントプロセスを通じて保持と影響を及ぼし合いつつも保持とは半ば独立して存在する生態学的変化，あるいは生態学的変化が提供するイナクトしうる環境に対して注意が払われない点である。Mintzberg（1989）が「一方で努力を一点に集中す

ることで作業効率を向上させながら，他方で変化する外部環境に適応することで時流についていかなければならない」(Mi, p.54) というとき，Mintzberg (1989) の言う「時流」(Mi, 54 頁) とは"イナクトされた環境"ではなく"イナクトしうる環境"のことである。Porter (1980) が「政府の政策」(Po80, 29 頁) や「購入者層」(Po80, 224 頁) の「人口構成」(Po80, 224 頁)，「技術革新」(Po80, 236 頁) などについて語るとき，それらの多くは"イナクトしうる環境"なのかもしれない。しかし，それらの中には「業界変化が，業界内の既存企業および新規参入企業の投資によって大きな影響を受けるという」(Po80, 222 頁) ときの「投資」(Po80, 222 頁) などによって，企業によって"イナクトされた環境"と呼ぶべきものも含まれる。ビジネス現場でもしばしば"潮目を読む"などと表現したりするが，そうした場合の多くはイナクトされた環境よりもむしろ"イナクトしうる環境"を指している場合が多い。次の Porter (1980) からの引用は，イナクトしうる環境とイナクトされた環境を具体的に示している。

アメリカのワイン業界は，1960 年当時は主に小規模な同族会社で構成されており，これらのワイン・メーカーは高級ワインを生産し，それを産地近辺の市場で販売していた。広告も販促もほとんど行われておらず，全国向けに販売している企業もほとんどなかった。大部分のワイン・メーカーにとっての競争の焦点は，良質のワインをつくるということにあった。この業界での収益性は，よくもわるくもないという状況であったが，1960 年代の中ごろから，数多くの大規模な消費財企業が，自社内にワイン生産部門を創設したり，既存のワイン・メーカーを吸収合併するなどして，ワイン業界に続々と参入してきた。これらの大企業は，低価格のワインと高級ワインの両方について，大々的な広告と販促を実施し始めた。そのうちの数社はすでにアルコール飲料を生産していたから，全国的な酒店のネットワークをもっており，この販売網を通じて，短期間のうちに自社ブランドを全国向けに販売できるようになった。そして，つぎつぎと新しいブランドのワインを発売することがワイン業界のルールになり，品質の点からいえばいちばん下のランクで数多くの新製品が発売された（アメリカ・ワインの名を高めた古いワイン・メーカーは，この種の低いランクのワインはふつうは軽蔑して生産していなかった）。こうして，ワイン業界のリーダー企業は，非常に高い収益をあげるようになった。さまざまなタイプ

の企業がワイン業界に参入したことによって，業界構造に大きな変化が起こった（あるいは，変化が促進された）。これまでの同族会社的なワイン・メーカーには，こういった変化を引き起こすだけの技術力も，経営資源も意欲もなかったのである。
(Po80, 248-249 頁)

「アメリカ・ワインの名を高めた古い」(Po80, 248 頁)「同族会社的なワイン・メーカー」(Po80, p.248) にとって，「数多くの大規模な消費財企業が」(Po80, 248 頁)「ワイン業界に参入し始めた」(Po80, 248 頁) ことは，彼らが「低いランクのワイン」(Po80, 248 頁) を「軽蔑して生産していなかった」(Po80, 248 頁) ことから考えても，最初は"イナクトしうる環境"であった筈である。もし，彼らが"イナクトしうる環境"を，イナクトして自らを衰退業種と位置付けたとき，あるいは先に述べたような衰退戦術を講じるとき，"イナクトしうる環境"から"イナクトされた環境"が立ち上がってくる。彼らが「これまでの手作り的なワインでは太刀打ちできない」と受け止めて衰退戦術を実施するか，それとも彼らの手作りワインを「機械生産ではない正統のワイン」と位置付けて本物志向の消費者に訴えていく道を選ぶのかは，まさに"イナクトされた環境"に拠っている。

本章では続けて，遠田が提示した「環境－組織系」について考察し，それが"組織－イナクトされた環境系"と呼ぶべきものであると述べた。さらに Porter (1980) による「製品ライフ・サイクル」(Po80, 217 頁) を，組織の適応理論，中でも系と関連付けて論じ，その一般性について組織認識論的に考察した。Porter (1980) は製品ライフ・サイクルについて，「たしかにこのパターンが当てはまる業界は多いし，それが一般的なパターンにはちがいないが，ライフ・サイクルが当てはまる場合と当てはまらない場合を予測できるだけの根拠が，この考え方の中には欠けている」(Po80, 221 頁) と述べている。Porter (1980) はそれゆえ「業界の変化を説明しようとするよりも，その進展過程を分析し，変化の原動力になるものを知ることのほうがもっと実りが多いであろう」(Po80, p.221) とも論じている。Porter (1980) は，「変化の原動力」(Po80, 221 頁) として「エクスペリエンスの累積」(Po80, 223 頁) などを挙げていたが，本章では，一貫して「環境－組織系の盛衰」と関連付けてその

盛衰を理解しようと試みた。

　本章では戦略的意思決定についても考察した。戦略的意思決定は外部との関係を対象とするという説明は間違っているのではないかとも指摘した。Chandler（1962）による，戦略的意思決定とは，長期目的を決定し，かつその遂行に必要な行動様式を採択し，諸資源を割り当てる意思決定（Ch,27-29頁）との説明も今一つ腑に落ちない。Ansoff（1988）による「自社と自社環境とのあいだにおける『インピーダンス・マッチの確立』」（An88,8頁）であるとの説明に，上で述べたようにイナクトされた環境と概念を加えて，戦略的意思決定とは「新たに環境をイナクトする意思決定」であり，戦術的意思決定とは，「常識に則って行われる意思決定」であると説明するならばより明快に定義することができると主張した。戦略的な意思決定は常識を措定し，新たな系を生み出す意思決定でもある。対する戦術的意思決定は系の下で常識の枠内で行われる意思決定である。また，日常業務的意思決定が戦略的意思決定を駆逐する理由についても，集主観のコントロール，常識の圧力との関連で触れた。

　次に本章では，Ansoff（1988）による2つの警告，企業家行動を主要な役割へ向上させる必要および企業家行動と競争行動との平和的共存（An88,286-288頁）について，組織の適応理論に則って考察した。なぜ企業家行動の活性化が妨げられるのかについて，組織の適応理論が提示する2つのハードルを用いて説明し，Ansoff（1988）による行動の積極性による分類（「お粗末な経営」や「死せる英雄」など）（An88,pp.295-296頁）について，組織の適応理論による4つの型に従って再検討を試みた。また，企業家行動と競争行動の並存，両者間のコンフリクトと抵抗の中に，組織認識論的に考えた場合，組織が適応的であるためのダイナミズムを見出すことができるとも述べた。

　Ansoff（1988）の経営戦略論は多くの点で示唆に富んでいるが，組織認識論的に考えた場合，最大の疑問点は戦略の計画性を重視している点にある。本章では，Ansoff（1988）とMintzberg（1989）を並べて論じつつ，計画化に潜む危険についても考察した。

　と同時に，「戦略をマネージ」（Mi,62頁）するに際して，マネジメントの役割をMintzberg（1989）の主張を中心に紹介した。Mintzberg（1989）の

第14章　組織の適応理論と経営戦略

「マネジャーの職務」（Mi, 62頁）とは，構想に加えて「組織のどこかで」（Mi, 62頁）互解が形成されるのを「認識し，適切な段階で介入すること」（Mi, 62頁）であり「今日の異常」（Mi, 63頁）すなわち互解から，「明日のビジョン」（Mi, p.63頁）すなわち常識が「芽生えることだってありうるから」（Mi, 63頁）「マネジメント陣は思いがけない」（Mi, 62頁）互解が姿を現したからといって「性急にそれを抜き捨ててはならない」（Mi, 63頁）との主張も，Weickや遠田が指摘する必要多様性の法則に照らして考えるならば至極尤もな指摘である。

　本章のこれまでの議論で，これまでさまざまに論じられてきた経営戦略論について，組織認識論の知見を基に論じるならば，それらをより明快に論じることのできる可能性があることをお分かりいただけたものと思う。戦略的意思決定を「新たに環境をイナクトする意思決定」であると説明したことからお分かりいただけるように，戦略の本質とはイナクトされた環境との関係をこれまで通り続けるのか，それとも見直すのかという点にこそある。それは，組織がこれまでの常識を見つめ直す作業であり，新しい常識を生み出そうとする作業でもある。

第 15 章

福島第一原発事故

　2011 年 3 月 11 日，東京電力福島第一原子力発電所（以下，「福島第一原発」と略記）は，観測史上最大といわれるマグニチュード 9.0 の巨大地震とこれに伴う大津波に襲われた．福島第一原発では，全交流電源が喪失され，1 号機，3 号機，4 号機が相次いで水素爆発を起こし，同原発から放出，拡散された放射性物質は，広範な地域に深刻な放射能汚染をもたらした．

　本章では，国際原子力事象評価尺度（INES）で，チェルノブイリ原発事故と並ぶ最悪の「レベル 7」のシビア・アクシデント（SA；過酷事故）とされたこの事故を，組織認識論の視点から読み解き，事故の直接的，間接的原因を明らかにすると共に，第 10 章「柏崎刈羽原発直下型地震」で得られた知見も踏まえて，今後原子力発電とどう向き合うべきなのかを考えてみたい．

　今回の原発事故では，4 つの事故調査委員会（以下，「事故調」と略記）が立ち上げられ[1]，それぞれの立場から調査・分析を行い，報告書にまとめて公開している．4 つの事故調による報告書は，政府の「東京電力福島原子力発電所における事故調査・検証委員会」（委員長：畑村洋太郎東京大学名誉教授）による『政府事故調　中間報告書』（2011 年 12 月 26 日刊）および『政府事故調　最終報告書』[2]（2012 年 7 月 23 日刊；以下，中間報告書と合わせて「政府事故調」と略記），国会の「東京電力福島原子力発電所事故調査委員会」（委員

　1　原子力安全・保安院（以下，「保安院」と略記）による『東京電力株式会社福島第一原子力発電所事故の技術的知見について』（2012 年 3 月刊；以下，『保安院報告書』と略記する）を加えて 5 つの事故調があったという見方もある（例えば，渡邉・与能本・玉置・中村・丸山（2013））．しかしながら，原子力安全・保安院による報告書は，「工学的な観点から，事故シーケンスに従って」（5 頁）「技術的知見を体系的に抽出し，主に設備・手順に係る必要な対策の方向性を検討する」（5 頁）ことが目的とされており，本章で扱う範囲ではないと判断した．本章では同報告書の「用語」説明を用いるのみとした．

　2　以下，引用に際しては SZ と略記する．

長：黒川清東京大学名誉教授）による『国会事故調　報告書』[3]（2012年7月5日刊：以下，国会事故調と略記），日本再建イニシアティブの「福島原発事故独立検証委員会」（委員長：北澤宏一東京大学名誉教授）による『福島原発事故独立検証委員会　調査・報告書』[4]（2012年2月27日刊：（以下，「民間事故調」と略記），東京電力の「福島原子力事故調査委員会」（委員長：山崎雅男東電代表取締役副社長）による『福島原子力事故調査報告書』（2012年6月20日刊：以下，「東電事故調」と略記）[5]である。

　本章における事故の経緯については，上の4つの事故調による報告書に加え，以下の資料を参考にしながら記述した[6]。資料によって内容が異なるなど，必要と思われる箇所には，すべて引用元を明記する。

・朝日新聞特別報道部（2012〜2014）『プロメテウスの罠　1巻〜6巻』学研パブリッシング[7]。
・東京新聞原発事故取材班（2012）『レベル7　福島原発事故，隠された真実』

---

[3] 以下，引用に際してはKZと略記する。
[4] 以下，引用に際してはMZと略記する。
[5] 以下，引用に際してはTZと略記する。
[6] その理由は，①ある事象が発生した時刻など物理的，機械的記述においてすら，資料によって見解が分かれており，さらに，②社会的記述については，4つの事故調査委員会の資料だけでは不十分と考えられたためである。①については，例えば，厚東（2013）では，4号機が水素爆発したという客観的で相違がないように見える事象でも，民間事故調では「15日6時10分頃」とされ，国会事故調では「15日6時00分ごろ」となっている点が指摘されており，また，渡邉・与能本・玉置・中村・丸山（2013）では，「所内電源設備（EDGの停止）やICの手動操作など，東電事故調や政府事故調と，国会事故調において，大きく見解の異なる点がある」と指摘されている。国会図書館経済産業調査室・課（2012）では，政府事故調，民間事故調，東電事故調が，今回の事故の最初の分岐点であった全電源喪失を，津波によるものとしているのに対して，国会事故調が「津波のみに限定することには疑念」を呈していることが指摘されている。同様のことは，日本科学技術ジャーナリスト会議（2013a）『4つの原発事故調を比較・検討する』，日本科学技術ジャーナリスト会議（2013b）『徹底検証！福島原発事故　何が問題だったのか　4事故調報告書の比較分析から見えてきたこと』でも指摘されている。組織認識論に基づいて，今回の事故を分析するに当たっては，上で挙げたような物理的，機械的出来事（水素爆発の時刻や電源喪失の原因となった事象）もできる限り正確に記述しなければならないが，それ以上に，②で挙げた社会的出来事（「会議で何が話されたのか」，「誰がいつ，どのように考え，どのような命令を下したのか」，「ある情報がいつ伝えられたか」など）の記述がより重要になる。それらを描き出すためには，国会における参考人質疑などで明らかにされている資料だけでは不十分で，数多くの資料（事故後の当事者に対するインタビューや，周囲への聞き取り調査など）を，いくつも重ね合わせながら調べる必要があった。
[7] 以下，引用に際しては，1巻をPW1，2巻をPW2のようにPWの後に巻を付して略記する。

幻冬舎[8]。
- 日本科学技術ジャーナリスト会議（2013a）『4つの「原発事故調」を比較・検討する』水曜社[9]。
- 日本科学技術ジャーナリスト会議（2013b）『徹底検証！ 福島原発事故　何が問題だったのか　4事故調報告書の比較から見えてきたこと』化学同人[10]。
- 宮﨑・木村・小林（2013）『福島原発事故　タイムライン2011-2012』岩波書店[11]。
- 宮﨑・木村（2013）『福島原発事故　東電テレビ会議49時間の記録』岩波書店[12]。

事故の経緯

　福島第一原発は，東京電力（以下，「東電」と略記）が初めて建設・稼働させた原子力発電所で，事故時には6基の沸騰型軽水炉を有し，その総発電量設備容量は約470万Kwであった。

　3月11日14時46分，東日本大震災が発生した。震災発生当時，福島第一原発では，1号機，2号機，3号機は通常運転中であったが，4号機，5号機，6号機は定期点検中であった。大きな揺れの後，通常運転中であった1〜3号機では，地震が検知されると遅滞なく制御棒が挿入され，いずれも無事に自動停止した。

　14時49分，地震により外部電源を喪失したが，ほぼ同時に非常用ディーゼル発電機が起動し，1号機では非常用復水器（IC）が自動作動，2号機，3号機では原子炉隔離時冷却系（RCIC）を手動で起動，14時54分から15時02分の間にそれぞれの未臨界が確認された。

　原子炉の安全を確保するには，「止める」（原子炉の核反応を制御する），「冷

---
[8] 以下，引用に際してはL7と略記する。
[9] 以下，引用に際してはNJ13aと略記する。
[10] 以下，引用に際してはNJ13bと略記する。
[11] 以下，引用に際してはTLと略記する。
[12] 以下，引用に際してはTVKと略記する。

やす」（原子炉の熱を除去する），「閉じ込める」（放射性物質の拡散を防止する）がすべて満たされていなければならない。この段階で，「止める」は成功していた。

15時27分，最初の津波（高さ4m）が来襲した。15時35分，津波第二波が来襲し，高さ10mの防波堤を超えて，瞬く間に福島第一原発の敷地をのみ込んだ。

15時37分，1号機の全交流電源喪失[13]（SBO；ステーション・ブラック・アウト）。その後，2〜5号機の全交流電源も喪失されてしまう。この時点で，1，2，4号機では，直流の非常用バッテリーさえ動かなかった[14]。原子炉の核燃料は，注水によって冷やし続けなければならない。そのためには，電源が必要である。電源を失い，「冷やす」ことができなくなると，炉心が過熱して溶け出すメルトダウン[15]という最悪の事態に繋がりかねない[16]。

SBOは，原子力災害対策特別措置法[17]（以下，「原災法」と略記）第10条第1項の規定に基づく特定事象に当たる。15時42分，福島第一原発から，ファックスで原子力安全・保安院（以下，「保安院」と略記）に，特定事象の発生が通報された。

16時30分を過ぎても，福島第一原発では，原子炉の水位は確認不能（水位計は16時42分から14分間だけ表示が回復，その後再び表示不能），冷却装置が作動しているか否かも不明であった。

16時45分，原災法第15条第1項の規定に基づく事態「非常用炉心冷却装

---

[13] 「全交流電源喪失（Station Blackout）とは，外部電源（商用電源）と内部電源（非常用ディーゼル発電機）が機能喪失すること」（桜井, 2012, 57頁）である。

[14] 原子炉には，交流電源が喪失された場合に備え，直流バッテリーが設置されていた。ただ，日本の安全評価では「ディーゼル発電機の設計どおりの機能発揮が大前提」（桜井, 2012, 59頁）とされており，この点に甘さがあったことが指摘されている（桜井, 2012, 59頁）。

[15] いくつかの資料で述べられているように，「炉心溶融＝メルトダウン」ではない。「炉心溶融とメルトダウンの差は，明確な定義がされているわけではないが，溶融物の大部分が原子炉圧力容器の底に落下すれば，メルトダウンといえる」（桜井, 2012, 63頁）。

[16] 「全交流電源喪失事故が発生すると，そのまま放置すれば，2.5−3時間で炉心溶融に陥る」（桜井, 2012, 59-60頁）と考えられている。

[17] 原災法は，1999年の東海村臨界事故を機に制定された。この法律では原発敷地内（オンサイト；福島第一原発の敷地は約350万㎡）の対応は事業者が，敷地外（オフサイト）の対応は政府・自治体が責任を持つとされている。

置注水不能」が発生したとの通報が，福島第一原発から保安院，福島県，双葉町，大熊町に通報された。15条第1項の事態に該当するか否かは，測定地点で極めて高い放射能が検出されたり，炉心融解が起きるなど，原発が極めて危険な状況に陥っている可能性があるか否かによる。15条該当事態が発生した場合，首相は直ちに「原子力緊急事態宣言」を出さねばならない。

東京では，16時12分から16時23分まで，官邸で第2回緊急災害対策本部の会議が開かれていた。この時点では，原発事故よりも津波による被害の把握や大規模停電などが喫緊の課題と考えられていた。

その後，経済産業省に戻った海江田万里経産相の元へ[18]，15条通報が届いた。平岡英治原子力安全・保安院[19]次長から説明を受けた海江田経産相は，車で官邸へ取って返した。17時40分過ぎに官邸に到着した海江田経産相は，菅直人首相に原子力緊急事態宣言の発出を要請した。ところが，菅首相は「党首会議がある」との理由で部屋を出て行ってしまったという（L7, 30頁）。16時54分，首相記者会見の場で，菅首相は「一部の原子力発電所が自動停止いたしましたが，これまでのところ外部への放射性物質等の影響は確認をされておりません」（PW1, 216頁）と発表した。17時から18時の間に[20]，菅首相は寺坂信昭原子力安全・保安院長に全交流電源喪失について詳細を問い質したが要領を得ない回答しか得られなかったという。対処について具体的な提案もされなかった。業を煮やした菅首相は寺坂保安院長に尋ねた。「技術のことは分かっているのか」（PW1, 218頁）。「寺坂はこう答えたと本人はいう。『私は経済学部（東大経済学部）ですけど』」（PW1, 218頁）。寺坂保安院長の前職は，経済産業省商務流通審議官であった。

宣言は，最初の15条通報を受けてから2時間18分後の19時03分に発出された。これと同時に，寺坂保安院長は「危機対応の要」（PW1, 219頁）である原子力災害対策本部の事務局長になった。19時45分，枝野幸男内閣官房長官

18　海江田経産相は地震発生時には国会の決算委員会に出席しており，その後経産省に戻っていた。
19　「日本では，経済産業省原子力安全・保安院が検査などで原子力施設の安全対策を規制し，内閣府の原子力安全委員会が適切かどうか確認する体制を敷いてきた。ただし，安全委事務局には経産省や文部科学省から来ていずれ戻る職員も多く，保安院が実質的に主導して安全対策を進めてきたという見方もある」（朝日新聞，2012年3月5日夕刊）。
20　寺坂保安院長の証言から（PW1, 217頁）。

が記者会見で原子力緊急事態宣言を公表すると共に,「対象区域内の居住者,滞在者は現時点で特別な行動を起こす必要がない」,「原子炉そのものに問題があるわけではない」,「原子炉はしっかりと停止した」とのコメントを発表,補足説明に当たった寺坂保安院長も「冷却そのものは続いている」,「安全上の問題は生じていない」と説明した(L7, 43-44頁)。

寺坂に代わって,平岡保安院次長(東京大学電気工学科卒)が官邸で菅首相らに対応した。

ところが,その平岡も13日の昼ごろには菅の元からいなくなる。代わって13日から官邸に入り,技術的な助言をした保安院幹部は,安井正也(53)だった。京都大大学院で原子核工学を専攻した専門家だ。だが保安院の職員ではなく,資源エネルギー庁の部長だった。保安院もエネ庁も,ともに経産省の外局。寺坂は「総理に物足りなく思われている感じが伝わってきた」。エネ庁に掛け合い,12日付で保安院付の併任人事を発令して急きょ官邸に送り込んだものだった。結局,保安院にはそれまで,官邸中枢に専門的な説明ができる人材がいなかったことになる。

(PW1, 220頁)

官邸では情報が決定的に不足していた。福島第一原発の情報が東電本店から官邸へすぐに届かない。原子力安全・保安院からは断片的な情報しか上がってこない。東電から官邸に派遣されていた武黒一郎フェローは「テレビ放送から原発事故の情報を得るしかなかった」(PW1, 222頁)。肝心の原発の図面すら揃わず,班目春樹原子力安全委員長は「原発の図面を持っているのは保安院だ。保安院は何をやっているんだ」(PW1, 223頁)と思ったという。後に班目委員長は「保安院の平岡次長もおられたが,次長の専門は電気です。保安院の事務局は当然,次長を専門的にサポートすべきだった。どんどん伝令を飛ばすべきだった。それが全く来なかった。私から言わせれば,あのとき保安院は『消えていた』ということです」(PW1, 224頁)と語っている[21]。

---

21 班目委員長は,民間事故調のインタビューで「(原発事故担当である)保安院が何とかやってくれるだろうと期待していたが」,「相談する相手もいず,ハンドブックもない状態で首相からの矢継ぎ早な質問に答えなければならなかった」(MZ)と当時の苦しい胸中を語っている。当時の班目委員長の苦々しい思いは『証言 班目春樹』(岡本, 2012)で詳細に告白されている。詳しくは同

この頃，1号機では静かに危機が進行しつつあった。1号機は，直流電源が喪失されると，弁がすべて閉じる（すなわち，冷却機能が麻痺する）ようになっていた。ただし，弁を手動で開ければ，ICは再稼働する。ところが，この仕組みを理解している者はおらず，「ICは動いている―。全員がそう思い込んでいた。免震重要棟[22]で指揮を執る福島第一原発所長の吉田昌郎や東電本店の誰一人としてICの稼働を疑わない」（L7, 33頁）。「ICの弁が閉じて炉心の冷却が行われていないことに約6時間ものあいだ，誰もきづかなかった」（NJ13a, 31頁）。マニュアルが何度も繰られたが，まったく役に立たなかったという。

16時45分，1号機の水位が大幅に下がっていることが判明した。このまま進行すれば，18時15分には炉心が水面から露出する可能性が考えられた。直ちに，何らかの方法で注水する必要があると判断された。消火ポンプでの注水が検討されたが，そのためには原子炉内の圧力を注水できる程度に弁を開けて減圧しなければならない。弁を開けるためには，120ボルトのバッテリーが必要であった。

18時18分，2, 3号機のICの弁の表示灯が一時的に回復し，2つの弁が「閉」表示になっていることが分かった。当直長は運転員に指示し，2つの弁の「開」操作を行った。ところが，運転員は，ICの配管破損を恐れ，すぐに手動で1つを閉じてしまった。この情報は，吉田所長ら東電現地本部には届いていない（L7, 36-37頁）。民間事故調では「当直は，これらの弁が閉止していることを懸念した。この新しい懸念に基づいた対応を発電所対策本部へと伝えたが，先の懸念[23]と混同された可能性が，政府事故調中間報告書で指摘されている」（MZ）とされている。

21時過ぎ，福島第一原発に東北電力の電源車が到着，23時30分頃には自衛隊[24]の電源車も到着したが，ケーブルの長さが足りない，電源盤の操作ができ

書などを参照されたい。
22 第10章で取り上げた2007年7月の柏崎刈羽原発被災に際して，事務本館が役に立たなかったことを教訓に，2010年に設置された。
23 ICの復水タンクが枯渇し，空焚き状態になるのを恐れていた。一方，東電現地本部では，外部から水を補給できると考え，枯渇は懸念していなかった。
24 原子力災害派遣命令が自衛隊に出されたのは11日19時30分であった。杉山（2013）は「その

ない，ケーブルの差し込み口のスペックが異なるなどの問題があり，また余震が続く中で作業はたびたび中断を余儀なくされ，使用できなかった。最終的に，自衛隊から5台，東北電力から4台の電源車が到着したが，使われることはなかった。21時23分，3km圏内の住民に避難指示が出された。

　ドライウェル圧力計が，1号機では23時50分頃，2号機では23時25分頃に，仮照明用の電源で復旧した。この時点で1号機は最高使用圧力を超えていることが判明した。直ちにベント[25]が必要な状況であった。吉田所長は「ここにきてようやく，ICが正常に機能しておらず『冷やす』機能がマヒしていること」を悟ったという（L7,51頁）。後に，1号機では，これ以前の23時20分頃にメルトダウンが起きていたと考えられている。

　3月12日0時00分，東電の武黒フェローから「1号機の圧力が急速に上昇している，ベントを実行したい」との東電本店からの要請が伝えられると，官邸の緊張はピークに達したという（L7,54頁）。0時15分，菅首相がオバマ米大統領と電話会談。その後，官邸5階の首相執務室で，菅首相，海江田経産相，班目原子力安全委員長，武黒東電フェロー，平岡保安院次長が協議し，「1号機はベントしかない」との結論に至る（L7,54頁）。この席で，武黒フェローはベントの「準備に2時間ほどかかる」（菅,2012,69頁）と答えたという。

　1時30分頃，東電の清水正孝社長が1,2号機のベント実施を了解，東電本店から東電現地本部に「3時に海江田万里経産相と東電がベントの発表をし，その後ベントする」（SG）と伝えられた。同時刻，ベント実施は，東電本店から中国にいた勝俣恒久東電会長にも伝えられた（TL,22頁）。

　福島第一原発では，4時以降，消防車による1号機原子炉への淡水注入が行われていた。この作業は「下請け会社（協力会社）の南明興産」（SZ）が行った。当初，「この注水作業に，東電の自衛消防隊は加わらなかった」（KZ）。

　3時6分，海江田経産相と東電の小森明夫常務が，経産省でベントの実施について共同会見を行う。海江田経産相からベントの実施と「この作業に伴い，

後の悲劇的な展開を考えれば，政府の初動がいかにもたついていたかの一端をうかがわせる」（185頁）と述べている。

25　ベンチレーション（換気，通風）の略（NJ13a,38頁）。

容器内の放射性物質が大気中に放出される可能性」があるとの発表に続いて，「放射性物質の量はわずかで，風は陸地から海側に吹いているので，原発から3キロ圏内の避難，10キロ圏内の屋内退避で安全性は保たれる」と説明があった（L7, 56頁）。ベントの実施について記者からの質問に小森氏は「今でもゴーすればできるという状況です」と回答した（TL, 24頁，PW1, 232頁）。3時12分には枝野官房長官が官邸で6回目の記者会見を開き，同様のことを発表した。

ところが，ベントはなかなか行われなかった。内閣官房副長官の福山哲郎は武黒フェローらに声を荒らげたという。「国民に嘘をついたことになるじゃないですか」，「なんで3時にベントできるみたいな会見をさせるんですか。（ベントができなかった場合に）爆発しないんですか」（L7, 57頁，TL, 26頁，PW1, 233頁）。その後，東電側は「やる」「やる」と繰り返すが，ベントは一向に実施されなかった。官邸と東電本店，東電本店と現場との間で伝言ゲームが繰り返された。

福島第一原発では，0時6分，吉田所長がベントの準備を命令した（TZ）。0時16分，4号機の原子炉隔離時冷却系（RCIC）が自動停止した。現地対策本部では，深刻な事態に陥った場合のマニュアルや図面を調べ，ベントラインの具体的操作方法や手順を確認し始めたが，準備に時間がかかった。ベントしなければ原子炉が爆発してしまう。ところが，ベントできない理由が官邸にはまったく入らない。このことが官邸に東電，さらには保安院への強い不信を抱かせた[26]（MZ）。このとき菅首相は班目委員長に，炉心溶融が起こっている中でベントしたときのリスクについて尋ねている。班目委員長の答えは「水素が発生する恐れがあります。格納容器に漏れる恐れもありますが，格納容器は窒素で満たされている。だから爆発はありません」（L7, 60頁）というものであった。その後も班目委員長は菅首相から問われるたびに「水素爆発はありません」と断言している[27]（PW1, 246頁）。

---

[26] 枝野官房長官は民間事故調のインタビューで「率直に申し上げて東京電力に対する不信はそれぐらい（これよりずっと以前の電源車がまったく使えなかった時点）から始まっている」（MZ，カッコ内は引用者注）と語っている。

[27] 班目氏は後に，現実には爆発があったことに対し，この時の発言は原子炉自体の爆発はないという意味であった，と釈明している。

6時19分，保安院から避難指示区域を3kmから10kmに拡大したとの発表があった。東電からの情報に不信と不満を抱いていた菅首相は，現地視察を決定，7時10分，福島第一原発に到着した。この間，4時過ぎにオフサイトセンターにいた池田元久経産副大臣から「指揮官は東京に留まるべき，視察するなら万が一に備え，オフサイトセンターにすべき」との意見が官邸に上げられるが，保安院でストップされ菅首相には届いていない（L7,61頁）。

免震重要棟に入った菅首相は「なぜベントをやらないのか」と武藤栄東電副社長に詰め寄った。吉田所長は，図面を広げ，ベント弁を開ける方法を説明すると共に，作業が極めて困難なものであることを，菅首相に説明した。官邸にいては分からない情報だった。武藤副社長は準備に4時間かかる旨伝えるが，菅首相は納得しなかった。菅首相が求めたのは，実質的に「被曝を覚悟の上で，命懸けでやれ」ということだった。20分余りの時間が経過した時，吉田所長は「決死隊をつくってでもやります」（L7,62頁，PW1,241頁）と断言した上で，「9時頃を目処に実施したい」（L7,62頁）と述べた。「菅首相はこれ以降，吉田を信頼し，時に直接電話をするようになる」（L7,62頁）[28]。その後，9時過ぎから，何度かの決死的作業が敢行され，14時20分頃，1号機のベントが成功した。吉田所長はファックスでベント成功を保安院に報告した（KZ）。この間，13時45分，中村保安院審議官が「炉心の溶融が懸念される」との記者会見を行っている。中村氏は「炉心溶融でしか考えられないことが起きている」（日隅・木野（2012),15頁）とも語った。

15時36分，突如1号機の原子炉建家で爆発が発生した。与野党党首会議に参加していた菅首相には直ちに報告が上がらなかった。党首の誰もこの事態に気付かなかったという（L7,70頁）。首相執務室に居た福山副長官のもとへ「1号機で白煙が上がっている」との一報が入った。執務室に戻った菅首相と福山副長官が班目委員長に原因を問うと「原発には揮発性のものがいろいろあるから，そんなのが燃えて何か上がってるんじゃないですか」（L7,70頁）との答えであった。そこへ寺田首相補佐官が飛び込んできて「テレビに映ってます，爆発が」と叫んだ。福島中央テレビの監視カメラが撮影した映像が，ローカル

28　菅首相は「この男とは話ができると思った」という（PW1,241頁）。

放送で爆発から4分後に放送された。この映像を日本テレビが全国放送したのは、地元で放送されてから1時間9分後の16時49分だった[29]（TL,41頁,PW1,243-247頁）。「何だあれは。ちゃんと報告を上げさせろ」（L7,70頁）と菅首相が声を荒らげた。しばらくの間，詳しい情報が入ってこない。「東電や保安院から何も報告が上がってこないのはなぜなんだ」。菅首相は苛立ちを隠せなかった。東電の武黒フェローはこの日22時59分からの東電テレビ会議で「今日もあの3時半に爆発があったっていうのは，5時半に菅さんの執務室のテレビで見て，『ぎゃっ』ってびっくりしちゃったんだけれども・・・ここら辺はうまい連携の仕方をしないと格好悪いなというのがあります」（TVK,2頁）と述べている。16時過ぎには，東電現地本部では原子炉の爆発ではないと判断していたが、官邸がそれを確認したのは19時35分だった。「官邸の情報不足は深刻だった」（L7,71頁）。

情報がない中，「国民の不安が大きくなる」（PW1,249頁）のを防ぐために，枝野官房長官が18時前に記者会見を行った。「福島第一原子力発電所においてですね，原子炉そのものであるということは今のところ確認されておりませんが，何らかの爆発的事象があったということが報告されております」（PW1,250頁）。ほぼ同時刻、中村保安院審議官も「（テレビの）映像を見る限りの情報しか，具体的な情報は得られていません」（PW1,250頁）とのコメントを発表している。

情報が入手できない官邸は、保安院に記者会見などの情報を事前に素早く報告するよう求めた（L7,73頁）。「炉心溶融の可能性」を発表するに際して，中村保安院審議官は，寺坂保安院長に許可を得ていたにも関わらず，官邸から強い要求を受けると寺坂保安院長は態度を一変させ，「発言に注意するように」（L7,73頁）と伝えたという。

その後，午後8時40分過ぎからの記者会見で枝野官房長官は「東京電力からは，格納容器が破損していないことが確認されたと報告を受けた」と発表。

29　すぐに放送しなかった理由について日本テレビ総合広報部は「福島中央テレビは速報性を重視した。日テレにもすぐに映像は届いていた。だが，何が起こっているのか，その分析がない中で映像を流すと，パニックが起こるのではないかと危惧した。映像を専門家に見てもらい，解説を付けて放送した」（PW1,246-247頁）と説明している。

このわずか一時間後の午後9時半ごろに行われた記者会見では中村審議官は主たる説明者としての役割をはずされ，以後の記者会見では出席しても補佐役に徹することになった。中村審議官は11日午後3時すぎの記者会見から12日午後6時頃までに16回，記者会見に主たる説明者として出席していたが，突然の任務交代だった[30]。

(日隈・木野（2012），17頁)

以後，記者会見で「炉心溶融」という言葉が避けられるようになった。保安院はこの日，今回の事故を暫定的にＩＮＥＳでレベル4と発表した。

爆発後，吉田所長はテレビ会議で「まず水を入れなきゃだめだ。冷やさなきゃいけないんだ」（L7, 74頁）と東電本店の幹部に強調した。吉田所長は，爆発前から海水注入の準備を命じていた。しかし，海水注水はなかなか始まらない。18時頃，海江田経産相は「1号機の炉内を海水で満たすように」と原子炉等規制法に基づき命令を下した。実は，この日の午後早い段階で，伊藤哲朗内閣危機管理監と保安院幹部の間で海水注入の是非が検討されており，その場で保安院幹部が「炉に海水を入れたらいけません。炉が使えなくなります」と述べたとの記録もある（PW1, 251頁）。

官邸では，班目委員長が海水注入による再臨界の可能性を否定していたが，菅首相は万一に備え避難指示を20km圏内に拡大することを決定した。

19時過ぎ，海水注入の準備が整うと，吉田所長は直ちに注水を命じた。官邸はこの事実を知らない。菅首相から「海水注入はできるのか，準備はいつ整うのか」との質問を受け，武黒フェローは東電現地本部に電話する。吉田所長からは驚くべき回答が返ってきた。「もう海水注入を始めています」（L7, 77頁，PW1, 253頁）と答える吉田所長に，武黒フェローは「今，官邸で検討中だから注入を待って欲しい」と中断を強く求めたという（L7, 77頁，PW1, 253頁）。これまでに注水した分は，試験注水だったことにすると武黒フェローは吉田所長に伝えた。このとき，吉田所長は「海水注入を中断すれば事態は悪化の一途をたどるだけだと考えていた」（L7, 77頁）という。吉田所長は，オフ

---

[30] 民間事故調では「中村審議官交代は実質的な更迭」（MZ, 123-126頁）であったとして詳細に論じられている。

サイトセンターにいた武藤副社長や東電本店にも海水注入の必要を訴えたが，いずれも「首相の了解も得ずに海水注入を続けるのは難しく，いったん中断もやむを得ない」（L7, 78 頁）とのことであった。

吉田所長は「自分の責任で注入を続けるしかない」（L7, 78 頁）と判断し，現場に対して，公的には「海水注入の中断を指示するが，絶対に注水を止めるな」（L7, 78 頁）と厳命を下した。東電本店は保安院に対して「海水注入を開始したものの，菅首相の指示待ちで停止している」（L7, 79 頁）と報告を上げた。

菅首相は，東工大時代の同級生で北陸先端科学技術大学院大学副学長の日比野氏を内閣官房参与に任命した。菅首相は日比野氏に「保安院，東電，安全委員会の言うことがバラバラなんだ。次に何が起こるのか，それにどう手を打てばいいのか具体的な提案が欲しいのに，それがまったく出てこない」（L7, 79 頁），「おれとしては次に打つ手がほしい。それなのに，その提案がまったく出てこない」（PW1, 254 頁）と漏らしたという。日比野氏は菅首相と共に久木田原子力安全委員長代理，川俣東電原子力品質・安全部長に，3 号機に「なぜベントして海水を注入しないのか，海水注入のリスクは何か」を尋ねたが，「リスクはないが，今は時期ではない」との回答を得ただけであった。このとき，菅首相は「要するに廃炉にしたくないんじゃないかな」と日比野氏に語ったという（L7, 80 頁）。日比野氏は後に，朝日新聞の取材に応じて「総理に助言すべき組織が機能せず，当事者意識が欠如していた。組織の都合が優先され，必要な知識を持った人間が役職にいなかった」（PW1, 257 頁）と語っている。

この頃，放射性物質の拡散を予測するシステム「SPPEDI」[31]のシミュレーション結果がほぼ出揃った。シミュレーション結果は，文科省から保安院，保安院から官邸地下の危機管理センターまで送られていたが，「受け取った内閣官房の職員は『単なる参考情報にすぎない』と判断し，菅のいる 5 階には上げなかった」（L7, 82 頁）。文科省でも検討がなされるが，「公表すれば無用の混

31　SPPEI は原発事故の際，原子炉データや気象条件，地形をもとに放射性物質の拡散状況を予測するシステムで」（L7, 82 頁），「避難案づくりの切り札」（PW1, 192 頁）と考えられていた。所管は文部科学省。

乱を招く」（L7, 83 頁）との判断で公表は見送られた。

> SPPEDI はほぼ正確に予測を出していた。しかしその予測は，避難の資料としてまったく使われなかった。・・・SPEEDI が使われなかった理由は，そもそもその存在が知られていなかったからだ。3 月 14 日の時点で SPPDEI の存在を知る政治家はほとんどいなかった。首相の菅直人（65）や官房長官の枝野幸男（47）ですら認識していなかった。SPEEDI 情報を官邸中枢に伝えるべき官僚が，それをしていなかったのだ。
> （PW1, 189 頁）

SPEEDI のシミュレーション結果は，外務省北米局日米安全保障条約課を通して，在日米軍司令部には 14 日 10 時 40 分頃送られていた（PW1, 118-119 頁）[32]。

12 日正午頃に，3 号機の RCIC が停止するが，もう一つの非常用高圧注水系（HPCI）[33] が作動した。しかし，しばらくすると炉内の圧力上昇に伴って HPCI での注水が難しくなってきた。13 日 2 時 42 分，3 号機中央制御室では，HPCI を手動で停止させ，消火ポンプに切り替えるべく試みたが，HPCI の手動停止と同時に炉内が急速に圧力を増し危険な状況に陥ったため，慌てて HPCI を再起動させようとしたが，まったく動かなかった。この事実は 4 時過ぎまで，東電現地本部も東電本店も知らなかった[34]。東電現地本部は 6 時頃，保安院に 3 号機の冷却機能停止を報告した。東電現地本部は消防車による注水を試みるが，電源が足りなかった。マイカーのバッテリーを集めるなどして準備が整ったのは 9 時過ぎであった。

その頃，官邸では再び海水注入の是非が議論されていた。「海水を入れると廃炉に繋がる」，「真水があるならそれを使うべき」などの声があったが，現地に真水があるか否かは分からない。東電原子力品質・安全部長の川俣氏が現地

---

[32] 2011 年 12 月，朝日新聞の記者からこの事実を告げられると，菅首相は「全然知らなかった。一番伝えなきゃいけないところに，なぜ伝えなかったんだ」（PW1, 190 頁）と声を詰まらせたという。

[33] 「非常用炉心冷却系の一つであり，原子炉水位を適切に維持し，燃料の過熱を防止する装置」（保安院報告書，用語欄）。

[34] 吉田所長は以後報告をすぐに上げるよう現場に厳しく指示している（TVK, 76 頁）。

に電話をした。「防火水槽とかに真水があるのではないか。残っているなら極力，真水を使った方がいいのではないか」(L7, 88 頁)。これを官邸からの指示だと受け止めた吉田所長は，「せっかく完成した海水注入ラインを真水のラインに変更するよう指示する」(L7, 88 頁)。9 時 25 分，真水の注入を開始するが，すぐに使い切ってしまった。結局海水を注入することになるが，その間，52 分間の注水中断時間が生じてしまった。

13 日 5 時 40 分，根井保安審議官は記者会見で「(3 号機は) 爆発した 1 号機と同じ状態になったが，そこまで深刻ではないと考えている。1 号機を教訓にして対処します」(L7, 89 頁) と述べた。8 時，枝野官房長官は，現在減圧作業と給水作業の準備を進めており，これらが終了すれば「原子炉の安全性を確保した状態で管理できる」(L7, 90 頁) と発表した。11 時には，枝野官房長官は「(爆発する) 可能性の起こる前に注水がしっかりと確保できた」と発表した。

16 時 30 分頃，社民党の福島党首が官邸を訪れ，「3 号機はプルサーマルなので危ない」と菅首相に伝えた (L7, 93 頁)。菅首相はその場で秘書官に確認するよう指示した。福島氏がさらに「なぜ，あの時 (党首会談中) に (1 号機の爆発があったことを) 言ってくれなかったんですか」(L7, 93 頁) と問うと，「言いたくないんだけれど，東電からの連絡が 2 時間遅れたんだ」(L7, 93 頁) と答えたという。

13 日 20 時 20 分，2 号機の注水に海水を使うことの是非が東電テレビ会議の記録に残っている。少々長くなるが，当時の様子が生々しく伝わってくるので原文のまま掲載する。

 1F 吉田所長　要するに，元々，1 号機はもうお水がどこにもないんで海水でやりました。で，2 号機は，すいません，3 号機はかなり真水があったんで真水から始めましたが，結局，えー，その一，量が足りなくて海水に切り替えたというのが 3 号機。で，2 号機も本当は真水でやりたくて手配をしてたんですが，今日の昼の段階で場合によっては急遽始める必要があるということを考えて，海水での供給で考えたというのが今日の昼の段階。それで，その時に 3 号機が大丈夫かと思ったら，3 号機が危なくなってきたんで，今度は 2 号機よりも 3 号機にウェイトを置いて今まで見てきているというのが今の状況。で，その間

に2号機用の真水の用意はしてませんでしたから、もうそのまま海水でやるということで進めている、こういうことです。

本店復旧班　はい、分かりました。そうなると、あの、こちら側の勝手な考えだと、いきなり海水っていうのはそのまま材料が腐っちゃったりしてもったいないので、なるべく粘って真水を待つという選択肢もあるというふうに理解していいでしょうか。

1F 吉田所長　えっ、理解してはいけなくて、もうラインナップがあそこのラインナップをして供給源を海の供給源にしてしまいましたから、今から真水というのはないんです。時間が遅れます、また。

本店高橋[35]フェロー　昼間ね、そういう方向で決めたんだけど、《ピー音》君がいま、改めて質問している趣旨を説明してもらったらいいと思うんだけど。

1F 吉田所長　《ピー音》君が言いたいのは、あの、真水でやっといたほうが、要するに塩にやられないから後で使えるということでしょ。

本店復旧班　はい、そういうことです。

1F 吉田所長　それは、私もずっとそれを考えたんだけど、今みたいに供給量がですね、圧倒的に多量必要な時に、やっぱり真水にこだわってるとえらい大変なんですよ。

本店復旧班　はい。

1F 吉田所長　だからもうこれは海水で行かざるを、この状況で行けば海水で行かざるを得ないと考えてると、こういうことです。　　　　　　（TVK, 147-148頁）

東電本店がいかに廃炉を避けたがっていたのかが分かる[36]。

11日21時20分に大宮駐屯地を出発した陸上自衛隊中央特殊武器防護隊[37]が、14日オフサイトセンター（正式には「緊急事態応急対策拠点施設」）に到着した。東海村臨界事故の教訓から、原発緊急時の現地対策・関係方面への連絡・報道の拠点として、全国各地の原発周辺にはオフサイトセンターが設置されていた。今回の事故では、オフサイトセンターは事故発生直後に機能不全に

35　高橋明男東電フェロー。
36　東電テレビ会議を読むと、東電本店が廃炉を避けるため、たびたび海水注入を躊躇ったことが分かる。例えば、この後も2号機は廃炉にしたくないと21時25分の会議で「いかにももったいないなという感じがするんですけれどもね。ええ。」（TVK, 158頁）などと述べている。
37　特殊武器とは、核・生物・化学兵器などで、こうした兵器による有事に即時対応できる機動部隊である（杉山, 2013, 181-182頁）。

陥っていた（KZ）。食料，水，燃料が不足し，放射性物質を除去する空気清浄フィルターさえない。15日にはオフサイトセンターは放棄され，その機能は福島県庁舎へと移転された。ここで，自己完結組織である自衛隊の強みが遺憾無く発揮された。彼らは，十分な水，温水等を所持していたばかりではなく，通信設備や除染設備等を，オフサイトセンターに隣接した地に自前で設置した。

　14日11時，中央特殊武器防護隊が作業を開始しようとした矢先，3号機が水素爆発を起こした。自衛隊員たちは車を置いたまま走って逃げたが，明らかに極めて危険な状況に陥っているのに事前に東電から何の話もなく，「東電の危機管理に不信感を抱いた」という（L7,95頁）。この爆発で自衛隊の4人を含む11人が怪我をした。自衛隊員のうち2人は骨折していた（杉山,2013,187頁）。自衛隊員らの被曝はひどく，隊長の岩熊一佐の被曝量は23ミリシーベルト[38]であった。

　このころ，文科省所管のSPEEDIからのデータは，1時間ごとに，原子力安全技術センターから原子力安全委員会や保安院，さらには前述のように外務省を通して在日米軍にも送られていた。菅首相の前には，「保安院や安全委の幹部がいたにもかかわらず，SPEEDIの利用を進言することはなかった。テレビの報道が先行する。官邸はその確認に追われる。情報は届かない」（PW1,192頁）。後に朝日新聞社の取材に対して，班目委員長，寺坂保安院長は次のように答えている。

安全委員長の班目は言う。
「原発のプラントが今後どうなるかを予測できる人間は，私しかいなかった。その私にSPEEDIのことも全部やれっていうんですか。超スーパーマンならできるかもしれませんけど。役割分担として菅首相にアドバイスするのは保安院です」
保安院長の寺坂信昭は言う。「保安院がSPEEDIの話をしちゃあいけないことはないが，SPEEDIは，文部科学省の所管です」　　　　　　　　　　（PW1,210頁）

---

[38] 逆に言えばこれだけの被曝量で済んだのは彼らが「核の脅威に対する防護がきっちりできていたから」（杉山,2013,188頁）とも言える。

14日13時25分，2号機のRCICが停止した。東電現地本部はベント→海水注入の順で実施を指示した。東電本店もこれを了承した。しばらくして，官邸にいた武黒フェローから「ベントの準備を待つことなく，注水を最優先するように」（L7, 100頁）との助言があったが，東電本店はベント→注水の手順のままでよいと判断した。16時過ぎ，「作業完了に時間を要する」（L7, 101頁）との東電現地本部からの連絡を受け，東電の清水社長はベントを待たず注水を決定した。しかし，十分な注水ができない状況が続き，吉田所長が「自らの『死』を覚悟」（L7, 102頁）したという深刻な事態を迎えた。吉田所長は，2号機の状況次第では最低限必要な人員のみを残して退避させることを決めた。翌朝にかけて，2号機は極めて危険な状況下にあったが，テレビ会議等を通して現場の状況を把握していた東電本店から，官邸の武黒フェローに知らされることはなかった（PW1, 204頁）。

23時，ルース米大使から枝野官房長官に米国の原子力専門家を官邸に常駐させて欲しいとの連絡があった。日本の危機管理能力を米国は疑っていた（PW1, 197頁）。後に，アメリカ国務省の内部リポート「FUBAR（フーバー）」の存在が明らかになった（PW4, 184頁）。

> 米軍の俗語で，意味は「まるでメチャクチャ」。「Fucked Up Beyond All Recognition」の略だ。内部リポートにはこんな言葉も連ねられていた。「日本政府は情報を隠しているのではないか」，「目に見える対応が何一つなされていない」。
> （PW4, 184頁）

米国は日本政府に対して「東電任せにせず，自衛隊を使うなど国を挙げた対処を」（PW4, 231頁）強く求めていた。

15日未明，東電の清水社長から「2号機が極めて厳しい状況であり，福島第二原発への退避もあり得る」との電話連絡を受けた，海江田経産相，寺坂保安院長は当然ながらこれを「全員撤退」と受け止め，枝野官房長官，班目委員長，細野豪志総理大臣補佐官，福山副長官らと直ちに協議に入った。このとき，清水社長は電話で「第一原発の作業員を第二原発に退避させたい」と述べたという[39]（PW1, 195頁）。枝野官房長官が東電現地本部の吉田所長に電話連

絡すると「やります。頑張ります」（PW1, 198頁）との答えが返ってきた。枝野官房長官は「本店のほうは何を撤退だなんて言ってんだ。現場と意思疎通ができていないじゃないか」（PW1, 198頁）と感じたという。この間も福島第一原発では，刻一刻，現場の人びとの命に危険が迫っている。協議は続き，福山副官房長官は「このままでは撤退もやむをえないのではないか，そんな雰囲気が出始めていました」（PW1, 199頁）という。細野補佐官は「本当にだめかもしれない」（細野・鳥越（2012), 88頁）状況下で「『現場に残れ』と言えるだろうかという重い逡巡があった」（細野・鳥越（2012), 88ページ）と語っている。3時頃，枝野官房長官らが菅首相の指示を仰ぐと「撤退したらどうなるか分かってんのか。そんなのあり得ないだろ」（PW1, 201頁）と言い切ったという（L7, 104頁）。

　4時17分頃，菅首相は東電の清水社長を官邸に招き，全面撤退など許さないことを伝える（「撤退などあり得ない」との菅首相の言葉に，清水社長は「はい，分かりました」（PW1, 205頁）と答えたという）と共に，細野補佐官を東電に常駐させることを要求した。清水社長は驚いた様子で，準備に時間がかかると細野補佐官の東電本店常駐に難色を示した（L7, 106頁）が，最終的には了承した。

　5時30分頃，菅首相が東電本店に乗り込んだ。菅首相は東電幹部を前に「テレビで爆発が放映されているのに，官邸に1時間ぐらい連絡がない。情報伝達が遅いし，間違っている」，「命を懸けてください」，「撤退した時には東電は百パーセントつぶれます」（L7, 106頁）「皆さん，萎縮しないでくれ。必要

39　東電撤退問題については，政府事故調では「清水社長の電話を官邸が誤解した」ためであるとされ，国会事故調では「清水社長の曖昧で要領を得ない説明によって官邸が誤解した」ためであるとされている。民間事故調では「全面撤退を考えていたのでなかったら清水社長が官邸の政治家に何度も電話をかけるという異例の行為に説明がつかない」，従って全面撤退は有り得たが，菅首相が「撤退を取り止めさせたことについては高く評価する」としている。東電事故調では「全面撤退は考えていなかった」とされている。国会事故調で行われた公開の参考人聴取でも官邸，東電の言い分は真っ向から対立している。日本科学技術ジャーナリスト（2013b）では，東電が「全面撤退を考えていたことは間違いない」（NJ13b, 144頁）としていくつかの理由を上げている。民間事故調でも指摘されていた清水社長の度重なる電話回数，菅首相が東電本店に乗り込んだりしているのに「全面撤退は誤解である」との否定がまったくなされていなかった点や，東電テレビ会議の中で「全員のサイトからの退避は何時ごろになるのですかね」との幹部同士の会話が記録されていること，伊藤内閣危機管理監の証言内容などが理由として示されている。

な情報を上げてくれ」（PW1, 208 頁）と語った。この後，東電本店に統合本部が設置され，海江田経産相と細野補佐官が常駐することになった。この事故対策統合本部は，「政治が民間企業に乗り込む超法規的組織」（PW1, 206 頁）であった。

この日，菅首相は母校である東京工業大学の原子炉工学研究所の有冨正憲氏，斉藤正樹氏らを官邸に招いた。菅首相は「正しい情報がタイムリーに入ってこないんです。水素爆発だって。原子力安全委員会の班目さんは『起きない』と言っていた。なのに爆発は起きてしまった。保安院や原子力安全委以外にも，いろいろな意見を加味して判断したい」と語ったという（PW1, 211-212 頁）。有冨氏は「事態の分析を菅さんに『通訳』するのが自分たちの役割だと理解した」（PW1, 212 頁）そうである。

6 時過ぎ，4 号機が爆発した。4 号機は定期点検中で爆発の原因がまったく分からない。8 時 30 分の記者会見で東電の黒田原子力設備管理部課長は「世界的にも私の知識では聞いたことがない。想定外」（L7, 108-109 頁）と述べた。1 時間後，吉田所長は最低限必要な人員 70 人[40]のみを残して，650 人を福島第二原発へ退避させた。

11 時過ぎ，枝野官房長官が「20km を超える地点では，相当程度薄まって，身体への影響が小さい，あるいはない程度になっていることが想定されております」と記者会見した。

9 時 40 分，4 号機から火の手が上がる（2 時間ほど燃えて自然鎮火）。そのころ，「米国の専門家たちは 4 号機の使用済み核燃料プールにこそ一番の危機が迫っていると考えていた」（L7, 112 頁）。防衛省では，4 号機のプールを冷却すべきとの米国の見解が高見沢防衛政策局長から，北沢防衛相に伝えられた（PW4, 186 頁）。日本の保安院や原子力安全委員会は，4 号機にはまったく関心を払っていなかった。

米国からの指摘を受けて，菅首相は北沢防衛相に 4 号機プールへの放水を命じた。翌日付で新聞各社は「首相が『最後の砦は自衛隊』という気持ちを強く持っている」ことを報じた。同日夜，アメリカ大使館が福島第一原発から

---

[40] 海外メディアがその命懸けで挑む姿を「フクシマ 50」（実際は 70 人）と報道した。

80km 圏内の米国民に避難か屋内退避を指示した。

　17日9時48分から4回にわたり自衛隊のヘリコプターで海水約25トンが注水された。この日，米国原子力規制委員会（NRC）のチャールズ・カストと北澤俊美防衛相は会談した。その後，保安院や東電幹部を交えて防衛省内で連日，カストらと秘密会談が持たれた。アメリカ側の「水棺」冷却提案に対して，「保安院や東電の反応は冷ややかだった」（L7, 116頁）という。カストらは「日本の意思決定はどうなっているんだろうか」（L7, 116頁）と不満を募らせたという。16時過ぎ，警視庁第一機動隊が高圧放水車で44トンを放水した。その後，自衛隊が70トンを放水した。18日11時45分，東京消防庁消防救助機動部隊（ハイパーレスキュー隊）が作業を開始，12時25分，無人放水システムを完成させた。事故の収束に当たって，自衛隊をはじめ，警察，消防などがオール・ジャパンとなって活躍した点は特筆すべきものがある[41]。

　この時点をもって，最悪の事態は当面回避されたと考えられる[42]。この日，保安院は今回の事故を暫定でINESレベル4からレベル5に引き上げたと発表した。今回の事故がレベル7であると保安院が認めたのは事故から約1カ月が経過した4月12日であった。

現場の英断と問題点

　まず最初に，第8章で紹介したHRO（High Reliability Organization；高信頼性組織）[43]の事後対応プロセス「復旧能力を高める」，「専門知識を尊重する」に従って，HROが事故発生後，どのような姿勢で復旧に取り組んでい

41　詳しくは杉山（2013）『兵士は立つ』の180-243頁（第3章「原発対処部隊」），朝日新聞特別報道班『プロメテウスの罠　4巻』の210-253頁（第24章「『影』が動いた」）などを参照されたい。杉山（2013）では大きな危険を伴う放水活動の様子が詳細に描き出されている。朝日新聞特別報道班（2013）では，東電にも知らせず極秘裡に展開された東電社員救出作戦などについて克明に紹介されている。

42　もちろん今でも事故は終わっていない。今後も終わることはないのかもしれない。

43　HRO理論そのものについては第8章を参照されたい。ここでは簡単に説明するに止める。

るのかを眺めてみよう。

　Weick & Sutcliffe（2001）によれば，復旧能力とは「ミスの拡大防止とシステムが機能し続けるための即興的な対応措置の，両方を行うこと」（WS01, 21頁）であり，そのためには「豊富な経験」と「専門知識」が必要であった[44]（21頁）。第8章で述べたように，豊富な経験と専門知識を有している者は，①「ワナに気づく」（Leonard & Swap, 2005：訳, 74頁），②「迅速に意思決定を行う」（Leonard & Swap, 2005：訳, 76頁），③「具体的状況を認識する」（Leonard & Swap, 2005：訳, 78頁），④「推測する」（Leonard & Swap, 2005：訳, 80頁），⑤「微妙な区別ができる」（Leonard & Swap, 2005：訳, 82頁），⑥「自分の知識の欠落や例外的状況によく気づく」（Leonard & Swap, 2005：訳, 83頁）などの点で優れている。HROで復旧の要となるのは，こうした人びとである。

　現場での実践[45]を通して得られるさまざまな経験（Leonard & Swap（2005）の用語では「経験のレパートリー」[46]）は，経験知として蓄積される。こうした経験知は，優れた擬似的体験を伴う「シミュレーション」（Leonard & Swap, 2005：訳, 56頁）などによっても構築されうるが，それらは多くの場合，暗黙的であり[47]，さらには，第12章で考察したように，知の展開プロセスにおいて自己言及される知とは，過去の経験に基づく自己知であり，新たに生み出された知は，（知を受け入れた点ではオープンであるが，システムそれ自体は）クローズドであるオートポイエーシス的な総合体系[48]として現れるがゆえに，断片的に切り出して伝えることは極めて難しい。優れた経験知が体系的であり，それらの伝達が困難であればあるほど，復旧の要である，それらを有する者を短期間で養成したり，量産したりすることは極めて難しい。

44　Leonard & Swap（2005）は豊富な経験と専門知識に裏打ちされた「複雑な状況を瞬時にして把握し，賢明な決定を迅速に下す」（Leonard & Swap, 2005：訳, 17頁）ことを可能にする能力を「ディープスマート」と呼んでいる。詳しくは第8章を参照されたい。
45　第5章で取り上げた「現場知」も参照されたい。優れたマネジメントは「現場知」に基づいている。「現場知」は多くの気づきをもたらしてくれる。
46　Leonard & Swap, 2005：訳, 17頁。
47　言葉にできない知（Polanyi）。第8章を参照されたい。
48　第8章で述べたように，オートポイエーシス・システムは，不可逆的な歴史依存のシステムである。

第8章で述べたように，HROにおける「専門知識を尊重する」とは，予期せぬ事態に直面して，単に専門的知識が豊富な者に任せてしまえばいいといったものではなかった。HROでは予期せぬ事態に直面すると，「重要な意思決定者という肩書きが，問題に適した専門知識を持つ人間あるいはチームに『移動』するわけである。この移動が，柔軟性のみならず秩序をもつくり出す。HROは，意思決定の構造にヒエラルキー的な色合いと専門知識の色合いをブレンドすることにより，基本的に地位よりも専門知識と経験が重要という，重要事項の意思決定の瞬間に忘れられがちな原則を認識し，実行する。ピラミッド最下層の専門知識保有者も，必要に応じてトップに立てるようになっている」(WS01, 102-103頁)。HROは「目の前の問題に対する解決策を持つ者がリーダーになるといった，弾力的な組織運営を確立」(WS01, 107頁)し，「意思決定の権限は時と場合によって組織内の上下どちらにも移動する」(WS01, 108頁)体制を整えているのである。目の前の問題について，豊かな経験知と専門知識を兼ね備えた人間は，しばしば「問題の最も近くにいてその発生に気づいた人間（組織の下層にいることが多い）」(WS01, 103頁)であるが，彼らは重要な決定権を与えられると共に，「その決定に対して説明責任を課される。だが，責任というものには重圧感が伴う。そのため，地位の低い者は意思決定を階層の上のほうへと押し返そうとする」(WS01, 103頁)。

さらに，HROは「オペレーションを重視する」[49]。予期せぬ事態は予兆の段階であれ，進行中の段階であれ，現場で生起する。オペレーションは単に外的環境と最も近接しているというだけで重視されているのではない。それは予期せぬ事態を最も早い段階で感知するだけではなく，イナクトされた環境を想造[50]する原動力となるがゆえに重要なのである。すなわち，オペレーションは予期せぬ事態に対峙し，それに働きかけるが，その際のオペレーション如何では，すべての努力が台無しになってしまうおそれすらある。

では，現場から離れた本店の主要な役割は何かと言えば，現場で起こっている状況を「リアルタイム」(WS01, 90頁)で把握し，報告された個々の事象を

---

49 「オペレーションを重視する」というHROの特徴について詳しくは第8章を参照されたい。
50 「想造」とは想像（イマジネーション）が現実を創造（クリエーション）するというニュアンスを表すための遠田(1998)の造語である。詳しくは第2章，第8章，第14章を参照されたい。

総合化し，全体像を浮かび上がらせることである。HROは，オペレーションを重視するとともに，個々の現場が遭遇した些細な現象を総合化して，全体像を浮き上がらせ，さらに総合化された全体像を現場にフィードバックし，現場の判断をサポートする。

　今回の事故で，復旧の要となったのは紛れもなく福島第一原発の吉田所長であった。彼は東京工業大学大学院で原子核工学を専攻後，1979年東京電力に入社，原子力関係の現場をいくつも渡り歩いた。2008年には執行役員原子力設備管理部長となり，福島第一，第二原発の地震および津波対策で主導的な役割を果たした[51]（SZ, 396-397頁）。2010年6月から福島第一原発所長の任に就いていた。今回の勤務を含めて福島第一原発で勤務するのは4度目だった。吉田所長は豊かな経験知と高度な専門性を有していたばかりではなく，東電幹部の中では福島第一原発の現場知にも抜きん出ていた。

　上で見てきたように，吉田所長は1号機が水素爆発する前から海水注入の指示を出し，12日19時の段階で注水を命じていた。官邸にいた武黒フェローから「官邸で検討中だから注入を待って欲しい」，「これまでに注水した分は，試験注水だったことにする」と強く中断を求められたが，「海水注入を中断すれば事態は悪化の一途をたどるだけだ」と判断し，自ら責任を引き受ける覚悟で海水注入を継続した。吉田所長が注水の許可を懇請した東電本店からの回答が「首相の了解も得ずに海水注入を続けるのは難しく，いったん中断もやむを得ない」とのことであったから，後にその説明責任ばかりではなく，重い結果責任まで追求されるかもしれないという状況下であったにもかかわらず，まさに独断で海水注入という重要な意思決定を行った。事故後，一刻も早い海水注入という判断が間違ってはいなかったことが4つの事故調報告書のみならず，さまざまな調査で分かっている。

---

[51] 「東京電力は，平成20年2月頃に有識者の意見を求めたところ」（SZ, 396頁）「福島第一原発2号機付近でO.P.+9.3m，福島第一原発5号機付近でO.P.+10.2m，敷地南部でO.P.+15.7mといった想定波高の数値を得」（SZ, 396頁），これを知った「吉田昌郎原子力設備管理部長（以下「吉田部長」という。）の指示で」（SZ, 396頁）社内検討が行われることとなった。吉田部長らは「三陸沖の波源モデルを福島第一原発に最も厳しくなる場所に仮に置いて試算した結果にすぎないものであり，ここで示されるような津波は実際には来ないと考えていた」（SZ,(397頁）。「吉田は『波高の試算結果については，保安院から明示的に説明を求められるまでは説明不要』と指示した。事実上の隠蔽だった」（L7, 180頁）。

上で見てきたように，この間，東電本店からは，福島第一原発の作業をサポートするどころか，海水注入によって廃炉とせざるを得ない状況に陥るのを危惧する意見が送られ続けていた。第 10 章で紹介したように，こうした事例は今回だけではない[52]。東日本全体に極めて深刻な被害をもたらしかねないような状況下[53]ですら，廃炉による損失が東電幹部の頭の中で重要な位置を占めていたのである。

　12 日午後，3 号機注水に際しても，東電上層部の「防火水槽とかに真水があるのではないか。残っているなら極力，真水を使った方がいいのではないか」という指示を官邸の意向だと重く受け止めた吉田所長はせっかく完成した海水注入ラインを真水のラインに変更するよう指示し，結果的には真水から海水へ切り替える間 52 分もの注水中断時間が生じてしまった。国会事故調はこの中断によって 3 号機が「危機へと転落」(KZ, 155 頁) したと分析している。

> 注水用の水源がなくなり作業が中断したことで，3 号機の原子炉水位は再び TAF レベル以下となり，13 時には TAF-2000mm を指示した。その後に海水注入も行ったが，TAF レベルを回復しないまま原子炉建屋入り口のエアロック扉で 300mSv/h もの放射線レベルとなり，中央制御室も 12mSv/h に達した。
>
> (KZ, 155 頁)

すでに 1 号機の水素爆発という事象が発生していたにも関わらず，東電上層部は依然として廃炉回避に拘り続けていたことが分かる。さらに 2 号機においても，上で東電テレビ会議の様子で紹介したように，東電本店は現場の作業をサポートするどころか，真水を注入するよう現場に圧力を掛け続けた。

　この点について国会事故調は，「本店側が技術的な援助ができなかった点を指摘できる。吉田昌郎福島第一原発所長（吉田所長）は，2 号機が深刻な事態

---

[52] 例えば，2007 年に明らかとなった北陸電力志賀 1 号機の臨界事故時の対応など。詳しくは第 10 章を参照されたい。

[53] 事故後，菅首相が近藤駿介原子力安全委員長に作成を命じた「福島第一原子力発電所の不測事態のシナリオの素描」(菅首相が作成を命じたのは事故直後の 3 月 22 日，菅首相に提出されたのは 3 日後の 3 月 25 日) では，強制移転区域は 170km (宮城，茨城，栃木のほぼ全域を含む)，移転希望区域は 250km (東京 23 区全域を含め，ほぼ関東全域を含む) とされ，5000 万人の避難が必要になると指摘されている。

に陥った際，武藤栄東電代表取締役副社長（武藤副社長）に技術的なアドバイスを求めたが，武藤副社長はオフサイトセンターからの移動中だったために対応できなかった。一方，技術面での初歩的な質問が官邸側から吉田所長に直接投げかけられる状態を放置するとともに，現場の判断と背反する安全委員会班目春樹委員長（班目委員長）の指示を社長が是認するなど，現場の第一線を支援する意識も体制も整っていなかった」（KZ,32 頁）と現場を支えるべき東電本店がその役割を果たしていなかったばかりか現場の足を引っ張っていたことを批判している。

政府事故調においては，「一般に，原子力災害が発生した場合，できる限り情報入手が容易で，現場の動きを把握しやすい，現場に近い場所に対策の拠点が設置される必要がある」（SZ 最終,369 頁）との提言（HRO 理論の要請と軌を一にしていることは説明するまでもない）を行った上で，今回の事故を次のように振り返っている。

菅総理は，3 月 12 日 18 時過ぎ頃，海江田経産大臣から，その直前の同日 17 時 55 分に同大臣が発した福島第一原発 1 号機原子炉への海水注入命令について報告を受けた際，炉内に海水を注入すると再臨界の可能性があるのではないかとの疑問を発し，その場に同席した班目春樹原子力安全委員会委員長（以下「班目委員長」という。）がその可能性を否定しなかったことから，更に海水注入の是非を検討させることとした。

その場に同席していた東京電力の武黒一郎フェロー（以下「武黒フェロー」という。）は，同日 19 時過ぎ頃，福島第一原発の吉田所長に電話し，「今官邸で検討中だから，海水注入を待ってほしい。」と強く要請した。菅総理が海水注入による再臨界の可能性についての質問を発した際，その場には，班目委員長のほか，平岡英治原子力安全・保安院次長，武黒フェロー等の原子炉に関する専門的知見を有する関係者が複数いたが，その問いに対して，直ちに再臨界の可能性を否定する応答を行った者はいなかった。また，海水注入しないことによるリスクと海水注入による再臨界のリスクを比較衡量し前者のリスクが明らかに大きいので直ちに海水注入すべきである，といった意見を述べた者もいなかった。つまり，その場に同席した者のうち，誰一人として専門家としての役割を果たしていなかった。また，菅総理がそのような疑問を呈しただけで安易に海水注入を中止させようとした東京電力幹部

の姿勢にも問題があった。

　この海水注入問題に関しては，淡水を注入するか海水を注入するかというような，すぐれて現場対処に関わる事柄について，そもそも官邸がどこまで関わるべきかについても検討する必要がある。このような事柄は，まず，現場の状況を最も把握し，専門的・技術的知識も持ち合わせている事業者がその責任で判断すべきものであり，政府・官邸は，その対応を把握し適否についても吟味しつつも，事業者として適切な対応をとっているのであれば事業者に任せ，対応が不適切・不十分と認められる場合に限って必要な措置を講じることを命ずるべきである。

(SZ 最終, 373-374 頁)

つまり，官邸にいた専門家たちが「誰一人として専門家としての役割を果たしていなかった」(SZ) 中で，原子力発電については素人同然の菅首相はじめ政治家の判断が優先され，「現場の状況を最も把握し，専門的・技術的知識も持ち合わせている」(SZ) 福島第一原発現地本部がその指示に振り回され続けたことに問題があると指摘しているのである。海水注入の是非を巡って，菅首相が疑問を挟んだだけで「安易に海水注入を中止させようとした東京電力幹部の姿勢」(SZ) には極めて大きな問題があったと言わざるを得ない。

　民間事故調は「事後的・客観的に見て現場の判断が正しかったとしても，上位機関の命令・指示に従わない対応をとることには大きな問題がある」(MZ, 118 頁) とし，「上位機関の指示が現場の最新状況に適したものではなかったり，かえって危険性を高めたりする可能性のあるものなら，そうした見解をきちんと上位機関に伝えることが望まれる」(MZ, 118 頁) と述べ，「今回の事故対応では現場から東電本店，そして東電本店から官邸に対してそうした報告が十分にされていなかった」[54] (MZ, 118 頁) と指摘した上で，「指示への違背が単純な美談として語り継がれていくことは悪しき前例」(MZ, 118 頁) となりかねないと警告している。

　民間事故調の主張はもっともであるが，危機管理にあっては現場，経験知，そしてその領域における専門性がある者（あるいはチーム）に意思決定権限が移行すべきであり，上位機関は意思決定権者（あるいはチーム）を助言や情報

---

54 「報告」については本章の分析でも主要な焦点となる。

提供，他機関との調整などでサポートすべきである。今回の事故では，東電の危機管理体制はまったくと言ってよいほどお粗末なものであった。

　吉田所長の英断によって最悪の事態が回避されたが，それは偶然そこに吉田氏のような現場指揮官がいたからであって，次に必ずこのような人物がこのポジションにいるという保証はない。危機に際しては，組織的な仕組みとして，経験知と専門性を兼ね備えた人びとに意思決定権が移行するよう，柔軟な組織構造へと改革を急がねばならない。この点については後に再び取り上げる。

報告しなかった現場

　視点を変えて，事故当日の現場作業を見てみよう。上で見たように，福島第一原発の現場では，初期のIC操作に誤りがあった。11日18時頃，配管損傷を恐れた運転員が手動でICを閉じてしまったことである。この点について国会事故調は次のように結論づけている。

> 1号機の非常用復水器（IC）の操作及びその後の確認作業の是非については，全交流電源喪失（SBO）直後からの系統確認としかるべき運転操作に迅速に対応できなかった。しかしICの操作に関してはマニュアルもなく，また運転員は十分訓練されていなかった。さらに，本事故においてはおそらく早期のうちにICの蒸気管に非凝縮性の水素ガスが充満し，そのために自然循環が阻害され，ICが機能喪失していたと当委員会は推測している。こうした事情を考慮すれば，単純に事故当時の運転員の判断や操作の非を問うことはできない。　　　　（KZ,13-14頁）

IC操作そのものの妥当性については本章の範囲を越えた議論であると考えられるが，国会事故調の言を待つまでもなく，運転員が咄嗟の判断で行った応急措置を責めることはできないだろう。

　12日正午過ぎには3号機のRCICが停止し，ここでも消火ポンプへの切り替えに伴って，もう一つの注水装置であるHPCIを手動で停止してしまった。「これにより，原子炉への注水手段がなくなった。原子炉圧力が急上昇し，

ディーゼル駆動の消火ポンプでは送水できず，4時15分からは炉心の露出が始まった」(KZ, 154頁)。しかし，「設計どおりにHPCIが働いていたとしてもその先が全く安泰だったというわけではない」(KZ, 162頁)「3号機で試行されたように・・・やがてHPCIによる延命の限界を迎えることになるからである」(KZ, 162頁)。この操作においても，運転員はHPCIでの注水が困難であるという現場の状況に照らして，消火ポンプに切り替えるべく臨機応変な操作を行ったのであり，運転員の責任を問うべきではないように思われる。

むしろ問題なのは，こうした操作を行ったことが現地本部に報告されていない点である。最初の例で言えば，18時の段階で，ICの弁が閉じていることが現地本部に報告されていれば，その後の対応は大きく変わった可能性が高い。次の例でも，HPCIが停止していることを現地本部が知ったのは1時間以上も後のことである。

上で紹介したように，原発事故の発生，被害拡大を防止するには「止める」，「冷やす」，「閉じ込める」の3段階がいずれも重要である。今回の事故では「止める」段階は成功し，「冷やす」段階で大きな問題が生じていた。この程度の認識は，原発に勤務していたすべての者が共有していた筈である。にも関わらず，「冷やす」ときの要の装置が動いていないことを報告していないのである。結果，現地本部（さらには東電本店）は，状況を誤って認識し，その下で現場に指示を下していくことになった。

逆のことも言える。現地本部は各号機の中央制御室さらには運転員たちに，HRO理論が要請する総合された全体像を提示していたのであろうか。各運転員たちは，全体の流れが見えない中で，手探りで自分の現場にとって「良い」と思われる作業を遂行し続けたのではないか[55]。第11章で指摘したように，それぞれの現場は目前の現象の断片しか見ていない。それを総合化して全体像を示せるのは，それら現場情報が結節する本部である。本部からの迅速なフィードバックがなければ，現場は常に「すべきこと」を見誤る可能性と隣り合わせでいることを忘れてはならない。

---

[55] ICの弁を閉じた運転員の視点で眺めると，全体状況（とにかく「冷やす」べき）が掴めない中で，配管破損に注意を向けるのが当然のことだったのかもしれない。第11章で取り上げた事例を今回の事故に重ね合わせて見て欲しい。

報告についてもう少し考えてみよう。第10章で原子力発電所におけるリスクマネジメント上の最大の問題点を「報告しない文化」であると指摘していたことを思い出して欲しい。リスクマネジメントの中心的テーマを，個人的要因研究から組織的要因研究へと導いたReason（1999）は，リスクマネジメントにおいて「報告する文化」（Reason, 1997：訳, 279頁）こそが最も重要であると強調している。

「報告しない文化」はどのようにして蔓延するのか。この点については第9章で詳細に検討を行った。そこでは「組織外に間違った情報を流すことを認める姿勢は，報告する文化を根底から破壊する恐れがある」と指摘し，原子力発電に携わる電力会社が，何度も繰り返し続けてきた「自社にとって不利益な情報を隠そうとする」姿勢が，社内の「報告する文化」を破壊し尽くしてしまっていると指摘した。第10章では，わが国の原子力発電所を詳細に調査した桜井（2007a）の，原子力発電所という「組織では，巧妙に隠蔽できるエンジニアや研究者は組織に忠実で優秀な人物であると位置付けられ，優遇されている」（桜井, 2007a）という報告を紹介し，「隠すこと」「報告しないこと」を評価するしくみが制度化されれば，当然ながら報告する文化は破壊され，それがより大きな惨事を誘発する危険があるとも主張した。

これほどの事故に遭遇して，東電内部，それも発電所内部という現場レベルですら，極めて重要な報告がなされなかったことを目の当たりにすると，「報告しない文化」が東京電力という組織に根を張ってしまっていると考えざるを得ない。こうした状況をもたらしたのが，不都合なことは隠して済ませようとしてきた電力会社の経営姿勢にあった点は見逃すべきではない。この点については後に再度検討する。

機能しなかった官僚システム

今回の事故では，安全規制当局であり，原発事故を担当する筈であった保安院がほとんど機能しなかったと言ってよい。

事故発生当初，菅首相は寺坂保安院長に「全交流電源喪失」という事態につ

いて説明を求めたが要領を得ない回答しかえられなかった[56]。このときのことを菅氏は下のように回想している。

> 私は原子力安全・保安院の職員は，当然原子力の専門家が中心になっていると考えていた。厚生大臣や財務大臣の時の経験でも，官僚はその担当分野の専門家集団である。・・・しかし説明にやってきた原子力安全・保安院の寺坂信昭院長から説明を聞いていて，おかしな感じを受けた。一般にも言えることだが，説明している人が内容を理解しているか，それともよく理解しないまま説明しているかは，すぐに分かる。寺坂院長の話は私には何が言いたいのか理解できなかった。そこで「あなたは原子力の専門家なのか」と訊いた。寺坂院長は「私は東大経済学部の出身です」と素直に答えた。　　　　　　　　　　　　　　　　　（菅,2012,63 頁）
> その後，寺坂院長に代わって官邸に説明に来るようになった保安院次長も，技術系ではあったが原子力の専門家ではなかった。事故から三日目になって，原子力に詳しい専門家として経産省資源エネルギー庁の安井正也部長を「保安院付」とし，私たちへの説明役とした。　　　　　　　　　　　　　　　　　　　　　　（菅,2012,64 頁）

　原災法では，重大事故発生時には，内閣総理大臣を原子力災害対策本部長とする原子力災害本部を設置し，災害本部事務局は経済産業省の保安院が担当することになっている。保安院は原発の安全を直接規制する当局であり，原発建物の図面や敷地内配管図などの，有事の際に必要とされる情報をすべて保有している唯一の組織であった。これに対して，原子力安全委員会は，事業者を直接規制する当局ではなく，原子力の安全や規制のあり方そのものを監視・監督するのが役割であった[57]。両者は共に，重大事故発生時には内閣総理大臣に対して技術的助言を提供することになっていた[58]。

56　政府事故調によれば菅首相は同時に原子力緊急事態宣言についても尋ねている。「寺坂保安院長らは，菅総理から福島第一原発の原子炉の状況や同宣言に関する関連法令等について問われ，これに対して十分な説明をすることができないまま時間が経過し，菅総理は，同日 18 時 12 分頃から約 5 分間，予定されていた与野党党首会談に出席したため，上申手続は一時中断した」（SZ,最終, 372 頁）。
57　原子力安全委員会が，保安院の仕事のやり方をチェックするダブル・チェック体制であった。
58　内閣府には原子力委員会という審議会組織もあるが，この組織は，原子力関連の事柄について所管大臣に意見を述べ，関係行政機関の事務を調整することを目的として設置されたもので，原災法に基づき，重大事故時に法的な根拠のある助言を行う組織ではない。

事故当日，官邸には原発の図面すらなかった。原発の詳細な現場情報を持っているのは保安院であり，原子力安全委員会ではない。上で，班目原子力安全委員長が「原発の図面を持っているのは保安院だ。保安院は何をやっているんだ」と語っていたが，率直な感想であろう。

事故発生から3日目に原子力に詳しい専門家が「保安院付」として派遣されるが，彼は資源エネルギー庁の職員であり，汎用的な知識としての「原子力」には詳しくても，保安院内部の非汎用的な知識（例えば，福島原発について詳しいものは誰か，誰と誰を中心にチームを組むべきか，組織図からは分からない非公式な人的ネットワークはどうなっているのかなど）には疎かったであろう。こうした状況では，800人もの職員を抱える保安院の組織力を発揮して，本部長である内閣総理大臣をサポートする役割は担えまい。上で，班目委員長が「保安院は消えていた」と述べていたことを紹介したが，実際に保安院は重大事故発生当初，官邸に何ら情報を提供できなかったのである。

一方，福島第一原発の現場では，下のような事態が起こっていた。

地震発生当時，・・・保安検査官7名全員及び保安院本院職員1名が，福島第一原発敷地内におり，現地警戒本部等の立ち上げのためにオフサイトセンターに向かった3名の保安検査官を除いて，5名が福島第一原発敷地内に残り，同発電所敷地内の免震重要棟内において，情報収集及び保安院への報告に当たった。・・・3月12日5時頃，前記5名は，福島第一原発から退避することとし，・・・オフサイトセンターに退避した。・・・翌13日未明，海江田経産大臣から，・・・保安院職員を派遣して原子炉への注水作業を監視するようにとの指示（があった）。・・・前日から福島第一原発に保安検査官が不在となっていることについての懸念があったこともあり，3月12日まで福島第一原発敷地内にいた4名の保安検査官の福島第一原発への再派遣を決め，この4名は，13日7時40分頃から，再び福島第一原発敷地内に常駐（した）。福島第一原発に再派遣された4名の保安検査官は，免震重要棟内の緊急時対策室に隣接する一室において，東京電力職員からプラント状況等に関する資料を受け取り・・・報告していたが，免震重要棟の外に出て注水現場を確認することはなかった。・・・その後の3月14日午後，同日11時頃の3号機原子炉建屋の爆発や，その後の2号機の状況悪化を受け，前記4名の保安検査官は，福島第一原発敷地内にとどまった場合には自分たちにも危険が及ぶ

可能性があると考え，オフサイトセンターへ退避することについて現地対策本部に指示を仰いだが，明確な回答が得られなかったため，同日17時頃，退避することを決め，現地対策本部にその旨を伝えた上で，オフサイトセンターに退避した。さらに，翌15日，この4名を含む福島第一原発担当の全ての保安検査官は，他のオフサイトセンター要員と共に，福島県庁に移動した。　　　　　(SZ 中間,64-65 頁)

　これでは保安院職員が重大事故発生時に「真っ先に逃げた」と言われても仕方はあるまい[59]。すでに東京の保安院では，緊急時であるにも関わらず保安院長が姿を消すという異常事態が発生していた[60]が，福島の現場でも，保安院は東電の現地本部から受け取った情報を転送する程度の作業しか行っていなかった。しばらくすると，そうした最低限の転送作業すら放棄されてしまったのである。こうして，刻々と変化する事故発生後の現場の生々しい様子を，保安院を通して官邸が把握する道が閉ざされてしまったのである。
　第8章では，危機に際しては生々しい現場の状況を，メディアリッチネスのディグリーができるだけ高いコミュニケーション・ツールによって得ることの大切さを説いた。上で述べたように，東電にはテレビ会議システムがあった。そこでは，対話者の顔色や身振り手振り，声色も含めて伝えられ，緊張感など場の空気まで含めたメディアリッチネスの高い情報交換が可能となっていた。しかし，事故発生当初，東京の保安院は東電テレビ会議システムの存在を知らなかった。福島第一原発の現地本部が置かれた免震重要棟にいた保安院職員は，この存在に気づいていた筈である。現場にいた保安院職員は，自分たちの肉声で現場の状況を報告しようともせず，現場を見ようともせず，テレビ会議システムについてすら報告しようともせず，平常時通りに，ただ東電から提出された資料を1時間おきにファックスで送信するだけであった。彼らはなぜこのような行動しかできなかったのか。

---

[59] 民間事故調の調査を主導した船橋（2012）は，「逃げた」（船橋,2012,31頁），「敵前逃亡」（船橋,2012,34頁）という言葉でこの行動を表現し，痛烈に非難している。後に原子力安全委員会の幹部は「えっ，逃げるの？ それを聞いたとき，本当にビックリしたが，保安院の課長がそれを了承したという話を聞いたときはもっとびっくりした」（船橋,2012,37頁）と語っている。余談ではあるが，班目氏は事故後，寺坂保安院長を「最も大切な瞬間に敵前逃亡した」（岡本,2012,40頁）と痛烈に非難した。

[60] 保安院が直ちに東電本店に保安院職員を派遣しなかったことも非難されている。

答えは，官僚制という組織体制の中にある。官僚制はまるで精密機械のように，正確に安定して，効率的に同じ仕事をし続けるには最適な組織体制の1つであった[61]。一方で，官僚制の逆機能などと言われるように，変化の激しい環境下では，官僚制は機能しないばかりか，それによってマイナスの結果すら生じてしまうことがある。阪神淡路大震災の折も，公園に野戦病院を設置し，被災者の救助に当たろうとしていた自衛隊に対して，区役所の役人が「この場所を利用するには区の許可が必要」と主張して，野戦病院の撤去を求めたことがあった[62]。あのような非常時にあってすら，平時と変わらぬ対応をしていたのである。

今回の事例でも，保安院は平時とまったく同じ姿勢で，大事故に臨んだのである。国難とも言える事態を前にしても，保安院は平時編成のままであった。保安院長は，原子力にはまったくの素人で，経産省という巨大な官僚機構の慣例に従って，順送りで任命された人物であった。保安院次長にしても同じことである。官邸での説明役として，同じ経産省傘下の資源エネルギー庁から専門家を呼ぶしか方法がなかった。と言うことは，保安院には官邸で説明できるだけの原子力の専門家がいなかったのである。彼らは原発の図面を保管し，整理し，規制通りに原子力発電が運営されているかをチェックする平常業務のプロではあっても[63]，原子力の専門家集団ではなかった。

福島の保安院現場でも，指示待ち状態が続き，上からの命令で再び原発に戻り，その後も平常通り東電から渡された資料を転送しただけで，それ以上の情報は上げようとはしなかった。平時と同じ姿勢で，淡々と仕事をこなしているだけの官僚たちの姿が浮かび上がってくる。

こうした様子からは，官僚制のもっとも悪い一面が浮かび上がってくる。HROがどのようにしてこのような機能不全を回避していたのかを思い出して欲しい。第8章で紹介したように，Weick & Sutcliffe（2001）は，HROが非常時に求められる柔軟性と平時に求められる適応性の双方において優れている

---

61 官僚制についてはこれまで何度も説明してきたのでここでは詳述しない。
62 詳しくは遠田・髙橋（2000b）を参照されたい。
63 今回の保安院の対応を眺めると，こうした平時の業務についてもプロではなかった可能性もあるが。

機能しなかった官僚システム　467

と主張していた。これを裏打ちしているのは，上で述べたHROにおける意思決定権限の移動であった。

　彼らの主張を理解する上で，Reason（1997）が提示した「柔軟な文化[64]」（303頁）という概念が役に立つ。Reason（1997）は，「かなり官僚的であり，権限と指揮の明確なラインをもつ階層的な組織構造をしている」（304頁）米国海軍などの例を挙げながら，そうした組織は，通常は「使い込まれた標準実施手順書（SOP）に厳格に従って」（304頁）活動しているが，「突然発生した作業密度の高い状況」（305頁）に対応するため，彼らが「日常的な雑務に埋もれ，官僚的で，標準運転手順書を遵守している状態の下には，いつでも切り替えができるように，組織行動のもう1つのまったく異なるパターンが隠れている」（305頁）と述べている。

　　権限が，機能を果たすための技能を土台とした実務に委譲される。作戦の作業密度が増すにつれて官僚的姿勢が影を潜め，権限（意思決定の）の分散化が起きる。正式な階級や地位は，服従の理由にならなくなる。階層的組織は，専門的知識とは関係がなく，その専門的知識の点に関していえば，低い階級の人間のほうがよりよく知っていることが多い。主任（上級下士官）が指揮官にアドバイスし，中尉と少尉に穏やかに指示を出す。状況の重要性，潜在的な危険性，そして作戦の精巧さが一種の機能的規律，作業チームの専門職制を促進する。フィードバックと（時にして争いに近い）交渉が重要となる。すなわち「どう進行するか」というフィードバックが求められ，それが価値あるものとされる。　　　　　　（Reason, 1997：訳, 306頁）

この記述はReason（1997）がLa Porte & Consolini（1991）からの引用として紹介している話である。「作業密度の高い期間が終わると，権限がスムーズに以前の官僚的で階級重視の形式に戻る」（Reason, 1997：訳, 207頁）。つまり，こうした組織は，官僚的な状態から分権的な状態へ，集権的な状態から専門的な状態へと，可変的に組織行動を切り替える能力を有しているのである。
　HROの柔軟性にはコンティンジェンシー理論以来の相克，安定性と柔軟

64　環境に対する柔軟性というよりも，組織行動，組織構造を柔軟に変化させるという意味で"柔軟"という言葉が用いられている。

性，適応性と適応可能性，機械的管理法と有機的管理法を乗り越える可能性が秘められている。HROは，状況に応じてカメレオンのように，集権的になったり分権的になったり，はたまた官僚的になったり専門的になったりする。

民間事故調は「日本の官僚制は前例踏襲を重んじ，形式に当てはめて物事を処理する傾向が強く，原子力安全のように常に新しい知見を取り込んで改善・向上させていくことが必要な性質のものとは，親和性が低いといえる。海外においても官僚機構自体の性質は大きく変わらないが，通常の官僚機構とは異なる方法で，人事や専門性確保等を工夫している例が多く見られる」（MZ, 288-289頁）と指摘し，具体的に「通常の官僚機構とは異なる」組織について「法遵守，公正，効率，稟議（ボトムアップ）」（MZ, 394頁）といったルーティンの流れから「柔軟性，臨機応変，優先順位の明確化，リダンダンシー（余剰），トップダウンなどを優先」（MZ, 394頁）させた緊急時対応に切り替える必要があると述べている。柔軟性，臨機応変，優先順位の明確化，リダンダンシー（余剰）については，これまで見てきたHRO理論と通底しているが，最後のトップダウンに関しては少なからぬ疑問が残る。民間事故調の言うトップダウンとは，今回の事故で見られたような，現場から遥か後方にいた官邸による集権的指導を意味するのか，それとも現地本部が見せた分権的指導を意味するのかが明確ではない。HROは危機に際して分権的，分散的であり，それらを結合しているのが迅速な情報のフィードバックである。

第8章では，ノーマル・アクシデント[65]という言葉を最初に使ったPerrow（1984）の言葉，「理解不能で想像すらできない事象の前兆を読み取ることなどできない」（Perrow, 1984, p.23）を紹介した上で，「複雑なテクノロジーと限定された知識が結びつくと，理解不能な出来事が生じる」（We95, 119頁）可能性が高まるゆえに，原子力発電所は常にリスクと隣り合わせであると指摘した。このようなハイリスクな環境で活動せざるを得ない組織にこそ求められるのが，HROの柔軟な組織構造なのである。この点は強く主張しておきたい。上でみたように，HROは，官僚制から専門性へと軸足を移すことで危機においての復旧能力を確保している。

---

65 ノーマル・アクシデントとは高度に複雑化した状態では，事故は起こるべくして起こる（不可避である）ことを表す概念である。詳しくはPerrow（1984）を参照されたい。

保安院は徹底した官僚制組織で，非常時においては，まったく機能しなかった。さらに，今回の事故において，彼らが極めて官僚的に平時と同じように行動したのであれば，彼らが平時に行っていたこととは，東電からの資料を，その内容を本質的に点検せずに，形式的に整理し保管し，必要に応じて報告できるようにしておくに過ぎなかったのではないかという疑問が浮かび上がってくる。

「虜」だった保安院と東電本店の"迷走"

上の疑問に対して国会事故調は次のように答えている。

> 規制側と事業者側は，過去の規制と既設炉の安全性が否定され，訴訟などによって既設炉が停止するリスクを避けるため，両方の利害が一致するところで，「原発は安全がもともと確保されている」という大前提を堅持し，既設炉の安全性，過去の規制の正当性を否定するような意見が回避，緩和，先送りできるように，主に電事連を通じて，学界及び規制当局など各方面への働きかけを行ってきた。
> 当委員会では，事業者と規制当局の関係を確認するに当たり，事業者のロビー活動に大きな役割を果たしてきた電事連を中心に調査を行った。その結果，日本の原子力業界における電気事業者と規制当局との関係は，必要な独立性及び透明性が確保されることなく，まさに「虜（とりこ）」の構造といえる状態であり，安全文化とは相いれない実態が明らかとなった。 (KZ, 505 頁)

こうした状況が生じた原因として，国会事故調では，事業者の既設炉の稼働を優先とした，産官学に加えマスコミまでをも取り込んだ，所謂"原子力ムラ[66]"の形成を押し進めたロビー活動などに加え，事業者が一方的に情報を保有しており，保安院は何を行うにしても東電から得られる情報に頼らざるを得な

---

[66] 「原子力発電を巡る利権によって結ばれた，産・官・学の特定の関係者によって構成された特殊な社会的集団及びその関係性を揶揄（やゆ）または批判を込めて呼ぶ用語」（朝日新聞社 kotobank）。
より詳しくは民間事故調の第 9 章を参照されたい。民間事故調では，「中央の『原子力ムラ』」(325 頁)，「地方の『原子力ムラ』」(329 頁)，『『原子力ムラ』の外部』(332 頁) に分けて日本社会を鋭く分析している。

かった点も指摘されている（KZ, 12 頁）。

　「東電は国の規制を根拠にして」（MZ, 307 頁）「自らの責任を回避してきた」（MZ, 307 頁）。すなわち，「すべて規制通りに行っている」，「規制がないからやらなくてよい」，「規制しないのは事業者ではなく，規制当局，さらには国の責任だ」という姿勢を，東電は終始取り続けた。ところが，実際は，事業者が提供してくれた情報をもとに規制の中身が検討され，それを点検するに際しても事業者の協力がなければできない状況であった。ということは，規制当局の存在が，逆に東電に対する外からの攻撃への"盾"になっていたと言ってよい。

　民間事故調では「事業者頼みの検査の実態」（MZ, 308 頁）として，元検査員からの話などをいくつか紹介している。ある元検査員は，民間事故調のインタビューで「実際の検査が，電力会社の作成資料を丸写しした検査要領書を見ながら，決められた手順通りに行われているかどうかをチェックするだけの内容になっていることを指摘したうえで，『原発の検査は形式だけの『儀式』。手順を見るだけの行為が本当の検査といえるのか』」（MZ, 308 頁）と語っている。民間事故調においても，保安院の「事業者への依存体質」（MZ, 308 頁）が繰り返し批判されているが，保安院は東電に依存しきっており，独立した組織とは言い難い状況に陥っていたと考えて間違いはないだろう。

　では，当の東電はこの事故に当たってどのような振る舞いを見せたのか。上で繰り返し述べてきたように，東電本店が恐れたのは福島第一原発の「廃炉」であった。国会事故調が指摘しているように，既設炉の効率的運用は，平時にあって東電がもっとも重視した原発運営方針であった。「規制当局を骨抜きにすることに成功する中で，『原発はもともと安全が確保されている』という大前提が共有され，既設炉の安全性，過去の規制の正当性を否定するような意見や知見，それを反映した規制，指針の施行が回避，緩和，先送りされるように」（KZ, 42 頁）働きかけを行い，既設炉の効率的運用のみに関心が払われてきた。今回の事故に際しても，「既設炉への影響を最小化しようという考えが東電の経営を支配してきたのであって，ここでもまた同じ動機が存在している」（KZ, 13 頁）と考えざるを得ない。「東電は，シビアアクシデントによって，周辺住民の健康等に被害を与えること自体をリスクとして捉えるのではな

く，シビアアクシデント対策を立てるに当たって，既設炉を停止したり，訴訟上不利になったりすることを経営上のリスクとして捉えていた」(KZ, 42 頁)。国会事故調はこうした調査結果に基づき今回の事故を，自然災害ではなく人災であると断言した。何よりも既設炉の効率を重視する姿勢は，「規制当局と事業者の足並みがそろった検討過程の中で，訴訟とバックフィットによる既設炉の稼働率への影響がないことを重要な判断基準として対応」(KZ, 110 頁) するなど，さまざまな面で見られた。

さらに国会事故調は下のように結論づけている。

> 東電の事故対応への姿勢は，平時における原発事故リスクに対する姿勢と同様の傾向が見られた。東電は，現実に起こり得るリスクに対応するよりも，規制庁を「虜（とりこ）」とし，規制自体をコントロールすることで，自らの責任を回避してきた。事故後の対応においても，本店側には，現場の実情から判断される発電所の意思決定よりも，官邸や保安院の指示，要請に従うことで，事故対応で生じる結果責任を回避しようとする動きが見られた。 (KZ, 284 頁)

民間事故調でも，今回の事故が「『人災』の性格を色濃く帯びている」(MZ, 383 頁) 点が指摘され，この期に及んでも東電が規制当局さらには政府に責任を取らせるべく行動した疑いがあるとして次のように述べられている。

> それにしても，清水社長は，なぜ，真夜中に，官邸中枢の政治家に，何度も電話をかけるという異例の行動をとったのか。・・・東電「撤退」に関する官邸の受け止め方が「誤解」だったとしても，清水社長はなぜ，あえて「誤解」を招くような言い方をしたのか。「全面撤退」を匂わすことにより，政府を全面的に介入させ，政府にげたを預けようとしたのだろうか。いや，12 日未明の 1 号機のベントの遅れも，放射性物質放出の責任を逃れるべく，政府に強制命令を出させるためあえて遅らせたのだろうか。 (MZ, 393 頁)

加えて，民間事故調は今回の事故で官僚機構は機能不全に陥っていたが，「東京電力は官僚機構以上に官僚的だった」(MZ, 394 頁) と指摘している。

一言で言えば、東電本店は、平時の経営方針の根幹を成していた既設炉の運転効率向上（事故発生後には維持存続）に執着し続け、官邸の介入があるまで具体的な行動を起こそうとはしなかった。民間事故調はこの経緯を「東電本店は、現場の起案に対し、明確な方針も明確な対案も示さず、また、官邸に現場の知見のフィードバックを伝えることもしなかった。本店はただ"迷走"していた」（MZ, 392 頁）と総括している。

高まる不信感

東電は保安院に情報を上げず、保安院は官邸に情報を上げない。事故発生から 15 日早朝の東電統合本部設置までの間、量的にも質的にも（メディアリッチネスの面でも）豊かな情報を共有していたのは、東電本店と東電現地本部間のみであった。

そうした中、1 号機ベント問題が浮上した。12 日 0 時過ぎ、官邸では 1 号機はベントしかないとの結論に達し、東電にベントの実施を指示した。ところが、ベントは 12 日 14 時 20 分頃まで実施されなかった。ベントが遅れれば、最悪の場合、炉心が溶融した後に、原子炉が爆発する恐れがあると考えられていた。実際に、前日の 23 時 20 分頃にはメルトダウンが起こっていたと考えられている[67]。

官邸幹部は、前日深夜の電源車使用不能問題があって以降、東電に対して不信感を抱き始めていたが（菅, 2012, 64-67 頁、先に挙げたように枝野長官も民間事故調のインタビューに対して同様の発言をしている）、このベントの遅れが、東電に対する官邸の不信感を急速に高めていったのであった。

官邸が抱いた不信感は、当初は東電の技術力に対する不信感（電気の専門家なのに電源車が接続できない、ケーブルがないなど）であったが、この段階では、ベント作業そのものの遅れ、すなわち東電の技術力に対する不信感というよりも、ベントの状況がまったく報告されないことに対する不信感へと大きく

---

[67] メルトダウンの有無や状況など、原子炉内部については、今後も長期にわたって確認できない状態である。

性質を変えていったと考えられる。

　国会事故調は，「(保安院から提出を求められていない[68]) 配管計装線図の不備が長年放置されてきたことなどはその象徴であって，このことが，今回の事故処理においてベントの遅れを招いた原因の一つ」(KZ, 525頁：カッコ内は引用者注) であったとした上で，現場の運転員，作業員がベント作業を進められなかった経緯を下のように分析している。

> ベントの実施に当たっては，津波による直流電源喪失により空気圧によって作動する弁の動力が失われたため，発電所内から持ち寄った土木用のエアコンプレッサーを接続するなど試行錯誤が行われており，ベント操作自体が困難であったことが障害となった。また，ベント設備は保安規定外のため定期点検の対象とはならず，また当然のことながら平時の運転中に外部への放射性物質放出を伴うベントが実施されるはずもなく，福島第一原発では実際にベント操作が行われたことは一度もなかった。こうした事情に鑑みれば，現場で作業に当たった社員がベント操作とその仕組みに十分精通していたとは考えにくく，加えて直流電源喪失によりベントの動力を失った状態で，ベントを実施するための臨機の対応を迅速に行うことは困難であったに違いない。
> (KZ, 259頁)。

国会事故調の言う通り，ベントが遅れた責任を現場に求めることは難しい。
　現地視察の場で，吉田所長からベントの状況を聞いた菅首相は，その困難さを理解し，下のように述べている。

> 生の情報をいちばん持っているはずの東電も，現場から私に伝わるまで何人もが介在し，結局誰が判断しているのか，誰が責任者なのか，聞いても分からなかった。すべてが匿名性の中で行われていたが，吉田所長と会って，「やっと匿名で語らない人間と話ができた」という思いだった。
> (菅, 2012, 77頁)

　ベント作業の遅れそのものよりも，それについて東電が報告を上げないことが官邸の不信感を高めていたのである。国会事故調はこの間の経緯について，

---

[68] 保安院が提出を求めていないのではなく，東電が提出しないでも済むように働きかけてきたとも言える。

「1号機のベントに際しては,現場の困難な状況を官邸及び保安院に十分伝えられず,事業者と官邸との間に不信感を生み出してしまった」(KZ,251頁),「(東電)本店が当初から現場の状況を把握し,事故対応に追われる現場に代わって,関係各所に現場の過酷な状況について理解を求めるよう積極的に対応していれば,不信感と行き違いを緩和できた可能性はある」(KZ,251頁)と指摘している。

官邸の東電に対する不信感は,東電が報告を上げないこと以上に,東電が放射性物質を放出した責任を官邸(原災本部)に押し付けるため,責任逃れに終始しているのではないかといったものへとさらに変質していったのではないだろうか。つまり,途轍もない被害をもたらすかもしれない緊急事態を前にしても,東電が,事態の収拾そのものよりも(国民の安全よりも),言ってしまえば,事故後の責任の取り方に強い関心を払っているという不信感である。

今回の事故調を眺めてみると,政府事故調はやや官邸よりの分析姿勢が見られるし(政府主導の事故調なのだから当然と言えば当然である),野党が主導した国会事故調は官邸を厳しく批判した内容が多く見られる。国会事故調には「官邸政治家」という耳慣れない言葉が繰り返し登場し[69],官邸主導の事故対応を厳しく非難している。しかし,その国会事故調ですら,官邸の介入を招いた東電の姿勢を下のように厳しく糾弾している。

> 東電に染みついた特異な経営体質(エネルギー政策や原子力規制に強い影響力を行使しながらも,自らは矢面に立たず,役所に責任を転嫁する黒幕のような経営体質)が事故対応をゆがめた点を指摘できる。いわゆる「全面撤退」問題や官邸の過剰介入問題は,その象徴的出来事であった。　　　　　　　　　(KZ,251頁)

> 官邸に誤解が生じた根本原因は,民間企業の経営者でありながら,自律性と責任感に乏しい上記のような特異な経営を続けてきた清水社長が,極めて重大な局面ですら,官邸の意向を探るかのような曖昧な連絡に終始した点に求められる。その意味で,東電は,官邸の誤解や過剰介入を責められる立場にはなく,むしろそうした事態を招いた張本人であると言わなければならない。　　　　　　　　　(KZ,252頁)

69　全文(641頁)中で71箇所使われている。

(官邸が介入したのは)ベントの時間目標の指定や，注水の流量の指定といった内容であり，保安院，官邸の情報把握やプレスの都合，東電の対応への不信感から生じたと考えられ，現場の状況や技術的リスクを十分に考慮したものではなく，現場の意思決定に優先して従うべき合理性は認められない。こうした保安院や官邸の要請に対し，現場の意思決定を差し置いてまで従おうとする本店の姿勢からは，事故現場の現実よりも，企業としての責任回避を優先させたいとする意図が垣間見える。
(KZ, 271頁：カッコ内は引用者注)

ここでHRO理論に再び戻ってみよう。第8章で紹介したように，HRO理論では，危機に際して報告は最重視しなければならないものであった。そして，報告を促すためには，「自らエラーやニアミスを報告しようとする組織の雰囲気，すなわち『報告する文化（reporting culture）』をつくり上げることが必要」(Reason, 1997：訳, 277頁) であり，構成員のそうした姿勢を支えているのが「効果的に報告する文化」であると述べた。

第8章での議論を再度振り返ってみよう。自ら犯してしまったエラーやニアミスさえも報告しようとする組織の雰囲気，すなわち「報告する文化（reporting culture）」をつくり上げておくことは，危機管理にとって必要不可欠なことであった（Reason, 1997：訳, 277頁）。「報告する文化」（Reason, 1997：訳, 279頁）をつくり上げるためには，「報告者の信頼を得ることを最優先」（Reason, 1997：訳, 281頁）にしなければならない。自らの失敗を報告するのは誰しも抵抗がある。報告した結果，処罰されたりする恐れがあれば，有用な報告はなされなくなる。Reason & Hobbs (2003) は「成功した報告システムの特徴」（212頁）として，① 報告者の匿名性，② 報告者の保護，③ 情報収集分析機関の独立性（あるいは情報収集分析機関と執行機関の機能分離），④ 有益情報のフィードバック，⑤ 報告の容易性，の5つを挙げていた（Reason & Hobbs, 2003：訳, 212-213頁）。

もちろん，すべての失敗を許す（「非難しない文化」(Reason, 1997：訳, 278頁)）ようでは「正義の文化」(Reason & Hobbs, 2003：訳, 207頁) が成り立たない。いかなる言語道断な行為（例えば，薬物乱用や飲酒運転）も処罰されないのであれば組織は無法地帯と化す恐れがある。Reason & Hobbs (2003)

は正義の文化は「受容できる行為とそうでない行為の間に引かれた境界を皆が納得し，そして明確に理解されているかどうかにかかっている」(207頁) と主張していた。

「報告する文化」と「正義の文化」が融合することによって，「安全に関連した本質的に不可欠な安全関連情報を提供することを奨励し，時には報酬をも与えられるような信頼関係に基づいた雰囲気」(Reason, 1997：訳, 278頁) が生まれ，「効果的に報告する文化」(Reason, 1997：訳, 278頁) が完成する。

すなわち，HRO理論では，効果的に報告する文化は，信頼感と受容できる行為とそうでない行為を判別する基準の共有[70]によってもたらされると考えられていた。逆に言えば，根深い不信感の上では，報告はなされず，その結果，全体としての集主観的[71]共有意味世界[72]（この場合で言えば事故の現状についての共通認識）は構築できない。集主観的共有意味世界が構築できなければ，組織的な対応はできなくなる。

今回の事故では，官邸は，「東電は何か隠しているのではないか」，「技術的に問題があるのではないか」，「この期に及んでも廃炉を恐れているのではないか」，「責任逃れにのみ関心を払っているのではないか」という拭いがたい不信感を抱いていった。

第10章で詳細に検討したように，東電の，自社に都合の悪いことは徹底的に隠そうとする経営姿勢，さらには今回の研究で明らかになったように，保安院さらには政府の命令に従うことによって責任を回避しようとする経営体質が，原災本部と現地本部，関係諸機関との共有認識構築の大きな壁となっていたことを理解できる。

東電が当初から得ていた現地の生々しい情報を政府が得られるようになったのは，東電本店に統合本部が設置され，海江田経産相と細野補佐官がそこに常駐するようになってからのことである。事故収束後，菅首相による「政治が民間企業に乗り込む超法規的措置」(PW1, 206頁) を責める声が一斉に上がったが，こうした決断がなされなければ，原災本部がタイムリーに現場情報を得ら

---

[70] 基準について詳しくは第10章を参照されたい。
[71] 集主観性については第2～4章を参照されたい。
[72] 共有意味世界については第14章を参照されたい。

れなかった可能性が極めて高い。大危機に際して，東電（さらには"原子力ムラ"）が築いてきた，情報壟断の大きな壁を乗り越えるために，菅首相のとった行為を，そこに越権的な一面があったことは否めないにせよ，一方的に責めることは難しいのではないだろうか。

構造的に構築されてしまった相互不信

　官邸が東電への不信感を強める中，政府およびマスコミはどのようにこの事故を報じていたのか。今回の事故では政府による主要な記者会見は，官邸と保安院の二元体制で行われた。
　一連の記者会見の中で，最も象徴的なのは炉心溶融という言葉を最初に使った中村審議官の実質的更迭（MZ, 123-126 頁）である。政府事故調はこの経緯を下のようにまとめている。

> 保安院プレス発表（第 14 報）において，中村保安院審議官は，同日 9 時 45 分頃のプレス発表（第 12 報）の説明よりも更に踏み込んで，「炉心溶融の可能性がある。炉心溶融がほぼ進んでいるのではないだろうかと。」と説明した。当時，保安院のプレス発表内容は，官邸に事前連絡されていなかったが，この第 14 報においても，事前連絡なしに「炉心溶融」という重要な事象についてプレス発表されたこと，それ以前から，事故に関して官邸に届く情報が極めて乏しく，枝野官房長官らが広報に苦慮している状況にあったことなどもあいまって，これらの状況を認識していた総理大臣秘書官や官房長官秘書官らは，保安院の情報共有姿勢に不信感を抱くに至り，そのような中で，経済産業省から出向していた貞森恵祐内閣総理大臣秘書官（以下「貞森総理秘書官」という。）は，保安院職員に対し，保安院のプレス発表内容を官邸に事前連絡するよう要請した。　　　　　　（SZ, 277 頁）

政府事故調によれば，「当時官邸にいた保安院職員の中にも，ERC に対し，プレス発表内容の事前連絡がないことについて保安院に対する不信感が官邸において高まっている旨連絡した者がいた」（SZ, 277-278 頁）ことが明らかに

なっている。上で見たように，保安院は，官邸の意向に過剰反応した。保安院長は「発言に注意」と厳重注意し，以後の記者会見では炉心溶融という言葉は避けられるようになった。

中村審議官更迭後の報道状況を主に日隈・木野（2012）『検証　福島原発事故・記者会見　東電・政府は何を隠したのか』[73]に従って眺めていこう。

中村審議官更迭後，野口哲雄審議官らが会見を行い，「（炉心溶融が）どの程度起きているのか正確な状況は把握できていない」（HK, 17頁：カッコ内は引用者注）と答えた。次に登場したのは，根井寿規審議官で13日5時頃の記者会見で「すでに，そういう物質（放射性セシウム）が出てきているということからすれば，それは念頭に置いておかなければならない」（HN, 18頁）と話し，炉心溶融という言葉は使わなかったが，その可能性を否定しなかった。根井審議官はその日のうちに解任され，「経産省の西山英彦大臣官房審議官（通商政策担当）」（HK, 18頁）が保安院担当となった。根井審議官解任の理由を，日隈・木野（2012）は「炉心溶融の可能性を否定しなかったことにも原因がある」（HK, 18頁）と述べている。

一方，官邸の記者会見では，当初，上で見たように，「対象区域内の居住者，滞在者は現時点で特別な行動を起こす必要がない」，「原子炉そのものに問題があるわけではない」，「原子炉はしっかりと停止した」など，原発では問題が生じていないかのような発言が続いた。1号機の水素爆発が発生した際にも，「何らかの爆発的事象があったということが報告されております」と，爆発という直接的表現を避けて説明し，さらに「東京電力からは，格納容器が破損していないことが確認されたと報告を受けた」と述べていたが，13日，3号機が危機的状況へと陥っていく中ですら，枝野官房長官は，「原子炉の安全は確保できる」（HK, 19頁），「万一，（3号機が）爆発しても，避難した住民の皆さんの健康に影響を及ぼす状況は生じない」（HK, 19頁），「（爆発する）可能性の起こる前に注水がしっかりと確保できた」などの発言を繰り返していた。当時の状況を詳細に振り返った今となっては，これらの発言が事実を正確に伝えていなかったのは明らかである。

---

[73]　以下，引用に際してはHKと略記する。

13 日夕，西山審議官は「(燃料の) 外側の被覆材の損傷というのが適切な表現だ」(HK, 19 頁) と述べ，炉心溶融を否定した。この後も「保安院が，一貫して『燃料棒は破損しているが溶け落ちてはいないであろう』という見解を維持していったため，次第に報道から『炉心溶融』という言葉が少なくなっていくことになる」(HK, 20 頁)。

　例えば，朝日新聞は「15 日付夕刊には『最悪の事態に備えを』(竹内敬二編集委員) という記事を掲載し，放射性物質の大規模な拡散の可能性を報じていた」(HK, 21 頁) が，「18 日を最後に竹内編集委員によるほぼ連日の執筆は止まり，復旧作業の記事が中心となった」(HK, 21-22 頁)。さらに「17 日までは‥『溶融の疑い』となっていたが，18 日以降は『損傷の疑い』という表現となり，保安院と足並みをそろえた」(HK, 22 頁)。

　「読売新聞も『炉心溶融の恐れ』(1 号機，13 日付朝刊)，『炉心溶融の可能性』(3 号機，14 日付夕刊) と報じていたが，17 日や 18 日は警視庁や自衛隊による放水の記事が大きく掲載され，以後は復旧作業の記事が主となっていく」(HK, 22 頁)。

　3 号機水素爆発の後も，保安院は炉心溶融を認めなかった。14 日 17 時頃からの記者会見で西山審議官は「そのような (炉心溶融といった) 事態に陥らないよう注水している」(HK, 21 頁)，「分からない」(HK, 21 頁) と回答した。

　では，政府・官邸は実際に何が起こっているのかを知っていたのか。日隈・木野 (2012) は，保安院が「2 号機については 3 月 11 日夜，同日午後 10 時 50 分には炉心が露出し，‥翌 12 日午前 0 時 50 分には炉心が溶融すると予測していた」(HK, 27 頁) こと，およびその内容が「11 日午後 10 時 30 分に，菅首相に報告されていた」(HK, 27 頁) ことを挙げて，炉心溶融が高い確率で起こり得ることを政府が掴んでいたと考えている[74]。

　また，SPEEDI による情報についても，上で見たように，「単なる参考情報に過ぎない」(L7, 82 頁) と考えた内閣官房職員の判断によって官邸への情報提供がなされず，また，SPEEDI を所管していた文科省も「公表すれば無用の混乱を招く」(L7, 83 頁) として公表を見送った。上で見たように，SPEEDI

---

[74] しかし，ここでも 1 号機については保安院は解析結果を官邸に送付していなかった。「前提となる情報が不十分」(HK, 29 頁) であったためと保安院は釈明している。

の情報は米軍には伝達され，在日アメリカ人には，この情報に基づいて，アメリカ大使館から避難指示が出ていたのである。

こうした政府の情報提供姿勢について，民間事故調は「危機管理広報のジレンマ：安全確保とパニック回避のせめぎ合い」（MZ, 128 頁）と題して，「迅速な情報開示を優先すべき」（MZ, 128 頁）という考え方と，「正確性を欠く情報の伝播による混乱・パニック・・を回避するために，・・中央管理を徹底し，・・一元的に発信すべき」（MZ, 128 頁）という考え方の間でせめぎ合いがあり，結果，「保安院の炉心状況に関する説明の後退，低放射線被曝に関する政府説明の解釈をめぐる混乱」（MZ, 128 頁），「SPEEDI の情報開示の遅れ」（MZ, 128 頁）などが続き，「次第に国民の情報に対する根深い不信感が広がっていく土壌となった」（MZ, 128 頁）と述べている。民間事故調ではさらに「いくつかの『エリートパニック』と呼ぶことのできる情報隠蔽，すなわち『国民がパニックに陥らないように』との配慮に従って行政の各階層が情報を伝えないという情報操作があった」（MZ, 5-6 頁）とも指摘している。

国会事故調では，事故後の聞き取り調査の中で住民の声として，「原発事故の初期の情報がこの地域に全くなかった。放射線も IAEA が調査に入った以降に知らされた。TV では枝野官房長官が『今すぐに健康に影響がある放射線量でない』と繰り返し放送していた。これは情報操作以外のなにものでもなく，飯舘村民は 4 月 22 日（計画避難）になるまで放射線を浴びてしまった」（KZ, 344 頁）という住民の声を紹介し，「保安院の審議官による『炉心溶融の可能性』への言及をめぐって，官邸では保安院の会見の在り方が問題視され，以後，保安院が会見内容を官邸に事前報告するようになったことは事実である。加えて，保安院が会見担当者の交代を契機に，『炉心溶融』という表現を避け，事態が改善したと認識したわけでもないのに表現のみを『燃料損傷』等に変えたことも事実である。こうした経緯の中で，保安院の公表姿勢にはある種の萎縮が見られるようになり，より慎重になったことは否めない。また，保安院が，事故の進展や状況に関する真実を知りながら，隠蔽したかのような印象を与えることにつながったことも否定できない。結果として，政府による事故状況や炉の状況に関する公表内容の信頼性を低下させ，無用な憶測を招く一因となった」（KZ, 342 頁）と指摘し，今回の事故を通して「政府の公表姿勢や

公表内容に関して，国民に疑念を与えたり，隠蔽疑惑や不信感を招いたり」（KZ, 346頁）する結果に繋がったとしている。

　一連の政府報道を通して，最も憂慮すべきは国民が原発に関する政府報道に根深い不信感を抱いてしまった点にある。民間事故調には，震災後，野村総合研究所が行った調査結果が示されている。それによれば，「『信頼度が低下した』という回答は，『政府・自治体の情報 28.9％で，デマが多かったとされたソーシャル・メディアの 9.0％に比べても非常に多い。『信頼が上昇した』という回答でも政府・自治体の情報は 7.8％と評価が低く，ソーシャル・メディアの 13.4％よりも低い』」（MZ, 141頁）と報告されている。

　政府報道だけではない。新聞やテレビによる報道も，「大本営発表」（HK, 104頁）と揶揄されるなど，政府・東電と足並みを揃えた，あまりにも慎重すぎる報道内容であった。上で見たように，福島中央テレビが爆発の映像を 4分後に放送したのに対して，日本テレビは「日テレにもすぐに映像は届いていた。だが，何が起こっているのか，その分析がない中で映像を流すと，パニックが起こるのではないかと危惧した。映像を専門家に見てもらい，解説を付けて放送した」（PW1, 246-247頁）との理由で 1時間以上もの間，放送しなかったのである。

　もちろん，今回の報道姿勢について，マスコミでは自浄作用が発揮され，自己批判が繰り返し試みられてきた。例えば，朝日新聞編集委員の上丸（2012）は『原発とメディア』で，戦前の「神州不滅」と原発の「安全神話」を取り上げて「新聞ジャーナリズム二度目の敗北」（上丸, 2012, 427頁）と論じ，原発と向き合ってきたメディアの姿勢を原爆投下時点から見つめ直し，「三度目の敗北は，許されない」（上丸, 2012, 447頁）と述べている。朝日新聞「原発とメディア」取材班（2013）による続刊『原発とメディア　2』では下のように述べて自分たちの行動を厳しく見つめ直している。

　半年後の十月，いわき市在住の元朝日新聞記者，丸山賢治は，地元紙に寄稿してこう述べた。「マスコミ各社は，自らの媒体で，いわば『大本営発表』を報じつつ，発表の該当圏外（避難・屋内退避指示の圏外）にいる身内を，自社判断で『避難』させた。この二重基準（ダブル・スタンダード）を，住民，読者・視聴者には知ら

せずに。」　　　　　　（朝日新聞「原発とメディア」取材班,2013,406-407頁）

　こうしたマスコミ自身による報道姿勢の自己批判や検証は，大変優れた内容のものが多いように思われる。しかし，問題は，国民の心に焼き付けられた，原発事故発生時のマスコミ報道に対する強い不信感が極めて根深いものであり，簡単にぬぐい去れるようなものではない点である。

　2012年に，公益財団法人新聞通信調査会（2012）が行った調査によれば，テレビや新聞への信頼度は，テレビ70.1％，新聞68.9％とこれまで同様70％前後の水準を維持しているものの，「原子力発電に関する報道について各メディアの印象」（新聞通信調査会,2012）については，「政府や官公庁，電力会社が発表した報道をそのまま放送していた」との回答が軒並み高く，「まったくそう思う」「まあまあそう思う」を合わせると新聞が63.1％（新聞通信調査会,2012,6頁），NHKテレビが66.1％（新聞通信調査会,2012,8頁），民放テレビが52.4％（新聞通信調査会,2012,10頁）という数値であった[75]。平成24年度情報通信白書でも次のような調査結果が示されている。「『地震・津波の被害状況』については，既存メディアについて信頼性が上がったと回答した割合がネット系情報源より10～20ポイント高い。これに対し，「原発事故・放射能」「食の安全」については，テレビを中心に既存メディアについて信頼性が下がったと回答した割合がネット系情報源よりも大きい。テレビについては，信頼性が下がったと回答した人が一番多く，25％程度である。また，『原発事故・放射能』『食の安全』については，ネット系の一部を除き，各情報源は震災発生から1カ月間の時点よりも，現在の方が，震災前に比べて信頼性が低くなっている。この場合も，信頼性の下がり幅が一番大きいのはテレビである」（総務省,2012,275頁）と報告した上で，「『原発・放射能』『食の安全』といったテーマについて，信頼性が低下しても，特段，ネットという新しいメディアで情報収集し，信頼度が高い情報を得ようという行動にはあまりつながってい

---

[75] 佐幸（2013）は，こうしたマスコミによる報道結果は，「官邸や東京電力，原子力安全・保安院の3者による『発表報道』にニュースソースが限られた」ことや「こうした発表報道を構造化してきた『記者クラブ制度』の問題点を指摘している。限られた者（多くは大手新聞社）以外，情報を得られないとすれば，再び「大本営発表」が繰り返される恐れがあるとも考えられる。こうしたマスコミの構造的問題は，本稿の域を超えるのでここではこれ以上触れない。

ない」(総務省,2012,275頁),「つまり,信頼度の低下に伴う『不満』があっても,テレビを中心とした既存のマスメディアを通じて情報」(総務省,2012,275頁)を得る以外に方法がないという状態[76]が続いていると述べている。これらの調査結果には,マスコミの原発報道に対して,国民の不信感が大きく高まったことがよく表れている。

　ここで少し視点を変えて眺めてみよう。第10章で行った「絶対安全神話」に関する議論を思い出して欲しい。安全神話は東電などの事業者のみによってイナクトされたのではなかった。日本は唯一の被爆国であり,国民の原子力アレルギーは他国の比ではない。その日本で原子力発電を推進していく過程で,安全神話がイナクトされていったのである。その過程には,原子力ムラの住民たちのみならず,マスコミや,さらには国民までもが関わっていたと考えるべきである。このように考えた上で,第10章で行った警告の要点は,「周囲(国民やマスコミなど)の厳しい監視の目→(電力事業者は)ミスを隠蔽し,絶対安全を強調→やがて(些細なものも含めて)ミスが発覚→さらに厳しい監視の目→ますますミスを隠し絶対安全を強調」という閉塞状態を打開しなければ,極めて悲惨な重大事故が発生する恐れがあるというものだった。

　今回の原発事故を受けて,この構造的な閉塞状況は変わったのだろうか。安全神話が崩壊し,原子力発電に対する疑いの眼差しは,事故前とは比べ物にならないほど強くなっている。その眼差しの裏には,東電をはじめとする電力事業者,政府のみならず,原発報道に携わったマスコミへの強い不信感が渦巻いている。すなわち,第10章で指摘した「監視の目」は事故前に比べて一層強まっていると考えてよい。

　今回の原発事故報道がもたらした最大の悲劇がここにある。安全を連呼した政府,パニックを恐れてSPEEDIなどの情報を隠蔽した官僚機構,さらには大本営発表に終始し,政府,東電の発表を垂れ流し続けたマスコミ。それらが,国民の間に,原発報道に関する強烈な不信感を醸成してしまった。今回の事故に際して,官邸と東電が抱き続けた相互不信は,マスコミ,国民までをも

---

[76] 平成24年度情報通信白書では既存のマスメディアに対して,ブログやソーシャル・メディアの信頼性が上がったことが示されていると同時に,ブログやソーシャル・メディアで正確な情報をタイムリーに得ることの難しさも指摘されている。

巻き込んだ，国家的な相互不信の構造を構築してしまったのである。

深層に横たわる認識構造

　相互不信が構造的に構築されていく中で，平成24年6月20日，東電事故調が報告書を提出した。この報告書は，最も情報を把握していた当事者自身が作成したものであり，東電自身が今回の事故をどのように受け止めたのかが分かる資料として注目を集めた。にも関わらず，下で述べるように，その内容は惨憺たるものであったと言わざるを得ない。

　東電事故調報告書のベースを成しているのは，今回の事故が想定外の津波によって引き起こされたという考え方である。東電の津波対策は「設置許可を取得」（TZ, 17頁）しており，「規制当局へ提出する評価」（TZ, 17頁）としても十分なものであり，土木学会による「原子力発電所の津波評価技術（2002）」（TZ, 18頁）を示し，それが「原子力発電所の具体的な津波評価方法を定めたものとしては唯一の基準」（TZ, 18頁）であったとした上で，「これまで様々な取り組みを行ってきたものの，今般の津波は当社の想定を大きく超えるものであり，結果的に津波に対する備えが足らず，津波の被害を防ぐことができなかった」（TZ, 19頁）との主張が展開される。すなわち，規制当局の指示は十二分に満たしていたにも関わらず，事故は防げなかったと言っているのである。

　国会事故調，政府事故調，民間事故調で明らかにされている，東北東岸で過去最大級の貞観津波[77]に対してまったく備えがなされていなかった（例えば，KZ, 86頁，SZ, 306-406頁，MZ, 273-274頁）点については，東電が貞観津波の存在を知っていたことを認めつつも，「津波の確率論的評価手法は，土木学会で平成18〜20年度も引き続き検討（後述する貞観津波の波源もこの中で確率論的に扱われた）されており，今回の震災発生時点でも，津波の評価手法として用いられるまでには至っておらず，試行的な解析の域を出ていない」（TZ,

---

[77] 869年に東北を襲った大津波。

20頁）と述べた上で，「貞観津波への対応については，当社は適宜関係官庁である文部科学省や原子力安全・保安院と意見交換や説明をして」（TZ,24頁）きており，「原子力安全・保安院自身が貞観津波については調査研究段階であるとしていた」（TZ,25頁），「土木学会で専門家に審議していただくことを要請」（TZ,32頁）していた段階であったと主張している。つまり，この点についても，規制当局の指示に従っており，対策を怠っていたわけではないと述べているのである。

　また，「新設プラントについては，津波の具体的想定は施設の安全審査を行う際に審議される。明確な基準がない中での審議となるため，必ずしも科学的に統一的な考え方に基づいた措置が求められるとは限らない」（TZ,22頁）と述べるなど，「今回の地震・津波が過酷事故につながったのは国の安全規制に問題があったからであり，結果的に国の責任だとの主張を展開しているように読み取れる」（NJ13b,39頁）主張が展開されている。

　シビアアクシデント対策についても，「我々原子力関係者全体が，安全確保のベースとなる想定事象を大幅に上回る事象を想定できなかった」（TZ,320頁）と述べ，想定外であった点がさらに強調される。

　情報公開の遅れについては，「確認できるプラントデータが限定的であり，また，その入手に時間を要したことが，情報公開までに時間を要した最大の要因であった」（TZ,68頁）とし，情報隠蔽については「当社は過去にデータ改ざん等といった不祥事を起こしたことがあり，報道においては，この不祥事事例を引用しながら，当社の情報公開姿勢に疑問を呈するものが見られた」（TZ,68-69頁）が，「当社としては情報を隠蔽したり，改ざんしたりする意図はなく，そのような事実はなかった」（TZ,69頁）と述べている。

　廃炉を嫌って海水注入をためらったか否かについては，「発電所対策本部では，津波に被災後から，原子炉の冷却のためには，淡水・海水を問わずとにかく注水が必要であるとの認識をもっていた」（NJ13b,119頁）と，東電現地本部がためらっていなかったとの説明しかなされていない。

　海水注入の中断については，「現場実態からかけ離れた具体的な要求が官邸の政府首脳等から直接・間接になされるようになってきた。このような事態に至ってしまったことは，指揮命令系統において現地対応に当たる発電所の所長

を板挟みにするばかりで事故収束の結果を改善するものではなかった。例えば具体的な事例としては，1号機の海水注入中止の事例が挙げられる。実際には海水注入を継続していながら，表向きは海水注入を中断したと偽って報告せざるを得ない立場に所長を追い込むなど，緊急事態対応の中で無用の混乱を助長させた」(TZ, 321頁) とし，さらに，統合本部設置についても「官邸を中心として原子力安全・保安院等が当社本店に拠点を構えるなど，通常の事故対応や訓練した態勢と異なり，直接的に政府や国が発電所支援に加わっている。したがって，事故対応態勢の評価においては，政府や国の関与も含めた評価は避けられない。実際，政府，国，当社の対応において，様々な面で不十分な結果を招いたと考える」(TZ, 320頁) として，官邸の過剰介入を批判しているとしか考えられない主張が展開される。

東電事故調報告書から浮かび上がってくる東電の組織としての認識は，「今回の事故は想定外の津波によって引き起こされたものであり，自分たちは規制当局の指示に従ってきただけで何も悪いことはしていない，さらには，問題を悪化させたのは自分たちではなく政府である」といったものであろう。ここでは東電事故調報告書のほんの一部を提示したに過ぎないが，これらの記述から，今回のような大惨事を引き起こした後も，言い訳と責任逃れに終始している東電の姿勢が明らかになったと言っても過言ではないだろう。

つまり，第10章で指摘した閉塞的状況（厳しい監視の目→（電力事業者は）ミスを隠蔽し，絶対安全を強調→やがて（些細なものも含めて）ミスが発覚→さらに厳しい監視の目→ますますミスを隠し絶対安全を強調）は，事故後も本質的にまったく変わっていないのである。それどころか，安全神話という緩衝材を失っただけに，今後ますます監視の目は厳しくなり，それに対するミスの隠蔽，責任逃れ対策がますます増えていく恐れすらある。

組織認識論の視点から考えれば，今回の原発事故は単発的な一過性の事故ではない。これまで論じてきたように，今回の事故の背景には，相互不信を土台として，十分な情報共有がなされず，情報がないから動けない（具体的な方向性を定められない，議論が噛み合わない）といった，原子力発電に関わる認識構造が横たわっていることを見逃してはならない。この問題は深刻である。原発のハード面をいくら整備したところで（実際に，その整備が本当に必要なの

かどうかを誰が判断するのだろうか，誰の判断なら信じられるのだろうか，その判断を誰がチェックするのか，チェックする人間だけに任せられるのかなども含めて)，この問題はまったく解決しない。

繰り返しになるが，事故前には，安全神話という幻想が，東電自身にも，国民にも，マスコミにもイナクトされた現実として存在し，それが，「監視の目→ミスの隠蔽」構造の緩衝材として機能してきた。安全神話が完全に崩壊した今，「監視の目⇔ミスの隠蔽」間の相互作用は，緩衝材を失ってますます激化する恐れがある。さらに「監視の目⇔ミスの隠蔽」といった表面的現象の裏には，簡単には払拭できない相互不信の構造が横たわっているのである。

事故後，東電の姿勢がますます頑なになっていることを示す象徴的事件が起きた。

東京電力が昨年2月，国会事故調査委員会に虚偽の説明をし，福島第一原発1号機への現地調査を断念させていた。照明があるのに「真っ暗で危険」と誤った情報を伝えたのだ。津波ではなく地震の揺れそのもので重要機器が壊れたのではないか。調査は，その真偽を確かめる決め手とみられていた。東電広報部は「何らかの意図を持って虚偽の報告をしたわけではない」というが，とても納得できない。調査に協力するつもりで状況を調べれば，少なくとも明るさには問題がないことがすぐにわかったはずだ。虚偽説明を受けた事故調の元委員はきのう，現地調査と東電への聞き取りを求める要望書を衆参両院議長あてに出した。事故調はすでに解散したが，国会には1月末，衆院原子力問題調査特別委員会が設置されている。国会の権威が軽んじられたことを重く見て，国政調査権を使ってでも，徹底的な真相究明を進めるべきだ。専門家を加えて，いま一度，事故調をつくることも検討すべきだろう。この問題は，事故の再発防止策とも密接にかかわる。原子力規制委員会は今，原発の新安全基準をつくる作業を進めている。地震の揺れそのもので重要機器が壊れたかどうかは，地震対策のあり方を判断する重大なポイントになる。政府，国会，民間の三つの事故調のうち，政府事故調は主に東電の聞き取りを基に「重要機器の機能は地震では損なわれなかった」とした。民間事故調は東電の協力を得られず，直接的な事故原因には迫れなかった。国会事故調は違った。緊急時に原子炉を冷やす「非常用復水器」が揺れで壊れた可能性があると現地調査を求めた。それが虚偽説明で阻まれたのだ。このままでは，新安全基準ができても大きな疑問を残す

ことになりかねない。東電はまず，自ら事実関係を詳細に明らかにすべきだ。そのうえで，国会の調査が始まれば全面協力する必要がある。

(朝日新聞 2013 年 2 月 8 日朝刊，社説)

こうした驚くべき報道に接すると，上で挙げた構造的問題の根深さを感ぜずにはいられない。

第 2 章でセンスメーキングのきっかけについて考察した際，閾値に達した何らかのショック（第 14 章の「組織の適応理論」の言葉で言えば「不安」）が新たな合意形成の大きなきっかけになると論じた。福島第一原発の事故は，INES でレベル 7 と評価された最悪の原発事故であった。政府，東電のみならず全国民が大きなショックを受けた筈である。これほどのショックを受けても，われわれが新たな合意形成に踏み出せないのであれば，その先に待っているものは何なのだろうか。想像するだに恐ろしいことである。

国会事故調は，今回の事故を受けて，「規制当局に対する国会の監視」(KZ, 20 頁)，「電気事業者の監視」[78] (KZ, 21 頁)，「新しい規制組織の要件」(KZ, 21 頁)，「独立調査委員会の活用」(KZ, 22 頁) など具体的な提言を 7 つ提示している。

国会事故調の指摘が的を射ているのは「新しい規制組織の要件」として「高い独立性」，「透明性」，「専門能力と職務への責任感」，「一元化」，「自律性」を挙げている点である。これらはいずれも第 8 章から第 11 章で検討した HRO 理論の要請と通底している。「独立調査委員会の活用」も同様である。

国会事故調が重視しているのは，監視・監督機能を強化した独立した規制組織の設置である。この提言は，事故後，原子力規制委員会の設置に伴って，かなりの程度実現したと考えて良いだろう。原子力規制委員会は，保安院と原子力安全委員会を一つにまとめ監視・監督権限を強化した上で，原発を推進してきた経産省から環境省の外局へと所管を移された。さらに，原子力規制委員会は，国会行政組織法 3 条に基づく極めて独立性の高い委員会でもある。独立性を担保するため，原子力規制委員会のみならず，その事務部門である原子力規

---

[78] 上で考察した通り，「監視の目」がますます厳しくなるということである。

制庁にも，原発関係者の入局を厳しく制限した上で，ノーリターン・ルール[79]，天下り規制[80]を課すなどこれまでにはないアイディアが盛り込まれている。第11章で考察したように，安全管理部門には，業務停止命令権が与えられることが望ましい。つまり，監視・監督のみならず，いざというときには，間髪を入れずに，例えば食品なら出荷停止命令を下せる権限である。原子力規制委員会はこの点でもこれまでより以上の権限を付与されていると考えて良いだろう。

ただ，今回の事故を振り返ってみると，監視・監督・業務停止権限を有する独立性の高い組織を設置しただけでは不十分であることを認識させられる。事故の経緯で見てきたように，事故最初の収束段階（最も危険とされた4号機使用済み燃料プールへの注水システム完成）で活躍したのは，自衛隊，警察，消防が一体となったオール・ジャパンのメンバー達であった。もちろん，彼らは原発事故の専門チームなどではなかったし，指揮系統でもさまざまな問題を抱え続けた。形式上，自衛隊が警察，消防を指揮する形式が採用されたが，あくまでも間に合わせであった。

わが国には，先に述べた極めて危険な認識構造の上に，未だ50基を超える原発が存在している。この先，原発ゼロを目指すとしても（原発再稼働を目指すのなら尚更），万一の事故に備えた事故収束部隊の設置を急ぐべきではないだろうか。原発が存在している以上，これだけは最低限行っておくべきであり，原発と共存するということは，被曝を覚悟して決死的作業を敢行するだけの危険を受け入れるということにほかならないのである。

---

79 原発を推進するような部局への配置転換を禁止するルール。
80 「不信を招くような再就職を規制する」ルール。電気事業者などとの癒着排除を目的としている。

第 16 章

組織認識論の未来

　第1章で論じたように，経営学はすぐれて20世紀の学問である。経営学が最初に扱ったのは行為（とりわけ「製造」）についてであり，テイラーの科学的管理法や一連の行動科学的アプローチも，行為の導出や最適化に焦点を当てたものだった。1950年代以降，大量生産が現実となり，物余りの様相を呈するようになると，経営学は，行為に先立つ意思決定に焦点を移していくことになった。数多の経営戦略論が打ち立てられ，そこでは，考え抜いて，キチンとした計画を立ててから実行するよう求められた。

　グローバル化や情報技術の発展によって，世界が目まぐるしく移り変わる現代においては，企業は「予期せぬ事態」と常に背中合わせに存在していると言っても過言ではない。第14章で経営戦略論を検討した際に述べたように，こうした状況下では，所与の環境を前提にした高い計画性よりも，手探りで環境と対峙する試行錯誤が求められる。

　経営学は，時代の変遷とともにバックボーンとなるべき洗練された理論を輩出してきた。科学的管理法や一連の行動科学は，「行為」の時代を象徴する理論である。Barnard理論やそれに続くSimonらによる意思決定論，さらには経営戦略論は，「意思決定」の時代を象徴する理論であった。

　本書で取り上げてきた，WeickやKrogh & Roosによって展開された組織認識論は，まさに現代経営学のバックボーンともいうべき，組織認識，組織知を扱った優れて汎用性の高い理論である。

　本章では，リーバス・イノベーション，BOPビジネス，オープン・イノベーション，日本エレクトロニクス産業の不振，製品アーキテクチャ論など，極めて現代的な諸相を，組織認識論のレンズを通しながら逍遥してみよう。これらはいずれも現代経営を語る上で，欠かせない論点である。本章での作業を

通して，組織認識論を新たに応用展開するフロンティアへの方向性だけでも感じ取っていただければ幸いである。

GE モデルとリバース・イノベーション

　世界最大のコングロマリット GE（ゼネラル・エレクトリック）は，2009 年 10 月，衝撃的な経営方針を打ち出した。その内容は，GE の会長兼 CEO である J. R. Immelt と，ダートマス大学の V. Govindarajan, C. Trimble の共著という形で，ハーバード・ビジネス・レビューに掲載され，大きな衝撃とともに，瞬く間に世界中を駆け巡り，その後，さまざまな企業の経営に強い影響を与えてきた。このとき GE が打ち出した新たなビジネスモデルを，ここでは GE モデルと呼ぶことにする。本章では，まず最初に，GE で 1 つの製品が開発された経緯を通して，GE モデルを俯瞰してみよう。

　GE の事業領域は，電気機器，医療機器，原子力発電，航空機エンジン，メディア，金融関係など多岐に渡っている。ここで紹介するのは，GE グループの中で医療機器を扱っている GE ヘルスケアによるものである[1]。

　GE ヘルスケアの主力製品はハイエンドの超音波画像診断装置である。GE ヘルスケアの診断装置は，先進国市場では確固たる地位を築いていたが，新興国市場ではまったくと言ってよいほど売れていなかった。例えば，中国では，先進国で決め手となっていた性能や機能よりも，「価格が何より重要であり，その次が可搬性や操作性」（Immelt, Govindarajan, & Trimble, 2009：訳）[2]とされ，先進国市場では当たり前となっていた，大型で高額で複雑な装置をいくらカスタマイズしても（いくつかの機能を削って，やや小振りにして価格を少し下げても），中国市場には受け入れられなかった。中国で成功するためには「常識をくつがえすような製品」（IGT）が必要であった。2002 年，普及型のノート PC に新たなソフトウェアを搭載した，ポータブル超音波診断装置が開

---

[1] GE ヘルスケアの製品開発に関する記述は，Immelt, Govindarajan, & Trimble (2009) に基づく。
[2] 以下，「Immelt, Govindarajan, & Trimble, 2009：訳」を「IGT」と略記する。

発された。さらに2007年には，ハイエンド装置と比べて85%ほども安い低価格モデルを発売した。低価格で可搬性と操作性に優れたこの装置は，あっという間に中国市場に浸透していった。

　この製品は，先進国市場でも高い評価を受けることになった。事故現場などの，ポータブル性が重視される手狭な空間で，使い勝手のよさと相まって，新たな用途が次々と見いだされ，大ヒット製品となった。この製品の売り上げは，2009年の段階で約2億8000万ドルに達し，年率「50%〜60%」（IGT）の勢いで売り上げを伸ばしていると言われる。

　同様のことは，インドの農村部向けに開発された携帯型心電計でも起こった。それまでの常識を打ち破る，GEヘルスケアの1000ドルの携帯型心電計は，インド市場を席巻したばかりではなく，先進国市場でも大いに歓迎されることになった。

　第14章での議論を思い出して欲しい。Porac等（1989）が紹介していたスコットランドのカシミヤセーターメーカー同様に，GEは，「常識をくつがえす」（IGT）ような新たな意味を製品に付与したのであり，それが可能になったのは新興国市場に潜在していた知（この場合は「情報」といってもよい）をイナクトし，それを製品としてイナクト（ここでは顕在化）する[3]ことによって可能となったのである。第14章での表現（組織の適応理論）を用いれば，これこそまさに，日常的，戦術的意思決定ではなく戦略的意思決定であるといえる。

　Immelt等（2009）は，GEモデルの本質は「リバース・イノベーション」（新興国市場発のイノベーション）であると指摘し，あらゆるメーカーにとって「新興国での成功なくして先進国での勝利」（IGT）はなく，「リバース・イノベーションの能力を身につけなければ」「今後10年を生き残り，好業績を得ることは難しい」（IGT）と述べている。

　Immelt等（2009）によればリバース・イノベーションは次の点で優れている。第1に，新興国市場における製品開発では，「ブレークスルー・イノベーションをすすんで導入するため，実のところ先進国を飛び越えてしまう」

3　第2章で検討したイナクトメントの2面性を参照されたい。

(IGT) ことが多い点である。例えば，上で挙げた低コストの医療機器のほかにも，太陽光発電，海水の淡水化，携帯電話など，既存の設備投資を行っていない（既存の枠にとらわれない）がゆえに，先端技術を実際に利用できる分野などでは，「新興国市場はイノベーションの中心になりつつある」(IGT)。

　第2に，新興国市場のニーズを捉えた製品は，低コストであるのみならず，超音波診断装置が，先進国市場の事故現場などで爆発的に普及したように，その製品の新しい用途を生み出すことに繋がる。すなわち，過去のしがらみに囚われずに新たなマーケットのニーズ（潜在知である場合が多い）に純粋に向き合った結果，新たな用途的価値（意味）が製品に付け加えられる。

　さらには，リバース・イノベーションによって，「新興国大企業の機先を制す」(IGT) ることが可能となる。ここには，新興国市場発の「破壊的イノベーション」(Bower & Christensen (1995), Christensen (1997)) をイナクトすることによって，その破壊的影響を回避しつつ，その成長力を自らのうちに取り込むことが示されていると言ってよい。破壊的イノベーションへの対策としては「新興企業が現れてまずは安価な代替品によってローエンドの新規顧客を獲得し，次第にハイエンド市場へと侵食してくることに警戒を怠らない」(Downes & Nunes, 2013) ことが最重要視されてきた。新興国市場は，「安価な代替品」に適した豊穣の地であり，そこで生まれた代替品は，単に低コストであるばかりではなく，新たな意味的価値を含んでいる可能性が高い。

　第5章で見てきたように，現代におけるイノベーションとは基本的に知と知の新結合によってもたらされる。知と知が結合して浮かび上がるのは，第12章で見てきたように，社会的レベルでの知，すなわち意味である。リバース・イノベーションによってもたらされるのは，新興国市場における潜在的知を取り込むことで浮かび上がった社会的レベルでの新たな知（用途的価値など），すなわち社会的意味であり，それを含有した新たな意味世界である。イノベーションは，単なる「技術進歩ではない」(楠木, 2013)。古くは割賦販売から，現代のネット書籍販売まで，「既存の文脈の矛盾を直視することからイノベーションは始まる」(楠木, 2013)。それは新たな意味と意味世界を創出するプロセスであり，そこでの成否は「できるか・できないか」ではなく「思いつくか，つかないか」(楠木, 2013) であり，さらには，それを行為にまで結び付け

られるか否かに掛かっていると言ってよい。

　Immelt 等（2009）は新興国市場で成功するためには，その「市場における特殊なニーズや顧客の懐具合に見合った画期的な新製品を開発」（IGT）する必要があり，そのためには，これまでしばしば採用されてきたグローカリゼーション（「コストの最小化に不可欠なグローバル化と市場シェアの最大化に必要なローカル化のトレードオフの最適化」（IGT））とはまったく違った方向へ歩み出さなければならないと主張する。端的に言えば，グローカリゼーションとは，原材料コストの圧縮，規模の経済の確保などをグローバルに推し進め，コスト優位性に軸足を置きながら，そこでもたらされた製品に一部手を加えて，ローカルな市場の要求を満たそうとするビジネスモデルである。「グローカリゼーションを成功に導いてきたのは，中央集権的で製品中心の組織構造と経営慣行であるが，これは分散的で地域市場を志向するリバース・イノベーションの足かせになる」（IGT）。

　第8章から第11章でHRO理論を検討した際，HROの柔軟性（分散的⇔分権的⇔集権的）をマネジメントするスタイルが，イノベーションにおいても有効である可能性に触れた。そこで鍵となったのは，ディープ・スマートの重視，価値観の共有，担当組織の独立，素早い学習と挑戦であった。GEモデルはHRO理論の要請に見事に合致していると言ってよい。このことは，GEモデルの基幹構造に関する下の記述からさらに理解することができる。

　GEは全社的にリバース・イノベーションを基軸とした組織になるべく，グローカリゼーションから大きく舵を切った。彼らは，リバース・イノベーションを可能にする独立ユニット（LGT；ローカル・グロース・チーム）を設置し，下に挙げる5つをLGTの基本原則として掲げた。

① 成長が見込める地域に権限を移転
　グローバル事業からの独立性を担保し，独自の戦略，組織，製品開発の権限が必要であると考えられた。
② ゼロから新製品を開発
　グローバル製品のローカライズ（グローカリゼーション）から脱却し，社内で埋もれている技術も再検討する。例えば，超音波診断装置では，90

年代後半に開発されていた，駆動部分をハードウェアからソフトウェアへ移行する研究が役立った。この技術は，ハイエンドの製品に比べて性能が劣るという（先進国市場で価格以上に重要であった）理由から却下されていた。

③　ゼロからLGTを立ち上げる

顧客サポート，部品交換サービスなどグローバルに展開する体制に縛られることなく，むしろグローバル部門からのさまざまな影響を排除すべきである。

④　独自の目的，目標，評価基準を設定

イノベーション活動では，計画よりも，仮説を効率的に検討して素早い学習を繰り返すほうが有効である。

⑤　経営陣のLGTに対する断固たる支援

LGTとグローバル事業の対立を緩和し，LGTがGEのグローバルな資源にアクセスできるようにし，成果の先進国への導入を支援する。

こうした方針徹底の背景には，「GEの従前の組織構造や経営慣行はグローカリゼーションの上で積み上げられたものである」という明確な自覚がある。「多くのマネジャーが，グローカリゼーションを加速させることにこれまでのキャリアを費やしてきた。これらの人たちのマインド・セットを変えるのは一筋縄ではいかない」（IGT）のである。「模範的な社員でさえ，先進国偏重の傾向」（LGT）があったという。

破壊的イノベーションというアイディアを提示したBower & Christensen (1995) は，それに対処するためには，「破壊的技術の初期市場を探り当てる」ことが重要であると強調している。上で述べたように，新興市場は「破壊的技術の初期市場」として注目すべき存在である。Bower & Christensen (1995) は，さらに「初期市場を探り当てる」ための組織的な対応策として，「スタートアップ企業に実験させる」，「小ぶりのチームを立ち上げ，特命プロジェクトを与え，社内の主流派からの高圧的な要求から隔離する」，担当「組織の独立性を担保する」ことが大切であると指摘している。なぜなら「既存製品とのカニバリゼーション」など既存組織と担当組織「双方を消耗させる論争が必ず起

こる」からであり，不毛な消耗を避け成功を収めるためには「破壊的イノベーションを担当するマネジャーに自由裁量を与え，その技術の可能性を最大限に引き出さなければならない」からである（Bower & Christensen, 1995）。

　Bower & Christensen（1995）の主張は興味深い。というのは，「実験」，「特命プロジェクト」という言葉の中に，組織認識を変える際の行為の重要性が示唆されているからである。これまで何度も述べてきたように，センスメーキングは行為によって主導される（例えば，第7章や第8章で取り上げたハンガリーの雪中行軍隊の事例など）。行為なくして手掛かりは抽出されず，センスメーキングはなされない。同時に，彼らが述べている「自由裁量」の重要性も見逃さないようにしてもらいたい。第13章で述べたように，自由裁量と自発的行為は密接に結びついているからである。Bower & Christensen（1995）は，論文の最後で「優良企業には，破壊的技術を習得し，大成功を収めるチャンスがある」と述べているが，GEモデルは組織内の葛藤を適切にコントロールし，組織から行為を引き出し，新たなセンスメーキングを立ち上げ，成功を収めた好例である。

　この点について，Downes & Nunes（2013）は，現代では「破壊的イノベーションを超えるビッグバン型破壊」によって従来の予想を超えたスピード[4]で破壊が進んでいると指摘し，そうした環境で生き抜くためには「予兆をとらえる」ことが極めて重要であると主張している。予兆をとらえるためには「行き当たりばったりのように見える実験や試行の裏にある，本当の意味合いを読み取ること」（Downes & Nunes, 2013）が欠かせないと述べ，予兆に気づいた「真実の伝道者」（Downes & Nunes, 2013）の重要性を指摘している。ところが，現実には真実の伝道者の考えはなかなか受け入れられない[5]。予兆をとらえるというプロセス（イナクトメント）がいかに重要であるか，また，そのためには，異端の意見を排除する単純化を許さない姿勢がいかに大切かと

---

[4] 例えば，Geoffrey Moore（1991）が提唱した初期導入者から量販へ至るまでの断絶「キャズム」では説明できない現象が多発しているとしている。

[5] 例えば，レクサスの市場投入をトヨタ本社に強く求めた米トヨタ自動車社長の東郷行泰などが例示されている。彼は，「アメリカにおける自動車購入者の収入と支出のパターンが根本から変化していることに気づ」（Downes & Nunes, 2013）いたが，彼の要請は本社ではなかなか支持されなかった。

いうことを本書ではこれまで繰り返し論じてきた。

別の視点から眺めてみよう。March（1991）は，組織的なイノベーションを実現するためには，知の「探索」（exploration），すなわち（急進的な）新たな知の獲得（例えば，多様化，冒険（アソビ）志向）と，「深化」（exploitation），すなわち（漸進的な）既存の知のさらなる活用（例えば，標準化，コスト削減，時間短縮）というアンビバレンスをマネジメントすることが重要であると説く[6]。March（1991）は，さらに，組織は一般的に「深化」に偏る傾向があり，それは短期的には効率性の向上をもたらすが，長期的には自己破壊（self-destructive）的影響をもたらす危険があるとの警告を発している。GEは，組織的に「探索」を志向すべく，グローカリゼーションの短視眼的「深化」から組織的転換を成し遂げた事例であるともいえる。

第2章でESRモデルを用いて行った「適応性が適応可能性を排除する」危険性に関する議論を思い出して欲しい。見事に環境適応的である組織は，ますます自らを洗練させてより環境適応的になっていくが，環境の変化に出会うと壊滅的打撃を受ける恐れがある。一方で，「見事な適応に陥らないようにする組織は，その時々の適応をよくする組織と競争するとき崩壊する」（We79, 176頁）。このアンビバレンスをマネジメントする鍵は，組織的に「今行っていることを全面的に疑ってかかる」時期を意図的に挟むことであった（第2章）。これは現実的には困難な状況をもたらす。組織認識には，常に集主観を維持するために同質化，単純化といった圧力が働き続けている（第4章）。これを緩め，異質化，多様化を受け入れれば，秩序が乱れ，「秩序が乱れたときは，組織が崩壊しつつある」（We79, 315頁）と見做され，組織を維持するために旧来の秩序を回復しようとする圧力がかかる[7]。「情報のなかの無秩序性が正確に把持されるためには，過程が無秩序になることが必要」（We79, 315頁）であり，「無秩序性が正確に把持されないとすれば，一部の無秩序しか除去されず，問題は長びきより深刻になりかねない」（We79, 315頁）にもかかわらず

6　こうした議論は妹尾（2008）らの見解とも通底している。妹尾（2008）は，イノベーションとインプルーブメントを厳格に分け，イノベーションを「新規性・進歩性」（177頁），インプルーブメントを「洗練，磨き上げ」「生産性」と関連付けて論じている。

7　第14章での「旧守派」に関する議論も参照されたい。

である。これを排除し，変革を成し遂げるためには，センスメーカーとしてのリーダーの強力なリーダーシップが欠かせない（第6章，第7章）[8]。Immelt等（2009）の論文タイトルは「いかに GE は自らを破壊させ続けているのか（How GE is Disrupting Itself）」であり，そこでは，成功への鍵として経営陣の LGT に対する断固たる支援（原則⑤）が最重要視されており，それがなければ，LGT の「独立性」（原則①〜④）を保ち，変化へ向けた「無秩序」を維持できなかったことが明示されている。

BOP ビジネスとオープン・イノベーション

　続いて，新興国市場の中でもとりわけ BOP に視点を移してみよう。BOP は，Prahalad（2005）が提示した途上国の低所得階層[9]を新たな市場として捉える言葉である。新興国市場の中でも，現時点でボリュームゾーンと言われる中間所得層とともに，将来的にはそれをしのぐ大きな可能性を持つネクスト・ボリュームゾーンとして近年注目を集めている。

　ここでは，味の素がガーナで展開した事例[10]を眺めてみよう。味の素は「130以上の国と地域」（HH）で，アミノ酸技術を中核に事業を展開してきた。味の素の営業利益に占める海外比率は 2010 年度には「59%」（HH）に達している。南北アメリカ，ヨーロッパ，アジア市場では，すでに確固たる地位を築いてきた味の素だが，今回のターゲットはこれまでほとんど手付かずであったアフリカであった。味の素は，アフリカの中でも比較的に政治的に安定している

8　第6章，第7章で論じたように，リーダーシップはリーダーとフォロワーの相互作用に依る。
9　Prahalad が BOP を提示する際に用いた「貧困」の定義については，さまざまな議論が巻き起こっている。2011 年に公刊された遺稿（Prahalad は 2010 年に亡くなった）で，彼は「貧困の定義は妥当か？」（Prahalad,2011）として，所得が「年収 2000 ドル」「1日2ドル」などしばしば用いられている貧困ラインについて論じた上で，「貧困ラインを 1.08 ドルとするか 1.48 ドルとするかなどというのは見せかけの厳密さ」であり，「その所得層に該当する人口を正確に算定」するなどという議論よりも，BOP という概念の「次元性と方向性」を掴んで議論するべきであると主張している。
10　味の素のガーナプロジェクトに関する記述は，味の素（2011），経済産業省貿易経済協力局（2010）および平尾・星野（2012）に基づく。直接引用時にはそれぞれ AJ, KB, HH と表記する。

ガーナで，アフリカ展開に向けたビジネスモデル構築に挑んだ。

味の素は 2009 年，創業 100 周年記念事業として，ガーナ大学，アメリカのNPO 法人 INF（Nevin Scrimshaw International Nutrition Foundation）と提携，ガーナプロジェクトを始動させた。味の素は，2007 年に多国籍企業をメンバーとする国際 NGO の GAIN（Global Alliance for Improved Nutrition）[11]に参加，そこからも BOP ビジネスに関する情報を得るルートを開いていた。また，国際 NGO の CARE（ケアインターナショナルジャパン）[12]，Plan（プラン・ジャパン）[13]とも相次いで「協働」（AJ）すると発表した。味の素（2011）は「種々のパートナーは，それぞれ独自の文化，背景を持っており，それらとの協働は大変チャレンジングではありますが，味の素グループ単独では到底成しえない『新しい価値の創造』であり，それは『味の素グループ Way』の一つである」（AJ）と説明している。ガーナに投入する製品開発に当たっては，主にガーナ大，GAIN のアドバイスを受け，「必須アミノ酸『リジン』を用いた蛋白栄養の改善」（AJ）を図る離乳食とすることに決まった。

さらに，「食品の栄養強化を BOP 市場においてビジネスとして効率的に進めるための専門知識，経験およびリソースを保有していた」（HH），オランダの DSM とも連携して製品開発が進められた。販売に当たっては，製品を小分けし，CARE と組んで現地でセールスレディーの組織化に成功，流通網を整備した。

BOP 市場ではスタート時点では規模が小さいため，マスメディアを用いての広告は難しい。味の素は 2011 年 4 月，ガーナ保健省と覚書を締結し，同省所属で，全国の保健所を通して栄養改善活動を進めてきた GHS（Ghana Health Service）と共に啓蒙教育活動を全国規模で展開した。

味の素の取り組みは極めて社会性の高いものであり，2012 年 5 月には USAID（アメリカ合衆国国際開発庁；United States Agency for

---

11 「スイスのジュネーブを本部として世界の栄養問題の解決に取り組んでいる国際 NGO」（AJ）。
12 「事務局はスイス。世界 70 カ国以上で」「人道支援活動を行う世界有数の国際協力 NGO」（AJ）。
13 「本部はイギリス。世界 67 カ国で途上国の子どもたちの可能性をはぐくむ地域開発を進める世界有数の国際協力 NGO」（AJ）。

International Development)[14]および JICA と，ガーナにおける離乳食の栄養改善をさらに推し進めるべく覚書を締結した。

ガーナプロジェクトで味の素は「それまでの自前主義ではなく，広範なコラボレーションを構築してビジネス」(HH) を立ち上げた。平尾・星野 (2012) が指摘しているように，「BOP ビジネスを展開するにあたって，地域に固有のさまざまな制約要因を，多国籍企業1社がすべて解消することは不可能に近い。したがって，BOP ビジネスは必然的にオープン・イノベーション[15]にならざるをえない」(HH) のである。

経済産業省貿易経済協力局 (2010) は，世界中で展開されている BOP ビジネスを詳細に調査した結果，BOP ビジネスを成功させる要因として「現地に精通した事業計画能力のあるパートナーとの連携」(KB, 39 頁)，「啓発・教育活動」(KB, 39 頁)，「現地政府等からの支援」(KB, 40 頁) の重要性を指摘している。

例えば，P&G は，アメリカの CDC（米国保険社会福祉省疾病対策予防センター）と共同で水浄化粉末 PUR（ピュリファイア　オブ　ウォーター）を開発し，アジア，アフリカ地域で，ユニセフや国際 NGO などと提携した上で，各国や地域ごとにパートナーを選定し，輸送・販売・啓発活動を現地パートナーに任せることで成功を収めている。P&G は，DSAID などから支援を受けることで，事業の持続性を確保している。ユニリーバ（ヒンドゥスタンユニリーバ）は，インドで女性の自立を支援しながら同社の製品を農村部で販売することに成功している。同社は，USAID，世界銀行，ユニセフ，現地州政府などから支援を受けつつ，現地の農村部自助グループ MACTS と提携し製品を販売している。住友化学は，オリセットネット（長期残効型防虫蚊帳）によって，アフリカ地域でマラリア予防に貢献している。オリセットネットは国際 NGO や海外援助機関によって購入され，現地政府を通してユニセフ，

14　アメリカ合衆国で 1961 年に設置された非軍事の海外援助を行う政府機関。
15　「オープン・イノベーションとは，アイデアは社内，社外問わず生まれ，そのアイデアが社内，社外を問わずマーケットに出ていくことを意味する」(Chesbrough, 2003：訳, 58 頁)。つまり「オープン・イノベーションとは，社内で研究されたアイデアと社外のアイデアを結合し，自社の既存ビジネスに他社のビジネスを活用することである」(Chesbrough, 2003：訳, 76 頁)。ちなみに，「従来型のイノベーションをクローズド・イノベーション」(Chesbrough, 2003：訳, 4-5 頁) という。

NGO，赤十字などの手で消費者に配布されている（KB, 94-106 頁）。

　BOP ビジネスで成功するためには，従来の組織の壁を越えて，よりオープンにイノベーションを模索しなくてはならない。組織開放的にイノベーションが志向された場合，それを実現するビジネスモデルこそが新たな上位組織であると言っても過言ではない。第 14 章で論じたように，組織とは共有意味世界であり，新たなビジネスモデルの中で個々の下位組織を結びつけているのは，そこで生み出された新たな意味であるからである。味の素の取り組みを見れば分かるように，オープン・イノベーションは，意味あるいは意味的価値を共有できるか，さらには新たな意味あるいは意味的価値を共創できるか否かにその成否がかかっている。

　これまで何度も述べてきたように，社会的意味形成は，コンテキスト依存的で歴史依存的な相互作用のプロセス[16]に基づいている。ゆえに，第 6 章のM＆Aに関する議論で検討したように，意味共有・共創のプロセスは容易に進むものではない。経済産業省貿易経済協力局（2010）では，BOP ビジネスで日本企業が直面している課題として，「社内外の利害関係者から承認，支持が得られない」（KB, 41 頁），「教育，製品の流通・販売等を担うパートナーの確保，パートナーとの事業目的の共有が困難」（41 頁）などが挙げられている。経済産業省貿易経済協力局（2010）の指摘には，意味共有，意味共創の難しさが端的に示されている。

　Prahalad と共に，BOP 研究の最先端を走り続けてきた London & Hart (2011) は，BOP ビジネスを「単に低コスト製品を提供し，販路を拡大するだけでは十分ではない」（London & Hart, 2011：訳, 34 頁）とし，「事業構築の基盤を相互価値の創造に置いた場合に，経済的に存続可能でなおかつ BOP 社会の質を改善する事業が生まれる可能性」（London & Hart, 2011：訳, 45 頁）が最も高くなり，「BOP の課題は市場参入ではなく，市場創出の問題」（London & Hart, 2011：訳, 46 頁）であり「市場創出の成否は，BOP のきわめて特殊な環境で意味をなすように価値提案を組み立て」（London & Hart,

---

16　味の素（2011）による「種々のパートナーは，それぞれ独自の文化，背景を持っており，それらとの協働は大変チャレンジングではありますが，味の素グループ単独では到底成しえない『新しい価値の創造』」であるという言葉がこの点をよく表している。

2011：訳,46頁）ることにあると指摘している。London & Hart（2011）は，BOPビジネスの鍵は，共創的センスメーキングの成否，さらにはそれに基づく新たな市場創出の成否にかかっていると主張しているのである。

不振が続く日本製造業―ものづくりと価値づくり―

　ここで，製品やサービスにおける「意味」について少し考えてみよう。
　Ariely＆Norton（2009）は，「マーケティングの世界では目新しくないが概して概念の域にとどまっていた」「意味的消費」について再検討している。彼らによれば，現代の消費者が消費するのは，物質というよりも，「期待」「目標」「記憶」などの意味である。Ariely＆Norton（2009）の主張に従うなら，企業が消費者に提供すべきは豊かな意味ということになる。イノベーティブな企業が，消費者にもたらすのは新たな意味である。リバース・イノベーションは，新興国市場における潜在知と企業の既存知によって，新たな社会的意味をもたらし，オープン・イノベーションは，組織の壁を越えた知の新結合によって生み出された新たな社会的意味をもたらした。
　延岡（2011）は「ものづくりと価値づくり」（延岡,2011,22頁）という二軸で[17]，日本の製造業について考察している。延岡（2011）は，「ものづくり」と「価値づくり」をそれぞれX軸，Y軸に見立て，近年問題となっている日本製造業の不振について，「日本企業はものづくりでは一流だが，価値づくりができなくなってきた」（29頁）ためであると分析する。価値づくりにとって重要なのは「社会的に存在する価値や意味」（34頁）であり，その代表例として「アップルのiPhoneやiPad，任天堂のWii」（38頁）などが挙げられ，これらは物質的側面よりも「顧客の主観的な価値基準が企業の価値づくりに大きな影響」（39頁）を与えるようになってきた証左であり，「意味的価値」（39頁）こそが企業経営にとって重要な時代を迎えていると延岡（2011）は指摘する。
　延岡（2011）は，意味的価値の提供によって成功した事例を多数挙げている

17　彼は「機能的価値と意味的価値」（延岡,2011,101頁）とも呼んでいる。

が，ここではその中からテルモとキーエンスの事例について眺めてみよう。

　テルモの主要製品は医療器具である。テルモはメディカルプラネックスという研修施設を外部に開放し，多くの医療関係者にトレーニングの機会を提供している。ここで得られた顧客目線の知が，単なる製品のみならず，総合的ソリューションの提供を可能にしている。「商品を使用する現場に精通していなければ，顧客も気づいていないような意味的価値を創出することができない」（延岡,2011,192頁）し，「現場の奥まで入らなければ，暗黙知までを共有することはできないし，意味的価値の創出にも結びつかない」（延岡,2011,194頁）。テルモは仮想的な現場（これは現実の現場よりも，実験的行為を可能にする点で優れている場合もある）を提供することで，通常では得られない医療関係者の暗黙知を共有し，それをビジネスに活かしているのである。ここでも，テルモ内部の知と医療関係者の知（暗黙知であると同時にオープン・イノベーションでも触れたようにここでも顧客も気づいていないような「潜在知」である場合がある）が共有され，そこから新たな社会的意味が共創される様を見て取ることができる。

　工業用のセンサ，測定器などを主力製品とするキーエンスは，コンサルティング営業を通して，「顧客や競合企業が気づいていない，潜在ニーズを反映した新製品を開発」（延岡,2011,207頁）している。キーエンスの営業はソリューション提供と同時に，「そのセンサによって顧客にもたらされる効果（費用・工数・不良品の削減率など）を数量的に提示する」（延岡,2011,206頁）。こうしたコンサルティング営業と，それと密接に結びついた商品企画チームの働きによって，キーエンスは「顧客が喜んで大きな対価を支払ってくれる意味的価値」（延岡,2011,208頁）を提供している。キーエンスは，顧客までをも巻き込んだコミュニティー（それは上で述べた，まさに「上位組織」である）を生み出し，そこで意味を共有し，新たな社会的意味を共創し続けているのである。

　延岡（2011）は，多くの事例研究を通して，意味的価値について，「顧客の置かれた状況・文脈（コンテキスト）の中で，顧客固有の価値が意味づけられ」（117頁），ゆえに意味的価値の特徴は「暗黙性，非分割性，潜在性」（119頁）にあると指摘している。

　第12章でKrogh & Roos理論を検討した際に明らかになったように，知

（あるいは知が結合して生み出される社会的意味）は，生命体のような高度なシステムであり，個々の知をパーツとして組み立てられる機械のような存在ではない。それは，要素還元論的に理解されるべきものではなく，延岡（2011）が言うように「非分割」（延岡, 2011, 119頁）的に理解されるべきものである。

意味が，しばしば暗黙的かつ潜在的であるならば，メディアリッチネスのディグリーが高いコミュニケーション・チャネルによる共有が望ましく（第2章，第5章，第8章），テルモやキーエンスの実践はそれを示している。第7章で行った以下の議論を思い出して欲しい。

> 意味とは回顧的なものである。センスメーキングは過去の瞬間と現在進行中の事態，それを結び付ける連結からなる。すなわち，同一の事象に触れても，「個々人はそれまでに異なる経験を持っているために，その意味が異なったものになってしまう」ために，「共有された意味を手に入れるのは難しい」。しかし，これまでの分析から，「別の種類の接着剤なら手に入ることがわかる」。「人は意味を共有しないかもしれないが，経験を共有」することは可能である。「個々人の歴史は類似性を生み出すにはあまりに多様だ」。従って，もし人びとが何かを共有しようとするならば，意味よりも「活動や，会話，共同の課業」を共有するほうがはるかに容易である。
>
> もし，「意味を共有したいならば，共有された経験が発生したすぐ近くでそれについて語る」必要がある。「誰もが既成のラベル（ready label）」をその経験に貼り付けてしまう前に，すなわち「その経験が誰の心の中でも真新しいうちに」，「その場で共通のボキャブラリーを用いて」，その経験について語ることである。こうした経緯を経ることで，「人びとは共有された経験に対し共有された意味を構築するのである」。
>
> （第7章より）

延岡（2011）は，製品の「機能の高さによって客観的に決まる部分だけではなく，顧客の解釈と意味づけによって創られる価値」（延岡, 2011, 100頁）の重要性を強調し，「価値づくりができなくなった日本企業」（47頁）の復活に向けて，「その企業にしかできない技術や商品を目指」（4頁）しながら，「顧客ニーズを超えて，顧客が本当に喜びワクワクするような価値を新たに創りだし提供していくこと」（4頁）という提言を行っている。われわれの言葉で表現

すれば，新たな社会的意味を創出する（センスメーキング）能力こそが日本企業に求められている能力なのである。

製品アーキテクチャ論

これまで，日本製造業，とりわけ不振が続くエレクトロニクス産業に目を向けたとき，その不振の元凶として製品アーキテクチャに焦点を当てて分析する試みがたびたび行われてきた。

もちろん，日本の失われた20年を考えるに当たって，製品アーキテクチャに止まらず，さらに進んで日本的経営システムの問題点を指摘したものも多数存在する[18]。例えば，橘川（1995）は，「不良債権」が表面化し，「雇用が不安定化」し，「中国をはじめとする東・東南アジア諸国の工業化」が進み，「サービス業のウェイトが増大」するといった構造変化に直面して，「日本的経営が機能不全を起こすに至った」と分析し，詳細に検討している。橘川（1995）はROEやROAを重視するアメリカ型の「株主重視の経営」が進む中で「『投資抑制メカニズム』とでも呼ぶべきものが，きわめて深刻に作用した」とも指摘している。Dore（2011）は，日本企業が自信を失う中で，闇雲に「英米モデル」（Dore, 6頁）へ急速な接近を試みたこと（「金融業のモンスター化」，「株主価値重視」の経営，「成果主義」の導入など）が日本企業に甚大な悪影響を及ぼしていると主張している。Dore（2011）と同様の論理展開は多く見られる（本書第5章も含めて）。Westney & Cusumano（2010）は「米国の大企業がイノベーションでとくに先進的であるというわけではなく，短期的利益を求めるビジネスシステムの傾向はむしろ不利益を招いている」と述べ，安易に「金融資本主義の米国モデル」を賞賛するのではなく「日本企業が過去から引き継いだビジネスシステムのうえに改良を重ねる」ことが大切であると主張している。日本的経営システムよりもさらに奥に進んで，日本の社会システムに問題の所在を求めた研究もある。Cusumano（2010）は「ジャパン・プロブ

---

18 後で論じるように，製品アーキテクチャと日本的経営は切り離して論じることはできない。

レムの本質が，非常にシステム的」であり，「経済やビジネス，政治や行政が複雑に絡み合って」いるため「一企業の変革努力は，経済全体に対して焼け石に水にしかならない」と述べ，「中世や19世紀の中葉，そして戦後に，日本社会は国内的な危機や外国からの圧力に晒されて，大きな変革を経験してきた。同じような内外からの圧力もしくは危機[19]が，より大きな変革を受け入れるうえで，今必要となっているのかもしれない」と論じている。本章では，こうした優れた研究成果を無視している訳ではない。この点については，第5章で日本的経営のあり方について考察していることをお考えいただければご理解いただけると思う。ここでは，近年経営学の世界で大きな注目を集めながらも，本書でこれまで触れてこなかった製品アーキテクチャ論に焦点を当てて議論を進めていこう。この作業を通して，第5章とは異なる視点から，組織認識論を応用展開する可能性が見えてくる筈である。

「アーキテクチャとは，『どのようにして製品を構成部品や工程に分割し，そこに製品機能を配分し，それによって必要となる部品間・工程間のインターフェース（情報やエネルギーを交換する「継ぎ手」の部分）をいかに設計・調整するか』に関する基本的な設計思想のこと」（藤本,2003,87頁）である[20]。

藤本（2003）はアーキテクチャの代表的な例として，モジュラー型，インテグラル型，オープン型，クローズド型の4つを提示している。モジュラー型は自己完結的なモジュール（部品）を用いて，「インターフェースがシンプルで」（藤本,2003,88頁）「寄せ集め設計」（藤本,2003,88頁）でも製品機能を発揮できる「身離れのよい」（藤本,2003,88頁）製品である。対して，インテグラル型は擦り合わせ型とも言われ，「機能群と部品群の関係が錯綜して」（藤本,2003,88頁）おり，「多数の部品が相互に微妙に調整し合ってトータルシステムとしての機能を発揮している」（藤本,2003,88頁）製品である。「つまり，『モジュラー型』が，部品間の『擦り合わせ』の省略により『組み合わせの妙』

19　Cusumano（2010）のいう「危機」と第15章で福島原発事故を論じた際の「危機」，およびセンスメーキングはショックにより触発されるという，これまで本書で繰り返しなされてきた主張を重ね合わせて考えて欲しい。

20　アーキテクチャ（architecture）は，元来は建築における，構造や設計，工法などを含む建築思想を指す用語である。後にコンピューターや社会，経済などさまざまな分野で応用して使用されるようになった。

による製品展開を可能とするのに対して，インテグラル型は逆に，『擦り合わせの妙』で製品の完成度を競うのである」(藤本, 2003, 88頁)。オープン型は「基本的にモジュラー型であって，なおかつインターフェースが企業を超えて業界レベルで標準化した製品」(藤本, 2003, 89頁) であり，クローズド型は「部品間のインターフェース設計ルールが基本的に一社内で閉じているものを指す」(藤本, 2003, 89頁)。藤本 (2003) はそれぞれの代表的製品類型として，クローズ・モジュラー型にはメインフレーム，工作機械，オープンモジュラー型には，パソコン，自転車，クローズ・インテグラル型には，乗用車，オートバイなどを挙げている。

　天野 (2011a) は，アジア圏での国際分業が進んだ中で「アーキテクチャがモジュラー型に短期間のうちに転換」し，先行していた日本企業に対して「アジア企業の急速なキャッチアップ」が可能となり，こうした展開は，インテグラル型に強みをもつ日本企業にとって「きわめて深刻な問題である」と指摘している。天野 (2011a) はこのリスクを低減させるためには「モジュラー型製品に対する対抗軸を，インテグラル型製品によって」つくる必要があり，そのために「インテグラル型組織能力の移転による直接投資という方法」を提言している。天野 (2011b) は「日本は『擦り合わせ型』の生産に比較優位をもつが，それらをすべて自国で完結させる必要はなく，海外市場の拡大とともに，適切なかたちでそうした能力の一部を海外に移転させていく必要」があり，そのためには，「日本が得意としてきた経営管理の方法を海外に移転させ，そこで統合型の組織能力構築」をグローバルに構築する必要があるとも論じている。天野 (2011b) の「日本が得意としてきた経営管理の方法」という言葉には，それが日本企業にとって重要なフラクタル基盤の1つであることが示唆されている。この点については後で詳細に検討しよう。

　天野 (2011a, 2011b) の主張で見落としてはならない点は，日本企業が現状の困難を打開すべく，安易にインテグラル型を放棄しモジュラー型へと舵を切るべきではなく，むしろ強みであるインテグラル型をより高度にグローバルに展開する中で方向性を見出すべきであるという点である。こうした主張の背景には，組織能力は進化論的発展を遂げるものであり，それは静態的なオペレーション能力の向上と動態的な改善能力 (あるいは進化能力) の向上の愚直とも

言うべき積み重ねによって構築されているとの，天野（2011b）の考えが横たわっている。天野の考えからも分かるように，モジュラー型かインテグラル型かというのは，ともすれば表層的な（目で見える）製品開発・設計・生産の流れと受け取られがちであるが，そうした表面的な行為の流れは，具現化された組織知の表現形に過ぎず，その背景には組織認識と密接に結びついた体系的な意味世界が広がっていることを見逃してはならない。

　新宅（2011）は，「部品や材料の分野では日本企業が高いシェアを維持している」ものの「製品のモジュラー化で，（完成品市場における）日本企業のシェアが低下」（括弧内は引用者）し，日本は「『完成品の欧米輸出モデル』から『中間財のアジア向け輸出』に転換した」と指摘している[21]。新宅（2011）はさらに，「日本企業よりも早い時期に同様の問題に直面した欧米企業は，とりわけ米国企業は」「プロパテント政策」や「共同研究組合」の結成を促すことを通して，「標準化」と「オープン・イノベーション」に舵を切ったことが功を奏したと主張している。

　上で見てきたようにオープン・イノベーションは新たな社会的意味の共創に他ならない。ここでいう標準化とはデファクト・スタンダード（事実上の標準）よりも「コンセンサス標準」（新宅,2011）を意味している。妹尾（2008）は標準を3つに分類している。デファクト・スタンダードと，「デ・ジュール標準（法的標準）」，「フォーラム標準」である。コンセンサス標準は，デ・ジュール標準とフォーラム標準を含めた考え方である。特にフォーラム標準は，関係する企業などの議論に基づいて決められるので，企業のセンスメーキング能力が厳しく問われることになる。「自社の開発した技術を主体とした標準化が図れ，それによってイノベーションを先導できれば極めて競争優位になる」（妹尾,2008）反面，標準外であればいかに高性能・高機能であっても市場

---

[21] 新宅は後に，大木との共著論文で，日本企業は「深層の現地化」を目指すべきだと強調している。海外展開している日本企業は，製品は海外で生産しても，部材や製造機械は日本からの輸入に頼っているケースが多い。さらには，1次サプライヤーは現地展開していても，1次サプライヤーが日本の2次サプライヤーから材料を調達していたりもする。新宅・大木（2012）が指摘しているのは，こうした隠れた日本コストを徹底的に洗い出し，部材等調達の「深層の現地化」を図ることで，生産コストを低減し，日本企業が生き残る道である。こうした議論は，上で眺めた日本のインテグラル生産方式をグローバルに洗練させていくという天野（2011a, 2011b）の考えとも共通している。

新宅（2011）は，欧米企業成功の影で，日本企業は「技術で勝って事業で負けるといった状況」[22]に陥ったと述べ，この原因を，湯之上（2012）は，政府・マスコミのみならず，大企業までもが「イノベーション＝技術革新」との誤認識を抱いたことが混乱の根底にあったと批判している（湯之上,2013,18-26頁）。これまで見てきたように，イノベーションとは最終的には新たな社会的意味を創出することである。技術で勝つだけではイノベーションには結びつかない可能性があるのである。井上（2013）は「一般的に日本の製造業は機能的価値を作ることは得意だが，意味的価値の創出は苦手な傾向にある」（7頁）と述べているが，企業の枠を越えて，国家的なイノベーションの仕組みづくりの遅れが，再び欧米の後塵を拝する結果を招来したとも考えられる。

　青島・武石（2010）は「エレクトロニクス産業を中心に，現在日本企業が直面している問題は，景気循環のような一過性のものではない」として，次のように述べている。

　その原因について，われわれは以下のような認識にいたっている。日本企業の競争力低下は，特定顧客を念頭に製品や技術を個別最適化するような産業システムにおける，日本企業の高い「摺り合わせ[23]能力」が，むしろ，産業システムの質的な変化への対処を遅らせており，こうした状況が先駆け的にあらわれている産業において競争力の低下が見られる，というものだ。断るまでもなく，そうした状況がもっとも顕著にあらわれている産業が，エレクトロニクス産業なのである。
（青木・武石,2010）

　青島・武石（2010）は「さまざまな製品の相互互換性が高まり，従来の製品

---

[22] こうした指摘はこれまでもたびたび繰り返されてきた。例えば，米倉・延岡・青島（2010）は「問題は，高いものづくり能力を経済価値（付加価値）に変換する能力が欠如していることにある。・・・『価値づくり能力の欠如』，これが日本の製造企業が抱える問題の根本にある」と論じている。藤本（2003）は「折角の『もの造り能力』を最終損益にしっかりと結びつける，本社の『戦略構想能力』や『ブランド力』の強化が，多くの日本企業にとって一つの重要課題」（藤本,2003,375-376頁）と述べている。日本の強みが「技術力」，「現場力」であり，弱みが「経営力」であるという考え方（例えば，真壁（2012）185-191頁）もほぼ同様であると言ってよい。

[23] 藤本は「擦り合わせ」，青木・武石は「摺り合わせ」（下線部）の字を当てている。本章では「擦り合わせ」を用いるが引用箇所は原文のままの字を用いる。

システムの境界自体が曖昧になってきた」,「スタンドアロンで機能していた完成品としての製品が,それを内包する大きなシステムのなかで特定の機能を果たす『部分』あるいは『部品』として位置づけられるようになった」と論じ,こうした中では,「自らの機能を継続的かつ柔軟に再定義する能力がますます重要となる」と強調している。「完成品という枠組みを支えていた旧来の境界は,一方では新たな機能ユニットが,他方では新たな上位システムが再定義されることで,その意味を失っていく」(青島・武石,2010)。

　青島・武石(2010)の主張は,日本製品(とりわけエレクトロニクス製品)が(完成品としての)意味を見失ったとき,インテグラル型方式への強いこだわりゆえに,その意味を再定義できず,衰退が始まったというものである。青島・武石(2010)がいう「再定義する能力」とは,かつての意味を問い直し,新たに当該製品に意味を付与する組織的能力のことであると考えてよい。青島・武石(2010)は「問題は,発想や思考形態というものは,それ自体が構築された企業システムに根付いている」とも述べている。これまでたびたび論じてきたように,表層的で可視的な組織的行為と,深層的で不可視的な組織認識は不即不離で,両者を切り離してどちらか一方にだけ目を向けて論じることはできない。

　真壁(2013)は,日本家電産業衰退の理由を,製品の「コモディティ化が進み,平たくいえば,ユニットを組み合わせれば誰でもつくれるように」(真壁,2013,25頁)なったことに加え,ソニーのウォークマンのように「新しい生活ライフスタイルの提供」(45頁)ができなくなったこと,もっといえば「企業が存続していくうえで重要なポイントは,いかにして長期的に消費者から支持されるという『持続性』ある商品アイデアを生み出せるか」(47頁)にあるが,ライフスタイルや商品アイデア(すなわち,社会的意味)を生み出せなくなったことにあると述べている。真壁(2013)は,家電業界は「デジタル化の本質を理解していなかった」(123頁)が,それは「技術力の差ではなく,経営力の差であった」(123頁)と論じている。ここで真壁(2013)のいう経営力とは,技術をビジネスに結びつける能力のことであり,言い換えれば,技術から社会的意味を創出し,それによって自らを取り囲む世界に変革をもたらしていく(われわれの言葉でいえば,環境をイナクトする)能力である。

真壁（2013）の主張が優れているのは，家電系メーカー（真壁（2013）が挙げているのはパナソニック，ソニー，シャープ）と重電系メーカー（真壁（2013）が挙げているのは日立，東芝，三菱）を比較して，新興国ビジネスを率先して進め，新興国のインフラ整備などのプロジェクトやアフターサービスまで手掛けていることが「重電系メーカーの堅調な業績の背景にはある」（162頁）との分析である[24]。真壁（2013）は，製品のコモディティ化は避けられず，競争がさらに激化する中で，家電系メーカーが生き残るためには「常に世界情勢に気を配り，どのような分野で自社の強みが発揮できるのか，常にアンテナを張り巡らせる必要」（183頁）があり，「コンセプトを提示して，消費者の次の一歩をリードしてあげること」（184頁），すなわち新たな社会的意味の創出を実現することであると論じている。

パナソニックは，2010年末にインドでエアコンCUBEを発売し，大きな成果を収めている。パナソニックは，CUBEを「『窓を取り戻そう』というキャッチコピーとともに展開」（朴・天野,2011）してきた。それまでインドで主流だったエアコンは，安価な窓はめ込み型で，窓が塞がれる上に，空調音が室内に響き渡るタイプのものであった。パナソニックは，これまで培ってきたスプリット型（室外機を外に置くタイプ）の技術を活かし，インドの家庭を丹念に調査した上で，窓はめ込み型と同じ価格帯のスプリット型を開発したのである。インドでは，日本と違って，エアコンの風が直接体に当たる製品が高く評価されるが，この点も，パナソニックは「得意とする送風技術」（朴・天野,2011）で解決した。パナソニックCUBEの成功は，インドにおけるニーズ（潜在知）を組み上げ，それを既存知と結合させ，エアコンに新たな社会的意味を付与することによってもたらされた。まさに，真壁（2013）のいう「消費者の次の一歩をリード」した製品である。CUBEは，先進国市場のハイスペックな製品の機能を単にこそぎ落としただけの製品ではない。この点で，CUBEは，パナソニックがグローカリゼーションからリバース・イノベーションへ舵を切りつつある1つの流れと見ることもできる[25]。パナソニックの

24　上で見たように，単なる製品販売にとどまらず，ソリューションを一括で提供するという点ではテルモやキーエンスも同様である。
25　この点については後で詳しく検討する。

組織改革については後でさらに検討する。

　上で取り上げてきたいくつかの製品アーキテクチャに関する議論から共通して浮かび上がってくるのは，製品アーキテクチャがより深層の競争力構築プロセス，もっと言えば組織としての知を構築するプロセス（組織能力構築プロセス）によって現出してきたということである。すなわち，モジュラー型かインテグラル型かという切り口は無視できないが，それはわれわれの言葉で言えば，表面的行為の連鎖に過ぎず（行為と認識は表裏一体で，行為を軽視しているわけではないことは本書の読者には分かってもらえる筈である），その背後に潜む認識構造，あるいは組織知の構造，さらにはそれらがイナクトする新たに意味づけられた環境に目を向けなければその本質は理解できない。

　藤本（2003）は，組織能力構築プロセスについて，以下のように論じている。第2章で論じた Weick のESRモデル（組織化の進化論モデル）を思い浮かべながら読んでもらいたい。

　　企業組織の進化論で遺伝子の概念に対応するのが，本書ですでに説明した「組織能力」，あるいはそれを構成する「組織ルーチン」（慣行やルール）にほかならない。・・・いずれにしても，生物であれ組織であれ，進化論はまず，その連続性・安定性を保証するメカニズムをきっちりと説明しようとする。・・・進化論は，生物であれ企業であれ，「合理的で複雑なシステム」の存在理由を説明しようとする。・・・システムが今の形に変化してきた原因の説明（発生論＝変異の論理）と，変化の結果生じたシステムの事後的な合理性の説明（機能論＝存続の論理）を，別々に考える。・・・いずれにしても進化論は，「すべての変化はシステムの創造者・管理者が事前に計画したとおりに目的を成就した結果だ」と考える単純な「目的論」を否定する。・・・「成功した企業はすべからく，成功をめざす経営者・従業員が，すべてお見通しの計画どおりに組織変革した結果である」という考え方をとらない。・・・進化論は，変異→淘汰→保持という三段階のロジックからなるモデルであると考えることができる。・・・産業における「もの造り能力」の構築過程は，計画と偶然の混じった創発的なものであり，その説明には進化論的な枠組みがよくフィットすると筆者は考える。それがこの本全体のスタンスである。

　　　　　　　　　　　　　　　　　　　　　　　　（藤本,2003,51-53頁）

すなわち，藤本（2003）が『能力構築競争』の中で取り上げた組織能力構築プロセスとは，組織知の進化論的構築プロセスであり，その本質は，変異（われわれの言葉では「イナクトメント」である。Weick がなぜ「変異」ではなく「イナクトメント」という語を用いたのか，第2章での議論を思い出して欲しい），淘汰，保持のモデルであり，保持からのフィードバックループいかんによって組織認識が変容すると考える ESR モデルに従うなら，製品アーキテクチャとは，イナクトメントに関わる問題であり，その背後には淘汰・保持プロセスがあって，そこまで捉えなければ，より深層の組織能力の本質を捉えることはできないと言える。

イナクトメント―知の獲得と意味創造―

　GE モデルを通して眺めたリバース・イノベーションも，味の素を中心に検討したオープン・イノベーションも，さらには製品アーキテクチャ論も，組織認識論の視点から再構築してみれば，共通の言葉と理論で語ることができる。共通の言葉は，狭い専門領域を越えて，まさにわれわれの言葉によって生み出された新たな世界について，人びとが語り合うことを可能にする。
　組織は行為の体系であると同時に意思決定の体系でもある。さらに組織は，知の体系でもあり，環境をイナクトする主体でもある。今，われわれが直面しているのは，行為や意思決定というよりも，組織知や組織認識に関わる問題なのである。この点に注意しながら，日本企業の課題を皮切りに，もう少し踏み込んで考えてみよう。
　冒頭で述べたように，現代企業は変化の激しい多様な環境と対峙している。第2章や第7章で検討した必要多様性の法則に従えば，多様な環境を把持するためには組織も多様でなければならない。延岡・軽部（2012）は，日本の製造業の多くが「ものづくりを価値づくりに連動」できない理由として，「価値づくりを実現するために考慮すべき要因が多様化・複雑化して，日本企業がその複雑性に対応できていない点にある」と強調している。延岡・軽部（2012）は，日本企業は，行為レベルのオペレーションを「マネジメントすることには

長けている」が，「主体的に選択したりつくりだしたりする戦略がうまく機能していない」，「製品アーキテクチャの議論の焦点は，商品レベルのものづくりにある」が，「日本企業がこのようなモジュラー型商品競争から抜け出せない，という事実」により注目すべきであると述べ，次のように論じている。

> ものづくりが自然に価値づくりに結びつかなくなった現在，価値づくりを可能にする経営のあり方を再考しなくてはならない。戦略という観点から日本企業を眺めたとき，最も欠けているのは，会社の内部である「内」ではなく，競合企業や顧客そして流通業者を含むさまざまな利害関係者である「外」を動かす経営である。・・・業界の定義が変わり，競争相手が変わり，戦い方が変わるのが経営の世界の必然である。・・・環境変化は従来にも増して高速化している。複雑性の陥穽に落ちているとますます状況は悪化する。なるべく早くそれを打開する経営が求められている。
> （延岡・軽部,2012）

延岡・軽部（2012）は，日本企業は複雑な製品をつくることはできても，環境の多様性を捉え，主体的に環境をイナクトしていく能力に問題があると述べているのである。延岡・軽部（2012）の「『外』を動かす」力とは組織のセンスメーキング能力にほかならない。

オープン・イノベーションという概念の生みの親である Chesbrough (2010) は，かつては欧米企業よりもオープンであった日本企業が，オープン・イノベーションの流れに乗り遅れていると批判している。Chesbrough (2010) は，日本企業の閉鎖性に不振の原因があると示唆しているのである。武石（2012）は，オープン・イノベーションの重要性を指摘しつつも，さらに突っ込んでオープン・イノベーションは「価値の創造と獲得のメカニズム」の一部であって，決して全体ではないと述べた上で，次のように論じている。

> 低迷する日本のエレクトロニクス企業の手本としてしばしば挙げられるアップルは，確かに外部の企業の技術，部品を積極的に活用して（いるが），・・・アップルが成功しているのは，常に変化する情報通信の世界にあわせて，あるいはその変化を自ら主導するため，どのような価値を創造すればよいのか自ら構想し，その実現に向けて，いち早く，機能的にもデザイン的にも優れた製品とそれを支えるエコ

システムを開発,構築する能力を持っているから(である)。

(武石,2012：括弧内は引用者)

　武石(2012)は,オープン・イノベーションという表面に浮かび上がるビジネスモデルよりも,組織的なイナクトメント(知の獲得と意味の創造)能力の重要性を訴えているのである。

　真壁(2013),延岡・軽部(2012),武石(2012)らの主張に共通しているのは,不振に喘ぐ日本企業の多くには,①「外」の知をいち早くイナクトし,②それらを保持されている組織知の体系と結びつけ(第2章のフィードバックループを思い出して欲しい),淘汰(解釈,意味づけ)し,③新たな社会的意味をイナクトする能力,が欠けているという,極めて本質的な問題を提起しているという点である。

　上で,パナソニックCUBEを取り上げて,パナソニックが変わりつつあると述べた。若山・新宅・天野(2012)は,パナソニックではかつて新興国市場に対して「『我々』と『彼ら』という考え方をし,アイデアや指示が一方的に流れることが期待」され,「日本仕様の製品に搭載されている機能を排除した,安価な製品を販売」(若山・新宅・天野,2012)することが主流であった。しかし今や,パナソニック内部では,中国をはじめ新興国市場で「強い存在感を確立しなければ,他のすべての市場で後れを取るおそれがあるという危機感」(若山・新宅・天野,2012)が共有され,「デジタル化とモジュール化の進展がもたらした市場の変化への対処を目的として」(若山・新宅・天野,2012)強力に組織改革を進めていくことになった(危機感とセンスメーキングについては第1章,第2章,第6章,第8章,第9章を参照されたい)。パナソニックが直面したのは,上で見てきたGEと同じ問題,すなわち「グローバルに統合された事業活動のノウハウを活かして競争優位を見出すことと,ローカルな市場に注目して個別の消費者ニーズに応えることの両立」(若山・新宅・天野,2012)であった。若山・新宅・天野(2012)はこの問題を「協調性と均質性」と「自律性と多様性」の問題,われわれの言葉でいえばアンビバレントなフィードバックに関する問題であると考えており,パナソニックがこの問題を乗り越えつつある理由を現地「データの解釈に重点的に取り組む」(若山・新

宅・天野,2012）中で,「あらゆる関係者の間で信頼感のレベルが高まった」（若山・新宅・天野,2012）ことに見出している。本書で繰り返し論じてきたように，信頼感が築かれていなければ，情報は組織内を流れない（例えば，第8章，第9章。特に第15章では相互不信の連鎖が原発問題の背後にあると論じた）。若山・新宅・天野（2012）は，パナソニックでは，現地データをいかに解釈するかが，現地スタッフと日本エンジニアの間で繰り返し議論され，その作業を通して「公式・非公式の人間関係」（若山・新宅・天野,2012）が築かれていったと指摘している。

　信頼感の構築に際して，メディアリッチネスのディグリーが高いコミュニケーション・チャネルが用いられている点は言うまでもないが，それ以上に思い出していただきたい点は，組織知に関わる問題の多くが，個人そのものの問題であるというよりもむしろ個人と個人との関係性の問題なのだという本書の主張である。パナソニックの事例に即して分かりやすく言えば，組織知にとっては，個人的に自分が何を知っているか（博識な個人）よりも，むしろ誰が何を知っているかを知っていることのほうが重要であり，その誰かと信頼感に基づいて容易に素早く連絡を取り合えること（関係性）のほうが重要なのである。さらには，組織内外の知を結びつける接着剤のような人間がいることも大切である。

　世界的な化粧品メーカー・ロレアルでは,「世界的なスケール・メリットと地域的な差別化の必要性」（Hong & Doz,2013）を満たすため,「暗黙知や集合知」（Hong & Doz,2013）に注目し,「多様な文化的背景を持つプロフェッショナル」（Hong & Doz,2013）を世界各地に配置し，彼らを「マネジメント・チームの一員として密度の濃い人脈を築き，そこから製品や文化，一緒に仕事をする術や知識を吸収してきた」（Hong & Doz,2013）。彼らは「新製品の機会を察知する」,「翻訳による意味のずれを防ぐ」,「子会社と本社の間の溝を埋める」などロレアルの世界展開で極めて重要な役割を果たしている。ロレアルの組織構造で注目すべきは，異文化世界を結びつける「多文化人材」（Hong & Doz,2013）が意図的に採用され，育成され，世界中に配置展開されている点である。彼らこそ，組織知における関係性の象徴的存在であり，組織内外の知を結びつける接着剤のような人びとである。

上でパナソニック CUBE の例を挙げたが，トヨタがインドに投入した Etios の成功でも同じことが言える。Etios は価格からゼロベースでインド向けに開発され，その過程では「日本人の製品開発チームと現地人で構成された開発チーム」（朴・天野, 2011）が長きにわたって協力してきた。現地試験の走行距離は 20 万キロメートルにも上ったという（朴・天野, 2011）。ちなみに，朴・天野（2011）は Etios 開発過程を通して，トヨタが「既存の部品やモジュールに頼らず，徹底的な現地部品の調達と現地資源の活用を検討した」ことに，深層の現地化を遂げたインテグラル型の強みを見出している。

組織知の展開に当たっては，メディアリッチネスのディグリーが高いコミュニケーション・チャネルを通して築かれた信頼感に基づく人間関係が不可欠である。入山（2012）は，社会心理学をベースにした実証研究を精査・整理し，「『人の記憶』と『組織の記憶』ではそのメカニズムの何が違うのか」（入山, 2012, 89 頁）について明快に示している。入山（2012）は，組織においては「ヒト個人に根付いた専門知識を組織が効果的に引き出せること」（91 頁）に注目すべきであり，Wegner によるトランザクティブ・メモリー論（経験を共有するほど，互いが何を知っているかを理解するようになる）[26]，Austin による「組織のメンバーそれぞれが専門性を深めていること，そして相手が何を知っているかを正しく把握していること」（99 頁），さらには，本書でも触れた Bordieu に始まるソーシャル・キャピタル論（社会資本論あるいは社会関係資本論；入山（2012）は Coleman の研究に基づき「相手を合理的に信頼できるようになる」（155 頁）ことがもたらす便益の重要性を指摘している）などをレビューした上で，こうした研究を活かせる組織づくりをすべきであると述べている[27]。これらはいずれも HRO 理論の実践で最重要視されてきたポイントである（第 8 章〜第 11 章）。

川合（2012）は，大阪ガスにおけるオープン・イノベーションの事例研究を

---

26 逆に，自然に形成されたトランザクティブ・メモリーの構造を歪めるとパフォーマンスは低下する。

27 入山（2012）の整理は広範かつ徹底していて，このほかにも Granovetter による「弱い結びつき」論（タイトな結びつきよりも，ネットなどの弱い結びつきのほうが情報伝達効率に優れている；Weick の言葉で表現すれば多様性の価値を実現する「ルース・カップリング」論や「輪郭ゲージ論」である）などにも言及している。

通して，その成功理由を「情報の結節点としての役割を果たしている人々を通じて，大阪ガスの技術的ニーズがそれをマッチする技術を有する人々に伝わる情報伝達経路」を構築したこと，およびその背景に，情報がその上を流れる「共通言語」が構造的に存在したことを挙げている。川合（2012）の見解がユニークなのは，情報の結節点のみならず，その背後に潜む言語構造にまで言及している点である。第12章で検討したように，知が結節するためには組織のフラクタル性が欠かせない。この点については後でさらに検討する。

ここまではイナクトメントの一面，すなわち知の獲得について論じてきたが，イナクトメントのもう1つの面，新たな社会的意味の創造を可能にする組織デザインについて検討を進めていこう。

GEモデルの成功は，LGTと呼ばれる極めて独立性の高い内部組織を設置し，それを通して，新興国市場の潜在知を発掘し，さらに社内に蓄積していた知（内部技術）と潜在知を結節させ，そこで得られた知見を，計画よりも試行錯誤を通して素早い学習を繰り返すことで洗練させていくというプロセスを経ていた。市井・服部（2014）は，「先進国と新興国での組織分割はIBMやゼネラル・エレクトリックなど世界のトップ企業が数年前から実施している手法」を「他の日本企業に先駆けてトヨタが実施した」と述べ，トヨタが2012年4月に実施した組織改革（「『ビジネスユニット』と呼ぶ組織構造をつくり，高級車（レクサス），先進国地域，新興国地域，部品の4つのユニット」に全社を再編）を検討している[28]。市井・服部（2012）は「各ユニットが企画から生産，販売まで一貫して手掛ける体制へと再編した狙いの一つは，新興国市場への対応強化」であり，それによって，トヨタは新興国市場の「ニーズに合った車を迅速に市場投入できる」ようになったと指摘している。

東洋紡は，オランダのDSMと共同で，スーパー繊維と言われるダイニーマを事業化した。その過程を振り返って星野（2012）は次のように論じている。

> DSMにおいてダイニーマは既存事業部に組み込まれることはなかったのと同様に，東洋紡においても，いくつかの部門が協力する既存組織から独立した共同研究体制によって開発・事業化された。事業化後も，ダイニーマ事業は，既存の合繊分

28　脚注5も再度参照されたい。

野とは切り離され，新たに設置された産業用資材部門に属することになった。新興国に追いつかれない分野という当時の社長の意思決定が背後にあることから，ダイニーマ事業の組織形態は SBU であったといえよう。　　　　　　（星野,2012）

　星野（2012）はダイニーマの用途展開においても，「既存組織から切り離される」ことの重要性を指摘している。「ダイニーマ事業が既存の合繊事業部内で運営されてしまったら，タグロープという既存用途の代替を困難にさせた可能性がある」(星野,2012)。

　これらの事例研究は，新たな社会的意味を創出するに当たって，試行錯誤を可能にする独立性の高い組織を設置することの有効性を示している。新たな知が，既存の認識構造（保持からのフィードバックループ）によって淘汰される（例えば「そんなことできる訳がない」，「これまでの製品はどうするのか」といった意見に圧殺される）前に，新たな知を既存の組織知と結節させて，イナクトメントを生み出し，イナクトされた環境に基づいて，淘汰，保持が繰り返され，新たなイナクトメントが生み出される。独立性の高い組織の存在が，この流れを素早く繰り返すことを可能にする。

　Hamel（2013）は「世界は産業経済から知識経済へ移行し，さらにそれがいま，創造的経済へ変化」したと説く。Hamel（2013）によれば，現代企業における最大の問題は「硬直化したヒエラルキーや中央集権化，過剰管理」などであり，これからのマネジメントは「管理のイデオロギーから自由のイデオロギー」へと移行し，下位組織が自由な実験や試行錯誤を繰り返せるようにしなければならないと強調している[29]。

　Kotter（2012）は，「階層組織とネットワーク組織を共存させる」「組織のデュアル OS」という概念を提唱している。Kotter（2012）は，「変化を先取りするのはおろか，変化についていくことさえできない」中では，「『探索→実行→学習→修正』を繰り返すプロセス」（Kotter,2012：訳）こそが重要であり，そのためには，合理的で効率的な階層組織に加えて，「ボランティア」（Kotter,2012：訳）による自律的で自発的な組織的活動を促すもう 1 つのシス

29　Hamel（2013）は従前のマネジメントスタイルをマネジメント１.０，これから求められる「自由とコントロールを両立」させた新たなマネジメントスタイルをマネジメント２.０と呼んでいる。

テム(デュアル OS)が必要であると論じている。

自律的な独立性の高い組織による試行錯誤と素早い学習，それによってもたらされるイナクトメントというアイディアは，さまざまなイノベーションの場で活用できる枠組みであると考えてよい。

イノベーションを志向するにはコストが掛かる。独立性の高い組織とは，言ってみればイノベーションの場の創出であり，実験場の整備である。その方法論と経済的コストについては，さまざまな分野で詳細な検討がなされてきた。Bower & Christensen (1995) が提示していた，「スタートアップ企業に実験させる」，「小ぶりのチームを立ち上げ，特命プロジェクトを与え，社内の主流派からの高圧的な要求から隔離する」などについては，コーポレート・ベンチャリング[30]やコーポレート・ベンチャー・キャピタル投資[31]などの手法が次々と確立され，実行されてきた。これらに必要な経済的なコストと成果の関係についても多くの議論がなされてきた（例えば，Chesbrough (2002), Dushnitsky & Michael (2005, 2006) など）。

場の創出には，経済的に大きなコストが掛かる。しかし，それ以上に重要なのは，新たな場を創出しても，そこで語られている意味が，既存組織と共有されないことである。経済的コストは予め見積ることが可能だが，意味を共有するコストは見積ることはできない。第6章，第7章で検討したように，M&Aがしばしば失敗に終わるのは，買収するのに必要な経済的コストのためと言うよりも，買収後に意味を共有するプロセスに問題があって，思ったほどの成果を挙げられないがゆえである[32]。

---

30 企業が内部において，「起業家精神（アントレプレナーシップ）を活用したベンチャー的な手法で新事業創出を行うこと」（平成20年度経済産業省委託調査報告書・テクノリサーチ研究所編『コーポレートベンチャリングに関する調査研究　調査報告書』，1頁）。

31 「ベンチャーキャピタル企業のように若いスタートアップ企業（ベンチャー企業）に投資をすること」（入山，2012, 267頁）。

32 Ichii・Hattori・Michael (2014) は「2006年から2010年にかけて日本企業が発表した新興国市場での買収案件は，わずか387件。これに対し，アメリカ企業は2349件，イギリスは998件，フランスは555件，ドイツは505件」であり，これは日本企業が「自前主義」の立場に立っているためで，このままでは新興国市場で日本企業に勝ち目はないと論じている。第6章，第7章での議論（「異質」と受け止められたミネベアのM&Aによる事業展開）と重ね合わせて考えると，この問題でも組織認識論を展開できるだろう。

Krogh & Raisch (2009) は，有機的成長[33]に優れた企業は「少数のイノベーションに集中し」「シナジーを働かせる」「コンカレント・イノベーション」を実践していたと指摘している[34]。ここで Krogh & Raisch (2009) が注目しているのは，コンカレント・イノベーションを実践していく上での，社内のマインドセットの醸成などの組織的意味共有プロセスの重要性である。意味が共有されなければ，組織内を知が流れない。従って，いかに少数に絞ったところでイノベーションは失敗に終わってしまう可能性が高い。

認識構造のフラクタル性―新しい組織観―

上で，天野（2011b）が，日本企業が生き残る道をインテグラル型組織能力のグローバル展開に求め，それに際しては「日本が得意としてきた経営管理の方法」の現地への移転が必須であると述べていることを紹介した。

実際に，海外売上比率が 5 割を超え，日本を代表するグローバル企業とも言えるユニ・チャーム[35]の代表取締役・高原豪久は「新興国市場で成功したのは，日本国内でみずからの型」（高原,2014）を築き，現地へ「マネジメントのほとんどすべて，日本の型をそのまま」（高原,2014）持ち込んだことが成功の鍵であったと述懐している。高原（2014）のいう型の代表的なものが，計画立案（Schedule），実行（Action），効果測定（Performance），次の計画立案（Schedule）からなる「SAPS 経営モデル」である。高原は，「こうした型を精緻につくり込めば，国籍や文化や習慣が違っても，戦略を練り，人を育てること」は可能であると強調している。

---

33 M&A を除く，事業のみの売上高成長率の高い企業のことで，GE，BMW，ネスレなどが例示されている（Krogh & Raisch,2009）。
34 米倉（2012）は，オープン・イノベーションに当たっては，「何をオープンにし，何をクローズドにするか」を見極めるべきだと主張している。オープン・イノベーションには，「専門部署を確立」し「チャンピオンとも呼べるリーダー」を育成するなど高い「組織対応コスト」（米倉,2012）が必要なためである。米倉（2012）の主張も，イノベーションの成否が組織的センスメーキングの成否に依るという点で Krogh & Raisch (2009) と通底している。
35 生理用品，おむつなどを中心に，アジア新興国市場での売上が海外売上高の 70%超を占めている。

インドで，国内乗用車販売台数シェア約45%（2010年度）を誇るマルチ・スズキ・インディアは，日本のスズキが1981年にインド政府との合弁で立ち上げた企業である。今や，スズキ・グループの純利益と販売台数の約半分を占めるまでに成長している。スズキはインドでの事業展開において「日本式経営」（島田,2011）を基盤に，「本社とインド子会社（マルチ・スズキ）で設計や開発を一元化する」（島田,2011）方針を打ち立て，さらに「日本とインドというようにやってきた境目を」取り除き，「エンジン，車体や内装関連まで含めて日印人事のフラット化」（島田,2011）を敢行した。

ユニ・チャームやスズキの事例を眺めると，天野（2011b）の指摘が正鵠を射ていることを理解できる。しかし，成功の要は「日本式経営」そのものにあるのではない。彼らは，日本企業であったから「日本的経営」を基盤においたのであって，例えば，ロレアルやネスレなどヨーロッパ発祥の企業は別の経営スタイルを基盤に取り入れているかもしれない。

高原（2014）の「日本の型」という表現は興味深い。というのは，「日本の型」に従ってSAPSを回していくということが組織内で共有されれば，それは認識構造の基盤が共有されていることになるからである。

グローバルに生産・販売拠点を展開している世界第2位の建機メーカー・コマツの坂根正弘相談役は次のように述べている。

各国で働く社員たちの核となっているのが「コマツウェイ」という価値観である。コマツが持つ日本企業独自の価値観はもちろん，これまで長いグローバル・オペレーションから得た価値観も取り入れてつくり上げられた。コマツの強さとそれを支えるための信念や心構え，実行に移す行動様式をまとめたコマツ・ウェイは，全世界の社員一人ひとりに共有されており，時代に合わせて常に見直し，改訂を加えている。・・・コマツ・ウェイを理解していることが，コマツが求める人材の第一要件であり，いくら優秀であっても価値観の共有ができない人材は求めていないのだ。
(坂根,2014)

坂根（2014）は「価値観」と表現しているが，これはまさに認識構造の共有である。それは単なる日本的価値の押しつけではない。

第12章で，われわれは組織認識の基盤が，スケール横断的にフラクタルであることを学んだ。高原（2014）のいう「日本の型」，スズキにおける一元化・フラット化，コマツの強さを支えるコマツ・ウェイとは，組織横断的に織り成されるフラクタル模様なのである。第12章で明らかにしたように，フラクタル性は組織知の展開を可能にする構造的基盤である。フラクタルと言えるものは，「日本的経営」でも「民主主義」でも，「謙虚」でもよい。フラクタルは，そうした個々のイデオロギーや価値観を越えたより高次の構造である。認識構造が非フラクタルであれば，組織内を知は流れず，組織的意味の共有はなされない。Krogh & Roos（1995）が「組織知の展開の妨げとなるもの」（Krogh & Roos, 1995：訳, 160-168）として挙げていた「自己相違」（165頁）である。

上で，川合（2012）が大阪ガスのエスノグラフィカルな事例研究を通して，情報がその上を流れる「共通言語」の存在に着目していたことを思い出して欲しい。第12章で検討したKrogh & Roos（1995）は次のように述べている。

> オーガニゼーショナル・エピステモロジーでは，知の展開とは，自己相似的な方法で，また，すべてのスケールで，言語化によって組織にもたらされるオートポイエーシス的なプロセスである。　　　　　（Krogh & Roos, 1995：訳, 160頁）

川合（2012）の指摘は，スケール横断的な言語によるフラクタルな認識構造の存在に注目したものであると言ってよい。上で述べたように，逆に「言語に関する慣例・しきたりとも言えるルールが，個人，グループ，部門，組織全体の間で異なるようならば，その場合組織知の展開は妨げられることになる」（Krogh & Roos, 1995：訳, 167頁）。

野中・児玉・廣瀬（2012）は，「知識ベースの変革を促進するダイナミック・フラクタル組織：組織理論の新たなパラダイム」というタイトルの論文で，野中が中心となって展開してきた知識創造論（ナレッジ・マネジメント論）にフラクタル概念を取り入れ，従来のSECIモデル[36]をさらに精緻に洗練

36　知の展開を，暗黙知→暗黙知（共同化；Socialization），暗黙知→形式知（表出化；Externalization），形式知→形式知（連結化；Combination），形式知→暗黙知（内面化；Internalization）

させたグランド・セオリーを提示すべく試みている。野中等（2012）は，本章で検討したMarch（1991）のアンビバレンスに触れ，さらに本書第1章でも行ったように，情報処理モデルやコンティンジェンシー理論の限界に言及し，「人間の主観や価値観に基づく組織論や経営論が必要」（野中等,2012）であると主張する。

　野中等（2012）は，「新たな組織モデルに必要な要件は，第1に，組織内の多様性であり，第2に，知識創造活動により新たな多様性を生み出していくこと」（野中等,2012）と述べ，「それには，多様性が多様性を包含する『最小有効多様性』は必要である」と論じる。本書の言葉で言えば，「必要多様性の法則」である。そして，「この最小有効多様性を追求するには，『場のダイナミックな形成』がカギ」（野中等,2012）であり，「互いに重なり合う多種多様な場を有機的に形成すること（場の重層的ネットワーク）が必要になる」（野中,2012）と述べる。

> 知識の創造と活用にとって望ましい環境は，知が既存のさまざまな境界を超えて闊達に交流し，刺激し合い，綜合することができる場である。このような場の境界は，自己組織的に生成され，開かれた浸透性を持つ。・・・優れた場はメンバーの多様性を保持しつつ，相互の関係性を密にすると同時に，環境に対して各メンバーの守備範囲を最も広くする。場は時空間を超えて垂直的にも水平的にも展開される可能体であり，自己組織性を持つことにより，環境の変化に俊敏に対応し，新たな環境を自己の意思で創造していく。
> 　　　　　　　　　　　　　　　　　　　　　　　　　　　　（野中等,2012）

野中等（2012）の見解が，本書でこれまで展開してきたわれわれの主張，すなわち「知はオートポイエーシス的にフラクタルな基盤の上で展開され，それは環境をイナクトしていくプロセスである」という見方に極めて近いことは言うまでもない。

　野中等（2012）も，多種多様な場を貫き，「個から全体まで共通している」「フラクタル構造」によって組織の統一性が保たれていると考えている。「フラ

の4つのプロセスから構成されるとするプロセスモデル。野中等（2012）は，暗黙知，形式知に，「その都度の文脈の中で最善の判断ができる実践知」を加えて新たなモデルを提示している。

クタル性を持つことによって，意思決定や知識創造の水準をどのレベルにおいても同じにすることができる」(野中等,2012)。野中等 (2012) はトヨタにおける世界共通の開発体制（トヨタ・ニュー・グローバル・アーキテクチャ (TNGA) はそこでの共通言語である），稲森和夫による JAL 再生（アメーバ組織は自己相似的である）などを例示し，その本質を捉えられる組織理論の必要性を訴えている。本書で提示してきた組織認識論は野中等 (2012) の要請に十分応えうるものである。

第 13 章では，ホスピタリティの本質を，消えゆく行為の連鎖を越えて脈々と受け継がれるフラクタル構造（例えば「クレド」や「物語」）に求めた。リッツ・カールトンでは，スケール横断的な認識構造に支えられたホスピタリティ精神が見受けられた（第 13 章）。フラクタルな構造を裏打ちしているのは集主観性のコントロールであり，第 4 章で検討したように，フラクタル模様として浮かび上がる集主観性の不易なコアが変容すれば，それは構成員や，目に見える行為の連鎖に大きな違いが見い出せないとしても，別の組織である。

われわれが扱ってきたのは，組織的行為や意思決定の奥にあって，目にすることのできない組織における営みであり，そこで繰り広げられる知の連鎖や結合，あるいはそれらが一体となって浮かび上がる組織認識全体である。コンテキスト依存的に優れた組織文化などを研究してきた（文化の内容そのものに焦点を当ててきた）組織文化のコンティンジェンシー理論などの諸研究と，組織認識論研究はこの点で一線を画している。

組織認識論のレンズを通して眺めれば，GE モデルがいかに画期的であったのかを理解できる。GE モデルは，グローカリゼーション思考の発展から生まれたのではない。それは，Immelt 等 (2009) が述べていたように，構成員のマインド・セットに支えられた「GE の従前の組織構造や経営慣行」を変えるという組織の根幹を揺るがしかねない大きな変革の上に生まれた。そこには，集主観の不易なコアに変容が迫られ，フラクタルな組織認識構造を歪め，組織を分断してしまう危機が常に潜んでいた。

GE モデルを，新興国市場発のリバース・イノベーションというビジネスモデルであると捉えただけでは理解が浅い。例えば，GE モデルの主体であった GE ヘルスケアは，日本でも成功を収めている。「高齢化などの『課題先進国』

の日本で通用するような革新的な製品であれば，欧米など他の地域でも受け入れられると考えているため」（日本経済新聞,2013 年 9 月 18 日朝刊,10 頁）である。現実に，ヒット商品も生まれ，日本市場発の「コンピューター断層撮影装置（CT）『オプティマ CT660』」（日本経済新聞,2013 年 9 月 18 日朝刊,10 頁）は GE ヘルスケアの CT の世界売り上げの 4 割を占めるにまで成功した。ここでは，製品開発のみならず生産においても，GE ヘルスケア日野工場で日本的生産の強みを活かすことで（例えばトヨタ生産方式を導入し，「CT の組み立て期間を 5 日から 5 時間に短縮」（日本経済新聞,2013 年 9 月 19 日朝刊,12 頁）した），彼らが「イン・ジャパン・フォー・グローバル」と呼ぶ「日本で開発，製造し，世界に出すコンセプト」（日本経済新聞,2013 年 9 月 20 日朝刊,10 頁）を実現した。これは，新興国市場発のリバース・イノベーションではないが，単なるグローカリゼーションでもない。しかし，GE が日本で展開したビジネスモデルは，間違いなく GE モデルと呼ぶべきものであり，これは本章で最初に検討した内容とフラクタルである。

　製品アーキテクチャ論においても，表層的な製品アーキテクチャを軽々に変更（闇雲にコスト削減を求めてモジュラー化を推進）すれば，それがより深層の組織能力（あるいは組織認識，組織知の展開）とフラクタルであることを考えれば，取り返しのつかない危険を孕むものであることが理解できる。

　イノベーションとは，新たな社会的意味の創出・共創である。この視点を欠いては，イノベーションの本質を捉えられない。今，企業に求められているのは，新たな社会的意味を創出・共創する能力なのである。

　では，今，経営学にもっとも求められているものは何か。その一つは，現代的諸相を，分野を越えて語り合える共通の言葉（フラクタル）を生み出すことである。その言葉は，組織知や組織認識について，さらには意味について語ることのできるものでなければならない。さらに，言葉はその用法，すなわち理論と共に存在しなければならない。

　成功している企業をモデルとして，表層的な行為や意思決定（あるいは計画）の連鎖に目を向けて，それをビジネスモデルとして描出しただけでは不十分なのである。行為（例えば，技術や生産活動）や意思決定（例えば，戦略や

ビジネスモデル）の奥底を滔々と流れ続けている組織知の展開プロセスやそれを支える認識構造にまで遡って考察しなければ，目前の現象を理解できないだけではなく，致命的な誤解さえ招きかねないのである。

　かつて，意思決定論が，経営学のほとんどの分野において共通言語（フラクタル）であったように，組織認識論は，知の時代における経営学の屋台骨を支えることのできる共通言語たりうる。本章では，現代経営の諸相を組織認識論の言葉と共に逍遥してきた。本章での作業を通して，組織認識論がさまざまな分野に応用展開されることを願ってやまない。

おわりに

　現代はまさに「知」の時代である。デジタル情報は厚みを増し，瞬く間に世界中を駆け巡る。今，このページを書いている間にも，絶え間なく世界中で「知」と「知」が結合して新たな「知」が生まれ続けている。それらのうちのいくつかは，これまでの価値観を（ライフスタイルなど表面的なものばかりではなく，人間観や世界観までをも含めて）一変させる新たな社会的意味をもたらす。劇的な社会的意味の変容を革命と呼ぶならば，現代企業は，常に革命前夜の不気味な静謐の上に存在していると言っても過言ではない。

　こうした時代においては，これまでの行為や意思決定という局面から構築された組織観ではまったく十分ではない。信頼できる過去のデータに基づいて，整合性のある計画を立てるといった意思決定論の根本思想，それに裏打ちされた意思決定の体系としての組織観では，現代企業が直面する課題を読み解くことは難しい。今，求められているのは，組織自らもその一部であり，また新たな創造に携わっている世界を，組織的にどのように認識し，それとどのように関わっていくのか，組織的な「知」とは何か，組織的なセンスメーキングとは何か，といった問いに答えることのできる組織観である。

　本書をお読みいただいて，組織認識論が上の問いに十分な答えを与えうるものであることはご理解いただけたものと思う。いかなる組織観の上で議論がなされるか，というのは重要である。それは，パラダイムに関わる問題である。パラダイムが異なれば，言葉が異なる。あるいは，言葉は同一でも，その意味が異なる。すなわち，パラダイムが異なれば，議論が成立しない。

　昨今，組織的な「知」あるいは「認識」について，経営学のさまざまな分野で語られてきたにも関わらず，そこには共通の言葉と，その用法を指示する理論が存在していなかったと言ってよいと思う。百家争鳴，時代を捉えた刺激的なタームばかりが量産されて，基本的な議論が行われてこなかったことに，現代経営学の悲劇があるようにも感じている。

ここまでお読みいただいた方々にはすでにお分かりいただけているものと思うが，かつて，意思決定論が，意思決定パラダイムの経営学における，分野を超えた共通言語であったように，組織認識論は，新たな「知」の時代の経営学の共通言語足りうるものである。

　今後，組織認識論が，経営学のあらゆるシーンで，その礎となってくれることを願ってやまない。本書がそのささやかなきっかけにでもなってくれれば幸いである。

　最後に，本書の執筆に際して，実践経営学会での議論が大きな役割を果たしていることを明記しておきたい。特に，組織認識研究で最先端の領域を扱った，第12章，第13章，第15章は，実践経営学会全国大会でいただいた貴重なご助言とご指導の直接的な賜物であると言ってよい。

　中でも，第12章の土台となった実践経営学会第52回全国大会での発表「組織認識論の最前線―Krogh & Roos の所説をめぐって―」に対して，貴重なアドバイスをいただいた目白大学教授の竹内進先生，今後の展開を力強く後押しする暖かい励ましを下さった産業能率大学教授の宮田矢八郎先生，日本橋学館大学名誉教授の藤田紀美枝先生，第13章の土台となった実践経営学会第56回全国大会での発表「ホスピタリティ・マネジメントの本質」に対して，貴重なご意見をお寄せくださった関東学院大学教授の金子義幸先生，石巻専修大学教授の大森信治郎先生，大阪経済大学教授の井形浩治先生，ここでの議論が老舗の研究にも応用可能であることをご指摘くださった亜細亜大学名誉教授の横澤利昌先生，第15章の土台となった実践経営学会第57回全国大会での発表「原発事故を考える」に対して，貴重なアドバイスをいただいた石巻専修大学教授の三森敏正先生，日本大学教授の平野文彦先生，HRO理論の応用可能性と問題点を鮮やかにご指摘くださった北海商科大学教授の菊池真一先生，亜細亜大学教授の夏目重美先生，本当にありがとうございました。本書の完成に当たって，心から感謝の意を表します。

平成28年元旦

髙橋　量一

参考文献

相場覚（1993），『心理学入門』放送大学教育振興会。
合原一幸（1993），『カオス』講談社。
青島矢一・武石彰（2010），「技術進歩が生み出した新たな産業システムの脅威―「製品プル型」か「デバイスプッシュ型」か―」青島矢一・武石彰・Cusumano, M. A.（2010）編著『メイド・イン・ジャパンは終わるのか――「奇跡」と「終焉」の先にあるもの―』東洋経済新報社。
朝日新聞「原発とメディア」取材班（2013），『原発とメディア2』朝日新聞出版。
朝日新聞特別報道部（2012），『プロメテウスの罠』学研パブリッシング。
朝日新聞特別報道部（2012b），『プロメテウスの罠 2』学研パブリッシング。
朝日新聞特別報道部（2013a），『プロメテウスの罠 3』学研パブリッシング。
朝日新聞特別報道部（2013b），『プロメテウスの罠 4』学研パブリッシング。
朝日新聞特別報道部（2013c），『プロメテウスの罠 5』学研パブリッシング。
朝日新聞特別報道部（2014），『プロメテウスの罠 6』学研パブリッシング。
天野倫文（2011a），「東アジアの国際分業の動向と日本企業のものづくり」藤本隆宏・中沢孝夫編著『グローバル化と日本のものづくり』放送大学教育振興会。
天野倫文（2011b），「アジアへの日本的経営とものづくり」藤本隆宏・中沢孝夫編著『グローバル化と日本のものづくり』放送大学教育振興会。
飯野春樹（1979），『バーナード　経営者の役割』有斐閣。
石毛直道・小山修三（1993），『文化と環境』放送大学教育振興会。
伊丹敬之・丹羽宇一郎（2001），『まずは社長がやめなさい』四谷ラウンド。
市井茂樹・服部奨（2014），「新たなライバルは新興国企業」『ダイヤモンド・ハーバード・ビジネス・レビュー』2014年2月号，ダイヤモンド社。
伊藤忠商事（2001），『株主のみなさまへ―事業報告書　第77期―』伊藤忠商事（株）編。
伊藤忠商事（2003），『アニュアルレポート 2002』伊藤忠商事（株）編。
稲垣保弘（2002），『組織の解釈学』白桃書房。
井庭崇・福原義久（1998），『複雑系入門』NTT出版。
井上俊＆大村英昭（1988），『社会学入門』放送大学教育振興会。
井上久男（2013），『メイド・イン・ジャパン　驕りの代償』NHK出版。
入山章栄（2012），『世界の経営学者はいま何を考えているのか　知られざるビジネスの知のフロンティア』英治出版。
上竹瑞夫（1989），『10年先を駆け抜けた男』徳間書店。
上竹瑞夫（1990），『炎の輪・巨大プロジェクトに賭けた男たちの熱き闘い』徳間書店。
遠田雄志（1990），『あいまい経営学』日刊工業新聞社。
遠田雄志（1995），「いま、なぜ、ワイクなのか？」『経営志林』第32巻第2号，法政大学経営学会。
遠田雄志（1997），『私、あいまい系です』同朋舎。
遠田雄志（1998a），『グッバイ！ミスター・マネジメント』文眞堂。
遠田雄志（1998b），「点と線と図―カール・ワイクの世界（1）―」『経営志林』第35巻第3号，法政大学経営学会。
遠田雄志（1999a），「けったいな！―カール・ワイクの世界（2）―」『経営志林』第35巻第4号，法

政大学経営学会。
遠田雄志（1999b），「合理主義のパラドックス」『経営志林』第 36 巻第 3 号，法政大学経営学会。
遠田雄志（1999c），「映画『八甲田山』に見るミドルの役割」法政大学産業情報センター紀要『グノーシス』第 8 巻。
遠田雄志（2001），『ポストモダン経営学』文眞堂。
遠田雄志（2002a）i，「組織の適応理論（Ⅰ）」『経営志林』第 39 巻第 1 号，法政大学経営学会。
遠田雄志（2002b）ii，「組織の適応理論（Ⅱ）」『経営志林』第 39 巻第 2 号，法政大学経営学会。
遠田雄志（2002c）iii，「組織の適応理論（Ⅲ）」『経営志林』第 39 巻第 3 号，法政大学経営学会。
遠田雄志（2005），『組織を変える＜常識＞　適応モデルで診断する』中公新書。
遠田雄志・高橋量一（2000a），「東海村臨界事故―その組織認識論的考察―」法政大学産業情報センター紀要『グノーシス』第 9 巻。
遠田雄志・高橋量一（2000b），「阪神大震災―その組織認識論的考察―」法政大学産業情報センター『Working Paper Series』No.93。
遠田雄志・高橋量一（2001），「『ウラン加工工場臨界事故調査委員会報告書』―その組織認識論的考察―」法政大学産業情報センター紀要『グノーシス』第 11 巻。
遠田雄志＆高橋量一（2007），「いじめを組織論する」法政大学『経営志林』第 44 巻第 3 号。
小笠原英司（2005），「経営学と経営哲学」経営哲学学会関東部会配布資料。
岡本孝司（2012），『証言　班目春樹　原子力安全委員会は何を間違えたのか？』新潮社。
海道守（2000），『商社』実務教育出版。
加護野忠男（1988），『組織認識論』千倉書房。
川合一央（2012），「社内企業家と情報技術の内部化　大阪ガスにおけるオープン・イノベーションの事例から」『一橋ビジネスレビュー』60 巻 2 号，東洋経済新報社。
菅直人（2012），『東電福島原発事故　総理大臣として考えたこと』幻冬舎。
岸田民樹（1985），『経営組織と環境適応』三嶺書房。
岸眞理子（1990），「組織の情報化戦略に向けて―分析基軸としての不確実性と多義性―」『早稲田商学』第 366 号。
橘川武郎（1995），「経済成長と日本型企業経営」宮本又郎・阿部武司・宇田川勝・沢井実・橘川武郎著『日本経営史（新版）―江戸時代から 21 世紀へ―』有斐閣。
キャリア・ディベロップメント・センター（2001），『図解　企業グループと業界地図』。
楠木建（2013），「クリステンセンが再発見したイノベーションの本質」『ダイヤモンド・ハーバード・ビジネス・レビュー』2013 年 6 月号，ダイヤモンド社。
経営哲学学会編（2003），『経営哲学とは何か』文眞堂。
経済産業省貿易経済協力局通商金融・経済協力課（2010），『BOP ビジネスのフロンティア―途上国市場の潜在的可能性と官民連携―』経済産業調査会。
原子力安全・保安院（2012），『東京電力株式会社福島第一原子力発電所事故の技術的知見について』。
厚東偉介（2003），「新世紀の経営哲学をもとめて」経営哲学学会編『経営哲学とは何か』文眞堂。
厚東偉介（2013），『経営哲学からの責任の研究』文眞堂。
河本英夫（2006），『システム現象学―オートポイエーシスの第四領域―』新曜社。

---

i　遠田雄志（2002a）および遠田雄志（2002b），遠田雄志（2002c）はこれら 3 本で一つの論文を構成している。本文中では引用箇所はそれぞれの別が分かるように西暦に a，b，c の添え字を付けて表示し，それ以外の場合はこれら 3 本を纏めて遠田（2002）と表示した。
ii　同上。
iii　同上。

参考文献

国立国会図書館経済産業調査室・課 (2012),『福島第一原発事故と 4 つの事故調査委員会』ISSUE BRIEF No. 756。
後藤将之 (1991),「解説　ハーバート・ブルーマーの社会心理学」H. ブルーマー『シンボリック相互作用論―パースペクティブと方法―』勁草書房。
小林裕・飛田操 (2000),『教科書・社会心理学』北大路書房。
坂下昭宣 (2002),『組織シンボリズム論―論点と方法―』白桃書房。
坂根正弘 (2014),「価値観の共有が企業を強くする」『ダイヤモンド・ハーバード・ビジネス・レビュー』2014 年 1 月号，ダイヤモンド社。
桜井淳 (2004),「予測は可能だった　美浜原発蒸気噴出事故　老朽機の材料劣化と検査の不備が初の死亡事故を招く」『NIKKEI MONOZUKURI』2004 年 9 月号。
桜井淳 (2007a),「電力会社はかくして不正を繰り返す　事業者に頼る安全管理はもはや限界」『NIKKEI MONOZUKURI』2007 年 4 月号。
桜井淳 (2007b),「事故は語る　隠された臨界事故に桜井淳氏が緊急提言」『NIKKEI MONOZUKURI』2007 年 5 月号。
桜井淳 (2012),『福島原発事故の科学』日本評論社。
熊谷勝行 (2000),『スーパー図解　パッと頭に入る企業再編地図』実業之日本社。
坂村健 (2001),『情報文明の日本モデル，TRON が拓く次世代 IT 戦略』PHP 研究所。
佐幸信介 (2013),「メディアの多元化と＜安全＞報道―東日本大震災とリスク社会」『大震災・原発とメディアの役割』新聞通信調査会。
佐々木力 (1985),『科学革命の歴史構造』上・下，岩波新書。
島田卓 (2011),「スズキのインド戦略」『一橋ビジネスレビュー』59 巻 3 号，東洋経済新報社。
下田智・森永公紀 (1990),『X 社を買収せよ』日本放送出版協会。
上丸洋一 (2012),『原発とメディア―新聞ジャーナリズム 2 度目の敗北―』朝日新聞出版。
新宅純二郎 (2011),「新時代の技術経営とものづくり」藤本隆宏・中沢孝夫編著『グローバル化と日本のものづくり』放送大学教育振興会。
新宅純二郎・大木清弘 (2012),「日本企業の海外生産を支える産業財輸出と深層の現地化」『一橋ビジネスレビュー』60 巻 3 号，東洋経済新報社。
新聞通信調査会 (2012),『第 5 回　メディアに関する全国調査』。
末永俊郎・安藤清志 (1998),『現代社会心理学』東京大学出版会。
杉田繁治 (1993),『文化と環境』放送大学教育振興会。
杉山隆男 (2013),『兵士は起つ　自衛隊史上最大の作戦』新潮社。
菅啓次郎 (1997),「訳者あとがき」H. Maturana & F. J. Varela 著『知恵の樹』315-321 頁。
妹尾堅一郎・生越由美 (2008),『社会と知的財産』放送大学教育振興会。
総務省 (2012),『平成 24 年度情報通信白書』。
高橋高見・佐藤正忠 (1989),『高橋高見　われ闘えり　私の M＆A 実践経営録』経済界。
高橋正泰 (1998),『組織シンボリズム―メタファーの組織論―』同文舘。
高橋正泰・山口善昭・磯山優・文智彦 (1998),『経営組織論の基礎』中央経済社。
髙橋量一 (2001),「リーダーシップ―その組織認識論的考察―」法政大学大学院経営学専攻『企業家養成コース研究成果集 2001』。
髙橋量一 (2002),『最適購買への挑戦―リバースオークション編』ソフトバンクパブリッシング。
髙橋量一 (2005a),「ESR モデル再考」亜細亜大学『経営論集』第 40 巻 1・2 号合併号。
髙橋量一 (2005b),「集主観性類型化の試み」亜細亜大学『経営論集』第 41 巻 1 号。
髙橋量一 (2005c),「IT 化と人間教育」島袋嘉昌・一番ケ瀬康子・梅津由良・奥林康司編著『情報化社会の人間教育』中央経済社。

髙橋量一（2007a），「HRO 理論が提示する 5 つのプロセスに関する研究」亜細亜大学『経営論集』第 43 巻第 1 号。
髙橋量一（2008a），「柏崎刈羽原発直下型地震—その組織認識論的考察—」亜細亜大学『経営論集』第 43 巻第 2 号。
髙橋量一（2008b），「食の安全をどう守るのか—その組織認識論的考察—」亜細亜大学『経営論集』第 44 巻第 1 号。
髙橋量一（2009），「解釈主義の結晶としての ESR モデル」亜細亜大学『経営論集』第 44 巻第 2 号。
高野登（2005），『リッツ・カールトンが大切にするサービスを超える瞬間』かんき出版。
高原豪久（2014），「日本の成功パターンは世界に通用する」『ダイヤモンド・ハーバード・ビジネス・レビュー』2014 年 2 月号，ダイヤモンド社。
武石彰（2012），「オープン・イノベーション　成功のメカニズムと課題」『一橋ビジネスレビュー』60 巻 2 号，東洋経済新報社。
竹中平蔵・丹羽宇一郎（2000），「21 世紀のエクセレントカンパニーの条件」『週間エコノミスト』10/17 号，新潮社。
田島壮幸（1997），『経営学用語辞典』税務経理協会。
力石寛夫（1997），『ホスピタリティ サービスの原点』商業界。
遠山暁・村田潔・岸真理子（2003），『経営情報論』有斐閣。
中條秀治（1998），『組織の概念』文眞堂。
東京新聞原発事故取材班（2012），『レベル 7　福島原発事故の隠された真実』幻冬舎。
東京電力株式会社（2012），『福島原子力事故調査報告書』。
東京電力福島原子力発電所事故調査委員会（2012），『国会事故調　報告書』徳間書店。
東京電力福島原子力発電所における事故調査・検証委員会（2011），『政府事故調　中間報告書』。
東京電力福島原子力発電所における事故調査・検証委員会（2012），『政府事故調　最終報告書』。
東洋経済（1999），『全図解　日本のシェアと業界地図』東洋経済新報社。
中西晶（2007），『高信頼性組織の条件』生産性出版。
西野武彦（2001），『図解　業界のしくみ』PHP 研究所。
日経ビジネス（2002），「官の怠慢に甘んじた責任」『日経ビジネス　2002 年 9 月 30 日号』日経 BP 社。
日経ビジネス（2006），「そして，会社も壊れる　闇雲な管理強化から脱却せよ」『日経ビジネス』2006 年 5 月 1 日号，日本 BP 社。
日本科学技術ジャーナリスト会議（2013a），『4 つの「原発事故調」を比較・検証する 福島原発事故 13 のなぜ？』水曜社。
日本科学技術ジャーナリスト会議（2013b），『徹底検証！　福島原発事故　何が問題だったのか　4 事故調報告書の比較分析から見えてきたこと』化学同人。
日本再建イニシアチブ（2012），『福島原発事故　独立検証委員会　調査・検証報告書』ディスカヴァー・トゥエンティワン。
日本総合研究所（1998），『生命論パラダイムの時代』第三文明社。
野中郁次郎・児玉充・廣瀬文乃（2012），「知識ベースの変革を促進するダイナミック・フラクタル組織　組織理論の新たなパラダイム」『一橋ビジネスレビュー』60 巻 3 号，東洋経済新報社。
延岡健太郎（2010），「オープン・イノベーションの陥穽」『研究技術計画』Vol.25 No.1，研究・イノベーション学会。
延岡健太郎（2011），『価値づくり経営の論理』日本経済新聞社。
橋爪大三郎（1985），『言語ゲームと社会理論　ヴィトゲンシュタイン・ハート・ルーマン』勁草書房。
橋爪大三郎（2007），『社会の不思議』朝日出版社。

土方透・野崎和義（1994），「訳者あとがき」G. Teubner『オートポイエーシスとしての法』未來社。
服部勝人（2008），『ホスピタリティ入門』第2版，丸善。
日隅一雄・木野龍逸（2012），『検証　福島原発事故・記者会見　東電・政府は何を隠したのか』岩波書店。
平野毅・星野雄介（2012），「味の素―栄養改善をめざしたBOP市場への参入」『一橋ビジネスレビュー』60巻2号，東洋経済新報社。
藤本隆宏（2003），『能力構築競争―日本の自動車産業はなぜ強いのか―』中公新書。
船橋洋一（2012），『カウントダウン・メルトダウン』上，文藝春秋。
古川栄一（1982），『経営学通論』同文舘。
朴英元・天野倫文（2011），「インドにおける韓国企業の現地化戦略―日本企業との比較を踏まえて」『一橋ビジネスレビュー』59巻3号，東洋経済新報社。
星野雄介（2012），「コラボレーションを通じた高機能繊維の開発と事業化　スーパー繊維『ダイニーマ』を事例として」『一橋ビジネスレビュー』60巻2号，東洋経済新報社。
細野豪志・鳥越俊太郎（2012），『証言　細野豪志』講談社。
前田泰樹・水川喜文・岡田光弘編（2007），『エスノメソドロジー』新曜社。
前田良行（2000），『実力主義という幻想―「外資」の虚像と実像』時事通信社。
真壁昭夫（2012），『2013　メイドインジャパンの大逆襲―ものづくり日本の新世界戦略』光文社。
真壁昭夫（2013），『日の丸家電の命運―パナソニック，ソニー，シャープは再生するか』小学館。
三戸公（2002），『管理とは何か』文眞堂。
宮﨑知己・木村英昭・小林剛（2013），福島原発事故記録チーム編『福島原発事故　タイムライン2011-2012』岩波書店。
宮﨑知己・木村英昭（2013），福島原発事故記録チーム編『福島原発事故　東電テレビ会議49時間の記録』岩波書店。
武者利満（1980），『ゆらぎの世界　自然界の1/fゆらぎの不思議』講談社。
村上陽一郎（1974），『近代科学を超えて』日本経済新聞社。
村田晴夫（2003），「経営哲学の意義」経営哲学学会編『経営哲学とは何か』文眞堂。
村山元英（2003），「経営哲学の旅路―歩く学問：東西南北」経営哲学学会編『経営哲学とは何か』文眞堂。
森永卓郎（2000），『リストラと能力主義』講談社。
山口勧（1989），『社会心理学』放送大学教育振興会。
山口昌哉（1986），『カオスとフラクタル』講談社。
山下和也（2004），『オートポイエーシスの世界』近代文芸社。
山本信・黒崎宏（1987），『ウィトゲンシュタイン小事典』大修館書店。
好井裕明（1987），「『あたりまえ』へ旅立つ―エスノメソドロジーの用語非解説風解説」ハロルド・ガーフィンケル他『エスノメソドロジー――社会学的思考の解体―』せりか書房。
米倉誠一郎・延岡健太郎・青島矢一（2010），「検証・日本企業の競争力―失われない10年に向けて」『一橋ビジネスレビュー』58巻2号，東洋経済新報社。
若山俊弘・新宅純二郎・天野倫文（2012），「パナソニックが中国市場から得た教訓　現地主義か，グローバル統合か」『ダイヤモンド・ハーバード・ビジネス・レビュー』2014年2月号，ダイヤモンド社。
渡邉憲夫・与能本泰介・玉置等史・中村武彦・丸山結（2013），「福島第一原子力発電所事故に関する5つの事故調査報告書のレビューと技術的課題の分析―事故の進展と原因に焦点を当てて―」『日本原子力学会和文論文集』Vol. 12, No. 2, pp.113-127頁，日本原子力学会。
NHK取材班編（1993），『敵を知らず己を知らず』角川書店。

参考文献

Allport, G. (1955), *Becoming: Basic Consideration for a Psychology of Personality*, Yale University Press.
Allport, G. (1961), *Pattern and Growth in Personality*, Holt Rinehart and Winston.（今田恵監訳・星野命他訳（1968）『人格心理学』誠信書房。）
Andrews, H. (2000), "Consuming Hospitality on Holiday," C. Lashley & A. Morrison eds., *In Search of Hospitality*, pp.235-254, Butterworth-Heinemann.
Ansoff, H. I. (1965), *Corporate Strategy*, McGraw-Hill.（広野寿亮訳（1969）『企業戦略論』産業能率大学出版部。）
Ansoff, H. I. (1979), *Strategic Management*, Macmillan.（中村元一訳（1980）『戦略経営論』産業能率大学出版部。）
Ansoff, H. I. (1988), *The New Corporate Strategy*, Wiley.（中村元一・黒田哲彦訳（1990）『最新・戦略経営』産業能率大学出版部。）
Ansoff, H. I. (1990), *Implanting Strategic Management* (2nd ed.), Prentice-Hall.（中村元一・黒田哲彦・崔大龍訳（1994）『戦略経営の実践原理』ダイヤモンド社。）
Argent, P. (2002), "Crisis Communication," *Harvard Business Review*, 2002 December.（ダイヤモンド・ハーバード・ビジネス・レビュー編集部訳（2003）「非常時こそ企業文化が問われる」『ダイヤモンド・ハーバード・ビジネス・レビュー』2003年10月号，ダイヤモンド社。）
Ariely, D. & Norton, M. (2009), "How Concepts Affect Consumption," *Harvard Business Review*, 2009 June.（ダイヤモンド・ハーバード・ビジネス・レビュー編集部訳（2010）「『意味的消費』の影響力」『ダイヤモンド・ハーバード・ビジネス・レビュー』2010年1月号，ダイヤモンド社。）
Augustine, N. R. (1995), "Managing the Crisis," *Harvard Business Review*, 2003 November/December.（ダイヤモンド・ハーバード・ビジネス・レビュー編集部訳（2003）「クライシス・マネジメントはリーダーの仕事」『ダイヤモンド・ハーバード・ビジネス・レビュー』2003年10月号，ダイヤモンド社。）
Barnard, C. I. (1938), *The Functions of Executive*, Harvard University Press.（山本安次郎・田杉競・飯野春樹訳（1968）『経営者の役割』ダイヤモンド社。）
Berger, P. L. & Luckman, T (1966), *The Social Construction of Reality*, Penguin.（山口節郎訳（1977）『日常世界の構成』新曜社。）
Blumer, H (1969), *Symbolic Interactionism: Perspective and Method*, Prentice-Hall.（後藤将之訳（1991）『シンボリック相互作用論 パースペクティヴと方法』勁草書房。）
Botterill, D. (2000), "Social Scientific Ways of Knowing Hospitality," C. Lashley & A. Morrison eds., *In Search of Hospitality*, pp.177-197, Butterworth-Heinemann.
Boulding, K. E. (1956), "General Systems Theory-The Skeleton of Science," *Management Science*, 2-3, pp.197-208.
Boulding, K. E. (1968), "General Systems Theory-The Skeleton of Science," *Modern Systems Research for the Behavioral Scientist*, Aldine Publishing.
Bordieu, P. (1977), *Algerie 60: Structures Economiques et Structures Temporelles*.（原哲夫訳（1993）『アルジェリアの矛盾 資本主義のハビトゥス』藤原書店。）
Bourdieu, P. (1990), *The Logic of Practice*, Polity.
Bourdieu, P. (1995), *Sociology in Question*, Sage.
Bower, J. L. & Christensen, C. M. (1995), "Disruptive Technologies: Catching the Wave," *Harvard Business Review*, 1995 January-February.（関美和訳（2013）「イノベーションのジレ

ンマ」『ダイヤモンド・ハーバード・ビジネス・レビュー』2013年6月号，ダイヤモンド社。）
Brotherton, B. & Wood, R. C. (2000), "Hospitality and Hospitality Management," C. Lashley & A. Morrison eds., *In Search of Hospitality*, pp.134-156, Butterworth-Heinemann.
Buckley, W. (1968), "Society as a Complex Adaptive System," *Modern Systems Research for the Behavioral Scientist*, Aldine Publishing.
Burns, T. & Stalker, G. M. (1961), *The Management of Innovation*, Tavistock.
Burrell, G. & Morgan, G. (1979), *Sociological Paradigms and Organisational Analysis: Elements of the Sociology of Corporate Life*, Heinemann.（鎌田伸一・金井一頼・野中郁次郎訳（1986）『組織理論のパラダイム―機能主義の分析枠組―』千倉書房。）
Campbell, D. T. (1965), "Variation and Selective Retention in Socio-Cultural Evolution," in H. R. Barringer, G. I. Blanksten, & R. Mack (eds.), *Social Change in Developing Areas*, Schenkam.
Calder, B. J. (1977), "An Atribution Theory of Leadership," in B. M. Staw & G. R. Salancik (eds.), *New Directions in Organizational Behavior*, Chicago: St. Clair Press.
Cave, J. & Ryan, C. (2007), "Gender in Backpacking and Adventure Tourism," A. Woodside ed., *Advances in Culture, Tourism and Hospitality Research*, Emerald, pp.183-214.
Chandler, Jr., A. D. (1962), *Strategy and Structure*, MIT Press.（三菱総合研究所訳（1967）『経営戦略と組織』実業之日本社。）
Chesbrough, H. M. (2010), "Open Innovation: Has Its Time to Come in Japan？". 『研究技術計画』Vol.25 No.1。
Cohen, M. D., March, J. G. (1974), *Leadership and Ambiguity*, McGrawHill.
Cohen, M. D., March, J. G. & Olsen, J. P. (1972), "A Garbage Can Model of Organizational Choice," *Administrative Science Quarterly*, 17, pp.1-25.
Cyert, R. M. & March, J. G. (1963), *A Behavioral Theory of the Firm*, Prentice-Hall.（松田武彦監訳，井上恒夫訳（1967）『企業の行動理論』ダイヤモンド社。）
Czarniawska-Joerges, B. (1992), *Exploring Complex Organizations: A Cultural Perspective*, Sage.
Daft, R. L. & Lengel, R. H. (1984), "Information Richness: A New Approach to Managerial Behavior and Organization Design," *Research in Organizational Behavior*, Vol.6, pp.191-233, Greenwich.
Daft, R. L. & Lengel, R. H. (1986), "Organizational Information Requirements, Media Richness, and Structural Design," *Management Science*, 32, pp.554-571.
Daft, R. L., Lengel, R. H. & Trevino, L. K. (1987), "Message Equivocality, Media Selection, and Manager Performance: Implications for Imformation Systems," *MIS Quarterly*, pp.355-366.
Daft, R. L. & Macintosh, N. B. (1981), "A Tentative Explanation into the Amount and Equivocality of Information Processing in Organizational Work Unit," *Administratine Science Quarterly*, 26, pp.207-224.
Deal, T. E. & Kennedy, A. A. (1982), *Corporate Cultures: The Rites and Rituals of Corprate Life*. Addison-Wesley.（城山三郎訳（1997）『シンボリック・マネージャー』岩波書店。）
deBono, E. (1969), *The Mechanism of Mind*.（箱崎総一・青井寛訳（1972）『頭脳のメカニズム』講談社ブルーバックス。）
Denzin, N. K. (1970), *Sociological Methods*, Aldine.
Dore, R. P. (2011), 『金融が乗っ取る世界経済―21世紀の憂鬱―』中公新書。
Downes, L. & Nunes, P. F. (2013), "Big-Bang Disruption," *Harvard Business Review*, 2013 March.（有賀裕子訳（2013）「破壊的イノベーションを超えるビッグバン型破壊」『ダイヤモンド・ハーバード・ビジネス・レビュー』2013年6月号，ダイヤモンド社。）

Drucker, P. F. (1993), *Innovation and Entrepreneurship*, Harper&Row. (上田惇生訳 (1997)『[新訳]イノベーションと起業家精神』(上・下), ダイヤモンド社。)

Evans, P. & Wolf, P. (2005), Collaboration Rules. *Harvard Business Review*, 2005 July/August. (マクドナルド京子訳 (2005)「コラボレーションの成否は『取引コスト』が左右する」『ダイヤモンド・ハーバード・ビジネス・レビュー』2005年12月号, ダイヤモンド社。)

Farson, R. & Keyes, R. (2002), "The Failure-Tolerant Leader," *Harvard Business Review*, 2002 August. (ダイヤモンド・ハーバード・ビジネス・レビュー編集部訳 (2003)「失敗に寛容な組織をつくる」『ダイヤモンド・ハーバード・ビジネス・レビュー』2003年12月号, ダイヤモンド社。)

Furedi, F. (2005), "That Employees Like Adults," *Harvard Business Review*, 2005 May. (ダイヤモンド・ハーバード・ビジネス・レビュー編集部訳 (2005)「マニュアル化が社員を幼児化させる」『ダイヤモンド・ハーバード・ビジネス・レビュー』2005年12月号, ダイヤモンド社。)

Fuentes, C. (1990), *Myself with Others*, Farrar, Straus, Giroux.

Galbraith, J. R. (1973), *Designing Complex Organizations*, Addison-Wesley. (梅津祐良訳 (1980)『横断組織の設計』ダイヤモンド社。)

Galbraith, J. R. & Nathanson, D. A. (1978), *Strategy Implementation: The Role of Structure and Process*. West. (岸田民樹訳 (1989)『経営戦略と組織デザイン』白桃書房。)

Garfinkel, H. (1963), "A Consption of, and Experiment with, "Trust" as a Condition of Stable Connected Actions," in O. J. Harvey (ed.), *Motivation and Social Interaction*, Ronald.

Garfinkel, H. (1967), *Studies in Ethnomethodology*, Prentice-Hall.

Garfinkel, H. (1968), "The Origin of the Term "Ethnomethodology," in R. Turner (ed.), *Ethnomethodology*, Penguin, 1974 (originally published as Purdue Symposium on Ethnomethodology, 1968). (山田富秋・好井裕明・山崎敬一訳 (1987)「エスノメソドロジー命名の由来」『エスノメソドロジー──社会学的思考の解体』せりか書房, 5-8 頁。)

Garfinkel, H. & Sacks, H. (1969), "On Formal Structures of Practical Actions," J. C. McKinney & E. Tiryakian (eds.), *Theoretical Sociology*, Appleton-Century-Crofts. Garfinkel, H. (1986), *Ethnomethodological Studies of Work*, R. K. P. (山田富秋・好井裕明・山崎敬一訳 (1987)『エスノメソドロジー──社会学的思考の解体』せりか書房, 297-310 頁。)

Glick, W. H., Miller, C. C. & Huber, G. P. (1993), "The Impact of Upper-Echelon Diversity on Organizational Performance," in G. P. Huber & W. H. Glick (eds.), *Organizational Change and Redesign*, New York: Oxford University Press.

Goffmann, E. (1959), *The Presentation of Self in Everyday Life*, Doubleday & Co. (石黒毅訳 (1974)『行為と演技―日常生活における自己呈示―』誠信書房。)

Gomez, P. & Probst, G. J. B. (1983), *Organizational Closure in Management − a Complementary View to Contingency Approaches*, University of Geneva.

Gorbachev, M. (1991), *The August Coup*. (福田素子訳 (1991)『世界を震撼させた三日間』徳間書店。)

Grean, G. (1976), "Role-Making Processes within Complex Organizations," in M. D. Dunnertte (ed.), *Handbook of Industrial and Organizational Psychology*. Chicago: Rand.

Hamel, G. (2013),「いま, 経営は何をなすべきか」『ダイヤモンド・ハーバード・ビジネス・レビュー』2013年3月号, ダイヤモンド社。

Hayles, N. K. (1990), *Chaos and Disorder: Complex Dynamics in Literature and Science*, University of Chicago Press.

Heal, F. (1990), *Hospitality in Early Modern England*, Calarendon Press.

Hinrich, H. W. (1931), *Industrial Accident Prevention*, McGraw-Hill.

Hong, H. & Doz, Y. L. (2013), "L'Oréal Masters Multiculturalism," *Harvard Business Review*, 2013 June.（高橋由香理訳（2014）「ロレアル流　グローバル・チームのつくり方」『ダイヤモンド・ハーバード・ビジネス・レビュー』2014年2月号, ダイヤモンド社。）

Huber, G. P. & Daft, R. L. (1987), "The Information Environments of Organizations," in F. M. Jablin, L. L. Putnam, K. H. Roberts, & L. W. Porter (eds.), *Handbook of Organizational Communication*, Sage.

Hunt, J. G. & Osborn, R. N. (1975), "An Adaptive-Reactive Theory of Leadership: The Role of Macro Variables in Leadership Research," in J. G. Hunt & L. L. Larson (eds.), *Leadership Frontiers. Carbondale*, IL: Southan Illinois Press.

Ichii, S., Hattori, S. & Michael, D. (2012), "How to Win in Emerging Markets: Lessons from Japan," *Harvard Business Review, 2012 May*.（ダイヤモンド・ハーバード・ビジネス・レビュー編集部訳（2014）「新興国市場：日本企業の戦い方」『ダイヤモンド・ハーバード・ビジネス・レビュー』2014年2月号, ダイヤモンド社。）

Immelt, J. R., Govindarajan, V. & Trimble, C. (2009), "How GE is Disrupting Itself," *Harvard Business Review, 2009 September*.（関美和訳（2010）「GE リバース・イノベーション戦略」『ダイヤモンド・ハーバード・ビジネス・レビュー』2010年1月号, ダイヤモンド社。）

Kahneman, D., Slovic, P. & Tversky, A. (1982), *Judgment under Uncertainty: Heuristics and Biases*, Cambridge University Press.

Kauffman, S. (1995), *At Home in Universe: The Search For Laws of Self-Organization and Complexity*, Oxford University Press.（米沢富美子訳（1999）『自己組織化と進化の論理　宇宙を貫く複雑系の法則』日本経済新聞社。）

von Krogh, G & Raisch, S. (2009), "Focus Intensely on a Few Great Innovation Ideas," *Harvard Business Review*, 2019 October.（ダイヤモンド・ハーバード・ビジネス・レビュー編集部訳（2010）「コンカレント・イノベーション」『ダイヤモンド・ハーバード・ビジネス・レビュー』2010年4月号, ダイヤモンド社。）

von Krogh, G & Roos, J (1995), *Organizational Epistemology*, Palgrave Macmillan.（高橋量一・松本久良訳（2010）『オーガニゼーショナル・エピステモロジー』文眞堂。）

Kotler, P., Bowen, J. & Makens, J. (2003), *Marketing for Hospitality and Tourism*, 3rd.ed. Prentice Hall.（白井義男監修・平林祥訳（2003）『コトラーのホスピタリティ&ツーリズム・マーケティング 第3版』ピアソン・エデュケーション。）

Kotter, J. P. (2012), "Accelerate!," *Harvard Business Review*, 2012 November.（有賀裕子訳（2013）「階層組織とネットワーク組織を共存させる　これから始まる新しい組織への進化」『ダイヤモンド・ハーバード・ビジネス・レビュー』2013年3月号, ダイヤモンド社。）

Lanir, Z. (1989), "The reasonable choice of disaster - The shooting down of the Libyan airliner on 21 February 1973," *Journal of Strategic Studies*, 12, pp. 479-493.

Lashley, C. (2000), "Towards a Theoretical Understanding," Lashley, C. & Morrison, A. eds., *In Search of Hospitality*, pp.1-17, Butterworth-Heinemann.

Lawrence, P. R., & Lorsch, J. W. (1967), *Organization and Environment: Managing Differentiation and Integration*, Havard Business School, Division of Research.（吉田博訳（1977）『組織の条件適応理論』産業能率短期大学出版部。）

Leonard, D. & Swap, W. (2005), *Deep Smarts: How to Cultivate and Transfer Enduring Business Wisdom*, Harvard Business School Press.（池村千秋訳（2005）『「経験知」を伝える技術－ディープスマートの本質』ランダムハウス講談社。）

Likert, R. (1961), *New Patterns of Management*, MacGraw-Hill.（三隅二不二訳（1964）『経営の

行動科学』ダイヤモンド社。)

Likert, R. (1967), *The Human Organization*, MacGraw-Hill.（三隅二不二訳（1967)『組織の行動科学』ダイヤモンド社。)

Looy, B. V., Gemmel, P. & Van Deirdonck, R. (1998), *Services Management: An Integrated Approach*, 2nd.ed. Prentice Hall.（白井義男監修・平林祥訳（2004)『サービス・マネジメント―統合的アプローチ』ピアソン・エデュケーション。)

Louis, M. R. & Sutton, R. I. (1991), "Switching Cognitive Gears: From Habits of Mind to Active Thinking," *Human Relations*, 44, pp.55-76.

Lovallo, D. & Kahneman, D. (2002), "Delusions of Success: How Optimism Undermines Executives' Decisions," *Harvard Business Review*, 2003 July.（ダイヤモンド・ハーバード・ビジネス・レビュー編集部訳（2003)「楽観主義が意思決定を歪める」『ダイヤモンド・ハーバード・ビジネス・レビュー』2003 年 12 月号, ダイヤモンド社。)

Luhmann, N. (2002), *Einfuhrung in die Systemtheorie*, Carl-Auer-Systeme Verlag.（土方遥監訳（2007)『システム理論入門 ニクラス・ルーマン講義【1】』新泉社。)

Mandler, G. (1994), *A Primer on Decision Making*, Free Press.

March, J. G. (1991), "Exploration and Exploitation in Organizational Learning," *Organization Science*, Feb91, 2(1), pp.71-87.

Maruyama, M. (1963), "The Second Cybernetics: Deviation-Amplifying Mutual Causal Processes," *American Scientist*, 51, pp.164-179.

Maturana, H. Varela, F. J. & Uribe, R. (1974), "Autopoiesis: The Organization of Living Systems, Its Characterization and a Model," *Biosystem* Vol.5, pp.187-196.

Maturana, H. Varela, F. J. & Uribe, R. (1980), *Autopoiesis and Cognition: the Ralization of the Living. Reidel.*（河本英夫訳（1991)『オートポイエーシス―生命システムとは何か』国文社。)

Mead, G. H. (1956), *The Social Psychology of George Herbert Mead*, University of Chicago Press.

Mennell, S., Murcott, A. & Van Otterloo, A. H. (1992), *The Sociology of Food: Eating, Diet and Culture*. Sage.

Merton, R. K. (1949), *Social Theory and Social Structure*, New York: The Free Press.（森東吾・森好夫・金沢実・中島竜太郎訳（1961)『社会理論と社会構造』みすず書房。)

Mintzberg, H. (1989), *Mintzberg on Management*, Free Press.（北野利信訳（1991)『人間感覚のマネジメント―行き過ぎた合理主義への抗議』ダイヤモンド社。)

Mitroff, I. I. (2001), *Managing Crises before They Happen: What Every Executive and Manager Need to Know about Crisis Management*, Amacom.（上野正安・大貫功雄訳（2001)『危機を避けられない時代のクライシス・マネジメント』徳間書店。)

Mitroff, I. I. & Alpaslan, M. C. (2003), "Preparing for Evil," *Harvard Business Review*, 2003 April.（ダイヤモンド・ハーバード・ビジネス・レビュー編集部訳（2003)「健全なる組織はクライシス感度が高い」『ダイヤモンド・ハーバード・ビジネス・レビュー』2003 年 10 月号, ダイヤモンド社。)

Munroe, R. L. (1955), *Schools of Psychoanalytic Thought*, Holt.

Nayyar, P. R. & Kazanjian, R. K. (1993), "Organizing to Attain Potential Benefits from Imformation Asymmetries and Economies of Scope in Related Diversified Firms," *Academy of Management Review*, 18, pp.735-759.

New York Times (1996), *The Downsizing of America*, The New York Times Company.（矢作弘訳（1996)『ダウンサイジング オブ アメリカ』日本経済新聞社。)

Perrow, C. (1970), *Organization Analysis: A Sociological View*, Wadsworth.（岡田至雄訳（1973)

『組織の社会学』ダイヤモンド社。)

Perrow, C. (1983), "The Organizational Context of Human Factors Engineering," *Administrative Science Quarterly*, 28, pp.521-541.

Perrow, C. (1984), *Normal accidents*, Basic Books.

Perrow, C. (1986), *Complex Organization*, 3rd ed., Random House.

Pollner, M. (1975), "The Very Coinage of Your Brain: The Anatomy of Reality Disjuncture," *The Philosophy of Social Science* 5, 1975. (山田富秋・好井裕明・山崎敬一訳 (1987)「お前の心の迷いです――リアリティ分離のアナトミー」『エスノメソドロジー――社会学的思考の解体』せりか書房, 39-80頁。)

Porac, J. F., Thomas, H., & Baden-Fuller, C. (1989), "Competitive Groups as Cognitive Communities: The Case of Scottish Kitwear Manufacturers," *Journal of Management Studies*, 26, pp.397-416.

Porter, M. E. (1980), *Competitive Strategy*, Free Press. (土岐坤・中辻萬治・服部照夫訳 (1982)『競争の戦略』ダイヤモンド社。)

Prahalad, C. K. (2005), *The Fortune at the Bottom of Pyramid: Eradicating Poverty through Profits*, Wharton School Publishing. (スカイライトコンサルティング訳 (2005)『ネクストマーケット――「貧困層」を「顧客」に変える次世代ビジネス戦略――』英治出版。)

Raven, B. H. & Eachus, H. T. (1963), "Cooperation and Competition in Meansinterdependent triads," *Journal of Abnormal and Social Psychology*, 67, pp.307-316.

Reason, J. (1997), *Managing the Risks of Organizational Accidents*, Ashgate. (高野研一&佐相邦英訳 (1999)『組織事故』日科技連出版社。)

Reason, J. & Hobbs, A. (2003), *Managing Maintenance Error: A Practical Guide*, Ashgate. (高野研一監訳, 佐相邦英・弘津祐子・上野彰訳 (2005)『保守事故』日科技連出版社。)

Ring, P. S. & Rands, G. P. (1989), "Sensemaking, Understanding, and Committing: Emergent Interpersonal Transaction Processes in the Evolution of 3M's Microgravity Research Programs," in A. H. Van de Ven, H. L. Angle & M. S. Poole (ed.), *Reserch on the Management of Innovation: the Minnesota Studies*, pp.337-366, Ballinger.

Roberts, K. H. (1990), Managing High Reliability Organizations, *California Management Review*, 32, pp.101-113.

Roberts, K. H. & Bea, R. G. (2001), When Systems Fail, *Organizational Dynamics*, 29, pp.179-191.

Robinson, J. A. (1981), "Personal Narratives Reconsidered," *Journal of American Folklore*, 94, pp.58-85.

Rumelt, R. P. (1974), *Strategy, Structure, and Economic Performance*, Havard University Press. (鳥羽欣一郎・山田正喜子・川辺信雄・熊沢孝訳 (1997)『多角化戦略と経済成果』東洋経済新報社。)

Sacks, H. (1979), "Hotrodder: A Revolutionary Category," in G. Psathas (ed.), *Everyday Language: Studies in Ethnomethodology*, Irvington Publisher. (山田富秋・好井裕明・山崎敬一訳 (1987)「ホットローダー――革命的カテゴリー」『エスノメソドロジー――社会学的思考の解体』せりか書房, 9-18頁。)

Schroeder, R. G., Van de Ven, A., Scudder, G. D. & Polley, D. (1989), "The Development of Innovation Ideas," *Research in the Managemant of Innovation: The Minnesota Studies*, Ballinger, pp.107-134.

Schumpeter, J. A. (1928), Unternehmer, *Handwörterbuch der Staatswissenschaften*. (清成忠男訳 (1998)『企業家とは何か』東洋経済新報社, 1-51頁。)

Schumpeter, J. A. (1947), "The Creative Response in Economic History," *Journal of Economic History,* Nov.,1947.（清成忠男訳（1998）『企業家とは何か』東洋経済新報社, 85-107 頁。）
Schutz, A. (1932), *Der Sinnhafte Aufbau der Sozialen Welt*, Heinemann.（佐藤嘉一訳（1997）『社会的世界の意味構成』木鐸社。）
Schutz, A. (1964), *Collected Papers* II, *Studies Theory*, The Hague.（桜井厚訳（1980）『現象学的社会学の応用』御茶の水書房。）
Schutz, A. (1967), *The Phenomenology of the Social World*, Northwestern University Press.
Schutz, A. (1970), *On Phenomenology and Social Relations*, University of Chicago Press.（森川眞規雄・浜日出夫訳（1980）『現象学的社会学』紀伊国屋書店。）
Scott, W. G., Mitchell, T. R., & Birnbaum, P. H. (1981), *Organization Theory: a Structual and Behavioral Analysis* (4th ed.), Richard: D. Irwin.（鈴木幸毅監訳（1985）『組織理論―構造・行動分析―』八千代出版。）
Scott, W. R. (1987), *Organizations: Rational, Natural, and Open Systems* (2nd ed.), Prentice Hall.
Selwyn, T. (2000), "An Anthoropology of Hospitality," C. Lashley & A. Morrison eds., *In Search of Hospitality*, pp.18-37, Butterworth-Heinemann.
Shils, E. (1981), *Tradition*, University of Chicago Press.
Silverman, D. (1970), *The Theory of Organizations*, Heinemann.
Simon, H. A. (1957), *Administrative Behavior: A Study of Decision-Making Process in Administrative Organization* (2nd ed.), Macmillan.（松田武彦・高柳暁・二村敏子訳（1965）『経営行動』ダイヤモンド社。）
Simon, H. A. (1977), *The New Science of Management Decision*, Prentice-Hall.（稲葉元吉・倉井武夫訳（1979）『意思決定の科学』産業能率大学出版部。）
Smircich, L., & Morgan, G. (1982), "Leadership: The Management of Meaning," *Journal of Applied Behavioral Science*, 18, pp.257-273.
Smircich, L., & Stubbart, C. (1985), "Strategic Management in an Enacted World," *Academy of Managemanet Review*, 10, pp.724-736.
Smith, D. (1978), "K is Mentally Ill.: The Anatomy of a Factual Account," Sociology, 12, vol.1.（山田富秋・好井裕明・山崎敬一訳（1987）「K は精神病だ―事実報告のアナトミー」『エスノメソドロジー―社会学的思考の解体』せりか書房, 81-154 頁。）
Starbuck, W. H. (1976), "Organizations and Their Environments," in M. D. Dunnette (ed.) *Handbook of Industrial and Organizational Behavior*, Rand Mcnally.
Stinchcombe, A. L. (1990), *Information and Organizations*, University of California Press.
Stopford, J. M. & Wells, Jr., L. T. (1972), *Managing the Multinational Enterprise*. Basic Books.（山崎清訳（1976）『多国籍企業の組織と所有政策』ダイヤモンド社。）
Teubner, G. (1989), *Recht als Autopoietisches System*, suhrkamp.（土方透・野崎和義訳（1994）『オートポイエーシス・システムとしての法』未來社。）
Thayer, L. (1988), "Leadership/Communication: A Critical Review and a Modest Proposal," in G. M. Goldhaber & G. A. Barnett (eds.), *Handbook of Organizational Communication*. Norwood, NJ: Ablex.
Thompson, J. D. (1967), *Organizations in Action*, McGraw-Hill.（高宮晋監訳（1987）『オーガニゼーション イン アクション』同文舘。）
Trice, H. M. & Beyer, J. M. (1993), *The Cultures of Work Organization*, Prentice Hall.
Upton, A. (1961), *Design for Thinking*, Pacific.

Van Maanen, J. (1990), "The Smile Factory," P. J. Frost, L. F. Moore, M. R. Louis, C. C. Lundberg & J. Martin eds., *Reframing Organizational Culture*, pp.58-76, Sage.
Varela, F. J. (1979), *Principles of Biological Autonomy*, North-Holland.
Varela, F. J. (1984), Two Principles of Self-Organization, in H. Ulrich & G. J. B. Probst (ed.) *Self-Organization and Management of Social System*, Springer Verlag.
Vogel, E. F. (1979), *Japan As Number One: Lessons For America.'79*, Harvard University Press.（広中和歌子・木本彰子訳（1980）『ジャパンアズナンバーワン――アメリカへの教訓』TBSブリタニカ。）
Waterman, R. H., Jr. (1990), *Adhocracy: The Power to Change*, Whittle Direct Books.
Watkins, M. E. & Bazerman, M. H. (2003), "Predictable Surprises: The Disasters", *Harvard Business Review*, 2003 March.（ダイヤモンド・ハーバード・ビジネス・レビュー編集部訳（2003）「ビジネス危機は予見できる」『ダイヤモンド・ハーバード・ビジネス・レビュー』2003年10月号、ダイヤモンド社。）
Watzlawick, P. (1976), *How Real is Real?* Random House.（小林薫訳（1978）『あなたは誤解されている――意思疎通の技術――』光文社。）
Weick, K. E. (1978), "The Spines of Leaders," in M. W. McCall & M. M. Lombard (eds.), *Leadership: Where Else Can We Go?* Duke University Press.
Weick, K. E. (1979), *The Social Psychology of Organizing* (2nd ed.), Addison-Wesley.（遠田雄志訳『組織化の社会心理学』第2版、文眞堂、1997年。）
Weick, K. E. (1995), *Sensemaking in Organizations*, Sage.（遠田雄志・西本直人訳（2001）『センスメーキング イン オーガニゼーションズ』文眞堂。）
Weick, K. E. (2000), *Making Sense of the Organization*. Malden, MA: Blackwell Publishers.
Weick, K. E. (2003), Sense and Reliability, *Harvard Business Review*, 2003 April.（ダイヤモンド・ハーバード・ビジネス・レビュー編集部訳（2003）「『不測の事態』の心理学」『ダイヤモンド・ハーバード・ビジネス・レビュー』2003年10月号、ダイヤモンド社。）
Weick, K. E. & Sutcliffe, K. M. (2001), *Managing the Unexpected: Assuring High Performance in an Age of Complexity*, Jossey-Bass Inc.（西村行功訳（2002）『不確実性のマネジメント――危機を事前に防ぐマインドとシステムを構築する』ダイヤモンド社。）
Westley, F. R. (1990), "Middle Managers and Strategy: Microdynamics of Inclusion," *Strategic Management Journal*, 11, pp.337-351.
Westney, D. E. & Cusumano, M. A. (2010),「日本の競争力を再考する」青木矢一・武石彰・Cusumano, M. A.（2010）編著『メイド・イン・ジャパンは終わるのか――「奇跡」と「終焉」の先にあるもの――』東洋経済新報社。
Westrum, R. (1982), "Social Intelligence about Hidden Events," *Knowledge*, 3(3), pp.381-400.
Wiley, N. (1988), "The Micro-Macro Problem in Social Theory," *Sociological Theory*, 6, pp.254-261.
Wittgenstein, L. (1953), *Philosophical Investigations*, Macmillan.
Wittgenstein, L. (1958), *The Blue and Brown Books*, Blackwell.
Wittgenstein, L. (1969), *Philosophische Grammatik*. Oxford.（山本信訳（1975）『ウィトゲンシュタイン全集 第3巻』大修館書店。）
Woodside, A. G. & Caldwell, M. (2007), "Lived Experience Theory in Travel and Tourism Research," A. Woodside, (ed.), *Advances in Culture, Tourism and Hospitality Research*, Emerald, pp.17-66.
Woodward, J. (1965), *Industrial Organization: Theory and Practice*, Oxfrod University Press.

(矢島鈞次・中村壽雄共訳 (1970)『新しい企業組織』日本能率協会。)

Zolo, N. (1992), "The Epistemological Status of the Theory of Autopoiesis and Its Application to Social Science," in A. Febbrajo & G. Teubner (ed.), *State, Law, and Economy as Autopoietic Sysytems: Regulation and Autonomy in a New Perspective*, Giuffre, pp.67-124.

参考視聴覚資料

NHK (2001),『NHK スペシャル 直接対話が巨大商社を変える』, NHK 総合テレビ, 2001 年 6 月 3 日放送。

参考 Web サイト

朝日ネット (朝日新聞社) HP: http://www.asahi-net.or.jp/
伊藤忠商事 (株) HP: http://www.itochu.co.jp/
京都新聞 HP: http://www.kyoto-np.co.jp/
帝国データバンク HP: http://www.tdb.co.jp/
ダイエー HP: http://www.daiei.co.jp/
日本貿易会 (Japan Foreign Trade Council,Inc.) HP: http://www.jftc.or.jp/
リクルートワークス研究所 (2003): http://www.works-i.com/works_network/0301/
NIKKEINET HP: http://www.nikkei.co.jp/

人名索引

外国人名

【A】

Allport 48
Ansoff 394, 395, 405, 407, 414, 419, 431
Argenti 215
Argyris 14
Ariely & Norton 502
Augustine 208, 224, 236
Austin 517

【B】

Barnard 5, 6, 11, 24, 26, 312, 375, 379, 490
Berger 321
Berger & Luckman 137, 321, 326, 342, 371
Blake & Mouton 5, 131
Blumer 74, 79, 324, 328, 331
Bob Engel 176
Bordieu 311, 344, 517
Boulding 12, 87
Bourdieu 371
Bower & Christensen 493, 495, 520
Brotherton & Wood 347, 348
Buckley 344
Burrell & Morgan 63, 66, 322, 343, 367
Burns & Stalker 18, 27, 155, 341, 355

【C】

Calder 134
Campbell 53, 88, 151, 173
Chandler 394, 406, 407, 410
Chesbrough 514, 520
Chomsky 339
Christensen 493
Cohen & March 50
Cohen, March & Olsen 224
Coleman 517

Conrad Lashley 350, 369
Cusumano 505
Czarniawska-Joerges 87

【D】

Daft 28
Daft & Lengel 23, 29, 214, 356
David Botterill 371
Deal & Kennedy 51, 91, 135, 145, 170, 184, 210
deBono 42, 97
Denzin 83
Dewey 74
Dore 505
Downes & Nunes 493, 496
Drucker 38, 89, 122, 362
Durkheim 25
Dushnitsky & Michael 520

【E】

Eames 314
Edward Lorenz 314
Evans & Wolf 229, 238

【F】

Farson & Keyes 212
Fayol 4, 13
Fiedler 132
Ford 4
Francisco Varela 304
Fuentes 90, 98, 354, 355
Furedi 222, 368

【G】

Galbraith 19
Garfinkel 36, 47, 71, 73, 242, 324, 327, 334, 401
Garfinkel & Sacks 73
Geerz 344

Geoffrey Moore 496
Georg Cantor 313
Glick 171
Goffman 80, 138, 352, 370
Gomez & Probst 307
Gorbachev 53
Govindarajan 491
Granovetter 517
Grean 133

【H】

Hamel 519
Hayles 315
Hazel Andrews 371
Heal 350, 353
Heider 134
Henri Poincare 369
Hersey & Blanchard 132
Hollander 134
Hollander & Willis 133
Hong & Doz 516
Huber 28, 171, 344
Huber & Daft 28, 31, 39, 214, 350, 356
Hunberto Maturana 304
Hunt & Osborn 133

【I】

Ichii・Hattori・Michael 520
Immelt 491, 494
Immelt, Govindarajan, & Trimble 491

【J】

Jakobson 319
Jenny Cave & Chris Ryan 371
John Caffey 31
John Van Maanen 367

【K】

Kahneman 351
Kauffman 314, 316
Kotler, Bowen & Makens 370
Kotter 519
Krogh & Raisch 521
Krogh & Roos 303, 308, 346, 351, 372, 490, 503, 523

【L】

La Porte & Consolini 228
Lanir 224
Lashley 346
Lawrence & Lorsch 16, 394
Lengel 28
Leonard & Swap 221, 241, 288, 454
Likert 5, 131
London & Hart 501, 502
Looy, Gemmel, & Dierdonck 364
Louis & Sutton 38, 89, 156, 234, 362
Lovallo & Kahneman 219
Luckman 321
Luhmann 305, 308, 310
Luois & Sutton 195

【M】

Mandelbrot 313
Mandler 38, 89, 234, 362
March 497, 524
March & Olsen 341
March & Simon 87, 341
Maruyama 55
Maslow 14
Maturana & Varela 305, 306, 308
Maturana, Varela & Uribe 304, 308
Mayo 5
McCarthy 339
McGregor 5
Mead 46, 48, 74
Mennell et. al. 347
Merton 152, 322
Miller 171
Miller & Buckhot 78
Minsky 339
Mintzberg 46, 48, 338, 373, 394, 420, 421, 423, 425, 431
Mitroff 296, 344
Mitroff & Alpaslan 204, 209, 219, 289, 290
Morgan 344
Munroe 36

【P】

Parsons　340
Perrow　18, 86, 222, 255, 266, 354, 363, 468
Peters & Waterman　366
Polany　311, 344
Pollner　71, 73, 327
Porac　373, 399, 492
Porter　394, 397, 398, 429, 430
Prahalad　498, 501
Prigogine　314
Prigogine & Stengers　315

【R】

Raven & Eachus　30
Reason　204, 211, 215, 228, 251, 259, 366, 386, 462, 467, 475
Reason & Hobbs　204, 210, 211, 238, 241, 260, 475
Reothlisberger & Dickson　341
Ring & Rands　326
Ring & Van de Ven　90
Roberts　202, 207
Robinson　361, 362, 364
Rochlin　202
Roethlisberger　5
Roethlisberger & Dickson　87
Rorty　339

【S】

Sacks　71, 73, 327
Saussure　319
Schall　60, 377
Schroeder　234
Schroeder, Van de Ven, Scudder & Polley　37, 89, 362
Schumperter　122
Schutz　45, 67, 68, 71, 78, 321, 324, 325, 334, 371
Schutz & Luckman　311, 321, 342
Schwartzman　139
Scott, W.R.　22, 339
Scott, W.G. 他　47, 128
Selwyn　352

Selznick　87
Shils　352, 353
Shutz　46
Silverman　66
Simmel　371
Simon　8, 10, 12, 13, 26, 59, 216, 314, 339, 354, 376, 378, 409, 490
Skinner　48
Slovic & Tversky　351
Smircich & Morgan　113, 142, 177
Smircich & Stubbart　23, 26, 85, 86, 373, 378
Smith　73, 327
Sproul & Kiesler　342
Starbuck　88, 312
Starbuck & Milliken　87
Stinchcombe　27, 356
Stogdill　130
Sutcliffe　202

【T】

Taylor　4, 12, 13
Teubner　305, 308, 310
Thayer　113, 143, 144, 159
Thomas, Clark & Gioia　87
Thompson　18
Thucyides　158
Todd La Porte　202
Tom Selwyn　349, 371
Trice & Beyer　360
Trimble　491

【U】

Uribe　304
Urwick　130

【V】

Varela　307
Vogel　123, 125

【W】

Warwick　85
Waterman　31, 87, 350
Watkins & Bazerman　208, 219, 215
Weber　13, 341

人名索引　547

Wegner　517
Weick　2, 3, 23, 24, 29, 56, 63, 84, 113, 131, 142, 168, 202, 240, 303, 323, 331, 350, 372, 373, 391, 428, 490
Weick & Roberts　342
Weick & Sutcliffe　203, 207, 209, 250, 366, 454, 466
Westley　2, 26, 30, 86
Westney & Cusumano　505
Westrum　31, 32, 215
Wiley　25, 58, 143, 335, 375, 416
Wittgenstein　318, 319, 344, 348
Woodside & Caldwell　351
Woodward　18

日本人名

【あ】

合原一幸　313
青島・武石　509, 510
天野　507, 521, 522
有冨正憲　452
飯田亮　163
飯野　6
池田元久　442
石塚巌　162, 182
泉田裕彦　248
伊丹＆丹羽　118, 126
市井・服部　518
市川猿之助　354
伊藤哲朗　444
伊藤雅俊　163
稲垣　10, 17, 50, 322, 394
井庭・福原　313
井上　509
入山　517
岩熊　449
上竹　164, 172, 197
ウォーレン・バフェット　239
枝野幸男　437, 443, 450, 478
遠田　23, 36, 52, 58, 115, 197, 234, 372, 381, 415
遠田＆高橋　208, 222, 257
大賀典雄　163

小笠原　100

【か】

海江田万里　437, 450
海道　105
加護野　18, 19
勝俣恒久　440
金井　63
鎌田　63
川合　517, 523
川俣　446
河本　305, 307, 309, 321
菅直人　437, 442, 449, 451, 457
岸　18, 19
北澤宏一　434
北澤俊美　453
橘川　505
楠木　493
熊谷　105
黒川清　434
黒田由貴子　185
ケロッグ　135
厚東　100, 434
後藤寛　270
後藤将之　340
小林＆飛田　134
小森明夫　440
近藤駿介　457

【さ】

斉藤正樹　452
榊原敏一　174
坂下　68, 73, 322, 329
坂根正弘　522
坂村　123, 125
桜井　253, 257, 265, 436, 462
佐々木力　37
佐々木毅　299
島田　522
清水正孝　440, 450, 471
下田智　183
新宅　508, 509
末永・安藤　134, 143
菅井研自　246

人名索引

杉田　135
杉山　449, 453
スタインメッツ　136
スティーブ・グローバー　288
数土文夫　239
瀬上　183
妹尾　497, 508

【た】

高野　357, 358
高橋　242
高橋・佐藤　164, 167
高橋・山口他　13, 66
高橋明男　248, 448
高橋高見　162, 164, 201
高原豪久　521, 522
武石　515
竹内敬二　479
武黒一郎　438, 458
竹中&丹羽　113, 116, 119, 126
谷井昭雄　162
チャールズ・カスト　453
テイラー　490
デニング　260
デュラント　135
寺坂信昭　437, 443, 450
遠山・村田・岸　28, 355
徳永一郎　166

【な】

永井　318
中内功　114, 141
中西　207, 209, 233, 297
中村　442, 477
中山里志　248
西野　105
西山英彦　478, 479
丹羽宇一郎　104, 108
根井寿規　447, 478
野口哲雄　478
野中　63
野中・児玉・廣瀬　523
延岡　502, 503, 504
延岡・軽部　513, 514

【は】

朴・天野　511, 517
橋爪　318
パーソンズ　340
パターソン　135
畑村洋太郎　433
服部　347, 349
パーロウ　121
日隈・木野　478
土方&野崎　311
日隈・木野　442
日比野　445
平岡英治　437
平尾・星野　498, 500
フォン・ブラウン　210
福島　447
福山哲郎　441
藤本　506, 512
フッサール　68, 326
船橋　465
古川　129
星野　518
細野豪志　450
細野・鳥越　451

【ま】

前田　121
前田・水川・岡田　72, 73
真壁　510, 511
班目春樹　438, 441, 449, 450, 458
三隅　131
三戸　11
南直哉　264
宮﨑・木村　435
宮﨑・木村・小林　435
武者　314
武藤栄　442, 458
村上　37
村田晴夫　100
村田成二　264
村山　100
森鴎外　290
森永　115

森永公紀　183

【や】

安井正也　438
山崎雅男　434
山田一也　245
山本・黒崎　318
湯之上　509
好井　73
吉川泰広　271
吉田昌郎　439, 440, 442, 444, 447, 456, 457, 460
米倉　124, 521

【ら】

力石　347, 348, 358
リ・クアン・ユー　188
ルース　450
ロベルト・ゴイズエタ　212

【わ】

若山・新宅・天野　515
渡邉・与能本・玉置・中村・丸山　433
ワトソン　135

事項索引

欧文

A&P戦略　110
Barnard 理論　8, 48
BCS　31
BOP　498
　——ビジネス　500
BOP 市場　499
BtoB　107
CDC　291, 292
CUBE　511
DSM　499, 518
ESR モデル　23, 31, 127, 331, 391
Etios　517
e メール　102, 112, 115, 366
FDA　292, 293
FUBAR　450
GE ヘルスケア　491, 525
　——日野工場　526
GE モデル　491, 513, 518, 525
Heinrich の法則　210
HRO　203, 244, 453, 467, 494
　——理論　202
IMC マグネテックス社　186
iPad　502
iPhone　502
ITL テクノロジー社　186
IT 化　100, 102, 103, 117
JFE スチール　231, 287
JT フーズ　269, 271, 282, 283
LPC　132
M&A　180, 184, 185
Michigan 大学　130
NASA　233
NEC　125
NMB Thai Ltd.　186
Ohio 州立大学　130
P&G　500
PM 理論　131
RFID　291
ROA　209
SAPS 経営モデル　521
SBO　436
SECI モデル　523
SFK 社　186
Simon 理論　8, 48
SL 理論　132
SPEEDI　479
Spines of Leaders　142
SPPEDI　445
Tavistock Institute of Human Relations　14
TOB　183
TRON　123
Wii　502
X 社計画　183
X 理論・Y 理論　5

和文

【ア行】

アイシン精機　229
アイデンティティ　55, 90, 147, 226, 307
曖昧　19
青葉病院　284
赤羽　189
アクション・ラーニング・グループ　215
アコーディオン法　417
朝日新聞　479
味の素　498
アシモ　123
アジャイルコンペティション　124
アップル　502, 514
後知恵　196
アドホック型の戦略行動　418
アトラクタ　314

事項索引　551

アノミー　152
アメリカ型経営　112, 122
新たな用途　492
アロポイエーシス・システム　308
安価な代替品　493
安価な労働力　187
アンカリング　219
アンケート　16
安全管理部門　288
安全神話　486, 487
安定性　50, 55, 93, 146, 226, 379, 384, 423, 467
暗黙知　311, 503, 516
暗黙的リーダーシップ理論　134
暗黙の論拠　320, 336
行き過ぎた安定性　54
閾値　57, 89
意識改革　240
維持規格　264
意識的情報処理　182, 183
意識的モードへの切換え　40
意思決定　8, 20, 490
　　──前提　9
　　──の網　10
　　──のシステム　12
　　──のプログラム化　93
　　──論　11, 390, 490
異質なメンバー　197
異臭トラブル　271
異常作動隠蔽　253
一貫性の維持と変容　354
逸脱─増幅ループ　55
イデオロギー　336, 360
伊藤忠　104, 108
イトーヨーカ堂加古川店　274, 282
イナクト　93, 510, 514
　　──された環境　42, 53, 78, 393, 399, 432, 455
　　──された競争環境　401
　　──しうる環境　333, 428
　　──メント　32, 142, 152, 167, 168, 332, 391, 515
　　──メント・ショック　157, 33, 33
イノベーション　38, 122, 336, 417, 493, 497, 526
イマジネーション思考　334
意味　15

──共創　501
──形成　17, 67
──世界　88
──的価値　501, 502, 503, 509
──的消費　502
──連関　331
イメージ　352, 353, 359
因果マップ　42, 78
印象操作　80
インテグラル型　506, 517
インド　492, 511, 522
インピーダンス・マッチ　407
インフォーマルなコミュニケーション　376
インプルーブメント　497
隠蔽　265, 283, 480
──体質　257
ウォークマン　510
ウッカリミス　389, 414
ウラン加工工場事故調査委員会　208, 257
運転員の責任　461
永続性　384
英雄　15, 136
エキスパート　221, 238
エクセレント・カンパニー　229, 366, 419
エスノメソドロジー　71, 324, 327, 331
エラー　210
エリート　118
──パニック　480
エレクトロニクス産業　509
演技　80
エンゲージメント・リーダーシップ　212
近江絹糸争議　175
大阪ガス　517, 523
大阪車輪製作所　184
大森製作所　184
お決まりのサービス　368
臆病のハードル　384, 386
お粗末な経営　414
オーソリティー　8, 9
オートポイエーシス　304, 316, 454
──・システム　305, 306, 335
踊る大捜査線　217
驚き　31
驚きや感動を伴った物語　362

驚くような経験　361
オフサイトセンター　442,448
オープン・イノベーション　500,508,513,514,517
オープン・システム　14,33,333
オープン・ソース　238
オープンであると同時にクローズド　308,311,333
オペレーション　217
　——ズ・リサーチ　21
　——を重視する　455
面白く感動的な物語　362
オリセットネット　500

【カ行】

海外研修生　187
改革解放　52
海岸線の長さ　313
会議　29,93,117,138,139,214,357
会議室　217
回顧性　45
回顧的　31
　——意味形成　69,324,351
　——プロセス　49
外資系金融機関　121
下位システム　12
解釈　15,47
　——主義　64,67,127,303,322,337,340,342,351
　——プロセス　77
海水注入　444,456,458,486
回避されたテスト　242
カオス　314,316
科学的管理法　4,490
化学薬品工場　275,286
課業　4
確信　26,350,352,353
革新　152
確信のフレーム　359
確信のマトリックス　350
攪乱　308,312,333
掛け声や標語　101
囲い込み　34,76,142,332
過剰学習　192

柏崎刈羽原子力発電所　244,250,252
ガダルカナル　141
価値観　26,229
　——と仮定　259,366
価値前提　9
価値づくり　502,504,513
価値理念　152
合併　185
仮定　26
カテゴリー化　328
過度の柔軟性　54
ガーナプロジェクト　499
鐘紡　172
カバー・ショック・ソフトウェア・ツール　298
歌舞伎　353
　——や茶道　52
軽井沢　179,187
　——の別荘　186
カール・ヴィンソン　210
川崎製鉄　231
環境創造　35,42
環境想造　390
環境—組織系　379,381,402
関係性　524
頑健性　99,374
頑健な共有意味世界　381
観察　304
　——可能性　304
　——スキーム　303
監視　364
間主観　348,349,350,375,423
　——性　24,25,84
　——性のイノベーション　26,44,86,354
　——的意味　322
　——的理解　85,353
　——のイノベーション　145,147,174,336
感情的思考過程　172
感性　180,181,198
官邸　464,472,485
　——政治家　474
　——の過剰介入　486
カントール集合　313
完璧なマニュアル　258

事項索引 553

管理　7, 9
　　——活動　4
　　——過程論　4, 17
　　——基準　264
　　——重視のサービス　364
　　——の一般原則論　4
官僚制　13, 466, 468
　　——の逆機能　466
官僚的姿勢　263
消え去る行為　360
消え行く行為の伝承　352
キーエンス　503
機械的管理　229
機械的な管理システム　18
危機管理広報のジレンマ　480
危機の予兆　277, 279, 287
企業家型　396, 411
企業家行動　416, 422
企業内競争　151, 152
企業秘密　280, 284, 291, 294
企業文化　135, 137, 140, 142, 184
儀式　15, 470
記者クラブ制度　482
帰属　134
気づき　33, 79
機能　322
　　——主義　64, 67, 127, 303, 322, 326, 328, 337, 340
気ばたらき　180
逆機能　54, 344
キャズム　496
客観　64
　　——主義　64
　　——的環境　17
休日対話集会　109, 117
教育　376
境界　312
　　——の自己決定性　307
共創　501
競争型　396, 411
競争環境　397
競争行動　416
共創的センスメーキング　502
競争要因　397

協調性　515
共通経験　190
共通言語　518, 523
共通のボキャブラリー　190
共通目的　6
協働　6
京都工場　184
共有意味世界　374
共有された確信　26
共有された価値　15
強力な権限　289, 89, 97, 99
儀礼　138, 152
　　——と儀式　136
議論　319
緊急時　225
均衡　8
均質化　56
均質性　515
近代モチベーション理論　14
金髪・茶髪　96
金融資本主義　505
偶然　384
草の根アプローチ　423
組立ルール　148
グラスノスチ　53
繰り返し　98
クリーク　376, 378
グリコ・森永事件　296
クールな過程　172
クレド　358
クレーム情報の結節　299
クレーム情報の集中　294
グローカリゼーション　494, 511
クローズド・イノベーション　500
クローズド・システム　20, 34, 54, 93, 146, 206, 333
訓練　9
経営戦略　373, 393
経営戦略論　21, 490
経営総括報告書　110
経営哲学　100, 116
経営理念　116
慶応応援団　164
慶応のミッキーマウス　164

554　事項索引

計画　193, 195, 518
　　——型の戦略行動　419
　　——のグレシャムの法則　409
　　——への傾注　205
経験　187
　　——知　454
　　——のスキーム　68
　　——のレパートリー　221, 454
　　——を共有　190
経済人　14
　　——モデル　5
警視庁第一機動隊　453
芸術的感覚　7
芸術的バランス　379
結果責任　471
結婚　344
結節　286, 287, 288, 289, 291, 293, 461, 518
決定論　64
欠落　85, 88, 353
ゲーム　48
原因究明　293, 297
　　——優先　282
限界地震　245
権限　236
　　——受容説　11
言語化　317, 326
言語ゲーム　304, 318, 321, 335, 336, 340, 344, 348
言語による思考過程　172
原災法　463
現実主義者　82
研修　188, 191
現象学的社会学　67, 324, 325, 331
原子力安全委員会　438, 463
原子力委員会　463
原子力規制委員会　488
原子力緊急事態宣言　437
原子力災害対策特別措置法　436
原子力災害対策本部　437
原子力災害本部　463
原子力発電所　181
原子力ムラ　469
現代的になった過去の価値　354
現地人に置き換える体制　190

現地本部　485
限定された知識　222
検定のマトリックス　386
現場　198, 217
　　——知　114, 120, 124, 200
　　——での修練　188
権力の源泉　142
コア　84
行為　2, 223, 490, 496
　　——閾　37
　　——主導のセンスメーキング　241
　　——のイメージ　52
　　——のシステム　12
　　——の準拠枠　66
　　——の正当化　170
　　——の調整　3
　　——の伝承性　357
　　——のルーティン化　93
効果的に報告する文化　212
工芸　338, 427
　　——制作　46
貢献　6
　　——意欲　6
公式情報システム　29, 93, 214, 357
高信頼性組織　202, 203
構成要素　306
構造　306
　　——機能主義　310, 340
　　——主義　318, 340, 344
　　——設定　130
　　——的カップリング　309, 316
公的コミュニケーション　58, 375, 378
行動アプローチ　130
行動科学　5, 14, 490
行動様式　406
昂奮　386
　　——レベル　166, 181
光洋精工　186
合理性モデル　13
効率性　3
効率的な会話　320
合理的システム　21
合理モデル　14, 224
交流アプローチ　134

互解　58, 375, 378, 379, 423, 427
互換可能性　331
国際原子力事象評価尺度　433
互恵的協調関係　123
個人知　319
個人的な組織知　318
個性記述的　73
個性記述的立場　64
個体性　307
国会事故調　434
国家レベルの安全部門　293
古典芸能　353
古典的な3体問題　369
コネクショニズム　342
語の使用法　319
コープあいづ　272, 278, 290
コープ市川店　275, 283
コープ東北　270
コープ花見川店　273
コーポレート・ベンチャー・キャピタル投資　520
コーポレート・ベンチャリング　520
コマツ　522
コミット性　241
コミットメント　169
ゴミ箱モデル　224
コミュニケーション　7
　　──・コスト　54, 92, 206, 237, 366
コモディティ化　510
コンカレント・イノベーション　521
コンサルティング営業　503
コンセンサス　185
コンティンジェンシー・アプローチ　340
コンティンジェンシー理論　14, 15, 16, 66, 229, 396
コンテキスト依存　73, 369
コントロール　417
コンピューター　339
コンフリクト　416
混乱　29, 93, 102, 140, 214, 357

【サ行】

差圧異常　247, 249
再構築　353

最小有効多様性　216, 524
在日米軍　446, 449
茶道　353
作動的閉域　309
サード・オーダーのオートポイエーシス・システム　331
寂び　97
サービス　347, 368
差別的出来高給制　4
三豊百貨店ビル崩壊事故　279
散逸構造　314
360度評価　216
シアーズ・ローバック　410
自衛隊　453
ジェネラル・モーターズ　410
時間　100
　　──研究　4
刺激への単なる反応　334
私見　375
試行型組織　390
試行錯誤　518
自己言及性　307, 309, 335
自己言及的　311
自己産出プロセス　306
事故収束部隊　489
自己相似性　313
自己同一性　91
指示　329, 332
事実上の隠蔽　456
事実前提　9
事実追認　195
自社機　187
自主回収　296
自主性　229
システム　12, 131
　　──の境界　510
　　──の内包性　12
　　──の閉鎖性　305
　　──4　5, 131
　　──理論　55, 227
死せる英雄　413
自然科学　66
時代遅れ　141
実在論　64

事項索引

実質的更迭　477
実証主義　64, 67
質的社会調査法　74
質的情報　84, 94, 101, 355
質的でコア　96
質的で周縁　96
質的で不易なコア　100
質的領域　357
失敗　109, 209, 212
実力主義　121
私的コミュニケーション　58, 375, 378
自発的　364, 366, 519
　——行為　496
　——・自律的行動　367
シビア・アクシデント　433
シミュレーション　221
社会主義市場経済　52
社会人　14
　——モデル　5
社会知　319
社会的意味　493, 510
　——形成　501
社会的構造感　73, 327, 332
社会的構築物　349
社会的直接世界　70, 325
社会的な組織知　318
社会的に創造される意味の研究　322
視野狭窄　386
ジャージー・スタンダード　410
写像理論　344
ジャパン・プロブレム　505
主意主義　64
周縁　84
　——の手掛り　168
習慣化された行為パターン　26, 86
習慣のなれ合い　53, 88, 151, 173, 205
従業員中心型　130
集合知　516
自由裁量　222, 496
　——権　367, 370
集主観　348, 350, 375, 423
　——性　24, 25, 42, 84
　——性のコントロール　25, 54, 86, 410
　——性の周縁　91, 355

　——性の不易なコア　91, 355
　——のコントロール　145, 147, 336
重電系メーカー　511
柔軟性　50, 55, 93, 225, 226, 263, 379, 384, 423, 467
柔軟な組織構造　460
柔軟な文化　227, 228, 467
重複チェックシステム　291
主観　64
　——主義　64
　——主義者　82
　——的な競争環境　398
手段における収斂　49
準拠点　113, 142
純粋持続　45
情　290
上位権限説　11
貞観津波　484
状況アプローチ　131
状況好意性　132
状況適応理論　396
状況の定義　76, 79, 329
将校　189
常識　36, 53, 58, 375, 378, 379, 381, 402, 405, 423
　——の圧力　410
商社冬の時代　105
消費者行政推進会議　299
情報　290
　——共有システム　102
　——収集分析機関の独立　288
　——処理モデル　18, 66, 340
　——の結節点　279
食中毒　269
職務中心型　130
助言と情報　9
諸資源　406
ショック　37, 44, 89, 128, 155, 234, 266
　——を伴った手掛り　177
ジョブ・ローテーション　216
ジョンストンの基準　261
ジョンソン&ジョンソン社　295
シリコンバレーモデル　125
自律性　229, 307, 308, 515
自律的　311, 364, 366, 519

——調整機能 128, 160
——調整能力 154
——な行為 257
思慮分別基準 261
人為の主導 183
深化 497
神経生物学 304
新結合 122
人権争議 177
新興国市場 491, 493, 498, 515, 518, 521
新興通信工業 184
人災 471
人材 189
——重視のサービス 364
真実の伝道者 496
信条 359
深層の現地化 508, 517
新中央工業 184
慎重型組織 390
人的互換性 25, 85, 86, 354, 374, 384
信念 135
真のリーダー 178
シンボリック相互作用論 74, 324, 332
シンボリック・マネジャー 135
シンボリック・モデル 13, 15
シンボル 48
信頼感 516
神話 15
水質管理担当者 231
水準器実験 30
スイスでの軍事機動部隊演習 168
衰退業界 398
垂直的コミュニケーション 378
水平的コミュニケーション 378
スクラム 245
スケーリング 304, 312, 336
スケール横断的 523
——に相似 316
ストックオプション 111
ストレンジ・アトラクタ 314, 316
ストレンジャー・インタラクション論 371
素直 182
スーパー歌舞伎 354
素早い学習 518

スペシャル・レポート 29, 93, 214, 357
住友化学 500
3M 367
擦り合わせ 506
正確な情報が入るまで動けない 254
ゼイガルニーク効果 242
正義の文化 211, 260, 475
性急型組織 389
生協組織 277
整合組織 388
制裁 11
生産性 3
正常化の偏見 219, 281, 287, 289
生態学的変化 32
制度的規範 152
製品アーキテクチャ 512, 513
——論 506
製品ライフ・サイクル 403
政府事故調 433
生分解性プラスチック 110
制約された合理性 14
セカンド・オーダーのオートポイエーシス・システム 309
責任回避 475
積極性水準 396
絶対安全神話 265, 483
雪中行軍隊 496
ゼネラル・エレクトリック 136
セマンティック・アプローチ 347, 348
ゼリーモデル 42, 97, 392
セレモニー 15
ゼロックス 121
全員撤退 450
全交流電源喪失 436, 462
潜在知 503, 511, 518
戦術的意思決定 406
先進国市場 491, 492
センスギビング 21
センスメーキング 21, 86, 147, 341
——のきっかけ 393
——の契機 37, 89
——パラダイム 127, 143
——理論 24
前提コントロール 86, 354

全面撤退　474
専門工作機械　4
専門知識　221, 455
戦略　46, 195
　──計画　337
　──行動　396
　──的意思決定　405, 407, 408, 492
総合化　218, 279, 287, 288, 294, 456, 461
総合商社　105
相互作用の口実　48, 339
相互二重作用　30
相互不信の構造　484, 487
相互連結行動　30, 49, 133, 330
相互連結ルーティン　86
　──の連鎖　26, 30
想造　218, 379
想像上の行為　333
創造的破壊　122
想定外の激しい揺れ　244
創発　421, 423
　──的な戦略　421
　──特性　12
ソシオ・テクニカル・モデル　13, 14
組織化　3, 31
組織学習　317
組織化の源泉　355
組織均衡論　5
組織構造　330
組織知　303, 320, 517
組織的活動　2, 3
組織的伝承　354
組織的ホスピタリティ　346, 351
組織のアイデンティティ　91, 95, 101
組織の一貫性　91
組織能力　512
　──構築　507, 512
組織の境界　343
組織の適応理論　372, 394
組織文化　234, 377
　──の接着剤　190
組織への忠誠心　9
ソーシャル・キャピタル　517
育った環境　180
即興的な対応　255, 264

存在論　82
　──上のふらつき　82, 343

【タ行】

第1次コントロール　86, 363
ダイエー　114
退行　192, 386
帝国ダイカスト工業　184
第3次コントロール　86, 151, 200, 259, 336, 363, 364, 366
対処型の企業　209
タイトカプリング　197
ダイナミック・フラクタル組織　523
第2次コントロール　86, 259, 363
ダイニーマ　518
大本営発表　481
対面会議　102, 263
大リーグ　334
タイレノール毒物注入事件　295
他我の一般定立　68, 324
多義　19, 27, 29, 92, 237
　──性　23, 93, 94, 117, 214, 330, 355, 357
　──的なインプット　43
タスク重視のサービス　364
多文化人材　516
多様化　213
多様性　514, 515, 524
探索　497
単純化　56, 213, 222, 262
断片情報　279, 294
チェルノブイリ原発事故　433
知覚された多義性　148
知識社会学　326
知識創造論　523
秩序維持志向　10
知の展開プロセス　304, 311, 335
千葉県　275, 285
千葉県警　275, 284, 286
ちばコープ　273
千葉市保健所　285
チームワーク　112, 120, 123
致命的問題　250
チャレンジャー号　232
中間管理職　115

事項索引　559

中国　491
抽出された手掛り　142, 169, 177
抽出される手掛り　166
中心性の誤謬　32, 41
注水中断時間　447, 457
長期目的　406
超主観性　25
調整　2
直接対話　29, 93, 105, 112, 214, 357
直接面談　215
直感　172
鎮制装置　384
沈殿化　326
辻説法　119
津波　436, 456, 484
強い文化　51, 91, 135, 140, 141, 145, 152
　　──論の限界　170
手編みのセーター　399
ディズニーランド　367
定性的調査方法　74
ディープスマート　221, 225
適応可能性　50, 55, 160, 226, 384, 468
適応性　50, 55, 226, 384, 468
敵前逃亡　465
デ・ジュール標準　508
哲学　359
デパート実験　36, 334
デファクト・スタンダード　508
デュアルOS　519
デュポン　410
テルモ　503
テレビ会議　444
　　──システム　465
電子商取引　106
電子メール　236
伝達　6
伝統　52, 337
　　──的行為　99
　　──の妙味　52
天洋食品　269
東海村臨界事故　208, 222, 257
投企　79
東京電力　246, 253
東京都　274, 286

東京三菱銀行青山クラブ　358
東京螺子製作所　184
統合本部　476
動作研究　4
淘汰　32, 43
　　──の回顧性　45
　　──プロセス　77
同調　152
東電　471, 472, 474
　　──事故調　434, 484
　　──撤退問題　451
　　──テレビ会議　443
　　──本店　438, 472
東洋紡　518
時の経過　97
特性アプローチ　129
独立性　519
閉じ込める　436
トップダウン　468
止める　435
トヨタ　517, 518
ドラマトゥルギー論　80, 370
トランザクティブ・メモリー　517
虜　469
取引コスト理論　230
鈍重型組織　389

【ナ行】

内主観　348, 375
　　──性　25
内省　46
　　──的配意　69, 324
内面化　353
ニアミス　212, 251
二重相互作用　133
ニーズ　511
日常業務行動　396
日常業務的意思決定　407
日常知　73
　　──の方法　73, 331
日常的思考法　73, 327
日本海軍　20, 39
日本鋼管　231
日本生協連　269, 274, 275, 277, 281, 283, 284,

560　事項索引

　　　　287
日本的経営　505
　　——モデル　124
日本テレビ　443, 481
ニュートン力学　37
ニューハンプシャー・ボール・ベアリング社　186
ニュー・ヨーク騒動　212
人間関係論　5, 14, 341
認知科学　8
認知主義　14, 21, 311, 339
認知上の行為　312
認知的中断　40
認知的不協和　170
認知バイアス　219, 280
任天堂　502
ネガティブ・フィードバック　225, 256
ネガティブ・リスト　368
根回し　185
能動的な人間　35
能率　7
　　——の基準　9
ノーブリス・オブリージ　118
ノーマル・アクシデント　219, 221, 262
ノーリターン・ルール　489
ノン・ルーティン　363

【ハ行】

バイオテロリズム法　291, 293
買収　185
陪審　47, 72
陪審員裁判　327
ハイパーレスキュー隊　453
ハイブリッド型組織　229
配慮　130
廃炉　445, 448, 457, 470, 485
破壊的イノベーション　493, 495
破壊的技術の初期市場　495
バーガー・キング　287
白兵突撃　141
バークレーの研究グループ　202
ハタ通信製作所　184
バタフライ効果　314
波長からの独立性　305

バーテンダーのボブ　361, 367
ハトの網膜　304
パナソニック　511, 515
ハーバード・ビジネス・スクール　193
ハビトゥス　311
早とちり型のマネジャー　413
早トチリミス　390, 414
パラダイム　336
バランス　7
パワー・オブ・テン　314
ハンガリー軍　168
ハンガリーの雪中行軍隊　223
反作用的論拠　321, 336
反実証主義　64
阪神淡路大震災　222, 466
反応型の経営行動　418
被害拡大　293
東日本製鉄所　231
非言語的コミュニケーション　71, 326, 328
非言語的情報　102
ビジョン　116
非線形　313
必要多様性の法則　82, 196, 390, 513, 524
避難訓練　386
非難しない文化　211, 260
冷やす　435
ヒヤリ・ハット　210, 251
ヒューマン・リソース・モデル　13, 14
ヒューリスティックス　172
兵庫県　285
　　——警　274, 275, 284, 286
　　——生活衛生課　274
表示　80
標準実施手順書　228
標準実施手続き　45, 409
表象主義　311, 339, 344
ヒラメキ　171, 180
閃き　194, 198
ピレネーの地図　176
品質管理　202
頻繁なミーティング　214
不安　380, 385, 393
フェース・トゥ・フェース　117, 216, 236
フォークロア　136

事項索引　561

フォード・ムスタング　181
フォーマルなコミュニケーション　376
フォーラム標準　508
フォロワー　127, 133
　　――シップ　150, 151
　　――シップ主導　128
部下からの要求　133
不確実　14, 27, 92
　　――性　14, 18, 94, 236, 355, 357
部下の成熟度　132
複合的・連鎖的集合体　2
複雑化　56, 213, 413, 513
複雑なテクノロジー　222, 468
福島第一原発　433, 464
フクシマ 50　452
藤沢製作所　184
不二家　202
不祥事　202
不信感　472, 476, 480, 481
復旧能力　220, 223, 255
不満足に達する閾値　37
不満足の閾値　89
フラクタル　313, 507, 518, 521, 523, 524
プリウス　123
ブローアウトパネル　249
プログラム化　409
文化　15
　　――人類学　137
　　――的価値　152
　　――的差異　185
　　――のネットワーク　136
文脈依存的　73
米国海軍　228, 263
平常時　225
べき乗の法則　313
ベルトコンベア式大量生産システム　4
ペレストロイカ　53
ペロポネソス戦記　158
ベント　440, 441, 472
弁別　311, 328, 329
保安院　436, 438, 442, 462, 463, 464, 480
　　――職員　465
　　――審議官　442
保安検査官　464

報　290
法　327
報告　461
　　――しない文化　233, 250, 253
　　――する文化　211, 251, 253, 296, 462, 475
法システム　310
放射能漏れ　248
報酬格差　123
法則定立的立場　64
豊富な経験　221
北斗音響　184
保健所　273, 274, 284
保持　32, 40, 77
　　――からのプラスのフィードバック　54
ポジティブ・リスト　368
保持内容　42, 77, 392
ポスト・アクイジション・マネジメント　186
ホスピタリティ　346, 349
　　――の源泉　359, 362, 368
ホーソン工場　5
ホットな過程　172
ボトム・アップ　422
ボランティア　519
ボリュームゾーン　498

【マ行】

マインド・セット　495
マインドフル　207
マインドレス　204
マスコミ　266
松下電器　202
マニュアル　222, 271
　　――化　362, 364, 368
　　――化の呪縛　256
マネジメント 2.0　519
マネジャー・グループ　414
マネジャーの職務　426, 432
マネジリアル・グリッド理論　5, 131
マルチ・スズキ・インディア　522
三菱自動車　233
ミーティング　236, 364
ミネベア　162, 179
身振りの会話　76
身振りや手振り　71

みやぎ生協　270
未来完了形のイナクトメント　181
未来完了形の行為　36, 333
未来完了思考　334
未練のハードル　384
民間事故調　434
みんな吊るしてしまえ　260
矛盾組織　388
無知　29, 155, 214, 357
明確なパブリシティー　350
迷走　472
メタミドホス　275
メディアリッチネス　28, 84, 92, 116, 236, 290, 325, 355, 356, 465
　──論　214
メルトダウン　181, 436, 440, 472
免震重要棟　439, 442, 465
目的−手段の階層性　9
目的動機　70
目的の先行性　45, 48
目標の強調　152
モジュラー型　506
モチベーション　5
もっともらしさ　196
元検査員　470
物語　15, 191, 337, 360, 361, 363

【ヤ行】

唯一最善の作業方法　4
唯名論　64
誘因　6, 8
有機的管理　229
有機的な管理システム　18
有効性　7
ユークリッド幾何学　313
豊かな諸兆候　71
　──の表現　325
豊かな想像　181
ユニ・チャーム　521
ユニティー　308
ユニリーバ　500
幼児虐待症候群　31
用途の価値　493
予期せぬ事態　202, 237, 455

予期せぬ失敗　39, 89
予期せぬ成功　38
予言者　95
予想外　384
予測　222
　──至上主義　221, 237, 253, 258
予兆　496
　──認識プロセス　208
4つの事故調査委員会　433
4つの状態　50
呼び戻しやすさ　191, 205
予防型の企業　209
読売新聞　479
弱いコントロール　199

【ラ行】

ライフコーポレーション　283
ライフスタイル　510
ラディカル・チェンジ　63, 64
乱気流　394
　──水準　394, 419
理解　326
リコール隠し　233
離散的断片　45, 324, 325, 331
リーダーシップ　5, 113, 127, 128, 144, 498
離脱　152
リッツ・カールトン　357, 360
　──・ミスティーク　361
リナックス・コミュニティ　229
リニイジ　309
理念　135, 359
リバース・イノベーション　492, 511, 513
流行歌手　99
流通段階　269
流通停止処分　300
流通停止命令　295
理由動機　69
　──的　325
量的情報　84, 94, 101, 355
量的でコア　94
量的で周縁　95
量的領域　357
両ニラミ　391
臨界事故隠蔽　253

輪郭ゲージ　82, 196
ルースカプリング　197
ルーティン　18, 24, 45, 205, 312, 409, 468
　　──化　53, 364
ルール　378, 409
　　──軽視　152
　　──の数　148
冷却水　247
冷凍ギョーザ　269
歴史　95, 195
レギュレーション　63, 64

レスポンスレパートリー　118
連結ピン　131
漏えい水　250
ローカル・グロース・チーム　494
炉心溶融　442, 444, 477, 478
ロレアル　516

【ワ行】

ワオ・ストーリー　360
侘び　96
和服の着方　99

《本書は、弊社刊行『組織認識論の世界』Ⅰ巻〜Ⅲ巻を合本とし、改題・再構成したのものです。》

著者略歴

髙橋量一（たかはし　りょういち）

亜細亜大学経営学部教授，亜細亜大学大学院アジア国際経営戦略研究科教授。コンサルティングファーム・オフィスフロンティア代表。法政大学大学院社会科学研究科博士後期課程単位取得。株式会社三興専務取締役，高大金属株式会社専務取締役，ソフトバンク株式会社ソーシング戦略部長，東日本国際大学経済学部講師，法政大学経営学部講師などを経て現職。経営学の最先端を形成する組織認識論に，経営者としての実務経験をブレンドした実践的コンサルティングには定評がある。

主な著書・訳書
『最適購買への挑戦』（単著，ソフトバンクパブリッシング，2002年）。
『組織認識論の世界　Ⅰ』（単著，文眞堂，2010年）。
『組織認識論の世界　Ⅱ』（単著，文眞堂，2012年）。
『組織認識論の世界　Ⅲ』（単著，文眞堂，2015年）。
『ポストモダン経営学』（共著，文眞堂，2001年）。
『情報化社会の人間教育』（共著，中央経済社，2005年）。
『実践経営学辞典』（共著，櫻門書房，2006年）。
『オーガニゼーショナル・エピステモロジー』（共訳，文眞堂，2010年）。

経営組織認識論考
―組織認識論の世界―

2016年4月15日　第1版第1刷発行
2023年3月31日　第1版第2刷発行

検印省略

著　者　髙　橋　量　一
発行者　前　野　　　隆

東京都新宿区早稲田鶴巻町533
発行所　株式会社　文眞堂
電話　03（3202）8480
FAX　03（3203）2638
http://www.bunshin-do.co.jp
郵便番号(162-0041)　振替00120-2-96437

印刷・モリモト印刷　製本・イマキ製本所
© 2016
定価はカバー裏に表示してあります
ISBN978-4-8309-4904-3　C3034